COLLECTION
FOLIO/HISTOIRE

Marie-Françoise Baslez

Bible et Histoire

Judaïsme, hellénisme, christianisme

Gallimard

DANS LA MÊME COLLECTION

Pierre BORDREUIL et Françoise BRIQUEL-CHATONNET, *Le temps de la Bible*, n° 121.

Jean BOTTÉRO, *Naissance de Dieu. La Bible et l'historien*, n° 49.

Le monde de la Bible, n° 88 (textes présentés par André Lemaire).

Aux origines du christianisme, n° 98 (textes présentés par Pierre Geoltrain).

Cet ouvrage a précédemment paru aux Éditions Fayard.

Les cartes ont été réalisées par Études et cartographie, Lille.

© *Librairie Arthème Fayard, 1998.*

Marie-Françoise Baslez, ancienne élève de l'École normale supérieure de jeunes filles, professeur d'histoire grecque à l'Université de Rennes-2, anime un séminaire à l'ENS sur «Religions et sociétés dans le monde gréco-romain». Elle est l'auteur, entre autres, d'une biographie de *Saint Paul* (Fayard, 1991).

AVANT-PROPOS

La Bible n'est pas un livre comme les autres. Littérature sacrée pour tous, c'est un livre inspiré pour les croyants : c'est l'histoire sainte d'un peuple, le peuple juif, et d'une religion à ses origines, le christianisme. La foi nouvelle, fondée sur Jésus, s'est affirmée l'héritière des Écritures que celui-ci était venu accomplir. Ainsi les *biblia* (« les livres »), dans la terminologie grecque des derniers siècles avant notre ère, ont d'abord été les écrits juifs, avant que le canon chrétien fixé au IIe siècle de notre ère, désigne sous le nom de *Biblion* (« le livre ») l'ensemble de l'Ancien et du Nouveau Testament.

Par sa division même entre Ancien et Nouveau Testament, la Bible chrétienne a ouvert la tradition de sa propre interprétation, qui en détermine très souvent encore l'approche historique. L'histoire des origines du christianisme s'appuie sur les textes du Nouveau Testament replacés dans le cadre de l'Empire romain. L'histoire d'Israël, celle des patriarches et celle des rois, s'insère dans l'archéologie et l'anthropologie proche-orientales. Mais l'histoire du judaïsme hellénistique – de la conquête d'Alexandre, au IVe siècle avant J.-C., à la destruction du Temple par Rome – a longtemps été sacrifiée, puisque la plupart des textes de cette période n'ont pas été retenus dans la Bible hébraïque. Or les manuscrits de la mer Morte, et plus généralement les écrits inter-testamentaires, ont récemment révélé que toute cette littérature constitue le substrat de la religion rabbinique. Pendant ces quatre siècles, les Juifs « hellénistes » tissent le fil rouge d'une histoire mouvementée, depuis la guerre sainte menée par les Maccabées contre le pouvoir grec jusqu'au martyre d'Étienne, première épreuve de l'Église, ou aux contestations rencontrées par Paul.

Qu'on cherche dans la Bible des documents sur l'histoire ou qu'on veuille se pénétrer de sa spiritualité, ce livre est une invitation à retrouver de l'intérieur les hommes de la Bible. Son but est de rechercher les auteurs et leurs lecteurs, pour donner aux mots, aux situations et aux images qu'ils utilisaient le sens qu'ils avaient pour eux.

Le parti pris de cet essai est donc de mener une enquête dans un cadre indépendant du découpage biblique traditionnel entre Ancien et Nouveau Testament, mais présentant une unité historique : celle d'une culture, d'un milieu, d'une période. La traduction de la Bible en grec ouvre en effet un champ culturel et linguistique. Elle s'inscrit dans un espace où l'on mesure de mieux en mieux les continuités par-delà les vicissitudes politiques : celui de l'Orient gréco-romain. Commence alors un temps de rencontre et de confrontation : celui de l'occidentalisation du monde sémitique, celui de la dispersion des Juifs autour de la Méditerranée.

La Diaspora n'apparaît pas seulement dans le Nouveau Testament comme cadre de la prédication apostolique. Elle s'exprime aussi dans des livres reçus comme « deutérocanoniques » ou « apocryphes » dans la tradition chrétienne – celui de la Sagesse par exemple. Car ce qu'on appelle « la » Bible est en réalité une collection d'ouvrages dont le contenu varie, de même que l'ordre des livres retenus, suivant la communauté qui la reçoit. C'était déjà le cas dans l'Antiquité : la découverte des manuscrits de la mer Morte fut d'une importance capitale en révélant une Bible « plurielle ». Les limites et contraintes de canons n'existaient pas à l'époque hellénistique et ne pèsent donc pas sur l'historien qui peut utiliser tout le matériau biblique disponible.

Depuis le retour de l'Exil, Israël a perdu toute indépendance et n'est plus qu'un État-Temple protégé, comme il y en eut bien d'autres dans les royaumes grecs et dans l'Empire romain. Le livre de la Loi, réputé inspiré, est mis à l'épreuve dans un État et dans une civilisation d'étrangers qui ne partagent pas sa conception d'un dieu transcendant.

De la Palestine à la Méditerranée

Le basculement de la Judée d'une sphère culturelle à l'autre, du monde oriental vers la Méditerranée, a été tout aussi significatif que la perte de son indépendance. À l'époque perse (VIe-IVe siècle), la Judée était intégrée à un empire oriental dont elle constituait une des provinces maritimes extrêmes. La première Diaspora juive ne se déploya alors que dans le Proche-Orient, entre l'Égypte et Babylone.

La conquête d'Alexandre en 332 et l'hellénisation de l'Orient ne modifièrent pas sensiblement l'ordre politique en Judée : le conquérant n'avait eu d'ailleurs ni le temps ni les moyens de procéder à une réforme administrative. La Judée, qui n'avait pas résisté, garda donc une autonomie de fait ; cependant, il n'y eut plus désormais de gouverneur civil, ce qui renforça le pouvoir théocratique du Temple et établit le grand prêtre, tel un dynaste, comme l'unique interlocuteur du pouvoir grec.

La Judée prit une importance grandissante dans l'histoire internationale entre le IVe et le Ier siècle avant notre ère en raison de sa position stratégique. Les deux principaux royaumes issus de l'empire d'Alexandre – celui des Séleucides, dans le Proche et le Moyen-Orient, et celui des Ptolémées en Égypte – ne cessèrent de s'affronter en Syrie-Palestine qui constituait la zone frontière. La communauté juive de Judée fut soumise aux Ptolémées à partir de 305 et durant tout le IIIe siècle, puis passa aux mains des Séleucides après 198.

C'est alors que se développa une opposition religieuse et nationaliste, animée par les Maccabées (169-152). La guerre des Maccabées contre les Séleucides remit en cause le mode de vie grec, diffusé par le pouvoir royal et adopté par certains Juifs, les « Hellénistes », et révéla ainsi de profonds clivages internes. Elle développa encore le rôle du Temple et permit à la famille des Maccabées de se maintenir au pouvoir jusqu'en 37 avant notre ère. L'État dit « asmonéen » (du nom réel de la famille) devint ainsi une royauté sacerdotale en 103, mais ne cessa, paradoxalement, de s'helléniser.

En 63, les Juifs de Palestine entrèrent sous la domination romaine. Pompée, maître de la Syrie, se heurta aux Asmonéens, assiégea Jérusalem et entra dans le Temple, dernier bastion de la résistance. Cependant l'intégration de l'État juif au système provincial romain fut progressive : il garda son autonomie pendant deux générations, d'abord sous un grand prêtre asmonéen, puis sous l'Iduméen Hérode (40-4 av. J.-C.), auquel Rome reconnut le titre de roi ; Juif de religion, mais non d'origine (il appartenait à un peuple nomade converti), celui-ci porta l'hellénisation à son apogée. Ce fut le moment où naquit Jésus.

L'inefficacité des successeurs d'Hérode conduisit Rome à recourir à l'administration directe : en Judée, à partir de 6 de notre ère ; en Galilée et en Samarie à partir de 37 ; les descendants d'Hérode devinrent de simples « tétrarques », à l'exception d'Hérode Agrippa Ier, qui recouvrit le titre et les possessions de son grand-père entre 40 et 44, au moment où s'affirmait l'Église de Jérusalem. Pilate (26-36) est le plus connu de ces préfets-procurateurs romains, chargés de maintenir l'ordre et de percevoir l'impôt.

La présence intermittente de troupes romaines à Jérusalem multiplia les provocations et suscita de nombreuses révoltes, tandis que se développait dans le pays un mouvement de protestation sociale qui aboutit à la grande révolte de 66-70. Le siège de Jérusalem, commencé par Vespasien, fut achevé par Titus. Cette fois, le Temple fut détruit et les institutions sacerdotales abolies. Le judaïsme perdait sa principale référence identitaire au moment même où se mettait en place le premier réseau d'Églises chrétiennes dans la Diaspora.

La Diaspora a toujours représenté une autre dimension de l'histoire du judaïsme. Ce mouvement d'émigration, qui commença au VIIIe siècle, fut d'abord dirigé vers l'Égypte ; mais, avant même l'Exil à Babylone, des Juifs étaient installés en Mésopotamie, et ils se retrouvèrent, par la suite, aux limites du royaume séleucide, puis de l'Empire romain. À l'époque hellénistique, les communautés juives les plus nombreuses et les plus brillantes étaient celles d'Égypte (ce sont aussi les mieux connues). À partir du règne d'Auguste, l'émigration s'étendit à l'ensemble du bassin méditerranéen, mais les sources historiques privilégient les communautés de Rome et de l'Asie Mineure (l'actuelle Turquie), ce qui fournit un bon cadre à l'étude du Nouveau Testament.

L'Empire romain imprima évidemment sa marque sur l'Orient. Cependant, le grec resta la langue de culture et celle de l'administration. Toutes les élites, y compris les notables juifs, continuaient de vivre à la grecque, en reproduisant le modèle de la cité. Surtout, le pouvoir garda le même caractère, sacré et personnalisé : c'est à travers le culte du souverain que Rome tissait des liens avec les peuples soumis. Expression de la culture grecque, utilisé par les rois hellénistiques, puis par les empereurs romains, le culte du souverain devint la pierre d'achoppement du monothéisme, en dépit de l'indéniable tolérance de l'État.

Histoire et histoire sainte

La Bible a entretenu avec l'histoire des rapports tendus, voire conflictuels, qui se sont inversés au fil des âges. L'histoire sainte, par définition, refusait toute confrontation avec la documentation extérieure, puisqu'elle considérait le livre comme une dictée divine, qu'on pouvait seulement paraphraser. En réaction, il s'est constitué au XIXe siècle une histoire des religions qui s'est voulue « indépendante ». Montrant la structure mythique des récits et la méthode allégorique, elle réduisait la Bible à une dimension symbolique ; dans cette perspective, tout devenait comparable et tout était relativisé. On s'est souvent contenté par la suite d'insérer le récit biblique dans un décor historique soigneusement reconstitué, en procédant par juxtaposition sans s'interroger suffisamment sur le statut et sur la fonction du texte. Mais un dialogue s'est ouvert. La vogue de l'archéologie biblique et l'approche pluridisciplinaire du monde de la Bible reposent sur la conviction, fondée théologiquement, que le livre n'est pas une dictée divine, mais une inspiration transcrite par des hommes pour leurs contemporains. Aujourd'hui, les études exégétiques replacent les textes dans leur milieu, le *Sitz im Leben*.

Tout historien cherche à présent des hommes plus que des événements. Pour la Bible, le problème est qu'on les cherche surtout en dehors du livre en utilisant les ressources de l'archéologie, les documents et les historiens de l'Antiquité. Le tableau est alors complet, coloré, cohérent, ce qui rend plus frustrants encore les lacunes et les écarts du texte quand on y revient. Car aucun livre dans la Bible ne fournit un récit exhaustif : même les Actes des Apôtres ne donnent pas un récit complet de la mission de

Paul. Pourquoi donc ne pas rechercher les hommes tels qu'ils sont *dans* le livre ?

La Bible entre dans le champ immense de la création culturelle populaire et l'intérêt général que suscitent les apocalypses en est bien la preuve. En raison de l'abondance du matériel littéraire qu'elle recèle, on y trouve des séries de noms et de situations que l'on peut replacer dans une perspective anthropologique : ainsi l'homme prophétique qui apparaît dans le Nouveau Testament définit une identité derrière l'appellation d'apôtre-prophète. L'historien de l'Antiquité est également fasciné par l'affirmation du moi dans sa vérité intime qu'il découvre à travers les esquisses autobiographiques, du Siracide à Paul, même s'il s'agit souvent d'une situation de crise et d'un cri d'indignation. Actuellement, pour étudier les livres hellénistiques et le Nouveau Testament, l'histoire archéologique recule plutôt devant l'histoire textuelle et l'utilisation de méthodes et de modèles venus des sciences sociales.

L'historien doit aussi restituer des faits, aussi ténus soient-ils. La tendance est de filtrer le récit biblique pour retrouver l'événement brut, dépouillé des développements de l'histoire sainte qui relèvent de l'interprétation théologique. Tous les noms de la Bible, en particulier, ont été chargés peu à peu de significations, par un jeu d'étymologies et de personnalisations habituel à la pensée antique : ainsi en est-il de *nazaréen* ou de Judas *iskarioth*. L'historien doit retrouver le sens premier de mots comme *prosélyte* ou *chrétien*, qu'on emploie maintenant avec toute sorte de résonances, tels qu'ils ont été inventés dans une situation précise.

Mais faut-il réduire l'histoire biblique à un noyau d'événements ? La Bible les surestime tellement qu'elle interdit à l'historien de poser la problématique du vrai et du faux selon ses critères habituels. On dit souvent que le fait biblique est un « fait de croyance ». Je dirais plutôt qu'il se situe entre l'actualité immédiate et une visée théologique qui relève d'une culture biblique spécifique, aux dimensions du livre tout entier. Jésus n'a pu naître lors du recensement de Quirinius s'il est né sous le règne d'Hérode ; toutes les tentatives pour concilier ces deux données se sont soldées par des échecs. Mais l'évangile ne fait pas de faux : il utilise et déplace un événement – qui a marqué les contemporains – pour sa signification théologique d'abord, puisque la Torah était réticente aux recensements, et comme une référence d'actualité pour poser le christianisme en face de Rome, parce que les réactions au recensement de Quirinius avaient opposé sujets soumis et rebelles.

La vérité historique qu'on peut trouver dans la Bible dépend des questions qu'on lui pose. La mention du recensement ne donne pas la date de naissance de Jésus, mais aide à comprendre l'utilisation du temps par l'historien antique : celui-ci procédait volontiers par synchronismes, pour donner à l'événement sa plus grande signification, sans rechercher d'abord la précision chronologique. Cette notice évangélique présente en outre un réel intérêt documentaire sur le fonctionnement administratif de l'Empire tel qu'Auguste vient tout juste de le mettre en place.

Pour rechercher les hommes de la Bible, il faut trouver les bonnes questions. Celles-ci se posent notamment à l'échelle locale et non pas à celle de l'Empire, malgré la vocation universaliste de la religion chrétienne et d'un certain judaïsme. Il ne faut pas projeter l'importance prise par l'Église à partir du IVe siècle sur les réalités plus anciennes. On oublie trop que les Juifs n'étaient qu'un petit peuple et les premiers chrétiens des groupes disséminés, dont la visibilité à Rome et dans les grandes cités est discutée. L'utilisation de l'événement mémorable, par le jeu des synchronismes, était un réflexe d'historien local : pour situer la prédication du Baptiste, celui-ci mettait sur le même plan l'empereur romain et un obscur dynaste d'Abilène, inconnu par ailleurs. L'échelle de la Bible n'est jamais celle de l'histoire. L'historien doit réévaluer, du point de vue de l'État grec, l'importance historique de la révolte des Maccabées ; il doit prendre celui de l'administration romaine pour les persécutions.

Pour définir les bonnes questions, il faut disposer des bons instruments. Les champs de l'histoire s'étendent sans cesse, même pour l'Antiquité, et il en est de même pour les études bibliques. Parmi les thèmes que j'ai retenus, certains sont attendus et d'autres moins. J'ai procédé à des confrontations avec des documents primaires contemporains, comme ceux de Qumrân, pour étudier un groupe religieux de l'intérieur. J'ai également recouru à des modèles anthropologiques largement répandus dans le monde gréco-romain comme en Orient, tels que le prophétisme. J'ai voulu jouer des réalités géographiques et de la valeur symbolique de l'espace pour étudier le milieu galiléen, la solitude au désert ou les périples apostoliques. J'ai aussi mis l'accent sur les problèmes de langues et de communication que révèle de plus en plus l'Orient romain, pour analyser l'événement de la Pentecôte non seulement comme une expérience mystique mais aussi dans la réalité de l'Empire.

Enfin, il faut apprécier l'insertion des textes, de leurs auteurs et de leurs lecteurs, dans le milieu ambiant pour mieux comprendre la différence religieuse qu'ils expriment. Presque tous les écrits de la Bible en grec ont un caractère polémique. Polémique ouverte dans les livres des Maccabées, l'Apocalypse, la plupart des épîtres pauliniennes, présentation sélective et orientée dans les évangiles... Quand on peut établir la bonne connaissance qu'avaient les auteurs des réalités de leur temps, même quand les livres d'Esther et de Daniel les transposent dans le passé, écarts et décalages font apparaître l'homme religieux dans toute sa différence. L'homme religieux se situe entre la religion et l'État, un État qui, à l'époque, est aussi une culture.

À ceux qui ont déjà répondu à ce projet et qui l'ont développé par leur questionnement et leur recherche propre, à mes amis de l'Institut d'études sémitiques, à Pierre Bordreuil et Françoise Briquel-Chatonnet, au séminaire « Religions et sociétés de l'Antiquité » de l'École normale supérieure et aux étudiants d'histoire de l'université de Rennes 2, je dédie amicalement ce livre.

Paris, août 1998.

CHAPITRE PREMIER

« Publier le livre à l'étranger, pour les amis du savoir[1] »
La Bible en grec

Au IIIe siècle avant J.-C., on traduisit la Bible en grec au sein d'une cité grecque, Alexandrie, d'après la mise en forme effectuée à Jérusalem au VIe siècle. Ces livres, qui rassemblaient le patrimoine littéraire, historique et spirituel d'Israël, depuis la création du monde jusqu'à la mort de Moïse, avaient acquis, au Ve et au IVe siècle, dans le cadre très légaliste de l'Empire perse, une valeur normative au cœur du judaïsme : ils constituaient la Loi de Moïse, la Torah.

Cette traduction est certainement un événement extraordinaire. Du point de vue de l'histoire religieuse, elle pose le problème des rapports entre langue sacrée et langue usuelle ainsi que les multiples questions liées à l'interprétation qu'implique toute traduction, questions particulièrement pressantes dans le cas d'un livre inspiré. Du point de vue de l'histoire culturelle, l'entreprise n'était cependant pas sans précédents puisque d'autres « sagesses barbares[2] » ont été traduites. Dans l'Antiquité, le bilinguisme a toujours été à sens unique : même les Romains ont appris le grec, qui est devenu leur langue de culture ; c'est là l'effet de l'ethnocentrisme grec. Aussi publia-t-on, peu après la conquête d'Alexandre, des synthèses en grec de l'histoire égyptienne et de la théologie babylonienne qu'on ne connaît plus aujourd'hui que

---

1. Si, Prol. 34.
2. Voir A. MOMIGLIANO, *Sagesses barbares. Les limites de l'hellénisation*, Paris, 1979.

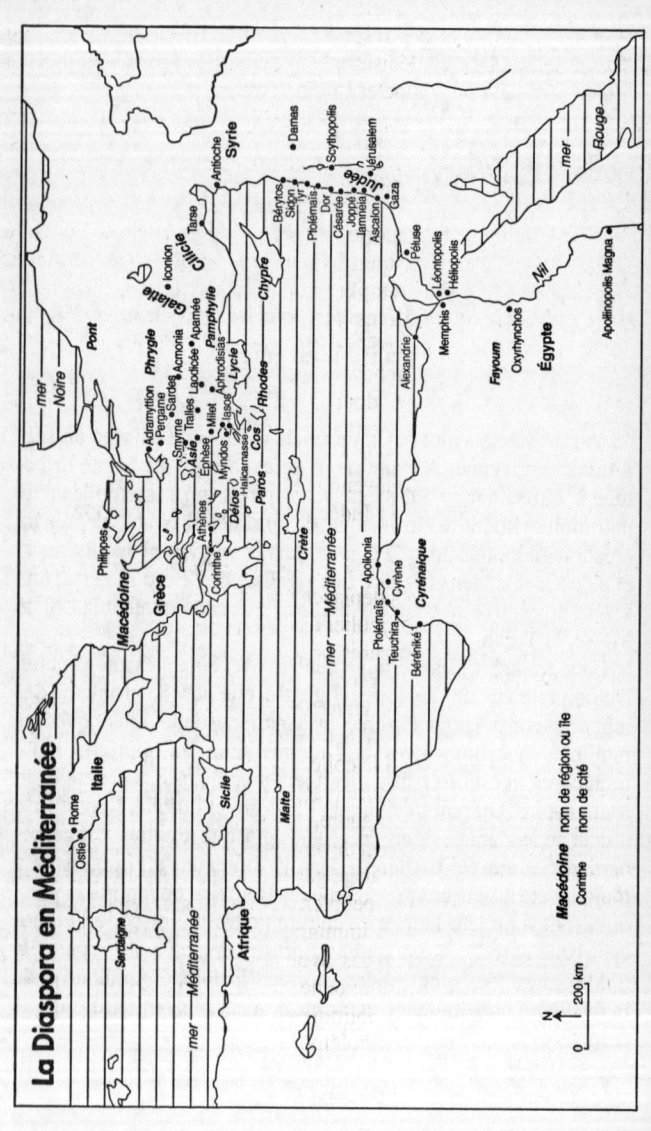

par des citations et des résumés. La Bible grecque est donc un exemple unique d'hellénisation qui permet de prendre la mesure de ce qu'il faut bien appeler l'« État culturel » grec.

L'entreprise de traduction

C'est donc à Alexandrie, un demi-siècle environ après la conquête d'Alexandre, que fut menée à terme la traduction en grec de la Torah qui remplit « cinq étuis » (le *pentateuque* en grec). Selon les traditions juives, cette entreprise aurait été réalisée entre 285 et 265, et d'autres témoignages permettent d'établir qu'elle était achevée dès le milieu du IIIe siècle : des historiens juifs locaux en donnent des citations à partir de 220, et le papyrus le plus ancien actuellement conservé date de la première moitié du IIe siècle.

Le bilinguisme était devenu une réalité quotidienne au milieu du VIe siècle, après que la Judée eut été intégrée à l'Empire perse et que des Juifs se furent installés en Mésopotamie. Dès lors s'était posé le problème de la langue sacrée et de la langue profane. À la faveur des déplacements de populations, l'araméen s'était généralisé, en particulier dans la littérature des « targums » (traductions et commentaires ponctuels de textes bibliques), qui étaient utilisés lors des réunions de synagogues. La tentative hellénophone allait cependant beaucoup plus loin puisqu'elle aboutit à une traduction collective et intégrale et qu'elle ajouta de nouveaux livres, grecs, à la collection de textes déjà existants.

La Diaspora d'Alexandrie est alors nombreuse et revendicatrice. Fondée par Alexandre, puis érigée en capitale par Ptolémée Ier, Alexandrie est devenue en une génération le siège de la cour des Lagides, le quartier général des forces militaires et une ville d'affaires. Pour la peupler, les Ptolémées ont suscité un immense mouvement d'immigration. La communauté juive d'Alexandrie ne semble pas avoir eu de lien avec les troupes installées en Égypte à l'époque perse ; les sources juives ne parlent que de réfugiés politiques[1] et de prisonniers de guerre (100 000 !), rachetés par Ptolémée Ier pour tenir garnison dans le

---

1. *Contre Apion*, I, 22, 7-16 (183-204).

plat pays[1]. Les papyrus le confirment : les Juifs d'Égypte ne sont ni des trafiquants ni des usuriers, mais des soldats et des gendarmes. Certains se sont intégrés à la cour : les historiens grecs en mentionnent plusieurs, aux plus hauts postes de l'armée et de l'administration ; tous portent des noms hellénisés et doivent parler grec. Très conscients de l'ancienneté de leur peuplement, les Juifs d'Alexandrie revendiquaient une parité de statut (*isopolitie*) avec les Grecs, au nom de droits historiques, ceux des premiers colons.

La traduction de la Bible en grec est présentée par les Juifs d'Alexandrie comme une entreprise bilatérale et paritaire[2]. L'initiateur du projet est un philosophe aristotélicien, Démétrios de Phalère, fondateur et conservateur de la bibliothèque royale. Ptolémée donne son accord ; il sollicite la caution du Temple et écrit au grand prêtre de Jérusalem pour lui demander un exemplaire de la Torah ainsi que des traducteurs agréés et compétents, six anciens de chaque tribu, soit soixante-douze. Ces « Septante » sont les représentants d'une double culture : maîtres dans les études bibliques, ils sont aussi familiers des lettres grecques. Arrivés à Alexandrie, ils travaillent dans l'isolement et le silence de l'île de Pharos. La traduction qu'ils retiennent est choisie après confrontation et discussion : sa qualité est indiscutable et sa légitimité évidente, puisque l'unanimité se fait sur tous les points, ce qui est le signe manifeste de l'inspiration divine. Elle se présente donc comme une vérité révélée, de même que l'original. Elle est proclamée solennellement au peuple, comme le grand prêtre Esdras l'avait fait de la Torah à Jérusalem au VIe siècle, et l'on instaure, cette fois encore, une fête de la Proclamation qui était toujours célébrée au Ier siècle de notre ère.

La première version écrite de ce récit traditionnel apparaît dans la *Lettre d'Aristée à Philocrate*, au milieu du IIe siècle (entre 145 et 115). Elle répond à un contexte polémique qui n'est plus celui du IIIe siècle. Les Juifs ont été récemment victimes d'une politique d'assimilation menée par les Séleucides en Palestine, et les traducteurs veulent mettre en évidence l'accord des souverains

---

1. *Lettre d'Aristée*, 35 ; *GJ*, II, 28, 7 (487).
2. *Lettre d'Aristée*, 35-40, résumée par Philon, *V. Moïse*, II, 25-44, et adaptée par Josèphe, *AJ*, XII, 2, 1-15 (11-118).

grecs d'Égypte avec le Temple, leur intérêt et leur respect pour les coutumes juives, enfin la reconnaissance officielle de la Loi. C'est à ce moment que la famille des Oniades, qui s'est exilée en Égypte après l'accession au grand-pontificat de Jean Hyrcan, s'engage au service du roi et installe un temple pour les Juifs d'Égypte à Léontopolis, dans le Delta, afin de montrer que le judaïsme d'Égypte vaut bien celui de Jérusalem. L'objectif de la Bible alexandrine suscite donc déjà un débat.

Selon la thèse traditionnelle – qui était celle de l'Antiquité –, il s'agissait de présenter le judaïsme aux non-Juifs et de le légitimer par son ancienneté, au moment où les Grecs en découvraient certains aspects.

La curiosité des Grecs

La conquête de la Judée, insignifiante à l'échelle de l'Empire d'Alexandre, avait eu des conséquences sur le plan culturel. Désormais, les Grecs connurent les Juifs et parlèrent d'eux. Les premiers témoignages grecs sur les Juifs et sur le judaïsme datent en effet des vingt dernières années du IVe siècle, soit immédiatement après la conquête. Ce sont des enquêtes sur de vastes ensembles politico-ethniques où émerge parfois ce petit peuple obscur, mais elles ne révèlent pas un intérêt particulier pour sa religion, fût-elle monothéiste.

L'intérêt des Grecs pour les Juifs est né, semble-t-il, dans le milieu aristotélicien qui fut directement informé des découvertes de tout ordre faites au fil de la conquête : c'est alors, par exemple, qu'on vérifia les propriétés de la mer Morte[1]. Théophraste, qui succéda à Aristote à la tête de son école, à Athènes, est le premier à distinguer les Juifs parmi les « Syriens » et à les inclure parmi les peuples « philosophes » ; il mentionne le rite de l'holocauste, la pratique du jeûne et de la prière ainsi qu'un serment invoquant l'« or du Temple[2] ». Cléarque de Soloi, venu de Chypre, prête à son maître, Aristote, un exposé sur les Juifs qu'il range lui aussi parmi les philosophes et les intellectuels, comme les Indiens ; il cite les noms de Judée et de Jérusalem, décrit le régime casher et

---

1. Aristote, *Météorologiques*, II, 3, 358 b.
2. Cité dans *C. Apion*, I, 22.

évoque la possibilité de rencontres individuelles, en milieu grec, avec des Juifs hellénisés. Mégasthène, un diplomate qui découvrit l'Inde, rapproche également les Brahmanes de l'Inde et les Juifs de Syrie en les considérant comme des philosophes étrangers[1]. Tous ces auteurs ne font que de simples observations sur le comportement religieux ou social des Juifs, et l'on retrouve dans leurs écrits des raisonnements par analogie habituels dans l'ethnographie antique.

Les Grecs découvraient alors les Juifs, mais connaissaient-ils la Bible ? Hécatée d'Abdère, un historien installé à Alexandrie au début du IIIe siècle, est le premier Grec qui fournit un récit de l'Exode[2]. Il le présente d'un point de vue égyptien comme l'expulsion d'étrangers indésirables en procédant à une lecture inversée de la Bible considérée, selon la thématique xénophobe égyptienne, comme l'*Histoire des impurs*. Hécatée mentionne aussi la célébrité de Jérusalem et du grand prêtre à son époque. Il est au fait du monothéisme juif et du refus des images ainsi que du rituel spécifique de l'holocauste. Surtout, il fixe une représentation rationaliste de la Loi, mettant en valeur un Moïse fondateur, législateur et civilisateur, source de toute sagesse. Mais Hécatée ne maîtrise pas la Torah ni l'histoire des Hébreux puisqu'il pense que ceux-ci n'ont jamais eu de roi. Il réfléchit surtout en fonction de l'actualité, ce qui l'amène à parler des problèmes de cohabitation qui se posent aux Juifs depuis le retour de l'Exil, et à signaler les adaptations indispensables. Il conclut, toujours selon un point de vue grec, à la misanthropie et à la xénophobie de la Loi juive, qu'il explique comme une réaction à l'Exode. Cette polarisation sur l'Exode et sur la figure de Moïse, qui réduit considérablement l'histoire biblique, témoigne que Juifs et Grecs se sont découverts surtout en Égypte, à Alexandrie.

Dans le milieu alexandrin, l'histoire biblique était donc connue dans ses grandes lignes. Certains récits circulaient sans doute. Ainsi, entre 332 et 325, soit dix ou vingt ans avant Théophraste, un orateur d'Athènes utilisa dans un plaidoyer un jugement qui rappelle celui de Salomon : alors que deux femmes se disputaient un enfant, il ordonna de couper celui-ci en deux pour en donner à chacune la moitié. Cette reprise d'une scène de justice orientale,

---

1. Cité par Clément d'Alexandrie, *Stromates*, I, 15.
2. Cité par Diodore, XL, 3.

qui a pu circuler grâce à des intermédiaires phéniciens, révèle la compétition entre Sagesses grecque et orientale qui marque la génération de la conquête.

De façon inattendue, la curiosité des auteurs hellénistiques pour les textes bibliques fut sans lendemain. Le plus souvent, ceux-ci se contentèrent de puiser dans les sources sacerdotales égyptiennes très hostiles, comme l'*Histoire d'Égypte* de Manéthon, en reprenant les mêmes légendes diffamatoires. Comment expliquer cette indifférence ? Dans les faits, la traduction de la Bible en grec apparaît à bien des égards comme une entreprise à sens unique des Juifs d'Alexandrie.

Les lecteurs de la Bible en grec

Dans l'Antiquité, l'ancienneté était toujours un critère de respectabilité : il importait de pouvoir faire l'histoire de ses origines et d'en apporter des preuves. Comme l'affirmait Aristoboulos, un philosophe juif aristotélicien de la cour de Ptolémée au début du IIe siècle, il fallait démontrer l'antériorité du judaïsme et établir que « les Grecs avaient pris leur point de départ de la philosophie hébraïque[1] » ; quand des Juifs écrivent que Pythagore et Platon se sont inspirés de la Bible, ils supposent l'existence de traductions partielles dont on n'a retrouvé aucune trace au IVe siècle ; reste à envisager des traductions orales dont aurait pu se servir un Hécatée d'Abdère.

Cependant, si la traduction d'Alexandrie avait pour objectif de mieux faire connaître le judaïsme dans le monde issu de la conquête d'Alexandre, ce projet échoua. Les livres juifs ne sont pas cités par les intellectuels du monde gréco-romain avant le Ier siècle de l'Empire romain. Au demeurant, les citations littérales de la Bible grecque sont très rares et isolées ; la traduction n'a pas modifié, dans ces trois premiers siècles, les sources d'information des Grecs. Pendant toute cette période, ils ne l'ont pas lue.

Ceux qui l'ont lue, ce sont les Juifs de la Diaspora hellénophone. En témoignent les épîtres de Paul, un Juif de Cilicie, qui l'utilise exclusivement, bien qu'il ait été formé à Jérusalem. Dans le Nouveau Testament, la plupart des citations de l'Ancien Testa-

---

1. *Exégèse de la Loi de Moïse*, cité *PE*, 13, 12, 1-2.

ment sont conformes au texte de la Bible d'Alexandrie, ce qui laisse penser qu'elle était destinée aux maisons de prière où avaient lieu les assemblées (*synagogues*) des Juifs à l'étranger. D'ailleurs, la plus ancienne synagogue d'Égypte connue, au sud-est d'Alexandrie, est à peu près contemporaine de la traduction de la Bible puisqu'elle date de 245 avant J.-C. environ. Dans le cadre nouveau de la synagogue, cette traduction dans la langue de tous les jours aurait facilité les célébrations liturgiques, les lectures commentées et les classes d'étude qui s'y déroulaient ; elle aurait donc répondu à des besoins nouveaux des communautés de la Diaspora méditerranéenne.

Or, on ne peut suivre la diffusion de la Bible grecque qu'en Palestine, en particulier à Qumrân et en Samarie – ainsi que, peut-être, en Afrique du Nord. Le truchement chrétien s'est imposé partout, si bien qu'on ne peut pas exclure un jeu d'affinités spirituelles qui allait au-delà des objectifs culturels ou politiques annoncés. De plus, il est difficile d'établir la nécessité liturgique d'une traduction, car l'hébreu n'était pas devenu une langue morte ; il n'était pas incompréhensible à la plupart. La bibliothèque de Qumrân, en particulier, a mis en évidence le plurilinguisme : la Bible était lue dans plusieurs versions et celle d'Alexandrie n'était que l'une d'entre elles.

On en revient aujourd'hui à voir dans la traduction grecque de la Torah une opération politique, en mettant l'accent sur l'initiative de Ptolémée, que les récits juifs rappellent toujours. L'entreprise aurait d'abord obéi à des considérations pratiques, répondant à une volonté de codification royale conforme à l'idéal oriental du roi de justice. On sait que Ptolémée II fit traduire en grec le coutumier indigène, conservé en démotique, qui devint dès lors le code officiel du droit égyptien ; il a donc très bien pu s'intéresser à la Bible non pas en tant que livre religieux révélé ou en tant que philosophie, mais comme à un ensemble de règles auxquelles les Juifs se rapportaient pour leurs moindres actes. Une fois traduite en grec et garantie par l'autorité royale, la Torah devenait une « loi civique » pour les Juifs d'Égypte, au même titre que les lois qui régissaient les autres communautés non grecques. Ptolémée n'aurait fait d'ailleurs que reprendre l'exemple des souverains perses qui, à l'époque d'Esdras et de Néhémie, avaient eu la même volonté d'avaliser la loi particulière des Juifs en l'incluant dans le droit royal, ce qui était une façon de légitimer leur pouvoir sur les populations étrangères. Pourtant cette pratique orientale, si bien établie, n'est pas confirmée par des références jurisprudentielles à la Bible grecque dans les papyrus juridiques – il n'existe que quelques très rares citations émanant de plaignants juifs contre d'autres Juifs –, et jamais les autorités grecques n'ont consulté la Bible au cours d'un différent judiciaire. Si la Torah en grec se trouvait effectivement dans la bibliothèque d'Alexandrie, c'était une pièce de collection, traduite par précaution, et non un instrument de référence.

Ces différentes explications ne s'excluent d'ailleurs pas forcément : la traduction de la Bible a pu répondre à la fois à des besoins propres aux communautés juives et à la volonté politique du souverain.

Les implications religieuses du bilinguisme

La traduction de la Bible a eu des conséquences religieuses et théologiques dont les Juifs de l'Antiquité ont été conscients. Son étude, à travers le répertoire des traducteurs, leurs choix lexicaux et conceptuels, éclaire donc l'histoire du judaïsme.

Au Ier siècle après J.-C., pour Philon d'Alexandrie, comme pour l'auteur de la *Lettre d'Aristée*, c'était une traduction inspirée, parfaite et sans ambiguïté. Pourtant, dit-il, « toute langue, et particulièrement la grecque, est foisonnante en mots et la même pensée peut être rendue de multiples manières en changeant les termes ou en employant des synonymes et en recherchant le mot propre dans chaque cas[1] ». Dans la Bible en grec, affirme-t-il, « chaque mot propre *chaldéen* [c'est-à-dire hébreu] avait été rendu exactement par le même mot propre grec, parfaitement adapté à la chose signifiée ».

Deux siècles auparavant, le traducteur de la Sagesse de Ben Sirach, un Juif de Palestine, était davantage conscient des difficultés de son travail et aussi plus réticent sur la valeur des traductions faites en Égypte. Il faut « montrer de l'indulgence là où nous semblerions, malgré nos laborieux efforts d'interprétation, rendre

---

1. *V. Moïse*, II, 38.

mal quelques-unes des expressions. Car elles n'ont pas la même force, les choses dites en hébreu dans ce livre, quand elles sont traduites dans une autre langue » (Si, Prol.). Le traducteur, qui est le petit-fils de l'auteur, insiste donc sur les compétences en matière de traduction des Juifs lettrés de Palestine, qui parlaient, lisaient, écrivaient et étudiaient l'hébreu, alors que les Juifs d'Alexandrie se contentaient sans doute de le lire.

Or, quoi qu'ait voulu en faire croire les récits alexandrins, les traducteurs n'étaient probablement pas issus des castes sacerdotales de Jérusalem. Ils semblent avoir été immergés dans le milieu ptolémaïque puisqu'ils utilisent les toponymes récents et la terminologie administrative. Ils traduisent la Torah en l'actualisant avec des références et des images familières aux Juifs d'Égypte ; très souvent, ils transforment les réalités du monde paysan qui étaient celles de la Bible hébraïque, en les adaptant pour des marchands, des soldats et des procéduriers : quand Isaïe comparait les « liens de la méchanceté » au « joug des bœufs », le traducteur préfère renvoyer aux « contrats injustes » et aux « accords conclus par la force » (Is 58, 6). Autre actualisation caractéristique : alors que, dans la description de l'holocauste (Lv 1, 4-9), le texte hébreu réserve les gestes les plus importants au dévot et les énumère au singulier, la version grecque emploie des pluriels qui renvoient aux prêtres et aux lévites, car, après le retour de l'Exil, eux seuls accomplissaient la quasi-totalité des rites. Immergés dans leur milieu et dans leur époque, les traducteurs recourent à la langue parlée, celle des papyrus, plutôt qu'au grec littéraire, en incluant même aramaïsmes, assonances ou onomatopées expressives, ce qui a conduit à relativiser le nombre de néologismes dans ce grec de traduction.

La version des Septante se présente donc comme une interprétation. La difficulté inhérente à l'entreprise a été comprise par le traducteur de Ben Sirach – parfaitement bilingue à la différence de Philon. Pour lui, il n'y a pas d'adéquation parfaite entre le lexique des deux langues. Les mots choisis par les traducteurs sont donc très significatifs, surtout dans le champ du politique et de la justice où le grec disposait d'un vocabulaire beaucoup plus riche que l'hébreu.

Torah, en hébreu, signifie « enseignement », ce qui se traduirait normalement en grec par *didachè*. Or la Bible des Septante et ses historiens alexandrins ont privilégié *nomos*, la loi au sens de « règle ». Ce choix correspond à la classification de la bibliothèque d'Alexandrie, répartie en dix sections dont celle des « Lois » ; il semble donc indiquer que la traduction avait pour objet d'intégrer les règles du judaïsme au code civil royal, comme *nomos politikos*. Mais au-delà de ces impératifs pratiques, il est évident que les traducteurs ont ainsi accentué le caractère réglementaire du judaïsme et l'importance des prescriptions religieuses.

Rendre l'idée de « justice » était fondamental, tant elle imprégnait le judaïsme hellénistique, comme l'attestent la fréquence du nom Justus chez les Juifs de langue latine et le titre du fondateur de Qumrân, « maître de justice »[1]. Les traducteurs disposaient d'un vaste champ lexical puisque les Grecs distinguaient, depuis la *Théogonie* d'Hésiode au VIIIe siècle, *thémis* (la justice divine), *diké* (fille de Zeus et de Thémis, la justice des hommes), *dikaiosynè* (l'« équité »). Or ils ont traduit l'hébreu *çedaq*, qui exprime la conformité à l'ordre divin, par « équité », en privilégiant les rapports sociaux et les relations mutuelles de sorte que le devoir de justice s'est peu à peu confondu avec l'aumône. On glissait ainsi d'une terminologie mystique à une terminologie éthique.

La désignation de la circoncision a, elle aussi, été vidée de son sens religieux. Le terme grec *peritomè*, « une coupure circulaire », décrit l'opération en elle-même, mais supprime la portée religieuse du rite qu'exprimait si bien l'expression hébraïque d'« alliance de la coupure » (*berit-mila*). Sans rien récuser du monothéisme fondamental, le passage de Yahvé, nom propre spécifique, à *kyrios*, désignation commune du dieu « seigneur » dans les religions sémitiques, peut également apparaître comme une dépersonnalisation de la divinité.

Enfin, si nous parlons de « Bible », d'« Ancien » et de « Nouveau » « Testaments », c'est encore un héritage des Juifs d'Alexandrie, par le truchement des auteurs chrétiens. Pour caractériser la relation de Dieu avec son peuple – l'« Alliance » ou *berit* en hébreu –, les traducteurs ont refusé les termes usuels de la diplomatie grecque, fondés sur la parité (*synthéké* ou *symbola*), et préféré un composé proche (*diathéké*) au sens de « testament »,

---

1. Voir ci-dessous, chapitre IV, p. 132.

mettant ainsi l'accent sur la succession et sur la transmission, implicitement sur la transcendance de la divinité. Ils n'ont donc pas cherché à affaiblir ou à banaliser les spécificités du judaïsme. Bien au contraire !

Les collections bibliques et la notion de Bible

Le terme de Bible – « le livre » (*biblos*) considéré comme unique – est utilisé pour la première fois dans la *Lettre d'Aristée* ; il disparut ensuite pour des siècles. Mais ce singulier, qui ne fut presque jamais employé dans l'Antiquité, ne doit pas faire illusion. L'œuvre des Alexandrins se présente comme une collection de livres dont la traduction, la composition ou les révisions se prolongèrent jusqu'au Ier siècle de notre ère.

Dans la seconde moitié du IIe siècle, le traducteur de Ben Sirach connaissait trois collections : la Loi, les Prophètes et les « écrits suivants », qui n'allaient cesser de s'enrichir dans le genre sapientiel, romanesque ou historique. Au total, la collection grecque a ajouté au noyau initial de la Torah une cinquantaine d'autres écrits, pour la plupart absents de la Bible hébraïque. Il s'agit des livres que les Bibles chrétiennes reçoivent comme « deutérocanoniques » ou « apocryphes » ; ils sont souvent traduits d'un original hébreu, mais parfois composés directement en grec, comme un des livres des Maccabées[1]. Des compléments ont aussi été apportés à des livres hébreux ou araméens, aux Psaumes, au livre d'Esther, au livre de Daniel jusqu'au Ier siècle de notre ère.

La Bible est fréquemment perçue comme un livre unique, pour un peuple monothéiste, adorant Dieu dans un seul Temple. En réalité, la traduction de la Torah en grec, au IIIe siècle, ne correspond pas à la constitution d'un canon, puisque la troisième partie est susceptible d'accueillir des livres nouveaux. C'est alors une Bible en formation, qui se compose progressivement. Son objectif n'est pas de proposer aux Juifs hellénisés un texte unitaire, fixé une fois pour toutes, et ainsi de les intégrer. On ne peut pas parler de canon alexandrin, non plus d'ailleurs que de canon palesti-

---

1. Voir ci-dessous, chapitre II, p. 44.

nien : aucune des deux collections n'est close avant notre ère, comme le prouve le livre de Daniel, inclus dans les Prophètes à Qumrân, au début du Ier siècle de notre ère.

Même si les Juifs de Palestine ont émis quelques réserves et privilégié la version hébraïque, ils ont d'abord accueilli la Bible en grec, quitte à la retravailler et à proposer un nouveau texte. C'est plus tard qu'ils rejetèrent le texte grec, et ce pour des raisons politico-religieuses : en 70, après la guerre contre Rome et la disparition du Temple, à la fin du Ier siècle de notre ère, le judaïsme se resserra autour des rabbins, et la Bible grecque, qui apparaissait comme l'ouvrage de référence du christianisme naissant, fut progressivement remise en cause. Alors seulement la tradition rabbinique en dénonça les altérations et les complaisances vis-à-vis du pouvoir politique, puis la compara au Veau d'or, y voyant une apostasie exécrable puisque aucune traduction adéquate n'était possible.

Les manuscrits de la mer Morte donnent une tout autre image de la culture biblique des Juifs pieux au tournant de notre ère. Ils confirment l'existence, à cette époque, de livres qui étaient consultés simultanément dans des versions différentes (ce sera aussi le cas des évangiles)[1]. En Judée, les gens de Qumrân lisaient tous les livres de la Bible hébraïque, mais ils possédaient aussi les versions hébraïques de romans ou de sagesses de la collection alexandrine, sans compter les productions « intertestamentaires » du judaïsme hellénisé. Le fait qu'il ait existé un texte hébreu ou araméen du Roman de Tobit et de celui de Judith prouve suffisamment que ces textes n'avaient pas été composés à part, pour des hellénophones marginaux. Il serait donc artificiel d'opposer un judaïsme palestinien orthodoxe, d'expression sémitique, et un judaïsme hellénophone déviant, d'autant que – l'on y reviendra – les liens sont étroits, au IIIe siècle, entre Jérusalem et Alexandrie et que la maîtrise du grec est alors bien attestée en Palestine[2].

L'impression qui prévaut à l'époque hellénistique est celle d'une Bible « plurielle » : qu'elle soit d'expression sémitique ou d'expression grecque, elle constitue une collection très diver-

---

1. Voir ci-dessous, chapitre IV, p. 128.
2. Voir ci-dessous, chapitre V, p. 165, et chapitre VII, p. 219.

sifiée et encore ouverte. On peut parler, en Égypte et même en Palestine, de littérature biblique élargie, d'autant que de nouvelles formes littéraires apparaissent, à la charnière du IIIe et du IIe siècle, entre judaïsme et hellénisme.

Une littérature double pour un monde double

La littérature biblique du début du IIe siècle évoque des personnalités vivant « entre deux mondes », juif et grec, et met en évidence des échanges culturels. Les ouvrages récents de la Bible grecque utilisent en effet un fond commun oriental qu'ils adaptent aux réalités du monde hellénistique en reprenant des concepts et des grilles de lectures grecs. Outre qu'ils sont l'expression d'une foi, ils témoignent, directement et indirectement, de processus d'acculturation, de liens entre le religieux et le politique (qui sont ailleurs très peu documentés), mais aussi des réflexes identitaires des Juifs en milieu étranger.

Le fond commun, c'est celui des sagesses orientales, largement diffusées depuis le IIIe millénaire en Égypte comme en Mésopotamie, qui avaient déjà inspiré le livre de Job et celui des Proverbes. Ce genre littéraire perpétue un mode d'expression très direct et très vivant avec ses apostrophes, ses impératifs, ses conclusions en forme de « souviens-toi ». Il offre toute une série de situations convenues, qui sont celles du folklore universel, ainsi qu'un catalogue de sujets : la famille, les vicissitudes du sort, la pauvreté et l'aumône, le libertinage, l'ivresse, l'amitié, la faveur des grands... Une maxime, ou un proverbe, peut y prendre la forme d'une parabole ou d'une allégorie, s'intégrer dans un récit ou une autobiographie (Qo 12, 9).

Au IIIe siècle, cette forme de littérature se continue en hébreu mais existe désormais en grec. En témoigne le Qohélet, cet anonyme « prédicateur d'assemblée » (l'Ecclésiaste dans la traduction grecque). C'est un grand propriétaire, habitué des cours, qui vit dans un domaine bien irrigué (Qo 2, 4-9) ; il fait penser à la famille hellénisée des Tobiades et paraît représentatif de cette élite juive du IIIe siècle, puissante localement et ouverte sur l'extérieur. Il a sans doute des notions de philosophie puisqu'il reprend parfois des concepts grecs, mais il a choisi de s'exprimer dans un hébreu parlé, rempli d'araméismes. Quant à Jésus ben Sirach (le Siracide), il écrit encore en hébreu dans les années 190, mais son petit-fils, on l'a dit, traduit son livre en grec.

Dans ces deux ouvrages, les auteurs donnent de l'importance aux éléments autobiographiques. Le Qohélet emprunte aux Grecs la démarche d'« autopsie », selon laquelle « mieux vaut voir de ses yeux » (Qo 6, 9) ; la plupart de ses réflexions sont présentées comme des observations directes. Ben Sirach, qui appartient au même milieu des notables de Jérusalem, développe dans un appendice autobiographique (Si 51, 2-7) ses malheurs en politique, dans une cour qui est sans doute celle des Séleucides. Tous deux sont des orateurs publics autant que des savants, et non des hommes de cabinet ; ils cherchent à instruire tout en distrayant (Qo 12, 10). Le public visé semble se restreindre : pour l'éditeur du Qohélet, c'était le peuple tout entier (Qo 12, 9) ; pour le traducteur de Ben Sirach, c'est seulement, dans la Diaspora d'Égypte, les « amoureux du savoir[1] » (*philomateis*) (Si, Prol. 35).

La volonté d'instruire en distrayant apparaît encore plus nettement dans un genre nouveau qui se constitue alors, celui du roman pieux. Le judaïsme d'Égypte nous en a conservé un exemple célèbre, celui de *Joseph et Aseneth* qui utilise la figure du fils de Jacob. La Bible grecque en inclut un autre plus ancien, *Le livre des hauts faits de Tobit*, dont l'original doit remonter aux années 200-190 et être à peu près contemporain de la Sagesse de Ben Sirach. Il juxtapose à la Sagesse de Tobit (Tb 1-3 et 13) un récit romanesque centré sur son fils Tobias (Tb 4-12). Ce roman puise, lui aussi, au trésor des anciennes sagesses orientales au point de faire du héros juif, Tobit, l'oncle de l'Assyrien Ahiqar (Tb 1, 21-22), dont la Sagesse avait été diffusée dans tout le Proche-Orient et était connue des Grecs.

Le livre de Tobit se présente comme un roman historique qui a pour cadre l'Assyrie du VIIe siècle et dont la structure est calquée sur celle du roman assyrien : déportation, faveur royale, disgrâce et retour en grâce, le tout émaillé de maximes. Mais il emprunte également beaucoup à la comédie et au roman grecs qui privilé-

---

1. Cette désignation des étudiants en rhétorique ou en philosophie dans les écoles grecques passe aux synagogues, où ces intellectuels fourniront le vivier du christianisme paulinien.

gient l'amour et le voyage : le fils du héros, Tobias, voyage jusqu'en Médie, où il rencontre l'amour de Sara. Le merveilleux et la magie y tiennent une place importante avec la présence du démon Asmodée auprès de Sara, et celle de l'ange Raphaël qui guide Tobias *incognito*, en lui révélant des rituels de conjuration et de guérison ésotériques (Tb 6, 1-9). On songe ici à ces tablettes trouvées dans le monde grec où les anges du judaïsme sont mêlés à des procédures magiques.

Tout est anachronique dans les réalités quotidiennes que décrit ce roman. Les sommes y sont comptées en monnaie grecque, dont l'auteur connaît le pouvoir d'achat : le dépôt de dix talents d'argent chez le père de Sara correspond au montant d'une dot (Tb 1, 14) ; l'allocation journalière de voyage d'une drachme (Tb 5, 15) était celle distribuée, au IVe siècle, aux Athéniens en déplacement officiel. La profession avouée par Tobit (Tb 1, 13), celle de commissionnaire royal chargé des achats du roi à l'étranger, est attestée dans les cours dès le IVe siècle. C'est l'ambiance d'une société grecque qu'évoque ce livre au point qu'on a même cru y retrouver des emprunts au Comique grec Ménandre. Le texte paraît bien avoir été élaboré en Égypte, à laquelle il renvoie parfois expressément (Tb 8, 3), tant sont évidentes les ressemblances de ce roman d'amour avec celui de *Joseph et Aseneth*.

Le roman pieux d'un émigré

Il faut donc lire la Sagesse de Tobit comme une instruction pour les Juifs de la Diaspora, comme une réflexion propre au judaïsme d'Égypte, plutôt qu'y voir des directives de Jérusalem.

Ce roman biblique met en scène un Juif qui doit s'intégrer à la société civile et politique tout en gardant son identité. Le cadre est celui de la mixité, puisque le lien fictif avec Ahiqar l'Assyrien suppose le mariage d'un Juif, le frère de Tobit, avec une femme du pays (Tb 1, 21). Cependant l'endogamie est vivement conseillée, et dans le sens le plus strict : Tobias devra épouser non seulement une fille de son peuple, mais de sa tribu et de son clan (Tb 4, 12) ; il est vrai qu'en Égypte les mariages entre Juifs et Grecques pouvaient poser problème, surtout en raison de la différence des régimes matrimoniaux[1]. L'endogamie exclusive perpétuera la noblesse juive jusque sous l'Empire, à Jérusalem comme dans la Diaspora[2].

Le problème alimentaire apparaît pour la première fois avec la difficulté d'observer les principes de séparation définis par le Lévitique (Lv 20, 24-25), surtout pour un Juif immigré, prisonnier ou soldat (Tb 1, 10-11) ; il se posait aussi en Égypte, dans la bonne société, celle où se pratiquaient des mariages mixtes[3]. La mise en garde très conventionnelle contre l'ivresse (Tb 4, 15) prenait des accents particuliers en Égypte où, dans tous les milieux, il existait de nombreuses associations de « buveurs » et de « rieurs »[4]. Contre ces tentations de la vie grecque, la famille constitue la cellule de base pour préserver l'identité juive (Tb 4, 12-13), le rôle de l'épouse et de la mère étant particulièrement souligné (Tb 2, 11-13).

La piété filiale et la solidarité entre immigrés se manifestent surtout au moment des obsèques. C'est un thème récurrent dans tout le livre de Tobit que de rendre aux morts les honneurs funèbres qui leur sont dus (Tb 2, 4-8 et 4, 3-4). En effet, tous les émigrés partageaient la crainte de ne pas être enterrés selon les rites propres à leur culture, et nombre d'inscriptions funéraires sont là pour en témoigner[5] ; en Égypte, en particulier, les Juifs se heurtaient à la pratique générale de la momification, impie à leurs yeux. Ils cédaient plus volontiers sur les offrandes funéraires (Tb 4, 17 ; Si 7, 33), qui étaient pourtant controversées en Palestine.

La meilleure façon de rester pieux dans l'émigration, c'était de prier, de lire les Prophètes et d'observer les commandements (Tb 4, 5). La religion de l'émigré, loin du Temple et de ses rites, se fondait sur les œuvres : la prière, le jeûne, la justice et, surtout, l'aumône (Tb 12, 8-9). En mettant l'accent sur l'aumône, au point de l'identifier avec la justice (Si 3, 30 ; 7, 10), le judaïsme de la Diaspora sanctifiait une pratique d'assistance mutuelle, caractéristique des communautés d'immigrés. Le roman de Tobit n'ap-

---

1. *C.P.J.*, I, 19 et 128.
2. Josèphe, *Vie*, 2 et 427.
3. *Joseph et Aseneth*, 7, 1.
4. Plutarque, *Antoine*, 28-29.
5. *Inscriptions d'Athènes IG*, II², nos 1275 et 8388.

porte d'ailleurs aucune justification théologique à ce qui reste une morale en action, contrairement à certains targums contemporains qui présentaient les œuvres de miséricorde comme l'imitation de Dieu.

Il ne faudrait cependant pas conclure que la Sagesse de Tobit illustre une intériorisation totale de la religion juive. Certes, loin du Temple, la relation avec Dieu prend un caractère individuel et passe par l'intervention des anges. Raphaël est le protagoniste de l'histoire de Tobias, qui se termine par un véritable exposé doctrinal d'angélologie : l'apparition de l'ange est une réponse à la prière ; l'ange se tient près de chacun personnellement ; il est l'instrument de la puissance miraculeuse de Dieu ; il est surtout le médiateur qui présente la prière des saints et leur transmet la volonté divine (Tb 12, 12-15, et 18-20). Le monde de Tobit est un champ de bataille pour les bons et les mauvais anges (les démons), selon une cosmologie héritée des Perses, reprise plus tard dans les livres d'Esther et de Daniel, et déjà largement répandue dans le judaïsme alexandrin. Mais le Temple de Jérusalem demeure la référence pour tout Juif pieux et le centre de son univers. Le roman conseille vivement de faire des pèlerinages réguliers pour ne pas tomber dans l'idolâtrie et dans la zoolâtrie locales (Tb 1, 4-6). Même dans l'émigration, la vie reste réglée par le calendrier des grandes fêtes annuelles, en union avec le Temple (Tb 2, 1).

La Sagesse d'un notable de Jérusalem

La Sagesse de Jésus ben Sirach ne se distingue guère par ses prescriptions du livre de Tobit. Les deux ouvrages mettent l'accent sur la famille, l'entraide et l'aumône, la prière, la sobriété, et dénoncent la présence du mal dans le monde, incarné en Satan ou dans les démons. Cependant, les situations sociales sont différentes et les perspectives historiques de Ben Sirach beaucoup plus amples. Tobit et Tobias représentaient les Juifs de la Diaspora, immergés dans une culture étrangère. Ben Sirach est un notable de Jérusalem, dont la vie se déploie entre le Temple et une cour hellénistique, celle des Séleucides.

Ben Sirach écrit sous le grand prêtre Simon II (Si 50, 1-2), vers 190-180, alors que la Judée vient de passer de la domination des Ptolémées d'Égypte à celle du Séleucide Antiochos III, maître du Proche et du Moyen-Orient. Mais si le cadre politique a changé, les conditions de vie restent identiques à celles évoquées dans la Sagesse de Qohélet (L'Ecclésiaste), deux ou trois générations auparavant. Tous deux sont des lettrés et des orateurs, le Qohélet étant présenté au sens propre, dans la traduction grecque, comme un prédicateur d'assemblée populaire. Ben Sirach affirme également son devoir de parole (Si 4, 23), les lieux de la parole publique étant aussi bien le groupe des anciens (Si 7, 14) que l'*ecclésia*, la foule ou le rassemblement du peuple (Si 1, 30 ; 7, 16 ; 15, 5, et 16, 6).

Parler est à la fois un devoir et un métier. Ben Sirach insiste sur les longueurs et les difficultés de l'apprentissage (Si 4, 11-13, et 17-19). Il s'est formé dans la continuité de la tradition orale en apprenant des anciens les récits et les proverbes qu'ils avaient eux-mêmes appris de leurs pères (Si 8, 8-9) ; c'était la formation pratique du fonctionnaire et du légiste pour pouvoir tenir son office (Si 39, 1-3). Ainsi la Loi ne reste pas enfermée dans le livre ; elle se diffuse par oral, des lettrés au peuple. Le lettré est défini comme un « scribe » (Si 10, 5 ; 38, 24), un homme de cabinet qui a consacré sa vie à la lecture et à l'étude de la Loi, des sagesses et des Prophètes (Si 39, 1-11). Il est l'intermédiaire obligé entre une culture de l'écrit, celle de l'élite sacerdotale, et une culture de l'oral, pratiquée dans les lieux de sociabilité.

Ben Sirach, comme le Qohélet avant lui, se met du côté des « grands », qui sont apparus depuis l'époque de Néhémie, et il affirme la supériorité du scribe sur tous les métiers de la terre et de l'artisanat (Si 38, 24-34). Ces lettrés vivent dans un riche domaine agricole bien irrigué, avec des parcs et des vergers d'arbres fruitiers, des bassins, des pépinières et des troupeaux, le tout entretenu par des armées d'esclaves (Qo 2, 4-9). Voilà ce que Ben Sirach désigne par le terme perse de « paradis », où il trouve le loisir nécessaire à l'étude (Si 24, 30-31 ; voir 38, 24). Les sagesses témoignent clairement d'une société coupée en deux, où les intellectuels – scribes et médecins – vivent dans l'entourage des grands. Les lettrés défendent la stabilité sociale et soulignent que chacun doit rester à sa place, les pauvres avec les pauvres, et eux-mêmes avec les grands (Si 20, 27 ; 38, 33 ; 39, 4). Leur rôle est de conseiller les grands et non de servir de porte-parole aux humbles. Cependant Ben Sirach rappelle les devoirs de piété, se montrant réservé et plutôt critique sur les pratiques de prêt et d'endettement, quand un créancier impitoyable enlève à ses débiteurs ses moyens d'existence (Si 34, 24-27). En reprenant les prescriptions de Néhémie (Ne 5, 1-3), il révèle l'échec des réformes foncières tentées par ce dernier au Ve siècle ; l'endettement paysan restait un mal endémique (Si 29, 1-13).

Les débuts du piétisme mystique

Ben Sirach se pose donc en directeur de conscience. Lui-même fixe très haut un idéal moral, fondé sur l'exercice du libre arbitre et du discernement, qui annonce les pharisiens et les esséniens (Si 15, 14). Il prône aussi une morale des œuvres, qui seules témoignent du juste devant Dieu (Si 14, 11-13 ; 16, 22 ; 17, 19-22) ; on ne saurait se payer de mots et il faut avant tout conformer sa vie à ses paroles (Si 3, 23 et 31). Mais la parole est à la fois la meilleure et la pire des choses : révélatrice de la sagesse (Si 4, 24), elle peut être source de péchés (Si 14, 1 et 20, 18-26). Ces deux thèmes de la foi par les œuvres et des péchés de langue vont marquer le piétisme juif jusqu'à la première Église de Jérusalem (Jc 3, 3)[1].

C'est un piétisme nourri de mysticisme qu'inspire la figure du patriarche Hénoch, converti et visionnaire. Le patriarche occupe une place particulière dans la galerie des hommes illustres de Ben Sirach et, plus encore, chez son petit-fils, le traducteur (Si 44, 16 et 49, 14). Depuis le IIIe siècle, en effet, étaient publiés sous le nom du patriarche Hénoch des écrits ésotériques qui le présentaient comme l'archétype du sage, converti à la Loi, et comme le prototype du visionnaire, enlevé auprès de Dieu ; ils circulaient surtout dans les groupes de dévots et de prêtres, et constituèrent un des grands classiques de la bibliothèque de Qumrân. Les adeptes d'Hénoch se transmettaient des révélations qu'on croyait immémoriales et qu'on tenait secrètes, celles qu'il aurait reçues lors de son ascension au ciel et transmises dans son testament à sa descendance, en les réservant au groupe de ses fidèles.

---

1. Voir ci-dessous, chapitre VIII.

Ainsi donc Ben Sirach exprime une espérance eschatologique, à la mesure de ses inquiétudes quotidiennes (Si 39, 27-35). Celles-ci sont provoquées par la pression qu'exercent les officiers royaux, par la menace des peuples voisins – Philistins de la côte, Samaritains et montagnards du désert (Si 50, 26) –, par la répétition des guerres de Syrie enfin (Si 36, 9, et 11-14), où Séleucides et Ptolémées s'opposent régulièrement et dont Jérusalem a fait les frais en 200. Mais, en méditant sur la Bible, Ben Sirach est convaincu que l'histoire d'Israël a un sens, voulu par Dieu, et que son salut viendra de son élection et de sa fidélité. Ainsi la Torah peut-elle avoir deux sens suivant la lecture que l'on en fait : un sens banal et immédiat pour le peuple, un sens profond réservé aux spécialistes de l'Écriture, aux prêtres et scribes du Temple, qui participent de la révélation et qui ont « réfléchi sur les secrets de Dieu ».

Une société en mutation : réflexes de frilosité

Vivant dans la société des grands, qui recherchent depuis le Ve siècle des contacts et des alliances extérieures (Ne 6, 10-19, 13, 4-9), les lettrés ne sont pas imperméables à toute hellénisation, bien qu'ils aient écrit en hébreu. Qohélet a une teinture de philosophie ; il manifeste un épicurisme tempéré, voire un peu de cynisme. Ben Sirach apparaît plus marqué encore par le mode de vie grec : en rédigeant une *Instruction sur la nourriture et sur le vin* (Si 31-32), il reconnaît le banquet comme le lieu de la sociabilité par excellence chez les Grecs, celui, encore, de tous les apprentissages (voir aussi Qo 2, 3). Le banquet est donc le révélateur de la bonne éducation, comme le soulignait déjà Platon. Lecteur des philosophes, Ben Sirach le fut peut-être des médecins de l'école d'Hippocrate : pour lui, la maladie est à la fois profane et sacrée, et le traitement doit associer conversion, expiation et thérapeutique (Si 38, 1-15). Les pratiques de divination, l'interprétation des songes sont également courantes dans le milieu où il vit (Si 34, 5-8).

Surtout, Ben Sirach appartient à un monde qui bouge. Dans un témoignage manifestement autobiographique (Si 34, 9-13), il fait l'éloge du voyage d'étude ou « théorétique », que le sage juif, comme le philosophe grec, doit entreprendre pour acquérir une expérience nouvelle. Il faut aller vérifier sur place, de ses propres yeux (Si 34, 12), ce que l'on a appris dans les livres, selon le principe grec de l'« autopsie ». Les épreuves et les risques mortels qu'encourt le voyageur ont une valeur initiatique, car ils permettent d'aller au bout de soi-même tout en développant des savoirs techniques.

Mais la mobilité de la classe et de l'époque auxquelles appartient Ben Sirach suscite aussi réticences et réflexes de méfiance. Il y a dans son livre des images conventionnelles et négatives de la femme, du marchand, de l'étranger, qui aident à comprendre la condamnation des voyages et du commerce international que l'on retrouve chez les esséniens[1]. Ben Sirach déconseille d'aller chercher fortune à l'étranger en raison du caractère aléatoire et précaire de l'hospitalité privée (Si 29, 21-28). Les trafiquants, les revendeurs et les manieurs d'argent, c'est-à-dire les éléments les plus dynamiques et les plus mobiles de la société, sont placés en risque de péché, surtout à cause de la rigueur impitoyable avec laquelle ils traitent leurs débiteurs (Si 29, 7-13). Les femmes sont autant de tentations permanentes, sans parler des ivrognes et des filles à soldats (Si 26, 8-9, et 12) ; en somme, la femme peut être la synthèse de tous les maux (Si 25, 17-27).

La frilosité de Ben Sirach le conduit même à recommander la restriction des naissances, contrairement au goût pour les familles nombreuses, bien établi dans le judaïsme où elles apparaissent comme une bénédiction (Ps 17, 21). Ben Sirach a peur des enfants qui tournent mal (Si 22, 3-6), qui vivent dans l'impiété et hors de la loi (Si 16, 1-4), pour le plus grand malheur de leurs parents. On ne peut s'empêcher de songer à ces cas d'apostasie, comme ceux qui sont attestés, vers 170, au sein de la famille hellénisée des Tobiades, dans laquelle sept des huit frères se déjudéisèrent et abandonnèrent l'observance de la Loi[2] : cette défection concluait deux siècles de promotion économique et d'intégration sociale pour ce clan. Ben Sirach semble avoir identifié dans une certaine élite des mutations sociales et culturelles incontrôlables qui

---

1. Voir ci-dessous, chapitre IV, p. 143.
2. *AJ*, XII, 5, 1 (240).

constituent une sorte de préhistoire à la révolte des Maccabées contre l'hellénisme. Il y répond par le repli sur soi.

Le sage et le roi. Leçon de précarité politique

La situation internationale n'est pas étrangère à cette peur de l'autre. Certes, Ben Sirach est contemporain de la restauration de Jérusalem et du Temple par le roi Antiochos III, au terme de deux campagnes, en 201 et en 200, qui donnèrent aux Séleucides le contrôle de la Palestine. Bien que ce monarque ait laissé un bon souvenir dans une certaine tradition juive et que des Juifs se soient engagés dans ses armées[1], Ben Sirach reste réservé vis-à-vis du pouvoir grec et impute le redressement du Temple au seul grand prêtre (Si 50, 1-4), alors que le libéralisme d'Antiochos III envers tous les grands sanctuaires est bien attesté par ailleurs.

Ben Sirach critique l'impérialisme grec et ses effets, en dénonçant les royautés éphémères et instables qu'il engendre (Si 10, 8 et 14-17). À l'image biblique du roi de paix monté sur un âne, selon la vision de Zacharie (Si 10, 14 ; voir Za 9, 9-10), il oppose celle du tyran couronné du diadème (Si 11, 5), promis à la pire des morts, celle-là même que connaîtront Antiochos IV, Hérode et Agrippa Ier. En effet, seule la fin d'un roi dévoile ses œuvres (Si 9, 11 et 11, 27). Le bon gouvernant doit se faire le « serviteur des serviteurs » (Si 10, 20-26), sans exercer aucune discrimination sociale ou intellectuelle parmi les « craignant-Dieu ». On ne peut pourtant pas parler de messianisme chez Ben Sirach, car cet idéal politique ne rejoint pas son espérance eschatologique et ne s'incarne dans aucune personnalité royale du temps. Il s'agit plutôt d'un réflexe réactionnaire et nationaliste, qui explose parfois en de violentes prophéties contre l'oppression étrangère et l'« homme cruel » (Si 36, 1-22 et 35, 22-25).

Ainsi se trahissent les sentiments profonds de ce scribe et sa xénophobie latente. Mais en attendant le retour de sa patrie à l'indépendance – ce dont il ne doute pas –, il accepte la royauté séleucide comme un régime voulu par Dieu, en rappelant que tout pouvoir est d'origine divine et que Dieu donne aux peuples un roi

---

1. *AJ*, XII, 3, 3 (129-153).

selon leur mérite. Il accepte donc de jouer le jeu politique, un jeu qui n'est pas sans risque.

Ben Sirach connaît la vie de cour, ce club d'hommes, ce monde fermé de dignitaires, dont le banquet royal règle l'organisation et la hiérarchie, en termes de proximité au roi[1]. Du roman des Tobiades[2] à celui d'Esther (1, 2-10), dans l'histoire de Jean le Baptiste (Mc 6, 21-28) comme dans la parabole du festin royal (Mt 22, 1-14), cette manifestation ostentatoire des cours perse et hellénistique n'a cessé de fasciner l'imagination des Juifs autant que celle des Grecs. Tout y devenait possible : on y rencontrait la femme de sa vie, on pouvait obtenir ce qu'on voulait du roi, une femme, la tête d'un ennemi ou une partie de son royaume... Ben Sirach sait tout cela, qui rédige une instruction de savoir-vivre pour les banquets officiels : il faut savoir se placer dans le cercle des cours, en se tenant ni trop près ni trop loin du souverain (Si 13, 7) ; il ne faut pas solliciter du roi une place d'honneur ni se mettre trop en vue (Si 7, 4). Car la cour est un lieu dangereux et lui-même a été victime de ses intrigues (Si 51, 1-13) : médisances et calomnies, devant le roi, ont failli entraîner sa perte. Plus prudent que bien des philosophes grecs, dont certains y laissèrent leur vie, Ben Sirach ne revendique donc pas pour le sage, au banquet royal, la liberté d'expression, la *parrhésia*. Il lui conseille plutôt un profil bas.

Le sacerdoce, principe vital du judaïsme

Entre le roi et le grand prêtre, Ben Sirach a choisi : le sacerdoce lui apparaît plus important que tout, et même que la royauté davidique. Sa galerie des hommes illustres s'attache surtout à Aaron (Si 45, 6-24), le fondateur du grand-pontificat institué par Moïse, puis à Pinhas, son petit-fils (Si 45, 23-24) – dont l'« alliance de prêtrise éternelle » garantit la légitimité des Sadocides par une transmission ininterrompue du sacerdoce dans cette famille –, enfin à Josué, constructeur du second Temple avec Zorobabel

---
1. *AJ*, XII, 4, 9 (210).
2. *AJ*, XII, 4, 6 et 9 (187 et 210-211).

(Si 49, 11-12). Les rois, répartis entre bons et mauvais, ne font pas le poids et l'action de David et de Salomon est plutôt dépréciée.

Ben Sirach exalte le grand-pontificat en la personne du grand prêtre Simon II (Si 50). C'est lui qu'il investit (à tort) de l'image traditionnelle de bâtisseur du Temple, fonction qui, depuis le retour de l'Exil, donne au pouvoir sa légitimité. Il décrit deux fois le vêtement sacerdotal dans tout son éclat, pour Simon et pour Aaron. À ses yeux, le grand prêtre est le centre du monde juif et son point de repère : sur les marches de l'autel, quand il célèbre le sacrifice, il est entouré des prêtres, en cercle, puis des chantres et, au-delà, de l'assemblée du peuple, selon une représentation tripartite de la société.

Chez Ben Sirach, le grand prêtre apparaît comme le seul fondement identitaire de la nation juive. Cette théorie politique est peut-être le reflet de déterminismes historiques, puisque après la conquête d'Alexandre, à partir de 332, on ne trouve plus trace en Judée de gouverneurs civils mis en place par le pouvoir royal, comme il en avait existé à l'époque perse. Le vieux système dyarchique associant un chef laïc et un grand prêtre a disparu et le chef du sacerdoce à Jérusalem est devenu l'unique autorité locale.

Mais Ben Sirach peut aussi avoir voulu faire œuvre de propagande, alors que la dynastie sacerdotale des Sadocides se serait trouvée déjà contestée et menacée – elle disparut définitivement pendant le conflit avec Antiochos IV et la révolte des Maccabées, après que la famille hellénisée des Tobiades lui a porté les premiers coups[1]. La prière de Ben Sirach (50, 22-24) montre qu'il redoute des événements d'actualité et l'interruption de la dynastie sacerdotale.

Ainsi Ben Sirach établit-il l'alliance des scribes et du grand prêtre, des intellectuels et du sacerdoce, donnant même la sagesse comme principe du ministère sacerdotal (Si 24, 10).

Littérature double et prosélytisme : un néologisme discuté

À qui étaient destinées cette littérature double et, plus précisément, la Bible en grec ? Répondaient-elles à des besoins apolo-

---

1. *AJ*, XII, 5, 1 (239).

gétiques inspirés par la polémique sur l'idolâtrie ? Ou bien leurs auteurs avaient-ils voulu faire du prosélytisme, au sens où nous employons aujourd'hui ce terme, c'est-à-dire faire du zèle pour recruter des adeptes ?

Le débat repose sur un néologisme – celui de « prosélyte » justement – dont les traducteurs de la Bible grecque sont les auteurs. Ils n'ont pas traduit littéralement le mot hébraïque *ger* qui désignait le résident étranger, pourvu de droits et de devoirs par rapport au peuple juif, à la différence du simple étranger. Pourtant, la terminologie grecque établissait la même différence entre le visiteur de passage et le domicilié, le « métèque » (*métoikos* ou *paroikos*). Dans la Bible hébraïque, le nom et le statut de « résident » n'indiquent jamais une démarche de conversion, d'autant qu'ils ne sont pas réservés aux non-Juifs : les Juifs ont connu cette situation en Égypte (Lv 19, 34), et elle se reproduit dans la Diaspora. À l'origine, les « résidents » étaient protégés par le droit ; finalement, ils purent acquérir un lot de terre (Es 47, 22) ; ils étaient d'ores et déjà associés aux purifications, au sabbat, au jeûne, aux sacrifices et aux fêtes, mais ils ne pouvaient manger la Pâque avec les Juifs avant d'avoir été circoncis, c'est-à-dire assimilés aux indigènes (Ex 12, 48 ; Nb 9, 14).

Telle n'était pas exactement la situation du « métèque » en droit grec, ce qui a pu empêcher de traduire ce mot littéralement, bien que les Juifs d'Égypte, pour qualifier la situation de la Diaspora, aient recouru aux termes *paroikos*, *paroikia* (Si, Prol. 34 ; Sg 19, 10 ; LXX Es 20, 38 ; 2 M 12, 3 et 8). Les métèques n'eurent jamais le droit de propriété foncière, sauf exceptionnellement par privilège personnel ; ils purent très tôt participer aux fêtes civiques, mais dans une position subalterne, et l'assimilation, qui passait dans la cité grecque par la naturalisation, leur fut presque toujours refusée. Le statut du *ger* hébraïque paraissait donc meilleur que celui du « métèque » grec. Son image aussi. La représentation du monde et des autres était d'ailleurs différente dans les deux cultures. Le législateur et les prophètes mettaient le *ger* au milieu du peuple enraciné « dans les portes d'Israël », portes qui étaient destinées à s'ouvrir largement à toutes les nations dans les perspectives eschatologiques universalistes des prophètes récents, au retour de l'Exil (Is 60 ; Ag 2, 6-9 ; Za 14, 16). Les Grecs n'eurent jamais cette vision d'un peuple unique ; fondamentalement ethnocentriques, ils laissaient l'étranger « à la porte », plus ou moins marginalisé ou partiellement intégré.

Les traducteurs grecs de la Bible ont donc présenté le *ger* non pas comme un « résident », mais comme quelqu'un qui était venu s'ajouter à la communauté, dans une relation de proximité : tel est le sens, complexe, de « prosélyte ». Les Grecs avaient l'habitude, d'une façon assez discriminatoire, de désigner l'étranger comme le « nouveau venu » (*néélys*), « celui qui survenait » (*épélys*). En insistant, sur l'« approche » (selon le sens du préfixe *pros*), les traducteurs reprenaient la démarche cultuelle proprement biblique de l'« approche de l'autel » et glosaient les prescriptions mosaïques (Ex 12, 48) : avant d'« approcher » pour manger la Pâque avec les Juifs, le résident devait être circoncis et ne plus se distinguer de l'indigène. La Bible proposait l'assimilation ethnique comme préalable à l'intégration religieuse[1], ce qui était exactement l'inverse de l'attitude de la cité grecque envers ses métèques.

Que certains aient voulu ainsi souligner une particularité de la société et de la religion juives, cela est indéniable. Mais l'ouverture à l'assimilation ne signifie pas pour autant la mise en place, dès le début de l'époque grecque, d'un programme missionnaire ou d'une politique de conversion. Les visions universalistes des derniers prophètes n'envisagent la conversion générale de l'humanité que dans un avenir indéterminé ; leur prédication n'est pas missionnaire au sens précis du terme et leur but est surtout de réconforter les Juifs dispersés en mettant en valeur le pôle jérusalémitain, centre du monde. D'ailleurs, ils se placent dans une perspective plutôt nationaliste puisqu'ils prévoient le châtiment des nations avant d'envisager leur conversion (Jon 3, 4-6), ou leur épuration (Za 13, 8-9). Aucun prophète ne précise ni quand ni comment se fera le salut des non-Juifs.

D'autres œuvres littéraires non canoniques, comme le roman *Joseph et Aseneth*, composé en Égypte au IIe siècle avant J.-C., sont plus précises sur leur objectif. Ce dernier pose la conversion comme condition du mariage mixte[2] : aussi a-t-on pu parler à son propos de « roman missionnaire », sans aucun laxisme ni

---

1. Définition de Philon, *Sp. leg.*, I, 51.
2. *Joseph et Aseneth*, 7, 6.

compromis avec l'hellénisme d'ailleurs, puisque l'intransigeance du héros conduit la jeune fille qui l'aime et qui est issue du milieu sacerdotal égyptien à embrasser la foi juive. À bien lire le prologue grec de la Sagesse de Ben Sirach, on constate, sans ambiguïté aucune, que les lecteurs sont les « amoureux du savoir » (les *philomatheis*) qui fréquentent les synagogues de la Diaspora. Dans la pensée du traducteur, ces lettrés doivent servir de relais vers « ceux du dehors », les profanes.

On ne saurait donc parler d'œuvre de propagande. Il s'agit plutôt d'une littérature destinée à circuler dans le milieu des lettrés juifs, en renforçant les liens entre Jérusalem et la Diaspora. Elle témoigne d'un horizon dilaté par la conquête d'Alexandre de la Mésopotamie à l'Égypte, en embrassant tous les pays à l'ouest de l'Euphrate[1]. Les auteurs et leurs lecteurs ont pris en compte le mode de vie de l'hellénisme, ainsi que leur intégration dans un royaume grec. Leur monde s'étend de l'Égypte jusqu'en Médie, à l'ouest de l'Iran, puisque l'essentiel du roman de Tobit se situe à Ecbatane. Depuis la conquête perse, le Moyen-Orient est entré dans le monde des Juifs et les régions d'Ecbatane et de Suse restent présentes dans son imaginaire (Ac 2, 9), même après que la conquête parthe les eut arrachées à l'hellénisme et eut établi l'Euphrate comme frontière.

Cependant tout particularisme n'est pas absent. Témoin de la restauration libérale d'Antiochos III, nourri de l'espérance universaliste des grands prophètes, Ben Sirach n'en cède pas moins à de brusques explosions nationalistes et xénophobes en affirmant sa conviction d'assister bientôt au châtiment des nations impies (Si 35, 22-23, et 36, 1-17). Il annonce, à une génération d'écart, la réaction des Maccabées, auxquels, on va le voir, les groupes piétistes fournirent un support.

---

1. Voir l'oracle anonyme mis sous l'autorité du prophète Zacharie (Za 9, 10).

CHAPITRE 2

« *L'abomination de la désolation*[1] »
Entre le Temple et l'État grec

Le 8 décembre 167, le roi séleucide Antiochos IV fit édifier une construction sacrilège sur l'autel des holocaustes au Temple ; il l'adapta sans doute aux sacrifices sanglants, ce qui fut perçu comme une abomination dégoûtante. Cette profanation entraîna la « désertification » de Jérusalem – et il faut prendre le terme « désolation » au sens propre (1 M 1, 38-39, et 3, 45) – car le culte fut suspendu durant trois années, jusqu'à la purification du Temple, le 18 décembre 164.

Cet épisode tragique est au centre d'une réflexion juive sur le sens de l'histoire et sur les rapports du religieux au politique développée dans le livre de Daniel qui fut écrit peu après (Dn 7, 25 et 9, 27). Deux histoires des événements ont été rédigées plus tardivement, à la fin du IIe siècle. L'une et l'autre présentent rétrospectivement une guerre sainte – celle des Juifs contre l'hellénisme – menée par une famille de résistants, les Maccabées, qui donnèrent leur nom aux deux livres.

Les livres des Maccabées situent tous deux la révolte dans un cadre qui dépasse le contexte local, mais prennent une perspective différente. Pour le scribe de Jérusalem, à qui l'on doit le premier livre vers 100, c'est l'événement fondateur d'une page glorieuse de l'histoire juive (à laquelle il participe) puisque la dynastie des Asmonéens, issue des Maccabées, fit progressivement du grand

---

1. Dn 9, 27, 11, 31, et 12, 11 ; 1 M 1, 54 ; voir Mt 24, 15.

prêtre un dynaste hellénistique et ouvrit la Judée au monde. L'auteur du second livre, un Juif de la Diaspora grecque, Jason de Cyrène, s'attache davantage aux enjeux théologiques et culturels, au problème de l'identité juive en milieu grec. Comme il est fréquent dans l'Antiquité, il a composé son ouvrage pour expliquer la fête commémorative de la Purification, qui eut lieu à partir de 164. Le Temple, à cette occasion, put resserrer ses liens avec la Diaspora et demanda aux Juifs de s'y associer (2 M 1, 8-9), en se rappelant l'épreuve subie et la victoire[1].

Les deux livres des Maccabées ont fourni des modèles et des références durables. Ils ont même créé une tradition littéraire, puisque les Juifs d'Alexandrie composèrent, par la suite, un troisième et un quatrième livre des Maccabées (non canoniques, ceux-là) où ils racontent leurs conflits avec les Ptolémées d'Égypte, puis avec l'administration romaine. Pour les Juifs confrontés aux difficultés de l'intégration, l'histoire des Maccabées constituait un révélateur de l'identité nationale. L'historien Flavius Josèphe démarqua ainsi longuement le premier livre des Maccabées en le resituant dans le cadre, plus large, des relations entre Juifs et États grecs[2]. Les Juifs du monde grec, puis les chrétiens empruntèrent à la littérature maccabéenne le modèle du martyre, l'insertion du miracle dans l'histoire, la perspective apocalyptique. C'est pourquoi les deux premiers livres des Maccabées ont leur place dans la Bible chrétienne, alors que le canon hébraïque n'a conservé que le livre de Daniel.

Ces enjeux religieux sont disproportionnés avec une révolte qui resta en réalité locale, comme le révèle l'engagement militaire limité des rois séleucides. On ignore si l'histoire grecque a parlé du saccage du Temple, car on a perdu de très nombreux chapitres de l'histoire universelle de Polybe, composée vers 145 avant J.-C. Mais celui-ci connaît l'importance du sanctuaire, ainsi que la manifestation dont il a été le cadre vers 200[3] ; il relève d'autres actes d'impiétés et des sacrilèges commis à la même époque par les Séleucides[4]. L'historiographie locale syrienne avait, en

---

1. On n'a conservé qu'un abrégé des cinq livres de Jason, rédigés autour de 125, 2 M 2, 23.
2. *AJ*, XII, 5, 1-10, 6 (237-434) et XIII, 1 1-7, 4 (1-239)
3. Polybe, XVI, 39.
4. Polybe, LXXXI, 9.

revanche, gardé un souvenir précis de l'événement : selon Poseidonios d'Apamée[1], le roi, après sa victoire sur les Juifs révoltés, était entré à Jérusalem dans le saint des saints, où il avait profané l'autel et les livres sacrés ; Antiochos IV aurait donc mené une politique de « déjudéisation », destinée à réprimer l'anticonformisme et le séparatisme du peuple juif.

La profanation du Temple est un événement charnière qui suggère plusieurs approches historiques. Les historiens du judaïsme s'y intéressent dans la perspective de l'antisémitisme. Les historiens des rois séleucides l'envisagent sous l'angle du séparatisme dans le royaume quand le souverain, affaibli par sa défaite contre Rome en 188, voulut renforcer le pouvoir central ; les livres des Maccabées sont en effet les seuls témoignages directs d'un de ces mouvements centrifuges qui déchiraient le royaume. Enfin, les problèmes d'intégration liés à l'expansion grecque en Égypte et dans l'Orient sémitique, et qui sont caractéristiques de l'époque hellénistique en général, conduisent à considérer la question en termes d'acculturation et de « déculturation », de colonisation et de résistance du peuple juif ; en ce sens, les livres des Maccabées apparaissent comme l'expression d'une culture minoritaire.

Leurs auteurs n'avaient d'ailleurs pas eux-mêmes un point de vue identique ; le premier, raisonnant en politique, justifie la révolte par l'oppression d'un pouvoir étranger et par la conquête grecque, tandis que Jason de Cyrène impute la responsabilité des événements à certains Juifs de Jérusalem, en relevant les tensions entre Juifs traditionnels et hellénisés. On ne peut donc juxtaposer purement et simplement les données de ces deux livres qui, chacun, obéissent à une logique propre en sélectionnant leur documentation ; ils la réinterprètent soit dans le circuit fermé des réminiscences bibliques face à un État grec idéologique (1 M), soit comme un recueil d'« apparitions célestes » (2 M 2, 21). Il importe, au contraire, de sérier les événements.

---

1. Cité par Diodore, XXXIV-XXXV, 1, 1-5. M. Stern, *Greek and Latin Authors on Jews and Judaism*, I, n° 63.

L'affaire d'Héliodore (180) : une révolte fiscale

Le second livre des Maccabées est le seul à faire remonter les origines du conflit aussi loin que 180. Le roi Séleucos IV mandata à Jérusalem son premier ministre, le « préposé aux affaires » Héliodore, pour faire l'inventaire des richesses du Temple et procéder à une confiscation, cela à l'instigation du gouverneur militaire de la province (2 M 3, 7-8). Le Temple fonctionnait en effet comme une banque de dépôt pour de grands capitalistes, tel Hyrcan, l'ancien fermier général des Ptolémées dans la région, et comme caisse d'épargne et de prévoyance pour les veuves et les orphelins (2 M 3, 10-11). Héliodore arriva avec une troupe nombreuse et commença son inventaire, malgré les objurgations du grand prêtre. Il y eut alors une intervention céleste : le ministre fut assailli par deux apparitions, un cavalier caparaçonné d'or et deux jeunes gens, qui le flagellèrent. Roué de coups, aveuglé, il dut être évacué sur une litière. En réponse aux prières du grand prêtre, les deux jeunes gens apparurent de nouveau et le guérirent, ce qui l'amena à repentance. Héliodore confessa désormais le caractère sacré du lieu saint et la puissance du Très-Haut qu'on ne nommait pas (2 M 24-40).

L'intention apologétique de ce récit est évidente et l'on y retrouve plusieurs stéréotypes : l'apparition des deux jeunes gens, en particulier, emprunte à la mythologie grecque, et fait irrésistiblement songer à Castor et Pollux. Le récit conserve le schéma conventionnel de la littérature grecque qui enchaîne persécution, invocation, miracle paralysant, conversion... Le persécuteur, défaillant, sans voix ni force, est empêché d'agir. Il est possible que le Temple dans la seconde moitié du IIe siècle ait déjà acquis un certain renom chez les Grecs, fondé sur des « manifestations » ou « apparitions »[1]. À l'inverse, des courants hostiles au grand prêtre l'accusaient d'avoir usé de supercherie pour éliminer Héliodore (2 M 4, 1).

Au-delà de la polémique, cette tentative de confiscation s'éclaire par le contexte immédiat. En 188, le prédécesseur de Séleucos IV, Antiochos III, avait perdu la guerre contre Rome. Le souverain séleucide avait dû signer la paix d'Apamée qui l'assu-

---

1. Polybe, XVI, 39.

jettissait à une très lourde indemnité de guerre – un versement annuel de 1 000 talents – alors même qu'il perdait la moitié de ses territoires en Asie Mineure et ses mines. Le poids du tribut sur les possessions qu'il conservait s'était alourdi d'autant, ce qui eut des conséquences fiscales, en particulier sur la Judée, désormais contrôlée par les Séleucides. Les rois, qui jusque-là avaient favorisé les temples (2 M 3, 2), commencèrent donc à lorgner sur les richesses qu'ils thésaurisaient ; en effet, selon tous les historiens, Antiochos IV est mort lors d'un raid contre un sanctuaire oriental où il tentait de se renflouer[1]. Les fonds étaient difficiles à trouver : Antiochos IV monta sur le trône en 175, mais ne commença à payer son tribut de guerre que deux ans plus tard[2].

D'autres indices révèlent l'accroissement de la pression fiscale sur la Judée entre 180 et 170, surtout par comparaison avec les impôts que les Juifs versaient jusque-là aux Ptolémées. Le montant du tribut fit l'objet de surenchères de la part des candidats au grand-pontificat : en 175, Jason négocia la déposition de son frère, le grand prêtre Onias, contre 590 talents (2 M 4, 8-9), et Ménélas, en 173 ou 172, se fit attribuer le pontificat pour 300 talents de plus (2 M 4, 24). On estime que les Juifs ont payé alors au roi séleucide plus de 500 talents annuels – autant que les Syriens – et qu'ils ont contribué pour plus d'un tiers à l'amende de guerre imposée par Rome aux Séleucides.

Le traducteur grec du premier livre des Maccabées (8, 7) était lui aussi sensible à ces problèmes fiscaux puisqu'il attribue la décision des Séleucides d'occuper militairement Jérusalem, en 167, à un « percepteur du tribut », en confondant l'hébreu *missim* (« impôts ») avec *musim* « Mysiens », qui désigne ici des mercenaires de Mysie (1 M 1, 29). Mais lors de la campagne de 165, l'objectif du commandant séleucide, ancien administrateur de la province de Samarie, fut bien de faire des prisonniers de guerre et de les vendre comme esclaves à des marchands de la côte pour payer le tribut aux Romains (2 M 8, 10-11 et 34-36). Plus tard, les clauses fiscales constituèrent l'essentiel des accords conclus en 152 avec le roi Démétrios Ier (1 M 10, 33) et en 145 avec Démétrios II (1 M 11, 28 et 34) : le règlement définitif ramena le

---

1. 1 M 6, 1-16 ; 2 M 9, 1-5 ; Polybe, XXXI, 9 ; *AJ*, XII, 9, 1 (354-357).
2. Tite-Live, XLII, 6.

tribut à un montant de 300 talents, qui devaient être perçus sur les récoltes (1 M 11, 28 et 34). Mais, pendant la crise, à l'impôt traditionnel sur les récoltes s'ajoutèrent des dîmes et des taxes levées à Jérusalem, des droits sur le trafic du sel de la mer Morte, des taxes sur le bétail et l'or coronaire (1 M 10, 29-30 et 33 ; 11, 28 et 34). Ces taxes variées concernaient la police du marché, qui fut au cœur du conflit d'autorité entre le grand prêtre et le responsable (*prostate*) du Temple (2 M 3, 4). Les deux histoires des Maccabées se recoupent donc quant aux origines fiscales du mouvement.

Problème fiscal et lutte de factions

Aucune de ces manœuvres fiscales n'était véritablement nouvelle. Les difficultés financières pesaient depuis longtemps sur la vie politique à Jérusalem et provoquèrent une lutte de factions qu'a bien retracée l'historien Josèphe, même s'il a placé sous les règnes d'Antiochos III et de Séleucos IV des événements qui avaient eu lieu sous les Ptolémées.

Sous les Lagides comme sous les Séleucides, la perception du tribut avait été longtemps la prérogative du grand prêtre, désigné comme le responsable (*prostate*) « du sanctuaire et du peuple » (Si 45, 24) ou seulement « du peuple »[1]. Considérée comme une « magistrature » (*archè*) qui s'ajoutait au grand-pontificat[2], elle était onéreuse, puisque le grand prêtre y contribuait sur ses fonds propres à hauteur de 20 talents[3]. Le grand prêtre Onias II s'y refusa, tout en se maintenant dans sa charge. Le roi Ptolémée désigna donc, comme en Syrie-Phénicie, un fermier de l'impôt, le Tobiade Joseph[4], dont la famille assurait le commandement militaire en Transjordanie et était liée depuis longtemps à l'administration lagide. Joseph, qui conserva cette fonction vingt-deux ans, fut réputé alléger la charge fiscale des Juifs – à vrai dire, il rééquilibra l'assiette de l'impôt aux dépens des cités grecques ou

---

1. *AJ*, XII, 4, 2 (161).
2. *AJ*, XII, 4, 2 (162).
3. *AJ*, XII, 4, 1 (158).
4. *AJ*, XII, 4, 2-4 (160-179).

phéniciennes du district[1]. Le grand prêtre avait donc été dépouillé d'une de ses prérogatives, ce qui explique l'hostilité permanente entre la famille d'Onias et celle de Hyrcan, fils et successeur désigné de Joseph.

Le problème fiscal semble avoir déterminé, directement ou indirectement, les prises de position politiques dans les années 200. Il fut amplifié d'ailleurs par les antagonismes familiaux au sein de la famille des Tobiades. Les sept frères aînés d'Hyrcan contestèrent la succession, s'opposèrent à leur benjamin et se tournèrent par réaction vers les Séleucides, entraînant alors la majeure partie de l'opinion et le grand prêtre[2]. La conquête séleucide trouva donc des partisans sur place. Hyrcan déposa une partie de ses richesses au Temple avant de se réfugier en Transjordanie où il se suicida en 175[3].

Un nouveau contentieux aggrava de ce fait la situation : les biens d'un opposant exilé, comme Hyrcan, étant naturellement confisqués, Héliodore, le ministre d'Antiochos IV, voulut saisir ce que Hyrcan avait déposé au Temple (2 M 3, 11). Le responsable du Temple, Simon, y poussait ; le grand prêtre Onias s'y refusa, peut-être pour défendre ses prérogatives, puisque l'exécution des saisies relevait du percepteur du tribut[4]. Il perdait la *prostasia* du Temple et donc le contrôle de la caisse sacrée ; il luttait pour conserver la *prostasia* du peuple et la police des marchés. Bientôt, d'ailleurs, le tribut fut directement perçu par l'occupant, à savoir le commandant militaire de Jérusalem (2 M 4, 28). L'opinion publique se recomposa et le parti séleucide, qui soutenait le nouveau grand prêtre Ménélas, devint minoritaire[5]. La majorité des Juifs avait été pro-séleucide et favorable aux Tobiades, quand Hyrcan était fermier général de l'impôt à l'époque des Ptolémées[6] ; elle se détourna des Séleucides et des Tobiades, quand elle dut payer un tribut à Antiochos.

Le grand prêtre Jason, installé en 175, dut à son tour affronter le problème. Il recourut aux expédients et tenta d'inventer de

---
1. *AJ*, XII, 4, 5 (180-185).
2. *AJ*, XII, 4, 11 (228-229).
3. *AJ*, XII, 4, 11 (229-236).
4. *AJ*, XII, 4, 4 (176).
5. *AJ*, XII, 5, 1 (239).
6. *AJ*, XII, 4, 11 (229).

nouvelles sources de revenus (2 M 4, 8-9). Il envisagea ainsi de vendre un droit de cité local, dans une Jérusalem refondée sous le nom d'Antioche. C'était un procédé courant dans les cités en crise, mais, dans la ville du Temple, il fit naître d'autres clivages et d'autres tensions.

« *Judaïsme* » *et* « *hellénisme* »

Ces deux concepts ont été inventés par Jason de Cyrène (2 M 2, 21 ; 8, 1 et 14, 38 ; 2 M 4, 13) et celui de « judéisation » réapparaît aussi à la même époque dans le livre grec d'Esther (Est 8, 17). L'hellénisation se pose ici en termes d'identité culturelle et de déjudéisation, alors que le premier livre des Maccabées la traite en termes d'orthodoxie religieuse, en y voyant une transgression impie de la Loi (1 M 7, 41). Ce sont deux jugements différents sur la politique menée par les grands prêtres à partir de 175 avec deux objectifs : l'intégration politique et l'assimilation culturelle.

L'aspect politique des choses, c'est la « refondation » de Jérusalem en cité. Si cette mesure répondait, sans doute, à des impératifs financiers et fiscaux, elle assurait aussi une meilleure intégration de Jérusalem au royaume séleucide : Jérusalem devenait comme toute autre « Cité sacrée » *(Hiérapolis)* le centre religieux d'une ethnie fondée sur un culte[1], en intégrant les Juifs avec leurs différences. Selon l'habitude, la cité changea de nom et prit celui du souverain régnant, en devenant Antioche. Par ses implications pratiques, cette refondation nécessitait l'intervention d'un pouvoir autoritaire, ce qui justifie qu'Antiochos IV ait été sollicité et sensibilisé aux avantages financiers de l'opération (2 M 3, 7) ; tous les rois hellénistiques, d'ailleurs, s'étaient engagés dans des fondations ou des refondations de cités pour des raisons stratégiques, démographiques ou fiscales.

Pour que la nouvelle cité fût viable, il lui fallait un patrimoine foncier dont elle percevait les revenus. Sans doute Antiochos IV a-t-il fait donation à cette occasion de terres annexées lors de la conquête et entrées dans le domaine royal. Le livre de Daniel (Dn 11, 39), exactement contemporain des événements, y fait allusion,

---

1. Polybe, XVI, 39, 1.

et l'on sait que les insurgés s'empressèrent, en 162 et 161, d'exproprier les partisans séleucides sur des terres considérées comme royales.

Il fallait aussi doter la cité de citoyens et procéder à ce que les Grecs appelaient une « *politographie* », c'est-à-dire l'inscription d'une fournée de citoyens[1]. On enregistra donc les « Antiochéens de Jérusalem » (2 M 4, 9). Cette expression est ambiguë, car elle peut être comprise comme le nouveau nom générique de toute la population de Jérusalem refondée en cité (il y avait en effet beaucoup d'Antioche dans le royaume séleucide), mais elle peut aussi avoir désigné une partie seulement des habitants, ceux qui constituaient le corps civique. Pour Josèphe[2], la majorité des Juifs souhaita adopter une constitution *(politeia)* à la grecque, même si l'application de la loi royale risquait d'entraîner une rupture avec la tradition ancestrale et avec la Loi.

L'auteur du premier livre des Maccabées ne s'intéresse pas à ces questions politiques, mais insiste sur le processus de déjudéisation. La politique d'assimilation culturelle des grands prêtres tendait en effet à réduire, voire à supprimer, les différences entre Juifs et Grecs. Celle des noms d'abord, car les grands prêtres Jason, Ménélas et Alkimos étaient nés Jésus, Onias et Joakim[3]. L'allure extérieure ensuite, puisque ces Juifs hellénisés se conformèrent au modèle athlétique grec. L'objectif immédiat était de s'intégrer à la communauté panhellénique des grands concours comme l'avaient fait leurs voisins phéniciens : après avoir fondé un gymnase au centre de Jérusalem, le grand prêtre envoya donc des ambassadeurs sacrés *(théores)* aux concours les plus proches, ceux de Tyr, qui reproduisaient le modèle olympique (2 M 4, 12 et 18-19) ; ils avaient été choisis parmis les Antiochéens de Jérusalem, les nouveaux citoyens. Au gymnase, le processus d'« assimilation » (2 M 4, 16 : *exhomoiousthai*) allait forcément très loin. Les éphèbes prirent le costume grec et s'abritèrent sous le grand chapeau macédonien. Surtout, puisqu'on s'entraînait complètement nus, ils durent « réparer » leur circoncision, c'est-à-dire – dans un sens théologique – renier l'Alliance d'Abraham

---

1. Une cité grecque en tant qu'État se définit comme une collectivité d'hommes.
2. *AJ*, XII, 5, 1 (240).
3. *AJ*, XII, 5, 1 (239), et 9, 7 (386).

dont elle était le signe (1 M 1, 15). Jason de Cyrène, Juif de la Diaspora, pose le problème tout autant en termes d'aliénation culturelle que de transgression impie (2 M 4, 13-16).

Il semble que certains Juifs acculturés aient cherché une voie moyenne en dissociant la foi et les œuvres. « Imiter la conduite d'ethnies différentes[1] » ne signifiait pas forcément tomber dans l'idolâtrie. Les ambassadeurs envoyés aux grands concours de Tyr, qui avaient reçu les fonds nécessaires pour les sacrifices de Melqart, le dieu local, refusèrent d'y participer (2 M 4, 19-20). Ils distinguaient donc le religieux du culturel, inaugurant ainsi une polémique qui allait se prolonger jusque dans le judéochristianisme.

Les clivages sociaux

Les clivages de la société juive d'alors apparaissent évidents : partisans des Séleucides et résistants ; Juifs fascinés par le modèle grec ou tout simplement tentés par l'intégration ; traditionalistes raisonnant exclusivement en termes d'orthodoxie, de Loi et d'Alliance ; modernistes conscients des contacts et des échanges interculturels. Mais il est plus difficile de donner un nom à ces différents courants ou de leur associer une personnalité. Le premier livre des Maccabées ne désigne pas l'auteur du programme d'hellénisation, car il veut attribuer toute la responsabilité du conflit au seul roi Antiochos IV. Pour Jason de Cyrène, il s'agit de Jason, grand prêtre entre 175 et 173 ou 172, de la famille des Oniades, le plus populaire, semble-t-il, des chefs du temps[2]. La biographie de son frère Onias III fournit en elle-même un indice de l'hellénisation familiale : déposé et réfugié en Syrie, il avait utilisé l'*asylie* du sanctuaire d'Apollon à Daphné qui en faisait un lieu d'exemption pour quiconque y cherchait asile ; il s'intégrait donc à la communauté internationale de droit grec (2 M 4, 33).

Mais Josèphe attribue les mesures de déjudéisation au grand prêtre suivant – Ménélas, de son nom juif Onias. Selon l'historien,

---
1. *AJ*, XII, 5, 1 (241).
2. *AJ*, XII, 5, 1 (240).

il appartenait à une famille sacerdotale jusque-là obscure. Son frère Simon, qui s'était opposé aux Oniades dans l'affaire d'Héliodore, était un activiste qui ne répugnait pas aux meurtres et qui s'appuyait sur les candidats à l'éphébie (2 M 4, 3)[1]. Ménélas, comme Simon, fut d'abord chargé de l'administration financière (2 M 4, 23). Investi du grand-pontificat en 173 ou 172, il gouverna, dit-on, en tyran, mais ne fut pas condamné, pourtant, dans les procès qu'on lui intenta. Il fit exécuter Onias III en exil (2 M 23-50). Josèphe le présente comme le chef de la faction tobiade[2], ennemie héréditaire des Oniades depuis le IIIe siècle : c'est par réaction contre leur frère Hyrcan que les Tobiades s'étaient ralliés aux Séleucides.

La politique d'assimilation imputée à Ménélas correspond aux dynamismes et aux objectifs des Tobiades. C'était une famille de trafiquants et de manieurs d'argent qui s'était servie de ses relations avec la cour lagide et des responsabilités administratives qu'elle leur conférait pour s'enrichir : installés en Transjordanie, les Tobiades se montraient soucieux d'ouvrir le pays, d'intensifier les échanges et surtout de développer le commerce des bêtes de boucherie qui faisait la prospérité des nomades. C'est eux que vise peut-être le premier livre des Maccabées (1 M 1, 11), quand il parle des apostats qui transgressaient la Loi (*paranomoi*) et qui prônaient des accords avec les pays environnants ainsi que la mixité pour améliorer la situation présente. D'après les archives lagides, les Tobiades ne refusaient pas de faire des compromis sur le plan religieux : ils utilisaient par exemple des formules polythéistes, sans qu'on puisse pour autant les taxer d'indifférence et encore moins d'impiété.

Le souci d'intégration économique ne suffit pas néanmoins à expliquer ce programme d'assimilation culturelle qu'elle ne présupposait pas nécessairement. En fait, il s'agissait aussi de réduire l'étrangeté des Juifs et d'encourager leur intégration sociale et politique. Les Tobiades eux-mêmes fournissaient un exemple achevé d'intégration, et ce bien qu'il était difficile pour les Juifs de concilier les singularités de la vie quotidienne – nour-

---

1. *Dedokimasmenoi* est en effet un terme technique, qui appartient au vocabulaire du gymnase.
2. *AJ*, XII, 5, 1 (239-241).

riture casher et repas du sabbat – avec le mode de vie de la société dominante. Le problème de fond n'était pas tant l'antagonisme entre le monothéisme et l'idolâtrie ; c'étaient surtout des comportements extérieurs différents, impliquant une autre morale sexuelle et une autre sociabilité, qui provoquaient la méfiance et ouvraient la porte aux calomnies comme en témoigne Ben Sirach. Cela explique sans doute l'importance donnée, à partir de cette époque, au « test alimentaire » – sacrifier et manger du porc – dans la littérature maccabéenne (1 M 1, 47 ; 2 M 6, 18-22 ; Dn 1, 8-16) comme dans les chroniques grecques[1]. Les lois alimentaires, pourtant, n'étaient pas le propre du judaïsme, et les Syriens, avec lesquels on avait d'abord confondu les Juifs, observaient le tabou du poisson. Mais celui-ci était justifié par les mythes, alors que les interdits juifs paraissaient irrationnels, car ils résultaient non d'une « vénération pour le porc », ce que les Grecs et les Égyptiens auraient pu comprendre, mais d'une « aversion inexplicable »[2].

Que des Juifs socialement intégrés aient cherché à supprimer la circoncision se comprend aussi dans la mesure où elle suscitait des railleries faciles, notamment à Alexandrie[3]. Pourtant, d'autres la pratiquaient, en particulier les prêtres égyptiens, mais ils se mêlaient moins à la vie publique et restaient confinés dans leurs temples.

Enfin, le clivage entre les uns et les autres s'inscrit dans un arrière-plan religieux. C'est à cette époque que se constitua un « mouvement des pieux » (*hassidim*), qui s'engageaient volontairement au service de la Loi en réincarnant les preux des anciens temps. Ils soutenaient la légitimité sacerdotale dans la famille d'Aaron (1 M 2, 42 et 7, 13). Le catalyseur de cette opposition fut donc l'arrivée au grand-pontificat de Ménélas en 173 ou 172, dont la légitimité dynastique était discutée : les uns en faisaient un fils du grand prêtre Simon et un frère d'Onias III[4], tandis que les autres le rattachaient à une famille sacerdotale obscure, celle des Bilga (2 M 3, 4). Dans tous les cas, son accession à la charge était

---

1. Poseidonios d'Apamée, cité par Diodore, XXXIV-XXXV, 1, 4 (Stern, n° 63).
2. Plutarque, *Propos de table*, 4, 5.
3. Philon, *Sp. Leg.* I, 2-3.
4. *AJ*, XII, 5, 1 (238).

illégale puisqu'il arriva mandaté par une lettre royale : pour la première fois, le grand prêtre était imposé par la force. Aussi Ménélas est-il décrit comme un « cruel tyran », avec tous les stéréotypes attendus (2 M 4, 25, 34 et 39) : avare et cupide, il dépouille le sanctuaire ; violent et impie, il ne respecte pas le droit d'asile ; il utilise une milice personnelle pour maintenir l'ordre.

L'opposition politique, menée par le conseil des anciens, échoua : Ménélas, après avoir été acquitté lors d'un procès à Tyr devant le roi Antiochos IV (2 M 4, 43-50), se maintint au pouvoir pendant dix ans, mais l'opposition politique défaillante fut immédiatement relayée par une opposition religieuse.

Le 15 kislev (8 décembre) 167 :
le jour de la profanation du Temple

Les premier et deuxième livres des Maccabées ont tous deux gardé le souvenir et la date précise de la profanation du Temple par Antiochos IV, mais l'un et l'autre ne l'inscrivent pas dans le même contexte. Le premier livre y voit la conséquence de l'application locale d'un édit général d'unification ethnique et religieuse (1 M 1, 54-63), dans la continuité de la politique d'Alexandre (1 M 1, 1-8). Le deuxième, au contraire, qui perpétue le souvenir de la purification du Temple en 164 et justifie la fête commémorative de Hanoukka, le 25 kislev ou 18 décembre (2 M 1, 18), présente l'intervention royale comme le point culminant d'une guerre civile propre à la Judée (2 M 5, 15-18) ; cette interprétation est conforme à la version séleucide des faits[1], comme à celle de Josèphe[2], selon laquelle la faction prolagide intervint à Jérusalem – l'Égypte offrit d'ailleurs l'asile temporaire au chef d'une faction insurgée (2 M 5, 8) et un refuge définitif au dernier des Oniades.

Les tensions internes à Jérusalem, qui posaient le problème du maintien de l'ordre public, ne firent en effet que s'aggraver en même temps que la situation internationale, après qu'Antiochos IV eut repris la guerre contre l'Égypte en 170. Le Séleucide sortit victorieux de la campagne de 169, mais il lui fallut trouver beau-

---

1. Poseidonios d'Apamée dans Diodore XXXIV-XXXV, 1 (Stern, n° 63).
2. *GJ*, I, 31.

coup d'or à envoyer à Rome et aux cités pour exploiter politiquement sa victoire : une tradition rapporte d'ailleurs que le Temple, à la fin de cette campagne, fut pillé durant l'hiver 169/168 (1 M 1, 20-24), et Josèphe dénonce les besoins pressants du roi en numéraire comme motif principal de la profanation du Temple[1]. À l'été de la seconde année de guerre, en 168, alors qu'Antiochos IV était parvenu dans les faubourgs d'Alexandrie, Rome porta brutalement un coup d'arrêt à son avancée, après avoir définitivement vaincu en Grèce le roi de Macédoine. L'effondrement diplomatique d'Antiochos IV, et même la rumeur de sa mort (2 M 5, 5), suscitèrent des soulèvements sur l'arrière du front, jusqu'à Arados, en Phénicie.

À Jérusalem, durant l'hiver 169/168, l'ancien grand prêtre Jason avait déjà fomenté contre Ménélas un putsch qui échoua (2 M 5, 5-10). Ce faisant, il avait placé les Juifs dans l'illégalité et remis en cause le statut d'autonomie que leur avait reconnu Antiochos III et qui n'était jamais qu'un privilège octroyé, dépendant du bon plaisir du souverain[2]. La réaction d'Antiochos IV ne tarda pas. Elle fut violente.

À son retour d'Égypte, dans l'automne 168, Antiochos occupa Jérusalem militairement (1 M 1, 38) et appliqua les lois de la guerre. Les Juifs furent passés au fil de l'épée ou vendus comme captifs de guerre (1 M 1, 32 ; 2 M 5, 12-14). Le Temple fut pillé et la caisse sacrée confisquée – soit 1 800 talents qui correspondaient à deux ans du tribut promis. On mit en place, comme en Samarie, des administrateurs grecs et une garnison de 20 000 hommes, qui s'installa brutalement au printemps 167 et construisit une nouvelle citadelle (1 M 1, 29-35 et 2 M 5, 22-26). C'en était fait de l'indépendance comme de l'autonomie de Jérusalem. Le roi semble avoir procédé de la même façon à Arados de Phénicie, où l'établissement d'une garnison marqua la fin des privilèges étatiques.

La profanation du Temple suivit. Même si l'on n'en comprend pas vraiment les motifs en raison de notre ignorance de la situation en Judée, les mesures enregistrées dans les deux livres des Maccabées paraissent avoir été assez fréquentes dans les cités des

---

1. *Contre Apion*, II, 83-84 et 90.
2. *AJ*, XII, 3, 3 et 4 (138-146).

royaumes hellénistiques. Antiochos fit construire une superstructure sur l'autel des holocaustes (1 M 1, 59), qui n'était qu'une simple plate-forme, suffisante pour brûler les victimes et récupérer les cendres ; l'autel fut donc « monumentalisé », comme on l'observe souvent dans le monde hellénistique, sans doute par l'adjonction d'un second podium à l'intérieur du premier. La monumentalisation des autels faisait partie de la propagande royale ; à Jérusalem, elle se justifiait aussi par le passage de l'holocauste traditionnel au sacrifice sanglant à la grecque, qui nécessitait des aménagements et des réceptacles pour le sang. Le Temple fut consacré à Zeus Olympien, patron de la dynastie ; ce dernier devenait ainsi *symbômos* de Yahvé, « associé à son autel », selon un processus syncrétique habituel chez les Grecs, pour introduire en douceur une divinité nouvelle en s'appuyant sur un culte local traditionnel. Certains ont même pensé à une opération de portée limitée, destinée simplement à ouvrir un lieu de culte pour la garnison grecque.

Autoritarisme royal et liberté religieuse

Cependant, d'autres éléments suggèrent la volonté d'introduire le culte royal. D'après le livre de Daniel (Dn 11, 36-37), contemporain de l'événement, Antiochos IV se serait mis au-dessus des dieux. Une tradition connue de saint Jérôme[1] rapportait que le roi avait érigé sa statue dans le Temple, comme il l'avait fait dans l'Olympieion d'Athènes[2], se posant ainsi en *synnaos* de Yahvé, « associé dans son temple ». C'était là aussi une pratique syncrétique courante, employée par exemple à Téos, en Asie Mineure, dans le sanctuaire de Dionysos : on y avait érigé la statue d'un prédécesseur d'Antiochos IV et on y célébra des fêtes saisonnières, déclarées jours fériés, qui étaient également l'occasion de rituels domestiques à l'intérieur des maisons[3].

Le deuxième livre des Maccabées mentionne d'autres rites caractéristiques du culte royal (2 M 6, 7) : une fête mensuelle

---

1. *Sur l'Antéchrist*, 11, 31.
2. Polybe, XXVI, 1, 11.
3. Inscription de Téos, *Anadolu*, 9, 1965, 29-159.

célébrée le jour anniversaire de la naissance du souverain et, surtout, des rituels dionysiaques. Or, depuis le retour d'Alexandre de l'Inde, la théologie du « Nouveau Dionysos » exaltait les charismes de la jeunesse, de la beauté, de la conquête de l'Orient, de l'inspiration mystique, et soutenait les prétentions de certains souverains à la divinisation ; sur un plan pratique, ceux-ci recouraient parfois à l'expression théâtrale et associative du culte, en utilisant les corporations d'acteurs. Ce fut aussi le cas en Égypte à la fin du IIe siècle, et les Juifs en furent une fois encore victimes si l'on en croit le troisième livre des Maccabées, car on les confondait alors avec une secte dionysiaque marginale et irréductible.

C'est cette lecture politique de la profanation du Temple qui s'accorde le mieux avec le portrait d'Antiochos IV transmis par la tradition grecque : un souverain anticonformiste qui se voulait immédiatement « présent », comme un dieu hellénistique, dans la vie de ses peuples[1] et qui finit par prendre le titre de « Dieu » (*Théos*) dans les dernières années de son règne ; son premier titre, « Épiphane », renvoyait d'ailleurs déjà au phénomène divin de l'apparition.

L'année 167 est l'un des rares moments où l'on puisse confronter les interprétations bibliques aux sources historiques contemporaines. Or si aucun historien grec n'a retenu l'insurrection des Maccabées en tant que révolte nationaliste ou guerre civile, tous se sont intéressés à la personnalité complexe et originale d'Antiochos IV. Polybe, qui lui est défavorable puisqu'il s'agit d'un ennemi de Rome, le trouve insensé et tente un jeu de mots entre *épiphanie* (« apparition ») et *épimanie* (« passion furieuse »). Au demeurant, son témoignage ou ses sources sont contradictoires : l'historien dénonce un pilleur de temples[2], mais le salue ailleurs pour sa générosité ordinaire envers tous les sanctuaires, même étrangers[3].

De ces divers témoignages, il ressort l'idée générale d'une monarchie spectacle et de l'autoritarisme royal : Antiochos IV utilisait les banquets dionysiaques[4], ainsi que l'apparat des fêtes

---

1. Polybe, XXVI, 1.
2. Polybe, XXXI, 9.
3. Polybe, XXVI, 1, 10-11.
4. 2 M 6, 7, et Polybe, XXX, 26, 5-8.

panhelléniques[1]. Surtout, il mettait le religieux au service du politique en pénétrant autoritairement dans les sanctuaires pour en prendre le contrôle[2]. Le jugement des auteurs grecs est cependant nuancé, car ils ne le taxent jamais d'impiété, mais invoquent plutôt des circonstances politiques particulières, telles que le besoin d'argent ou l'application du droit de la guerre. Le comportement du roi fut même parfois très bien perçu, par exemple dans les cités grecques d'Athènes et de Délos, qui lui multiplièrent les marques de reconnaissance.

L'absolutisme d'Antiochos IV ne remettait pas fondamentalement en cause les principes de liberté religieuse et de tolérance à l'échelle du Proche-Orient. À Jérusalem, certes, le culte fut interrompu pendant plus de trois ans : cela ne peut être mis en doute. Mais l'ensemble des sources montre que le rituel a été suspendu avant même la profanation, par la volonté expresse des prêtres et du peuple. De plus, ce qui se passa au temple des Samaritains, sur le mont Garizim, fournit un contre-exemple éloquent[3]. Les Samaritains envoyèrent dès 168 un mémoire au roi en revendiquant des origines sidoniennes (c'est-à-dire phéniciennes) pour éviter d'être confondus avec les Juifs, ainsi que commençait à le faire l'administration royale. Ils reconnurent sa divinité comme « Théos, Épiphane ». Ils acceptèrent d'helléniser leur divinité « innommée » (Yahvé) sous le nom de « Zeus des Grecs » ; ils justifièrent la pratique de leur culte et du sabbat de façon rationnelle, en invoquant une croyance antique de conjuration de la sécheresse. Le roi entérina leur intégration sociale et leur adhésion aux coutumes grecques, confirma leurs exemptions et reconnut le sanctuaire du mont Garizim. Son autoritarisme pouvait donc se satisfaire des marques extérieures du polythéisme et du conformisme social – que les Tobiades, rappelons-le, n'avaient pas hésité à prodiguer aux Ptolémées[4].

Les persécutions menées par Antiochos IV furent limitées à la Judée et cessèrent sous son successeur qui rétablit les privilèges octroyés par Antiochos III à Jérusalem[5]. Les Séleucides avaient

---

1. 2 M 4, 18, et Polybe, XXX, 25.
2. 1 M 1, 21-24, et 2 M 5, 15-16 ; Polybe, XXXI, 9.
3. *AJ*, XII, 5, 5 (257-264).
4. Voir ci-dessus, chapitre premier.
5. 1 M 6, 57-60 ; *AJ*, XII, 9, 6-7 (382-384).

donc un objectif politique et non religieux. Durant toutes ces années, les exemptions qu'ils concédaient aux Juifs firent d'ailleurs l'objet d'un marchandage politique. C'est le scribe, auteur du premier livre des Maccabées, qui a introduit la notion de droit à la différence, à partir des principes définis par la lettre d'Antiochos III sur la restauration de la cité et du Temple[1] et par son édit confirmant les interdits du Temple sur les viandes de boucherie[2]. Il s'agissait d'exemptions et de privilèges précisément définis, non d'un droit. Mais le scribe transpose la charte d'« autonomie » au sens strict, c'est-à-dire le fait de vivre « selon ses propres lois », en termes de liberté religieuse et de fidélité aux traditions ancestrales.

La déjudéisation

La profanation du Temple s'accompagna d'une violente entreprise de déjudéisation. Le premier livre des Maccabées est le seul à la replacer dans une politique générale, menée à l'échelle de tout le royaume et visant à supprimer toute différence ethnique et culturelle (1 M 1, 41). En réalité, nul souverain grec n'a jamais envisagé une assimilation totale de ses sujets, pas même Alexandre qui, tout au plus, avait projeté la « fusion » des noblesses perse et macédonienne. Il faut donc lier les mesures d'Antiochos IV à la répression qu'il dirigea contre Jérusalem. On peut penser que la rébellion de Jason avait *ipso facto* suspendu les garanties d'autonomie d'Antiochos III et la faculté de vivre selon ses propres lois. On peut penser aussi qu'Antiochos IV voulut imposer définitivement à Jérusalem la faction helléniste de Ménélas, qui lui était dévouée ; c'est l'interprétation du deuxième livre des Maccabées (2 M 6, 1-9). Le promoteur de la politique royale fut un « ancien » (*gerôn*) du nom d'Athénaios, ou un Athénien du nom de Gérôn : le texte n'est pas clair.

La politique de déjudéisation mise en œuvre par Antiochos prit plusieurs aspects. On interdit le sabbat (1 M 1, 43-45 et 2 M 6, 6) et, selon le premier livre des Maccabées (1, 45 et 48), l'holocauste

---

1. *AJ*, XII, 3, 3 (138-144).
2. *AJ*, XII, 3, 4 (145-146).

et la circoncision. On pratiqua des autodafés de livres de la Loi après des perquisitions chez l'habitant (1 M 1, 56). On obligea les Juifs à sacrifier et à consommer toutes les viandes réputées impures, y compris le porc (1 M 1, 47). À la suite de quoi on leur imposa des pratiques rituelles de la religion officielle grecque : des sacrifices civiques (1 M 1, 51) et des sacrifices d'encens sur de petits autels construits à la porte des maisons (1 M 1, 55) ; ceux-ci jouaient un grand rôle dans la propagande royale. Les rues de Jérusalem devaient offrir un paysage identique à celui d'une ville grecque, comme Téos ou Magnésie[1], espace ouvert aux célébrations collectives qui associaient les familles – citoyens, enfants et esclaves confondus – à l'État. C'est donc bien l'intégration sociale des Juifs qui aurait été visée.

Le deuxième livre des Maccabées fournit une liste de mesures moins longue, mais d'autant plus vraisemblable qu'elle recoupe les doléances des Samaritains contre l'administration royale[2]. Étaient surtout en jeu le sabbat (2 M 6, 6), qu'on avait du mal à justifier aux Grecs, et la dénomination grecque du sanctuaire (2 M 6, 2). Jason de Cyrène ajoute la violation des interdits du Temple et l'apparition d'une prostitution sacrée (2 M 6, 4), ce qui est un stéréotype caricatural des Syro-Phéniciens. De façon bien plus intéressante, l'auteur introduit l'idée de « test alimentaire » qu'il illustre par plusieurs exemples de martyrs (2 M 6, 18-20 et 7, 1), selon une pratique qui deviendra systématique sous l'Empire romain. Raisonnant en juriste, il énonce comme un délit religieux le seul fait de « se reconnaître publiquement juif » (*Ioudaion homologein* : 2 M 6, 6). C'est la définition de l'identité juive qui est ici posée : le premier livre des Maccabées l'envisageait seulement à travers la pratique ancestrale de la circoncision ; le second l'associait à des comportements rituels et sociaux qui expliquaient la déjudéisation. Il ne s'agissait pas d'antisémitisme à proprement parler, puisqu'on n'invoqua jamais de différences raciales, mais plutôt d'antijudaïsme. Les Grecs considéraient d'ailleurs souvent les Juifs comme des Syriens et les définissaient seulement par la pratique religieuse.

---

1. *Insch. Magnesia*, n° 100.
2. *AJ*, XII, 5, 5 (257-261).

Des arguments pour l'antisémitisme

Antiochos IV est passé à la postérité comme le prototype de l'antisémite. Or, dès la tradition antique, il apparaît comme un personnage contradictoire. Certains l'ont justifié[1]. Tacite a invoqué le libéralisme grec pour lutter contre le fanatisme, et la raison d'État pour maintenir l'intégrité du territoire[2]. Dans la même perspective que le deuxième livre des Maccabées, il pense que c'est la guerre civile à Jérusalem qui a tout déclenché, si bien que la déjudéisation serait une conclusion naturelle à l'élimination de la population rebelle.

Mais, selon Josèphe, serait alors apparu aussi un antisémitisme intellectuel, qui allait fonder toutes les polémiques ultérieures. C'est après l'entrée d'Antiochos IV au Temple qu'on aurait commencé à parler du culte de l'âne et de meurtres rituels associant sacrifices humains et anthropophagie. Antiochos IV aurait trouvé dans le sanctuaire une tête d'âne en or et un Grec enfermé là, engraissé pour être sacrifié[3]. Josèphe attribue ces calomnies à l'historien syrien Poseidonios d'Apamée, qui écrit deux générations après Antiochos IV. Cependant, Diodore, dans son récit de la visite du roi au Temple, ne mentionne pas de tête d'âne, mais seulement une statue cultuelle de Moïse barbu, présentant la Loi et monté sur un âne[4] ; bien qu'un tel monument soit inconcevable dans une religion aniconique, on retrouve dans cette élaboration fictive deux éléments réels du pouvoir royal biblique, le livre et l'âne, qui était une monture royale dans le Proche-Orient, symbole d'un roi pacifique.

En fait, toutes ces histoires relèvent de l'arsenal de propagande égyptien et non d'une tradition séleucide. Dans la mythologie égyptienne, l'âne est un animal détestable car il est associé au mythe néfaste de Typhon, l'ennemi d'Osiris, dont participent aussi les Juifs dans une *Histoire des impurs* fabriquée en Égypte. Quant au meurtre rituel, il peut aussi renvoyer à un modèle égyptien puisque la malheureuse victime était destinée à être coupée en

---

1. *Contre Apion*, II, 90.
2. *Histoires*, V, 8, 2.
3. *Contre Apion*, II, 79-97.
4. Diodore, XXXIV-XXXV, 1, 1-5.

morceaux comme Osiris. Tous les éléments du récit – un rituel clandestin de nuit, un sacrifice humain, un serment prêté sur les entrailles, la consommation collective de ces mêmes entrailles – se retrouvent, de façon stéréotypée, dans des romans grecs d'Égypte qui mettent en scène des brigands[1]. Les inspirateurs d'Apion sont tous à chercher en Égypte.

Pour trouver les racines syriennes de l'antijudaïsme séleucide, qui fut récurrent[2], il faut revenir aux quelques passages authentiques de Poseidonios. Son analyse de la politique séleucide est nuancée. Il récuse une politique impitoyable d'extermination, mais dénonce le particularisme juif et met en cause leur intégration religieuse : les Juifs n'honorent pas les dieux de la collectivité[3], ce qui définit le délit religieux selon le droit des cités depuis l'époque du procès de Socrate, en 399 ; ailleurs, ils sont accusés de pratiques déviantes, magiques et incantatoires[4]. Pour Poseidonios, ce sont des gens inassimilables qui se caractérisent par leur misanthropie, par leur manque de sociabilité. L'*amixia*, c'est-à-dire le refus de se mêler aux autres, lui paraît constituer les communautés juives comme un corps étranger dans l'État. C'est surtout parce qu'ils étaient dans l'illégalité (*paranomoi*) qu'Antiochos IV a voulu détruire le Livre et le rendre inopérant, puis instituer le test alimentaire du porc comme une épreuve de sociabilité. Selon Poseidonios, le roi a donc appliqué une politique de déculturation pour extirper les coutumes.

« *Judas le Maccabée se retira au désert vivant à la façon des bêtes sauvages* » (2 M 5, 27)

La réaction à cette politique hellénisante vint d'une famille sacerdotale, celle de Mattathias du clan asmonéen[5]. Ses cinq fils aux noms banals s'identifiaient par leur surnom de jeunesse – « le Chanceux », « le Bouillant », « l'Éveillé », « le Bien-aimé ». Le troisième fils, Judas, portait celui de *Maccabée*, plus difficile à

---

1. Achille Tatius, III, 15 ; Lollianus, *Histoire phénicienne*.
2. Diodore, XXXIV-XXXV, 1, 1 (Stern, n° 63).
3. *Contre Apion*, II, 89.
4. Strabon, XVI, 2, 43 (764).
5. *AJ*, XII, 6, 1 (265).

comprendre : soit il renvoyait à un « marteau » (ou plutôt à un « maillet », *maqqèbet*), en signalant peut-être une protubérance nasale, soit il s'agissait d'un nom théophore rappelant la « Désignation de Iahveh » (*maqqa-b-yahu*).

La première prise de position de Mattathias consista à se séparer des cercles hellénisants. Dès la profanation du Temple, en décembre 167, il quitta Jérusalem pour Modin, un village de montagne à l'ouest de Jérusalem, près de Lydda, qui était le berceau de sa famille et où il possédait un domaine[1]. Lorsque arrivèrent les officiers royaux chargés d'appliquer les mesures de déjudéisation, il prit les armes, massacra l'un d'entre eux et dut fuir encore plus loin dans les montagnes (1 M 2, 28). En 161, Jonathan, son fils, se réfugia plus près de Jérusalem, à Tekoa, dans les falaises rocheuses au-dessus de la mer Morte (1 M 9, 33).

Dès lors, le groupe des Maccabées représenta une tendance partisane, résistante et séparatiste, qui reconstitua loin de la ville hellénisée un mode de vie exactement inverse et plus ou moins conforme au modèle nomade patriarcal. Plus que jamais, la ville apparut comme le lieu du péché et le désert comme un refuge : c'était un point de vue et une attitude qu'avaient toujours maintenus les Récabites et qui se prolongèrent aussi chez les esséniens[2]. Comme le firent de tout temps les Arabes nabatéens qui étaient leurs amis (1 M 9, 35), ils occupèrent les hauts lieux, d'où ils refoulaient les armées régulières dans la plaine (1 M 3, 24). Ils utilisèrent aussi, d'emblée, les cachettes du désert (1 M 2, 31), c'est-à-dire des habitats troglodytes, comme celui de Wadi Daliyeh, qu'on avait commencé d'aménager dès la conquête d'Alexandre. Des citernes, creusées dans le roc à l'époque royale, servaient de points de ralliement (1 M 9, 33).

S'opposant à la ville occupée par les Juifs hellénisés (les Hellénistes) et par l'administration séleucide, les Asmonéens recrutèrent des partisans dans les campagnes, et provoquèrent ainsi un vaste mouvement d'émigration au désert – avec femmes, enfants et troupeaux – en 167 et en 160 encore (1 M 2, 29-30, et 9, 32). On assista donc à des déplacements de populations qui, à la suite des opérations militaires, « descendaient » vers le sud depuis la Judée,

---

1. 1 M 2, 1 ; *GJ*, II, 36 ; *AJ*, XII, 6, 1 (265-267).
2. Voir ci-dessous chapitre 4.

la Samarie ou la Galilée (1 M 5, 23). Bien que ces migrations aient peut-être été temporaires, il est sûr que l'administration séleucide s'inquiéta de la désertification des campagnes : on le constate indirectement (2 M 11, 29 et 12, 1).

Au désert, lieu de contraintes et de privations, les résistants instituèrent des règles de vie ascétique, qu'institutionnalisèrent plus tard les esséniens. Ils restaient célibataires : Judas Maccabée ne se maria qu'en 160, après la paix, et rentra dès lors dans les cadres de la sociabilité ordinaire (2 M 14, 25). Ils étaient aussi végétariens et se nourrissaient d'herbe pour éviter tout contact avec les autres Juifs (2 M 5, 27), comportement que l'on note encore chez les esséniens[1] ; les prescriptions alimentaires qu'ils observaient étaient donc beaucoup plus rigoureuses que les simples règles casher. Le deuxième livre des Maccabées, dont l'auteur connaissait sans doute les milieux ascétiques d'Égypte, insiste sur le mode de vie anticonformiste des Maccabées, auxquels se rallièrent d'ailleurs des pieux ou *hassidim* (1 M 2, 42)[2]. Il insiste aussi sur la guerre de partisans, mêlant le brigandage et la guérilla, qu'ils menèrent depuis le désert. Ils pénétraient de nuit dans les villages, pratiquaient la politique de la terre brûlée (2 M 8, 1 et 6) et pillaient les propriétés de leurs adversaires hellénistes (1 M 6, 25). Sachant choisir leurs positions de repli, ils lançaient les raids contre des villes (1 M 5, 35-36 et 51 ; 2 M 12, 5-9 et 28), attaquaient des caravanes pour faire du butin ou à titre de représailles (1 M 9, 37-40), dévastaient les propriétés des adversaires (1 M 7, 23-24). Leur arme principale, c'était le terrain : ils tenaient les hauteurs et profitaient de leur position pour malmener l'adversaire, même si leur équipement était inférieur.

Néanmoins, Judas Maccabée organisa progressivement une armée régulière et conçut une stratégie adaptée à la configuration du terrain et au rapport de forces. La bataille d'Emmaüs, en 165, fut déjà une bataille de plaine où Judas affronta à découvert les phalanges séleucides ; il avait pu former quatre corps d'armée (2 M 8, 21 ; 1 M 4, 1-25). Surtout, la guerre de siège fit alors de grands progrès, la plupart des combats ayant pour enjeu des forte-

---

1. *GJ*, II, 143.
2. Voir ci-dessus, p. 54.

resses comme celle de Beth-Sour, qui contrôlait l'accès à l'Idumée (1 M 4, 29), ou celle de Jérusalem, l'Acra. Judas sut fortifier le Temple, le mont Sion, et renforça la place de Beth-Sour (1 M 4, 61). Jonathan, plus tard, restaura Beth-Basi (1 M 9, 62), aux portes du désert de Judée sur le site qui allait porter l'Hérodion, pour rester en contact avec les réduits de partisans au bord de la mer Morte. L'armée séleucide était une armée d'occupation. Pour en venir à bout, Judas et les siens assimilèrent un peu de poliorcétique et de stratégie grecques. Leur guerre de libération témoigne d'une certaine acculturation retournée contre la puissance dominante, comme ce fut souvent le cas dans le monde grec et hellénistique.

Un épisode illustre l'évolution militaire des Maccabées, qu'aucun historien antique n'aurait confondus avec les guérilleros d'Égypte ou d'ailleurs, car ceux-ci apparaissaient aux Grecs comme un contre-modèle absolu, pervertissant l'art de la guerre. En 159, au moment de traverser le Jourdain que défendait une armée séleucide, Jonathan préféra l'affrontement, « la guerre en face », plutôt que d'esquiver le combat en utilisant les marais, les rideaux d'arbres et les épais fourrés (1 M 9, 42-49). Or en Égypte et ailleurs, brigands et dissidents constituaient des réduits de résistance dans les marais qu'ils étaient seuls à pouvoir parcourir et où s'engloutissaient les troupes régulières.

Les Maccabées n'apparaissent donc pas comme l'un des avatars stéréotypés du sauvage tel que le concevaient les récits d'histoire grecque, même si on a pu comparer leur mode de vie à celui des bêtes du désert (2 M 5, 27), en utilisant une thématique, récurrente depuis Aristote, pour cantonner la résistance locale dans la barbarie.

« Embrasés de zèle pour la Loi » :
l'épreuve initiatique de Modin

Le signal des hostilités partit de Modin où Mattathias était le chef de famille le plus en vue, ce qui donnait à sa conduite un caractère exemplaire : des officiers royaux vinrent y mettre en place le rituel grec ordonné par le souverain ; Mattathias, sollicité,

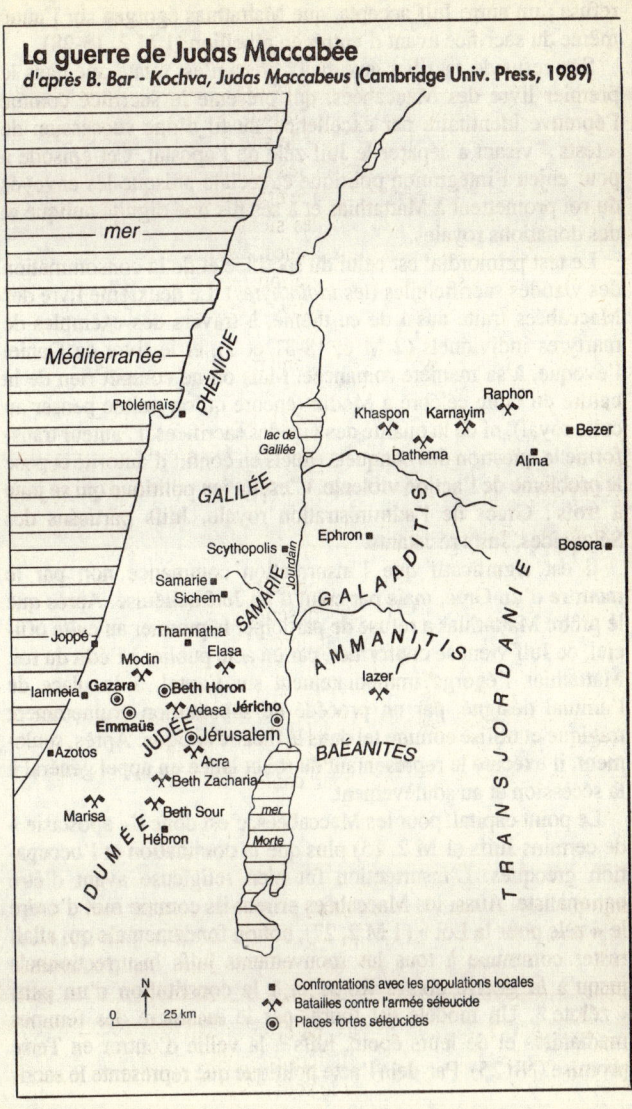

refusa ; un autre Juif accepta, que Mattathias égorgea sur l'autel même du sacrifice avant d'entrer en rébellion (1 M 2, 15-28).

Son refus de sacrifier aux dieux grecs n'est relaté que dans le premier livre des Maccabées, qui présente le sacrifice comme l'épreuve identitaire par excellence, au fil d'une succession de « tests » visant à séparer le Juif zélé de l'apostat. Cet épisode a pour enjeu l'intégration politique et sociale puisque les envoyés du roi promettent à Mattathias et à ses fils une dignité aulique et des donations royales.

Le test primordial est celui du sacrifice et de la consommation des viandes sacrificielles (les *idolothytes*). Le deuxième livre des Maccabées traite aussi de ce thème, à travers des exemples de martyres individuels (2 M 6, 18-31 et 7), et le livre de Daniel l'évoque, à sa manière romancée. Mais on ne connaît rien de la nature du culte célébré à Modin (encore qu'on puisse penser au culte royal), ni de la qualité des viandes sacrifiées. L'auteur transforme la question des banquets rituels en conflit d'autorité et pose le problème de l'action violente. C'est un jeu politique qui se joue à trois : Grecs de l'administration royale, Juifs partisans des Séleucides, Juifs résistants.

Il est significatif que l'insurrection commence non par le meurtre d'un Grec, mais par celui d'un Juif hellénisé. Après que le prêtre Mattathias a refusé de participer le premier au culte officiel, ce Juif vient se conformer, par un acte public, à l'édit du roi. Mattathias l'égorge immédiatement sur l'autel, à la place de l'animal désigné, par un procédé de substitution éminemment tragique et utilisé comme tel dans le théâtre antique. Après, seulement, il exécute le représentant du roi et lance un appel général à la sécession et au soulèvement.

Le point capital, pour les Maccabées, c'est donc l'« apostasie » de certains Juifs (1 M 2, 15) plus que la domination et l'occupation grecques. L'insurrection fut bien religieuse avant d'être nationaliste. Aussi les Maccabées prirent-ils comme mot d'ordre le « zèle pour la Loi » (1 M 2, 27), notion fondamentale qui allait rester commune à tous les mouvements juifs insurrectionnels jusqu'à la guerre contre Rome et à la constitution d'un parti « zélote ». Un modèle est fourni par le massacre des femmes madianites et de leurs époux juifs à la veille d'entrer en Terre promise (Nb 25). Par-delà l'acte politique que représente le sacrifice officiel, le premier livre des Maccabées condamne tous les contacts sociaux avec des non-Juifs et toutes les conduites d'intégration, qui engendrent l'idolâtrie. À la différence du second livre, il s'attache moins aux comportements extérieurs qu'aux fondements de la religion. Au-delà de l'acte individuel de Mattathias, c'est l'institution même du grand-pontificat qui est ainsi justifiée, par la référence à Pinhas, pourfendeur des Madianites et des Juifs apostats.

Épuration politique à Jérusalem, purification ethnique et religieuse dans les régions limitrophes peuplées d'autres tribus (les « allophyles ») : l'action politique dictée par le « zèle de la Loi » ne pouvait être que violente. À Jérusalem, les derniers fidèles de Jason furent massacrés dans la maison où ils s'étaient réfugiés (2 M 8, 33). Dans la campagne, les partisans des Séleucides furent isolés sur leurs domaines ou expropriés. Les Maccabées lancèrent aussi des raids punitifs pour détruire des lieux sacrificiels : Judas incendia le sanctuaire d'Atargatis, la déesse syrienne, dans le Golan (1 M 5, 43-44 et 2 M 12, 26), Jonathan celui de Dagon à Azotos, sur la côte, en 148 (1 M 10, 84 et 11, 4) ; à Azotos déjà, en 163, Judas avait renversé les autels et les statues des dieux (1 M 5, 68). Le dernier Maccabée de la première génération, Simon, élimina en 142 toutes les idoles de Gazara (1 M 13, 48). Les Maccabées ont bien mené une politique d'homogénéité culturelle dans les villes de la plaine maritime – Gezer (Gazara), Jaffa (Joppé) et Ashod (Azotos), ainsi qu'à Beth-Sour, aux confins de l'Idumée –, leur objectif étant de constituer un cordon sanitaire autour de Jérusalem. D'ailleurs, les populations de ces villes furent évacuées et remplacées par des garnisons de Juifs légalistes (1 M 11, 66 ; 13, 11, 48 et 14, 34). On élimina ainsi les réduits tenus par les « autres tribus », « allophyles » en grec, « philistins » en hébreu.

L'hagiographie des Asmonéens crédite Mattathias de trois actes fondateurs : la purification religieuse par la destruction des espaces sacrificiels ; la purification ethnique par des déplacements de population ; l'assimilation ethnique par la circoncision forcée des habitants d'Israël. Écrit à l'apogée des Asmonéens, après que Jean Hyrcan eut procédé en 129 à la destruction du sanctuaire samaritain ainsi qu'à la soumission, à la circoncision et à la judéisation des Iduméens[1], le premier livre des Maccabées veut démontrer que l'insurrection provoqua une redéfinition de l'identité juive dans l'espace palestinien.

« Tous furent circoncis » : le droit du sol

Désormais, la circoncision constituait le second test de l'identité juive, encore qu'elle ait été plus généralement répandue dans le Proche-Orient. Mais les Hellénistes l'avaient récusée et le pouvoir royal l'avait interdite ; les deux livres des Maccabées s'attachent donc à cette forme de résistance passive que représenta alors la circoncision des nourrissons (1 M 1, 60, et 2 M 6, 10), résistance passive qui pouvait mener au martyre. Expression du nationalisme comme de la foi en l'Alliance d'Abraham, la circoncision devint un acte rituel de séparation d'avec les Grecs, mais elle pouvait aussi être un lien avec les Sémites du voisinage, à qui elle était proposée ou imposée. Parmi les livres de la période maccabéenne, celui de Judith (Jd 14, 10) relate le cas d'un chef ammonite de Transjordanie qui s'est fait circoncire pour s'intégrer à l'État d'Israël ; le livre d'Esther (Est 8, 17) développe le processus persécution-résistance jusqu'à la conversion des « gens du pays », désireux de « se faire Juifs » par crainte des Juifs. À partir du moment où tout enfant né sur le territoire d'Israël devait être circoncis, à partir du moment où tout occupant étranger devait accepter ce rite et les autres pratiques religieuses pour se maintenir sur le territoire d'Israël, l'identité juive se fondait sur le droit du sol autant que sur le droit du sang et l'appartenance ethnique.

Le compromis sur le sabbat

L'épisode initiatique de Modin invite à une réflexion sur le sabbat, puisque la garnison séleucide de Jérusalem lança la répression un jour de sabbat (1 M 2, 32). Les Grecs ne comprenaient pas le sens de cette pratique (2 M 15, 3-5) et la considé-

---

1. *AJ*, XIII, 9, 1 (255-258).

raient comme un mélange de superstition et de paresse. Les antisémites d'Alexandrie expliquaient le mot par une étymologie fantaisiste renvoyant aux maladies et à l'impureté des Hébreux de l'Exode[1]. Le repos du sabbat n'était qu'un des aspects du séparatisme social que les Grecs reprochaient aux Juifs : il les maintenait *ipso facto* en dehors des activités collectives de la cité. L'administration royale l'avait interdit en Judée comme en Samarie[2], si bien qu'il constituait le troisième test discriminatoire entre Juifs hellénistes et résistants.

En période de guerre, l'inertie sabbatique inspirait une attitude de non-violence. Les premiers réfugiés au désert en firent les frais dès 167 : ils ne sortirent pas pour combattre l'armée grecque et se laissèrent massacrer dans leurs caches, sans même en obstruer les entrées (1 M 2, 32-38). Déjà, en 312, Ptolémée s'était emparé de Jérusalem à la faveur du sabbat puisque les Juifs n'avaient pas pris les armes[3]. Et, avant même l'insurrection de Mattathias, des Juifs, qui célébraient clandestinement le sabbat dans des grottes, s'étaient laissé enfumer et asphyxier sans se défendre lors d'une opération séleucide (2 M 6, 11).

En 167, les Maccabées, à l'initiative de Mattathias, définirent une position qu'allait maintenir la tradition rabbinique. Il était licite de combattre le jour du sabbat pour se défendre et résister, mais non pour attaquer (1 M 2, 39-41). Ainsi, lors de la bataille d'Emmaüs, en 165, Judas interrompit la poursuite des vaincus quand commença la soirée du sabbat et le partage du butin n'eut lieu que le surlendemain (2 M 8, 25-28). Mais en 160, alors que le général séleucide comptait sur l'effet du sabbat pour attaquer, Judas, encouragé par une apparition, décida de prendre l'offensive et d'engager la bataille, et il remporta, un sabbat, la plus grande de ses victoires (2 M 15). Comme la règle édictée par les Maccabées n'incluait pas le droit d'attaquer, Pompée put encore utiliser le jour du sabbat en 63 avant notre ère, lors du siège de Jérusalem, pour mener à terme ses travaux de terrassement[4]. Le principe des Maccabées avait alors été intégré à la Loi : « En cas

---

1. *Contre Apion*, II, 21.
2. 1 M 1, 45 ; 2 M 6, 11 ; *AJ*, XII, 5, 5 (259).
3. *Contre Apion*, I, 209.
4. *AJ*, XIV, 4, 2 (63).

d'agression, si l'ennemi commence le combat, la Loi accorde de résister, mais elle ne le permet pas si l'ennemi ne fait rien de tel. » Lors du siège de 63, ce principe fut appliqué dans un sens restrictif ; d'ailleurs, certaines sectes juives, comme celle qui produisit le *Livre des Jubilés* (1, 12), s'interdisaient de combattre le jour du sabbat, tandis que les esséniens observaient eux aussi une inertie totale[1].

Les Maccabées se signalent donc par leur pragmatisme autant que par leur piété, pragmatisme qui les conduisit, finalement, au compromis politique avec le pouvoir séleucide.

« Pour notre peuple et pour le lieu saint » (1 M 3, 43) : l'action militaire des Maccabées

Durant les quatre premières années de guerre, de 167 à 164, l'insurrection des Maccabées resta une affaire strictement locale. Du côté grec, on engagea les troupes de Samarie et d'Idumée ; le commandement fut confié à des officiers subalternes, puis aux deux stratèges successifs d'Idumée, enfin, en 165, à Nicanor, un ancien administrateur civil en Samarie, bon connaisseur du terrain et du milieu. Le gouverneur de Syrie ne s'engagea pas directement, non plus que le roi Antiochos IV, commandant en chef de l'armée royale, qui guerroyait alors dans le Moyen-Orient.

On comprend que la guerre sainte pour Jérusalem ait été entrecoupée d'opérations périphériques dans les régions « allophyles » qui servaient de bases aux troupes royales. De là, l'idée d'unifier le pays s'imposa progressivement aux insurgés. Étaient visés les Iduméens, fils d'Esaü (1 M 5, 3 et 65 ; 2 M 12, 32), le clan arabe de Baian, dans la région de Jéricho (1 M 5, 4-5), celui de Toubiou en Transjordanie (1 M 5, 13, et 2 M 12, 17-19), sans compter les Phéniciens qui attaquaient en Galilée (1 M 5, 14-15) et, surtout, les villes de la plaine maritime, Joppé, Iamneia, Azotos, Marisa (1 M 5, 68 ; 2 M 12, 3-9), où il y eut des manifestations antisémites allant jusqu'aux noyades collectives, ce qui conduisit Judas à lancer des raids de représailles.

---

1. *GJ*, II, 147.

Mais l'objectif essentiel était la libération de Jérusalem et la purification du Temple. Les victoires d'Emmaüs, en 165, et de Beth-Sour, en 164, permirent à Judas Maccabée de refouler définitivement l'armée séleucide et de s'ouvrir le chemin de Jérusalem. Le Temple fut purifié et le rituel restauré : le 25 kislev (18 décembre) 164, on procéda à un sacrifice solennel et à l'institution de la fête commémorative de Hanoukka. Mais la garnison séleucide restait maîtresse de la citadelle de l'Acra. Après la fortification de la colline du Temple, le mont Sion, et l'établissement d'une garnison, la ville de Jérusalem était partagée en deux zones, l'une occupée, l'autre libérée (1 M 4, 36-60).

Un compromis s'esquissa, quand le régent Lysias comprit qu'il ne parviendrait pas à une décision militaire en Judée. Il obtint un édit d'amnistie d'Antiochos IV, valable jusqu'en mars 162 (2 M 11, 16-33, qui donne tout le dossier d'archives), ainsi que l'abandon du programme d'hellénisation et la restitution du Temple. Malgré le revirement du roi et son pragmatisme, l'accord buta sur le maintien de Ménélas au grand-pontificat, qui se vit d'ailleurs confier l'application de la nouvelle politique. Antiochos IV avait commis l'erreur de minimiser le facteur religieux et le principe de la légitimité sacerdotale. Désormais, le jeu allait se jouer à trois : les insurgés, le grand-pontificat et la cour séleucide qui, après la mort du roi, entra dans une zone de turbulence.

Alcime, grand prêtre :
« un prêtre de la race d'Aaron vient avec les troupes » (1 M 7, 14)

Devenu régent au nom d'Antiochos V mineur, Lysias appliqua d'abord l'édit de tolérance, mais il dut reprendre les opérations en 163, quand Judas intensifia ses efforts pour assiéger la citadelle de Jérusalem. En 162, la situation militaire se retourna : Judas ne put arrêter l'armée royale en Idumée ; elle parvint à Jérusalem, dégagea la citadelle, fit évacuer le Temple, puis démantela le mont Sion (1 M 6, 17-54 et 62).

Le nouveau prétendant au trône qui arriva en 161, Démétrios fils de Séleucos IV, entreprit en réaction, mais aussi par nécessité, de se gagner les Juifs. Dès qu'il eut été proclamé par l'armée et qu'il se fut débarrassé d'Antiochos V et de Lysias, il reçut une faction antimaccabéenne, dirigée par Alcime ou Elyaqîm, un membre hellénisé de la dynastie sadocide (1 M 7, 5-7 ; 2 M 14, 3-10). Ménélas avait déjà été sacrifié par Antiochos V pour crime de prévarication (2 M 13, 3-7) ; peut-être d'ailleurs la nomination d'Alcime comme grand prêtre date-t-elle aussi du règne précédent[1]. Dans tous les cas, Alcime manifesta son loyalisme à Démétrios Ier. En échange de quoi, il reçut le pouvoir en Judée et des troupes pour s'installer.

Ce grand prêtre légitime rallia les *hassidim* (les pieux), qui se séparèrent alors des Maccabées. Une conférence de paix eut lieu à Jérusalem (1 M 7, 12-15), qui réunissait le grand prêtre Alcime, le chargé de mission du roi et les scribes. Ces derniers apparurent alors comme une nouvelle force sociale liée au Temple, dont l'influence n'avait cessé de grandir depuis l'époque de Ben Sirach ; Antiochos III, il est vrai, leur avait reconnu une existence légale en même temps que des privilèges d'exemption[2]. Ils avaient déjà fourni des martyrs, comme Éléazar, mort pour la Loi et présenté comme un exemple pour la jeunesse (2 M 6, 18). En 160, ils représentaient désormais le parti de la paix et engageaient le Temple dans une attitude loyaliste, en faisant célébrer des holocaustes « pour le roi » (1 M 7, 33).

Les liens des *hassidim* avec les scribes et avec les Maccabées sont instables et peu clairs. Les textes sont contradictoires. Le premier livre des Maccabées semble considérer les *hassidim* comme un groupe piétiste, alors que le second les assimile au mouvement maccabéen. En tout cas, ils paraissent avoir été laminés lors de l'épuration à laquelle procéda le commandant séleucide, partisan des Asmonéens, opération que le premier livre des Maccabées (1 M 7, 16-17) attribue à la duplicité du grand prêtre Alcime.

En jouant les factions juives les unes contre les autres, les officiers séleucides s'avérèrent incapables de maintenir l'ordre en Judée. En 161, Bacchidès, gouverneur de la Syrie-Palestine avait soutenu Alcime et le parti de la paix (1 M 7, 12) ; en 160, Nicanor, le commandant des éléphants, se rapprocha de Judas Maccabée (2 M 14, 18-23), mais l'accord en vue fut dénoncé par Alcime (2 M

---

1. *AJ*, XX, 10, 3 (235), différent de 1 M 7, 9.
2. *AJ*, XII, 3, 3 (142).

14, 26, voir 1 M 7, 26-50). Nicanor marcha alors sur Jérusalem et exigea du Temple qu'on lui livrât le rebelle qui avait repris le maquis (2 M 14, 28-33).

La bataille du 13 adar 161 ne dénoua pas la situation. Nicanor, vaincu, y fut tué, et Judas institua une nouvelle fête commémorative, ce qui clôt le deuxième livre des Maccabées. Mais Judas trouva la mort l'année suivante. Tandis que Jonathan, son frère, prenait à son tour le maquis, Bacchidès essaya de pacifier la région en établissant un réseau de forteresses (1 M 9, 25-73) ; le premier livre des Maccabées présente ces constructions comme une nouvelle persécution religieuse. Alcime mourut lui aussi, très vite, en 159 (1 M 9, 54-56), et le grand-pontificat demeura vacant. Il le resta peut-être sept ans. Les deux camps, celui de Bacchidès et celui de Jonathan, campèrent sur leurs positions jusqu'en 152.

« Le roi Démétrios à son frère Jonathan » (1 M 11, 30) : l'heure du compromis politique

Les difficultés croissantes du royaume séleucide permirent à Jonathan, puis à son frère Simon, de négocier un compromis qui assurait aux Maccabées le grand-pontificat et au Temple son autonomie, en échange d'une intégration sociale et militaire poussée des Juifs. Le contexte en fut la compétition pour le trône et la surenchère à laquelle se livrèrent souverains légitimes et usurpateurs : Démétrios Ier et Alexandre Balas, entre 152 et 150, Diodote Tryphon et Démétrios II, puis Antiochos VII Sidétès, entre 142 et 137.

Les prétendants illégitimes voulurent se rallier personnellement le chef des Asmonéens en lui assurant une promotion sociale accélérée. En 152, à peine débarqué à Ptolémaïs et alors que le roi Démétrios commençait tout juste à engager des pourparlers avec Jonathan, Alexandre Balas s'empressa de nommer ce dernier grand prêtre (1 M 10, 18-20). L'événement, sur lequel le premier livre des Maccabées ne s'étend pas, n'en constituait pas moins une rupture remarquable dans la tradition juive : les Asmonéens acceptaient pour eux-mêmes ce qu'ils avaient d'abord récusé pour Ménélas et même pour Alcime, à savoir que le grand prêtre tienne son autorité d'une désignation royale et non de la légitimité dynastique sadocide. Tous ne l'admirent pas. Le dernier des Oniades émigra en Égypte où il fonda un temple organisé sur le modèle jérusalémitain – non pas, sans doute, comme un contre-pouvoir, mais pour assurer, au moins, l'autonomie religieuse des Juifs d'Égypte. Il se peut aussi que les gens de Qumrân se soient séparés à cette date, pour constituer leur groupe propre sous la direction d'un « maître de justice » : celui-ci serait le dernier grand prêtre sadocide, en place entre 159 et 152, qu'ont occulté le premier livre des Maccabées et l'historien Josèphe ; Jonathan représenterait au contraire le « prêtre impie » des manuscrits de la mer Morte[1]. Le séparatisme essénien remonte au moins à cette époque[2].

Mais l'accès de Jonathan au grand-pontificat se combine avec son intégration à la cour séleucide. Il fut nommé par Alexandre Balas « ami du roi » en 152, puis « ami du premier rang » (1 M 10, 65) ; il reçut et revêtit la parure aulique – la robe de pourpre et la couronne d'or (1 M 10, 20 et 62) – puis la vaisselle d'or sous Diodote Tryphon (1 M 12, 58). Cette promotion était fondée sur un engagement militaire : en 152, Jonathan reçut les pouvoirs civil et militaire en Judée, comme administrateur (*méridarque*) et stratège (1 M 10, 65), alors qu'ils avaient toujours été séparés jusque-là dans les provinces séleucides ; en 142, son frère Simon reçut de Tryphon le commandement militaire de toute la côte palestinienne (1 M 11, 59). Mais le grand prêtre devait fabriquer des armes et fournir des troupes, qu'il marchanda encore à plusieurs reprises (1 M 11, 44).

Portant la robe de cour, disposant de pouvoirs réels mais engagé personnellement au service du souverain grec, le grand prêtre de Jérusalem ne différait guère de ceux de Bambykè, en Syrie du Nord, ou d'Amyzon en Carie. Jérusalem devenait une principauté sacerdotale au sein du royaume, ce qui s'accentua encore quand Simon reçut d'autres droits régaliens : celui de dater ses actes par les années de son pontificat et le droit de battre monnaie (1 M 14, 43, et 15, 6). Enfin à la mort de Jonathan, en 143, puis à celle de Simon, en 132, Juifs et Séleucides admirent la succession héréditaire dans la famille des Asmonéens qui créaient

---

1. Voir ci-dessous chapitre 4.
2. *AJ*, XIII, 5, 9 (171-173).

ainsi une dynastie. C'était une légitimité nouvelle, fondée sur la victoire, au point qu'une tradition ultérieure rétablit Judas Maccabée comme premier grand prêtre de la famille, à partir de la mort d'Alcime[1].

En reprenant la tradition d'Antiochos III dans un contexte historique totalement différent, Démétrios Ier s'intéressa collectivement au pays, au peuple et au Temple (1 M 10, 25-45). L'indépendance des Juifs fut restaurée sous sa forme grecque, c'est-à-dire que la citadelle fut évacuée et que le tribut fut supprimé ; bien mieux, on reconnut au sanctuaire le statut international de lieu *asyle* où poursuites et représailles étaient interdites. Une amnistie fut décrétée et le retour des exilés organisé dans de bonnes conditions. Comme l'origine des difficultés semblait être la question fiscale, le roi multiplia les exemptions au bénéfice de la population et du Temple. Les Séleucides avaient d'ailleurs l'habitude de reconnaître la célébrité d'un sanctuaire en lui concédant des privilèges d'immunité (*asylie*) et d'exemption (*atélie*), au moins durant le temps des fêtes, qui était aussi une période de trêve et de foire. Le Temple de Jérusalem rentrait dans le droit commun.

Mais Démétrios alla encore plus loin. En décidant la restitution du Temple, en ordonnant que les frais de restauration puis ceux de fonctionnement soient pris sur le trésor public et complétés par des donations royales, Démétrios assurait localement sa légitimité dans la tradition des monarques orientaux, comme bâtisseur de temples. En échange, le roi demanda l'enrôlement de 30 000 Juifs dans ses armées et dans ses forteresses (1 M 10, 36-37).

Ces privilèges royaux collectifs furent confirmés en 138 par Antiochos VII Sidétès, lors de sa lutte contre Tryphon, avant même qu'il eut débarqué en Syrie (1 M 15, 3-9). Pourtant – ce qu'occulte encore le premier livre des Maccabées –, ces privilèges étaient précaires, dépendant du bon plaisir du roi et d'un échange de services entre les deux parties. Après avoir vaincu Tryphon et assuré son pouvoir, Antiochos VII tenta de réagir. À la mort de Simon en 133, il mit le siège devant Jérusalem[2]. Josèphe ne lui prête que des objectifs strictement militaires, mais l'historiogra-

---

1. *AJ*, XII, 10, 6 (414), contredit par *AJ*, XX (237).
2. *AJ*, XIII, 8, 2 (236-248).

phie syrienne impute à son entourage antisémite la poursuite d'une politique remontant à Antiochos IV[1].

Le premier livre des Maccabées n'évoque plus cet ultime soubresaut de l'affrontement entre hellénisme et judaïsme. Il préfère conclure sur la reconnaissance du grand prêtre Simon comme allié par les Romains (1 M 15, 17), comme *ethnarque* « chef de peuple » par le roi séleucide (1 M 15, 2) et comme bienfaiteur par l'assemblée de Jérusalem qui lui donna une investiture populaire, formellement calquée sur les décrets honorifiques grecs (1 M 14, 27-49). Son intégration au monde hellénistique est donc totale.

Le conflit entre hellénisme et judaïsme s'acheva donc par une acculturation accélérée des résistants eux-mêmes, si l'on excepte quelques minorités qui se séparèrent alors du Temple de Jérusalem. Politiquement, ce fut, au prix de longues luttes, une période de renforcement de l'État juif ; après la solution originale d'une double alliance entre autorités civile et religieuse qui avait prévalu à l'époque perse, il se modelait désormais sur les principautés sacerdotales hellénistiques où le grand prêtre cumulait tous les pouvoirs, religieux, militaire et civil. Paradoxalement, la politique séleucide et l'insurrection des Maccabées ont fait toutes les deux entrer un petit peuple marginal dans le cours de l'histoire hellénistique. Mais quelles qu'aient été les motivations et les manifestations de la politique royale, les Juifs eurent le sentiment d'avoir été persécutés, ce qui nourrit les forces identitaires du judaïsme. Toute une littérature particulière en témoigne, très éclairante, cette fois, sur l'histoire des mentalités, qui situe les Juifs du IIe et du Ier siècle « entre l'État et l'Apocalypse[2] ».

---

1. Poseidonios d'Apamée, dans Diodore, XXXIV-XXXV, 1.
2. Expression de P. Vidal-Naquet dans Cl. Nicolet, *Rome et la conquête du monde méditerranéen. 2/ Genèse d'un Empire*, Paris, 1978, pp. 846-882.

CHAPITRE 3

« Une vision m'apparut à moi, Daniel[1] »
L'histoire, le pouvoir et l'autre

La profanation du Temple, les affrontements avec le roi hellénistique et la résistance nationaliste, tout cela enflamma l'imagination populaire. L'époque des Maccabées est une période d'intense création littéraire qui réinvestit des formes anciennes, telles que le prophétisme dans le livre de Daniel ou le roman pieux à travers les histoires de Judith, d'Esther et de Suzanne (dans le livre de Daniel). Ce sont des écrits très composites, avec une version araméenne et des ajouts grecs qui permettent d'apprécier les transformations du judaïsme hellénistique. L'abondante production des apocryphes apocalyptiques illustre également son évolution.

Née dans une période de résistance nationale, la littérature maccabéenne est une littérature héroïque. Elle se focalise sur des personnages au nom emblématique : Judith, « La Juive » par excellence ; Daniel, « Dieu me justifie ». C'est aussi une littérature mystique, propre aux périodes de persécution ; elle soutient l'espérance par la vision et la révélation des fins ultimes qui donnent un sens aux souffrances du présent. Ainsi est née l'apocalyptique dans le livre de Daniel, composé vers 165, dans le feu des événements. Au sens propre, c'est une révélation qui transforme le prophète en visionnaire. Avec ses mises en scène et son répertoire symbolique, ce livre a créé un langage religieux qui a modelé de façon durable la pensée juive, puis la pensée chrétienne.

---

1. Dn 8, 1.

Apocalypse et sens de l'histoire

L'apocalypse de Daniel constitue aussi le modèle d'une nouvelle réflexion sur l'histoire ; elle fascine l'historien parce qu'elle témoigne, par rapport aux autres apocalypses, d'un enracinement particulier dans l'histoire.

Daniel, on l'a dit, n'est pas un personnage historique mais un nom symbolique. Cette « pseudonymie » – qui caractérise toutes les apocalypses juives (l'apocalypse chrétienne est identifiée) – garantissait l'anonymat de l'auteur et peut s'expliquer, bien sûr, par un contexte hostile. Mais cela ne suffit pas à en faire une œuvre de résistance : Daniel, « Dieu me justifie », est un nom de fonction, qui renvoie de surcroît à l'un des grands sages de l'Orient connu depuis l'Exil (Ez 14, 14 et 28, 3) ; il évoque un Orient idéal en cette époque de persécution grecque. En reprenant plus tard des noms bibliques – Hénoch, Moïse ou Esdras – les auteurs d'apocalypses exprimèrent leur conviction d'appartenir à une antique lignée d'inspirés et même à une personnalité collective. Par le jeu du prête-nom, ils pouvaient dilater le temps, depuis le temps légendaire de l'apocalypse, celui de l'auteur supposé, jusqu'au temps vécu de l'auteur réel et de ses lecteurs.

L'histoire apocalyptique est doublement remarquable. Embrassant le passé, le présent et l'avenir dans une perspective continue dont elle révèle le terme ultime, c'est une histoire linéaire et eschatologique. Les Grecs, eux, concevaient l'histoire comme un recommencement, dont Thucydide pensait pouvoir tirer des leçons et que les stoïciens interprétèrent en y décelant des cycles. Pour les Juifs, l'histoire a désormais un sens : elle s'inscrit dans le plan de Dieu, pensée comme un combat entre le bien et le mal, en sorte qu'il faut toujours replacer un événement historique particulier dans la perspective de la victoire finale des justes pour le comprendre correctement. Dans cette conception, les repères chronologiques sont sans cesse bousculés. L'avenir est décidément eschatologique. Le présent ne compte pas ; c'est l'âge du mal et du malheur – encore que le livre de Daniel, qui fournit plus d'éléments explicites que bien d'autres sur la crise d'actualité, recoupe souvent les livres des Maccabées. Le passé, enfin, est présenté comme encore à venir, dans la logique du prophétisme.

La révélation de Daniel se situe formellement « dans la troisième année du règne de Cyrus », trois ans après son investiture à Babylone en 536 (Dn 10, 1), puis suit, chronologiquement, la période perse, celle de la conquête d'Alexandre et du partage de son empire entre 333 et 281, enfin celle des guerres qui opposèrent en Syrie Ptolémées et Séleucides. L'auteur se projette alors dans le futur, « au temps de la fin » (Dn 11, 40-45), qui voit les dernières entreprises du persécuteur et sa mort-châtiment : historiquement parlant, la vision s'achève avec la mort d'Antiochos IV, en 164, mais celle-ci semble être anticipée plus que réellement connue.

La succession de quatre empires est un schéma emprunté aux Perses et aux Grecs[1], comme celui de leur déclin, voulu par la divinité. Mais dans cette dégradation, les Grecs figurent le comble de la perversité : ils ne sont pas une « nation » comme les autres, mais l'antinomie du peuple juif. Dans la version grecque d'Esther, le Grec représente aussi le mal absolu au point qu'on rebaptise « Macédonien » le persécuteur perse, dans la traduction du texte original (Est 8, 10). Cette idée est annoncée par deux visions, également célèbres : celle du « colosse aux pieds d'argile » (Dn 2, 31-45) et celle des quatre bêtes montées de la mer (Dn 7). La première s'inspire de l'iconographie royale et utilise une symbolique des métaux que la Grèce d'Hésiode partageait avec l'Orient : l'âge d'or est celui de Babylone ; les Mèdes représentent la race d'argent et les Perses celle de bronze ; les Grecs enfin sont faits du fer « qui pulvérise tout », d'un fer de plus en plus mêlé à l'argile au fur et à mesure que les royaumes hellénistiques dégénèrent.

La vision des bêtes renvoie à un imaginaire collectif où l'on retrouve une symbolique animale héritée, elle aussi, de l'Orient : trois fauves incarnent les trois premiers règnes – le lion ailé, l'ours et la panthère ailée – auxquels s'ajoute la bête innommée (Dn 7, 1-9). L'explication se trouve sans doute dans les figurations astrologiques babyloniennes correspondant au système des Douze Heures (Dodécaoros) ; chaque région dépend d'une constellation, qui, elle-même, est représentée par un animal : le lion pour les pays du Sud (Babylone), l'ours pour ceux du Nord (Médie) et le

---

1. Polybe, XXVIII, 22.

chat-panthère pour la Perse. Dans une troisième vision, les animaux symboliques soulignent clairement la spécificité des Grecs. Deux bêtes cornues s'affrontent : un bélier dont les deux cornes représentent les Mèdes et les Perses, et un bouc à la corne unique, qui est le roi des Grecs Alexandre (Dn 8, 9-12). Le bouc est vainqueur, grossit et de sa corne unique en sortent quatre autres, les royaumes hellénistiques ; surgit encore une petite corne arrogante, un roi conquérant et impie, blasphémateur et persécuteur (Dn 7, 21-23). Ainsi l'apocalypse juive rétrécit progressivement, au fil des révélations, les perspectives de la cosmologie babylonienne et de l'histoire universelle jusqu'à se focaliser sur la personnalité du temps présent, Antiochos IV, le mauvais roi, le pire des rois.

Le bon et le mauvais souverain : une modélisation du pouvoir

Au fur et à mesure que la vision se fixe sur l'actualité, comme en gros plan, l'information historique devient de plus en plus conséquente. Le livre de Daniel esquisse un modèle et un contre-modèle du pouvoir, qui est repris et développé dans le reste de la littérature maccabéenne. On y passe d'une vision universaliste et événementielle de l'histoire à des cas particuliers qui concrétisent la lutte entre Dieu et l'Impie. L'histoire juive est devenue « manichéenne », si ce n'était pas un anachronisme de le dire[1]. Disons qu'elle emprunte beaucoup aux conceptions dualistes du monde introduites par les Perses : face au souverain impie, l'ange fait office de protecteur national ; chaque peuple a le sien propre (Dn 10, 21 et 12, 1 ; voir Si 17, 17).

Dans cette perspective, des destins historiques se muent en personnages symboliques. En particulier, Nabuchodonosor, le destructeur du premier Temple, présent dans le livre de Daniel et dans celui de Judith, désigne certainement Antiochos IV dont le nom n'est cité que dans les chroniques des Maccabées, écrites bien après les événements. De même, Babylone tend à s'identifier avec le lieu du mal, tant et si bien qu'elle devient le nom de code

---

1. Mani est le fondateur d'une nouvelle religion au IIIe siècle de notre ère.

de Rome, après 70, dans les visions apocalyptiques postérieures à la chute de Jérusalem (1 P 5, 13 ; Ap 14, 8 ; 16, 19 ; 18, 2).

Les apocalypses identifient le mauvais souverain à ses provocations : c'est l'« adversaire de Dieu », le *théomachos*. Il crée des situations de crise qui mènent à l'apostasie : les plus stéréotypées, que reprirent les actes des martyrs chrétiens, sont l'obligation de participer au culte royal avec prosternation (Dn 3 ; voir aussi Est 3, 1-6), et le test alimentaire, inauguré par Antiochos IV à Jérusalem. C'est en cette occasion que le tabou du porc apparaît pour la première fois chez les Juifs (2 M 6, 18-31). Le test alimentaire est repris symboliquement dans l'histoire de Daniel (Dn 1, 8) et fut sans cesse exploité par les Juifs, avant de l'être par les chrétiens. Dans un épisode peu connu de l'histoire d'Antioche, en 66 de notre ère, le fils d'un chef de synagogue, qui voulait démontrer son loyalisme, sacrifia publiquement selon la coutume grecque en obligeant ses compatriotes à consommer la viande des victimes[1]. Le test alimentaire fait donc partie d'un programme d'acculturation forcée.

Surtout, la littérature apocalyptique établit un lien étroit entre persécution et profanation du Temple. De Nabuchodonosor à Héliodore et à Antiochos IV, de Pompée à Caligula et à Pilate, ce lien est caractéristique d'une histoire nationale et d'une prise de conscience identitaire fondées sur le Temple. Le troisième livre des Maccabées (un apocryphe du Ier siècle) réinvente même la profanation : ainsi Ptolémée IV se conduit exactement comme Antiochos IV à Jérusalem, alors que la persécution se déroule à Alexandrie. La prise de Jérusalem par Pompée, en 63, modifia la perception de Rome et en donna une image effrayante, surtout dans le milieu de Qumrân. De même, l'apocalypse des trois évangiles synoptiques associe la guerre, la catastrophe cosmique et une nouvelle profanation du Temple, en reprenant la terminologie maccabéenne (Mc 13, 14 ; Lc 21, 20) et en se référant même explicitement au livre de Daniel (Mt 24, 15) : peut-être est-ce une allusion à la tentative de Caligula, en 40, visant à installer sa statue dans le Temple.

L'adversaire de Dieu, enfin, est stigmatisé définitivement par sa mort infamante. La littérature maccabéenne exploite à fond une

---

1. *GJ*, VII, 46-47, 50-51.

idée déjà avancée par Ben Sirach, à savoir que tout gouvernant est jugé par sa mort (Si 11, 26-28). Ainsi s'est créé un type de mort-châtiment qui frappe l'impie : elle passe par une décomposition anticipée, de son vivant, comme une matérialisation ici-bas du shéol. Cette mort ignoble, mais qui est juste selon la Loi, compense l'exécution injuste des Juifs fidèles ; les Juifs du IIe siècle commencent à y lire, en élaborant une théologie du martyre, l'espérance d'un réveil ou d'une horreur éternels (Dn 12, 2). La réalité historique n'a aucune importance, si bien que les auteurs peuvent présenter trois versions différentes et également inexactes de la mort d'Antiochos IV ; il est mort de langueur (1 M 6, 1-17), comme son père Antiochos III selon les sources grecques ; il est mort dépecé par des prêtres en Perse (2 M 1, 13-17), en châtiment immédiat de son impiété ; il est mort de gangrène à son retour de Perse (2 M 9, 5-12), décomposé, rongé par les vers et exhalant une odeur insupportable.

Le thème n'a cessé d'être repris. Hérode le Grand, dans le récit de Josèphe, meurt de maladie dans une station thermale, mais l'historien insiste sur la fièvre, les démangeaisons, l'inflammation des voies digestives et des manifestations de gangrène[1] ; il est vrai qu'Hérode avait acquis mauvaise réputation dans certains cercles juifs, celui où furent élaborés les Psaumes de Salomon comme celui des pharisiens dont Josèphe se sentait proche. Son fils, Hérode Agrippa, persécuteur des apôtres, connut, selon les Actes des Apôtres (12, 23), les affres de la mort impie, dévoré par les vers ; Josèphe le fait simplement périr d'une péritonite[2], car il le jugeait favorable au judaïsme pharisien.

Avant même sa mort, l'échec du roi impie est mis en scène à travers deux situations emblématiques : le miracle de l'intervention divine ou le martyre. L'« histoire sainte » est faite de miracles, qui sont une preuve de l'alliance divine : alors que dans les livres historiques des Maccabées le martyre inclut la mort, dans les apocalypses et les romans, le héros est sauvé par l'intervention divine. L'influence hellénistique est ici indéniable, mais cette histoire miraculeuse est liée aussi au rôle grandissant des anges qui sont, eux, d'origine iranienne.

---

1. *GJ*, I, 656-660.
2. *AJ*, XVIII, 9, 5, 343-352.

Les médiateurs de la puissance divine apparaissent toutefois comme des contre-modèles : ce sont des jeunes gens, comme Daniel et ses compagnons, des femmes comme Judith, Esther ou Suzanne, des veuves comme Judith ou la mère des Sept Frères (2 M 7, 1-42), des vieillards comme Éléazar (2 M 6, 18-31). Ce sont des mineurs et des faibles qui réalisent le dessein de Dieu alors que les notables font défaut. Dans l'esprit hellénistique qui réagissait d'abord aux honneurs et à l'émulation, ils sont l'antithèse des héros. L'apocalyptique annonce ainsi ce que sera l'apôtre paulinien, un faible, un avorton...

Daniel dans la fosse aux lions (Dn 6) : une ordalie à la cour royale

Cet épisode, célèbre entre tous, met en scène un Juif de cour à qui sa piété vaut d'être jeté dans une fosse avec les lions (ou plutôt dans une « citerne », *gub*) ; sa fidélité à son Dieu lui permet aussi d'en sortir sain et sauf, comme un symbole de résurrection, et c'est ainsi que l'entendirent les premiers chrétiens. L'action est située sous le règne d'un « Mède », Darius, qui a établi trois dignitaires au sommet de l'État, au-dessus des satrapes. Daniel est l'un d'entre eux, qui suscite l'animosité des deux autres ; ceux-ci cherchent donc à le compromettre à travers ses pratiques religieuses, parce qu'elles semblent contrevenir à la loi royale.

Le récit conteste un absolutisme royal, totalement intolérant, à travers l'institution d'un culte officiel adressé au roi, pendant une période sacrée, celle du roi, lors de laquelle tout autre rituel indigène ou étranger est interdit. On pense évidemment à une transposition de la politique religieuse d'Antiochos IV, qui faisait fêter son anniversaire à Jérusalem (2 M 6, 7). On pourrait aussi penser à une critique plus large de la royauté hellénistique issue d'Alexandre en rapprochant l'histoire de Daniel de celle de Callisthène, un philosophe courtisan encagé avec un fauve pour avoir refusé d'adorer Alexandre comme un dieu[1]. Mais l'histoire de Callisthène est un récit tardif et peu connu, qui n'a pas circulé. La clé de l'épisode de Daniel se trouve plutôt dans la forme très

---

1. Justin, XV, 3, 3 ; Diogène Laërce, *Aristote*, 5, 8.

particulière que prend la réaction royale : Daniel a été sauvé ; ce n'est pas une exécution, c'est une ordalie, une ordalie entre le sage juif et des courtisans... « indigènes ».

En effet, l'épreuve a lieu en champ clos (la citerne) ; elle est limitée dans le temps (une nuit). Elle s'inscrit dans un cadre oriental traditionnel où le lion est à la fois un symbole de légitimité, comme on le voit en particulier dans l'iconographie royale, et un instrument du châtiment divin contre ceux qui méconnaissent les dieux du pays[1]. Quand Daniel, sain et sauf, est sorti de la fosse, ses dénonciateurs sont soumis à leur tour à la même épreuve, qui devient une peine de mort ; ils sont dévorés par les fauves. C'est le principe de l'ordalie, qui oblige l'accusateur à subir la même épreuve que l'accusé quand celui-ci a démontré son innocence.

Il s'agit donc d'un épisode conventionnel et assez intemporel. Mais sa portée sociologique est claire. À l'époque hellénistique, le sage juif s'oppose aux grands personnages, ceux-là même que dénonçait Ben Sirach et qui constituaient l'entourage rapproché et le conseil du roi. L'ordalie met en cause un groupe d'hommes dont le rôle historique fut très important, celui des « grands », des hommes du roi[2].

La tentation du pouvoir : les Juifs de cour

L'époque maccabéenne a construit sa réflexion sur le pouvoir à partir des expériences vécues par les Juifs de cour dont Ben Sirach avait déjà dénoncé la position difficile. Toute la première partie du livre de Daniel – de même que le livre d'Esther – est une chronique de cour. Utilisant le cadre babylonien, elle rassemble certainement des traditions qui remontent au temps de l'Exil, mais qui ont été iranisées, puis revues à l'époque séleucide. Quant au troisième et cinquième chapitres – les plus intéressants pour le culte de l'image royale et la cérémonie du banquet royal –, c'est un récit en araméen composé au début de l'époque hellénistique.

---
1. Poème de Gilgamesh, 11, 188 ; 2 R 17, 25, 27 ; Ap 5, 5 ; 1 P 5, 8, etc.
2. *Megistanes* : Dn 3, 24 ; Si 39, 4 ; voir aussi Est 1, 3.

Daniel et ses trois compagnons sont arrivés à la cour comme enfants-otages, selon un système qui rappelle celui des janissaires de l'Empire ottoman, mais qui, dans l'Antiquité, évoque l'institution des pages royaux mise en place dans les royautés macédoniennes pour domestiquer la noblesse. Daniel et ses compagnons appartiennent donc au meilleur milieu et sont en tout point des jeunes gens remarquables ; ils ont été enlevés à leur famille pour le service royal et reçoivent une éducation soignée « à la chaldéenne » pendant trois ans, apprenant d'abord la langue, puis les usages de la cour (Dn 1, 3-5). À l'époque perse, la plupart des serviteurs de la cour venaient des pays conquis : Hérodote connaît bien, lui aussi, ce tribut humain obligatoire[1], qui concernait également des jeunes filles[2]. Esther est l'une d'elles (Est 2, 2-3). Il ne s'agissait pas tant de pourvoir le harem royal que de mener, souvent, une politique nataliste forcée.

Il est difficile de préciser davantage la situation de Daniel et des autres. Étaient-ils des eunuques, des serviteurs ou des pages royaux formés pour le gouvernement ? Toutes ces catégories sont attestées en grand nombre à la cour séleucide. Daniel lui-même est placé sous l'autorité du chef des eunuques (Dn 1, 3, 7, 10), fonction également très importante dans les romans d'Esther et de Judith. Le nom que portent les eunuques est significatif de la fascination qu'ils exerçaient sur les imaginations juives comme sur celles des Grecs : Bagoas (Jd 13, 11) renvoie à un archétype d'eunuque méchant et sanguinaire, familier aux Grecs ; Hegaï, le « gardien des femmes » (Est 2, 3), est sans doute une déformation d'*agha*, la dénomination ordinaire des eunuques royaux. Les eunuques de cour n'étaient pas confinés au harem et pouvaient accéder aux plus hautes fonctions, qu'ils soient castrés ou non : cela s'accorderait bien avec les responsabilités détenues plus tard par Daniel (Dn 3, 14). Mais les textes ne portent jamais sur le problème des mutilations et il est plus probable que Daniel ait été un de ces pages royaux qui, à la cour séleucide comme à celle d'Alexandre, fournissaient le principal vivier des officiers et des administrateurs ; élevés avec le futur roi, ils constituaient, dès leur jeunesse, son entourage rapproché.

---

1. Hérodote, III, 92, 97 ; VI, 32 ; Athénée, *Deipnosophistes*, XII, 514 c.
2. Hérodote, III, 159.

Ainsi, de jeunes Juifs faisaient l'expérience du pouvoir dans le harem du roi, à la table du roi. Dans le livre d'Esther, le harem est un lieu de pouvoir où tout se passe en termes de rapport de forces et de jeu d'influences. Certaines femmes pouvaient passer de la condition d'esclave à celle de concubine, et la figure d'Esther, capable de s'imposer au prince, a plusieurs parallèles grecs : Aspasie, à l'époque perse, maîtresse de Cyrus le Jeune[1] ; Antiochis, à la cour d'Antiochos IV, richement possessionnée par le roi (2 M 4, 30). Dans la polémique entre le pouvoir et les Juifs, les dames de la cour ont toujours joué un rôle, comme en témoignent encore des pamphlets alexandrins sous l'Empire romain.

Dans la vie de cour, l'apparat et le luxe des banquets royaux frappèrent tout particulièrement les imaginations antiques. La littérature biblique le restitue fidèlement. Beaucoup de chroniqueurs grecs, de leur côté, donnèrent des descriptions très colorées des banquets de cour sous les règnes d'Antiochos III et d'Antiochos IV, puis des derniers Séleucides[2]. Le banquet royal réalisait une mise en scène du pouvoir, car la proximité du roi et les rations qu'on en recevait manifestaient ostensiblement la place de chacun à la cour et dans l'État (Est 1, 5-8 ; Dn 1, 8-16). Le célèbre « festin de Balthasar » (Dn 5) évoque ainsi l'apparat d'or et de pourpre qui sacralisait la personne royale. Le banquet était le temps de la parole politique, du conseil et de la délibération, le moment aussi des promotions et des disgrâces immédiates (Dn 5, 29 ; Est 7, 7-8). Mais la liberté de parole plaçait les convives dans une situation délicate, comme l'avait déjà relevé Ben Sirach, si bien que les Juifs et les chrétiens, de Philon à Clément d'Alexandrie, n'ont cessé de multiplier les mises en garde en établissant des règles de protocole et de conduite. Le livre de Daniel pose l'exigence de la nourriture casher (Dn 1, 8), avec une rigueur que n'avait pas eue Ben Sirach, même quand il était appelé à évoluer parmi les Grands.

---

1. Élien, *Histoire variée*, 12, 1.
2. Compilés dans Athénée, IV, 155 b ; V, 195 e ; 210 d-e ; X, 438 b-e

Juifs de pouvoir et perte d'identité

Le livre de Daniel a été écrit à une époque où les Juifs étaient particulièrement sensibilisés aux problèmes identitaires que posait l'intégration au milieu officiel. D'emblée, Daniel et ses trois compagnons reçoivent un nouveau nom du chef des eunuques (Dn 1, 7), ce qui montre leur situation de dépendance. Ce sont des noms religieux, qui renvoient aux dieux officiels, ou dynastiques : Daniel devient Balthasar, en réalité *Bel-Shar-Uçur*, « Bel protège le roi », qui était le nom de l'héritier (Dn 5, 1) — de même, la concubine Antiochis avait changé son nom pour prendre celui du roi (2 M 4, 30) ; Abd-Nego *(Nabu)* signifie « Serviteur de Nabu », un autre grand dieu local ; Mesha avait été porté par des rois de Moab.

La suite du récit joue subtilement sur l'utilisation des deux noms, le nom officiel, qui rappelle le lien avec le roi, et le nom hébraïque, significatif de la naissance et des traditions ancestrales. La cour et l'administration n'utilisent que les noms officiels (Dn 3, 12, 14, 16, 19-20, 22-28) ; les trois jeunes Grecs, durant leur supplice, dans les Cantiques de la version grecque, proclament leur nom de naissance. De même, les martyrs commémorés dans le deuxième livre des Maccabées revendiquaient l'usage de l'hébreu, signe que la dénomination et la langue parlée étaient alors des manifestations extérieures d'intégration ou de résistance. Daniel est identifié par le roi sous sa double identité (Dn 4, 5), selon la formule du double nom, classique dans le monde gréco-romain, mais, par la suite, le roi ne s'adresse à lui que sous son nom officiel (Dn 4, 6, 15 et 16). Ainsi ce Juif de cour portait publiquement un double nom, qui était son état civil officiel, et il était perçu comme appartenant à deux cultures ; mais dans la vie quotidienne, les Juifs utilisaient un nom ou l'autre selon le milieu où ils se trouvaient. Il y avait donc un risque de déjudéisation qui résultait de la proximité et de la dépendance au roi.

Qui étaient visés ? On ne connaît pas de Juifs à la cour séleucide. Leur présence y est cependant assez vraisemblable puisqu'ils s'engagèrent en grand nombre dans l'armée à partir du règne d'Antiochos III. Le grand prêtre Jonathan et ses successeurs sont plus ou moins des « Juifs du roi », encore que la distance atténue leur dépendance. De la figure légendaire de Mardochée

(Est 6, 3-11) à celle, historique, de Jonathan (1 M 11, 57-58), la littérature maccabéenne présente ces « bienfaiteurs » ou ces « amis du roi », distingués par la robe de cour pourpre et le diadème d'or, et qui mangeaient dans de la vaisselle d'or ; le roi s'adresse à Jonathan comme à son « frère » selon la coutume de la chancellerie (1 M 10, 60-65) ; plus tard, Jonathan reçoit l'agrafe d'or qui était l'insigne de « parent royal » (1 M 10, 89). Il s'agissait d'une relation strictement personnelle, inégalitaire et contraignante, qui devait être confirmée à chaque changement de règne et qui ne l'était pas toujours. Nommé « ami », puis « ami du premier rang », par Alexandre Balas, Jonathan fut rétrogradé par Démétrios II (1 M 10, 70), puis rétabli progressivement dans son rang d'« ami » et de « parent » par les successeurs. Le roi pouvait dégrader en plein conseil ou au milieu d'une cérémonie un dignitaire dont il était mécontent (2 M 4, 38).

L'usage du double nom bilingue est un bon indice d'intégration politique et de participation aux activités officielles. Jonathan ne prit pas de nom grec. Ce n'est qu'à la quatrième génération des Asmonéens, parmi les fils de Jean Hyrcan, qu'apparurent les Antigone et les Aristoboule, et, enfin, un Alexandre Jonathan (abrégé en Jannée) : le nom hébraïque n'a plus dès lors qu'une fonction de surnom. Les noms grecs des Asmonéens ont toujours un caractère dynastique ou propitiatoire sans résonances religieuses particulières, alors que celui du roi Hérode, « Descendant de héros », en conserve une, discrète. On connaît des Ptolémée et des Cléopâtre dans l'entourage des Asmonéens[1]. Au contraire, une famille sacerdotale comme celle de Flavius Josèphe ne présente aucun double nom bilingue pendant six générations après l'époque de Jean Hyrcan.

Il est plus facile de suivre des Juifs à la cour d'Alexandrie, où l'on voit toute l'ambiguïté de leur position. Dès la fin du IIIe siècle, il y a des renégats comme ce Dosithéos, « grand archiviste du roi », stigmatisé par le troisième livre des Maccabées pour avoir, malgré sa naissance juive, « changé de religion et renié la foi de ses pères ». Grec non seulement de culture, il atteignit le sommet de sa carrière comme prêtre d'Alexandre et des Ptolémées divinisés. On connaît aussi Onias, le dernier descendant de la dynastie

---

1. *GJ*, I, 54-87.

sacerdotale sadocide, dont le père avait été assassiné à Jérusalem en 172. Vers 170, il émigra en Égypte et, très jeune, fit une carrière rapide auprès de Ptolémée VI ; il finit à la tête de l'armée en intervenant dans les intrigues de cour. Onias ne fut pas un apostat et le Talmud ne le condamne jamais, mais ses liens avec Jérusalem se distendirent : désireux d'affirmer l'identité locale des Juifs d'Égypte et de créer un nouveau pôle de vie religieuse, il construisit un temple à Léontopolis ; Onias appartenait au premier cercle royal[1], ce qui justifie le rôle qu'il joua dans les guerres de succession[2]. Plus généralement, le règne de Ptolémée VI, entre 180 et 145, porta à son comble la faveur des Juifs en Égypte. Ananias, au nom hébraïque, est un autre général juif ; Aristoboule, au nom grec, est un philosophe juif, « professeur du roi ». Pour les Juifs de la Diaspora, les rapports du politique et du religieux se posaient donc avec acuité, mais ils pouvaient parvenir à un compromis acceptable.

L'idolâtrie ou le culte de l'image royale

L'affrontement des Juifs avec le pouvoir royal se focalisait sur deux pratiques : sur l'observation des tabous alimentaires et, surtout, sur le culte royal à travers les hommages rendus à l'image du souverain.

L'« idolâtrie » n'est pas le culte des faux dieux, mais le culte de l'image. Les auteurs de la Bible en grec ont ici forgé un mot nouveau – ce ne fut pas la dernière fois – puisqu'ils ne désignent pas la statue, ainsi que le faisaient couramment les Grecs, comme un « portrait » (*eikon*), ou comme un « objet cultuel » (*agalma*), mais comme un « simulacre » (*eidolon*) avec une nuance d'être irréel. Cette interprétation nettement péjorative se développa de plus en plus dans la littérature biblique, car c'est à travers les biens visibles qu'on reconnaît Celui qui est le Dieu véritable (Sg 13, 1), alors que les images résultent de la vacuité et de l'illusion humaines, d'une vaine recherche de la gloire (*kenodoxia* : Sg 14, 14). On constate donc d'emblée que le caractère « anico-

---

1. *CPJ*, I, n° 132.
2. *Contre Apion*, II, 49.

nique » de la religion et de l'art juifs – qui ne représentait ni Dieu ni les hommes – a produit une réaction originale vis-à-vis du culte royal en privilégiant une de ses expressions, la statue. Celle-ci n'était certainement pas la plus importante aux yeux des Grecs, chez qui le culte du souverain impliquait sacrifices, autel et temple, jours anniversaires fériés, concours et processions (2 M 6, 7).

L'anthropomorphisme des dieux, qui caractérisait la religion grecque, n'était pas réellement en cause. Dans le texte original de Daniel (Dn 3, 1-18), qui raconte le refus de trois jeunes gens d'adorer la statue d'or faite par le roi, il est difficile de savoir si l'image représente le roi ou son dieu, mais la traduction grecque a clairement tranché et parle d'image royale, ce qui situe donc l'idolâtrie dans l'ordre du politique.

Les textes juifs reprochent au souverain hellénistique d'imposer autoritairement le culte de son image et de sa personne et de considérer toute abstention comme un crime d'impiété, passible de la peine de mort (Dn 3, 2-6 ; Sg 14, 16). Les trois jeunes gens qui sont jetés dans une fournaise pour avoir refusé d'adorer la statue en or apparaissent donc comme des martyrs du pouvoir, non plus parce qu'ils répugnaient aux sacrifices en général, comme les résistants dans les livres des Maccabées, mais parce qu'ils ne participaient pas au culte royal en particulier ; l'Église primitive les récupéra très tôt, qui était elle-même affrontée au culte impérial.

À l'époque hellénistique, le culte du souverain n'avait pas toujours ce caractère obligatoire ; souvent il n'a fait l'objet que d'initiatives dispersées, émanant de cités ou d'autres communautés locales. L'érection de statues cultuelles représentait l'honneur suprême, au sommet d'une hiérarchie de manifestations par lesquelles les communautés reconnaissaient les bienfaits royaux ; on pourrait parler d'honneurs divinisants. Cependant, la signification religieuse de la démarche revêtait une certaine ambiguïté, selon que la statue était exposée dans un lieu sacré ou dans tout autre endroit public, en fonction, aussi, des dévotions qu'on manifestait ; il était toujours possible de prier ou de sacrifier « pour le salut », seulement, du roi représenté et les Juifs ne s'en firent point faute (Ba 11, 12). Chez les Séleucides, le culte du monarque régnant n'est pas antérieur à Antiochos III, à l'extrême fin du IIIe

siècle. Un clergé spécialisé, portant le portrait du souverain sur sa coiffure, fut alors chargé d'un rituel sacrificiel spécifique auquel participaient des représentants des groupes civiques et les magistrats de la cité, mais on n'a aucune preuve que l'assistance y ait été obligatoire et contrôlée. En Égypte, où la royauté pharaonique avait eu un caractère sacré et une origine divine, les Ptolémées s'appuyèrent sur cette tradition ; dès la première moitié du IIIe siècle, les statues des rois étaient placées dans les temples et recevaient un culte. Les Ptolémées instituèrent également un culte dynastique de caractère grec qui associait le souverain vivant à ses ancêtres héroïsés. Les modalités de ce culte étaient très variées, entre formalisme et religiosité.

C'est précisément à Alexandrie, au Ier siècle, qu'un auteur juif analysa le plus finement l'évolution du culte royal : ce qui avait été à l'origine un honneur (*timè*), reconnaissant des bienfaits dans le cadre de l'évergétisme grec, était désormais une consécration, qui donnait à la personne du souverain un caractère « auguste[1] ». La statue devenait un vecteur de divinisation, ce qui n'était pas si clair pour les Grecs, même s'ils la reconnaissaient comme un objet cultuel. L'auteur dénonçait le caractère autoritaire du culte royal qu'il assimilait à de la tyrannie (Sg 14, 17). Pour expliquer l'évolution du culte royal, il avançait une motivation d'ordre politique, très révélatrice de la psychologie collective : le pouvoir cherchait à se donner de la visibilité pour remédier à la distance que créait l'étendue des royaumes hellénistiques entre le souverain et ses administrés (Sg 14, 17). L'image royale était perçue comme un substitut de la présence du roi, vivant ou mort, un « substitut » qui justifie le terme *eidolon* et permettait aux sujets de « se représenter l'aspect du roi de loin ». Bien entendu, pour l'auteur juif, ce n'était là qu'une illusion. Mais l'on retrouve, sous-jacent, un trait important de la sensibilité religieuse qui se manifestait depuis la fin du IVe siècle : le désir des hommes de l'Antiquité d'avoir des dieux présents au cœur du monde et proches d'eux ; ainsi les Olympiens étaient-ils récusés au bénéfice des rois[2].

---

1. *Sebasma* (Sg 14, 20) ; le mot est apparu à l'époque d'Auguste : voir Denys d'Halicarnasse, *Antiquités romaines*, I, 30, 2.
2. *Hymne ithyphallique* pour Démétrios Poliorcète, cité dans Athénée, VI, 253 f.

Le livre de Daniel reconnaissait déjà la même fonction à la statue royale, d'une manière beaucoup plus concrète. D'abord à travers le « colosse aux pieds d'argile » que le roi a vu en rêve (Dn 2) ; cette image célèbre incarne le pouvoir monarchique dans la très longue durée en associant les quatre dynasties – babylonienne, mède, perse et grecque –, matérialisées par l'or, l'argent, le bronze et le fer ; quand la royauté, comme la statue, dépend de la technique humaine, elle est bien fragile (voir aussi Sg 13, 10-19). Mais ce qui prouve le mieux qu'à l'époque de Daniel, les Juifs percevaient déjà la statue comme un substitut de la présence royale, c'est le rituel de prosternation que la vision évoque de façon assez inattendue. Dans l'Empire perse, en effet, la prosternation était simplement un rite d'audience royale et non un acte religieux ; on s'inclinait, on saluait d'un baiser, on s'agenouillait ou, parfois, on se jetait à terre devant le trône, ce qui n'impliquait nullement que le roi perse ait été considéré comme un dieu. Ce sont les Grecs qui virent dans la prosternation un acte religieux : « La loi [des Perses] est d'honorer le roi et de se prosterner comme devant l'image d'un dieu sauveur universel[1] ». Les Juifs partageaient cette interprétation, du moins à l'époque hellénistique ; le livre d'Esther rapporte que Mardochée refusa de se prosterner (Est 3, 1-4), refus que les courtisans percevaient comme un crime de lèse-majesté et comme la manifestation de son identité juive, puisque la Torah interdisait de se prosterner devant un homme et réservait cet hommage à Dieu (Ex 20, 4). En milieu grec, l'espoir de salut en ce monde fut en effet l'un des principaux moteurs du culte royal.

Se faire Juif, c'est renverser les idoles » (Dn 14, 28) : une conception extensive de l'idolâtrie

Puisque, à l'époque grecque, accepter ou refuser le culte de l'image royale était lié à la spécificité religieuse et à l'identité juive, en application du deuxième commandement (Ex 20, 4 ; Lv 19, 4 ; Dt 27, 15), le concept d'idolâtrie fut pris dans un sens

---

1. Hérodote I, 134.

extensif, beaucoup plus large dans la version grecque du livre de Daniel que dans le fond araméen.

Le supplément grec inclut un épisode où Daniel affronte, à Babylone, la statue du dieu Bel et un serpent divinisé (Dn 14) : les formes religieuses contestées sont ici les cultes étrangers, anthropomorphes ou zoomorphes, et non plus seulement le culte royal. D'autres écrits bibliques dénoncent les mêmes déviances – « appeler dieux des animaux et des objets faits de main d'homme » – dans le milieu alexandrin et ailleurs (Sg 13, 10, et 14, 8 ; Lt Jr 50). En Égypte, ils visent en particulier la zoolâtrie (Sg 15, 18 19). L'idée est de montrer que l'animal divinisé est mortel (Dn 14, 26), ce qui ne gênait pas les Égyptiens, accoutumés à les momifier. Quant à la critique de la statue cultuelle, objet inanimé et insensible – qui ne parle pas, ne voit pas, ne sent pas –, objet corruptible et impuissant, elle s'inspire de Jérémie (Jr 10, 1-9), dont ces textes reprennent tous l'évocation très concrète du bûcheron qui transforme un arbre en dieu (Sg 13, 11-15). Le livre de Daniel décrivait comme des épisodes miraculeux, sous une forme imagée, ce que théorisèrent plus tard les rédacteurs de la Lettre de Jérémie et de la Sagesse de Salomon.

Les Juifs critiquaient donc « la religion des autres » (Lt Jr 4-5), à travers la statue cultuelle, cet objet inanimé qui créait une confusion entre le dieu et sa représentation matérielle, car il plaçait l'homme au niveau des dieux et même plus haut. « Qui t'a fait dieu ? », sinon la main de l'homme (Sg 13, 10). Cette question, certains philosophes grecs se l'étaient déjà posée depuis le IVe siècle, et ils avaient été considérés comme athées dans leur cité[1]. Tout est une question de puissance réelle répondent les Juifs (Lt Jr 12-14, 33-37, 52-53, 65-66) ; l'efficacité est dans les mains de l'artisan plutôt que dans celles de la statue (Sg 13, 19). Le divin est donc conçu comme une puissance, ce qui reprend un point de vue grec largement répandu à l'époque hellénistique : « Il ne faut ni croire, ni affirmer que ce sont des dieux puisqu'ils sont impuissants à rendre la justice et à faire du bien aux hommes » (Lt Jr 63) ; en écho, un livre très populaire, *La Clef des songes*, affirmait que « tout ce qui a pouvoir a valeur de dieu[2] ».

---

1. Diogène Laërce, II, 11, 6 (Stilpon).
2. Artémidore, II, 36, citant Ménandre, fgt 223, 3.

Le roi est divin parce que son pouvoir est réel : « Qu'est-ce qu'un dieu ? celui qui exerce le pouvoir. Qu'est-ce qu'un roi ? celui qui a part au divin (*isothéos*) », explique un Grec d'Égypte[1], ressortissant du même royaume que l'auteur de la Sagesse. Celui qui refusait d'adorer en sa statue un dieu de pouvoir pour n'y voir qu'une « fabrication de main d'homme » (*cheiropoietos*), attaquait les rituels collectifs dans un de leurs fondements et méritait donc chez les Grecs le nom d'athée.

L'idolâtrie devient la mère de tous les maux (Sg 14, 24-27). C'est là encore une idée nouvelle : elle donne à la pratique religieuse un contenu éthique qu'elle garda dans le christianisme (I Co 5, 9-11). L'idolâtrie est donc définitivement associée à la débauche (*porneia*). Par ce terme, un Juif d'Alexandrie entend l'adultère, les crimes et les délits (Sg 14, 24-25) et, plus précisément, les perversions sexuelles et les mariages « incestueux », qui étaient autorisés en Égypte entre demi-frère et demi-sœur de même père (Sg 14, 26). La débauche devient synonyme d'excès et de démesure, en engendrant la tyrannie en politique (Sg 14, 21). La Lettre de Jérémie vise les milieux sacerdotaux, la corruption et la mendicité qui les caractérisent ; derrière ces critiques conventionnelles, dirigées surtout contre les mages chaldéens et autres itinérants (Lt Jr 30-32, et 40-41), se pose le problème de la rétribution des prêtres : dans le monde gréco-romain, ceux-ci recevaient une part des dépouilles qui étaient revendues et de la viande des sacrifices, puisqu'on les célébrait devant une statue qui ne pouvait les consommer. À l'époque grecque, les Juifs les représentent comme des gloutons qui font main basse sur les offrandes (Dn 14, 15-21 ; Lt Jr 27). Pour la première fois, la morale du comportement est fondée sur la conception du divin et liée à la pratique religieuse.

Être Juif, c'est avoir les mêmes référents identitaires

À partir de l'époque maccabéenne, la religion structura l'identité juive, d'abord par la place que commença à prendre le Temple. Il avait été au cœur des événements ; il devint le pivot de

---

1. Papyrus d'Heidelberg, n° 1716 V.

l'histoire savante, comme celle de Flavius Josèphe, ou de l'histoire eschatologique, comme celle de Qumrân, qui s'articulaient autour des destructions, des profanations et des restaurations. Il s'imposa alors comme le pôle religieux de la Diaspora – un sanctuaire unique pour un dieu unique. Le temple égyptien de Léontopolis, qui subsista jusqu'après 70, n'était pourtant pas considéré comme schismatique puisqu'il avait été fondé par un vrai Sadocide[1].

Pour affirmer le primat de Jérusalem, une collecte fut organisée chaque année dans la Diaspora ; elle est abondamment décrite par Philon d'Alexandrie au Ier siècle de l'Empire[2], et encore, indirectement, dans les épîtres de Paul, mais sa première attestation remonte à l'époque postmaccabéenne, dans le livre de Baruch (1, 6 et 10), qui s'inspire ailleurs de celui de Daniel. Il s'agit en fait de pratiquer des sacrifices par délégation sur l'autel de Jérusalem. La vie religieuse et les déplacements des Juifs de la Diaspora s'organisèrent donc de plus en plus autour du Temple et de la collecte. L'une et l'autre devaient donner lieu à des polémiques au sein des communautés chrétiennes[3].

On institua aussi plusieurs fêtes pour fournir des points de ralliement périodiques, structurer l'unité du peuple et nourrir la mémoire collective. La période maccabéenne a ainsi vu se créer de nombreuses fêtes commémoratives : le jour de Nicanor pour rappeler la principale victoire remportée sur les Séleucides (2 M 15, 36) ; la fête de la Dédicace (Hanoukka), en décembre, après la reconsécration du Temple en 164 (2 M 1, 9). Le jour de Mardochée (ou fête des Sorts, *Pourim*), institué antérieurement à celui de Nicanor, était célébré le lendemain (2 M 15, 36) : tout le livre d'Esther en est la justification pseudo-historique, qui en fait une fête de la victoire sans que le nom de Dieu y apparaisse jamais ; un ajout grec plus récent, le songe de Mardochée (Est, 10, 1-10), proposa une explication théologique : « Le Seigneur a fait deux lots qu'il tira au sort, l'un pour le peuple de Dieu et l'autre pour les nations. »

Ces fêtes de la libération sont intimement liées au développement d'une littérature de propagande, qui a parfois une fonction

---

1. *AJ*, XII, 9, 7 (387-388).
2. *Sp. Leg.*, I, 77-78 et 151-152 ; voir aussi *CPJ*, n°s 168-170 et 421.
3. Voir ci-dessous chapitre 10.

rituelle. Depuis l'Exil, on lisait en effet à certaines fêtes de courts récits en situation, qui finirent par constituer la collection des « Cinq Rouleaux » : les Lamentations de Jérémie au jour anniversaire de la destruction du premier Temple ; le livre de Ruth, composé au retour d'Exil, à la Pentecôte ; à partir du IVe siècle, le Cantique des Cantiques au jour de Pâque ; le prêche de Qohélet ; enfin, le livre d'Esther pour la fête des Sorts. Dans tous ces récits, l'importance de la fête est très largement explicitée. Elle est un devoir pour les Juifs et pour tous ceux qui se rallient à eux : c'est donc un temps où l'on peut s'intégrer aux communautés juives ; c'est le moment où s'élabore la mémoire collective (Est 9, 27-28) ; elle réunit tous les Juifs dispersés (Est 9, 19 et 30). L'auteur des lettres d'envoi qui précèdent le deuxième livre des Maccabées se donne pour objectif de diffuser la fête de la Dédicace, qu'il présente comme une obligation (2 M 2, 16), ainsi que celle du retour d'Exil (2 M 1, 18). C'est à l'époque maccabéenne, on l'a dit, que les Juifs ont développé le sens de l'histoire ; c'est à cette époque aussi qu'ils ont acquis le sens des commémorations pour réinscrire tous les événements majeurs dans une trame eschatologique unique.

Le deuxième livre des Maccabées (1, 24-29) et des passages grecs d'Esther (4, 17) fournissent des modèles de prière, de même que les livres de Judith et d'Esther font l'éloge du jeûne (Jd 8, 6 ; Est 4, 16). Enfin, le livre de Daniel (1, 8) et un autre passage grec d'Esther (4, 28-29) insistent sur la séparation à table (*amixia*). L'accent est donc porté sur les pratiques juives, voire sur le militantisme : Judith « la Juive » incarne assez bien une figure de militante.

Parmi toutes ces pratiques, c'est la circoncision qui devint la plus importante. Il n'était pas nécessaire d'y recourir comme à une étape de la conversion avant le IIe siècle, mais à l'époque maccabéenne, l'acte changea de signification. La traduction grecque d'Esther est révélatrice de cette évolution puisque « vivre en Juif » (hébreu *mityahadim*) devint « se faire circoncire » (Est 8, 17). À partir du moment où un sens ethnique était donné à la conversion, le débat sur la circoncision, qui divisa aussi les premiers chrétiens, était engagé. Le contexte est mal connu : s'agissait-il de freiner l'acculturation et l'hellénisation en marquant de manière indélébile l'identité juive ? Ou d'encadrer une effort missionnaire en associant la conversion à un changement radical ?

Le modèle d'un judaïsme missionnaire
et les réalités de la politique asmonéenne en Palestine

Les livres de Judith et d'Esther imposent l'image d'un judaïsme missionnaire, d'abord à travers la figure d'Achior, l'Ammonite de Transjordanie converti et assimilé. À la vue de la tête d'Holopherne, il bénit Judith, écoute son récit, constate les miracles d'éclat du Dieu d'Israël et « croit tout à fait » ; il se fait donc circoncire pour s'agréger à Israël (Jd 14, 6-10). Dans le livre d'Esther, la conversion volontaire devient la judéisation forcée : après l'avoir emporté sur le pouvoir, la communauté juive de Suse, autour de Mardochée, entame une vaste épuration ; elle crée un rapport de forces qui entraîne la circoncision en masse, dans un sentiment de crainte, des gens du pays (Est 8, 11-17). À l'origine de cette assimilation brutale, il y a un réflexe d'autodéfense puisque les Juifs de Suse avaient redouté un pogrom.

Cette littérature correspond à un changement de politique vis-à-vis des peuples limitrophes : de résistante qu'elle était, l'action des Asmonéens devint conquérante et assimilatrice. À partir de Simon, stratège et ethnarque (1 M 15, 2), qui augmenta ses pouvoirs de police (1 M 14, 44), se développa un État autoritaire et militaire. La politique d'assimilation s'appuyait sur une conception traditionaliste de l'État, où tout devait être juif et où tout ce qui ne l'était pas devait rester à l'écart. C'est dans cet esprit que Simon entreprit des opérations de purification ethnique en remplaçant la population locale par des colons juifs à Beth-Sour et Gazara, aux limites de la Judée, et à Joppé, sur la côte (1 M 11, 66 ; 13, 11 et 43-48). À la fin du siècle, les conquêtes de Jean Hyrcan s'accompagnèrent de la destruction du temple du Garizim, en Samarie, et de la circoncision forcée des Iduméens[1], celles d'Aristoboule en Galilée entraînèrent la circoncision forcée des Ituréens de la frontière Nord, entre le Liban et Damas[2]. Il

---
1. *AJ*, XIII, 9, 1 (257-258).
2. *AJ*, XIII, 11, 3 (318-319).

s'agissait bien d'assimiler les vaincus, en les contraignant à la circoncision et à l'observance de la Loi ; peut-être cette politique constitua-t-elle une alternative aux transplantations de populations traditionnelles quand l'extension du royaume les rendit impraticables.

On débat toujours des véritables objectifs de cette politique qui ne fit pas l'unanimité dans le judaïsme ultérieur, surtout parmi les pharisiens, plus proches des réalités locales et moins partisans d'un État centralisateur : Josèphe, qui représente assez bien cette tendance, s'opposa à la circoncision forcée des réfugiés[1]. Certains ont même supposé que le totalitarisme royal – imputé à Antiochos IV dans le premier livre des Maccabées ou aux monarques orientaux du passé dans la littérature maccabéenne – révélerait en réalité la face cachée de l'État asmonéen. Mais les auteurs grecs, eux-mêmes, ne s'accordaient pas sur le degré de pression et de contrainte qu'exercèrent les Asmonéens. Pour Strabon[2], par exemple, les Iduméens étaient des nomades nabatéens, chassés de leurs terres, qui avaient progressé vers le nord pour s'agréger aux Juifs en partageant volontairement leurs coutumes.

Quel sens donner à la judéisation menée par les Asmonéens ? Les historiens hésitent finalement entre un objectif religieux et un mobile strictement politique, dans la logique d'une situation « postcoloniale ». Après avoir subi les effets d'une politique d'assimilation sous le règne d'Antiochos IV et découvert une forme d'homogénéité culturelle grecque fondée sur la langue, l'éducation et les fêtes, les Asmonéens auraient retourné contre les Grecs leurs propres méthodes et perçu la pratique de la circoncision ou le système d'éducation pharisien comme des moyens de contre-acculturation ; judaïsme et hellénisme auraient donc évolué parallèlement l'un par rapport à l'autre, chacun selon sa propre quête identitaire.

Il est toutefois difficile d'exclure le mobile religieux, même si le judaïsme du second Temple n'a jamais fait de prosélytisme réel, on y reviendra. Les conquêtes et l'épuration, qui allaient jusqu'à détruire les cultes étrangers – même privés –, à l'intérieur

---

1. *Vie*, 112-113.
2. Strabon, XVI, 2, 34 (760).

des maisons, avaient pour effet de répandre l'idée de « terre promise » et de la matérialiser en lui donnant des frontières naturelles et une population homogène.

Regards sur les autres : Rome et l'image de la liberté

Le rejet du modèle royal hellénistique tourna les Juifs vers Rome, malgré la distance. Mais, dans les années 160, comme le remarqua l'historien grec Polybe, les conflits internationaux étaient tous imbriqués les uns dans les autres en Méditerranée orientale, si bien que de nouvelles relations se développaient entre États éloignés et différents, mais unis par les circonstances dans un intérêt commun. Ce fut le cas entre Rome et les Juifs.

En 167, quand les Maccabées déclenchèrent l'insurrection contre le roi séleucide, Rome faisait déjà figure de libérateur pour les cités contrôlées par les rois (1 M 8, 5)[1]. Rome venait alors de remporter une victoire décisive sur le roi de Macédoine, sanctionnée définitivement par l'abolition de la royauté ; en même temps, en Égypte, ses diplomates mettaient Antiochos IV au pas en arrêtant sa conquête. Aussi, dès 164, au temps de Judas Maccabée, une ambassade juive fut envoyée à Rome pour solliciter son alliance (1 M 8, 17-20) ; deux légats romains intervinrent donc dans les négociations qui s'ouvrirent entre Jérusalem et le régent Lysias à la mort d'Antiochos IV (2 M 11, 34-38). Trois ans plus tard, en 161, Judas se trouvait en meilleure position après sa victoire sur Démétrios Ier, et il obtint un sénatus-consulte en bonne et due forme (1 M 8, 23-30)[2]. C'était un traité bilatéral (*foedus aequum*) caractéristique, où les deux parties contractaient une alliance défensive, s'engageant au moins à la neutralité en cas de conflit. Cette alliance fut renouvelée à chaque changement de gouvernement : à la mort de Judas par Jonathan en 161 (1 M 12, 1) ; à la mort de Jonathan et à l'avènement de Simon en 143 (1 M 14, 16-18). À chaque succession, les grands prêtres prenaient soin d'entretenir les relations avec Rome, ce qui prouve

---

1. En 198/197, à l'issue de la seconde guerre de Macédoine, le consul Flamininus avait proclamé à Corinthe la liberté des Grecs.
2. Voir *AJ*, XII, 417-419.

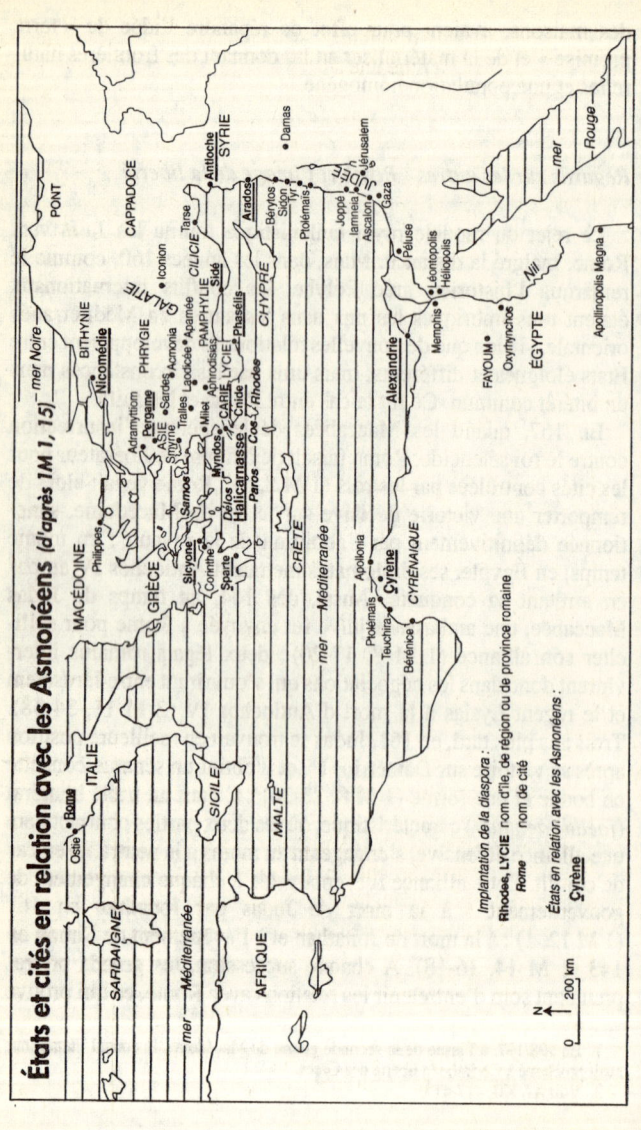

qu'à l'instar des rois orientaux, ils considéraient le renouvellement de l'alliance comme une sorte d'investiture pour asseoir leur pouvoir local.

Il n'est pas facile de replacer ces documents dans la trame événementielle de la période. La nature exacte et même la date précise de l'intervention diplomatique, en 164, sont discutées. Dans la suite du conflit entre Asmonéens et Séleucides, l'alliance militaire ne semble pas avoir pris effet, sauf peut-être en 107, à l'occasion de la reconquête de Joppé[1], mais les Romains n'empêchèrent pas Antiochos VII d'assiéger Jérusalem en 131[2]. Il faut donc l'interpréter, non par rapport à la politique impérialiste de Rome, mais du point de vue des Asmonéens, avides de reconnaissance politique.

Cependant, l'élargissement de l'horizon politique a facilité et encouragé le développement de la Diaspora méditerranéenne, dont on ignore, à vrai dire, les origines. Une lettre circulaire du consul de 142, qui ne faisait que répéter les conditions de l'alliance défensive, fut diffusée à tous les grands royaumes – d'Égypte, de Syrie, de Pergame, de Cappadoce et des Parthes – ainsi qu'aux cités grecques où des communautés juives s'étaient établies (1 M 15, 22-23). À cette date, celles-ci étaient rares encore dans les Balkans, sauf à Sparte, mais très nombreuses dans les grandes îles de l'Égée et sur la côte sud-ouest de l'Asie Mineure – en Carie, Lycie et Pamphylie, là où Paul dirigera son premier voyage, non loin de Chypre. Délos est nommée en tête des îles, ce qui s'explique par la notoriété qu'elle avait acquise en 166, et surtout depuis 146, comme premier port de l'Égée ; une communauté importante, rassemblée dans une grande synagogue, y est attestée à la fin du IIe siècle ; des Samaritains y disposaient aussi d'une organisation particulière. À Cos, l'établissement juif était particulièrement riche et prospère en 88[3], preuve qu'il devait remonter au milieu du IIe siècle. Cette extension de la Diaspora égéenne trouve enfin confirmation dans les liens qu'entretint

---

1. *AJ*, XIII, 8, 2 (236-238).
2. *AJ*, XIII, 7, 6 (219-248) ; *GJ*, I, 60-61.
3. *AJ*, XIV, 7, 2 (112).

le roi Hérode avec les îles de Chios, Samos, Cos et Rhodes, avec Pergame, Athènes et Sparte[1].

Le réseau de la Diaspora grecque unissait dès lors Jérusalem à Rome, où une présence juive est attestée dès le IIe siècle. Certes, les débuts de la communauté juive locale demeurent obscurs, avant qu'elle n'apparaisse riche de moyens et d'influence à l'époque de Cicéron[2], mais un exemple individuel fournit un repère. Vers 67, une famille romaine d'Ostie, qui appartenait à l'élite municipale et qui était alliée au milieu sénatorial, revendiquait son origine sémitique sur quatre générations qui s'étaient transmis le surnom de Gamala (le Chameau). C'est un anthroponyme juif bien connu (parfois sous la forme Gamaliel) et le nom d'une localité en Galilée : le premier Gamala était donc venu d'Orient à Rome ; il était né vers 190 et avait sans doute été adopté, avant son départ pour l'Italie, par un légat en Orient, qui lui avait ainsi transmis la citoyenneté lors d'une des ambassades romaines.

L'installation précoce de Juifs à Rome s'accorde avec la mention dans l'historiographie romaine d'une expulsion des Juifs et des astrologues chaldéens de la capitale en 139[3]. L'événement montre la méconnaissance profonde qui subsistait entre Juifs et Romains : les Juifs furent peut-être confondus alors avec les dévots d'un culte thrace, celui de Zeus Sabazios, à caractère dionysiaque. Cette assimilation résulterait d'informations très indirectes et très déformées sur le Temple de Jérusalem où figurait une vigne d'or et où les prêtres, comme les sectateurs de Dionysos, jouaient de la flûte et du tambour[4]. L'erreur n'était pas nouvelle et se répéta encore : Antiochos IV, rappelons-le, avait déjà tenté d'interpréter le rituel du Temple en culte dionysiaque (2 M 6, 7) ; Ptolémée IV, après la conquête de la Palestine en 217, aurait considéré le judaïsme en Égypte comme une déviance du dionysisme officiel (3 M 2, 28-29). L'amalgame des deux cultes dans les esprits romains est encore attestée en 55, quand un général romain commémore une victoire en Palestine : sur les

---

1. *GJ*, I, 21, 11.
2. *Pro Flacco*, 59.
3. Valère Maxime, 1, 2-3.
4. Tacite, *Histoires*, V, 5, 5.

monnaies qu'il frappe alors, le vaincu est désigné comme *Bacchius judaeus*. Les monnaies, qui circulaient plus que les personnes, entretinrent cette idée, car les Maccabées frappèrent souvent des motifs dionysiaques (grappe, coupe, amphore...).

Les Juifs, de leur côté, manifestent une connaissance superficielle et approximative de Rome. Ils donnent même des signes d'ignorance caractérisée quand ils évoquent « le » magistrat annuel de Rome, alors que la cité est une dyarchie dirigée par deux consuls. L'éloge de Rome, que l'on trouve dans le premier livre des Maccabées, est un portrait conventionnel à la manière grecque[1]. Rome est la puissance militaire de l'époque qui a fait justice des rois hellénistiques (1 M 8, 5-11). Les Romains ont atteint les limites du monde occidental dans la péninsule Ibérique et dans le monde celtique (1 M 8, 2-3). Ils vivent sous une oligarchie dirigée par le Sénat, un conseil (*synédrion*) de trois cents membres (1 M 8, 15), analogue au *synédrion* de Jérusalem que nous transcrivons habituellement en « Sanhédrin ». Surtout, ils ont récusé la pourpre et le diadème, c'est-à-dire la royauté (1 M 8, 14). Or cette image d'une république idéale, qui fait régner la concorde, était déjà assez utopique à la fin du IIe siècle, quand s'affrontaient l'aristocratie et le parti populaire et que débutait la compétition pour le pouvoir.

Les connaissances des Juifs sont plus historiques que géographiques. Ils répertorient toutes les guerres romaines du IIe siècle : contre les Celtes, en Italie du Nord, entre 200 et 189 ; dans la péninsule Ibérique conquise durant la Seconde Guerre punique, où la colonisation et l'exploitation des mines commencent en 179 ; dans la péninsule balkanique, lors des guerres de Macédoine ; contre Antiochos III et, enfin, contre les Achéens avec la prise de Corinthe en 146 (1 M 8, 2-10). À l'inverse, leur imprécision géographique est grande. En citant les clauses du traité d'Apamée, conclu entre Rome et Antiochos III, qui donnait au roi de Pergame les possessions séleucides d'Asie (1 M 8, 7-8), l'auteur multiplie les erreurs : il parle de l'Inde au lieu de l'Ionie, l'Asie Mineure côtière, et de la Médie au lieu de la Mysie, la région de Pergame. Ce prêtre de Jérusalem connaît mieux l'Orient traditionnel que l'horizon grec ou romain, récemment découvert.

---

1. Comparer Polybe, XXIV, 10-11.

Rome est loin ! Les Juifs de Jérusalem en ont plutôt une impression générale favorable, qu'illustre ce rôle de libérateur depuis le début de la conquête.

Identité juive et parenté grecque

L'alliance romaine fut aussi l'occasion pour les trois premiers grands prêtres asmonéens de nouer des relations trilatérales entre Jérusalem, Rome et des cités grecques : le premier livre des Maccabées implique Sparte (1 M 12, 5-23 et 14, 20-23) ; Josèphe mentionne également Sparte et y ajoute Pergame[1]. Sous le pontificat de Jonathan, surtout après 146, les deux cités sont au faîte de leur puissance et leurs relations avec Rome excellentes : Pergame pour avoir activement participé à la défaite d'Antiochos III et du roi de Macédoine ; Sparte, après le soulèvement de l'Achaïe, durant lequel elle était restée fidèle à Rome.

Cette diplomatie triangulaire était assez fréquente dans le monde de l'époque, le troisième partenaire servant de trait d'union entre les deux autres, au nom d'une relation privilégiée avec chacun d'entre eux. Ainsi, en 197, lors de l'expédition d'Antiochos III, quand Lampsaque, une cité de la rive asiatique des Détroits, fit appel à Rome, elle demanda la médiation de Marseille, qui était déjà dans l'alliance et l'amitié de Rome, au nom de leur « parenté » puisque toutes deux avaient été fondées par des colons phocéens ; Marseille intervint non seulement auprès de Rome, mais même auprès des Gaulois d'Asie Mineure, dans l'arrière-pays de Lampsaque, d'une Gaule à l'autre[2]... En utilisant Sparte ou Pergame à des fins similaires, les Asmonéens avaient donc su se glisser dans le jeu complexe de la diplomatie grecque. Et malgré les différences ethniques, culturelles et religieuses, Jérusalem et Sparte se reconnurent « parentes ».

Selon la tradition juive, cette relation était ancienne puisqu'elle remontait au roi Aréus, avant 260. À l'époque asmonéenne, il en subsistait une trace écrite, citée en des termes différents par l'au-

---

1. *AJ*, XII, 4, 10 (227), et XIII, 5, 8 (167).
2. Inscription de Lampsaque, *Sylloge*[3], n° 591.

teur du premier livre des Maccabées et par Josèphe[1]. L'existence de cette alliance préliminaire est possible, sinon vraisemblable, car le roi Aréus fut un diplomate actif et aussi un belliciste : il mena, avec Athènes, une guerre contre le roi de Macédoine et eut donc besoin de mercenaires – de leur côté, les Juifs s'engageaient volontiers ; enfin Sparte et Jérusalem étaient toutes deux, à l'époque, dans la mouvance de Ptolémée, ce qui pouvait faciliter les négociations. Mais ces aspects pragmatiques ont disparu dans les sources juives au bénéfice d'une réinterprétation idéologique et théologique de l'histoire.

Josèphe et l'auteur du deuxième livre des Maccabées (5, 9), qui est un bon connaisseur de l'hellénisme, décrivent la relation avec Sparte sous sa forme grecque : c'est un système d'alliance et d'amitié, appuyé sur une parenté historique, une structure « gentilice » (*syngeneia*), qui rassemblait tous les descendants d'un même ancêtre mythique. Cette alliance relevait donc de l'érudition locale à travers les mythes et les généalogies par lesquels Grecs et Orientaux faisaient l'histoire de leurs origines. Comme les héros avaient, dans les mythes, une stature internationale et qu'ils voyageaient à travers le monde, le système des parentés pouvait s'étendre à l'infini ; il procurait ainsi un « brevet d'hellénisme » aux Romains et aux Orientaux.

Mais, à l'époque de Jonathan, la première formulation de cette parenté est étonnante. Jonathan, dans sa propre lettre, salue les Spartiates comme des « frères » (1 M 12, 6 ; 17) ; cette « fraternité » réapparaît dans la lettre qu'il cite du roi de Sparte (1 M 12, 21), soit qu'il ait complètement forgé, soit qu'il ait simplement réécrit ce document qui est rempli de sémitismes. On peut penser que les pièces authentiques avaient eu une forme grecque classique, puisque la construction de la parenté avec Sparte semble avoir été le fait des Juifs hellénistes dont le chef, Jason, demanda en 168 l'asile politique à Sparte, au nom précisément de cette « parenté » (2 M 5, 9). Les références culturelles de Jonathan sont au contraire mêlées : la fraternité hébraïque est, en effet, une façon traditionnelle d'habiller et de justifier une alliance, en des termes qui étaient propres aux Hébreux et non aux Grecs. Les Hébreux insistaient sur les liens du sang, et non sur le système gentilice ;

---

1. *AJ*, XIII, 5, 8 (163).

cette « alliance fraternelle » (*berit ahim*) sous-entendait une fraternité d'armes, selon une formule diplomatique commune au Proche-Orient et impliquait une mise en commun des biens (Gn 34, 23 ; 1 R 22, 4), ce qu'évoque allusivement la lettre d'Aréus : « Vos troupeaux et vos biens sont à nous et les nôtres sont à vous. »

Au moment où il doit asseoir son pouvoir, Jonathan, dans un désir de reconnaissance politique que chacun s'accorde à souligner, récupère une alliance militaire entre Jérusalem et Sparte, dont nous ne saisissons plus ni la teneur ni l'importance, pour se poser comme successeur des grands prêtres Oniades. Mais il réinterprète l'acte grec dans un langage hébraïque traditionnel. Les documents de son successeur, Simon, parlent encore de « fraternité » (1 M 14, 20), idée qui disparut par la suite dans l'histoire parallèle de Flavius Josèphe.

Non seulement cette parenté a un caractère spécifiquement hébraïque, mais encore elle vise à assimiler les Spartiates au lieu de rechercher l'intégration des Juifs à l'hellénisme, comme le faisaient les Phéniciens et les Romains quand ils recouraient à cette formule diplomatique. Dans la lettre d'Aréus, les Spartiates sont réputés descendre d'Abraham ; les Asmonéens reconstituent ainsi une généalogie factice, ce qui avait déjà servi aux Hébreux pour intégrer des peuples étrangers voisins en leur attribuant des ancêtres juifs issus de Judas ; ceux-ci pouvaient devenir membres du peuple juif sans avoir la même origine ethnique. La figure d'Abraham se prêtait à ces reconstitutions qui lièrent les Juifs aux Phéniciens, à Sémiramis l'Assyrienne et même aux Grecs quand on fit du patriarche un descendant des Géants ; l'auteur de ce système, Eupolémos[1], est sans doute l'ambassadeur de 164, envoyé à Rome et à Sparte (1 M 8, 17, 2 M 4, 11) ; il avait aussi inséré Moïse dans l'histoire universelle des Grecs, comme législateur et inventeur de l'écriture.

Derrière ce judéocentrisme affirmé, il y avait donc bien une tentative de propagande envers les Grecs, dont il faut prendre la mesure. Ses implications politiques ne sont pas évidentes. On ne voit jamais se concrétiser l'alliance entre Sparte et Jérusalem. On ne voit même pas un lien direct entre les deux États, sinon dans les

---

1. *FGrH*, 724, F 1 et 2 ; Stern, n° 46.

relations d'amitié et d'hospitalité qui unirent beaucoup plus tard, vers 40, le roi Hérode au dynaste de Sparte Caius Julius Euryclès[1]. Il existait incontestablement un courant spartophile à Jérusalem, puisque le roi et la cour réservèrent au dynaste un accueil particulier en raison de ses origines. Est-ce à dire que le « mirage spartiate » impressionnait les Juifs comme il avait opéré sur les Athéniens ? Le genre de vie des Spartiates, leur sens communautaire développé, leur volonté de marquer leur différence avec les populations voisines et avec les étrangers, tout cela aurait pu les rendre plus familiers que les autres Grecs aux Juifs. Mais les intellectuels juifs n'ont jamais exploité ce thème, ni Philon ni Josèphe. Ce dernier, au contraire, se sert du modèle spartiate pour récuser des ressemblances apparentes ; en critiquant les excès spartiates il souligne en définitive l'excellence juive[2].

Enfin, la fraternité en Abraham n'ouvre aucune perspective religieuse pour faire entrer les non-Juifs dans l'Alliance divine, comme le développera Paul dans l'épître aux Romains. C'est plutôt une façon d'inscrire l'histoire d'une cité dans la très longue durée, de fournir un cadre chronologique plus que théologique : dans la lettre de Pergame, telle que l'a reproduite Josèphe[3], la référence à Abraham, « père de tous les Hébreux », renvoie à une époque immémoriale où les ancêtres des Pergaméniens étaient déjà les amis des Juifs. À l'époque des Asmonéens, toute idée de fraternité entre Juifs et non-Juifs est désormais exclue. Les chrétiens la restaurèrent sur une base spirituelle très différente en exaltant le modèle d'Abraham, le non-Juif devenu croyant.

Les Kittim, voilà l'ennemi

La parenté avec Sparte, telle que la formulait Jonathan, mettait en valeur l'identité, la spécificité et la supériorité juives, en exprimant un judéocentrisme incontestable, qui était peut-être une réaction à l'ethnocentrisme bien connu des Grecs. Le terme géné-

---

1. *GJ*, I, 513-515.
2. *Contre Apion*, II, 259-260.
3. *AJ*, XIII, 22 (255).

rique de *Kittim* et son évolution à l'époque asmonéenne sont significatifs d'une perception du monde nettement plus dualiste, impliquant une connotation d'hostilité et de persécution qu'il n'y avait pas dans *goyim* (les « nations étrangères »).

Kittim, à l'origine, était un terme neutre. Manifestement dérivé de Kition, une ville de Chypre, il en désigna d'abord les ressortissants, puis, par extension, tous les Chypriotes et enfin tous les Grecs (Gn 10, 4). Non pas par identification culturelle, puisque Kition était une ville sémitique, mais parce qu'on les percevait tous, depuis Jérusalem, comme des gens venus de la mer. En 168, ce sont les « navires des Kittim » qui firent reculer Antiochos à Alexandrie (Dn 11, 30) ; cette défaite est liée à l'intervention du légat Popilius Laenas, mais ce n'est pas une raison suffisante pour identifier ici les Kittim aux Romains, comme l'a fait la traduction de la Vulgate, car l'ambassade de Laenas, venant de Délos, voyageait sur des bateaux grecs[1].

L'identification des Romains aux Kittim n'est incontestable que dans les documents de Qumrân et dans la littérature apocalyptique. Les Kittim sont des impies qui sacrifient à leurs enseignes – celles des légions ; impérialistes et dévastateurs, ils sont comparables à l'aigle – symbole sans équivoque ; leur cité est fondée sur le crime et sur le sang, ce qui peut faire allusion au meurtre de Rémus par Romulus[2].

Kittim est donc devenu un pseudonyme péjoratif universel, appliqué à tous les ennemis : d'abord, dans la littérature maccabéenne, aux Macédoniens sujets de Philippe V et de Persée, puis aux Romains quand les Romains rejoignirent le camp ennemi, jusque-là représenté par les Grecs. Ce qui était en cause, c'était l'État impérialiste et assimilateur des rois hellénistiques, que la Rome des *imperatores* portait à son apogée au Ier siècle.

Il est difficile de déterminer exactement quand et pourquoi l'image de Rome s'est altérée : des privations de liberté, comme l'expulsion de Juifs à Rome en 139, ont dû marquer les esprits ; les exactions des gouverneurs romains aussi, comme celles de Flaccus en Asie, qui dépouilla les synagogues de l'or réservé au Temple. Mais surtout, en 63, la nouvelle profanation du Temple

---
1. Tite-Live, XLIV, 29, 11-47.
2. *Comm. Habacuc*, 6, 3-5 ; 3, 10-12 ; 10, 9-12.

établit une rupture dans les relations avec Rome : alors qu'à l'intérieur même de Jérusalem une guerre civile opposait deux factions asmonéennes et que Rome achevait de pacifier le Proche-Orient, Pompée assiégea la ville et prit le Temple soit un jour de Kippour[1], soit, plus banalement, un jour de sabbat[2]. Dans tous les cas, l'impiété était redoublée. L'événement reproduit la profanation de Nabuchodonosor et celle d'Antiochos IV. Il est dramatique dans un système de pensée où le Temple est le théâtre par excellence de l'histoire. C'était le cas de la tendance pharisienne que représente Flavius Josèphe, de celle, aussi, des gens de Qumrân.

Les Grecs s'étaient identifiés par rapport aux « Barbares » en termes de culture, de religion et de système politique. Les Juifs s'identifièrent par rapport aux *Kittim* avec les mêmes référents.

Acculturation et résistance religieuse dans la Diaspora

Les Romains n'étaient pas les seuls à avoir une mauvaise image au Ier siècle. La Sagesse de Salomon fait une critique sévère des Grecs d'Égypte au moment de la conquête romaine, en dénonçant leur xénophobie, leur antisémitisme, leur système politique et leurs pratiques religieuses. Cette œuvre polémique dirigée contre les « impies », qui se termine par la confrontation du croyant et de ses oppresseurs, constitue le chaînon intermédiaire entre l'apocalypse de Daniel et celle de Jean.

Littérairement parlant, la Sagesse est pourtant une production de la culture grecque. Écrite en grec, elle utilise un riche vocabulaire qui dépasse de loin le lexique de la Bible d'Alexandrie. Son auteur a une certaine culture philosophique : il s'en prend, semble-t-il, aux épicuriens qui nient l'immortalité et recherchent la jouissance au jour le jour (Sg 2) ; il connaît les traités sur la royauté (Sg 6, 1-11) et les théories stoïciennes sur la religion cosmique (Sg 13, 2-3). Surtout, il est visiblement influencé par la culture grecque, comme cela apparaît dans le choix de la forme littéraire : c'est un « éloge », très classique, du genre de littérature

---

1. *AJ*, XIV, 4, 3 (66)
2. Dion Cassius, 37, 16.

qu'on pratiquait dans les écoles et qui dénote une solide formation rhétorique. D'ailleurs, sous le prête-nom de Salomon, l'auteur s'adresse à la jeunesse (Sg 8, 2 et 18-19), à ceux des Juifs qui prendront bientôt des postes de commandement. C'est donc un Juif bien intégré qui porte sur la religion des autres un regard particulièrement hostile.

Chez ses prédécesseurs immédiats, la critique était toujours ponctuelle, conventionnelle, et relevait du stéréotype racial. Les uns, visant sans doute les Phéniciens ou les Syriens, évoquaient la vieille affaire de la prostitution sacrée (Ba 42-43 ; 2 M 6, 4), à peu près dans les mêmes termes qu'Hérodote plusieurs siècles auparavant[1]. La vénalité et la gloutonnerie du clergé, développées dans la lettre de Jérémie, étaient d'autres lieux communs qui remontent au moins à la comédie classique. L'auteur de la Sagesse, lui, se livre à une analyse systématique des formes de dévotion et des croyances les plus répandues à son époque. Il amplifie la dénonciation du culte des images, car les statues funéraires lui paraissent entraîner un processus inévitable d'héroïsation, en particulier pour les enfants morts prématurément (Sg 14, 15). À l'époque hellénistique, en effet, nombre de fondations funéraires organisaient un culte des défunts à perpétuité, dans un enclos qui rassemblait leurs statues, avec un banquet annuel pour toute la parentèle ; sans doute répondaient-elles à la volonté d'exprimer la pérennité du groupe familial plutôt qu'au désir d'« honorer un cadavre comme un dieu » (Sg 14, 15). La Sagesse de Salomon n'évoque que très allusivement le culte des animaux, une spécialité de l'Égypte à laquelle participaient aussi les Grecs (Sg 15, 18), alors que d'autres écrits juifs d'Égypte le critiquent beaucoup moins discrètement[2]. Raisonnant plus en termes de mentalité que de représentations religieuses, l'auteur préfère dénoncer les « impostures », dans une veine qui annonce Philon et les premiers textes chrétiens[3] : imposture des faux serments (Sg 14, 28-31), utilisés, semble-t-il, contre les Juifs pieux, peut-être dans ces conjurations magiques dont l'Égypte fournit alors tant d'exemples ; imposture aussi des faux prophètes (Sg 14, 28),

---

1. Hérodote, I, 199.
2. Philon, *De vita contemplativa*, 9. *Lettre d'Aristée*, 134-139.
3. Voir ci-dessous chapitre 10.

puisqu'il distingue l'inspiration divine du « délire » dionysiaque, obtenu par la transe.

La critique se focalise en effet sur le dionysisme (Sg 12, 5 et 14, 23 et 28), à travers ses mythes, ses pratiques, ses engagements sociaux et politiques. Le dionysisme est dénoncé comme un culte d'infanticide. Dans cette religion de mort et de résurrection, la mise à mort de Dionysos enfant, par les Titans, était un élément important du mythe, fréquemment commémoré par l'absorption de viande animale crue, déchiquetée (ne fût-ce qu'une bouchée). Les sacrifices célébrés à Dionysos « mangeur de cru », « démembreur » ou « tueur de nourrissons » sont hors de toute norme, même si la cité les admet ; l'auteur ne les comprend pas et retourne contre les sectes dionysiaques les accusations de meurtre rituel et d'anthropophagie si fréquemment portées contre les Juifs[1]. L'enchaînement des rites mène au délire (*mania*) (Sg 14, 24, 28), obtenu dans une transe collective par la gestuelle et la musique.

La Sagesse de Salomon dénonce également le secret des cérémonies initiatiques (Sg 14, 23), ainsi que l'organisation en associations restreintes, les *thiases*, souvent tumultueuses (Sg 12, 5) ; en proie au délire mystique, les dévots parcourent les rues en *kômos* (Sg 14, 23), pour chanter, boire et danser à travers la ville en imitant plus ou moins le cortège du dieu. C'était une habitude de la vie alexandrine, au point que Philon, un peu plus tard, puis Clément, dans les premières générations chrétiennes, écrivirent sur le bon usage du vin en société. La cour participait de ce mouvement : depuis le IIIe siècle, il existait des associations de buveurs royaux que Cléopâtre et Antoine transformèrent en « Club des inimitables », puis, après Actium, en 30, au moment de leur chute, en « Club de ceux qui vont mourir ensemble[2] ». L'auteur semble directement les viser (Sg 1, 16), ce qui pourrait donner la date de son livre.

Le dionysisme n'est donc attaqué ni en raison de sa théologie particulière ni pour sa dimension mystique, mais pour ses répercussions sur les comportements sociaux – en ce sens, la critique pourrait provenir de tout Grec conventionnel. Mais retourner

---
1. *Contre Apion*, II, 8-13 ; *Suda* s.v. Damocritos.
2. Plutarque, *Antoine*, 28, 2 et 71, 4.

contre les dionysiaques des crimes rituels qu'on imputait aux Juifs pourrait suggérer qu'on confondait souvent les uns et les autres. Enfin, on ne saurait oublier la dimension politique du problème, car les Ptolémées avaient toujours soutenu et utilisé les associations dionysiaques pour mettre en place une monarchie-spectacle et diffuser une image royale liée à celle du dieu, beau, jeune, joyeux et prospère.

La place des Juifs dans la Diaspora :
l'antisémitisme alexandrin

Le réquisitoire de la Sagesse se conclut sur une dénonciation en règle de la xénophobie égyptienne et par une allusion aux « terribles épreuves » suscitées par l'antisémitisme alexandrin (Sg 19, 13-16). Cette fois encore, le polémiste retourne contre ses adversaires des griefs antijuifs, en particulier la *misoxenia*, la « haine de l'étranger », la « haine de l'hôte »[1]. Justement, comme les Juifs le firent toujours dans le milieu cosmopolite alexandrin, l'auteur essaie de s'agréger aux Grecs pour mieux se distinguer des indigènes d'Égypte : les Grecs plaçaient plus haut que tout les traditions d'hospitalité et honoraient les bienfaiteurs à la mesure de leurs bienfaits ; c'étaient les Égyptiens qui n'observaient pas ce code de réciprocité et réduisaient leurs hôtes et bienfaiteurs en esclavage (Sg 19, 15). C'était donc eux qui étaient asociaux, alors que tout rapprochait Grecs et Juifs. Philon développa la même argumentation, tandis que les notables d'Alexandrie s'efforçaient, au contraire, dans cette relation interethnique triangulaire, d'assimiler les Juifs aux Égyptiens comme Barbares.

L'enjeu de cette polémique était le statut des Juifs dans la cité. L'auteur de la Sagesse se contente d'affirmer qu'ils participent de l'État de droit (Sg 19, 16), ce qui leur donne manifestement des garanties, sans réclamer, comme d'autres théoriciens juifs, l'égalité de droits avec les Grecs, l'*isopolitie*. Les Juifs de la Diaspora avaient besoin d'un statut d'exception, revendication qui apparaît aussi dans la version grecque d'Esther. Après avoir exposé le

---

1. Depuis Hécatée d'Abdère, au IIIe siècle, dans Diodore, XL, 3.

point de vue des Grecs (Est 3, 13), suivant lequel le particularisme des Juifs est un facteur de subversion dans les royaumes puisqu'ils se mettent à part pour observer une loi étrangère, en opposition constante avec le pouvoir, l'auteur pose le principe d'un statut d'exception (Est 8, 11 et 19-22), qui leur donne la liberté d'observer leurs coutumes et de célébrer leurs fêtes, donc la liberté de se réunir en public. Les édits romains collectionnés par Josèphe ne stipulaient rien d'autre[1].

La Sagesse de Salomon ne donne aucun détail sur les persécutions, mais des témoignages parallèles incitent à les mettre en rapport avec ce dionysisme qu'elle dénonce si violemment. Le troisième livre des Maccabées (non canonique, rappelons-le) est un avatar tardif de cette littérature de persécution qui est née dans les années 160 ; composé à Alexandrie à l'époque d'Auguste, il enregistre un pogrom programmé mais interrompu par un miracle, puisque les éléphants de l'armée royale refusent de marcher sur les Juifs. L'épisode, qui est situé à la fin du IIIe siècle sous le règne de Ptolémée IV, reproduit l'attitude d'Héliodore (voir 2 M 3) : le roi, arrivé à Jérusalem au terme de la quatrième guerre de Syrie, voulut entrer dans le saint des saints et fut empêché de commettre ce sacrilège par une intervention divine ; s'ensuivit une réaction antisémite à Alexandrie dès son retour. Josèphe, cependant, date et explique autrement la persécution, tout en indiquant une fête commémorative de ce miracle des éléphants : un édit oblige les Juifs à sacrifier à Dionysos pour garder leurs synagogues et à porter sa marque au fer rouge, en signe d'appartenance religieuse[2], pour conserver un statut politique ; la majorité des Juifs résiste ; elle est rafflée et rassemblée sur l'hippodrome et on lance contre elle les éléphants qui constituent la police montée. Le salut est obtenu par la prière du prêtre Éléazar dont le nom est emprunté au deuxième livre des Maccabées : c'est le prototype du martyr[3].

Cette histoire, dont la tradition est confuse, ne trouve un arrière-fond historique que dans la politique religieuse de Ptolémée IV, qui voulut instaurer un culte dionysiaque d'État au

---

1. *AJ*, XIV.
2. C'est un signe fréquemment utilisé ; voir Ga 6, 17.
3. *Contre Apion*, II, 49-55.

service du pouvoir royal. Un édit authentique, pris vers 216[1], imposa aux prêtres initiateurs de se faire recenser, de fournir un témoignage écrit de leurs activités et d'attester leur dionysisme sur trois générations. Le pouvoir voulait mieux contrôler les thiases privés avec lesquels, manifestement, il confondait les synagogues juives. La Sagesse de Salomon ne permet pas d'expliquer cette confusion, qu'elle illustre pourtant en retournant contre les thiases des griefs habituellement opposés aux Juifs. À travers la critique virulente des sociétés secrètes, tout semble revenir à une question de transparence.

Ce besoin de marquer la différence révèle la position complexe du judaïsme dans la vie religieuse de la Diaspora : les cultes orientaux et autres religions à mystère n'ont pas toujours facilité la diffusion du monothéisme juif et chrétien, comme on l'écrit souvent, car ils créaient des situations concurrentes ou compromettantes.

Mais la différence juive s'affirme définitivement dans la littérature postmaccabéenne, qu'on en donne une interprétation religieuse, dans la veine apocalyptique, ou politique, en termes de contre-acculturation. Le dualisme de l'apocalyptique – avec ses tensions entre le présent et l'avenir, l'impie et le martyr, le politique et le religieux, bref le mal et le bien – n'a fait qu'accentuer la distance spirituelle entre Israël et les nations, au moment même où les rapprochaient les relations internationales. Entre séparation et pragmatisme politique, les courants juifs durent se repositionner.

---

1. *Corpus des ordonnances des Ptolémées*, n° 29.

CHAPITRE 4

« Une voix qui crie dans le désert[1] »

Qumrân, miroir de l'histoire et de la religiosité juives

L'expérience de « séparation », issue de la réaction à l'hellénisme et de la situation politique et religieuse créée par les Asmonéens, a été menée à son terme dans le groupe dont l'existence a été révélée par les manuscrits de la mer Morte. En s'installant sur un site du désert de Judée, le piton de Qumrân, loin des milieux habités, il frayait le chemin de Dieu hors de la ville et du monde, et appliquait à la lettre la prophétie d'Isaïe : « Une voix crie dans le désert : Préparez le chemin du Seigneur[2]. »

Cette découverte, qui eut lieu dans l'immédiat après-guerre, est passionnante à plus d'un titre. La quête de Dieu au désert et la référence précise à Isaïe suggèrent évidemment un lien entre les gens de Qumrân et Jean le Baptiste, puis, au-delà, avec les premiers chrétiens. Des générations de théologiens et d'historiens des religions se sont efforcées de l'établir et de le définir, sans pouvoir échapper à la polémique et à l'apologétique : les uns insistaient sur les ressemblances jusqu'à pratiquer l'amalgame pour relativiser la figure de Jésus, son message évangélique et pour situer les origines du christianisme dans un mouvement extrémiste ; d'autres, au contraire, soulignaient les différences en situant les documents de Qumrân dans un passé beaucoup plus ancien et dans un autre contexte religieux que celui de l'évangile. L'enjeu théologique était tel qu'une polémique outrancière s'est

---
1. Is 40, 3.
2. *Règle de la communauté*, VIII, 12-14.

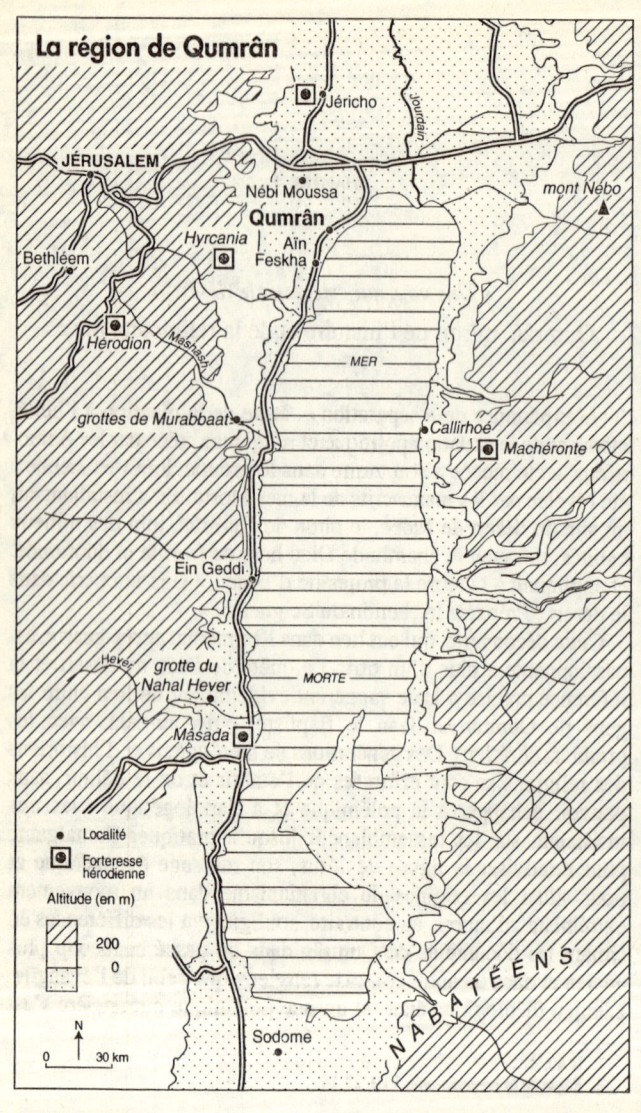

développée et que l'on a même parlé de dissimulation, de procédés dilatoires, de « bible confisquée » ! Les soupçons sont aujourd'hui dépassés, depuis qu'on a mis en évidence, dans ces manuscrits, un fond commun susceptible d'interrogations multiples, tant de la part des exégètes chrétiens et juifs que de celle des philologues, des historiens et des juristes. La tendance actuelle est donc de considérer les documents d'un lieu – Qumrân – et d'un groupe – qui ne se nomme pas – comme un bon révélateur de tout le judaïsme postmaccabéen, dans lequel est né le christianisme.

Mais surtout, Qumrân offre un cas unique en matière d'histoire biblique. L'historien peut, en effet, appréhender une expérience religieuse dans son environnement humain, le désert, dans le cadre chronologique et matériel que reconstitue la fouille du site, mais aussi, de l'intérieur, par les témoignages directs sur les idées et sur la vie religieuses que fournissent les manuscrits. Au-delà d'une certaine image littéraire et théologique des spirituels du désert, enracinée dans l'Ancien Testament et actualisée par les penseurs juifs du Ier siècle à propos des esséniens, l'historien peut mieux définir ce qu'on appelle communément le sectarisme juif. On retrouve ici la question des origines du christianisme, considéré en histoire des religions, depuis Renan, comme une secte juive qui a réussi.

Entre ville et désert

Qumrân est un « bout du monde », une acropole rocheuse perchée au-dessus de la mer Morte, dont toute l'Antiquité connaissait l'insalubrité[1]. De l'autre côté de la mer s'étend le désert transjordanien peuplé alors de nomades nabatéens, qui avaient l'habitude d'abriter leurs biens et leurs familles dans des tertres rocheux aux limites du désert, à deux jours de marche du pays habité[2]. De Qumrân, on pouvait aller à Jérusalem en une journée. À l'époque des Asmonéens, les communications étaient faciles entre Jérusalem et la mer Morte grâce au réseau routier

---

1. Aristote, *Météorologiques*, II, 3, 39. Pline, *Histoire naturelle*, V, 15, 73.
2. Diodore, XX, 95, 2.

aménagé pour le commerce du sel, du bitume et des baumes. La région avait été pacifiée après l'installation de forteresses dans les oasis – Machéronte « à la belle source » en Transjordanie, Masada, Engaddi, Hyrcania, l'Hérodion, dans le désert de Judée ; ces forteresses, bien situées et bien irriguées, servaient aussi de résidences de chasse et de palais d'été. Qumrân fut d'abord, au IIe siècle, une de ces villas fortifiées, organisée autour d'une cour centrale, qui dominait une exploitation agricole.

Qumrân n'était donc pas un ermitage inaccessible. Entre ville et désert, jouissant d'un climat salubre et sur un site naturel bien défendu, l'implantation n'est pas sans rappeler celle de ces Juifs d'Alexandrie que Philon appelle les *thérapeutes*[1] : eux aussi avaient voulu s'écarter de la ville et s'étaient installés à quelques kilomètres d'Alexandrie sur une colline près du lac Maréotis, qui séparait la ville du désert libyen ; au-delà s'étendaient des contrées marécageuses, réputées dangereuses, zones de brigandage, de relégation et de révoltes. Dans cet isolement relatif, les *thérapeutes* pouvaient trouver la tranquillité propice à l'ascèse, aux célébrations religieuses et à l'étude.

Le rejet de la ville et de ses turbulences s'enracine dans une très ancienne tradition juive, puisque les premières villes apparaissent dans la Genèse comme des fondations de Caïn (Gn 4, 17). Au contraire, dans l'Exode ou dans la vie du prophète Élie, le désert est un lieu où l'on peut accéder à la sainteté, le lieu de la rencontre avec Dieu, celui encore des signes prophétiques (1 R 17, 6, et 19, 4-8). La traversée du Jourdain – entre désert et terre habitée – prenait valeur de rite initiatique, marqué par des prodiges (2 R 2, 13-14), conformément à la symbolique du franchissement des fleuves dans toute la tradition orientale. Pour Philon comme pour les géographes grecs, le désert – au sens géographique et écologique du terme – est un lieu de privation, d'errance et d'insécurité. C'est un lieu où l'on prend conscience des besoins vitaux et où, par contrecoup, la ville apparaît comme le lieu du superflu, cause de la corruption et de tous les maux. C'est au désert également que Dieu transmet ses lois. Lieu d'épreuves et de difficultés, le désert contraint à une vie qui facilite l'ascèse et la conversion. Espace stérile, il fait réfléchir sur la

---

1. *De vita contemplativa*, 17-25.

sexualité, la continence et même sur les eunuques. Espace dangereux, il révèle à chacun que son sort ne dépend que de la volonté de Dieu en amplifiant l'aspect extraordinaire que peut y avoir l'action divine. Pour l'intellectuel grec, le désert exprimait avant tout un mode de vie ; pour le Juif croyant, c'était un espace initiatique, apte à créer les conditions de la conversion.

L'expérience du désert dans le judaïsme

L'image de la ville et le rôle du désert dans les mentalités du temps expliquent que beaucoup de courants spiritualistes juifs aient recherché l'isolement à l'époque du second Temple. Qumrân n'est pas un exemple unique.

Depuis l'Exil jusqu'à la veille de la guerre contre Rome, pendant sept siècles, les Récabites restaurèrent et maintinrent les traditions du nomadisme primitif, celles des Nabatéens de Transjordanie[1]. Érigées en interdits religieux, ces traditions démarquaient les Récabites des autres Juifs, et cela qu'elle qu'ait été à l'origine la véritable fonction de ce clan de « charrons ». Ces nomades abstinents et détachés des biens matériels, que Jérémie proposait en exemple à ses contemporains pour les inviter à se convertir (Jr 35, 1-17), disparurent en tant que clan familial, mais subsistèrent comme une secte définie par tout un système d'observances. Bien qu'ils soient identifiés à l'époque des Rois comme des zélateurs de Dieu qui recouraient à la violence pour s'opposer aux excès du pouvoir (2 R 10, 15-17 et 23), ils étaient certainement intégrés à la société sous le Second Temple : ils y célébraient une fête annuelle[2] ; ils exerçaient des commandements militaires (Ne 3, 14). À la différence d'autres mouvements juifs, ils n'eurent jamais un caractère subversif ; ils représentaient sans doute un style de vie, plutôt qu'une référence idéologique.

À l'époque romaine, le désert (ou plutôt ses marges) était toujours un pôle d'attraction et un lieu de rassemblement, indépendamment même de la fonction de refuge politique qu'il avait

---
1. Diodore, XIX, 94.
2. Mishnah, *Ta'an*, 4, 5.

eu depuis l'époque perse en temps de guerre. C'était un lieu d'apprentissage et de signes prophétiques, où exerçaient des maîtres spirituels. Josèphe, après avoir suivi l'enseignement d'autres sectes juives, y acheva sa formation pendant trois ans près d'un certain Bannous[1], dont la figure rappelle celle de Jean le Baptiste dans les évangiles. Bannous vivait à proximité d'un point d'eau où il procédait à des « baptêmes » fréquents qu'il renouvelait chaque jour ; comme Jean, il se nourrissait et s'habillait exclusivement grâce aux ressources de la nature, à cette différence près qu'il était végétarien et n'employait pas les peaux de bête pour se vêtir.

Les évangiles utilisèrent ces caractères de la vie au désert de façon symbolique, pour donner à Jean le Baptiste l'*aura* prophétique. Jean consommait du miel sauvage (Mt 3, 1 ; Mc 1, 6 ; Lc 3, 17), c'est-à-dire la sève du tamaris qui entrait dans l'alimentation ordinaire des nomades de Transjordanie[2]. Or le miel, chez les Grecs, c'est-à-dire pour les lecteurs des évangiles, était souvent associé au don de prophétie. Et dans l'Ancien Testament, Samson reçoit lui aussi le don de divination et l'inspiration divine après avoir mangé du miel du désert qu'il a trouvé dans la carcasse d'un lion (Jg 14, 8-9, 12 et 19). L'image n'est donc pas neutre ni le détail insignifiant. Enfin, Jean le Baptiste était vêtu d'une peau de chameau qui évoque le « manteau de poil » des prophètes (Ez 12). Ce manteau était miraculeux : quand Élie, puis Élisée en frappèrent le Jourdain, les eaux se séparèrent et ils purent passer à pied (2 R 8 et 14). Ce signe thaumaturgique gardait toute sa force dans les années 45, puisqu'un certain Theudas, pour s'imposer comme prophète, proposa à ses partisans de passer avec lui dans le désert transjordanien en se faisant fort de séparer les eaux du fleuve[3]. Josèphe le stigmatise comme « magicien », en omettant le précédent d'Élie. Mais le geste de Theudas accompagnait une démarche spirituelle : Theudas demandait à ses compagnons d'abandonner leurs possessions avant de passer au désert, qui s'imposait, ici encore, comme une étape de conversion.

---

1. *Vie*, 2, 11-12.
2. Diodore, XIX, 93, 10 ; Strabon, XVI, 4, 2.
3. *AJ*, XX, 5, 1 (97-98).

Au Ier siècle avant J.-C., les marges du désert accueillaient des communautés juives organisées. Selon Pline[1], des esséniens vivaient sur la rive occidentale de la mer Morte, dans la région même de Qumrân, avec la « seule compagnie des palmiers » ; ils étaient venus de toutes parts pour trouver dans la solitude les conditions de la continence et du dépouillement. Pour Philon et Josèphe, les esséniens sont dispersés dans les bourgs agricoles[2] et même dans les cités[3]. Cependant, chez Philon, cette dispersion correspond bien à l'idée d'une fuite au désert, d'un refus de la ville et de ses activités commerciales[4], d'un retour à l'état de nature, d'une redéfinition des « besoins essentiels de la vie[5] ». Josèphe, lui, relève le dégoût des esséniens à l'égard de l'huile[6], alors omniprésente dans la vie des populations hellénisées non seulement pour l'alimentation, mais aussi pour l'éclairage et le sport ; c'est là une des raisons du rejet de la ville et du gymnase, lieu vilipendé par les Juifs pieux, car les athlètes grecs avaient l'habitude de s'enduire le corps. Le souci de tenir le « corps sec » renvoie à l'idéal de certains mystiques grecs, surtout de tendance pythagoricienne, pour qui le meilleur de l'homme se concentrait dans le « corps séché » ou déshydraté ; la sécheresse corporelle passait pour faciliter la libération de l'âme[7].

Dans le judaïsme du Second Temple, la retraite au désert semble bien avoir été perçue comme l'expression symbolique d'un mode de vie fondé sur le dépouillement et le renoncement, qui n'exigeait qu'un isolement relatif ou temporaire. Il en allait ainsi des *thérapeutes* juifs d'Alexandrie qui s'installaient en dehors de la ville après avoir rompu avec leurs familles et renoncé à leurs biens[8]. La plupart sortaient à peine d'Alexandrie et allaient occuper l'un des nombreux jardins qui entouraient les cités grecques, comme le faisaient aussi les élèves des écoles philosophiques. Mais seule une élite acceptait de se déraciner et

---

1. *Histoire naturelle*, V, 15, 73.
2. Philon, *Probus*, 76.
3. Philon, *Hypothetica*, 11, 1 ; Josèphe, *GJ*, II, 124.
4. *Probus*, 76 et 78.
5. *Probus*, 76 et 79.
6. *GJ*, II, 123.
7. Philostrate, *Vie d'Apollonios*, I, 21 ; VIII, 31 ; Aelius Aristide, *Discours sacrés*, II, 21-22.
8. *De vita contemplativa*, 18 et 20.

de se transporter sur les hauteurs du lac Maréotis[1] où elle menait le mode de vie de la villa selon des cadres communautaires fondés sur l'entraide. Les membres habitaient dans des maisons proches, mais isolées, qui constituaient chacune un espace clos, fermé sur lui-même. Chacun disposait d'un bâtiment réservé, le *monastérion*, pour y pratiquer l'abstinence, y célébrer des rites particuliers et ineffables (des « mystères ») et s'y livrer à l'étude de la Torah. Le terme de « monastère » apparaît ainsi pour la première fois dans un milieu religieux antique, avec une acception limitée, il est vrai : l'auteur le définit comme l'endroit où des hommes peuvent vivre en solitaires (*monoountes*), mais ne fait aucune référence à des pratiques communautaires ; le « monastère » est donc une grange ou un gîte, sur le modèle des *monai* de l'espace agricole égyptien, plus qu'un lieu de vie cénobitique.

Questions d'archéologie

Le même problème d'interprétation se pose pour Qumrân. Était-ce un refuge, une retraite rurale, un centre cultuel ou un monastère au sens moderne du terme ? On a longtemps soutenu qu'il s'agissait d'un lieu de vie cénobitique, qui fournirait le prototype du monastère chrétien, car les manuscrits trouvés sur le site attestent la pratique de repas communs. Mais cette hypothèse n'est pas vraiment confirmée par l'archéologie. À Qumrân, l'historien de l'Antiquité qui cherche des certitudes dans l'archéologie se trouve dans une situation paradoxale : les vestiges et les trouvailles, seuls témoignages matériels sur le judaïsme du Ier siècle, continuent de résister à l'interprétation.

La capacité d'accueil des lieux, tout d'abord, pose problème. Il n'y avait pas de quartiers d'habitation à l'intérieur des bâtiments construits, et la villa elle-même pouvait accueillir tout au plus quinze à vingt personnes ; ce chiffre correspond à la taille ordinaire d'une association cultuelle – thiase grec ou *marzeah* sémitique – et, surtout, à la dimension du groupe fondateur connu par les manuscrits[2] : il pourrait donc s'agir du siège de l'instance dirigeante, conformément à l'habitude qu'avaient les nomades de

---

1. *De vita contemplativa*, 22-25.
2. *Règle de la communauté*, VIII, 1.

rassembler dans une forteresse naturelle les personnes exposées et leurs biens les plus précieux, comme les livres. Si Qumrân avait été un centre religieux, il aurait fallu que les grottes environnantes aient servi de cellules permanentes pour les ermites ou d'habitats temporaires pour les pèlerins. Or c'est loin d'être démontré, malgré la présence de vaisselle dans certaines d'entre elles ; aucune trace de travaux planifiés, aucun système de communication ni d'aération, aucun puits ne signalent un habitat troglodyte, comme celui, tout proche, de Wadi Daliyeh qui fut utilisé comme refuge à partir du IVe siècle. Reste la possibilité de bivouacs, suffisants s'il s'agissait d'un centre cultuel, avec des fêtes périodiques. D'ailleurs, les grottes ne peuvent guère accueillir plus de deux cents personnes, ce qui correspond à une association antique habituelle, mais non aux sectes juives décrites par les contemporains, qui rassemblaient plusieurs milliers de membres[1].

Dans l'hypothèse où Qumrân aurait été un monastère ou un lieu de culte, on a voulu justifier les aménagements par des cérémonies de purification et des sacrifices, préludes aux grands banquets rituels. Or les installations hydrauliques ne sont que relativement développées, et rien ne donne à supposer des pratiques de purification exceptionnelles ni ne permet de conclure au caractère religieux du lieu. L'usage de la vaisselle trouvée sur place n'est pas non plus clairement établi : s'il s'agit de services de table utilisés dans de larges repas communautaires, la taille des « assiettes » étonne, car elles sont plutôt des soucoupes de quinze centimètres de diamètre. Or les usagers du lieu consommaient une nourriture carnée, d'après les ossements enfouis superficiellement dans les enclos entourant la villa. Cette trouvaille est, de fait, la plus mystérieuse de toutes : pour les uns, il s'agit des reliefs du dernier repas des résidents, réfugiés à Qumrân pour échapper aux armées romaines et capturés en pleine fête ; pour d'autres, de pratiques sacrificielles, telles qu'il en existait ailleurs. Cet enfouissement rituel et soigneux de restes alimentaires dans des jarres indiquerait qu'on ne pratiquait pas à Qumrân d'holocauste concurrent à celui du Temple, mais simplement ces sacrifices sanglants de consommation courante, comme on en faisait en Samarie pour la Pâque

---

1. *AJ*, XVIII, 1, 5 (20) ; Philon, *Probus*, 75.

ou dans les campagnes de Judée depuis l'époque des Maccabées (1 M 2, 23).

L'identification de salles communautaires, et en particulier d'un réfectoire, dépend de la fonction qu'on donne à cette vaisselle et à ces ossements. L'archéologie n'atteste que l'existence d'installations à caractère pratique (moulin, laverie, four de potier) qu'on s'attend à trouver dans une villa, ainsi que de salles à banquettes pour de petites réunions. Qumrân n'a pas été construit ni aménagé en fonction d'une expérience originale de vie communautaire au but exclusivement religieux. Ce fut un bâtiment d'exploitation agricole, une résidence pour quelques personnes, un centre religieux, peut-être, pour un plus grand nombre qui venait y sacrifier et s'y faire enterrer, un dépôt de livres, enfin, dont l'importance est disproportionnée avec celle de l'établissement et qui, mieux que les ruines, permet d'approcher la spiritualité et la dimension communautaire d'un certain judaïsme.

Un dépôt de livres au désert

Qumrân a été intimement lié à la conservation et à la diffusion des livres dans la Judée du Ier siècle, ainsi qu'à leur étude. Il est certain qu'il y avait alors un atelier de copistes, même si on ne peut le localiser avec certitude. Sur place même, les livres ont été fréquemment trouvés en triple ou quadruple exemplaires : on a ainsi mis au jour sept copies du *Rouleau du Temple*, qui est une sorte de nouvelle Loi ou de nouveau Deutéronome. Les copies ont voyagé plus ou moins loin. *Le Cantique du Sabbat* apparaît à Masada, où des Juifs avaient caché des livres précieux lors de la guerre contre Rome entre 68 et 74 ; la forteresse est, certes, toute proche, mais les résistants qui la tenaient étaient des zélotes, d'une sensibilité religieuse assez différente. Une copie de l'*Écrit de Damas* (un règlement interne) a été transportée en Égypte, à la synagogue du Caire, au VIIIe siècle. Ces copies attestent que Qumrân a eu une influence à la fois étendue et durable dans l'histoire culturelle du judaïsme. Mais la nature de cette influence reste équivoque : s'agissait-il de rassembler et de conserver le fond commun du judaïsme ou de prêcher un message religieux particulier ?

Les conditions de dépôt des livres ne sont pas claires non plus. On a découvert des manuscrits anciens, antérieurs à la fondation du centre, qui datent de l'époque prémaccabéenne (250-150 avant notre ère) et de la période asmonéenne ; certains sont même de facture archaïsante. D'autres manuscrits, qui représentent un troisième fond, correspondent au contraire à la période où la villa s'est transformée ; ce fond s'est développé jusqu'à la fin de la guerre des Juifs (depuis 30 avant notre ère jusqu'à 70 après). La bibliothèque s'est donc constituée progressivement et d'abord empiriquement.

Le choix des ouvrages répondait-il à des besoins théologiques ou à des impératifs circonstanciels ? Les manuscrits étaient installés dans des grottes naturelles et non dans les bâtiments, si bien que le lien de la bibliothèque avec l'habitation centrale est loin d'être évident. Certes, les grottes étaient plus faciles à surveiller et les conditions de conservation y étaient optimales puisque l'air y est constamment sec. Mais les livres étaient disséminés dans au moins onze grottes, dont les trois principales formaient un complexe souterrain, taillé et aménagé sous la terrasse des bâtiments. De surcroît, ils étaient conservés dans des jarres enterrées jusqu'au col ou scellées dans les murs, ce qui exclut qu'ils aient été régulièrement utilisés, du moins au stade final, pendant les trois ans de la guerre contre Rome, à l'issue de laquelle Qumrân fut déserté. Pendant une période plus ou moins longue de son histoire, Qumrân a donc pu servir de bibliothèque secrète, comme les grottes de Murabbaat, du Nahal Ever et de Masada lors des deux révoltes juives, où l'on mit à l'abri non seulement des livres religieux, mais aussi la correspondance officielle des révoltés et même des archives privées de gens du voisinage. En temps de guerre, on dissimulait les livres et les écrits précieux. Ce fait a conduit des historiens à dissocier la bibliothèque des grottes – qui aurait été une cache – du complexe aménagé, en formulant d'ailleurs plusieurs hypothèses sur les conditions de dépôt : certains y ont vu la bibliothèque du Temple de Jérusalem, qui aurait été transférée en 68 de notre ère, devant l'avancée romaine ; d'autres ont supposé que la garnison de

Masada, qui continua la résistance jusqu'en 74, aurait été rejointe par des membres de Qumrân, avec leurs livres.

Bibliothèque de travail ou bibliothèque cachée ? Il n'existe pas de vestiges identifiables – ceux d'ateliers de copistes ou de salles de lecture – qui permettent de conclure, mais des documents signalent sur place la pratique de l'étude[1]. L'examen des fonds n'est guère plus concluant. La catégorie des livres bibliques et parabibliques est assez complète et variée pour qu'on ait pu parler de « fond commun du judaïsme », ce qui conforterait la thèse d'une bibliothèque cachée. Mais la présence d'écrits réglementaires à usage interne et d'ouvrages théologiques ou de recueils de prière spécifiques laisse penser qu'il s'agirait plutôt d'une communauté particulière.

Le miroir d'une société érudite et polyglotte

Les observations qu'on peut faire sur la langue et la composition des manuscrits de Qumrân ne suggèrent absolument pas des ermites coupés du monde. Les exigences de la communication orale et même l'influence de la langue parlée y sont en effet évidentes.

Les écrits de Qumrân sont rédigés en quatre langues : l'hébreu, l'araméen, le nabatéen (la langue des gens du désert) et le grec, qui est assez peu utilisé sur place. L'hébreu était incontestablement lu, écrit et parlé, même si les Juifs ne maîtrisaient plus bien à cette époque la morphologie et la syntaxe de l'hébreu biblique – c'est là un des effets du mouvement suscité par la révolte maccabéenne. Le grec, devenu l'autre langue de culture à l'époque hellénistique, était certainement lu et écrit. Mais, dans la vie quotidienne, on parlait araméen. C'était la langue de l'administration et des transactions. Il ne semble pas, d'ailleurs, que les gens de Qumrân aient composé directement leurs œuvres en araméen, qui restait une langue parlée et lue.

La pratique de la traduction (*targum* en araméen) est aussi bien attestée : les archéologues ont retrouvé des éditions bilingues ou encore les versions hébraïque et araméenne d'un même texte. Les

---

1. *Règle de la communauté*, VI, 6.

targums, qui n'étaient à l'origine qu'une traduction orale partielle, improvisée pour le service de la synagogue, constituaient au Ier siècle une littérature particulière où la version écrite s'enrichissait d'ajouts inspirés par le folklore local ou l'actualité.

Du point de vue de l'histoire culturelle, la bibliothèque de Qumrân éclaire la composition de la Bible, considérée formellement, ainsi que son nom l'indique, comme « le » livre unique, celui d'un seul texte[1]. En effet, on y trouve souvent trois versions textuelles du même livre : la version hébraïque, qui deviendra canonique sous le nom de massorétique à partir du VIe siècle de notre ère ; la version qui avait inspiré la traduction grecque d'Alexandrie au IIIe siècle ; et même celle du Pentateuque samaritain élaboré, sans doute à partir du IIIe siècle avant notre ère, pour les fidèles du temple du mont Garizim. Le texte des Juifs alexandrins et celui des Samaritains ont longtemps été considérés comme des variantes adaptées au contexte local. La présence de ces différentes versions à Qumrân prouve à l'évidence un certain éclectisme et l'absence de censure ; elle révèle aussi que la Bible hébraïque, comme le Nouveau Testament, résulte d'un pluralisme de traditions. On a retrouvé ainsi plusieurs prototypes d'un même récit, par exemple celui d'Esther. Cette collection offre donc un témoignage direct et indiscutable du travail historique et littéraire qui a précédé la rédaction des livres bibliques ; elle a fait penser à l'élaboration d'un canon en fonction de critères de cohérence interne, puisque certains écrits de la Bible grecque, comme les livres des Maccabées, en sont absents. En tout cas, le pluralisme des traditions textuelles contredit définitivement l'image d'une retraite coupée du monde ; il reflète au contraire, exactement, la situation du judaïsme d'alors.

Ce qui est remarquable, aussi, c'est le travail effectué sur les textes bibliques : non seulement par des traductions, mais par des recueils de textes ou de prières, et, surtout, dans les commentaires. Tous révèlent les mêmes particularités de pensée, d'expression et de spiritualité. Le recueil de textes (*Florilège*) exalte la communauté ou, à travers Melchisedek, le roi prêtre, un Messie eschatologique. Des livres de révélation, qui utilisent la figure de patriarches comme Hénoch, s'inscrivent dans la perspective

---

1. Josèphe, *Contre Apion*, I, 38-42.

apocalyptique. Le prophétisme caractérise le maître de justice dans l'*Écrit de Damas* – les prophètes (singulièrement Isaïe) sont d'ailleurs très bien représentés dans la bibliothèque. Les recueils de prières et d'autres documents signalent le goût pour les anges ainsi que des pratiques d'exorcismes et d'horoscopes, qui n'étaient pas si différentes de la magie chaldéenne. Tout cela laisse penser que la communauté qui a produit cette littérature s'inscrivait dans un courant mystique et apocalyptique.

La même sensibilité imprègne la littérature la plus originale de Qumrân, à savoir les commentaires (*pesherim*). Il s'agit là d'une méthode d'explication et d'utilisation du texte biblique, qui sera reprise par l'exégèse chrétienne dans le Nouveau Testament. Elle consiste à suivre le texte d'un prophète, phrase à phrase, et à le découper en citations très courtes pour les remettre en situation et les actualiser : ainsi, le commentaire d'Habacuc relie la prophétie de ce dernier à la conquête romaine et aux persécutions subies par le maître de justice[1]. L'évocation des événements et des personnages est malheureusement cryptée et nous reste très obscure. Quoi qu'il en soit, la littérature des commentaires projette le lecteur au-delà du présent ou du passé immédiat, dans la perspective générale du salut, en télescopant l'événement historique et la fin des temps : « Voyez les traîtres et regardez... Le commentaire de ceci concerne les traîtres qui ont suivi l'Homme de mensonge [...]. Et pareillement, le commentaire de cette parole concerne les traîtres de la fin des jours[2] ». Dans cette perspective eschatologique qui conçoit les temps derniers comme arrivés, les textes visionnaires, inspirés, ésotériques, voire astrologiques, de la bibliothèque de Qumrân considèrent la communauté du lieu comme une anticipation de la Nouvelle Jérusalem, annoncée par Ézéchiel (Ez 40-48).

Séparation et ésotérisme :
les règles idéales d'une communauté messianique

Parmi les documents à usage interne de la bibliothèque de Qumrân, certains, comme le *Rouleau du Temple* ou les *Quelques*

---

1. *Comm. Habacuc*, II, 12 à IV, 14.
2. *Comm. Habacuc*, II, 1-10.

préceptes de la Loi, décrivent une société idéale, unissant royauté et sacerdoce. La *Règle annexe*, plus messianique que la *Règle de la communauté*, s'adresse à « l'assemblée du peuple élu (*edah*) réunie aux derniers jours » ; mêlant utopie et réalité, elle prescrit une pureté totale pour préparer le banquet messianique. Le *Rouleau du Temple* exprime les mêmes exigences de purification et de retrait du monde pour que se renouvelle l'expérience du Sinaï (45, 3-51, 10)[1]. Ce livre se présente à la manière d'un code, réunissant des lois de l'époque hellénistique, proches en tous points du Deutéronome, et dont l'application permettra l'édification du Temple de la fin des temps. L'eschatologie imprègne encore le *Règlement de la guerre* qui annonce l'affrontement des « fils de lumière » (les membres de la communauté) avec les « fils des ténèbres », comme l'événement symbolique de l'ultime combat contre le mal ; les guerriers ne sont pas si différents de ceux de l'armée romaine, mais ils entrent dans la bataille comme dans un lieu sacré, après avoir accompli une purification rigoureuse[2].

La communauté de Qumrân était déterministe, dualiste et messianique. Les seuls écrits vraiment doctrinaux figurent dans la *Règle de la communauté* comme support des prescriptions et des rites[3] : ils exposent une vision dualiste du monde, régi par deux Esprits, celui de vérité et celui de perversion, celui de lumière et celui des ténèbres ; Dieu est le maître absolu des destins individuels comme de l'histoire du monde. La communauté met sa foi dans l'espoir qu'à la fin des temps il n'existera plus qu'un seul peuple au ciel et sur la terre. Ces documents manifestent indiscutablement une sensibilité religieuse apocalyptique. L'idée de la division de l'homme et du monde en deux entités opposées mobilise les adhérents pour mener une lutte acharnée contre les forces des ténèbres et du mal. Elle s'inspirait de la révélation faite au fondateur, le maître de justice, qui prévoyait la fin des temps en deux générations. Dans l'attente, la communauté présente, qui s'intitulait déjà « Les Nombreux », anticipait le rassemblement final en se représentant comme un « ordre » militaire, que maté-

---

1. *Rouleau du Temple*, 45, 3 à 51, 10.
2. *Règlement de la guerre*, VII, 4-14.
3. *Règle de la communauté*, III, 13 à IV, 26.

rialisait peut-être un dispositif funéraire, conçu comme un carré militaire, et surtout en célébrant des banquets collectifs, qui pouvaient se tenir, comme toute réunion ordinaire de synagogue, lorsque dix personnes étaient réunies[1] : la purification exigée exprime déjà la participation au milieu divin, comme une ébauche d'un baptême eschatologique dans l'Esprit.

Séparation et observance : le magistère de la Loi

Il ne faudrait pas, pourtant, réduire la secte des manuscrits au seul courant apocalyptique du judaïsme. Tout comme celle des pharisiens, elle a participé à l'évolution de la pensée religieuse et de l'idéologie par la pratique d'une exégèse et d'une interprétation particulières de la Loi. Le *Rouleau du Temple* se donne comme une nouvelle Torah qui doit permettre l'édification de l'Israël céleste ; aux lois explicites et claires du Deutéronome, on ajoute des lois cachées, transmises par des maîtres, dont la communauté a le monopole et qui sont à usage interne. Sur un ton beaucoup plus polémique et même violent, la *Lettre aux adversaires* retient vingt-deux règles de la Torah et expose leurs déviances, ce qui correspond, semble-t-il, à l'opinion pharisienne.

C'est donc la Loi qui fonde l'autorité et établit une hiérarchie. La secte était dirigée par des docteurs de la Loi. Le titre de « maître de justice » que portait le fondateur, comme sans doute ses successeurs, suggère le modèle d'Hénoch, le « scribe de justice ». Le maître de justice enseignait la communauté. Visionnaire et médiateur de révélations célestes, inspiré par l'Esprit, il était le « maître juste » qui tirait sa légitimité de la Torah[2]. La Loi était interprétée par des « maîtres en sagesse », les *maskil*[3] : ceux-ci s'opposaient aux « Nombreux » par leur intelligence et leur prudence. Enfin des inspecteurs veillaient à l'application de la Loi ; ils portaient le titre de *mebaqqer*, qui signifie, au sens propre, qu'ils « avaient la Loi en main ». Les maîtres de la secte

---

1. *Règle de la communauté*, VI, 3 et *Règle annexe*, II, 22.
2. *Comm. Habacuc*, II, 1-2 ; *Hymnes* B, II, 6-19 et L, VII.
3. *Écrit de Damas*, XII, 21, et XIII, 22 ; *Règle de la communauté*, III, 13 et IX, 12, 21.

étaient des juristes autant que des théologiens ; dans les textes à usage interne, le code est d'ailleurs beaucoup plus développé que les sections apocalyptiques.

L'observance rigoureuse de la Loi impliquait la séparation d'avec le monde autant qu'elle structurait la vie communautaire ; c'est elle qui donnait à la vie du groupe son caractère sectaire. Les membres se définissaient par leur participation à la « Pureté » – quel que soit le sens qu'ils aient donné à ce mot, baptême ou repas mystique, c'était le signe d'une conversion[1] ; ils ne prêtaient serment qu'au terme de trois étapes, chacune ponctuée par une cooptation, qui signifiaient autant de renoncements au monde. Après ces modalités d'admission, des usages particuliers exprimaient et garantissaient la séparation. La prière avait lieu à deux moments précis de la journée et il était prévu des veillées communes de prière et d'étude. L'observance du sabbat était bien plus rigoureuse qu'elle ne le sera dans la tradition rabbinique et qu'elle ne l'était sans doute chez les pharisiens[2] ; la secte conservait l'ancien calendrier solaire alors que toute la société civile, depuis l'époque perse, et le Temple lui-même, à partir des Asmonéens, utilisaient le calendrier lunaire. La règle intervenait même dans le domaine de la vie privée puisqu'elle préconisait fermement le mariage précoce, l'endogamie au sein du groupe et interdisait le remariage en cas de divorce ou même de veuvage.

Les infractions aux règles étaient sanctionnées par des pénalités dûment tarifées : pénitence alimentaire ou exclusion temporaire pour les délits mineurs ; excommunication et quarantaine pour les fautes plus graves[3]. Les procédures disciplinaires[4], sous le contrôle du tribunal des Six, fonctionnaient sur des témoignages, selon une tradition qui sera observée dans les premières Églises chrétiennes (2 Co 13, 1) ; on pratiquait l'avertissement préalable, ce que connaîtra aussi l'évangile (Mt 18, 15). En cas de vol, le propriétaire devait proférer un serment de malédiction dans la tradition des imprécations publiques que pratiquaient d'autres

---

1. *Règle de la communauté*, II, III et V.
2. *Écrit de Damas*, X, 14-XI, 18.
3. *Règle de la communauté*, VIII, 10-IX, 2 ; *Écrit de Damas*, B, I, 33-II, 13.
4. *Écrit de Damas*, IX, 17-23 et 3-6.

communautés cultuelles sémitiques, quand un détournement ou un abus de confiance menaçait l'organisation collective[1].

Séparation et dépouillement

Dans la procédure d'intégration, la mise en commun des biens des nouveaux membres apparaît comme le dernier fondement de la communauté après la Loi, le droit et la purification[2]. Un acte privé, récemment découvert, le confirme, par lequel un adhérent du voisinage, de Jéricho, fait don de maisons et de vergers à la « communauté » (*yahad*) avant son admission définitive. Le terme *yahad*, dérivé d'un adverbe répandu, est rare dans cet emploi substantivé pour désigner une institution. Cela suggère que les Qumrâniens avaient inventé un nouveau type de communauté fondé non plus sur la réunion ou le repas communs – comme le *gw* ou le *marzeah* sémitiques – ni sur un bien possédé en indivision – comme une association grecque –, mais sur un partage. Partage qui n'était sans doute pas total, puisque des documents retrouvés à Qumrân mentionnent des remboursements, des prêts, des remises partielles de salaires, et qu'il importait surtout de ne rien dissimuler en matière de biens sous peine d'exclusion temporaire. Il est possible que seuls les biens fonciers et immobiliers aient été concernés : leur possession était d'ailleurs incompatible avec un certain mode de vie au désert. Le même principe régit la conduite collective des esséniens, celle aussi du groupe de Theudas, en 45-46, quand il s'installa dans le désert de Transjordanie[3]. C'est peut-être là qu'il faut chercher une postérité au mouvement récabite. Cependant, la première Église de Jérusalem généralise le principe du partage en l'appliquant en milieu urbain (Ac 4, 32 et 5, 1-11), indépendamment du modèle nomade traditionnel.

Le partage des biens apparaît donc comme une règle commune à bien des groupes juifs. Récabites, esséniens, gens de Qumrân, mouvements nationalistes inspirés, chrétiens... S'agis-

---

1. *Inscriptions de Délos*, 2531. À rapprocher d'*Écrit de Damas*, IX, 10-12.
2. *Règle de la communauté*, VI, 14-23.
3. *AJ*, XX, 5, 1 (97).

sait-il d'exprimer concrètement l'« alliance fraternelle » (*berit ahim*), telle que la décrivait la tradition biblique dans le cadre de relations diplomatiques et militaires : ainsi, entre Israël et Sichem (Gn 34, 23), les troupeaux et les biens et tout le bétail étaient autant à l'un qu'à l'autre ; quant aux rois d'Israël et de Juda (1 R 22, 4 ; 2 R 3, 7), ils proclament qu'« il en sera pour moi comme pour toi, pour mon peuple comme pour ton peuple, pour mes chevaux comme pour tes chevaux ». Cet idéal de propriété commune fut repris encore, on l'a vu, à l'époque des Maccabées : « Vos troupeaux et vos biens sont à nous et les nôtres à vous » (1 M 12, 23). Il semble donc qu'on ait donné une valeur spirituelle à un principe qui ne s'appliquait d'abord qu'aux relations internationales, dans des milieux qui, comme à Qumrân, étaient très marqués par le modèle militaire et voulaient fonctionner comme un « ordre ».

Bien que sa structure et son fondement soient très clairs, la communauté de Qumrân reste difficile à décrire de l'intérieur, encore plus à identifier. Les membres utilisent pour eux-mêmes des désignations elliptiques, très insuffisantes, qui évoquent le plus souvent l'idée de « grandeur » (*rab*), celle-ci pouvant renvoyer au nombre ou à la qualité : les « Nombreux », qui sont peut-être les « Gens de qualité » sont « ceux de la purification », dénommés ailleurs les « hommes de sainteté ». Ils s'appellent aussi les « pauvres » (*ebionim*), se rattachant ainsi à un courant religieux identifiable dans le premier christianisme et, au-delà, à l'origine d'une hérésie chrétienne. Contrairement à la terminologie en usage dans les associations antiques, ces termes ne renvoient pas à une structure plus ou moins étendue et plus ou moins lâche, mais seulement à une spiritualité partagée. Ce peut être l'indice d'une organisation diffuse qui ne se réduirait pas à un groupe installé à Qumrân, bien que les actes constitutifs n'évoquent jamais qu'un nombre très limité de participants. À l'origine de la secte, il n'y avait que quinze personnes, trois prêtres et douze laïcs, et ce noyau continua peut-être à en constituer la direction ; le conseil est composé de douze hommes et trois prêtres[1].

---

1. *Règle de la communauté*, VI, 33, et VIII, 1.

Les persécutés : des raisons historiques à la séparation

L'interprétation du mouvement en secte ne ressort pas seulement de l'image qu'en donnent les textes de Qumrân. Elle est suggérée par les persécutions dont les mêmes textes se font l'écho, surtout dans les écrits biographiques et même autobiographiques du maître de justice.

La violence est partout dans les textes de Qumrân. Violence de l'expression dans la polémique de *La Lettre aux adversaires*. Antagonismes de personnes exacerbés qui, sous des désignations codées, stigmatisent les adversaires du maître de justice : le « prêtre impie », avide et dominateur[1], ou encore l'« homme de mensonge » dont les interprétations laxistes dénaturent la Loi[2]. Exil et supplice sont toujours présents à l'esprit des membres : l'*Écrit de Damas*, qui évoque « la sortie du pays de Juda »[3], plonge peut-être ses racines dans le monde des Juifs exilés à Babylone, dont Damas serait un des noms symboliques ; enfin, la crucifixion apparaît comme le châtiment nécessaire de l'espion ou du traître, qui fait le mal de son peuple[4]. Dans cette atmosphère de troubles et de violences, qui semble fourmiller d'allusions historiques, le maître de justice se pose comme un personnage contradictoire : « piège pour les pêcheurs mais remède pour ceux qui se convertissent », moqué, calomnié, maltraité ; il a été un « homme de querelle » pour les « interprètes d'égarement »[5].

Depuis la découverte des manuscrits de Qumrân, toutes les hypothèses ont été avancées pour replacer ces notations elliptiques ou allégoriques dans des séquences historiques connues. D'aucuns ont évoqué les tensions du premier christianisme, entre l'Église de Jacques à Jérusalem et le courant paulinien : ainsi Jésus serait le maître de justice, Jean le Baptiste le Messie d'Aaron, et Paul le prêtre impie. Selon d'autres qui ont poussé l'amalgame entre chrétiens, Qumrâniens et zélotes, Jacques serait le maître de justice, leader zélote, Paul « l'homme de mensonge » et le « prêtre impie » représenterait le Temple. Les liens des

---
1. *Comm. Habacuc*, I, VIII.
2. *Comm. Habacuc*, I et II.
3. *Écrit de Damas*, IV, 11.
4. *Rouleau du Temple*, LXIV, 7-13.
5. *Hymnes*, B, II, 8, 11-13, et 14.

persécutés de Qumrân avec le messianisme politique – dénoncé par Josèphe et dont Jésus fut victime – seraient renforcés, d'après certains, par un fragment où le prince de la communauté, « germe de David », met à mort des Romains (*Kittim*) ou est mis à mort par eux (ce rouleau est très lacunaire). D'autres encore ont inséré ces persécutions dans l'histoire des sectes juives : « Ephraïm » serait le nom de code des pharisiens, décriés pour leurs interprétations laxistes de la Loi, tandis que « Manassé », adversaire d'Ephraïm, décrit comme une aristocratie, désignerait les sadducéens, le parti du Temple (*Lettre aux adversaires*). Dans le même contexte historique, la bibliothèque cachée dans les grottes a été attribuée à une secte, soit aux zélotes pourchassés par Rome avant 70, soit à des pharisiens d'ancienne observance, résistant à la restructuration rabbinique en 70, soit même à des Qaraïtes réactionnaires et intégristes au VIIIe siècle de notre ère.

Rien dans les textes ne permet d'établir le moindre jalon entre les vicissitudes de Qumrân et les événements de l'Empire romain, bien que l'établissement ait été en activité jusqu'à la fin de la guerre juive précisément. À partir de 63 avant notre ère, après le choc de la conquête romaine, les gens de Qumrân semblent vivre en dehors de l'actualité. Dans leurs commentaires sur les prophètes, les quelques allusions à des personnalités ou à des événements historiques datent de l'époque asmonéenne et séleucide. Le *Commentaire de Nahum* (II, 1-4) tente un raccourci diachronique depuis les menaces d'Antiochos IV sur Jérusalem, à l'époque des Maccabées, jusqu'à la prise de Jérusalem par Pompée et la provincialisation de la région en 63, en passant par l'expédition avortée du roi de Syrie en 88 qui soutint un mouvement pharisien contre Alexandre Jannée. Apparaissent encore les noms de Salomé, reine de 76 à 67, et d'Hyrcan II, qui régna de 67 à 40. Fils d'Alexandre Jannée, nommé grand prêtre en 76 et roi en 67, Hyrcan II cumulait illégalement les fonctions royales et sacerdotales ; il pourrait donc être le « prêtre impie ».

D'autres préfèrent rechercher le « prêtre impie » au IIe siècle en se fondant sur le prologue de l'*Écrit de Damas* (I, 3-10). C'est le seul texte qui fournisse des repères chronologiques, bien que symboliques : 390 ans après la destruction de Jérusalem par Nabuchodonosor, un groupe de prêtres et de laïcs se constitue et entame une démarche de conversion qui dure vingt ans ; on est alors à la veille de la révolte des Maccabées vers 175. Vingt ans après, le maître de justice se manifeste, au moment même où le grand prêtre en exercice est renversé par le roi de Syrie, en 152, au bénéfice de Jonathan Maccabée. Celui-ci pouvait donc apparaître, dans une tradition légaliste, comme un usurpateur et mériter l'appellation de « prêtre impie ». Quelques fragments de rouleaux où figure le nom de Jonathan pourraient conforter cette identification.

Ces deux hypothèses s'appuient sur des argumentations de valeur inégale. Pour faire du maître de justice une victime d'Hyrcan II, entre 67 et 63, on utilise surtout l'histoire archéologique du site, fort difficile à interpréter, rappelons-le. Certes, on reconnaît deux phases d'occupation, très rapprochées, mais la brève interruption peut être attribuée à des catastrophes naturelles aussi bien qu'aux opérations militaires qui se sont succédé à un rythme rapide à cette époque : outre pendant la grande expédition romaine de 63, la région de Qumrân fut dévastée en 57 et en 40 ; en 31, il y eut à la fois un séisme et l'expédition d'Hérode contre Cléopâtre. Le site a donc pu être abandonné en raison des guerres locales et non d'une persécution.

Placer l'affrontement du maître de justice avec le prêtre impie au milieu du IIe siècle, dans la compétition pour le grand-pontificat, explique au contraire de façon assez satisfaisante une idéologie fondée sur le principe de légitimité et la référence à Sadoq. Le titre que porte le maître de Qumrân est un titre biblique (Os 10, 12), où justice et légitimité ne s'excluent pas : il est – au sens actif du terme – celui qui a le droit, mais aussi, au sens passif, celui dont il est juste qu'il soit là, le légitime. L'*Écrit de Damas* insiste sur la légitimité généalogique des lévites, des prêtres et des fils de Sadoq, qui sont restés fidèles, tandis que les autres s'égaraient dans le luxe et la conquête[1] ; le texte fournissait même, à l'origine, la liste de leurs noms avec leur généalogie. En effet, la dynastie de Sadoq était devenue l'unique dépositaire de la charge à la suite de l'appui donné par ce grand prêtre à Salomon. Jonathan n'appartenait donc pas à la bonne lignée des grands prêtres ; il avait été installé par un pouvoir étranger ; bien plus, il mit aussitôt la main sur le trésor du Temple pour réparer les ruines des

---

1. *Écrit de Damas*, VI, 2-10.

guerres maccabéennes et payer les soldes des mercenaires. C'est alors que les plus légalistes se seraient rassemblés autour du grand prêtre déposé, sans doute un certain Simon, qui aurait assumé la personnalité inspirée et les charismes du maître de justice.

Né dans les tensions politiques et culturelles qui accompagnèrent la révolte des Maccabées, le mouvement de Qumrân, comme celui des pharisiens, proclamerait une volonté de séparation et de pureté, et remettrait également en cause l'attachement excessif des grands prêtres asmonéens à la puissance temporelle. Beaucoup plus personnalisé que le courant pharisien, celui de Qumrân se serait dégagé du Temple et rassemblé autour de maîtres de justice successifs, sans doute héréditaires. Ainsi le principe de séparation serait lié aux vicissitudes de l'histoire et non à une volonté de revenir au mode de vie ancestral, celui des nomades du désert.

Encore faut-il apprécier la radicalité de la rupture avec le Temple, parfois excessivement majorée. Certains ont vu dans le groupe de Qumrân une communauté d'ascètes visionnaires ; vivant dans l'apocalypse, pratiquant guérisons, exorcismes et autres pratiques charismatiques, ils auraient intériorisé le religieux au point de remplacer les rites d'expiation par un baptême dans l'Esprit et de préférer l'« offrande des lèvres », la prière et la pureté de cœur, au sacrifice sanglant – ce qui revenait à nier la fonction religieuse du Temple. Mais si les Qumrâniens refusaient d'entrer dans le Temple, souillé par des grands prêtres usurpateurs, ils demeuraient profondément attachés aux rites et aux lois cérémonielles, et n'espéraient rien d'autre que l'instauration d'un nouveau Temple[1]. Les points de litige avec le Temple de Jérusalem, c'est-à-dire la rotation sacerdotale, le calendrier, les règles de pureté rituelle ou d'offrandes préoccupaient les prêtres[2]. Car c'est bien comme une communauté sacerdotale qu'apparaît le groupe dans les écrits les plus récemment publiés. Le refus des sacrifices ordinaires n'est que circonstanciel et temporaire puisque le *Rouleau du Temple* et la *Règle de la communauté* prescrivent des immolations.

---

1. *Rouleau du Temple*, III, 2-XLVI, 12 (sur l'édifice, les aménagements, les fêtes et les prêtres).
2. *Lettre aux adversaires*.

Le miroir des sectes

Les manuscrits de Qumrân donnent de ce qu'on appelle communément les « sectes » juives une image directe, éclairée de l'intérieur, alors que l'éclatement du judaïsme hellénistique n'a longtemps été connu qu'à travers des intellectuels hellénisés, Philon d'Alexandrie et surtout l'historien Josèphe.

Selon Josèphe, les esprits religieux se partageaient en trois mouvements, qu'il a lui-même successivement fréquentés : les sadducéens, minoritaires ; les esséniens au nombre de quatre mille[1], les pharisiens, qui atteignaient les six mille et étaient les plus influents dans les villes[2]. Dans son étude des courants qui menèrent à la guerre juive, il en reconnaît un quatrième, celui de Judas le Galiléen, le plus récent, né d'une révolte locale en l'an 6 de notre ère, et qui inspira le mouvement zélote[3].

Pour faire comprendre aux Grecs et aux Romains la nature et la diversité du judaïsme contemporain, Philon et Josèphe utilisent le miroir déformant de la philosophie grecque[4]. Ainsi assimilent-ils les trois courants anciens à une « secte » philosophique. En grec, le terme renvoie moins à la séparation et à l'exclusivisme qu'à un « choix » de doctrine et de vie : c'est l'*hairésis*, dont les chrétiens ont tiré le concept d'« hérésie », quand ils ont considéré que leur doctrine est devenue la norme.

À l'époque de Josèphe, nul ne se déclarait dépositaire de l'orthodoxie : le terme n'existait même pas. Cependant les divergences doctrinales étaient fortement perçues. Josèphe, empruntant une terminologie platonicienne, considère que les esséniens désignaient les autres comme « hétérodoxes[5] », ceux qui « jugeaient mal », qui n'avaient pas le charisme du discernement. Dans le même registre, il souligne que ces esséniens ont une doctrine de l'âme équivalente à celle des Grecs avec qui ils sont *homodoxes*[6] : l'idée que la chair est la prison de l'esprit renvoie au célèbre jeu de mots platonicien sur *sôma* (le corps) et *sêma* (la

---

1. Philon, *Probus*, 75 ; *AJ*, XVIII, 1,5 (20).
2. *AJ*, XVIII, 1,15 (3), *Vie*, 10-11.
3. *AJ*, XVIII, 1, 6 (23-25) ; *GJ*, II, 118.
4. *GJ*, II, 119 ; *AJ*, XVIII, 1, 2 (11).
5. *GJ*, II, 129.
6. *GJ*, II, 155-158.

tombe) ; le séjour des âmes immortelles est fixé dans l'île des Bienheureux de la mythologie grecque, conformément à une image de l'au-delà qui semble s'être répandue dans les inscriptions funéraires de Juifs hellénisés[1]. Josèphe a poussé très loin l'assimilation des « sectes » juives à celles de la philosophie grecque, mais à partir de ressemblances générales et superficielles. Les sadducéens lui font penser aux épicuriens, sans doute par leur individualisme ; les pharisiens lui rappellent les stoïciens pour leur engagement dans le monde, leur réflexion sur l'État et la société[2], et les esséniens, les pythagoriciens[3], c'est-à-dire des ascètes inspirés ; selon Philon[4], ils ont abandonné la rhétorique, la logique et l'approche expérimentale qui caractérisaient la plupart des philosophies grecques.

Formé dans les écoles pharisiennes, Josèphe juge aussi les sectes à l'aune de la Loi. Les sadducéens se distinguent des pharisiens et des esséniens par leur position vis-à-vis de la Torah : ils s'estiment les gardiens de la Loi qu'ils suivent à la lettre, sans consentir à aucune transformation[5], alors que les autres pratiquent l'exégèse et le commentaire. Les pharisiens enrichissent et réactualisent sans cesse les règles de la Torah en faisant intervenir la tradition et l'explication[6] ; ils suscitent même des débats contradictoires, auxquels seuls échappent les anciens, au nom du privilège de l'âge qui rend leur exégèse indiscutable[7]. Les esséniens, comme les pharisiens, vont au-delà de la Torah puisqu'ils ont leurs livres propres[8], mais ils n'ajoutent plus rien à la tradition reçue de leur fondateur[9]. Le légalisme des gens de Qumrân, ainsi que leur pratique du commentaire, permet donc de les resituer dans le judaïsme d'alors.

Mais l'actualité mouvementée qu'a vécue Josèphe et que connaissent ses lecteurs de Rome le contraint à expliquer l'intégrisme, l'exclusivisme, voire l'activisme des esséniens. Pour

---

1. *Inscriptions métriques de l'Égypte gréco-romaine* n°ˢ 15, 16, 43 et 84.
2. *Vie*, 12.
3. *AJ*, XV, 10, 4 (371).
4. *Probus*, 80.
5. *AJ*, XVIII, 1, 16 (4).
6. *GJ*, II, 162.
7. *AJ*, XVIII, 1, 12 (3).
8. *GJ*, II, 142.
9. *Probus*, 81-82.

écarter l'image de rebelles qui est attachée à la secte tout en reconnaissant son irréductibilité[1], il fait en sorte que ses lecteurs adoptent le point de vue et la distance de l'ethnographe : il compare ainsi les esséniens qui se mettent à l'écart du Temple et de la ville à des « Séparés » thraces, les Ktistes ou plutôt les Skistes[2], une tribu sacrée qui, elle aussi, se prive du superflu de l'existence, qui refuse l'argent et les affaires pour vivre en autarcie et qui reste célibataire ; cet exemple était connu des géographes de l'Empire romain[3]. Dans la même veine, Pline présente les esséniens selon des critères ethnographiques extérieurs : la solitude au désert, le refus de l'argent et, surtout, le célibat[4]. Pourtant la séparation était bien un critère religieux propre au judaïsme ; ce critère était apparu à l'époque des Maccabées avec les *hassidim* (1 M 2, 42) qui, on l'a vu, réagirent contre la société hellénisée (2 M 14, 6) et maintinrent leur indépendance vis-à-vis des grands prêtres asmonéens (1 M 7, 13). Dans le même contexte, les pharisiens se séparèrent plus tard ; on explique étymologiquement ce nom grec en le faisant dériver de l'hébreu *perushim*, les « séparés ».

Mais Josèphe ne tient pas compte des facteurs historiques, sauf pour la secte de Judas le Galiléen, et sa volonté de classification l'entraîne à des distinctions excessives, réductrices pour l'histoire interne de ces mouvements qui tiennent en réalité beaucoup les uns des autres. Cependant ses grilles de lecture ont un certain intérêt. Il définit les sadducéens et les pharisiens surtout par leur doctrine, mais les esséniens et les zélotes par leur comportement. Ce tableau « philosophique » – la philosophie antique était tout à la fois système de pensée et mode de vie – est bien un miroir du judaïsme d'alors, avec ses tensions et ses enjeux.

Séparation et anticonformisme

Il y avait des questions théologiques dans l'air du temps : celles de la liberté de l'homme, de l'immortalité de l'âme, de la résur-

---

1. *GJ*, II, 152.
2. *AJ*, XVIII, 1, 5 (22).
3. Strabon, VII, 296.
4. *Histoire naturelle*, V, 15, 73.

rection. La croyance des sadducéens dans le libre arbitre humain s'opposait au déterminisme absolu des esséniens et à celui, plus relatif, des pharisiens[1]. Pharisiens et esséniens partageaient la même croyance dans l'immortalité de l'âme[2], mais seuls les premiers avaient élaboré une théologie de la résurrection, comprise comme « re-vie » et réincarnation selon une conception cyclique du temps[3]. Josèphe fait sienne cette croyance pharisienne, qu'il présente aux Grecs comme un fond commun du judaïsme[4], accessible aux non-Juifs : on comprend dès lors que Paul ait voulu prêcher la résurrection aux Athéniens de même qu'il avait utilisé, à Jérusalem, cette pomme de discorde entre pharisiens et sadducéens (Ac 17, 31-32, et 23, 6).

Josèphe a défini les esséniens comme une « hérésie » d'un point de vue grec, mais il s'attache moins à l'originalité de leur pensée qu'aux particularismes de leur vie religieuse et quotidienne. Dans la *Guerre des Juifs*, il présente le mode de vie essénien de façon assez neutre comme un entraînement permanent à la sainteté[5], entre soi, au cours de purifications et de repas communautaires, dans un lieu saint qui leur est propre ; il en traite de façon plus polémique dans les *Antiquités judaïques* où s'accentue l'image d'une communauté conservatrice, sinon réactionnaire, et où il insiste sur la distance que les esséniens ont prise à l'égard du Temple.

Les esséniens, dit Josèphe, mènent une vie d'abstinence et de privation en refusant les plaisirs, la richesse et le mariage. Pour marquer leur différence, ils vivent en « métèques », en étrangers au monde : ils refusent de se servir de la monnaie ou de participer à des transactions commerciales ; ils refusent d'utiliser l'huile dans la maison ou au gymnase[6]. Ils vivent en autarcie, cultivant eux-mêmes ce qui est nécessaire à leur consommation, et ont leur propre réseau d'accueil pour ne pas dépendre d'autrui[7]. Ils sont à peu près inassimilables, car leurs interdits alimentaires entraînent

---

1. *AJ*, XVIII, 1, 3 (13-14), et 5 (18).
2. *GJ*, II, 154-158, et *AJ*, XVIII, 1, 5 (18).
3. *GJ*, II, 163 ; III, 374 ; *AJ*, XVIII, 1, 3 (14).
4. *Contre Apion*, I, 218.
5. *GJ*, II, 119.
6. *GJ*, II, 122-124.
7. *GJ*, II, 125-127.

à une mort certaine le membre du groupe qui est expulsé[1]. Philon évoquait le même anticonformisme[2], la fuite de la ville et de ses excès, le refus des voyages, du commerce. Les esséniens poussent à l'extrême le « refus du mélange » (*amixia*), qui était le maître mot d'Esdras et de Néhémie vis-à-vis des cultures étrangères, en l'appliquant désormais à l'intérieur du monde juif ; en résulte la fuite au désert, désert plus symbolique que géographique peut-être, conçu comme un lieu de retraite, d'apprentissage et de conversion, à l'écart de la ville et du Temple[3].

L'image d'une secte, au sens moderne du terme, émane incontestablement de ces descriptions. Le groupe se structure sur le serment, comme une conjuration ou une société secrète[4], ou encore, pour les Grecs, comme un culte à mystères[5] : cette obligation de ne rien révéler des affaires du groupe aux autres a conduit des esséniens jusqu'à la mort[6]. Pour se distinguer, ils portent un uniforme blanc lors des cérémonies[7], et reçoivent des instruments et des outils symboliques lors des différentes étapes de leur initiation[8]. Leur vie est dirigée par des « inspecteurs » qui règlent l'emploi du temps entre travail et culte, qui régentent tous les aspects de la vie quotidienne et qui contrôlent les échanges avec le monde extérieur, famille comprise[9]. L'emprise du groupe sur ses membres est telle que des procédures disciplinaires très sévères sont prévues, qui vont jusqu'à l'expulsion de l'ordre[10]. Enfin, les esséniens considèrent les autres comme des impurs et des intouchables[11].

Cette vision du monde, qui est celle de toutes les sectes très manichéennes, s'exprime peut-être dans le nom même des esséniens dont on discute toujours l'étymologie : transcrit alternativement en grec par *essaioi* ou *essènoi*, ce nom dérive sans doute

---

1. *GJ*, II, 143.
2. *Probus*, 76-78.
3. Philon, *Hypothetica*, XI, 4.
4. *GJ*, II, 139, 141, 142.
5. *GJ*, II, 141.
6. *GJ*, II, 152-153.
7. *GJ*, II, 123 et 137.
8. *GJ*, II, 137.
9. *GJ*, II, 125, 129, 134.
10. *GJ*, II, 143.
11. *GJ*, II, 150.

de l'araméen *haseh*, pluriel *hasayya*, et *hasîn*, qui signifie les « pieux » ; jouant sur les mots et les assonances, comme les intellectuels bilingues le faisaient couramment, Philon en fait l'équivalent d'*hosioi*[1], qui, dans la terminologie religieuse grecque, caractérise les adeptes d'un mode de vie, la « sainteté », c'est-à-dire la conformité à l'ordre religieux qui régit le monde et les sociétés humaines.

Ce souci de pureté, qui pousse à l'extrême des réflexes identitaires nés au retour de l'Exil et développés durant la période asmonéenne, oppose surtout les esséniens aux gens de pouvoir et d'influence, en qui Josèphe identifie les sadducéens[2]. Pour lui, les pharisiens pratiquent une voie médiane ; eux aussi observent un « régime » sévère, une existence faite d'interdits et d'observances traditionnelles ; ils sont les meilleurs par leur doctrine comme par leur mode de vie et représentent la secte idéale[3].

Séparation et idéal communautaire

Pharisiens et esséniens participent du même idéal communautaire, car le débat idéologique se situe aussi, au sein du judaïsme, en termes d'individu et de communauté. Les sadducéens sont présentés avec un individualisme exacerbé ; ils ont un comportement « sauvage », en ce sens qu'ils ne prennent pas en compte la parité qui unit les hommes mais réagissent aux différences inégalitaires[4]. Dans les autres sectes, au contraire, le mode de vie, la sobriété, la réglementation permettent à chacun de s'accomplir dans et par la communauté. Au sein des groupes pharisiens, les relations sont fondées sur la réciprocité, la concorde, la mise en commun[5].

Ce caractère, qui n'est qu'esquissé chez les pharisiens, est extrêmement développé chez les esséniens, au dire de Philon comme de Josèphe. Par leur mode de vie, les esséniens retrouvent la liberté, l'égalité et la fraternité originelles dans l'état de nature,

---

1. *Probus*, 75.
2. *AJ*, XVIII, 1, 17 (4).
3. *AJ*, XVIII, 1, 15 (3).
4. *GJ*, II, 166.
5. *GJ*, II, 166.

qui est, pour les Grecs, celui des nomades ; la philanthropie est une de leurs vertus cardinales, et s'illustre par le dévouement, l'égalité et le partage des biens personnels[1] ; pour Josèphe[2], c'est le revers éclatant et admirable de leur sectarisme ; la renonciation aux biens personnels, lors de l'admission, supprime les disparités entre riches et pauvres et rétablit entre eux des rapports de fraternité et d'amitié réciproques.

Observateurs hellénisés, Philon et Josèphe insistent sur l'originalité, en milieu grec, de ce qu'ils présentent comme une expérience de collectivisation. Philon oscille d'abord entre deux modèles. Les esséniens disposent d'un habitat communautaire, où ils se regroupent « par thiase », c'est-à-dire en nombre restreint, sur le modèle d'un groupe convivial grec. Mais ils abandonnent la jouissance de leur patrimoine immobilier qui se transforme en biens d'usage collectif, inaliénables et indivis, à la disposition de tous ; leurs salaires sont également versés dans la caisse commune[3] ; Philon, comme Josèphe, insiste sur l'originalité de cette expérience communautaire qu'ils rapprochent de la société civile selon le droit grec (*koinônia*)[4]. Les associations grecques, et en particulier les écoles philosophiques, se constituaient en sociétés civiles, propriétaires en indivision d'un domaine inaliénable, légué en général par leur fondateur, dont les revenus assuraient l'existence du groupe au quotidien.

Le modèle essénien engage bien davantage chacun des membres, même si le dépouillement total est sans doute utopique. Sans toucher vraiment au capital foncier, conformément à l'interdit du Lévitique, ils récusaient la notion de profit[5] et mettaient en commun revenus, loyers et salaires si bien que les disparités extérieures s'effaçaient, même si une inégalité de fait subsistait[6]. Le critère de l'argent ne jouait plus aucun rôle dans une structure devenue parfaitement paritaire[7]. Il est évident que les esséniens sont proches des gens de Qumrân, dont l'association (*yahad*)

---

1. *Probus*, 79.
2. *GJ*, II, 122.
3. *Probus*, 85.
4. *Hypothetica*, 11.
5. *Probus*, 76.
6. *Hypothetica*, 11, 4 ; *AJ*, XVIII, 1, 5 (20).
7. *GJ*, II, 122.

reposait sur le partage. Mais ce type d'expérience était plus largement répandu, on l'a vu, comme l'attestent les partisans de Theudas en 45, lors de leur passage au désert[1], ou le premier groupe chrétien de Jérusalem (Ac 4 et 5).

Qumrân, lieu historique de l'essénisme ?

La vie religieuse et communautaire montre d'autres similitudes entre les esséniens et les gens de Qumrân, en particulier à travers le *mebaqqer*, celui qui, à Qumrân, « avait la Loi en main », et le commissaire (*épimélète*) des esséniens qui régissait toute la vie des membres[2]. L'un et l'autre procédaient à une interprétation et à une réactualisation de la Loi. Par ailleurs, c'est à la lumière des textes littéraires sur les purifications et les banquets rituels esséniens, et par là même seulement, qu'on interprète comme bassins de purification et réfectoire des vestiges de Qumrân, mais il y a dans cette identification une grande part d'induction.

L'autre argument pour reconnaître dans le site de Qumrân le lieu de l'implantation essénienne ressort du témoignage d'intellectuels romains. Contemporains des Flaviens, informés directement ou indirectement pendant la guerre juive, Pline et Dion Chrysostome ont localisé les esséniens dans « une cité bénie, près de l'eau Morte[3] ». Plus précisément, Pline les installe sur la rive occidentale, au-dessus d'Engaddi, c'est-à-dire, selon sa démarche géographique, au nord, dans le voisinage d'une oasis qui est sans doute Jéricho[4] : il semble bien s'agir de Qumrân. Les témoignages juifs donnent de la secte une image beaucoup plus dispersée de ruraux vivant sur le mode villageois, dans la campagne et même dans les faubourgs de Jérusalem à une porte de la ville[5] – en dehors des villes, certes, mais sans qu'il soit jamais question de désert au sens géographique du terme. Il se peut, cependant, que les armées romaines n'aient connu les esséniens que dans l'un de leurs refuges, à la fin de la guerre.

---

1. *AJ*, XX, 5, 1 (97).
2. *GJ*, II, 129.
3. *Vie de Dion.*
4. *Histoire naturelle*, V, 15, 73.
5. *GJ*, V, 145.

Dans tous les cas, les auteurs romains n'apportent aucune précision supplémentaire ; ils n'ont qu'une vision conventionnelle et paradoxale des esséniens, déterminée par les stéréotypes de la vie au désert. Pline ne retient que leur chasteté absolue et leur célibat, observation que contredit la remarque nuancée de Josèphe[1], ainsi que les textes de Qumrân et même les tombes de femmes dans la nécropole du site. Mais on associait couramment au désert, lieu stérile, l'idée de l'infertilité naturelle et de l'infécondité humaine. Le paradoxe pour le géographe romain, qui suscite son étonnement et justifie sa notice sur les esséniens, c'est celui d'une solitude surpeuplée, d'une secte misogyne et vouée au célibat, mais qui n'a cessé de croître dans la très longue durée par rejet du monde. Il semble que les Romains aient extrapolé une situation d'exception, sans doute explicable par la guerre.

Le sens de l'histoire

Josèphe insiste sur l'intégration sociale et politique des esséniens du Ier siècle. Ils apparaissent comme des charismatiques, certes, mais très actifs, si bien qu'on peut les suivre individuellement à travers les événements du temps, comme les Récabites, ces autres « gens du désert ». Certains esséniens furent des prophètes de cour et servirent la dynastie d'Hérode[2] ; d'autres enseignaient des groupes de disciples à Jérusalem[3] ; d'autres encore exercèrent des commandements militaires importants durant la guerre juive[4]. Récabites et esséniens avaient donc su progressivement intérioriser les exigences de séparation et de retraite, mais sans rester indifférents aux vicissitudes politiques, contrairement à ce qu'affirme Pline.

Dans le tableau que brosse Josèphe des sectes juives, le mouvement essénien et celui de Judas le Galiléen sont les seuls à poser clairement les rapports du religieux et du politique, dans une même passion de la liberté qui semble être un héritage des

---

1. *GJ*, II, 160.
2. *AJ*, XV, 10, 5 (373-374) ; *GJ*, I, 78-80, et II, 113.
3. *GJ*, I, 78.
4. *GJ*, II, 567.

hommes du désert[1]. L'extrémisme du mode de vie déterminait, en un sens, la relation avec le pouvoir. Les partisans de Judas qui, selon Josèphe[2], suivaient la même doctrine que les pharisiens, s'en distinguaient par leur zèle pour Dieu et leur passion pour la liberté qui pouvaient les entraîner à toutes les violences ; comme les gens du désert, ils n'acceptaient personne pour maître et restaient inébranlables devant les supplices. Les esséniens, qui partageaient ce mépris de la mort, résistèrent à toutes les persécutions dans le passé[3] et durant la guerre juive[4]. En résistant au test du blasphème, qu'on leur demandait de proférer contre leur fondateur, et à celui d'une nourriture impure, ils perpétuèrent une tradition de martyre et d'opposition au pouvoir, inaugurée avec les Maccabées. Cependant, les esséniens ne constituaient pas une secte d'anarchistes ; convaincus d'un déterminisme historique absolu, ils reconnaissaient bien au contraire une origine divine à toute autorité durable[5].

Il n'y a pas remise en cause de la dynastie d'Hérode dans les textes de Qumrân, malgré l'hellénisation et les compromissions de ces convertis récents. Issus de clans nomades récemment intégrés par les Asmonéens, les Iduméens avaient été circoncis par la volonté du conquérant et n'étaient pas juifs d'origine. Hérode bâtissait des villes grecques, s'entourait d'un harem, gouvernait dans la violence et les complots, comme un roi client de Rome, au mépris de l'indépendance nationale, mais seuls les évangiles en ont fait l'archétype du mauvais roi[6]. Josèphe le ménage et souligne les liens que des esséniens entretenaient avec lui. D'ailleurs, selon l'archéologie, il semblerait que le site de Qumrân ait été réaménagé et agrandi après 31, c'est-à-dire sous le règne d'Hérode. Peut-être aurait-on profité de travaux de bonification dans le désert de Judée ; peut-être aussi considérait-on qu'Hérode avait rétabli les cadres suffisants à la liberté religieuse en restaurant le Temple et en séparant le politique du religieux, la royauté du grand-pontificat. Mais il n'est pas sûr que des textes

---

1. Diodore, XIX, 94, 6, et 97, 4.
2. *AJ*, XVIII, 1, 23 (6).
3. *Probus*, 89-90.
4. *GJ*, II, 152.
5. *GJ*, II, 140.
6. Voir aussi, dans la littérature apocryphe, les *Psaumes de Salomon*.

soient contemporains de son règne puisqu'ils ne contiennent aucune allusion historique postérieure à la conquête romaine de 63.

L'adversaire romain est, en effet, très présent dans les manuscrits. Sous le nom de *Kittim*, il est vilipendé comme un peuple courageux mais dominateur, intrigant et rusé, dévastateur : le *Commentaire d'Habacuc* le présente, à la lumière des événements de 63, comme l'instrument de la colère de Dieu contre l'usurpateur asmonéen. La conquête romaine marque incontestablement le développement du messianisme dont témoignent aussi les manuscrits de Qumrân. Ils sont les premiers à présenter sous le nom de « Messie » des personnalités eschatologiques en qui se réalisera le rassemblement du peuple et la fin de l'histoire, avant que Messie et faux messies se multiplient au Ier siècle de notre ère. Entre-temps, la littérature piétiste, dans les milieux qui se réclament d'Hénoch, a relayé le thème.

Ainsi les gens de Qumrân aspiraient à la restauration d'une autorité nationale traditionnelle, d'abord incarnée par deux personnages « oints » : un Messie prêtre, qui a toujours la préséance, et un Messie roi, de descendance davidique[1]. Ce dédoublement – qui traduisait la séparation des pouvoirs religieux et politique – est certainement lié encore au refus opposé par la communauté à la dynastie asmonéenne, car celle-ci finit par cumuler au Ier siècle, sous Aristoboule et Alexandre Jannée, charismes sacerdotaux, diadème et titre royal. Les monnaies d'Alexandre Jannée, marquées de l'étoile messianique, portaient la devise royale transcrite en hébreu. Le bicéphalisme, au contraire, était conforme à la nouvelle alliance, telle qu'elle avait été définie au retour de l'Exil.

Les manuscrits de Qumrân montrent donc comment l'idée messianique a mûri, bien que les repères événementiels nous échappent largement. En prise sur l'histoire, la communauté de Qumrân participait de la réflexion collective qui animait alors le judaïsme, et était loin d'être indifférente au destin des Juifs – comme Pline le donne à penser des esséniens. Elle ne mérite le nom de secte, au sens moderne du terme, que dans la mesure où elle présentait une organisation particulière au sein de la religion

---

1. *Règle annexe*, II, 11-14 ; *Écrit de Damas*, XIII, 24.

juive. Ces sensibilités religieuses particulières s'identifiaient sans peine dans la société juive du temps. En désignant certains prophètes ou acteurs de la guerre juive comme « récabite », « essénien » ou « zélote » à la façon d'un surnom ou d'une appartenance, Josèphe suggère qu'on les distinguait car ils n'étaient pas conformes aux modèles social et religieux courants.

En définitive, pour connaître les « sectes » juives et celle de Qumrân, l'approche anthropologique apparaît plus fructueuse que l'archéologie (du moins dans l'état actuel des choses) et surtout que le raisonnement habituel par analogie, qui consiste à inventorier les ressemblances et les différences entre les esséniens, les chrétiens ou les baptistes, au risque de pratiquer l'amalgame et de déformer la réalité. Au risque, aussi, de gommer l'originalité du mouvement et son importance dans l'évolution du judaïsme. Les manuscrits de Qumrân révèlent un type d'homme religieux, de croyant, de Juif. Ils contribuent à établir pour cette période un comportement pluriel, parmi les Juifs traditionnels d'alors, de même qu'ils confirment le caractère pluriel de la Bible.

CHAPITRE 5

« De la Galilée il ne surgit pas de prophète[1] »
Le milieu de Jésus

C'est dans le milieu galiléen que toutes les traditions évangéliques ancrent le christianisme. Lors du procès, Jésus et ses disciples furent perçus par l'opinion publique de Jérusalem comme le groupe des Galiléens. Les pharisiens et Pilate interrogèrent Jésus sur ses origines galiléennes (Jn 7, 52 ; Lc 23, 6). Pierre fut dénoncé comme Galiléen et partisan de Jésus en raison de son parler (Mt 26, 73 ; M 14, 70 ; Lc 22, 59). Même après la mort de Jésus, les disciples rassemblés lors de l'Ascension s'identifiaient comme Galiléens (Ac 1, 11) et l'on parlait de Jésus le Galiléen (Mt 26, 69), comme on évoquait encore Judas le Galiléen, qui avait dirigé un mouvement religieux indépendantiste, une génération plus tôt.

Le « district des Goyim » : un entre-deux-mondes

Le christianisme s'enracine dans une région très particulière du monde juif, une région où se mêlaient depuis des siècles Juifs et non-Juifs (*Goyim*).

Dès le VIIIe siècle, le nord du royaume d'Israël est désigné comme « le district des non-Juifs » (*gelil ha-Goyim* : Is 8, 23) ; cette expression fut fréquemment utilisée par la suite et donna le toponyme grec de Galilée. La Galilée est un pays à la popula-

---

1. Jn 7, 52.

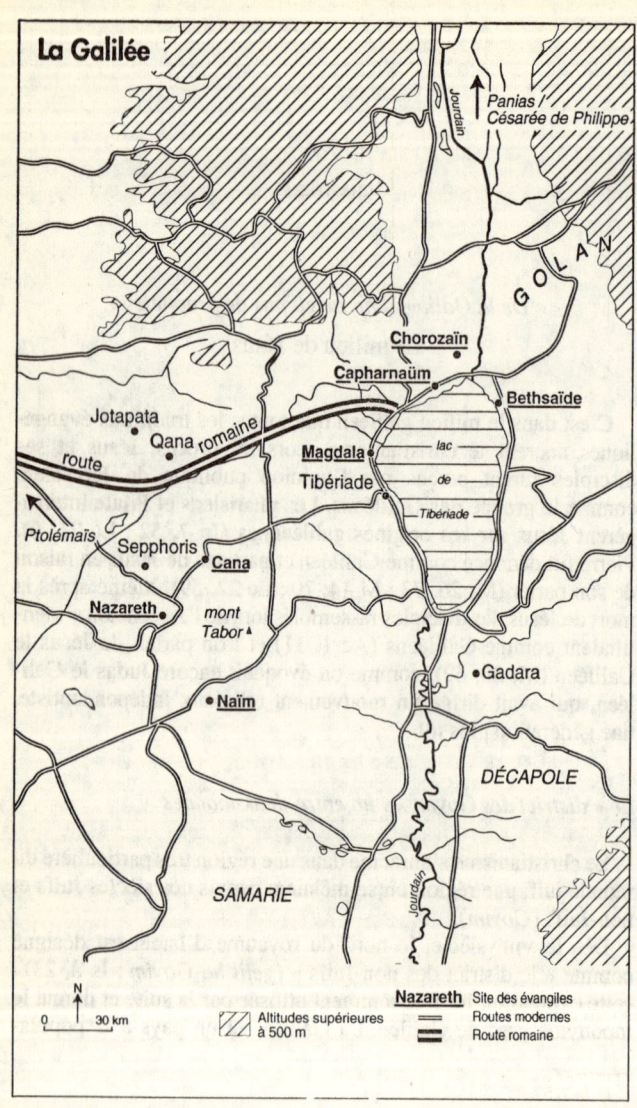

tion mélangée, le pays des « allophyles » en grec (1 M 5, 15), où la conscience identitaire apparaissait beaucoup moins forte qu'en Judée. Cela explique sa mauvaise réputation parmi les rabbins. Johanan ben Zakkai s'écriait peu après 70 : « Galilée, tu hais la Loi ! » C'est en effet dans cette région de la Palestine que la tradition rabbinique localisait les « gens de la terre », c'est-à-dire les Juifs ignorants.

Région frontière correspondant au nord de l'ancien royaume d'Israël, la Galilée était une terre de passage : les caravanes, les émigrants y circulaient en même temps que les idées. C'était une contrée instable ; les armées s'y étaient affrontées depuis l'époque des pharaons jusqu'à celle des Maccabées et des Séleucides, puis à l'heure des légions romaines. Le pays était ouvert à la fois sur la Mésopotamie et sur la Phénicie, puisque le « chemin de la mer » (Is 8, 23), l'itinéraire immémorial qui reliait Damas à la Méditerranée, traversait la Galilée. D'ailleurs, la Galilée s'était trouvée plusieurs fois dans la mouvance des cités phéniciennes de la côte : sous le règne de Salomon, les vingt cités du district avaient été données au roi de Tyr (1 R 9, 11) ; à l'époque perse, le district fut peut-être administré depuis Akko (Acre), une cité phénicienne qui devint une importante base militaire et navale, et qui fournit un débouché portuaire pour l'agriculture galiléenne.

À partir du IIIe siècle, la Galilée connut donc les marchands phéniciens, puis les marchands grecs ; des trafiquants de blé parcouraient le pays pour approvisionner Tyr. Akko, rebaptisé Ptolémaïs, servait de base aux Ptolémées, puis aux Séleucides et devint enfin un enjeu entre les souverains séleucides et les Asmonéens qui intensifièrent la colonisation juive dans l'ouest du pays. Même les géographes romains contemporains évoquent la diversité ethnique de la région : Strabon qui suivait la tradition alexandrine et assimilait les Juifs aux Égyptiens, mentionne aussi la présence d'Arabes, venus d'au-delà du lac, et de Phéniciens de la côte[1]. La Galilée représentait aux yeux des Juifs un pays de colonisation récente, puisqu'elle n'avait été rattachée au royaume asmonéen qu'en 104 ; la famille de Paul, par exemple, était supposée avoir participé à la colonisation. Le *melting-pot* s'était intensifié au Ier siècle, avec la fondation, par la dynastie iduméenne des Hérodes,

---

1. Strabon, XVI, 2, 34 (760).

d'une ville grecque au nom dynastique, Tibériade, qui remplaça Sepphoris comme capitale régionale. Comme toute cité hellénistique, elle abritait une armée et une administration[1]. Tibériade était donc un pôle du judaïsme hellénisé, comme Jérusalem était le pôle du judaïsme sacerdotal et légaliste.

Au Ier siècle, les auteurs juifs distinguaient la Haute-Galilée montagneuse, région de confins, plus tard région de repli, la Basse-Galilée aux gros bourgs agricoles, et la dépression du lac, la « meilleure région », intensément urbanisée. Dans les esprits du temps, ce morcellement géographique se juxtaposait à celui de la diversité ethnique et culturelle.

De Jérusalem, la Galilée pouvait apparaître comme une marche, une zone tampon. À l'est, le lac constituait une frontière naturelle avec la Décapole, d'où l'importance de Capharnaüm. La Décapole – comme son nom l'indique – rassemblait dix villes en une unité administrative dirigée par un préfet ; fondations hellénistiques récentes, ou anciennes étapes caravanières comme Damas, toutes étaient des villes d'échange où les synagogues juives côtoyaient des cultes sémitiques plus ou moins hellénisés. La culture grecque y était florissante et ses produits les plus brillants, à Gadara ou à Damas, affirmaient leur parfait cosmopolitisme. Au nord-ouest, où la Galilée était limitrophe de la Phénicie, la frontière était marquée par le mont Carmel, peuplé de Tyriens, haut lieu des confrontations prophétiques à l'époque des rois d'Israël (1 R 18, 19-46) ; il y avait eu une importante immigration syrienne en Galilée et au voisinage de la Galilée, en particulier à Césarée maritime, autre ville neuve qui était devenue la résidence du gouverneur romain[2]. Au sud, enfin, la Galilée était séparée de Jérusalem et du Temple par la Samarie dont les habitants passaient, eux aussi, pour être une population « allogène », c'est-à-dire mixte.

Selon l'historien juif Flavius Josèphe, qui a bien décrit la situation stratégique de la Galilée[3], limitrophe des Phéniciens de Tyr à l'ouest et au nord, des Samaritains au sud, des Gadaréniens et des gens du Golan à l'est, ce brassage ethnique et culturel engendrait

---

1. *AJ*, XVIII, 2, 3 (36) ; *GJ*, II, 168.
2. Tacite, *Histoires*, II, 78 ; *AJ*, XV, 9, 6 (331-337) ; *GJ*, I, 21, 408-415, et III, 409-413 (sur la population).
3. *GJ*, III, 35-41.

des tensions. Lui-même y voyait une des causes principales de la guerre juive de 66 à 70[1] : émeutes et rixes se multipliaient dans ces villes hellénisées où les Juifs se sentaient minoritaires, comme à Césarée de Philippe, siège d'un important festival sportif grec[2], ou encore à Césarée maritime, où les conflits exacerbés entre Juifs et Syriens nécessitèrent l'intervention militaire du gouverneur romain de la Syrie[3]. Tout cela alimentait en Galilée un certain particularisme et un militarisme occasionnel. Terre de contacts, la Galilée était aussi, à l'époque de Jésus, une terre de contrastes et d'antagonismes. Dans la prédication apostolique qui s'adressa, au-delà des Juifs, à la terre entière, l'insistance sur l'enracinement galiléen permit d'affirmer d'emblée la perspective universaliste d'une religion dont le fondateur n'était presque jamais sorti de Palestine. On comprend mieux aussi la vocation des apôtres.

Nazarénien ou Nazoréen ?

Si les racines galiléennes du christianisme ont toujours été affirmées avec force, les origines familiales et locales de Jésus ont laissé un souvenir moins précis. On observe une lacune dans la tradition à travers les différentes reconstitutions effectuées dans les évangiles pour rassembler en Jésus une référence galiléenne et un héritage davidique qu'il fallait chercher en Judée. Dans l'Évangile de Matthieu (2, 22), Jésus est issu d'une famille de Judée, qui émigre en Galilée comme réfugiée ; cette reconstitution paraît anachronique, car elle utilise le stéréotype de la Galilée terre d'accueil, ce qu'elle ne devint qu'en 70 de notre ère pour les Juifs chassés de Jérusalem. Dans l'Évangile de Luc (2, 4-5), au contraire, la famille de Jésus a déjà fait souche en Galilée, et ce sont les hasards de la vie, sous la forme d'un recensement exigeant le déplacement des personnes, qui le font naître en Judée, à Bethléem, comme l'annonçaient les prophéties pour le Messie.

---

1. *Vie*, 52 et 74.
2. *GJ*, III, 443 et VII, 23-25.
3. *GJ*, II, 266-270, et 284-292 (en 61).

Le problème se complique encore quand il s'agit d'établir la famille de Jésus à Nazareth. Le site qui a été localisé sous ce nom, en Basse-Galilée, est celui d'un ancien petit village agricole qui pouvait avoir un millier d'habitants et dépendait de Japhia, une place militaire contrôlant la route de Sepphoris à Jérusalem. Nazareth n'était donc, à l'époque de Jésus, ni un gîte d'étape, ni une ville marché, ni un petit centre administratif.

Le nom de Nazareth est attesté comme toponyme dans les évangiles, parfois hellénisé en Nazara (Lc 2, 4, et 4, 16 ; Mc 1, 9 ; Jn 1, 46), mais il n'apparaît pas dans les sources officielles ou historiques avant le IIIe siècle et l'on ne sait donc pas comment ses ressortissants étaient désignés auparavant.

Qu'entendaient les évangiles par Jésus le Nazarénien ou le Nazoréen ? Une indication d'origine ou tout autre chose ? Les traditions divergent. L'Évangile de Marc, le plus cohérent, fait de Jésus un « Nazarénien », un homme de Nazareth, en dérivant classiquement un adjectif d'origine, *Nazarenos*, du nom de la ville, *Nazara* (Mc 1, 24 ; 10, 47 ; 14, 67 ; 10, 6). Au contraire, les Évangiles de Jean et de Matthieu n'utilisent jamais « Nazarénien » (*nazarenos*) mais « Nazoréen » (*nazoraios*) ; ce qualificatif est phonétiquement trop éloigné en grec de Nazara pour être une indication d'origine, à moins d'envisager la transcription d'une forme intermédiaire en araméen. Cependant, le mot peut être rattaché à d'autres radicaux hébreux : soit à celui de « rejeton » (*neser*), dans la perspective d'un messianisme davidique ; soit, beaucoup plus clairement, à celui d'« observant » (*nazor*), qui renvoie à un ritualisme rigoureux. Que certains de ses contemporains aient identifié Jésus par une particularité religieuse ne serait pas sans précédent. Ainsi, Josèphe désigne certaines personnalités religieuses et militaires de son temps par leur appartenance au mouvement essénien[1] ; une inscription funéraire fait connaître un Jonathan le Nazirite (de *nazir*, « consacré »)[2], qui s'était voué au Seigneur, gardait les cheveux longs, s'abstenait de vin et s'interdisait tout contact avec la mort (Nb 16, 1-21). Or

---

1. *AJ*, XIII, 11, 2 (311-313) ; XV, 10, 5 (373) ; XVII, 13, 3 (346) ; *GJ*, I, 78-80, et II, 110.

2. Inscription publiée par N. Avigad, *Jerusalem Revealed*, Israel Exploration Society, 1975, 66-67.

Jésus pouvait apparaître comme un Juif de stricte observance : il portait les traditionnelles franges de laine aux quatre pans de son manteau (Mt 9, 20 ; 14, 36 ; Mc 6, 56 ; Lc 8, 44), qui devaient lui rappeler d'observer les commandements du Seigneur (Nb 15, 38-40 ; Dt 22, 12). L'Évangile de Luc mêle les deux références, géographique et religieuse, et glisse de l'une à l'autre, même quand il s'éloigne de celui de Marc. L'Évangile de Matthieu reprend ces deux traditions et les recompose de façon artificielle, par un jeu de mot prophétique (Mt 2, 23) : la famille de Jésus s'est établie dans une ville nommée Nazareth, ce qui fera de lui un « nazoréen », c'est-à-dire un Juif pieux de stricte observance.

Rapidement la figure de l'observant, de l'homme religieux, éclipsa celle de l'homme de Nazareth : c'est la seule que retiennent les Actes des Apôtres. Au milieu du Ier siècle, les sectateurs de Paul et de Jacques sont encore désignés comme « nazoréens » en Palestine, alors que le terme de « chrétien » est déjà utilisé à Antioche et à Rome[1] : l'acte d'accusation des Juifs contre Paul le dénonce comme le « président de la secte des nazoréens » (Ac 24, 5) et, en 66, les fidèles de Jérusalem qui émigrent en Transjordanie après la mort de Jacques sont toujours qualifiés de « nazoréens » ; on les présente comme des charismatiques inspirés.

Cette incertitude traduit une des faiblesses de la tradition orale ; on la constatera aussi à propos de l'état civil des apôtres et donc de leur personnalité. Au fur et à mesure que leur figure s'élabore de plus en plus loin du milieu d'origine et dans une autre sphère linguistique, leurs surnoms perdent leur signification précise et leur raison d'être ; les rédacteurs et les commentateurs ont donc tenu à les justifier et à les enrichir en mêlant références géographiques et images symboliques.

Nul n'est prophète en sa patrie, parmi ses parents, ni en sa demeure (Mc 6, 4)

Jésus n'est, cependant, jamais présenté comme un déraciné : il a une patrie, une demeure et une parentèle (*syngeneia*), ce qui récuse l'image, toujours suspecte aux yeux des Grecs, de l'apatride sans foyer ni relations. Dans sa patrie, il est identifié par son

---

1. Voir ci-dessous chapitre 11.

métier – charpentier –, sa mère – Marie –, ses frères – Jacques, Joseph, Simon et Judas – ainsi que par ses sœurs ; l'Évangile de Luc est le seul à parler clairement de la filiation paternelle par Joseph, et à situer cette identification à Nazareth (Lc 4, 16 et 22 ; voir Mt 1, 1-16), en relation directe avec la conception et l'enfance de Jésus. C'est cette tradition qui pose le problème tant débattu de la famille de Jésus et, implicitement, de la virginité perpétuelle de sa mère.

Ces problèmes théologiques n'intéressèrent pas les chrétiens jusqu'au IIIe siècle, bien que la naissance virginale du Messie soit une idée beaucoup plus ancienne et remonte à la Bible grecque (LXX, Is 7, 14). La réflexion chrétienne sur la situation familiale de Jésus se développera parallèlement à l'exaltation de la chasteté et de la vie consacrée, d'Origène à Jérôme. C'est Jérôme qui a établi ce qui resta la doctrine officielle jusqu'à une date récente : les évangiles et Paul (Ga 1, 18-19 ; 1 Co 9, 5) appellent « frères du Seigneur » ceux qui étaient en réalité ses cousins selon l'usage extensif du lien de fraternité dans le monde sémitique[1]. Comme les Juifs de la Diaspora savaient distinguer à la mode grecque « frère » et « cousin » (Col 4, 10), théologiens et historiens reprennent aujourd'hui l'interprétation d'Origène, à savoir que Jésus avait en fait des demi-frères, nés d'un premier mariage de Joseph ; mais la filiation paternelle n'apparaît qu'exceptionnellement dans les évangiles (Jn 1, 45 ; Lc 4, 16 et 22) ; de plus, les frères du Seigneur sont toujours réunis autour de sa mère.

L'historien se doit de poser les bonnes questions pour retrouver l'intention de ceux qui ont rédigé les évangiles. À une date encore plus ancienne, Paul confirme que les premiers chrétiens mêlaient parenté biologique, d'une part, parenté spirituelle et mystique de l'autre ; à propos du mariage des apôtres (1 Co 9, 5), il applique le terme de « frère/sœur » aussi bien à des membres de la famille du Seigneur qu'à une chrétienne de la communauté qu'on peut prendre pour épouse. Dans le même esprit, les évangiles synoptiques ont évoqué la famille de Jésus non pour mieux situer son incarnation dans une localité et un milieu de Galilée, mais pour que Jésus reconnaisse ces liens naturels tout en les dépassant ; ils

---

1. Voir, en particulier, les systèmes de parenté à Iamneia, ville de la côte palestinienne, d'après *Inscriptions de Délos*, n° 2308.

veulent exalter les relations filiales et fraternelles qui devaient s'établir entre chrétiens en Dieu. C'est la tradition orale qui rattachait Marie fille de Clopas (Jn 19, 25) à la famille de Joseph[1] ; c'est elle aussi qui faisait revendiquer à un martyr chrétien d'Asie Mineure au IIIe siècle sa parenté avec Jésus et ses origines nazaréniennes : « Je suis de la cité de Nazareth en Galilée, je suis de la famille de Christ, vénéré depuis le temps de mes ancêtres[2]. »

Dans le cas particulier de Jacques, la qualité de « frère du Christ » indique sa position privilégiée dans la première communauté chrétienne ; Paul l'admit et en fit l'égal de Pierre (Ga 1, 18 ; 1 Co 15, 7). Cette position légitima son autorité à Jérusalem, aux yeux des chrétiens comme, semble-t-il, aux yeux des Juifs[3] ; à la mort de Jacques, son autorité passa à un « cousin du Seigneur » et demeura dans la famille, selon une coutume antique bien établie qui assurait la transmission familiale des sacerdoces.

La famille de Jésus a donc certainement fourni un groupe de convertis. Ce groupe, localisé à Jérusalem et non en Galilée, est resté identifiable sur plusieurs générations. Paul (Ga 1, 18) considère Jacques, qu'il nomme en premier, Pierre et Jean comme les « colonnes » : ils étaient les chefs des trois noyaux, des trois tendances originelles du christianisme. En deux formules parallèles (1 Co 15, 7), il associe Jacques aux « apôtres » et Céphas/Pierre aux « Douze[4] » ; chacun a été privilégié par l'une des apparitions du ressuscité qui ont valeur d'investiture. À y regarder de près, Paul n'identifie pas le frère du Seigneur à Jacques fils d'Alphée, l'un des Douze, comme le fera la tradition ultérieure ; il distingue les « frères du Seigneur » à la fois des « apôtres » et du groupe de Céphas (1 Co 9, 5). L'Évangile de Jean les met à part parmi les « disciples », et les Actes (1, 14) les séparent des Douze lors de la Pentecôte. Dans la tradition de Luc (10, 1, 17 et 23), les disciples constituent également un groupe particulier, les Soixante-Douze, investis plus tardivement. « Ceux de Jésus » sont donc répartis en plusieurs cercles, plus ou moins proches du

---
1. Hégésippe dans *HE*, 3, 11, et 32, 1-6.
2. *Actes de Conon*, 4, 6 dans H. Musurillo, *The Acts of the Christian Martyrs*, 186-193.
3. *AJ*, XX, 9, 1 (200).
4. Il est habituel dans l'Antiquité de désigner une institution collégiale ou un groupe associatif par le nombre de membres qui les compose.

maître : celui des Douze, que la tradition a privilégié et qu'elle présente comme le groupe d'élection, et celui des Soixante-Douze ; mais il y avait aussi un noyau baptiste, sur lequel on reviendra, ainsi qu'un substrat familial, qu'il ne faut pas négliger.

Dans l'Évangile de Jean, la famille de Jésus est ancrée à Cana plutôt qu'à Nazareth ; elle se serait déplacée à Capharnaüm, mais seulement pour une brève période (Jn 2, 12), puisque Jésus revient à Cana en rentrant de Judée (Jn 4, 46).

Les évangiles, tout en mettant en évidence l'existence de la famille et en reconnaissant son rôle, ont clairement voulu établir une distance entre Jésus et ses parents proches dès son enfance (Lc 2, 49), afin d'ouvrir la religion nouvelle à l'horizon du monde, sans en enfermer la transmission à l'intérieur d'un groupe familial qui aurait eu ainsi l'exclusivité de l'interprétation – comme cela se passait habituellement en milieu grec.

La maison de Capharnaüm

Que la ville de Capharnaüm ait été choisie ou non comme repli par Jésus après qu'il eut essuyé un échec dans sa patrie, elle apparaît comme la véritable base de son action en Galilée. C'était « sa ville d'origine » (Mt 9 1) ; il était venu s'y établir (Mt 4, 13) ; il y disposait d'une maison, « la » maison (Mt 13, 1 ; Mc 2, 1 ; 9, 33), et elle semble bien distincte de celle de Simon-Pierre (Mc 1, 29 ; Mt 8, 14 ; Lc 4, 38). L'Évangile de Luc (4, 23 et 31) suggère même que Jésus ait pu avoir deux patries, un lieu de naissance et un lieu d'élection, ce qui est un thème classique chez les Grecs.

Le choix de Capharnaüm est significatif. Située au bord du lac, la ville était un poste frontière avec un péage (Mt 9, 9, et 17, 24 ; Mc 2, 14 ; Lc 5, 27). C'était un port fréquenté, bref un lieu de passage. Le lac ouvrait un chemin de liberté : il offrait la possibilité d'échapper aux poursuites policières en passant de la Galilée d'Hérode à la tétrarchie de Philippe dans la Décapole ; il permettait aussi de fuir un enthousiasme populaire trop pressant en se réfugiant dans la « montagne » ; dans la Décapole, on trouvait déjà une tradition baptiste. Les va-et-vient d'une rive du lac à l'autre sont bien évidemment un procédé littéraire familier à la littérature antique ; le passage d'un fleuve ou de la mer marque une étape dans un récit, une rupture, un progrès, une conversion dans un itinéraire personnel ; il est toujours enrichi de signes symboliques et prémonitoires, tels que celui de la tempête apaisée (Mt 8, 24-27). Mais au-delà de ces exigences rhétoriques classiques, on constate que, dans la tradition des synoptiques, la prédication de Jésus, en Galilée même, est restée périphérique.

Les villes des miracles : Capharnaüm, Bethsaïde, Chorozaïn (Mt 11, 21, 23 ; Lc 10, 13, 15)

Les circuits de Jésus en Galilée étonnent. Jésus a fui les capitales – Sepphoris, la capitale ancienne, et Tibériade, la ville neuve, centre administratif et ville thermale d'où Hérode Antipas gouvernait la Galilée : en dehors de la Galilée et au prix d'un itinéraire détourné, il est passé par Tyr, Sidon et Césarée de Philippe (Mt 15, 29, et 16, 13 ; Mc 8, 27 et 7, 31) ; les rédacteurs des évangiles ont donc délibérément choisi de n'établir aucun contact entre Jésus et Hérode Antipas, le dynaste de Tibériade. Cela apparaît clairement à nouveau lors du procès (Lc 23, 8) : Hérode a entendu parler de Jésus, mais ne l'a jamais rencontré. Sur ce point, toutes les traditions concordent : Jésus a seulement traversé les domaines d'Hérode à Gennézareth (Mt 14, 34 ; Mc 6, 53) ; il a été en contact avec des fonctionnaires d'Hérode à Capharnaüm, soit sympathisants (Lc 8, 3 ; Jn 4, 46 ; 6, 23), soit hostiles (Mc 3, 6), suivant les traditions. Cette volonté de rester éloigné du pouvoir local rapproche incontestablement la prédication de Jésus de celle de Jean le Baptiste, victime d'Hérode.

Plus étonnant encore : à l'exception de Cana et de Naïm, Jésus ne fréquenta pas ces gros bourgs agricoles prospères et populeux qui faisaient la richesse de la Galilée (Lc 7, 11) ; Josèphe nous dépeint une Galilée de paysans[1], alors que Jésus est installé parmi les pêcheurs au bord du lac. Les évangiles ont perçu l'anomalie, puisqu'ils donnent deux images très différentes de la prédication de Jésus en Galilée ; un circuit de synagogue en synagogue dans les « cités » (il devrait s'agir de Tibériade et d'autres centres hellénisés) et dans les bourgs (Mt 9, 35) ; de grands rassemble-

---

1. *GJ*, III, 42-43 ; *Vie*, 58 et 71.

ments organisés au bord du lac depuis la Galilée, la Décapole, la Judée et la Transjordanie[1], qui ne s'expliquent que par la rapide circulation des nouvelles le long des routes et à travers le lac. L'examen des hauts lieux de la prédication et, surtout, de la thaumaturgie confirme plutôt la seconde version : Cana et Naïm, en Basse-Galilée, sont des étapes sur la route de Jérusalem.

L'Évangile de Jean (2, 1, et 4, 46) est le seul à mentionner la présence de Jésus à Cana, où il le localise avec les siens à deux reprises. Mais le bourg présente les mêmes caractères que les localités relevées par les synoptiques : c'était une étape stratégique sur une route fréquentée et il y avait déjà une implantation baptiste ; Nathanaël que Jésus avait rencontré auprès de Jean le Baptiste était de Cana (Jn 21, 2). Quant à Bethsaïde de Galilée, la patrie de Philippe (Jn 12, 21), elle était comme Capharnaüm un poste frontière de l'autre côté du lac. Capharnaüm et Chorozaïn, plus au nord, se trouvaient sur la route de Tyr. Au bord du lac, Jésus visita encore le petit port de Dalmanoutha (Mc 8, 10) et se fit des relations à Magdala, une des principales « cités » selon Josèphe, c'est-à-dire un centre administratif, doté d'une synagogue et assez hellénisé.

Jésus a recruté ses disciples parmi les membres de sa famille et les baptistes qui entouraient Jean, mais aussi parmi les pêcheurs et les receveurs des douanes.

Le groupe des Galiléens

Ceux qui suivaient Jésus se reconnaissaient au premier signe, à leur façon de parler (Mt 26, 73), non par leur vocabulaire ou leur syntaxe, mais par leur prononciation (*lalia*), leur accent. La façon de parler des Galiléens fut en effet l'un des stéréotypes dépréciatifs accumulés contre eux par les rabbins de Judée[2].

Par où passait le clivage linguistique ? Il n'est pas simple de le préciser. Josèphe affirme que l'hébreu restait une langue couramment parlée à Jérusalem. Il rapporte aussi que les Romains l'envoyèrent sous les murs de Jérusalem pour exhorter ses

---

1. Mt 4, 25 ; Lc 6, 17 ; Mt 14, 34 ; Mc 6, 53.
2. Mishnah, *Megilla*, 24b.

compatriotes assiégés dans leur langue maternelle[1], mais la scène sent la reconstitution historique tant elle démarque l'épisode biblique du siège de Jérusalem par les Assyriens (2 R 18, 19). Nous savons maintenant que des inscriptions funéraires étaient rédigées en hébreu et que l'hébreu était utilisé pour des marques de fabrique et des pancartes, bref qu'il était un dialecte normalement parlé en Judée à cette époque.

La situation linguistique était en fait plus complexe en raison du renversement d'équilibre entre les deux autres langues usuelles, l'araméen et le grec. L'araméen, qui avait été la langue de tous depuis la conquête perse, perdit en effet du terrain pendant le Ier siècle au profit du grec, même dans les campagnes : la nécropole de Beth Shearim, en Galilée, l'atteste abondamment, encore qu'on y ait surtout retrouvé des tombes de familles de la Diaspora. Un chef de synagogue, tel que Jaïre à Capharnaüm, pouvait s'exprimer en grec – un cas similaire est attesté à Jérusalem. Un secrétaire d'Agrippa, historien à ses moments perdus et originaire de Tibériade fait preuve d'une maîtrise du grec plus grande, semble-t-il, que celle de son adversaire Josèphe, né et éduqué à Jérusalem[2].

Il s'agissait, dira-t-on, d'une hellénisation de l'élite. Mais la liste des Douze, le seul document à caractère quelque peu sociologique que nous possédions[3], atteste un mélange culturel et linguistique dans ce milieu galiléen. Il est donc probable que le dialecte galiléen était de l'araméen contaminé par le grec.

Les Douze. Enquête sociologique

Comme bien souvent dans l'Antiquité, l'historien qui n'a pour tout matériau que des listes d'individus pour cerner un milieu doit analyser les noms et les changements de noms. On constate ainsi que les Douze ont une triple référence culturelle : hébraïque, araméenne et grecque.

---

1. *GJ*, V, 361.
2. *Vie*, 40 et 356.
3. Mt 10, 14 ; Mc 3, 13-19 ; Lc 6, 12-16.

Un premier groupe porte des noms et des patronymes sémitiques classiques : ce sont les fils de Zébédée, Jacques et Jean, Jacques fils d'Alphée, les deux Judas, Judas Iskariotes et Judas fils de Jacques (seulement nommé en Lc 6, 16), Matthieu enfin. Bar Tholomaios (« Fils de Tholmas ») a la forme d'un patronyme araméen ; la plupart des commentateurs le rapportent à Nathanaël, un disciple que seul Jean mentionne (1, 45-50) et qui a été recruté en même temps que Philippe ; or Bar Tholomaios est associé au même Philippe dans la liste des synoptiques, qui donne le nom des disciples par paires, comme les listes de rabbins.

À l'opposé, Philippe et André portent de beaux noms grecs qui renvoient, le premier, à la dynastie locale, et le second, à l'idée de bravoure[1]. L'utilisation de noms grecs en Galilée et en Judée, parfois en alternance avec des noms hébraïques, est attestée dans les inscriptions funéraires. L'Évangile de Jean confirme que ces noms grecs impliquent une certaine pratique de la langue, puisque ces deux apôtres servent d'intermédiaires entre Jésus et des Juifs hellénisés de Jérusalem (Jn 12, 20-22). André, comme Pierre et Paul, est présenté dans les actes apocryphes comme un évangélisateur de la Grèce.

Restent les cas plus complexes, mais aussi les plus significatifs, des apôtres qui ont un double nom ou un surnom. La liste des Douze n'est pas identique dans les trois évangiles synoptiques : Thaddée (Mt 10, 4 ; Mc 3, 18) alterne ainsi avec Judas fils de Jacques (Lc 6, 16). La liste ne concorde pas toujours non plus avec des renseignements épars dans les évangiles ; enfin, on trouve des surnoms usuels et d'autres décernés par Jésus.

Thomas porte un nom araméen qui signifie « Jumeau » ; la traduction grecque – Didyme, qui est un anthroponyme extrêmement courant – apparaît chez Jean (21, 2) ; il s'agissait peut-être d'un surnom, le nom de naissance de Thomas étant Judas[2]. Thomas/Didyme présente la figure classique d'un individu qui se fait appeler par son surnom de Jumeau, alternativement sous la forme araméenne et grecque, suivant le milieu où il se trouve.

---

1. Philippe est originaire de Bethsaïde (Jn 12, 21), comme peut-être André et Simon (Jn 1, 44) ; ce doit être la localité hellénisée sous le patronage de Julia, fille d'Auguste, par le tétrarque Philippe (*AJ*, XVII, 2, 1 (28) ; *GJ*, II, 9, 1).
2. *HE*, I, 13,11.

C'était peut-être le cas, aussi, de Judas fils de Jacques, puisqu'on a pu établir que Thaddaios était le diminutif transcrit phonétiquement de Théodotos : ce Galiléen n'a pas traduit son nom de naissance et a préféré manifester son attachement à Dieu en prenant un nom très courant dans la Diaspora. L'hellénisation accélérée de la figure de Simon, le chef des Douze dans les traditions du Nouveau Testament, est aussi visible à travers les changements de son nom : Simon, à sa naissance, n'avait pas reçu un nom vraiment grec, comme son frère André, mais un nom qui avait un sens en grec (le « Camus ») comme en hébreu ; Jésus lui imposa le surnom araméen de Céaphas (« Roc ») – qui est également attesté pour le grand prêtre du moment, Joseph dit Céaphas ou Caiaphas (Caïphe)[1] ; ce recours à l'araméen indique alors la langue parlée dans le groupe. C'est sous ce nom que Paul le mentionne, mais dès l'époque de la rédaction des évangiles, Simon n'est plus connu que par la traduction grecque de son surnom, Pétros (Pierre).

Ceux des Douze qui sont dotés dans les évangiles d'un nom ou d'un surnom grec – Philippe, André, Simon, Thomas – sont les apôtres missionnaires par excellence dont les traditions localisent l'activité dans le monde grec ou, pour Thomas, au cœur de l'Asie[2]. L'historien peut donc se demander si ces noms grecs ne leur ont pas été donnés ultérieurement mais très rapidement dans les milieux qu'ils évangélisaient, sans qu'ils ne les aient jamais portés en Galilée. Cependant le fait que Paul, notre source la plus ancienne, utilise indifféremment les noms de Céphas et de Pierre (Ga 1, 18 ; 2, 7-9), selon qu'il désire ou non confiner le chef des Douze dans une sphère de prédication sémitique, suggérerait que cet usage remontait à la génération des apôtres.

Les surnoms donnés par Jésus ont tous une valeur emblématique, qui s'inscrit dans la tradition du prophétisme récent, et que les évangiles glosent abondamment. Pierre est le « Roc » sur lequel se construit l'Église. Les fils de Zébédée sont les « Fils du Tonnerre » (traduction libre par Mc 3, 17, du terme inconnu *Boanerges*) ; Luc les présente comme des charismatiques qui veulent appeler un feu céleste, purificateur, sur des Samaritains inhospitaliers (Lc 9, 54). Leur surnom évoque, donc, à travers

---

1. *AJ*, XVIII, 2, 2 (35).
2. D'après le témoignage des Actes apocryphes, voir ci-dessous, chapitre 9.

leur charisme, le thème du nouvel Élie en rappelant un épisode où le prophète, provoqué par des messagers du roi de Samarie, les avait anéantis à deux reprises par le feu (2 R 1, 9-12).

La renomination de Simon en Céphas/le Roc fait l'objet d'une véritable scène d'investiture dans l'Évangile de Matthieu, bien que ce surnom fût assez banal[1]. Matthieu s'appuie sur ce nouveau nom pour établir la primauté de Pierre, considéré comme la roche de fondation de l'Église universelle. Cette interprétation, que l'on ne retrouve pas dans les autres évangiles, semble correspondre à la théologie unitaire de l'Église d'Antioche où fut composé l'Évangile de Matthieu.

D'autres surnoms ont tout simplement un caractère personnel ou social et servent à distinguer les Simon et les Judas : mal transcrits et pas toujours compris par les rédacteurs des évangiles, ils sont au cœur d'un débat historique.

Simon le « zélote » et Judas « iskariotes », des activistes ?

Simon « le zélote » ou « le Cananéen » et Judas « iskarioth » constituent un couple et figurent en dernier sur la liste des Douze, ce qui a laissé croire, aux premiers temps de l'Église, à leur marginalité, qu'illustreraient leurs surnoms.

Sur celui de Judas, la tradition chrétienne a fait peser tout le poids de sa trahison, qu'elle a tenté d'expliquer. Dès l'Antiquité, on a suggéré qu'*iskariotes* était un surnom d'origine (*ish Keriyyot* : l'« homme de Qerioth »), Qerioth étant un toponyme localisé au sud de la Judée (Jos 15, 25) : Judas aurait donc été le seul apôtre non galiléen du groupe. Dans les premiers temps du christianisme, on s'est livré à des étymologies fantaisistes et symboliques en interprétant ce surnom comme un surnom prophétique qui évoquait la mort par strangulation (Judas s'est en effet pendu). Les modernes ont renchéri en dérivant *iskariotes* de l'araméen *ishqar*, l'« hypocrite », ou du latin *sicarius*, le « porteur de poignard », nom qu'on donnait à de jeunes terroristes juifs vers 60 et qui est donc anachronique à l'époque de Jésus.

---

1. Mt 16, 15-19, scène à comparer avec Jn 1, 40-42.

La clé du problème se trouve peut-être dans les listes de Marc (3, 19) et de Matthieu (10, 4), qui permettraient de reconstituer tout un travail de traduction. Dans le contexte, *iskariotes* n'apparaît pas comme un surnom, mais comme un adjectif développé par une relative qui a la fonction d'une traduction : « *iskarioth* (c'est-à-dire) celui qui a livré Jésus ». La forme grecque *iskarioth* présente des analogies avec un composé verbe-pronom, hébreu ou araméen, du type « il l'a trompé ». Il a donc pu s'agir à l'origine d'une phrase explicative comme une notice, une de ces clausules qui accompagnaient souvent les listes de noms hébraïques ; celle-ci fut ensuite perçue comme un surnom transcrit phonétiquement par Luc, mais dans l'Évangile de Jean, ce sens n'apparaît plus et le qualificatif d'*iskarioth* se rapporte au père de Judas comme une indication d'origine (Jn 13, 2 et 26).

La même réputation d'activiste, marginal dans le groupe, a pesé sur le second Simon parce que l'Évangile de Luc traduit par *zélote* en grec le surnom de « Cananéen » transmis dans Matthieu (10, 4) et Marc (3, 18). La qualification ethnique de « Cananéen », c'est-à-dire de « Palestinien » ou de « Phénicien », apparaît en effet obsolète, si bien qu'on a souvent pris *cananaios* comme une transcription de l'hébreu *qana*, l'« intégriste », *zélote* en grec. Mais la figure du zélote révolté contre l'ordre romain est aussi anachronique que celle du sicaire pour l'époque de Jésus ; « zélote » n'est jamais employé dans les textes de l'époque de façon absolue : on est « zélote » de la Loi, « zélote » de Dieu, « zélote » des traditions ancestrales, etc., c'est-à-dire « plein de zèle ». L'élaboration de ce modèle est d'ailleurs propre à Paul et à Luc.

Pour ouvrir une autre perspective, on peut recourir à une méthode historique courante, qui consiste à élucider une expression difficile en cherchant des emplois parallèles : on retrouve l'adjectif « cananéenne » dans l'Évangile de Matthieu (15, 22), à propos d'une femme de Tyr, c'est-à-dire une Phénicienne ; Marc (7, 26), s'adaptant à l'usage romain, parle de « Syro-Phénicienne » ; elle porte d'ailleurs un nom grec, Hellénis, ce qui est surprenant. Le vieux terme « Cananéen » n'avait donc pas perdu toute valeur ethnique à l'époque des évangiles.

Il ne faudrait cependant pas faire de Simon une recrue phénicienne, car le sens de « Cananéen » s'est élargi à l'époque perse et a pris une valeur professionnelle. Le qualificatif est appliqué aux marchands itinérants de toute origine et de toute spécialité : ceux qui achètent les vêtements tissés par les femmes à la campagne, qui font le commerce de brebis ou de poissons et même qui font métier de changeur ; la Bible grecque le traduit par *emporos*, c'est-à-dire marchand itinérant, « Cananéen » n'ajoutant, semble-t-il, aucune nuance. Que le second Simon ait pu être un voyageur de commerce s'accorderait avec le cadre de la prédication de Jésus, les villes de passage.

Une réputation imméritée de violence a donc pesé sur Simon – Luc ne comprenant plus le sens local de « Cananéen » –, sur Judas et même sur Simon-Pierre à cause du surnom emblématique d'une secte – Bar Jona (« Fils de Jonas ») – que lui donne Matthieu (16, 17) au lieu de son patronyme Jean (Jn 1, 42). La valeur des surnoms est mal assurée et, surtout, l'anachronisme est flagrant. Le deuxième Simon et Judas paraissent plutôt être l'un comme l'autre des gens d'affaires. Judas gérait la caisse commune (Jn 12, 6 ; Ac 1, 17), une responsabilité très importante dans les associations antiques : qualifié de « voleur », comme les percepteurs, il était peut-être issu du même milieu que Matthieu.

Pêcheurs et péagers

D'autres parmi les Douze connaissaient les mécanismes des sociétés financières. Jean et Jacques, patrons pêcheurs, travaillaient avec leur père Zébédée (Mt 4, 21) ; ils avaient des salariés (Mc 1, 20). D'après Luc (5, 10), la famille de Zébédée aurait été associée à celle de Simon. Les relations de travail peuvent donc expliquer la constitution du groupe des Douze, de même que des engagements antérieurs au mouvement baptiste. Simon lui-même possédait un bateau en bien propre et un autre en participation (Lc 5, 3) ; il était copropriétaire avec André d'une maison à Capharnaüm (Mc 1, 29), alors qu'une autre tradition les dit originaires de Bethsaïde (Jn 1, 44).

Les pêcheurs formaient donc un groupe bien structuré et relativement aisé. Les fouilles de Capharnaüm l'ont confirmé : la maison du Ier siècle, que la tradition chrétienne a identifiée comme celle de Pierre depuis le Ve siècle, est une demeure confortable, grande pour l'époque. On y célébrait richement les fêtes familiales, mariages et obsèques[1]. La société galiléenne produisait aussi des bienfaiteurs locaux, les chefs de synagogue[2] ; ils entretenaient la maison de prières, comme celles que l'on a retrouvées à Magdala, au bord du lac, et à Gamala, dans le Golan : elles révèlent des communautés prospères qui pouvaient s'autofinancer.

Quant au milieu des percepteurs, auquel appartenait Matthieu (Mt 10, 3), il était tout à la fois aisé et cultivé. Ces percepteurs se recrutaient parmi des notables[3], qui disposaient des liquidités nécessaires pour avancer à l'État le montant des taxes à recouvrer et qui pratiquaient l'écriture et la comptabilité. En Galilée et en Judée, l'essentiel de leur activité consistait à percevoir des droits de douanes, des taxes portuaires et des taxes de marché. C'étaient surtout des péagers que Jésus rencontra en des lieux de passage : Zachée à Jéricho (Lc 19, 1-8), au franchissement du Jourdain, et Matthieu à Capharnaüm, où l'on acquittait les droits avant la traversée du lac. Il y avait beaucoup de péagers à Capharnaüm, ce qui laisse subsister un léger doute sur l'identification de Matthieu (nom donné sur toutes les listes des Douze) avec Lévi fils d'Alphée : les Évangiles de Marc (2, 14) et de Luc (5, 27-29) racontent en effet l'appel de Lévi dans les mêmes circonstances et dans les mêmes termes que celui de Matthieu (9, 9) ; il s'agit donc certainement d'un nouvel exemple de double nom.

Le terme « publicain[4] », employé dans la version latine des évangiles, a projeté sur cet homme l'image d'un collaborateur proromain, alors que celle-ci n'apparaît jamais dans la littérature juive de l'époque. L'affermage des impôts est une pratique aussi vieille que le monde grec, et les Juifs la connaissaient depuis des siècles ; de plus, une partie des taxes allait dans les caisses des dynastes locaux au point que les Juifs sollicitèrent l'intervention de Rome à plusieurs reprises, entre 4 et 37, pour alléger la pression fiscale des Hérodiens[5]. Certes, les Juifs pieux classaient la perception de l'impôt parmi les métiers infamants, mais pour des

---

1. Jn 2, 1-11 ; Mt 8, 21-22 ; 9, 15 et 23-31 ; Mc 2, 19 ; 5, 38 ; Lc 5, 34 ; 8, 49-56, et 12, 36.
2. Lc 8, 49 ; Mc 5, 22 et 36 ; Mt 9, 18.
3. *AJ*, XII, 4, 1 (155), et 4 (175).
4. Les publicains (*démosionai* en grec) étaient des spéculateurs qui prenaient à ferme les impôts levés par Rome.
5. *AJ*, XVI, 5, 4 (154), et XVII, 8, 4 (205).

raisons religieuses et non politiques. De ce point de vue, les remarques des évangiles sur l'antagonisme des percepteurs avec les pharisiens s'accordent parfaitement avec la tradition rabbinique. Associés aux voleurs dans l'opinion juive et aux pécheurs dans la tradition évangélique, les percepteurs sont exclus *ipso facto* de la communauté (Mt 18, 17). L'injustice colle à leur argent, qui ne peut être accepté pour les aumônes (Lc 18, 11) : on mesure ici le renversement de la perspective chrétienne, puisque Zachée consacre justement la moitié de ses biens aux pauvres (Lc 19, 8). Les baptistes avaient déjà choisi d'accueillir libéralement les percepteurs (Lc 3, 12-13).

C'est la tradition lucanienne qui s'intéresse le plus aux percepteurs avec la figure de Zachée en Judée (Lc 19, 1-12), parallèle à celle de Matthieu en Galilée. Après avoir raconté la parabole du pharisien et du percepteur (Lc 18, 9-14), Luc décrit l'hospitalité remarquable de Zachée et de Lévi/Matthieu, qui donnent tous deux une grande réception pour Jésus : cela les situe dans la classe riche. L'auteur semble faire preuve d'une sensibilité particulière aux éléments modernes et dynamiques de l'Orient romain, que l'on retrouve aussi dans les Actes des Apôtres et chez Paul.

La tradition johannique ne mentionne pas ce milieu des manieurs d'argent mais elle est la seule à évoquer – à travers l'épisode des noces de Cana (Jn 2, 1-10) et le recrutement de Nathanaël (Jn 1, 45-51 et 21, 2) – la société des paysans riches de Basse-Galilée, qui représentaient, eux aussi, dans la Palestine de l'époque, une partie de la classe moyenne. Josèphe, qui a résidé à Cana lorsqu'il était commandant en Galilée[1], insiste sur la richesse des champs et des pâturages, sur l'exploitation intensive de la région et sur la densité du peuplement, même si les chiffres qu'il avance sont très exagérés[2].

Le particularisme galiléen

La Galilée n'est pas terre de prophètes (Jn 7, 52). En prêtant ce propos aux pharisiens, l'Évangile de Jean suggère que la Galilée

---

1. *Vie*, 86.
2. *GJ*, III, 42-43. *Vie*, 230, 235.

était isolée sur le plan culturel et religieux. De cette thèse, l'historiographie moderne a longtemps tiré l'idée, développée avec plus ou moins de nuances, que le christianisme s'était greffé sur un judaïsme déviant, en profitant d'une religiosité peu légaliste et très spontanée, avide de miracles et de manifestations charismatiques. Ainsi le « laxisme » de Jésus (Mc 2, 23-28) serait caractéristique de son milieu ; il résulterait de l'éloignement du Temple et d'une moindre pression des autorités sacerdotales et religieuses.

De fait, les évangiles font poser à Jésus la question du Temple (Mc 13, 1-2). Jésus relativise les sacrifices (Mt 9, 13, et 12, 7), mais aussi la Loi en opposant sa parole (« Je vous dis ») à la tradition (Mt 16, 11 et 19, 9). Sur des points précis de droit et d'usages, il est amené à discuter des règles de séparation et de pureté rituelle (Mt 9, 11, et Mc 7, 2-4), de la répudiation (Mt 19, 8) et surtout du sabbat (Mc 2, 24 ; Mt 12, 2 ; Lc 6, 1, 6-11). Dès la période galiléenne, les évangiles mettent ainsi souvent en scène les pharisiens comme adversaires privilégiés de Jésus. Ceux-ci viennent de Jérusalem, parfois accompagnés de docteurs de la Loi (Mt 15, 1 ; Mc 7, 1 ; Lc 5, 17), ce qui introduit à nouveau l'idée d'un clivage géographique, social et religieux entre deux mondes juifs. Pourtant, paradoxalement, ces pharisiens réputés légalistes ne sont pas si différents des Galiléens charismatiques : eux aussi demandent que le ciel leur envoie des signes (Mt 9, 34, et 16, 1 ; Mc 8, 11). Ces discordances font entrevoir la complexité des traditions, relues incontestablement par les rédacteurs des évangiles à la lumière des événements de 70, de la chute du Temple et de la sauvegarde du judaïsme par les pharisiens.

Il y avait, d'ailleurs, des confréries pharisiennes en Galilée. Josèphe a souligné le rôle politique d'un de leurs membres, Saddok, dans le mouvement indépendantiste du début du siècle[1] : il ne faut donc pas pousser trop loin l'opposition entre pharisianisme judéen et charismatisme galiléen, d'autant plus que les Juifs du Sud, réfugiés en Galilée lors de la guerre juive, s'y acclimatèrent facilement. Et pour cette période, Josèphe, qui y a commandé, présente une Galilée peuplée pour l'essentiel de Juifs fidèles à la Loi, sans y signaler de déviances religieuses.

---

1. *AJ*, XVIII, 1, 1 (4, 9, 10).

On ne saurait non plus conclure à une forme particulière de judaïsme assimilé, sur la base des remises en cause prêtées à Jésus. Celles-ci sont si récurrentes dans le Nouveau Testament qu'elles traduisent de toute évidence des problèmes d'intégration posés aux chrétiens dans le monde gréco-romain : on sait que l'observance des règles alimentaires et du sabbat freinait la participation des dévots aux affaires publiques, ce qui était encore plus mal vu dans les cités grecques qu'à Rome. Quant au problème de la répudiation (Mt 19, 3-12 et Mc 10, 2-12), les évangiles le placent sur un plan éthique et religieux, mais laissent percevoir son aspect juridique en se référant à la loi mosaïque : les conditions de répudiation étaient en effet bien plus drastiques en droit juif, où une simple déclaration du mari suffisait, qu'en droit grec où la femme recevait des garanties ; ces problèmes de droit étaient soulevés dans la Diaspora à l'occasion de mariages mixtes.

À ces réinterprétations des évangiles, qui correspondent davantage au milieu des rédacteurs, s'ajoutent des anachronismes évidents. Si les interrogations sur le rôle du Temple se justifient largement par sa destruction en 70, les anathèmes rabbiniques contre la Galilée caractérisent surtout le IIIe siècle de notre ère et semblent avoir visé des sectes gnostiques judéo-chrétiennes. Toutefois, indépendamment des particularismes religieux, toutes les sources signalent des tendances indépendantistes, qui firent de la Galilée au temps de Jésus un foyer d'agitation perpétuelle.

Es-tu galiléen ?

« Es-tu galiléen ? » (Jn 7, 52 ; Lc 23, 6) L'Évangile de Jean impute cette question aux pharisiens, celui de Luc la prête à Pilate – mais dans un sens politique qui apparaît clairement lorsque les grands prêtres accusent Jésus d'avoir prêché des idées subversives en Galilée. Dans l'esprit des auditeurs, comme pour ceux des Actes (5, 37), surgit immédiatement l'image de Judas le Galiléen qui s'était rebellé une génération auparavant, et celle d'autres révoltés[1]. Plus discrètement, l'Évangile de Luc (13, 1-2) suggère

---

1. *AJ*, XVIII, 1, 1 (1-10) ; *GJ*, II, 56, 118, 433 et VII, 253.

qu'il y eut des appels à la solidarité galiléenne après l'exécution de certains compatriotes à Jérusalem par les Romains, mais que Jésus évita alors de prendre parti en traitant le problème plus général des morts par accident.

Le particularisme galiléen profitait du régime d'autonomie dont bénéficiait le pays : placée sous l'autorité du tétrarque Hérode, la Galilée ne connut pas d'administration romaine jusqu'en 44. C'est pourquoi la tradition lucanienne, qui connaît bien cette exception, fait intervenir Hérode Antipas dans le procès de Jésus (Lc 23, 6-12) : après avoir constaté les origines galiléennes de Jésus, Pilate le renvoie au tétrarque qui a normalement cet accusé sous sa juridiction, et qui, intéressé mais méfiant, esquive le problème. Cet ajout ne change rien au déroulement du procès, mais se justifie seulement par la situation de la Galilée.

L'esprit partisan des Galiléens s'expliquait aussi dans leur passé de colons en situation précaire. La dernière invasion parthe en Syrie ne datait que de 40 avant notre ère ; en outre, la Haute-Galilée, beaucoup moins colonisée et très mal connue, était peut-être restée un réduit de brigandage. Les Galiléens étaient formés au combat dès l'enfance et leur réputation de bravoure n'était plus à faire[1]. On comprend mieux, dans ce contexte, que les apôtres aient dégainé si facilement. L'Évangile de Luc – qui connaît bien le milieu galiléen – est le seul à mentionner une scène, antérieure à l'arrestation de Jésus, au cours de laquelle les apôtres pensent déjà qu'ils vont se battre et présentent deux sabres (Lc 22, 38). En revanche, tous les évangiles rapportent l'épisode de l'oreille tranchée – au cours de l'arrestation de Jésus, un milicien du Temple fut blessé. Seul l'Évangile de Marc (14, 47) n'insiste pas et impute le geste à un assistant anonyme pour soustraire le groupe de Jésus au soupçon de rébellion ; étant donné le tempérament et l'éducation galiléens, il est cependant difficile de supposer une bagarre au sein de la milice du Temple ! Les Évangiles de Matthieu (26, 51-52) et de Luc (22, 49-50) parlent explicitement d'un membre du groupe de Jésus, et celui de Jean (18, 10) donne les noms de l'agressé – Malchos, au nom araméen – et de l'agresseur – Simon-Pierre, lui-même. C'était une mutilation lourde de

---

1. *GJ*, III, 41-42.

conséquences et très symbolique puisqu'elle interdisait à la victime, qui était défigurée, d'assumer une charge sacerdotale[1].

Il faut donc admettre que les disciples de Jésus étaient armés, du moins certains d'entre eux, comme l'étaient couramment les Galiléens. Mais diviser le groupe en violents et non-violents est une autre affaire. Les surnoms d'« iskariotes » et de zélote ne suffisent pas, on l'a vu, pour affirmer qu'il y ait eu des rebelles violents parmi eux. Ni pour rattacher Jésus le Galiléen à Judas le Galiléen, dont le mouvement de résistance avait marqué la génération précédente, et dont la famille mena des actions de rébellion pendant près d'un siècle, jusqu'en 74, en développant l'esprit zélote et en créant le mouvement sicaire.

Ce mouvement était issu de pratiques familiales de brigandage dans la région frontière. En l'an 4 avant notre ère, l'année de la mort d'Hérode le Grand, Judas s'empara de l'arsenal de Sepphoris pour armer ses partisans ; dix ans plus tard, l'année du recensement, il entra ouvertement en révolte, fit la grève de l'impôt et du recensement[2], et finit par aspirer à une royauté galiléenne. En dépit de la répression et des exécutions, la famille poursuivit ce projet jusqu'à le réaliser en 66 avec la tyrannie de Ménahem, en qui Josèphe voit le principal responsable de la guerre avec Rome. Il s'agissait donc d'un projet politique, sur un modèle de tyrannie nationaliste fréquent dans le monde hellénistique, sans qu'on puisse parler de messianisme.

Cependant, le mouvement avait un fondement religieux, et Judas s'appuyait sur le pharisien Saddok. Josèphe le dépeint comme un intellectuel pieux, un docteur de la Loi qui prend les armes. Il le considère même comme le fondateur d'une quatrième secte du judaïsme (qu'il n'identifie pas avec les zélotes du temps de la guerre juive), et il la caractérise par son intransigeance, son indifférence aux souffrances et aux représailles, sa passion pour la liberté[3]. Les troupes de Judas ne reconnaissent que Dieu pour maître.

---

1. Philon, *Sp. leg.*, I, 80 et 103 rappelle le principe (Lv 21, 18). *GJ*, I, 270 cite un épisode analogue.
2. *GJ*, VII, 8, 1 (253).
3. *AJ*, XVIII, 25.

Si Josèphe a tant parlé de Judas le Galiléen et de sa famille, c'est qu'ils avaient laissé un souvenir vivace dans la mémoire collective, souvenir qui a joué son rôle, aussi, dans l'élaboration des évangiles, en fournissant un contre-modèle[1]. Le refus de l'impôt et du recensement a marqué les évangélistes. C'est pourquoi la tradition lucanienne fait naître Jésus l'année d'un recensement, auquel se soumettaient ses parents ; pour un Juif intransigeant, au contraire, tout recensement de la Création était impie car il restait le privilège du Créateur (2 S 24, 1-10), et, pour un nationaliste, le recensement annonçait une pression fiscale ou militaire exercée par l'occupant.

La question de l'impôt est posée clairement dans les évangiles synoptiques, encore qu'avec des variations intéressantes. L'impôt remis en cause est présenté soit comme une capitation personnelle (Mc 12, 14 ; Mt 22, 19 : *kensos / census*), liée par définition au recensement, soit comme un tribut (Lc 20, 22 : *phoros*`, signe récognitif de la domination romaine sur des étrangers (voir aussi, allusivement, Mt 17, 25). Dans la tradition de Marc et de Matthieu, la question est posée par les autorités religieuses et civiles locales, pharisiens et Hérodiens, et ne dépasse pas ce niveau local : la question fiscale était donc perçue comme un critère d'intégration sociale. La version lucanienne met d'emblée en cause l'autorité et les pouvoirs d'exécution du gouverneur romain ; la grève de l'impôt est définie comme un délit public, conformément au droit romain, ce qui récuse ainsi, par avance, l'accusation que l'on fait formuler aux Juifs devant Pilate et qui sous-entend le crime de subversion : « Il empêche de payer l'impôt et se dit roi » (Lc 23, 2). Le lien établi entre les deux chefs d'accusation renvoie directement au modèle de Judas le Galiléen. L'insistance mise à réfuter ce modèle s'explique par les événements de 66 : on faisait du refus de l'impôt l'unique cause de la guerre[2].

Le contre-modèle du roi tyran – porté au pouvoir par la foule – apparaît assez clairement dans l'Évangile de Jean (6, 15), alors que Jésus, il est vrai, se trouve dans les montagnes de Haute-Galilée et fuit Hérode, après l'exécution de Jean le Baptiste (Mt 14, 13-23). Il est suggéré symboliquement ailleurs comme

---

1. *GJ*, VII, 8, 1 (253) ; Ac, 5, 37.
2. *GJ*, V, 9, 4 (409).

une tentation (Mt 4, 8-9 ; Lc 4, 5-8). Sinon la royauté de Jésus n'est évoquée qu'au moment de son procès (Mc 14, 61-64 ; Lc 23, 2-3).

La prédication de Jésus s'insérant dans une période très troublée en Galilée, marquée de révoltes locales jusqu'à la guerre avec Rome, il n'est pas surprenant que le particularisme politique galiléen ait fourni un fil conducteur à la rédaction des évangiles. Néanmoins, les rédacteurs combattent toute assimilation aux activistes galiléens, qu'ils voient d'un point de vue romain, plus qu'ils ne dépeignent les comportements et l'idéologie du groupe de Jésus.

En empruntant la route de la mer : entre Damas et Tyr

Les synoptiques ont repris l'ancrage galiléen de Jésus, en exploitant la situation géographique du pays dans une théologie universaliste. Cet ancrage est particulièrement net dans l'Évangile de Matthieu (28, 16-20) qui se clôt par l'envoi en mission depuis la Galilée. Ce n'était pas une nécessité : l'Évangile de Jean (12, 20) réalise la même progression en localisant les contacts entre Jésus et des pèlerins hellénisés à Jérusalem ; d'après son nom, le pharisien Nicodème est hellénisé (Jn 3, 1 et 9), et peut-être aussi l'aveugle Bar Timo(th)éos (Mc 10, 46). La tradition lucanienne (4, 25-27) cède à la symbolique en soulignant que Jésus peut mettre facilement ses pas dans ceux d'Élie, en Phénicie, et dans ceux d'Élisée vers Damas, dans ce qui est devenu au Ier siècle la Décapole. Jésus n'est donc pas le premier prophète à prêcher et à guérir hors d'Israël.

Les évangiles ont largement exploité la situation géographique de la Galilée. L'influence de Tyr était perceptible en Haute-Galilée où circulaient ses monnaies ; des échanges commerciaux existaient entre les bourgs agricoles galiléens et les Juifs de Tyr, si bien que des Tyriens s'engagèrent dans la guerre juive[1]. Le voyage de Jésus dans les villes phéniciennes (Mt 15, 21 ; Mc 7, 24-30) est néanmoins présenté comme un « repli », un exil de tout le groupe, après un dur affrontement avec les envoyés de Jérusalem. À Tyr, Jésus est mis en contact avec l'hellénisme : la

---

1. Josèphe, *Vie*, 372. *GJ*, II, 588 et 591-592.

femme qui le sollicite est alors soit une Syro-Phénicienne hellénisée, au nom emblématique d'Hellénis, soit une marchande grecque, suivant le sens que l'on donne à « cananéenne[1] ».

En revenant vers le lac, Jésus traverse et visite la Décapole, plus ou moins longuement suivant les évangiles. Ce voyage est présenté comme la suite de son exil en Phénicie (Mc 7, 31) : Jésus y est en effet arrivé très au nord, dans la région de Césarée de Philippe (Mt 16, 13), qui se trouve à la latitude de Tyr ; en Décapole, il exige le plus grand secret sur ses charismes (Mc 7, 31). Il y repasse plusieurs fois, faisant des navettes incessantes entre Capharnaüm et Bethsaïde, les deux postes frontières de part et d'autre du lac. Des événements fondateurs de la mission sont donc localisés de l'autre côté du lac.

Le pluralisme culturel et ethnique de la Décapole était bien plus grand que celui de la Galilée, surtout dans des villes récentes, de fondation hellénistique, qui avaient un cadre de vie grec, des institutions civiques grecques et des cultes grecs : Césarée de Philippe, par exemple, était vouée au dieu Pan. Cela explique qu'un des miracles de Jésus en Décapole ait gardé, dans la tradition, un caractère folklorique (Mt 8, 28-34 ; Mc 5, 1-19 ; Lc 8, 26-39). Il s'agit d'un exorcisme, courant dans la magie orientale, qui consiste à faire passer le mal du malade dans des porcs considérés comme victimes de substitution, lesquels vont se jeter dans le lac où ils périssent : il y a là un trait local puisque à Gadara les eaux d'un lac étaient réputées mortelles pour le bétail[2] ; il convient donc de localiser l'épisode à Gadara, suivant l'indication de Matthieu, c'est-à-dire dans une région limitrophe[3], et non pas à Gérasa, en Décapole du Sud, comme le font les autres évangiles.

Ni l'Évangile de Matthieu ni celui de Marc n'accordent d'importance aux Samaritains, dont il fallait pourtant traverser le pays pour gagner Jérusalem. Ils reflètent en cela les préjugés religieux des Juifs orthodoxes : depuis l'implantation de Perses au VIe siècle, les Samaritains constituaient une population métissée ; au IVe siècle, ils avaient construit un temple concurrent sur le mont Garizim. Comme il y en avait eu d'autres dans la Diaspora,

---

1. Voir ci-dessus p. 169-170.
2. *Strabon*, XVI, 2, 45 (764).
3. *GJ*, III, 37.

leur exclusion était surtout liée à leur origine. L'ancien droit rabbinique les assimilait aux étrangers : tout ce qui passait par leur intermédiaire était donc impur, en particulier la nourriture et la boisson servies au voyageur. Tel était du moins le point de vue des puristes au début du Ier siècle. L'Évangile de Luc se fait l'écho de ce racisme quand il parle d'« allogène » (17, 18).

Le même évangile reflète fidèlement l'insécurité que les Samaritains ont créée sur la route de Jérusalem, et leur inhospitalité (Lc 9, 51-56) : les risques d'agression sont imminents. Plusieurs affrontements sanglants avaient déjà eu lieu entre Samaritains et Judéens dans la première moitié du siècle, soit à Jérusalem, soit lors du passage de pèlerins galiléens dès la frontière[1]. Après la mort d'Hérode, le pays était devenu de plus en plus xénophobe. L'Évangile de Luc en fait le constat, mais veut renverser cette image à travers la parabole du Bon Samaritain (Lc 10, 30-37).

L'Évangile de Jean va encore plus loin tout en restant sur le plan de la narration historique (Jn 4, 6-42). Jésus est obligé de traverser la Samarie en retournant de Jérusalem en Galilée ; il est d'abord victime de l'inhospitalité des gens du pays, puis rencontre une Samaritaine au puits de Sichem. Le dialogue qui s'engage entre eux permet au narrateur de rejeter tous les tabous : celui de la nourriture impure (Jn 4, 9), celui du particularisme religieux (4, 20-24), celui de la magie, puisque la clairvoyance de Jésus (4, 17-19 et 39) s'inscrit dans un contexte local de sorcellerie et de superstition (Ac 8, 9-11). Dans la conversation, le problème du Temple est très nettement posé pour être immédiatement dépassé, car l'évangile a pris forme après la destruction du Temple de Jérusalem.

Les divergences de point de vue sur les Samaritains entre les traditions évangéliques s'expliquent par les conditions particulières de la Diaspora. Il y eut une émigration samaritaine dans le monde grec, qui demeura assez individualisée : les Samaritains d'un port se regroupaient quand ils étaient suffisamment nombreux, en s'identifiant par leur fidélité au sanctuaire du mont Garizim. Mais ils revendiquaient aussi leur qualité d'Israélites puisqu'ils observaient la Loi – ce que personne, dans les cités grecques, ne songeait à leur reprocher – et s'installaient au voisi-

---

1. *AJ*, XX, 6, 1 (118) ; *GJ*, II, 12, 3 (232).

nage de la synagogue[1]. Les Samaritains ne souffraient pas dans la Diaspora de l'image violente et dérisoire qu'ils avaient en Palestine. C'est ce point de vue extérieur que reflètent certaines traditions évangéliques, en l'interprétant théologiquement dans le sens d'une conversion totale, quand le Samaritain est devenu hospitalier et croyant.

Les racines galiléennes du premier christianisme sont donc une réalité historique. Les Douze étaient tous des Galiléens, car aucun de leur surnom ne peut renvoyer à une appartenance extérieure ou partisane : c'était un groupe de compatriotes et de voisins. Quant à Jésus lui-même, on ne saurait déterminer si sa famille était de souche galiléenne ou si elle s'était implantée récemment, si elle était établie à Nazareth, à Capharnaüm ou même à Cana.

Ce milieu galiléen peut être défini comme une classe moyenne, ouverte, déjà teintée d'hellénisme pour ceux du groupe qui portaient des noms grecs. Cette constatation relativise l'action de Paul et permet de comprendre la trajectoire de Pierre, telle que la reconstitue le Nouveau Testament, de la Palestine à Rome en passant, comme Paul, par le monde grec. Cela ne veut pas dire que Jésus parlait lui-même le grec, puisque André et Philippe, les apôtres au nom grec, apparaissent comme des intermédiaires obligés (Jn 12, 20).

L'ancrage galiléen de Jésus est assez évident historiquement pour que l'on puisse admettre la projection du contre-modèle révolutionnaire de Judas le Galiléen sur la constitution des traditions évangéliques. Même si l'on ne peut identifier aucun des disciples par les mouvements partisans ultérieurs, la prédication de Jésus s'insère dans une actualité locale violente. La Galilée, que les prophètes avaient désignée comme un lieu de rencontres et d'échanges, était devenue au Ier siècle une terre de tensions et de contestations.

---

1. Inscription de Délos, *Bull. corr. hell.*, 106, 1982, 465-504.

CHAPITRE 6

« *J'ai cru et c'est pourquoi j'ai parlé* »
Du Christ à Jésus : l'histoire en rétrospective

L'approche rétrospective qu'imposent les évangiles est tout à fait exceptionnelle et reste de portée limitée. En général, l'historien étudie une personnalité par ce qu'elle a représenté successivement à partir de son vécu. Or on ne connaît pas directement le vécu de Jésus. Les évangiles ne le racontent pas, mais révèlent le Christ, chacun à sa façon, en projetant sur sa vie leur acte de foi en la résurrection. Doit-on alors réduire tout événement évangélique au statut de signe ou de symbole, la croyance créant le récit ?

Ce constat de l'exégèse et de l'histoire modernes a eu au moins un mérite, celui de dénoncer le caractère artificiel de toute « vie de Jésus », reconstituée de sa naissance à sa mort et à son ascension, en mettant bout à bout des éléments épars dans les différents évangiles où ils étaient insérés et interprétés dans une logique propre.

Les biographes antiques, Juifs ou Grecs, ne se souciaient pas de suivre le fil continu d'une vie pour en déterminer la trajectoire, en s'attachant à l'homme privé autant qu'au personnage public. Ils ne racontaient pas une vie dans l'idée de créer une relation sentimentale entre leur héros et leurs lecteurs mais ils lui donnaient une valeur emblématique qui illustrait un caractère, un mode de vie, une idéologie. Dans l'Antiquité, la biographie se voulait démonstrative et non documentaire ; elle était donc sélective. Quand elle relatait un récit d'enfance, il s'agissait toujours d'une enfance miraculeuse, présageant l'importance exceptionnelle du personnage. Ainsi sont les vies d'hommes illustres et de philosophes, ainsi sont les évangiles : indéniablement, ils présentent Jésus comme une figure, celle du Christ.

L'historien de l'Antiquité, devant les évangiles, affronte des difficultés qui lui sont familières et d'autres spécifiques. En raison du décalage chronologique entre les rédacteurs et leur sujet, il lui faut rechercher sources et traditions. Le statut du fait évangélique – entre foi et histoire – doit être pris en compte, ainsi que les motivations du rédacteur, beaucoup plus présent dans son œuvre qu'un biographe moderne. Le mode d'écriture des évangiles, les stéréotypes qu'ils utilisent mais aussi la façon dont ils s'en démarquent fournissent des informations sur ceux qui les ont composés et sur ceux qui les recevaient. On dispose ainsi d'une position de repli historiquement satisfaisante : dans tous les cas, les évangiles permettent d'appréhender l'histoire des premières communautés chrétiennes. Mais ne peut-on connaître Jésus que par le regard des autres, comme un fait de société ?

Une autre démarche consiste à replacer les évangiles dans leur contexte pour en vérifier les données en termes d'analogie, de probabilité et de vraisemblance. Grâce au développement de l'archéologie biblique depuis un siècle, on a ainsi reconstitué ce qu'on appelle l'environnement de Jésus. Mais si l'on a pu montrer que le Jésus des évangiles a, dans une certaine mesure, sa place dans l'histoire de son temps, on brosse un cadre plutôt qu'on explique directement sa personnalité et son action.

Dans le cas de Jésus, et là réside la véritable difficulté, l'historien ne peut procéder à la confrontation de documents qui constitue sa manière d'enquêter. Certes il existe des sources extérieures aux évangiles, mais elles sont toutes postérieures aux premiers écrits chrétiens : l'historien romain Tacite[1], qui ne parle que de Christ ; l'historien juif Josèphe[2], pour qui l'évangile se résume à la crucifixion et à la résurrection ; le Talmud qui présente l'exécution de Jésus comme celle d'un magicien[3] ; la lettre privée d'un stoïcien syrien qui le compare à Socrate et à Pythagore[4]. Tous réagissent

---

1. *Annales*, XV, 44, 3.
2. *AJ*, XVIII, 3, 3 (63-64).
3. *Talmud Babylone, Sanhédrin*, 43 a.
4. *Spicilegium syriacum*, 43-48.

aux données évangéliques et leurs points de vue convergent pour mettre en lumière la figure historique de Jésus : il fut perçu, dans les milieux les plus divers, comme un sage et un thaumaturge, le fondateur d'une secte gréco-romaine, qui a été crucifié sous l'administration de Pilate.

En définitive, Jésus n'a marqué l'histoire de son temps que par sa mort, bien connue et bien datée : pour Josèphe comme pour Tacite, c'est-à-dire du point de vue de Rome, ce fut un événement notable qui eut lieu pendant la préfecture de Pilate, en Judée, et dont l'apparition des chrétiens à Rome, au milieu du Ier siècle, souligna l'importance. Pour l'un comme pour l'autre, alors même qu'ils n'étaient pas chrétiens, le nom et la figure de Christ éclipsent ceux de Jésus, quand ils écrivent entre 80 et 100 : leur information dépasse la simple consultation d'archives judiciaires ; ils ont eu une connaissance indirecte de Jésus à travers le christianisme.

Pour le reste et puisqu'il faut tout tirer des évangiles, on doit en analyser les données dans tous les contextes possibles – celui de la littérature grecque et de la Bible, celui de l'histoire juive et romaine, celui du droit – et procéder par érosion régressive pour retrouver tantôt les réalités de la primitive Église, tantôt, parfois, celles-là mêmes de Jésus.

Les récits évangéliques et l'histoire

Les rédacteurs des évangiles, comme tous les écrivains bibliques, fondaient leur théologie sur l'histoire. L'Évangile de Luc, dans son prologue (1, 3), se réclame aussi des méthodes de l'historiographie grecque telle qu'on la définissait depuis Thucydide et Polybe : elles consistaient à mettre en évidence une suite « ordonnée » et « précise » de documents primaires, en faisant la part belle aux témoins directs et oculaires ainsi qu'à la tradition orale.

Cette démarche suppose la mise en place de cadres spatio-temporels. Les Évangiles de Luc et de Matthieu se soucient, de ce fait, de marquer le temps. Comme toujours dans l'Antiquité, ils datent l'événement par un éponyme, c'est-à-dire par le nom des gouvernants successifs : ainsi Jésus est mort « sous Pilate » – et il

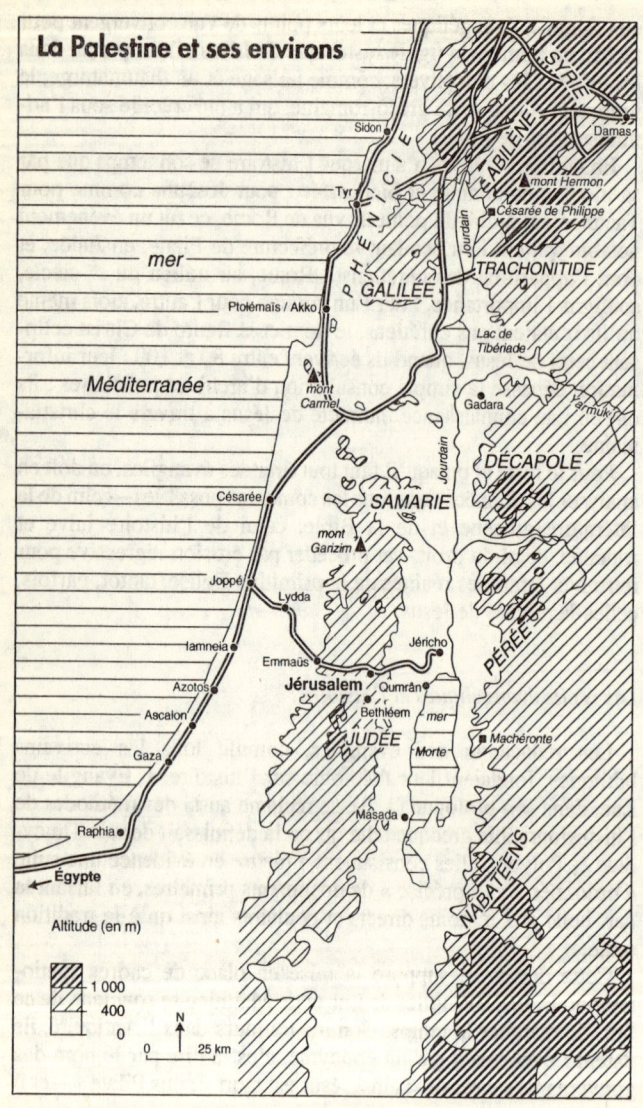

est né « sous Hérode » roi de Judée (Mt 2, 1) – comme Jean le Baptiste (Lc 1, 5). Dans la cité grecque et romaine, où les magistratures étaient annuelles, cela permettait une datation précise. Ce n'est plus le cas pour les rois, les grands prêtres et les gouverneurs provinciaux dont les mandats étaient très longs : Hérode le Grand a régné de 43 à 4 avant notre ère, et ses fils ont gouverné leurs tétrarchies plus de quarante ans ; les grands prêtres conservaient leur charge une dizaine ou une vingtaine d'années ; Pilate a été préfet dix ans, de 26 à 36. Cela explique l'incertitude concernant les dates de naissance et de décès de Jésus : avant 4 et sans doute entre 6 et 4 pour sa naissance, « aux jours d'Hérode » ; en 30 ou 27 ou 33 pour sa mort, un vendredi veille de Pâque (Jn 18, 28), « sous Pilate ». Pour plus de précision, il aurait fallu compter par année de gouvernement, ce que l'Évangile de Luc ne fait qu'une fois, en datant les débuts de Jean le Baptiste de l'an 15 de Tibère, soit 28/29 de notre ère. Mais l'historiographie juive, à la différence de celle des Grecs et des Romains, ne connaît pas la forme annalistique, et Josèphe, de même que les évangiles, n'indique toujours qu'une chronologie relative, souvent très lâche : « En ces jours-là », « En ces temps-là », « Peu de jours après », ou même, tout simplement, il se contente de particules indiquant la succession.

Pour dater un événement important, l'histoire antique procédait à des synchronismes plus ou moins artificiels. C'est ce que fait l'Évangile de Luc en situant l'émergence du Baptiste sous l'empereur romain, Tibère, le gouverneur romain de Judée, Pilate, le grand prêtre, les gouverneurs locaux indigènes : Hérode Antipas pour la Galilée, son frère Philippe et Lysanias pour les deux principautés montagneuses du Liban (Lc 3, 1). Si l'on compare ces données avec celles de Josèphe[1], l'information est exacte ; l'évangéliste mentionne le partage de l'an 4, reconduit en l'an 6.

Mais ce synchronisme est aussi significatif du milieu où s'étaient conservées certaines traditions de l'Évangile de Luc. Personne d'autre que le rédacteur ne s'est intéressé à la tétrarchie d'Abilène entre 34 avant notre ère et 37 après, dont il atteste l'autonomie durant cette période. L'Abilène n'est qu'un petit district

---

1. *GJ*, II, 95, et 167-168 ; *AJ*, XVII, 11, 4 (319).

montagneux, à peine pacifié, qui contrôle Damas ; l'évangile est le seul ainsi à parler de ce Lysanias, qui porte sans doute le nom de son grand-père, roi de cette région à l'époque d'Antoine[1]. Enfin, jamais la prédication de Jésus n'a eu pour cadre l'Abilène, puisqu'elle s'est déroulée dans les territoires d'Hérode Antipas et de Philippe. Pour justifier cet éponyme obscur, on est donc renvoyé au mouvement baptiste et à une tradition locale qui semble trouver son origine à Damas. En effet, Luc a disposé à Damas d'informations exceptionnellement précises : à propos du baptême de Paul (Ac 9, 11), il peut donner le nom de la rue où il a eu lieu – la « Voie Droite » qui est le décumanus. Ce synchronisme très développé, fondé sur une tradition locale, inscrivait la mission du Baptiste dans l'histoire de Rome, dans l'histoire juive et dans l'histoire locale.

Pour fixer le cadre temporel, les évangiles utilisent également des faits remarquables qui ont marqué la mémoire collective : inconnus ou presque des autres sources, même de Josèphe, ce sont toujours des événements à caractère local, ce qui est un bon indice de la proximité des rédacteurs des évangiles avec le milieu de Jésus. Ainsi, l'écroulement de la tour de Siloé, qui entraîna la mort de dix-huit personnes (Lc 13, 4), n'a pas retenu l'attention de Josèphe. Personne, ni du côté juif ni du côté romain, n'a parlé d'une émeute qui eut lieu pendant un pèlerinage galiléen au Temple, sous Pilate, et qui entraîna mort d'hommes (Lc 13, 1-2). Le meilleur repère chronologique est fourni par l'Évangile de Jean (2, 20), qui date la première montée de Jésus à Jérusalem par rapport à la première pierre du temple d'Hérode, posée en 19[2] : quarante-six ans après, on est en 27/28.

D'autres événements repères ont été reconstruits ou réinterprétés. Le massacre des enfants sous Hérode (Mt 2, 16-18) est évidemment une réactualisation de l'histoire de Moïse et de la persécution de Pharaon, traitées à la façon d'un *midrash*, mais ce commentaire a peut-être un certain fond de réalité historique. L'événement, ou du moins la tradition qui le rapporte, était connu des milieux romains au IVe siècle[3] : Auguste en aurait entendu

---

1. *GJ*, I, 248, 398, 440 ; *AJ*, XIV, 13, 3 (330-331).
2. *AJ*, XV, 11, 1 (380).
3. Macrobe, *Saturnales*, I, 4, 11.

parler en son temps ; il s'agissait du massacre d'enfants de moins de deux ans, y compris d'un fils d'Hérode ; l'empereur aurait alors fait un jeu de mots en disant qu'il valait mieux être un porc (*hyn*), intouchable par un Israélite, qu'un fils (*hyion*). L'actualité fournissait aussi l'exemple de Néron sacrifiant des enfants à l'apparition d'une comète[1].

Pour autant, on ne doit pas réinterpréter tous les événements. Il ne faut pas chercher dans la visite des mages et la poursuite de l'étoile (Mt 2, 2, 7, 10) une référence à des phénomènes astronomiques contemporains. L'épisode est trop chargé de symboles : c'est une « épiphanie », une manifestation divine au bénéfice de non-Juifs ; les mages représentent les astrologues que l'on trouvait à la cour impériale et dans toutes les cours princières et qui entretenaient une relation privilégiée avec le pouvoir qu'ils légitimaient. L'étoile était un signe de prédestination royale en Grèce et à Rome, un signe messianique pour le judaïsme hellénistique et les rabbins, qui sera encore utilisé au IIe siècle de notre ère par l'insurgé Bar Korkhba, le « fils de l'étoile ».

« Au temps du recensement » : un événement reconstruit

Le recensement mémorable qui aurait précédé la naissance de Jésus est une référence propre au rédacteur de l'évangile de Luc (2, 1-3) et des Actes (5, 37). Dans l'évangile, il a un rôle fonctionnel. Le rédacteur, comme celui du premier évangile, se trouve devant une difficulté : ancrer Jésus à la fois en Galilée et en Judée, pour le faire apparaître comme un Messie davidique. Cette difficulté est clairement posée dans l'Évangile de Jean (7, 40-42), qui ne tranche pas, mais semble privilégier l'origine judéenne : n'est-ce pas par les baptistes du Bas-Jourdain (Jn 1, 28) et par la prédication à Jérusalem (Jn 4, 45) que les Galiléens ont connu Jésus ? Les Évangiles de Matthieu et de Luc, on l'a dit[2], ont résolu la question de façon opposée : le premier, sans doute au prix d'un anachronisme, en présentant la famille de Jésus comme une famille de Judée, réfugiée en Galilée (Mt 2, 22) ; le

---

1. Suétone, *Néron*, 36.
2. Voir ci-dessus chapitre 5.

second, en déplaçant une famille galiléenne en Judée à l'occasion d'un recensement sous Quirinius, gouverneur de Syrie.

La référence de Luc est chronologiquement inexacte, car Quirinius n'a exercé qu'un seul mandat en Syrie, en 6 de notre ère, soit dix ans après la mort d'Hérode. Une autre tradition attribua ce recensement à Sentius Saturninus[1], gouverneur à partir de 8 avant notre ère, ce qui paraît plus vraisemblable ; mais elle fourmille d'incohérences, car il est difficile d'admettre que Rome ait imposé un recensement à un royaume autonome, sous le règne d'Hérode. Si l'idée d'une opération universelle, touchant « toute la terre » (Lc 2, 1), était bien dans l'air du temps, comme en témoigne le testament d'Auguste, elle ne concernait que les seuls citoyens romains. Un recensement, dans une province, était toujours une opération ponctuelle, menée soit à l'occasion d'une guerre, comme le recensement d'Apamée de Syrie en 6 de notre ère, soit après la confiscation d'un territoire : le recensement de Quirinius en Judée eut lieu en 6-7, après la déposition du fils et successeur d'Hérode, pour mettre en place l'administration romaine ; encore s'agissait-il d'une « estimation » (*timéma*) des biens, qui n'impliquait pas le déplacement des personnes[2].

Le texte de l'évangile ne donne pas d'indication de date, mais il témoigne d'une bonne connaissance de la procédure d'enregistrement des personnes (*apographé*), telle qu'elle est définie dans un dictionnaire tardif et telle qu'elle transparaît dans les papyrus égyptiens[3] : on procédait à un double enregistrement au domicile et au lieu d'origine ; l'opération était menée par vingt notables, envoyés dans toutes les régions soumises, y compris les royaumes clients.

L'évangile amplifie donc une opération limitée pour lui donner une dimension universaliste, « œcuménique », qui est proprement théologique : il insiste d'ailleurs sur le fait qu'il s'agit du premier recensement général (Lc 2, 2), et qu'il inaugure une ère nouvelle. La charge symbolique est très forte. C'est d'abord une affirmation de loyalisme : Jésus s'intègre dès sa naissance à l'ordre romain en renversant le modèle de Judas le Galiléen qui s'était révolté contre

---

1. Tertullien, *Contre Marcion*, 4, 19.
2. *AJ*, XVIII, 1, 1 (2), et *GJ*, VII, 8, 1 (253).
3. *La Souda* s.v. *Augoustos* et *Apographè*.

le recensement de Quirinius[1], signe, pour lui, d'asservissement. Il y a aussi une symbolique religieuse : le Messie des temps nouveaux dépasse l'interdiction formaliste de recenser les créatures de Dieu (2 S 24, 1-16 ; 1 Ch 21, 2), formulée par la Torah et appliquée en Galilée comme en Égypte. L'opération administrative ponctuelle que fut le recensement est replacée dans une perspective eschatologique.

Remonter et maîtriser le temps : les généalogies

Les généalogies, telles qu'elles apparaissent au début des Évangiles de Matthieu (1, 1-17) et de Luc (3, 3-38), étaient une façon classique – la première de toutes, peut-être – de faire de l'histoire dans l'Antiquité. Elles répondaient à plusieurs objectifs.

C'était d'abord une quête des origines, qui passait insensiblement du temps de l'histoire à celui du mythe. Il en est ainsi dans les listes royales, qui constituèrent la première histoire des cités grecques. On le constate dans le prologue du troisième évangile, celui de Luc, qui remonte de Jésus à David, puis à Abraham et, au-delà, à Adam, le premier homme, et même à Dieu, le Créateur, en mêlant les liens biologiques, dynastiques et ceux de Créateur à créature. De même que les Athéniens enracinaient leur histoire dans un roi « autochtone » issu du sol, de même cet évangile inscrit Jésus dans la perspective du salut universel, inaugurée avec la création, à la façon de Paul (Rm 1, 3-4, et Ga 4, 4-5).

Dans les milieux juifs du temps, la généalogie avait aussi une fonction sociale, comme en témoigne Josèphe : fournir une généalogie était signe de noblesse, surtout dans les classes sacerdotales[2]. Les généalogies étaient consignées dans des registres publics[3], si bien que chaque naissance était datée d'abord par grand prêtre, puis, précisément, par année de règne ; c'était une nécessité, surtout dans la Diaspora, pour assurer des mariages égaux et éviter les mésalliances. Josèphe pouvait ainsi présenter six générations et connaissait ses ancêtres depuis le dernier tiers du IIe siècle. La

---

1. *GJ*, VII, 8, 1 (253).
2. *Vie*, 1, 1
3. *Vie*, 1, 6.

généalogie de Jésus, dans le premier évangile, celui de Matthieu, présente des traits communs avec la pratique juive. C'est d'ailleurs une généalogie strictement juive, qui ne remonte pas au-delà d'Abraham, contrairement à celle du troisième évangile. Elle s'affirme comme le « livre des générations » (*gennesis*), alors que Josèphe parle de « succession » (*diadochè*). Mais tous les deux insistent également sur le remplacement des générations.

Les généalogies antiques servaient enfin à maîtriser le temps en le remplissant : il fallait trouver un nom pour chaque génération, ce qui explique les différences entre les listes et les doublets à l'intérieur d'une liste. Ainsi la généalogie du premier évangile, selon la tradition juive, s'articule en trois cycles, qui correspondent à l'époque des patriarches, à celle des rois et à celle du second Temple, et qui couvrent chacun quatorze générations – ce qui a obligé le rédacteur à enlever trois rois ; la liste des patriarches, elle, est canonique.

Les généalogies des évangiles ont donc inscrit Jésus dans l'histoire de son peuple ou dans celle de la création, mais elles ont aussi une très grande importance théologique, puisqu'elles doivent établir Jésus comme le Messie davidique annoncé par les prophètes (Ps 132, 11 ; Mic 5, 1). Dans l'Évangile de Matthieu (1, 16), cela se fait par Joseph, connu comme fils de David (1, 20), qui donne son nom à Jésus (1, 21) ; on a pu dire ainsi que cet évangile de l'enfance combinait deux *midrash* – l'un sur Hérode, qui fondait la naissance miraculeuse du nouveau Moïse, l'autre sur Joseph. Le prologue de Luc, au contraire, met l'accent sur Marie et sa famille à travers Jean le Baptiste.

Jésus est fils de David, soit. Dans la tradition de Luc, les ancêtres intermédiaires sont inconnus : il s'agit donc d'une revendication strictement familiale. Dans celle de Matthieu, Jésus est issu de Salomon et s'inscrit dans la succession des rois d'Israël ; or la notion de légitimité royale disparut au retour d'Exil avec Zorobabel (Es 3, 2 ; 1 C 3) : présenter ainsi une descendance de Zorobabel était porteur de très fortes revendications. Pour l'Évangile de Matthieu, le salut reste lié à la race, alors que l'autre généalogie dépasse tout particularisme ethnique.

Enfin, les généalogies des évangiles sont présentées de façon à ne pas contredire la virginité de Marie : dans l'une comme dans l'autre, Jésus est le seul à ne pas avoir de géniteur apparent.

L'espace-temps des évangiles

Après cette ouverture, les évangiles sortent du cadre temporel. Ils ne mesurent plus la durée et préfèrent replacer les paroles et les actions de Jésus dans un cadre spatial. Le schéma d'ensemble est très différent dans les synoptiques et dans l'Évangile de Jean.

Les évangiles synoptiques divisent la prédication de Jésus en deux périodes : une période galiléenne – celle où il effectue des circuits à partir de Capharnaüm et des traversées d'une rive du lac à l'autre –, et une période à Jérusalem ; l'Évangile de Luc introduit une étape intermédiaire (Lc 9, 51-19, 28). Cette trajectoire linéaire et progressive ne s'inscrit pas dans la durée, et en déduire que la prédication de Jésus a duré un an est totalement arbitraire.

L'Évangile de Jean inscrit au contraire la vie publique de Jésus dans une géographie sacrée, autour du Temple, et dans un temps liturgique, rythmé par les grandes fêtes pèlerinages qui créent un va-et-vient entre Jérusalem et la Galilée. Ces cadres liturgiques sont repris dans les Actes des Apôtres qui présentent aussi la prédication de Paul en trois circuits autour de Jérusalem, la collecte pour le Temple matérialisant très fortement, pour le troisième, cette appartenance[1]. Cette polarisation des deux récits sur Jérusalem incite à nuancer le soupçon d'antijudaïsme qui pèse toujours sur le Nouveau Testament. La destruction du Temple, en 70, n'a pas modifié le souvenir de ces pérégrinations périodiques rituelles, qui constituent peut-être un événement authentique et qui témoignent, à tout le moins, d'une sensibilité juive.

Histoire et naissances miraculeuses

Les deux évangiles qui, explicitement, se préoccupent le plus de faire œuvre de biographe et d'insérer Jésus dans l'histoire – celui de Matthieu et celui de Luc – sont aussi ceux qui font la part belle au surnaturel dans les récits d'enfance. Aujourd'hui, on y voit la négation même du fait historique puisque la réalité de l'événement s'efface derrière sa signification. Mais dans l'Antiquité, les récits d'enfance étaient un élément nécessaire dans la

---

1. Voir ci-dessous chapitre 9.

biographie d'un homme illustre. La vie privée ne présentait pas d'intérêt en elle-même et l'auteur se contentait de mentionner les mariages et les naissances[1]. Quand ces indications marginales donnent lieu à des récits, c'est pour indiquer la naissance d'un grand homme.

Le thème de l'enfant prédestiné imprègne les biographies royales aussi bien que les vies de sages. Le plus répandu – à travers Sargon d'Akkad, au IIIe millénaire, Cyrus le Perse, Œdipe le Grec, Moïse le Juif, Romulus à Rome –, c'est celui de l'enfant exposé, sauvé miraculeusement et élevé ailleurs. Les biographies de sages enchaînent l'annonciation divine, la naissance entourée de présages astrologiques, une enfance privilégiée par la beauté et la sagesse[2]. Il y avait là un mode d'écriture accessible à tous, dont l'Évangile de Luc a tiré parti ; un auditoire gréco-romain pouvait facilement suivre ce type de récit, même si les expressions du *Benedictus* et du *Magnificat* sont hébraïques, même si les scènes du Temple sont caractéristiques du milieu juif.

Le thème de l'enfance miraculeuse avait d'ailleurs pénétré les milieux juifs hellénistiques et la littérature de la synagogue : l'Évangile de Matthieu, de ce point de vue, se situe entre les deux cultures et illustre leurs points communs. Les éléments miraculeux qu'il retient apparaissent en effet pour la plupart dans un *midrash* de l'enfance de Moïse, répandu dans les synagogues hellénistiques et dont Philon d'Alexandrie a conservé le contenu dans sa *Vie de Moïse* : le songe prémonitoire du souverain, qui prédit la naissance d'un futur roi ; le recours aux mages (qui sont des astrologues et non des rois) ; le massacre des enfants. Même l'annonce de l'ange à Joseph (Mt 1, 20-21) correspond, dans une certaine mesure, au songe que la sœur de Moïse rapporte à ses parents, puisque tous deux annoncent la naissance d'un sauveur. Les évangiles de l'enfance ont aussi connu cette vie de Moïse dont ils reprennent plusieurs anecdotes : l'accouchement sans douleurs au septième mois, le rôle des sages-femmes...

Dans les évangiles canoniques, ces allusions constituent un langage, et non une théologie. Il n'y a pas de référence particulière à l'Ancien Testament, ni de continuité explicitement établie

---

1. Josèphe, *Vie*, 426-428.
2. Philostrate, *Vie d'Apollonios de Tyane*, 1, 7.

entre Moïse et Jésus, même si le modèle est toujours sous-jacent. L'interprétation théologique de ce fonds commun est résolument postpascale : tout commence avec la résurrection ; le nouveau-né est le sauveur universel, qui se situe d'emblée au-delà de tout particularisme ethnique ou social. Les mages, dans l'Évangile de Matthieu, représentent l'étranger, à travers une sagesse orientale et des pratiques religieuses qui ont souvent été opposées au judaïsme (Ex 7, 11 ; repris 2 Tm 3, 8). Quant aux bergers de l'Évangile de Luc, il ne faudrait pas les réduire à une image bucolique et sentimentale : les bergers étaient méprisés dans tout le monde antique ; nomades, marginaux, « voleurs » pour les Juifs, « brigands » pour les Romains, ils sont suspects à tous et placés aux limites de la sauvagerie. Flavius Josèphe rapporte ainsi qu'à la mort d'Hérode, une « guerre de brigands » avait été déclenchée par le berger Athrongaios (ou Athrongès) et ses frères[1].

Selon le mode d'écriture utilisé dans les évangiles de l'enfance, les images de la naissance doivent donner la clé de l'homme et de son action à venir. Elles révèlent la figure historique de Jésus, telle que la développeront tous les évangiles : le roi ; l'être surnaturel ; le thaumaturge ; le sage ; le baptiste, aussi, à travers le parallèle, chez Luc, de deux naissances miraculeuses, celle de Jésus et celle de Jean.

La figure historique de Jésus : un baptiste

L'enracinement baptiste de Jésus est souligné dans les quatre évangiles. Cette convergence est un indice très fort d'authenticité d'autant que, parallèlement, l'histoire de Josèphe révèle l'importance du mouvement baptiste et le rôle joué par Jean dans la société et la vie religieuse de son temps[2].

Les données biographiques sur Jean le Baptiste concordent. C'est un prêcheur qui vit tel un « sauvage » (*agrios*), comme Josèphe en a connu d'autres[3] : il demeure au désert et est végétarien ; seul le vêtement change puisque à l'écorce dont est vêtu

---

1. *GJ*, II, 60-64.
2. *AJ*, XVIII, 5, 2 (116-119).
3. *Vie*, 11.

l'anachorète de Josèphe, les évangiles ont substitué du poil de chameau qui évoque Élie (Mc 1, 6 ; Mt 3, 4). Jean avait donc choisi de se retirer du monde, comme les esséniens, mais dans la solitude et non pas en communauté. Cette solitude, qu'il partageait avec le Bannous de Josèphe, ne les empêchait pas d'attirer des disciples qui restaient parfois à leur côté pendant plusieurs années[1]. Josèphe, comme les évangiles, présente Jean comme un maître et un manieur de foules dont l'éloquence était exceptionnelle et les discours très recherchés[2] : les évangiles en donnent des exemples, dans le genre inspiré et apocalyptique[3], reconstitués évidemment à la manière de l'histoire antique. On peut définir le baptisme comme un « réveil religieux », en marge des grandes tendances du judaïsme, comme un « évangile » (Lc 3, 18) qui ne passe pas par l'écrit et qui récupère un intense désir populaire de salut.

Les sources s'accordent encore pour imputer la mort de Jean à Hérode Antipas, le tétrarque de Galilée, bien qu'elles étendent son aire d'action et d'influence à la Décapole[4], à la Judée et à la Transjordanie (Jn 3, 22-24 ; 10, 40-41). Josèphe situe l'exécution de Jean dans la forteresse de Machéronte, en Transjordanie, qui était le siège d'une garnison romaine[5] ; le premier et le deuxième évangiles sont les seuls à rapporter les circonstances exceptionnelles de l'exécution au cours d'un banquet (Mt 14, 3-11 ; Mc 6, 17-29). Cet épisode n'a rien de stéréotypé et est vraisemblablement historique : danseurs, musiciens ou magiciens obtenaient beaucoup des convives qu'ils réjouissaient. Les synoptiques associent la mort de Jean à son action prophétique : il s'est dressé contre le pouvoir en reprochant au tétrarque sa conduite immorale. Mais Josèphe y trouve des causes politiques[6] : Jean le Baptiste (il lui donne aussi ce surnom) était un meneur d'hommes dont on pouvait craindre qu'il n'entraîne les foules à la sédition et à la révolution. C'est cette image que le tétrarque a projetée sur Jésus (Mt 14, 2 ; Mc 6, 14 ; Lc 9, 7-9), en le faisant suivre et surveiller par les membres de son entourage, les Hérodiens ; leur

---

1. *Vie*, 12.
2. *AJ*, XVIII, 5, 2 (118).
3. Mt 3, 7-12 ; Lc 3, 7-17 ; Jn 1, 15-34.
4. Mt 16, 14 ; Mc 8, 28 ; voir Jn 1, 44, avec le groupe de Bethsaïde.
5. *AJ*, XVIII, 5, 2 (119) ; voir *GJ*, II, 485, et VII, 6, 1-3 (163).
6. *AJ*, XVIII, 5, 2 (118).

nom indique qu'ils étaient sans doute ses jeunes esclaves (Mt 14, 2), c'est-à-dire sa milice.

Le mouvement baptiste était multiforme et ne se réduisait pas à Jean : Bannous, le maître de Josèphe en sa jeunesse, s'immergeait fréquemment, ce que son disciple présente comme un rituel de purification[1] ; la pratique du baptême quotidien est attestée ailleurs[2]. Selon Josèphe[3], le baptême de Jean était célébré une fois : c'était un rite d'initiation, d'intégration à un groupe (*baptismoi sunienai*), ce qui exaltait, évidemment, le rôle du Baptiste ; c'était aussi un rite de purification corporelle (*hagneia*), consécutif à la conversion. Le baptême de Jean n'était en aucun cas un rite d'expiation et laissait donc leur place aux rituels ordinaires du Temple ; Josèphe insiste sur ce point, qui différencie, à son sens, le mouvement de Jean des autres mouvements baptistes. À qui s'adressait-il en écrivant ceci à Rome vers 90 ? Peut-être aux chrétiens.

Tous les évangiles, au contraire, présentent le baptême de Jean comme un baptême de conversion ou *métanoia* (Mt 3, 8 ; Mc 1, 4 ; Lc 3, 3) ; c'est un rituel d'expiation (voir aussi Jn 1, 29), qui, dans le premier évangile (Mt 3, 6), suit une confession publique (*exhomologia*). La différence d'interprétation entre les évangélistes et Joseph est importante, car elle met en cause le statut du Temple où le sacrifice, selon la Loi, remplissait cette fonction : selon les évangiles, un nouveau rituel d'expiation était substitué à l'ancien. Cette récusation du Temple a été commune aux baptistes chrétiens et aux esséniens qui prônaient, l'un et l'autre, le repentir et la pénitence individuels, alors que le baptême dans le Christ est un rite communautaire. Mais, selon Josèphe, le baptême de Jean le Baptiste consacrait le disciple et venait donc après la conversion et l'expiation, qui en étaient le préliminaire nécessaire. L'Évangile de Jean en a gardé le souvenir (Jn 4, 1) ; il est également le seul à mentionner une controverse avec « un Juif » sur la question précisément du rituel d'expiation (Jn 3, 25), le *katarismos*[4]. Au total, si l'on compare avec les

---

1. *Vie*, 11.
2. *Tosefta Yadaïm*, 2, 20.
3. *AJ*, XVIII, 5, 2 (117).
4. Voir LXX, Ex 29, 36 ; Lv 14, 32, Nb 14, 18.

données de Josèphe, l'Évangile de Jean apparaît mieux renseigné que les synoptiques sur le mouvement de Jean le Baptiste.

Le christianisme a donc récupéré le rituel et le mouvement de Jean à travers la figure du précurseur. C'était un thème tiré des prophètes (Jn 1, 23 ; Mt 3, 3 ; Mc 1, 3). Les Évangiles de Marc et de Jean effacent réellement le Baptiste derrière le Précurseur ; le premier, en ajoutant une citation de Michée, voit en lui le premier apôtre, le second en fait davantage un témoin et un inspiré qui révèle le Christ en Jésus. L'Évangile de Luc (3, 18) – plus proche du point de vue de Josèphe – insiste sur la figure du prédicateur qui exhorte et délivre un message, un « évangile » ; il en fournit même quelques exemples concrets à travers les conseils d'intégrité donnés aux percepteurs et aux soldats (Lc 3, 10-14). Il y a donc dans les évangiles une volonté affirmée de continuité, encore que celle-ci s'exprime de différentes façons.

Les troisième et quatrième évangiles insistent en effet davantage sur l'ancrage baptiste de Jésus. L'Évangile de Jean récupère intégralement le baptisme : il a fourni le premier noyau de disciples (Jn 1, 35-37) ; durant sa deuxième année de prédication, Jésus devient lui-même un baptiste en Judée, à côté de Jean, et semble développer un mouvement concurrent (Jn 3, 22, 26 et 4, 2). L'Évangile de Luc développe la figure du précurseur à travers le parallélisme de deux enfances et de deux vies, pendant un certain temps, selon le procédé classique de la comparaison ; il lui attribue un prototype d'évangile qui consiste à partager et à s'ouvrir aux autres, à ces marginaux que sont les percepteurs et à des soldats qui ont toute chance d'être des non-Juifs ; cependant, il n'établit pas de lien direct, ni même de lien d'investiture, entre les deux personnalités puisque Jean ne baptise pas Jésus, ce qui exclut donc, pour lui, que les baptistes se soient intégrés aux disciples de Jésus.

Car le baptême de Jean apparaît dans tous les évangiles comme un baptême dépassé si on l'apprécie à la lumière de la Pentecôte. La symbolique du feu est d'ailleurs très présente (Mt 3, 11 ; Lc 3, 16). Autant qu'un rite d'expiation et de conversion, le baptême chrétien est une réception de l'Esprit qui fait du converti un inspiré, un charismatique (Mt 3, 16-17 ; Mc 1, 10-12 ; Lc 3, 22 ; Jn 1, 32-34) ; dans la tradition des Actes (19, 3), les baptisés d'Éphèse reçoivent en même temps le don des langues et de prophétie.

Les deux mouvements ne purent donc jamais fusionner. À Éphèse, une génération plus tard, Paul rebaptisa en Christ ceux qui, comme Apollos d'Alexandrie (Ac 18, 25), avaient reçu le baptême de Jean. Les deux mouvements se développèrent donc aussi parallèlement dans la Diaspora, ce que les évangiles mirent en scène rétrospectivement à travers des débats entre Jésus et des disciples du Baptiste, parfois associés aux pharisiens : ces controverses portent sur la pratique religieuse, à savoir le jeûne (Mt 9, 14-17 ; Mc 2, 18 ; Lc 5, 33, 39), et surtout sur l'activité thaumaturgique qui désigne Jésus comme Messie (Lc 7, 18-23 ; Mt 11, 2-6). Là se situe surtout la différence entre les deux figures.

La figure du maître

Jésus partage aussi avec Jean, dans les traditions évangéliques comme dans celles des Juifs[1], le rôle du maître, entouré de ses disciples, pour qui il représente un modèle d'éthique.

Dans les deux groupes, la communauté immédiate, proche du maître, rayonnait grâce à des disciples itinérants qui répandaient sa parole. Leur organisation était donc assez lâche, beaucoup plus souple que celle de la secte de Qumrân, ou même que celle des écoles pharisiennes, où des études longues et exigeantes, jusqu'à l'âge canonique de quarante ans, regroupaient les élèves et le rabbi autour de la Torah. L'image de Jésus en rabbi est développée par l'Évangile de Matthieu. Il porte le manteau à franges caractéristiques du Juif de stricte observance[2] : extérieurement, et contrairement à Jean, Jésus ne se distinguait pas des pharisiens et autres scribes. Cependant, dans son cas, l'appellation de « rabbi » n'est qu'un titre honorifique général puisqu'il n'a pas achevé la formation (Jn 7, 15).

Comme Jean, qui fondait les rapports mutuels sur l'équité[3], Jésus instaure des règles de vie communautaire. Par son exemple

---

1. *AJ*, XVIII, 5, 2 (117-118), et XVIII, 3, 3 (63).
2. Mt 9, 20, 14, 36 ; Lc 8, 44 et Mc 6, 56 ; voir ci-dessus chapitre 5.
3. *AJ*, XVIII, 5, 2 (117).

comme par une instruction explicite, il préconise l'égalité au sein du groupe (Mc 10, 35-45 ; Mt 20, 20-28), et même l'humilité, le célibat, la rupture avec la famille et la propriété (Mc 10, 21, et 29 ; Mt 5, 42 ; Lc 6, 29). Ce sont des valeurs partagées avec les esséniens – le refus de la propriété, le célibat – et avec les pharisiens – l'amour du prochain[1]. La différence est davantage dans la forme de la prédication que dans le contenu du message, assez conforme à l'éthique juive de l'époque.

Josèphe ne reconnaît pas explicitement à Jésus le charisme de la parole, comme il le fait pour Jean ou même pour Judas le Galiléen. Peut-être parce que Jésus n'avait pas reçu la formation scolastique, bien qu'il connût les lettres et pût prêcher sans l'avoir suivie (Jn 7, 15) : il recevait la Torah de Dieu et non d'un maître, alors que les rabbis constituaient des chaînes répétitives qui garantissaient leur autorité.

Pourtant les évangiles présentent une tradition orale soigneusement conservée et fondée sur des phrases scandées, faciles à mémoriser, ce qu'on appelle les *logia* ou « dits de Jésus ». Certains ressemblent à des proverbes qui résument des règles de vie ; d'autres ont un caractère apocalyptique : bénédictions, malédictions, exhortations à la conversion... De même que Jean, Jésus est présenté comme un prédicateur apocalyptique, qui prêche, d'ailleurs, une rupture avec la Tradition (Mt 5, 17-48).

Ce n'était pas sa façon de prêcher qui le différenciait tellement des pharisiens. Ceux-ci apparaissent dans les évangiles comme l'incarnation de l'autorité et du légalisme, de façon certainement anachronique, compte tenu du rôle qu'ils jouèrent réellement après la chute du Temple, au moment de la rédaction des évangiles. Ils font donc figure de faire-valoir et de provocateurs, ce qui ne va pas sans quelques contradictions dans les évangiles : ils invitent parfois Jésus (Lc 7, 36 ; 11, 37), et Nicodème présente dans l'Évangile de Jean une figure de compromis, celle du sympathisant (Jn 3 ; 7, 50-51 ; 19, 39). Surtout, les évangiles prêtent à Jésus le même procédé de démonstration, sur la forme comme sur le fond, que les rabbis : ce sont des exemples fictifs fonctionnant par analogie et plus ou moins développés, que l'Évangile de Jean appelle justement des « Proverbes » (*paroimia* : Jn 10, 6) ; le

---

1. *Talmud Babylone, Shabbat*, 30b-31a.

procédé renvoie au modèle hébraïque du *mashal* ; il y avait un fond commun à tous ces récits, comme celui des invités au festin royal (Mt 22, 2-10)[1].

Les synoptiques emploient le terme grec de « parabole » (Mt 13, 3 ; Mc 3, 23 ; Lc 5, 36), qui suggérait aux Grecs un procédé rhétorique familier. En réalité, les règles aristotéliciennes de la rhétorique distinguent deux types d'« exemples inventés »[2] : la parabole, qui est une suite d'images, et l'apologue, ou fable, qui est un récit circonstancié. Il s'agit bien sûr de montrer aux Grecs que Jésus procède comme un de leurs philosophes, en mettant l'analogie au service de la démonstration.

Le thème du nouveau Socrate était déjà en germe. La tradition de Jean contribue aussi à le développer en mettant en évidence la *parrhésia* de Jésus (Jn 7, 26 ; 16, 29 ; 18, 20), cette liberté de parole qui était l'apanage du sage et dont les Actes des Apôtres ont fait la caractéristique de l'apôtre. L'Évangile de Jean suggère encore discrètement un philosophe grec, quand il montre Jésus écrivant sur le sable pour étayer son propos (Jn 8, 6 et 8).

Cette image de Jésus a été bien reçue par les contemporains. Pour des observateurs extérieurs, l'historien Josèphe ou le stoïcien Mara Bar Sarapion, Jésus était un sage qu'on pouvait comparer à Socrate ou à Pythagore, à un « maître de vérité ». Cette référence renvoie aussi à l'image du thaumaturge, celui qui accomplit des actes extraordinaires.

Le thaumaturge : les évangiles entre le signe et l'événement

Jésus était un thaumaturge et Jean ne l'était pas (Jn 10, 41). Dans le discours de la Pentecôte (Ac 2, 22), c'est ce qui authentifie Jésus le Nazaréen ; ses miracles sont définis en termes de « pouvoir » (*dynamis*). La tradition des synoptiques y voit des « prodiges » (*terata*), et l'opinion juive semble avoir partagé ce point de vue soit, comme Josèphe[3], pour exalter Jésus, soit au contraire pour justifier sa condamnation en tant que magicien

---

1. *Talmud Babylone, Shabbat*, 12b.
2. *Rhétorique*, II, 20 (1393b).
3. *AJ*, XVIII, 3, 3 (63).

pernicieux[1]. La tradition johannique insiste davantage sur la valeur de signe (*sémeia*). Surtout, les miracles révèlent Jésus comme l'intermédiaire de Dieu, « désigné » par Lui, ce qui porte la marque d'une conception messianique traditionnelle : chez les rabbins, le Messie devait être l'instrument de l'action de Dieu ; on s'attendait donc à ce qu'il réalise des prodiges et donne des signes.

Historiquement, il y a plusieurs manières de poser le problème des miracles. On peut se limiter à la question de l'authenticité des faits en dénonçant le goût du merveilleux chez les Anciens et leur manque de sens critique. Cette attitude appelle quand même quelques nuances. Certes, les récits de miracles – comme les miracles eux-mêmes – sont stéréotypés, si bien qu'on compare couramment, aujourd'hui, miracles des évangiles et miracles d'Épidaure, chez l'Asclépios grec. Cependant la critique antique s'exerçait, même si ce n'était pas comme la nôtre. Les auteurs envisageaient rarement l'expérimentation, encore que les évangiles posent clairement, à propos de la fille de Jaïre[2], le problème de la mort apparente, dont débattaient les écoles de médecine grecques et les auteurs « grand public »[3] ; même lorsqu'ils traitaient de la vie d'un sage et d'un charismatique comme Apollonios de Tyane[4], les auteurs ne tranchaient pas entre réanimation et résurrection. Cette constatation montre l'importance qu'il faut attacher à l'épisode de Lazare, le seul présenté avec certitude comme une résurrection : « Il sentait déjà » (Jn 11, 39) et il était mis au tombeau. Au contraire, dans les récits de l'Antiquité gréco-romaine, comme pour le fils de la veuve de Naïm (Lc 7, 11), la résurrection/réanimation est toujours située lors de l'exposition ou du convoi funèbres.

Pour apprécier l'authenticité de l'événement, l'Antiquité avait son propre critère, celui du témoignage oculaire. Comme l'écrit Josèphe[5] : « Ils [les prodiges] apparaîtraient, à mon avis, comme des histoires invraisemblables, si je ne les tenais pas, dans mon enquête, de témoins oculaires. » Et Tacite, dans une autre culture,

---

1. *Talmud Babylone, Sanhédrin*, 43a.
2. Mt 9, 18 et 23-26 ; Mc 5, 23 et 35-43 ; Lc 8, 49-52.
3. Pline, *Histoire naturelle*, VII, 124, et XXVI, 15 ; Apulée, *Florides*, 19.
4. *V, Ap.* IV, 45.
5. *GJ*, VI, 5, 3 (298).

ne procède pas différemment à propos des miracles de Vespasien à Alexandrie[1] : « Les témoins oculaires le rapportent encore aujourd'hui, alors qu'un mensonge ne peut plus rien leur apporter. » Le Nouveau Testament a intégralement fait sien ce critère historique de l'époque : « À partir du moment où l'on *voyait*, debout à côté d'eux, le paralytique qui avait été soigné, il n'y avait rien à redire. [...] C'était un signe notoire, on ne pouvait pas le nier » (Ac 4, 14 et 16). À propos de la fille de Jaïre, les synoptiques insistent sur les témoins oculaires que Jésus a lui-même choisis (Mc 5, 37 ; Lc 8, 51). De même, l'Évangile de Marc souligne son information directe en donnant l'âge de la fillette et en citant les paroles de Jésus en araméen.

Dans les évangiles, la présentation des miracles est conforme à celle de toute l'Antiquité : les rédacteurs maintiennent une certaine distance entre le fait et le signe, laissant ainsi ouvertes les interprétations ; ils renvoient à des témoignages oculaires qui ont fondé une tradition orale ; ils insistent sur le caractère local de cette tradition en donnant la liste des « villes à miracles » en Galilée, et en intégrant, on l'a vu pour les porcs de Gadara[2], quelques traits du folklore local. Les évangiles n'exploitent pas la crédulité populaire, mais donnent toutes les garanties, exigées à leur époque, pour inscrire les miracles de Jésus dans le domaine de l'histoire. Nul d'ailleurs ne les conteste, ni dans la polémique juive[3], ni dans la polémique païenne[4], mais l'opinion se divisa sur la nature de ses pouvoirs.

Le miracle, miroir de la société

Toute l'époque était sensible aux miracles. L'examen de ceux accomplis par Jésus relève de l'histoire des mentalités, et apporte un éclairage à la fois sur le milieu juif et sur le milieu grec, à travers, surtout, la sélection des faits et un mode d'écriture stéréotypé.

---

1. *Histoires*, IV, 81.
2. Voir ci-dessus chapitre 5.
3. *Talmud Babylone, Sanhédrin*, 43a.
4. Origène, *Contre Celse*, 1, 6, 69.

Les évangiles ont prolongé une tradition biblique, celle du « miracle d'éclat », qui agit sur la nature et par lequel Dieu se manifeste comme créateur et maître du monde. Entrent dans cette catégorie : les multiplications des pains, reprises par tous les évangiles ; la tempête apaisée dans les synoptiques ; la marche sur les eaux et le figuier desséché dans les traditions de Matthieu et de Marc. Celle de Luc y ajoute la pêche miraculeuse et celle de Jean le changement d'eau en vin. Tous ces prodiges étaient attendus par une opinion qui s'efforçait toujours d'établir des parallèles entre l'actualité et le passé biblique, en particulier l'Exode. Les évangiles eux-mêmes renvoient explicitement au « signe » de Jonas (Mt 12, 38-42 ; Lc 11, 29-32) ou à l'épisode de la manne, en donnant une citation scripturaire pour commenter la multiplication des pains (Jn 6, 31-32) ; le miracle de la multiplication des pains identifie Jésus comme un nouveau Moïse (Ex 16, 4) ou un nouvel Élisée (2 R 27).

Néanmoins, les évangiles se distancent beaucoup plus des modèles bibliques que d'autres mouvements messianiques : un Juif d'Égypte, qui se présenta comme prophète dans les années 60, rallia les foules en promettant de faire tomber les murailles de Jérusalem, comme Josué avait renversé celles de Jéricho[1] ; en 44, Theudas, nouveau Moïse ou nouvel Élie, se proposa de partager les eaux du Jourdain pour passer à sec[2].

Les miracles d'éclat sont beaucoup moins nombreux dans les évangiles que les miracles de bienfaisance – exorcismes, guérisons, résurrections... – qui inscrivent davantage Jésus dans la tradition des prophètes Élie et Élisée. Quand Jésus guérit en Phénicie et en Décapole, il met ses pas dans les leurs ; le cycle des prodiges d'Élisée (2 R 4, 18-44) est démarqué dans le recueil de Marc (4, 35-8, 26), qui fait se succéder, au cours d'une prédication itinérante, maîtrise des eaux, exorcismes, résurrection d'enfant, multiplication des pains ; le rédacteur amplifie d'ailleurs l'effet de modèle par la répétition de l'apaisement des eaux et de la multiplication des pains. Cependant, il ne s'agit jamais d'une reproduction complète de l'épisode biblique : en Syrie-Phénicie, à Sarepta, Élie a ressuscité le fils d'une veuve (1 R 17, 17-24) ; à

---

1. *AJ*, XX, 6, 6 (170).
2. *AJ*, XX, 5, 1 (97).

Tyr, Jésus exorcise une fillette (Mc 7, 24-30). Ces discordances de détail sont plutôt en faveur de l'authenticité de l'événement.

Les miracles de bienfaisance de Jésus vont dans le sens d'une évolution des mentalités juives : la littérature rabbinique rapporte des récits d'exorcismes et de guérisons au bénéfice d'individus et en réponse à leur prière ; le miracle a pris une dimension personnelle qu'il n'avait pas dans l'Ancien Testament. Malgré le décalage chronologique des sources, on peut penser qu'à l'époque de Jésus guérisons et exorcismes étaient une réalité quotidienne du peuple juif. Ils l'étaient aussi dans le monde hellénistique.

Les Grecs ont, en effet, développé toute une réflexion sur la personnalité du thaumaturge, qu'ils distinguent clairement du magicien. Les charismes mettent en évidence le souverain, instrument du divin[1], et le sage inspiré, à travers leur pouvoir sur la nature, leur liberté souveraine, leur omniscience. La mentalité grecque a donc elle-même évolué : la sensibilité au miracle s'est manifestée à partir du IVe siècle dans les sanctuaires guérisseurs, les Grecs y voyant alors une intervention directe de la divinité dans la vie d'un individu pour assurer son salut physique. Par la suite, elle s'est attachée aux intermédiaires, aux thaumaturges, en reprenant quelques traits archaïques de figures inspirées, développés par la philosophie néopythagoricienne. En témoigne, en particulier, le cycle des miracles dans *La vie d'Apollonios de Tyane* ; la thaumaturgie y apparaît moins comme un pouvoir – ce qui relèverait de la magie – que comme la manifestation de qualités personnelles exceptionnelles et surnaturelles, telle la clairvoyance.

Exorcismes et guérisons.
La médecine sacrée

Les Anciens n'établissaient pas de frontières nettes entre maladie et possession. Le plus souvent, ils personnalisaient la force de la maladie en l'attribuant au courroux de la divinité ; les Grecs parlaient même de l'épilepsie comme de la « maladie sacrée ». Une réflexion théologique s'était greffée sur cette

---

1. Tacite, *Hist.*, IV, 81.

croyance : les ex-voto d'Épidaure, depuis le IVe siècle, comme les stèles d'expiation, plus tardives, qu'on trouve en Asie Mineure, montrent que le malade a été incité à réfléchir sur lui-même pour découvrir la cause profonde et religieuse de ses maux, bref à opérer une conversion.

Les progrès de la médecine hippocratique, expérimentale et rationnelle, ont toujours pris en compte cette mentalité particulière. Les écoles de médecine siégeaient dans les sanctuaires guérisseurs. Sous l'Empire romain, le grand médecin Galien préconisait de faire la part de la thérapeutique et de la foi : dans le sanctuaire d'Asclépios, à Pergame ou à Épidaure, l'expérience mystique de l'incubation, qui appelait une apparition miraculeuse du dieu en rêve, faisait partie de la cure.

Les médecins relativisaient la maladie et laissaient une place à la thaumaturgie et à la magie. En parcourant la pharmacopée de Pline l'Ancien, on peut parler indifféremment de médecine magique ou de magie médicale[1]. Elle fournit d'ailleurs un exemple que l'on retrouve dans les évangiles : celui de l'emploi de la salive comme désinfectant usuel pour soigner la cécité[2]. Les onctions d'huile (Mc 6, 13 ; Lc 10, 34) faisaient partie du traitement d'Hérode, au chevet duquel se côtoyaient médecins et « inspirés »[3] : ces derniers justement incitèrent le roi à la conversion en imputant à son péché les maux dont il souffrait, hydropisie, gangrène, fièvre, convulsions. Hérode choisit la médecine et le thermalisme ; cette pratique est bien attestée à Tibériade au temps de Jésus, à Jérusalem avec les bains bouillonnants de Bethzatha (Jn 5, 2), et sur la rive orientale de la mer Morte, où poussait une plante censée chasser les démons[4]. On passait donc sans cesse de la thérapeutique à la magie ou à l'exorcisme.

Le propre du judaïsme contemporain de Jésus, c'est, en effet, d'avoir personnalisé le mal physique en « ce qu'on appelle les démons » ; ce sont « des esprits d'hommes méchants qui pénètrent dans le corps des vivants et qui provoquent leur mort »[5]. Les évangiles parlent couramment de malades « démoniaques »

---

1. Voir surtout livre XXVIII.
2. Pline, *HN*, XXVIII, 35-38 ; Jn 9, 6.
3. *GJ*, I, 656-660.
4. *GJ*, VII, 180-185.
5. *GJ*, VII, 180.

(Mt 4, 24 ; 8, 16 ; 8, 28 ; 9, 32). L'Évangile de Luc distingue plus nettement que les autres synoptiques, « maladie » et « possession » en réservant cette appréciation au sauvage de Gadara (Lc 8, 28).

Mais il est difficile d'identifier des miracles à caractère proprement médical, comme on le tente parfois. La fièvre dont souffre la belle-mère de Simon-Pierre (Mt 8, 14-15 ; Mc 1, 31) est couramment assimilée dans l'Antiquité grecque à un feu intérieur, à un châtiment ; Jésus personnalise la maladie et pratique en fait un exorcisme (Lc 4, 38-39). La « lèpre » – c'est-à-dire toute dermatose – est une souillure religieuse, qui exige une « purification »[1], mais les « lépreux » ne sont pas exclus des communautés villageoises, comme ils le seront au Moyen Âge : à Béthanie, Jésus est reçu chez Simon le Lépreux (Mt 26, 6 ; Mc 14, 3). Le répertoire des autres maux est ordinaire dans les sanctuaires guérisseurs : maladies gynécologiques, cécité ou surdité, paralysie... En réalité, ces handicaps peuvent être relativisés : l'aveugle peut être un malvoyant aux yeux infectés, l'infirme peut souffrir seulement d'une luxation[2], ce qui laisse place à l'interprétation rationnelle ou psychosomatique. L'Évangile de Jean ne prend d'ailleurs guère en compte ces guérisons ordinaires. Son recueil se limite à sept miracles qui, le plus souvent, lui sont propres et qui sont hautement significatifs du message pascal : la multiplication des pains (Jn 6, 1-14) et les noces de Cana (Jn 2, 1-11), qui annoncent l'Eucharistie ; la guérison à distance (Jn 4, 46-54 ; voir Mt 8, 5-13), qui évoque déjà le temps postpascal ; l'aveugle de naissance, qui illustre la rupture avec le judaïsme (Jn 9, 1-41) ; la résurrection de Lazare, signe prémonitoire immédiat de celle du Christ (Jn 11, 1-44).

Le problème historique est bien là, si l'on veut tenter d'apprécier la réalité des faits. Les évangiles devaient-ils faire absolument de Jésus un thaumaturge, compte tenu des représentations mentales de l'époque ? Font-ils œuvre d'apologistes et de propagandistes ou de chroniqueurs rapportant des faits ?

Rappelons d'abord que le miracle n'était pas considéré comme une preuve en matière religieuse : on l'admettait, quand il était

---

1. Mt 8, 2-3 ; 10,8 ; 11,5 ; Mc 1, 40-42 ; Lc 4, 27 ; 5, 12-13 ; 7, 22 ; 17, 11-19.
2. Tacite, *Histoires*, IV, 81.

bien attesté, mais ni dans la tradition juive ni dans le monde gréco-romain, il n'établissait l'authenticité des charismes et du message, tant était indécise la démarcation entre sorcellerie et thaumaturgie, prophétisme et charlatanerie. Les rédacteurs du Nouveau Testament n'ont cessé de se battre pour établir la différence, en identifiant un charisme du « discernement ». La littérature rabbinique et la tendance rationalisante de la polémique païenne présentèrent, au contraire, Jésus comme un sorcier. Après 70, les milieux rabbiniques se sont incontestablement raidis contre l'acceptation simple des miracles, si nombreux, pourtant, dans l'histoire du Temple avant sa chute ; un rabbi thaumaturge fut même traité de « déviationniste ». Loin d'avoir favorisé l'amalgame des deux communautés, les miracles de Jésus apparaissent donc comme une des pierres d'achoppement du débat entre Juifs et chrétiens.

Si l'on considère maintenant le milieu grec, on ne peut vraiment pas taxer les évangiles d'œuvres de propagande. Ils reprennent, certes, quelques stéréotypes du thaumaturge grec, tels que la clairvoyance[1]. Parfois aussi ils adaptent le schéma stéréotypé des récits miraculeux grecs, les arétalogies : présentation de la situation, provocations des adversaires, prière, révélation de la puissance surnaturelle, miracle, effroi des spectateurs et louange à Dieu (Mt 9, 2-8). Les miracles de Jésus, comme ceux des dieux païens, provoquent l'effroi sacré, le *thambos* (Lc 5, 4-9 ; Mc 1, 27). Mais l'intention démonstrative est inversée. Dans les arétalogies grecques, l'acte de foi suit le miracle, au terme d'une prise de conscience plus ou moins difficile : le miracle fait passer le malade de l'état d'incrédule à celui de croyant ; dans les évangiles, au contraire, l'acte de foi précède souvent le miracle (Mt 9, 21, 28). Seul le schéma de la pêche miraculeuse décrite par l'Évangile de Luc (5, 5-9) pouvait être familier aux Grecs. Si l'on ajoute que les arétalogies étaient des œuvres de propagande, et donc destinées à être diffusées, alors que Jésus demande le silence sur ses miracles, on conclura que les évangiles ne cherchaient pas à utiliser les représentations mentales des Grecs, mais témoignaient de leur conviction en la réalité de ces événements.

---

1. Jn 4, 18 ; Mt 9, 4 ; Mc 2, 8 ; Lc 5, 22 et 6, 81.

Le procès de Jésus : un témoignage

Nous ne possédons ni les minutes du procès de Jésus ni les termes de l'acte d'accusation. Mais, comme pour le procès de Socrate, nous les lisons en négatif dans les discours de défense. On peut aussi analyser les évangiles, comme les apologies de Socrate, à la lumière de la condamnation et de l'exécution de Jésus. C'est là la seule approche historique des textes possible puisque aucune reconstitution des faits ou des procédures, à partir des évangiles, ne résiste à l'examen.

L'événement a été réécrit à l'intention des Romains, y compris dans les détails. Certes, il y a dans le procès quelques notations juives qui attestent un fond de traditions locales : le lavement des mains, prêté à Pilate, est un rite juif et un thème biblique (Dt 21, 6-9) ; le vin mêlé de myrrhe est un narcotique destiné à étourdir le condamné, qui est connu du Talmud[1]. Les paroles ultimes de Jésus sont citées en araméen dans l'Évangile de Marc (15, 34), mais il y a une confusion impossible en milieu sémitique entre *Eliyyah* (Élie) et *Elâhi* (Dieu). Néanmoins d'autres détails confirment que le récit du procès a été en partie élaboré en milieu romain : le rêve de l'épouse (Mt 27, 19) apparaît aussi dans des récits romains comme un présage de mort[2].

Surtout, la personnalité de Pilate est complètement réinterprétée. Impopulaire dans la mémoire juive, il représente le type du mauvais gouverneur chez Philon[3] comme chez Flavius Josèphe[4]. Tous deux lui attribuent un caractère impitoyable et vindicatif, un comportement politique déplorable, mêlant corruption, torture et exécutions sommaires. Cette légende noire semble justifiée par la politique d'assimilation forcée qu'il mena aux dépens des traditions juives[5]. Le portrait des évangiles est beaucoup plus tolérant et nuancé. Pilate sera ensuite récupéré dans l'apologie, l'histoire et le roman chrétiens qui iront jusqu'à en faire un chrétien de cœur et, finalement, un converti[6]. Récupérer

---

1. *Talmud Babylone, Sanhédrin*, 43a ; voir Mc 15, 23 ; Mt 27, 34.
2. Dion Cassius, XLIV, 17, 1, sur la mort de César.
3. *Legatio ad Gaium*, 299-305.
4. *AJ*, XVIII, 3, 1 (55-62) et 4, 1 ; *GJ*, II, 9, 4 (169-177).
5. *AJ*, XVIII, 3, 1 (55).
6. Justin, *Apologie pour les chrétiens*, I, 35, 9 ; Tertullien, *Apologet.*, I, 21, 24 ; Eusèbe, *Histoire ecclésiastique*, II, 2, 1-3 ; *Actes de Pilate*.

Pilate, c'était affaiblir les responsabilités romaines et mieux ancrer Jésus dans l'histoire en se donnant la possibilité de produire des documents administratifs. Dans la réalité, Pilate était un militaire, un « préfet » (et non un « procurateur » administratif), un partisan de l'ordre public et d'une politique d'assimilation.

Il n'avait d'ailleurs pas les pleins pouvoirs que lui prêtent les évangiles. L'amnistie pascale est d'une historicité douteuse[1] : elle est attestée dans le Nouveau Testament (Ac 3, 14), mais jamais chez les historiens juifs, même favorables à Rome ; il y eut, au mieux, quelques cas isolés et particuliers d'indulgence dans le monde romain. Peut-être les rédacteurs des évangiles ont-ils réactualisé symboliquement, au bénéfice de Rome, l'épisode de l'amnistie du dernier roi de Juda par le roi de Babylone en 560 (2 R 25, 27-30 ; Jr 52, 31-34).

Le souci de donner une sépulture aux crucifiés semble bien avoir relevé plutôt de la piété juive[2] ; souvent, au contraire, les Grecs et les Romains leur refusaient des obsèques décentes, compte tenu de l'exemplarité du châtiment[3]. Or les funérailles de Jésus prennent un caractère royal, avec un embaumement extravagant, qui est certainement disproportionné (Jn 19, 39).

Enfin, les évangiles emploient un vocabulaire et une écriture volontairement imprécis. Contrairement à Josèphe et à Tacite, ils ne disent jamais que Jésus a été condamné et exécuté *par* Pilate, mais seulement que ce dernier l'a livré aux Juifs[4]. Les réalités du supplice de la croix, considéré comme ignominieux dans toutes les sociétés antiques, sont soigneusement occultées, surtout par rapport aux souffrances de l'agonie. Paul, quant à lui, affronte beaucoup plus librement le « scandale de la croix » (1 Co 2, 2 ; Ga 3, 1 et 6, 14 ; voir Ap 11, 8).

---

1. Mt 27, 15 ; Mc 14, 6 ; Lc 23, 17 ; Jn 18, 39.
2. *GJ*, IV, 5, 2 (317), en application de Dt 21, 22 ; admis par Jn 19, 31.
3. Artémidore, *Clé des Songes*, 2, 53 ; Pétrone, *Satiricon*, 111-112 ; Suétone, *Vies des douze Césars, Auguste*, 13 ; Tacite, *Annales.*, VI, 29.
4. Mt 27, 26 ; Mc 15, 15 ; Lc 23, 25 ; Jn 19, 16.

Le procès juif : une impossibilité

Les évangiles ont écrit le récit d'un double procès, ce qui leur permettait de faire intervenir une double motivation : religieuse chez les Juifs et politique chez les Romains. Dans les synoptiques, la responsabilité de la mort de Jésus est collective et porte sur le Sanhédrin ; dans l'Évangile de Jean, elle pèse plus particulièrement sur les grands prêtres Hanan (Anne) et Caïphe.

La narration des synoptiques est malaisée à suivre. Jésus passe la nuit chez le grand prêtre, soit qu'il y ait été jugé et condamné (Mt 26, 66 ; Mc 14, 64), soit qu'il ait simplement été placé en garde à vue (Lc 22, 54). Le lendemain, la scène se répète : le Sanhédrin siège à nouveau et détermine l'acte d'accusation (Mt 27, 1 ; Lc 22, 66 et 23, 2), puis l'accusé est conduit devant Pilate (Mt 27, 2 ; Mc 15, 1 ; Lc 23, 1). Ce doublet a toujours paru suspect, d'autant qu'une séance de nuit au Sanhédrin est irréaliste, puisque le gouverneur se trouvait alors à Jérusalem et que son autorisation était nécessaire, semble-t-il, pour convoquer le conseil[1] : on pense donc à une session informelle. L'Évangile de Jean, qui concentre les responsabilités sur le grand prêtre Hanan (Anne), présente cette étape comme une enquête préliminaire sur la doctrine de Jésus et ses disciples (Jn 18, 19) ; c'est en fait un procédé littéraire, un prétexte pour insérer un résumé de la vie de Jésus (Jn 18, 20), telle que l'a décrite cet évangile : transparente, sans secret, ni clandestinité ; Jésus prêchait publiquement dans le cadre légal de la synagogue, ce qui réfute d'avance les accusations de complot ou d'association factieuse. C'est un procédé d'apologie.

Au-delà de la succession des événements, il y a surtout un problème de compétences juridiques. D'après la tradition juive, le Sanhédrin avait perdu, sous Pilate justement, le droit d'appliquer la peine capitale, ce dont l'Évangile de Jean se souvient (18, 31). Pour admettre le déroulement des faits selon les synoptiques, il faudrait donc supposer une exception en matière de crime religieux pour apostasie et blasphème. Or celle-ci est inconcevable : quand Jacques fut condamné par le grand prêtre et le Sanhédrin, en 62, pour transgression de la foi juive, ce fut dans

---

1. *AJ*, XX, 9, 1 (202).

des circonstances exceptionnelles, à l'occasion d'une vacance dans la charge de gouverneur[1] ; la procédure fut jugée parfaitement illégale et dénoncée au nouveau procurateur par les Juifs eux-mêmes. Pilate est donc bien le seul qui avait les pouvoirs de condamner Jésus.

De plus, Jacques fut lapidé, alors que Jésus avait été crucifié. Là se trouve en effet le principal obstacle pour interpréter l'exécution de Jésus comme une condamnation pour crime religieux. Dans la Loi juive, les crimes de sorcellerie, de blasphème ou d'apostasie étaient passibles de la lapidation, et les délits moindres, de la flagellation. Philon en témoigne pour la même époque et les exemples historiques abondent[2]. Le sorcier venu d'Égypte qui portait des tatouages interdits par la Torah fut lapidé[3]. Jésus fils d'Ananias, qui pendant des années, entre 62 et 70, avait prophétisé comme Jésus la chute de Jérusalem et la ruine du Temple, reçut trente-neuf coups de fouet[4] ; arrêté et malmené par la foule, il avait été traduit par les autorités juives devant le procurateur, ce qui indique la marge de manœuvre limitée dont disposait le Sanhédrin. Rome semble avoir toléré l'exécution immédiate en cas de flagrant délit, surtout pour un étranger sacrilège qui aurait enfreint l'interdit du Temple, affiché dans toutes les langues ; la mise à mort était alors immédiate et sans jugement. D'aucuns pensent que les zélotes jouaient un rôle dans ces exécutions sommaires. La version de la mort d'Étienne transmise par les Actes est donc parfaitement plausible : accusé de blasphème (Ac 6, 11 et 13), il fut immédiatement lapidé (Ac 7, 57-58) ; à l'inverse, le discours devant le Sanhédrin relève d'une mise en scène rhétorique.

De ce fait, les traditions des synoptiques sur la part des autorités juives dans la mort de Jésus se révèlent irréalistes, bien que les rédacteurs se soient efforcés de recomposer un acte d'accusation valide en droit hébraïque : après les premiers témoignages discordants (Mt 26, 59-60 ; Mc 14, 56), l'accusation se précise sur les deux points de l'infidélité de Jésus envers le Temple

---

1. *AJ*, XX, 9, 1 (200-202).
2. *De Sp. leg.* I, 55 ; III, 101-102.
3. *Talmud Babylone, Shabbat*, 104b, et *Sanhedrin*, 67a.
4. *GJ*, VI, 302-305.

(Mt 26, 61 ; Mc 14, 58) et de la question messianique (Mt 26, 63-64 ; Mc 14, 61 ; Lc 22, 67-70). Elle s'appuie surtout sur le flagrant délit de blasphème (Mt 26, 65 ; Mc 14, 64 ; Lc 22, 71). Or ce flagrant délit aurait dû entraîner une lapidation immédiate, et non pas une condamnation à la croix par le gouverneur romain. Il est donc vain de rechercher dans les évangiles les causes immédiates qui auraient pu fonder de telles accusations : l'entrée triomphale à Jérusalem, perçue comme un rite d'intronisation ; l'expulsion des marchands de victimes au Temple, qui remettait en cause le rite sacrificiel ; les prophéties sur la chute du Temple. Ces événements ont été retenus dans cette séquence chronologique (qui n'est pas celle de Jean) comme signes de la révélation christologique.

En somme, la tradition rabbinique sur la mort de Jésus a mieux pris en compte les problèmes de droit et les réalités juridiques de l'époque[1], au point qu'on l'apprécie parfois comme une tradition orale particulière, indépendante des évangiles, née de contacts directs avec des chrétiens. Après un procès de quarante jours où il encourait la lapidation comme sorcier et « faux prophète » (qui trompait le peuple), Jésus le Nazaréen fut finalement « suspendu ». Le Talmud assimile donc le cas de Jésus à celui du faux prophète d'Égypte déjà cité[2] et suggère une accusation devant le Sanhédrin ; mais, tenant compte de la nature de la peine, il envisage implicitement un transfert devant le tribunal romain. L'accusation avait changé de sens.

La crucifixion, « la plus lamentable des morts[3] »

La peine de crucifixion témoigne que Jésus fut condamné à mort par l'autorité militaire (Pilate étant préfet), pour des raisons politiques. Le supplice de la croix avait été dès l'origine, chez les Perses, un châtiment politique et militaire à l'encontre d'un provocateur ou d'un traître, ou encore d'un groupe de révoltés. Il garda ce sens chez les Carthaginois, les Grecs contemporains de

---

1. *Talmud de Babylone, Sanhédrin*, 43a.
2. *Talmud de Babylone, Sanhédrin*, 67a.
3. *GJ*, VII, 6, 4 (203).

Périclès, les Romains et même les Juifs qui l'utilisèrent sous Alexandre Jannée à la fin du IIe siècle.

La valeur politique du supplice tenait à son caractère spectaculaire et même théâtral. Les croix étaient érigées dans un lieu public : pour Jésus, sur un mamelon rocheux qui ressemblait à un crâne, le Golgotha[1], et qui permettait de mettre le gibet en saillie ; le condamné était nu[2], ce qui représentait le comble de l'humiliation, surtout quand le cadavre restait sans sépulture, livré aux bêtes et aux vautours ; c'était une mort lente, que les évangiles ont abrégée. Quant à la flagellation, elle faisait partie intégrante de l'exécution, mais les évangiles la situent à des moments différents du procès[3]. Exécutée également en public, elle devait impressionner les assistants et encourager la dénonciation et la reddition[4]. Pour Jésus, elle se déroula sans doute sur le lieu même du procès, c'est-à-dire sur la place Dallée (Jn 19, 13), devant l'ancien palais royal où résidait le gouverneur.

Les autorités romaines ont condamné un messie, prétendant à la royauté. Cela ressort de l'écriteau fixé sur la croix, qui, selon la coutume, donnait les chefs d'accusation. Dans les synoptiques, seule est retenue l'accusation de « roi des Juifs », c'est-à-dire le crime de subversion[5], tandis que la tradition johannique ajoute « nazoréen », qui désigne sans doute Jésus comme chef de secte (Jn 19, 19)[6].

À travers le « roi des Juifs », ce n'est pas le Messie, le charismatique, qui était visé, mais bien le prétendant à la royauté. Cette pancarte rappelait implicitement toute une série de chefs révoltés, en particulier ceux qui s'étaient soulevés et avaient été mis à mort une génération auparavant, lors de la succession d'Hérode : l'esclave royal Simon, qui avait ceint le diadème[7] ; le berger Athrongaios, qui avait fait de même et organisé une cour et une armée[8] ;

---

1. Mt 27, 33 ; Mc 15, 22 ; Lc 23, 33 ; Jn 19, 17.
2. Mt 27, 35 ; Mc 15, 24 ; Lc 23, 34 ; Jn 19, 23.
3. Mt 27, 26 ; Mc 15, 15 ; Jn 19, 1 qui la place trop tôt, avant la condamnation, alors que Luc l'omet.
4. *GJ*, V, 11, 1 (449) ; VII, 6, 4 (200-204).
5. Mt 27, 37, et Lc 23, 38, qui transcrivent tous deux en grec la formule latine ; Mc 15, 26 qui l'abrège.
6. Voir ci-dessus chapitre 5.
7. *GJ*, II, 57.
8. *GJ*, II, 60-68 ; *AJ*, XVII, 10, 7 (278-284).

plus tard, Judas le Galiléen[1]. Jésus est ainsi inséré dans une série qui se prolonge après lui avec Theudas[2] et les fils de Judas crucifiés en 47[3]. C'est bien la preuve qu'un sentiment royaliste indépendantiste subsistait en Palestine et ne cessait de constituer un danger pour l'autorité romaine. Les premiers chrétiens ont été sensibles à cet amalgame (Ac 5, 36-37).

Les évangiles ne pouvaient guère réinterpréter le jugement de Pilate, car la pancarte représentait une preuve authentique accessible à tous (Jn 19, 20). Que Jésus ait été perçu par les Romains et les Juifs comme un prétendant à la royauté trouve sa confirmation dans la scène de dérision qui eut lieu dans les quartiers des soldats[4] : Jésus est couronné d'épines, couvert d'une chlamyde rouge de soldat qui évoque la pourpre royale et porte un roseau pour sceptre ; les insultes pleuvent, qui visent le roi des Juifs. Ce n'était pas une réaction spontanée ni exceptionnelle : la scène se reproduisit exactement dans les mêmes détails en 38 à Alexandrie, le papyrus remplaçant les épines[5], lors d'une manifestation d'antisémitisme politique contre le roi Agrippa, de passage dans la ville ; elle le visait – indirectement, il est vrai – à travers un simple d'esprit. La mise en scène, rapportée par les évangiles, est donc une de ces conduites de mépris, que les Grecs avaient coutume d'élaborer quand ils voulaient stigmatiser dans l'autre une différence irréductible et un danger. Celle-ci est antisémite et antiroyale : on criait à Alexandrie « *Marin* », ce qu'on croyait être le titre royal en araméen, comme on criait « Roi des Juifs » à Jérusalem.

Mais sur quelles bases les Romains avaient-ils pu parvenir à cette conclusion ? On ne peut rien tirer de l'entrée triomphale à Jérusalem[6], parce que le récit des évangiles présente les stéréotypes d'un rituel d'investiture sémitique ; de surcroît, il serait impossible que, dans de telles conditions, les troupes romaines ne

---

1. *GJ*, II, 118 ; *AJ*, XVIII, 1, 1 (4-10).
2. Ac 5, 36 ; *AJ*, XX, 5, 1 (97).
3. *AJ*, XX, 5, 2 (102).
4. Mt 27, 27-31 ; Mc 15, 16-20 ; Jn 19, 2-5 ; Lc 22, 63-64 est moins précis et la situe à tort au Sanhédrin.
5. Philon, *Contre Flaccus*, 36-39.

soient pas intervenues comme elles le faisaient immédiatement pour empêcher l'entrée d'un prophète.

On peut envisager une répression collective de tous les mouvements nationalistes, incluant Jésus dans la rafle. En effet, il y a déjà eu une arrestation, celle de Bar Abbas, dont on ne connaît que le patronyme et qui semble s'être aussi appelé Jésus, pour ajouter à la confusion[1] : il est désigné comme un fauteur de troubles et de guerre civile (*stasis* : Mc 15, 7 ; Lc 23, 19) ou comme un « brigand » (*lestes* : Jn 18, 40), terme par lequel on désignait ordinairement un ennemi de l'ordre romain. Ce chef d'accusation réapparaît dans deux traditions (Mt 27, 38 et 44 ; Mc 15, 27 et 32) pour les condamnés exécutés avec Jésus. L'Évangile de Luc (23, 33 et 39-43) parle seulement de « malfaiteurs », sans implications politiques, mais il est le seul aussi à poser la conversion d'un des deux condamnés, ce qui suggère évidemment des crimes d'ordre civil. Quel sens doit-on donner à « brigand » ? Dans les évangiles, l'image de marginaux révoltés paraît assez évidente dans la parabole du Bon Samaritain (Lc 10, 30, 36) et dans celle du Bon Pasteur (Jn 10, 1, 8), mais beaucoup moins quand il s'agit des marchands du Temple (Mt 21, 13 ; Mc 11, 17 ; Lc 19, 46), d'autant plus qu'on utilise une expression de Jérémie (7, 11), l'« antre des brigands ». Surtout, l'hypothèse d'une répression antinationaliste visant le groupe de Jésus bute sur le fait qu'on ne procéda qu'à une arrestation individuelle, sans s'en prendre aux disciples.

Aussi doit-on conclure que Jésus fut mis en cause personnellement, peut-être en raison du caractère apocalyptique de sa prédication. L'apocalyptique était par nature politique, puisqu'elle ébranlait l'ordre actuel en annonçant un nouvel ordre imminent, et cela malgré le pacifisme avoué du message des évangiles. Dans cette perspective, Jésus aurait été condamné sur son message, non sur son action : telle est la tradition de Marc, qui évacue totalement le politique.

Il faut quand même revenir sur l'interprétation politique de l'événement que donnent deux des évangiles et qu'ils résument à l'ouverture du procès. Dans la tradition de Luc (23, 2), on a mis en

---

1. Origène, *Comm. Mtt.*, 27, 16. Le nom de Jésus (Jeshua) est des plus courants.

cause le loyalisme de Jésus en lui prêtant un projet subversif à l'échelle de la nation, par ses incitations à la grève de l'impôt et par sa prétention à la royauté. Tout le récit des synoptiques, on l'a vu, vise à répondre à cette accusation qui assimilait Jésus à un révolutionnaire galiléen : la réalité de l'accusation se trouve ainsi prouvée par le soin qui a été mis à la réfuter. C'est en cela que la recherche des causes lointaines de l'arrestation peut être fructueuse. La composition littéraire et théologique des évangiles ne permet pas d'établir de relation logique entre un événement rapporté ou une parole de Jésus et son procès. Mais on peut lire le récit des évangiles comme une réponse à des accusations implicites ; c'est une caractéristique dans l'Antiquité de ce type de sources que fournissent les procès religieux.

L'Évangile de Jean permet de déceler en creux l'accusation de complot et de clandestinité. Elle est résumée quand il fait dire à Jésus qu'il n'a jamais parlé clandestinement, mais toujours en public, dans le Temple et dans les synagogues (Jn 18, 20) ; il revendique sa liberté d'expression, la *parrhésia*, qui est la marque de tout intellectuel de l'Antiquité. Tout le récit évangélique illustre cette thèse en même temps qu'il gomme totalement le délit religieux. À plusieurs reprises, en effet, on montre des épisodes d'accusation de blasphème et des procédures de flagrant délit qui auraient pu entraîner la lapidation mais qui tournent court (Jn 7, 30, 32, 44 ; 8, 59 ; 10, 31). Au contraire, l'évangile évoque à plusieurs reprises le problème de la publicité (Jn 26), celui des attroupements (Jn 11, 47-48 ; 12, 9), le repli dans une semi-clandestinité aux limites du désert (Jn 10, 39-40 ; 11, 54).

Le récit des événements menant à la Passion est beaucoup mieux structuré et beaucoup plus cohérent dans l'Évangile de Jean que dans les synoptiques. Jean suggère des conflits et des menaces antérieurs, qui ont obligé Jésus à se cacher. Dans ce contexte agité, Jésus était difficile à localiser ; il fallait provoquer une dénonciation (Jn 11, 57) et c'est ce qui explique l'intervention de Judas : au-delà de l'accusation stéréotypée de « vénalité » (Mt 26, 14-16 ; Jn 12, 4-6), la tradition de Marc (14, 11) précise que l'argent est « promis » et qu'il s'agit donc de la récompense normale du dénonciateur en cas de condamnation.

Pour en arriver aux faits bruts, deux données méritent réflexion. La première est que le banquet de la Cène a eu lieu la nuit

(1 Co 11, 23 ; Mc 14, 17 et Mt 26, 20 parlant du « soir »). Or les repas nocturnes, habituels chez les Juifs, étaient suspects aux Grecs et aux Romains sauf, obligatoirement, pour la Pâque. Comme l'Évangile de Jean situe la Cène la veille de la Pâque (Jn 18, 28)[1], ce banquet irrégulier peut avoir alimenté un soupçon de conjuration. De plus, le jardin de Gethsémani, sur le mont des Oliviers, est présenté partout comme la retraite habituelle de Jésus qui y passait la nuit (Lc 21, 37 ; 22, 39 ; Jn 18, 2), surtout quand il se sentait menacé (Jn 8, 1). Or le mont des Oliviers, en dehors mais proche de Jérusalem, apparaît dans l'histoire juive du Ier siècle comme un lieu de refuge et de regroupement de conjurés[2]. L'assimilation de Jésus à un chef de secte s'en trouvait donc facilitée.

L'examen des évangiles d'un point de vue historique donne des résultats parfois inattendus. Il faut reconnaître qu'ils inscrivent Jésus dans l'histoire à la manière de leurs contemporains. L'évangile de Paul, au contraire, se situe hors de l'histoire : même la crucifixion est intemporelle et dépersonnalisée à travers l'expression « les autorités de ce temps » (1 Co 2, 8) ; il ne fournit aucune donnée événementielle sur Jésus ; il ne mentionne même aucun miracle. Paul n'évoque la mort de Jésus que par rapport à la résurrection, dans l'économie du salut : il ne connaît que le Christ éternel dont il a eu la révélation mystique.

Les évangiles canoniques ne font pas de la grande histoire : ils n'inscrivent pas la vie de Jésus à l'échelle de l'Empire romain ou de la première expansion chrétienne, mais ils intègrent ou suggèrent des événements locaux, ce qui est en faveur d'une certaine continuité entre le passé réel et le récit.

L'Évangile de Jean apparaît finalement comme le plus riche d'informations historiques, comme le plus crédible et le plus cohérent dans l'articulation des faits, bien qu'il soit reconnu, unanimement, comme le plus théologique : ce n'est pas là le moindre paradoxe.

---

[1]. Confirmé par une source juive, *Talmud Babylone, Sanhédrin*, 43a.
[2]. *GJ*, II, 261 ; *AJ*, XX, 8, 6 (169).

CHAPITRE 7

« *Chacun les entendait en sa langue*[1] »

Inspiration et communication
dans l'Église de la Pentecôte

En ouvrant l'histoire de la première génération chrétienne par l'événement mystique de la Pentecôte, les Actes des Apôtres la placent sous le signe de l'inspiration. Ses héros sont des prophètes et des charismatiques et c'est ainsi qu'ils assurèrent la diffusion de l'évangile. L'Église d'Antioche – bien que parfaitement intégrée à la société gréco-romaine (Ac 13, 1-2) – fonctionne par inspiration, tout comme la première communauté éphésienne (Ac 19, 6) ou le groupe de Paul à Corinthe. Paul fonde l'Église précisément sur les charismes prophétiques et thaumaturgiques (1 Co 12, 28) : « Dieu a mis dans l'Église premièrement des apôtres, deuxièmement des prophètes, troisièmement des maîtres ; puis des pouvoirs, des charismes et des guérisseurs, une intelligence secourable, un art de gouverner les hommes, des types de langages. »

Pourquoi les apôtres se présentent-ils comme des prophètes et des inspirés, alors que le judaïsme du Second Temple semblait avoir vécu l'extinction du prophétisme en devenant une religion de prêtres ? Mais à l'époque des apôtres, Philon d'Alexandrie et Josèphe prenaient eux aussi en compte le prophétisme : le premier, au contact de la divination grecque[2], le second, en conformité avec l'historiographie flavienne, qui accumulait, pour

---

1. Ac 2, 6.
2. *Sp. leg.*, I, 65, et IV, 49.

le déclenchement de la guerre juive, des prodiges, des oracles, des prophéties de malheurs[1]... Il pose les esséniens, comme il se pose lui-même, en prophètes de cour, en conseillers du souverain. Le prophétisme juif existait alors au moins à l'état virtuel, même s'il n'avait plus sa place dans l'État-Temple.

L'événement fondateur de la Pentecôte relève par conséquent d'une double tradition historique : celle du prophétisme d'Israël, dans un de ses ultimes sursauts ; celle d'une tradition gréco-romaine attachée à l'inspiration, dont l'historiographie officielle se fait l'écho à travers Josèphe et Tacite, aussi bien qu'à une tendance philosophique que l'on peut faire remonter de Philon à Poseidonios d'Apamée. Dans les années 30, Philon d'Alexandrie, qui représentait, il est vrai, un judaïsme parfaitement hellénisé, reprenait, dans sa formulation au moins, la conception grecque du prophète médium[2] : un inspiré en état de possession divine, qui avait perdu la conscience de lui-même et qui n'était plus qu'un instrument vocal. Cette conception fut vigoureusement attaquée par d'autres intellectuels, dont Plutarque[3], ce qui montre également que le prophétisme chrétien se situe à la charnière de plusieurs courants de pensée, juifs et grecs.

L'expérience mystique de la Pentecôte :
une réactualisation de l'événement du Sinaï

L'expérience mystique collective, vécue par les apôtres, qui allait immédiatement les transformer en prophètes du Christ, s'inscrit dans un cadre rituel juif. Ce n'est pas la seule. C'est lors du pèlerinage d'automne (la fête des Tabernacles) que commença à prophétiser, en 62, Jésus fils d'Ananias[4] ; à la Pentecôte de l'été précédent, les prêtres de service dans le Temple avaient perçu une secousse et le bruit d'un choc avant d'entendre une voix prophétique[5]. La Pentecôte des apôtres, comme celle des prêtres,

---

1. *GJ*, VI, 5, 4 (311-312) ; voir Tacite, *Histoires*, V, 13 et Suétone, *Vies des douze Césars, Vespasien*, 4.
2. *Sp. leg.*, IV, 48-49.
3. *Sur la disparition des oracles*, 9 (414 e-f).
4. *GJ*, VI, 5, 2 (301 et 308).
5. *GJ*, VI, 5, 2 (300).

témoigne de la sensibilité religieuse d'une époque où les fêtes commémoratives bibliques suscitaient une très forte émotion dans le feu de l'actualité.

Fête des Moissons à l'origine, la Pentecôte juive était devenue depuis peu l'un des trois grands pèlerinages annuels, et commémorait désormais la révélation du Sinaï, l'Alliance renouvelée entre Dieu et Moïse, l'instauration de la Loi. Encore était-elle surtout célébrée dans certaines sectes juives, comme celle de Qumrân, ou chez les Juifs hellénisés qui composèrent au IIe siècle le *Livre des Jubilés*. L'expérience mystique que firent les apôtres n'est pourtant pas située dans le moment public de la fête, au milieu de la foule, lors des célébrations au Temple, mais dans le cadre intime de la maison où ils se réunissaient. Elle se déroule, en outre, à une heure matinale, avant le premier rassemblement des fidèles, au moment de la « collation » (*gleukus* : Ac 2, 13 et 15), où l'on offrait du vin doux aux pèlerins arrivés tôt. Cette forme particulière de convivialité religieuse, familière aux lecteurs grecs des Actes, était dispensée dans les maisons privées et s'ouvrait habituellement aux femmes et aux jeunes gens : les unes et les autres sont ainsi associés à l'expérience prophétique, un prophétisme extatique et apocalyptique (Ac 2, 16-21, citant Jl 3, 1-5).

D'emblée, cette forme prophétique particulière, qui va identifier l'apôtre du Christ, est justifiée et authentifiée. En effet l'une des traditions qui servit à la rédaction finale des Actes conservait, de façon très vivace, la perception de l'événement par les témoins : ceux-ci crurent que les apôtres étaient ivres (Ac 2, 13). Cette réaction immédiate renvoyait à bien des images, ambiguës ou défavorables. Pour les Juifs, le contre-modèle sous-jacent était celui des faux prophètes selon Isaïe (Is 28, 7-13), qui titubaient sous l'effet du vin et trébuchaient en rendant leurs sentences par onomatopées ; se trouvait visé ici le prophétisme ancien traditionnel (1 S 10, 10 ; 1 R 18, 21 et 28-29), qui reprenait les danses rituelles et la gestuelle des prophètes sémitiques et que perpétuaient encore les Galles dans le monde gréco-romain[1].

Aux lecteurs grecs, cette expérience d'ivresse sacrée et de « transport » collectif (Ac 2, 7 et 12) pouvait suggérer la transe

---

1. *De dea syria*, 50 ; Apulée, *Métamorphoses*, VIII, 27.

dionysiaque, toujours suspecte aux autorités politiques du monde gréco-romain, car on retrouvait ces inspirés à la tête de révoltes serviles ou nationalistes : Spartacus a ainsi représenté le prophétisme dionysiaque en Italie comme l'esclave Eunous, en Sicile, le prophétisme sémitique traditionnel ; en Palestine, les « faux prophètes » de l'historien Josèphe, qui vont fleurir jusqu'en 70, sont présentés comme des magiciens, des manipulateurs et des ennemis de l'ordre romain. Envisagé dans cette perspective, le don des langues se réduirait évidemment à une « glossolalie », ce langage incompréhensible et ésotérique d'initiés, propre aux sociétés religieuses secrètes que visait Isaïe (Is 28, 10 et 13).

Le discours prêté à Pierre récuse le soupçon d'ivresse et répond à l'image du faux prophète, que l'auditoire juif a dans l'esprit, en adaptant un texte de Joël (Ac 2, 14-21). Manifestement – et la référence davidique le souligne –, l'expérience de la Pentecôte est placée dans l'immédiat en milieu juif. Elle se rapporte, on y reviendra, aux Juifs de Jérusalem et à ceux de la Diaspora, venus au Temple pour la fête.

Les langues de feu :
une perception de la sensibilité religieuse contemporaine

Les apôtres ont perçu la venue de l'Esprit de Dieu comme des langues (*glossai*), à la fois divisées et semblables à du feu. Il est évident que le rédacteur des Actes joue sur les deux sens de « langue » : une forme et une voix. En effet, l'image du feu pour matérialiser la Voix divine et pour la rendre « visible » est conforme aux traditions juives récentes sur l'événement du Sinaï. Les targums araméens comme le judaïsme alexandrin glosent ainsi sur le texte de l'Exode : « La parole du Sinaï était comme des flèches, des éclairs, des torches de feu » ; Dieu matérialisa sa voix « en articulant le souffle en paroles », « en donnant une forme à l'air et en le transformant en feu en formes de flammes »[1]. Dans cette présentation de l'inspiration divine, commune à Philon et à l'auteur des Actes, les réminiscences grecques affluent : l'image des « flammes de feu », que l'auteur des Actes perçoit comme des

---

1. Philon, *De decalogo*, 9, 11 ; voir *Targum Neofiti 1*, Ex 20, 18 (Add. 27031).

« langues » en jouant sur les mots ; l'image d'une divinité *purpnoos*, « qui exhale le feu », incarnée par les Grecs en Tryphon et en sa fille, la Chimère.

Mais surtout l'expérience de la Pentecôte est inséparable d'une réflexion sur la révélation du Sinaï : c'est un nouveau Sinaï, une nouvelle Alliance, qui inaugure une ère nouvelle avec la manifestation de nouveaux prophètes. Ainsi, le christianisme naissant répondait à l'opinion répandue en milieu juif, à savoir que l'inspiration juive ne s'était plus manifestée depuis la disparition des derniers prophètes.

Ce nouveau Sinaï est d'emblée inscrit dans le contexte multiculturel de l'Empire romain où la communication linguistique suscitait un intérêt nouveau. La division de l'inspiration divine en plusieurs voix ou langues, pour que toutes les nations puissent la recevoir et la comprendre, était aussi une interprétation du judaïsme d'alors[1]. Le besoin de surmonter les divisions linguistiques pour prêcher un salut universel, qui n'apparaît pas dans le prophétisme juif ancien, reflète la nouvelle situation créée par l'Empire romain. En affirmant que l'homme inspiré doit pouvoir surmonter les barrières linguistiques (1 Co 14), l'apôtre Paul reprenait une exigence des Grecs, qui ira croissant jusqu'au IIIe siècle : l'intellectuel doit être polyglotte[2] ; c'était déjà vrai du prophète ou du faux prophète, fût-ce au prix de subterfuges[3].

Le récit de l'expérience apostolique et prophétique de la Pentecôte repose incontestablement, comme d'autres écrits juifs, sur une interprétation de la révélation du Sinaï. Il procède par images et par comparaisons, et en appelle à la fois à la tradition juive et à la tradition ou à l'actualité grecques. L'événement en lui-même est difficile à saisir car les premières communautés chrétiennes en ont fait des lectures différentes.

Le don des langues : prophétisme et communication

Dans la tradition de l'Église, l'expérience mystique de la Pentecôte a été unanimement perçue comme celle du don des langues,

---

1. *Midrash*, de Rabbi Johanan.
2. V. *Ap.*, I, 19.
3. Lucien, *Alexandre ou le faux prophète*, 19-20.

dans une promesse de salut universel, à l'échelle d'une Église étendue aux limites de la terre. Que le rédacteur des Actes l'ait considérée ainsi ressort d'une longue liste des peuples témoins de l'événement à Jérusalem (Ac 2, 9-11), qui couvre tout le Proche-Orient méditerranéen de son époque jusqu'aux confins. Mais cette énumération paraît correspondre à un second niveau de rédaction. Il est donc difficile de définir cette expérience de communication inspirée. La Pentecôte implique-t-elle un polyglottisme effectif, conçu comme un des charismes de l'Esprit (ce à quoi aboutissent les Actes 2, 6 et 8), ou une « glossolalie » au sens moderne du terme, c'est-à-dire un langage extatique aux expressions incompréhensibles (Ac 2, 4) ? Les Actes juxtaposent des interprétations différentes.

L'Antiquité, juive ou grecque, a toujours identifié et distingué ces deux types de communication inspirée. Dans la tradition juive, l'inspiré pouvait procéder par onomatopées (Is 28, 10 et 13) ; selon Josèphe, un prophète authentique utilisait d'abord des phrases complètes, qu'il cite, puis, à la fin, des sons répétés, une mélopée[1]. Quant à la tradition grecque, elle affirmait, depuis les origines, que l'inspiré devait renverser les barrières linguistiques : un témoignage archaïque du VIIe siècle établit une relation, qui devint classique, entre glossolalie et langue des dieux, en saluant comme un prodige un chœur d'Apollon qui pouvait imiter les parlers « confus » de tous les hommes par les sons et par les chants[2]. Le cas des oracles grecs est complexe. On n'a conservé que des transcriptions écrites régulières et non phonétiques, mais l'on possède, au moins une fois, deux interprétations différentes du même épisode historique. Quand un Carien d'Asie Mineure consulta le Ptoion de Béotie, pour les uns, le prophète aurait vaticiné dans une langue inconnue des Grecs, identifiée par le consultant comme la sienne[3] ; pour les autres, c'était une manifestation de bilinguisme et l'oracle a simplement répondu dans la langue où la question lui était posée[4]. Cela peut impliquer l'intervention de traducteurs, attestée par ailleurs[5]. Les chrétiens attribuèrent à

---

1. *GJ*, VI, 5, 3 (301, 305, 306).
2. *Hymne homérique à Apollon*, 156-164.
3. Hérodote, VIII, 135.
4. Pausanias, IX, 23, 6.
5. Lucien, *Alexandre*, 51.

Platon une distinction plus nette, qui liait la glossolalie à la possession, tandis que l'interprétation des oracles et des songes passait par les langues usuelles[1]. Les Grecs de l'Antiquité étaient donc partagés entre la reconnaissance de « prodiges », qui correspondent pour nous à des manifestations glossolaliques, et l'observation du bilinguisme des oracles.

L'interprétation de la Pentecôte qui met l'accent à la fois sur des phénomènes linguistiques et sur l'extension de la mission apostolique est directement d'origine paulinienne. C'est Paul (1 Co 14) qui a défini le prophétisme et l'inspiration chrétienne dans une approche générale du problème de la communication linguistique caractéristique de son époque.

Paul a inventé le concept de « glossolalie » (1 Co 14, 2-6, 13, 18). Il paraît l'avoir forgé en adaptant librement le terme d'ethnographie *hétéroglossoi* (1 Co 14, 21, repris Ac 2, 4), qui exprime en grec l'originalité linguistique[2], mais qui, dans la Bible grecque, traduit le sémitique « bégayant », quand le texte évoque les « faux prophètes » au comportement et à la parole extatiques, qui ne s'expriment que par des mots syncopés et répétés. Lorsque Paul traduit librement le portrait qu'en trace Isaïe[3], il en garde le thème essentiel – celui d'une langue autre –, mais il inverse les termes en privilégiant la « langue » sur les « lèvres », c'est-à-dire la communication sur l'expression. Il change aussi la portée du message : les « lèvres moqueuses » deviennent les « lèvres des autres », ce qui souligne implicitement l'importance des relations interethniques. Paul se démarque donc considérablement de la traduction grecque de la Septante, en réinterprétant une image de l'Ancien Testament, celle du Barbare moqueur dont le parler tourne le message en dérision, car il n'y a pas de possibilité de communication.

En grec, *glossa* s'oppose à *phonè*, la « voix », qui finit par désigner tout système linguistique caractérisant une communauté, « sa langue ». Au contraire, dans les sources, le terme *glossa* s'applique à des sons particuliers qui ne sont pas forcément identi-

---

1. Clément d'Alexandrie, *Stromates*, I, 143, 1.
2. Strabon, VIII, 1, 2 (323) ; Polybe, XXIII, 13, 2, et XXIV, 9, 5.
3. Comparer 1 Co 14, 21, et Is I, 28, 11-12.

fiables à des mots, à un mode d'expression, bref à « un langage » particulier.

Pour Paul, c'est un langage inarticulé, peu clair, dans lequel il reconnaît néanmoins une forme de communication inspirée. L'époque moderne en a tiré la définition de manifestations incompréhensibles, d'un langage extatique résultant d'une intense émotion religieuse, individuelle ou collective. Mais Paul distingue ce mode d'expression du prophétisme et le déclare inférieur, car le langage de l'inspiré ne permet pas d'établir la communication ni d'avoir une fonction communautaire. Paul semble désigner une parole perçue mais non comprise ; la langue agit comme un automatisme et non par l'intelligence.

Toute la théologie paulinienne est donc fondée sur l'opposition de la langue du prophète et de la langue « glossolale », celle du charismatique dirions-nous en termes contemporains. Le prophète parle dans l'intérêt de la communauté, l'inspiré parle pour lui-même (1 Co 14, 2-3). La prophétie est révélation et transmission d'un savoir, l'inspiré parle « en l'air » (1 Co 14, 5 et 9). La glossolalie est source d'incommunicabilité et de désordre dans les assemblées, alors que la prophétie fait l'unanimité (1 Co 14, 23-26). La glossolalie est un charisme partagé avec les incroyants, alors que le prophétisme authentifie l'apôtre (1 Co 14, 22). Certes, Paul ne récuse ni la glossolalie ni l'inspiration, puisque toutes deux témoignent d'une communication avec Dieu, mais il y voit des charismes inférieurs au prophétisme (1 Co 14, 2 et 5). Finalement, il considère plutôt la glossolalie comme un phénomène linguistique anormal (1 Co 14, 23). Pour ses convertis d'Éphèse, il a lui-même obtenu les charismes de glossolalie *et* de prophétie (Ac 19, 6) : il s'agissait précédemment d'une communauté baptiste dont le chef, Apollos, se signalait par le « bouillonnement » de sa parole inspirée.

Les Actes présentent un autre cas de glossolalie, dans le milieu cosmopolite de Césarée où coexistaient hellénophones, Juifs et soldats romains. La prédication de Pierre dans la maison du centurion romain y crée un phénomène collectif de glossolalie, qu'il faut bien entendre comme un langage extatique, puisqu'il fait tomber les barrières linguistiques (Ac 10, 45-46) : les chrétiens juifs sont hors d'eux-mêmes et entrent en transe comme les assistants de la Pentecôte (Ac 2, 7) ; les Grecs et les Romains prient

Dieu en se livrant à des manifestations glossolaliques. Mais ils représentent un groupe hétérogène, alors qu'à la Pentecôte les interlocuteurs des apôtres sont tous des Juifs de Jérusalem et de la Diaspora. Peut-être s'agissait-il simplement d'une question de « dialecte » (Ac 2, 6), c'est-à-dire de particularités régionales : une des traditions insiste d'ailleurs sur le parler galiléen des apôtres (Ac 2, 7).

La Pentecôte apostolique a donc d'abord été comprise par certains comme une manifestation glossolalique, c'est-à-dire charismatique, avant que ne prévale l'interprétation de Paul, tendant à faire du charisme prophétique un outil de communication de portée universelle.

Les aspects historiques du problème linguistique

Par l'intérêt général qu'il portait aux problèmes de communication, Paul était bien un homme de son temps. En constatant et en analysant la multiplicité des langues parlées dans l'Empire, il utilisait la terminologie et la classification de ses contemporains.

La langue (*phonè* : 1 Co 14, 10) caractérise un peuple comme un système particulier, avec son vocabulaire et sa syntaxe propres ; la communication passe par la connaissance des langues, apprentissage obligatoire si l'on ne veut pas vivre en marginal, à la manière d'un Barbare (1 Co 14, 14). Les préjugés de Paul s'expriment de la même manière que ceux des intellectuels grecs qui visitaient Antioche et déploraient le peu d'aptitudes linguistiques de ses habitants, leur *aphonia*, qui les faisaient passer pour des semi-barbares[1]. Dans l'opinion cultivée, le bilinguisme ou le multilinguisme étaient en effet considérés comme un signe de culture et d'intelligence[2], et l'on considérait que l'acquisition de langues étrangères dépendait de l'apprentissage de la rhétorique, l'essentiel étant de se faire comprendre et de pouvoir argumenter, surtout en justice. Paul fait sien ce point de vue quand il relève que la pratique des langues permet d'argumenter face à face, sans être un Barbare pour l'autre (1 Co, 14, 11). Pour un

---

1. *V. Ap.*, I, 16.
2. *V. Ap.*, VI, 36.

Grec[1], le prophète doit répondre dans la langue où lui a été posée la question.

La notion de « dialecte », qui est propre dans le Nouveau Testament à l'auteur des Actes (1, 19 ; 2, 8 ; 21, 40 ; 22, 2 ; 26, 14), met l'accent sur les façons de parler régionales[2]. Dans les Actes, le terme « dialecte » s'applique à l'araméen et surtout à l'hébreu, dont Josèphe témoigne qu'il restait la langue parlée à Jérusalem[3], quand on voulait se faire comprendre de tous. Les contemporains des apôtres établissaient la même distinction que nous entre langue lue et langue parlée. Comme nous, ils jugeaient possible de comprendre sans parler la langue[4], d'écrire des rudiments sans savoir parler[5], ou bien de rendre la communication orale plus facile en répétant les mêmes mots simples ou en joignant le geste à la parole[6].

Enfin, tout le monde admettait que la transe et l'inspiration pouvaient faire tomber les barrières linguistiques. Un roman grec met en scène une expérience de ce type aux confins de l'Égypte[7]. Les Éthiopiens, qui ne connaissent pas la langue grecque, ne comprennent pas la plupart des paroles échangées entre leurs souverains et les Grecs présents, mais l'excitation, la danse et les cris les font entrer en transe ; c'est l'inspiration divine qui crée la communicabilité (*symphonia*), l'impression d'unanimité étant créée par un rythme commun, même si chacun s'exprime dans sa propre langue.

L'horizon d'une mission inspirée

L'événement de la Pentecôte est présenté dans les Actes comme l'envoi en mission des apôtres auprès des non-Juifs : c'est ce qui explique et justifie l'interprétation du charisme comme le don des langues. L'idée d'une mission universelle conduisant les

---

1. Lucien, *Alexandre*, 51.
2. Strabon, VIII, 1, 2 (323), à propos des dialectes grecs.
3. *GJ*, VI, 2, 1 (97).
4. Héliodore, *Éthiopiques*, VII, 19, 3.
5. *V. Ap.*, I, 19.
6. Héliodore, *Éthiopiques*, I, 4, 2.
7. Héliodore, *Éthiopiques*, X, 38, 3.

apôtres entre Rome, Soudan, mers Noire et Caspienne, jusqu'aux extrémités du monde (Rm 15, 24 et 28), était commune à Paul et au milieu où s'élaborèrent les Actes des Apôtres, peut-être celui d'Antioche. On la retrouve, en effet, à la fin de l'Évangile de Matthieu (28, 19) et dans la tradition lucanienne (10, 1) : le chiffre symbolique de soixante-dix disciples correspond aux soixante-dix (ou soixante-douze) langues utilisées, d'après la tradition biblique, dans le monde connu[1].

Les deux procédés narratifs employés dans les Actes pour faire avancer l'action illustrent clairement cette idée. Les apôtres se voient indiquer la direction de leur mission par inspiration, vision ou rêve prémonitoire : Philippe est envoyé à Gaza sur la route de l'eunuque éthiopien (Ac 8, 26), Pierre à Joppé pour répondre à l'invitation du centurion romain (Ac 11, 12). L'orientation décisive de Paul vers l'occident, la Grèce et Rome, lors de sa seconde mission, se précise progressivement, d'abord grâce à une inspiration qui le détourne des provinces d'Asie et de Bithynie (Ac 16, 6-7), puis à la suite d'une vision onirique qui le détermine à passer en Europe (Ac 16, 9). Les Grecs utilisaient couramment l'interprétation des rêves pour indiquer ou modifier la direction d'un voyage[2].

De plus, à chaque étape de leur prédication, c'est l'hostilité des Juifs qui amène les apôtres à aller au-delà. Ce schéma est récurrent : l'évangélisation de la Samarie par Philippe suit l'expulsion des Hellénistes de Jérusalem après la mort d'Étienne (Ac 8, 4-5) ; Paul s'enfonce dans le continent anatolien jusqu'à Derbè, qui représente le bout du monde, parce qu'il est expulsé de toutes les synagogues où il s'arrête (Ac 13, 50-51 ; 14, 5-6, 20) ; il progresse en Macédoine pour les mêmes raisons (Ac 17, 9-10, et 13-14). Il s'agit là de trajectoires idéales, reproduisant un principe théologique, alors que les itinéraires suivis correspondent en réalité à une longue préparation, on y reviendra[3]. La mission chrétienne témoigna d'un pragmatisme incontestable, complémentaire de l'inspiration.

---

1. Clément d'Alexandrie, *Stromates*.
2. *V. Ap.*, I, 23, et IV, 34.
3. Voir ci-dessous chapitre 8.

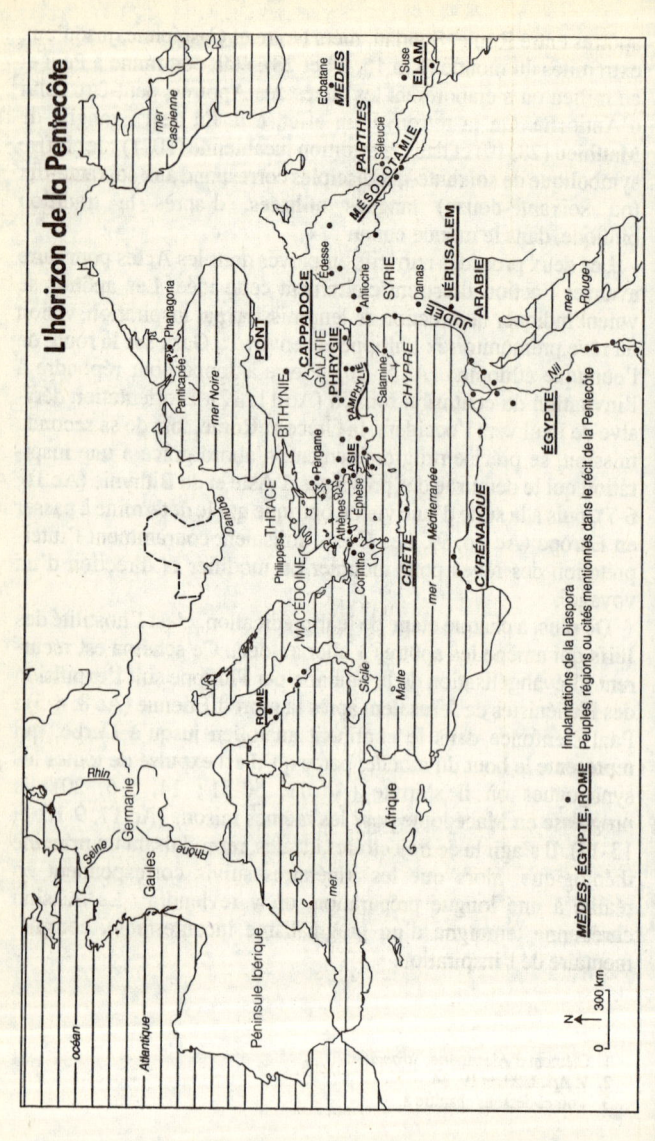

La dimension universelle de la Pentecôte résulte donc d'une réflexion postérieure à la mission paulinienne en pays grecs, comme le révèle l'ajout, signalé par des répétitions, de la liste des peuples à évangéliser ; il matérialise l'horizon missionnaire (Ac 2, 9-11) ; il permet d'interpréter une expérience de glossolalie somme toute classique en don des langues. Des oppositions classiques sont déplacées. Les « résidents » (*katoikountes*) sont distingués des « gens de passage » (*parépidemountes*) (Ac 2, 9-10), selon la typologie des Grecs quand ils considéraient la population étrangère d'un lieu donné ; or, dans ce cas précis, il ne s'agissait pas d'étrangers, mais de Juifs, l'opposition portant sur ceux qui résidaient dans les cités grecques de la Diaspora orientale – où ils étaient effectivement considérés comme des *katoikoi* ou *paroikoi* – et ceux qui vivaient en milieu romain, Juifs et sympathisants, où le terme de *Ioudaioi* couvrait « tous ceux qui ont adopté les usages juifs[1] ». L'horizon de la Pentecôte est donc celui de la Diaspora juive.

Ne sont envisagés que des mouvements d'étrangers de grande amplitude, entre Jérusalem et l'ensemble du bassin oriental de la Méditerranée. C'est un cadre géographique assez conventionnel chez les Juifs hellénisés du Ier siècle : on retrouve en effet la même liste de pays, ou à peu près, chez Philon citant une lettre du roi Agrippa I[er2], encore que le point de départ soit différent ; depuis Alexandrie, Philon parcourt le Levant, l'Anatolie, les Balkans, les îles et Chypre pour finir par le Moyen-Orient ; au contraire, partant de Jérusalem, le rédacteur des Actes envisage d'abord la Diaspora orientale, au-delà de Damas, en Mésopotamie, et termine par l'Égypte et Cyrène, en passant, lui aussi, par l'Asie Mineure, la Grèce et les îles. Il connaît parfaitement l'aire de rayonnement de Jérusalem : Josèphe et le Talmud témoignent de l'importance de la Diaspora moyen-orientale et d'une circulation intense entre la Mésopotamie et Jérusalem[3] ; aux limites de l'Empire parthe et dans sa mouvance, le royaume de Médie[4] et surtout celui d'Adiabène[5] entretiennent des rapports avec le

---

1. Dion Cassius, XXXVII, 17, 1.
2. *Legatio ad Gaium*, 281.
3. *AJ*, XI, 5, 2 (131) ; XV, 2, 2 (14-15) et 3, 1 (39) ; XVIII, 9, 1 (312), *Vie*, 11.
4. Pline, *Histoire naturelle*, VI, 29.
5. *AJ*, XX, 2-4 (17-96) ; *Mishnah Naz.*, 3, 6.

Temple. Dans le Proche-Orient, la Syrie-Phénicie est la région qui compte le plus de Juifs[1] ; les Arabes – c'est-à-dire les Nabatéens de Pétra – sont familiers de Jérusalem depuis leur engagement dans les armées d'Hérode[2]. Les Juifs d'Asie Mineure et des îles grecques, nombreux et particulièrement bien organisés, ont vu leurs privilèges confirmés par de fréquents édits romains[3] ; fidèles au Temple et assidus à la collecte[4], ils sont liés, aussi, à Hérode et aux Hérodiens. Au cœur de l'Anatolie, la Cappadoce elle-même entretient des relations avec la dynastie hérodienne[5]. Entre Jérusalem, l'Égypte et Cyrène, circulent des gens de métier ; surtout, l'Égypte fournit alors des prêtres et des scribes au Temple, à la faveur d'alliances matrimoniales conclues par les Hérodiens.

Dans ce cadre géopolitique juif très stéréotypé, l'introduction de l'Éthiopie, à travers le baptême d'un eunuque de la reine locale (Ac 8, 27-39), marque une réaction à l'actualité. Au-delà de l'Égypte, le pays des Éthiopiens – c'est-à-dire le royaume de Méroé, l'actuel Soudan – représentait l'extrémité méridionale du monde connu. Ce royaume barbare, où la reine (*kandakè*) jouait alors un rôle prépondérant, retint à deux reprises l'attention du monde gréco-romain au Ier siècle : à l'époque d'Auguste qui envoya deux expéditions pour contrôler la région[6], puis sous le règne de Néron qui décida une exploration préalable à une nouvelle guerre[7]. C'est sans doute à ce dernier événement que pensait le rédacteur des Actes.

L'horizon international fixé à la mission tient donc compte des réalités de la Diaspora orientale autant que de l'actualité du règne de Néron. Mais dans les récits que transmettent ensuite les Actes des premières missions apostoliques, au lendemain de la Pentecôte, celles-ci se présentent paradoxalement comme des mouvements de proche en proche, dans un faible rayon d'action. De Jérusalem, Philippe prêcha en Samarie et rejoignit Césarée mari-

---

1. *GJ*, VII, 3, 3 (43).
2. *GJ*, I, 16, 1 (303-307).
3. *AJ*, XIV, 10, 2-25 (190-264).
4. *AJ*, XIV, 7, 2 (212) ; Cicéron, *Pro Flacco*, 18.
5. *GJ*, I, 25, 1 (499-501).
6. Strabon, XVII, 1, 54 (820), et Dion Cassius, XLIV, 5, 4.
7. Pline, *Histoire naturelle*, VI, 29 et 35 (181-186).

time où il se fixa (Ac 8, 5 et 40), parcourant la zone phénicienne entre Ascalon et Iamneia (Ac 8, 40). De Jérusalem, Pierre gagna la mer à Joppé (Ac 9, 36-43), après s'être arrêté à Lydda (Ac 9, 32-35). De Joppé, il rallia lui aussi Césarée, à l'invitation d'un centurion, après deux jours de voyage par la route côtière (Ac 10, 23-24). Césarée, fondation d'Hérode, siège du gouverneur romain et ville cosmopolite, était une porte ouverte sur le monde gréco-romain où Pierre parvint dans une étape ultérieure de sa mission. Quant aux débuts de la prédication paulinienne à Damas (Ac 9, 2-20), ils s'inscrivirent également dans le cadre de la Diaspora orientale, dans le milieu sémitique et non dans l'horizon gréco-romain.

Enfin le silence des Actes sur l'évangélisation de l'Égypte, bien que cet objectif soit évoqué dans le récit de la Pentecôte, pose un problème historique. Compte tenu des liens réguliers et très intenses qui existaient à l'époque entre Jérusalem et Alexandrie, l'Égypte constituait une direction prioritaire et relevait d'une mission judéenne. Or le seul jalon que fournissent les Actes, pour l'époque apostolique, est celui d'Apollos (Ac 18, 24-28), un prédicateur d'Éphèse et de Corinthe dans la mouvance paulinienne (1 Co 1, 12) ; c'était un Juif d'Alexandrie, très hellénisé d'après son nom, « savant », porté aux mêmes spéculations philosophiques qu'un Philon, si l'on en fait l'auteur de l'Épître aux Hébreux. Mais les Actes ne rapportent sur sa formation que ses liens avec le milieu baptiste et certains disciples de Jean, sans situer sa conversion à Alexandrie.

Tout cela confirme que l'inspiration universaliste de la mission est une réinterprétation postérieure à l'événement de la Pentecôte, mais qui ne correspond pas exactement aux débuts de la prédication apostolique tels que les Actes eux-mêmes les rapportent. On ne saurait donc en tirer argument pour affirmer que l'inspiration de la Pentecôte fut le don des langues ; ce fut plus probablement une expérience de glossolalie en milieu juif, réinterprétée en charisme de la parole.

La deuxième Pentecôte : le prophétisme et la parole libérée

Très vite, l'interprétation chrétienne du charisme de la parole a évolué dans une perspective ouverte par la philosophie et la rhétorique grecques : celle de la liberté d'expression, la *parrhésia*. Dans les Actes, alors que les apôtres se voient signifier pour la première fois l'interdiction d'enseigner au Temple (Ac 4, 18), une nouvelle inspiration leur accorde le franc-parler au cours d'un transport collectif (Ac 4, 31), expérience qui constitue une seconde Pentecôte.

Les apôtres, qui refusaient le modèle du lettré juif, ont accepté celui de l'intellectuel grec. Dans la tradition évangélique de Jean comme dans les Actes, en effet, le scribe juif fait fonction de repoussoir. Jésus et les apôtres sont présentés comme des gens dépourvus de la formation rabbinique complète, « qui ne sont pas des lettrés » (*agrammatoi* : Ac 4, 13 ; voir Jn 7, 5). Les rédacteurs ne voulaient quand même pas parler d'« illettrés », traduction très exagérée. Les apôtres ne prennent la parole qu'à titre privé (Ac 4, 13), ce qui signifie qu'ils ne font pas partie de la corporation des scribes. Le charisme de leur « franc-parler » (*parrhésia*) révèle au contraire une continuité entre les chrétiens et la culture politique et philosophique de la cité grecque.

Dire une parole libre, une parole vraie a représenté l'achèvement de l'idéal démocratique : les Grecs, à la fin du Ve siècle, avaient revendiqué le droit de parler pour tous et, surtout, une complète liberté d'expression. Les philosophes, par la suite, firent leur cette exigence, tout en l'intériorisant : elle devint pour eux un devoir de franchise, même et surtout au risque de leur vie, en particulier chez les Cyniques qui jouaient volontiers les provocateurs à la cour des grands ou dans la rue. Le « Libre-Parleur » apparaissait ainsi comme la figure emblématique d'un courant de pensée qui dénonçait tous les faux-semblants, les pseudo-philosophes et les pseudo-prophètes.

On insiste souvent sur le caractère contestataire et marginal de ce type d'intellectuel qui s'en prenait au pouvoir. Ces affrontements étaient mis en scène de façon assez stéréotypée, le francparler introduisant une dialectique de provocation et de répression pour dénoncer la tyrannie. Chez les écrivains officiels, chez un Plutarque par exemple, le franc-parler était considéré comme un comportement ambigu qu'il fallait pratiquer à bon escient et, de préférence, dans la sphère du privé, en évitant les excès nationalistes ou sectaires, sources de troubles pour la cité. Aussi a-t-on émis l'hypothèse que la vertu du franc-parler aurait été revendiquée par les Juifs hellénisés – tel Philon à Alexandrie – puis par les chrétiens jusqu'au martyre pour se démarquer de la culture classique traditionnelle.

Cette idée demande à être nuancée. À l'époque hellénistique et sous l'Empire, le franc-parler demeurait un idéal civique et la vertu reconnue de notables bien intégrés. À Alexandrie, les gymnasiarques et autres magistrats de la cité la revendiquaient hautement. Il en allait de même du Juif Philon qui avait bien compris qu'elle représentait une valeur partagée par le sage et la cité, puisqu'elle introduisait un débat public, ouvert à tous et donc bénéfique à tous, en lieu et place des vaticinations ou gestes ésotériques de certains charismatiques, prophètes ou magiciens[1]. Ce point de vue est repris dans l'Évangile de Jean qui souligne le caractère public de la prédication de Jésus. La première littérature chrétienne s'inscrit donc dans la tradition du judaïsme hellénisé et achève une réflexion inaugurée par la philosophie grecque pour transformer un droit civique en charisme personnel. En effet, dans la tradition de l'Évangile de Jean, des Actes, des épîtres de Paul et de celle aux Hébreux – dont l'auteur vraisemblable, Apollos, était justement issu du judaïsme alexandrin, le plus brillant intellectuellement –, le Nouveau Testament voit dans le franc-parler un charisme du baptisé, caractérisant sa relation à Dieu par la médiation du Christ ; le charisme facilite le dialogue inspiré qui apparaît comme une nouvelle forme de prophétisme dans les Actes[2], comme chez Philon[3].

Paul va encore plus loin, qui fait du franc-parler le charisme spécifique de l'évangéliste : la parole libre est authentique et garantie par Dieu ; elle témoigne de l'identification au Christ (1 Th 2, 2-4) ; elle est fondée sur la foi au Christ (Ep 3, 12). C'est le charisme du Logos, parole de sagesse et de connaissance (1 Co 12, 8), qu'on obtient comme un don et une inspiration, à force de prières (Ep 6, 17-20). Ce point de vue de Paul prisonnier, à la veille de comparaître devant les tribunaux civils, correspond à la prière des apôtres alors qu'ils se sentaient menacés, à Jérusalem, par les autorités civiles (Ac 4, 24-31). Dans les Actes, plus

---

1. *Sp. leg.*, I, 321.
2. Ac 9, 3-6 et 10-16 ; 10, 13-15 ; 11, 7-10 ; 22, 7-10 ; 26, 14-17.
3. *V. Moïse*, 2, 188-191.

généralement, le franc-parler apparaît systématiquement comme le charisme des grands évangélistes : celui de Pierre et de Jean à Jérusalem (4, 13 et 29), celui de Paul à Damas et à Iconion (13, 46, et 14, 3), d'Apollos comme de Paul à Éphèse (18, 26, et 19, 8), de Paul devant Agrippa (26, 26). Les Actes des Apôtres (28, 31) se concluent d'ailleurs sur l'exaltation, à travers Paul, de l'intellectuel prophète, « héraut » de la vérité, philosophe stoïcien, « maître » qui enseigne en toute liberté.

Apôtres et prophètes ont ainsi marqué l'histoire des Églises grecques en assumant la figure du maître sans rompre avec le modèle biblique. La première communauté d'Antioche était composée de prophètes et de maîtres (Ac 12, 1). La génération postapostolique considérait comme une fonction unique celle de « prophète et maître[1] ». Au moment même où une hiérarchie locale était en train de se mettre en place, les Églises recevaient encore des apôtres et des prophètes en tournée pastorale[2] : le prophète est alors présenté comme un inspiré aux gestes symboliques, mais aussi comme un maître de vérité qui doit mettre en pratique son enseignement[3]. Progressivement, les évêques et les diacres se sont substitués aux prophètes[4].

Mais cette adaptation au modèle hellénique ne fit pas l'unanimité dans les communautés juives du premier christianisme. À Jérusalem, à la fin des années 50, Jacques condamna l'intellectualisme des maîtres, leur prolixité (Jc 1, 19-27, et 3, 5), leur tendance à l'introspection et surtout leur goût pour la polémique (Jc 3, 8-10 et 14-18), aux effets dévastateurs, les intellectuels étant, plus que tout autre, sujets à l'erreur (Jc 3, 1-12) ; l'apostolat, disait-il, passait aussi par les œuvres de bienfaisance, voire par les guérisons (Jc 5, 14-15).

Les autres charismes apostoliques

Le modèle christologique du thaumaturge était en effet bien vivant. « Vous avez vu, écrit Paul (2 Co 12, 12), les signes de

---

1. *Didachè*, 15, 1.
2. *Didachè*, 11, 3-8.
3. *Didachè*, 11, 9-10.
4. *Didachè*, 15, 2 ; *I Cl.*, 40-41.

l'apôtre : sa résistance aux épreuves, ses signes, ses prodiges et ses pouvoirs. » Le rédacteur des Actes emploie les mêmes formules : ses signes et ses pouvoirs expliquent le succès de Philippe en Samarie (Ac 8, 13) ; les signes et les prodiges caractérisent l'action d'Étienne (6, 8), récompensent le franc-parler de Paul et de Barnabé (14, 3), témoignent de la conversion des non-Juifs (15, 12). Le miracle authentifie donc l'apôtre.

Cependant, dans la liste des charismes fournie par Paul (1 Co 12, 4-10), les pouvoirs et les dons de guérisseur n'apparaissent qu'après les charismes de la parole, mais avant l'interprétation des langages. Le portrait et la chronique des apôtres ne reproduisent pas du tout le modèle de Jésus le thaumaturge : les épîtres ne décrivent ni ne mentionnent jamais de miracles, et les Actes ne les traitent qu'avec réserve et mesure. Cela rend compte, assez exactement, de la sensibilité des gens cultivés dans le monde gréco-romain. En même temps, la différence de traitement de la thaumaturgie dans les évangiles et dans les Actes des Apôtres conforte l'authenticité des traditions relatives aux miracles de Jésus.

Les Actes de Pierre, comme ceux de Paul, ont sélectionné les mêmes miracles de bienfaisance, en très petit nombre : deux guérisons d'infirmes par Pierre et une par Paul (Ac 3, 2-11 ; 9, 33-34 ; 14, 8-10) ; une résurrection par chacun, celle effectuée par Paul étant plutôt présentée comme une réanimation dans un cas de mort apparente (Ac 9, 36-41, et 20, 9-12). Paul soigne et guérit aussi fièvres et dysenteries à Malte (Ac 28, 8). Les pouvoirs thaumaturgiques de Pierre et de Paul apparaissent si forts aux populations qu'elles s'attendent à ce qu'ils guérissent par leur ombre, ou même par le contact d'objets (Ac 5, 15, et 19, 12). L'époque croyait aux miracles, mais sans les galvauder. La vie d'un sage inspiré, Apollonios de Tyane, fournit un exemple comparable : malgré le décalage chronologique, puisqu'il s'agit d'événements du Ier siècle qui ne furent relatés qu'au IIIe, les milieux concernés sont souvent les mêmes, à savoir Éphèse et Rome ; or le catalogue des miracles s'y limite aussi à trois guérisons et à une « résurrection » dans un cas avoué de mort apparente.

Pour les Grecs, le miracle signifiant, celui qui authentifie le thaumaturge, doit être une guérison publique, sans manifestations ésotériques ni paroles incompréhensibles. Ainsi, les thaumaturges étaient nettement distingués des magiciens, représentés dans *La Vie d'Apollonios* par les brahmanes indiens ; ce sont ces derniers qui utilisent des procédés de sorcellerie, comme, par exemple, faire intervenir un lièvre vivant dans un accouchement difficile[1]. C'était certainement une réaction d'intellectuels, car les notables d'Éphèse n'hésitaient pas à appeler auprès de leurs enfants malades des prêtres et des devins pour célébrer des rites d'apaisement et prononcer des formules « barbares », dont les amulettes aux « lettres éphésiennes » nous ont gardé l'exemple[2].

La guérison des boiteux apparaît partout comme très ordinaire. Or cette infirmité, on l'a dit, pouvait se limiter à des luxations ou des fractures et se laisser réduire par quelques manipulations. L'Antiquité attendait ainsi du sage des compétences de médecine empirique, distinctes de la magie. C'était peut-être le cas du diacre Philippe qui soigna boiteux et paralytiques en Samarie (Ac 8, 7). La pratique d'onctions pour soigner les malades, évoquée pour les Douze en Galilée, puis dans l'Église de Jérusalem, apparaît assez ambiguë (Mc 6, 13 ; Jc 5, 14), mais pour Pierre et pour Paul, le rédacteur des Actes récuse par avance l'hypothèse de manipulations chiropractiques : tout passe par la voix et le regard.

La personnalité thaumaturgique de Paul est plus développée dans les Actes que celle de Pierre. Lui seul pratique des exorcismes, individuels ou collectifs (Ac 16, 16-18 ; 19, 13-17), comme Apollonios[3]. Les Grecs pourtant n'acceptaient l'exorcisme comme pratique curative qu'avec une certaine réticence. Non qu'ils ne croyaient plus aux démons et aux formes de possession : cette conception prérationnelle et préhippocratique du pathologique, qui aboutissait à une personnalisation de la maladie, se maintint durant tout l'Empire, mais l'opinion éclairée répugnait au psychodrame de dépendance et d'autorité que constituait une séance d'exorcisme. Le rédacteur des Actes n'en a donc utilisé que deux, dans un contexte précis de concurrence,

---

1. *V. Ap.*, III, 39.
2. Roman de Xénophon d'Éphèse, I, 5, 6-7.
3. *V. Ap.*, III, 38 ; IV, 20.

pour distinguer l'apôtre-prophète du ventriloque, et le thaumaturge des magiciens juifs.

Les miracles d'éclat ne sont pas négligeables dans la vie de deux apôtres : ils assurent leur salut ou leur suprématie dans des circonstances particulièrement critiques. L'ubiquité du diacre Philippe et sa capacité à disparaître pour réapparaître dans un autre lieu restent exceptionnelles (Ac 8, 40). C'est une capacité qu'il partage avec les thaumaturges grecs[1] ; elle met en évidence des strates successives dans la rédaction des Actes. Le miracle de la vipère, qui est l'occasion pour Paul de montrer sa maîtrise du monde animal sauvage, l'impose aux Barbares de Malte (Ac 28, 3-5).

Le miracle de l'automatisme en faveur des prisonniers, qui faisait tomber leurs chaînes et s'ouvrir les portes de leur geôle, était également attendu par l'opinion du temps[2]. Pierre et Jean, puis Pierre seul à Jérusalem, Paul et Silas à Philippes en bénéficièrent, mais le rédacteur des Actes traite différemment les trois épisodes afin de montrer de plus en plus clairement la différence chrétienne. Dans les deux premiers, le prodige de l'automatisme est l'action d'un ange (Ac 5, 19-20 et 12, 7-11), dans le cadre d'une vision mystique pour Pierre. À Philippes, le miracle répond à la prière de Paul (Ac 16, 25-27) ; c'est une intervention directe de Dieu, que l'auteur présente comme un séisme pour laisser ouvertes toutes les interprétations. Dans les Actes de Paul comme dans *La Vie d'Apollonios de Tyane*[3], le charismatique montre en cette occasion sa totale liberté puisque tous deux font le choix de rester en prison. La différence est surtout dans la procédure thaumaturgique : Apollonios tire tout de lui-même, sans invocation, ni rite préliminaire, et par là révèle sa nature surhumaine[4], tandis que le miracle chrétien répond à la prière. Même si la sensibilité religieuse est la même, les miracles ont une fonction différente dans les récits grecs et dans les récits chrétiens. Le sage grec, en tant que thaumaturge et guérisseur, se pose comme « homme divin » en manifestant sa prescience, son omniscience, son extra lucidité,

---

1. *V. Ap.*, VIII, 5 et 10.
2. *V. Ap.*, VII, 38 ; dans un autre contexte, *GJ*, VI, 5, 3 (293) ; Tacite, *Histoires*, V, 13 ; Dion Cassius, XLII, 26, 4 ; XLV, 17, 2 ; LXI, 35, 1.
3. *V. Ap.*, VII, 38.
4. *V. Ap.*, VIII, 5.

sa clairvoyance ; il ne s'agit pas de procédures magiques, mais de qualités exceptionnelles. L'homme de Dieu, au contraire, n'a pas à se révéler lui-même ; il doit témoigner de la puissance de Dieu.

L'effacement du thaumaturge devant le visionnaire

L'apôtre apparaît en définitive dans les Actes, surtout par comparaison avec les récits grecs, comme un instrument assez neutre de la puissance divine. Il ne s'attribue jamais le miracle, mais en renvoie la gloire à Dieu, alors que l'« homme divin » des Grecs, qui puisait ses ressources en lui-même, s'imposait comme le détenteur de pouvoirs divins. De plus en plus, en effet, la religion hellénistique a assimilé le divin à la puissance et identifié quiconque détenait la puissance, roi ou sage, à un dieu. Cela a accentué la différence avec la foi judéo-chrétienne, fondée sur la transcendance divine, malgré un répertoire hagiographique assez semblable et une sensibilité partagée[1].

Cette différence se manifeste à travers l'importance donnée aux anges dans les Actes. Les anges sont les véritables détenteurs du pouvoir thaumaturgique et les véhicules de l'inspiration. Ils ouvrent les portes des prisons, apparaissent au centurion dans sa demeure (Ac 10, 3-7) et à Paul, en rêve, sur le bateau de Rome avant le naufrage (Ac 27, 23) ; ils se manifestent aussi comme une voix intérieure (Ac 8, 26, et 23, 8-9). En eux sont donc matérialisées toutes les formes de communication mystique habituelles aux lecteurs grecs des Actes : le rêve, l'apparition, l'inspiration, le miracle.

Les Actes reprennent ici un système de représentation du judaïsme hellénisé, qui avait l'habitude de donner forme ainsi aux interventions divines et d'évoquer la population de la Jérusalem céleste. Puissance d'extermination dans la littérature apocalyptique, l'ange apparaissait chez certains prophètes récents de l'Ancien Testament comme un principe spirituel lié au destin de chaque individu. Cette théologie se retrouve dans les évangiles de Matthieu et de Luc, les épîtres de Paul et de Pierre, qui s'adressent à des milieux hellénisés, dans celle aux Hébreux qui est marquée

---

1. Voir ci-dessus chapitre 3.

par le judaïsme alexandrin, dans celle de Jude tout imprégnée de la littérature juive hellénistique. C'était donc une sensibilité particulière dans le christianisme primitif, ancrée dans le judaïsme hellénistique mais aussi dans une tradition proche-orientale d'intermédiaires divins, car on connaît en Asie ou en Syrie des « anges du paganisme ».

L'ange puissance d'extermination se retrouve dans l'Apocalypse (Ap 15-18), ainsi que dans le récit de la mort d'Hérode (Ac 12, 23). L'ange est aussi perçu comme l'image spirituelle de Pierre (Ac 12, 15). Mais surtout les anges apparaissent dans les épîtres de Paul comme la matérialisation de la voix divine, qui promulguent l'évangile comme ils ont promulgué la Loi (Ga 1, 8 et 3, 19) ; ils sont liés au charisme du langage (1 Co 13, 1). L'Épître aux Hébreux développe cette conception (He 2, 2, 5, 7, 9, 16) et permet d'en saisir la genèse, quand la traduction grecque de la Bible à Alexandrie a remplacé par les anges, le vent et le feu qui étaient les intermédiaires de Dieu dans la version hébraïque[1]. On en revient donc à l'expérience mystique de la Pentecôte à travers ce besoin de matérialiser la voix et l'inspiration divines. L'apôtre est un visionnaire plus qu'un thaumaturge.

Prophètes et visionnaires

Les visions, apparitions ou extases, jouent un rôle important dans la vie des apôtres, telle que la relatent les Actes ou les épîtres de Paul.

Les Actes s'intéressent surtout aux apparitions. Les apparitions du Seigneur prolongent les manifestations christiques postpascales et créent une relation personnelle entre le Christ et l'apôtre. À deux reprises – pour Ananie à Damas et pour Paul dans le Temple de Jérusalem (Ac 9, 10-16, et 22, 17-21) –, elles sont mises en scène comme des dialogues où s'enchaînent appel, ordre et objections, avant l'envoi final : l'apparition divine est donc devenue le cadre d'un dialogue mystique, qui était reconnu comme un type de prophétisme dans le judaïsme hellénistique[2] ;

---

[1]. Ps 104, 4, cité dans He 1, 7, comme une définition des anges.
[2]. Philon, *V. Moïse*, 2, 188-191.

cette mystique s'oppose assez nettement à la religiosité hellénistique où la communication avec la divinité prenait exclusivement la forme d'« ordres ».

Les Actes de Pierre (Ac 10, 2-7, et 12, 7-10) – plus encore que ceux de Paul (Ac 27, 23-24) – sont marqués par des apparitions angéliques, dans la tradition du judaïsme hellénistique. Cependant, l'apport grec est indéniable dans l'interprétation des phénomènes mystiques : le meilleur exemple en est fourni par les visions simultanées et coordonnées de Pierre et de Corneille (Ac 10, 1-16), qui représentent un type de télépathie attesté dans la littérature religieuse éphésienne[1].

Les Actes de Paul, qui se situent en milieu grec, utilisent davantage les visions oniriques. Celles-ci constituaient pour les Grecs l'expérience mystique par excellence, puisqu'elles fournissaient le cadre de l'épiphanie divine lors de l'incubation nocturne dans les sanctuaires guérisseurs. Elles représentaient une forme d'inspiration à interpréter. Paul bénéficie d'une apparition du Christ en songe, alors qu'il est en prison à Jérusalem (Ac 23, 11) ; elle est prémonitoire, comme l'est aussi la vision en rêve d'un Macédonien, qui l'incite à passer en Europe (Ac 16, 9). Pour les premiers chrétiens, ces rêves prémonitoires, qui constituaient un fond commun à toute l'Antiquité, prolongeaient l'expérience de la Pentecôte : dans les discours de Pierre (Ac 2, 17), rêves et visions sont définis précisément comme une forme d'inspiration.

Dans les Actes, les extases à proprement parler, ou transports « hors de soi-même », sont beaucoup plus rares, encore qu'ils caractérisent aussi l'expérience de la Pentecôte (Ac 2, 7 et 12, qui constituent certainement un doublet). Étienne, au moment de mourir (Ac 7, 55-56), et Pierre, en prière à Joppé (Ac 10, 10-16), vivent un dévoilement extatique des réalités célestes, et c'est encore comme « une vision céleste » (Ac 26, 19) qu'est définie l'expérience de Paul à Damas.

Paul, à l'inverse, privilégie les extases et révélations sur les apparitions : il semble beaucoup plus influencé que le rédacteur des Actes par la tendance apocalyptique du judaïsme de son

---

1. Strabon, IV, 14, à propos de la fondation de Marseille.

temps. Certes, les apparitions postpascales sont, pour lui, le critère par excellence qui authentifie l'apôtre : en ont bénéficié, chacun à son tour, Céphas (Pierre) puis les Douze, cinq cents frères, Jacques et les apôtres et enfin Paul, le tout dernier, le seul à n'avoir pas connu Jésus de son vivant (1 Co 15, 5-9). Il suggère d'ailleurs une « vision » christique plus qu'une reconnaissance du Jésus humain ; il confond les « visions du Seigneur » avec le « dévoilement » du Paradis (2 Co 12, 1).

Extases et « dévoilements » (*apocalypses*) constituent pour Paul le principal charisme apostolique : pour lui et ses chrétiens d'Asie, le « dévoilement » résulte d'une inspiration qui fait de l'apôtre un prophète (Ep 3, 5) ; il donne la connaissance directe et immédiate des mystères du Christ (1 Co 1, 7 et 2, 10 ; Ep 3, 3 ; Ga 1, 12), qui inspire la conduite de l'apôtre et assure sa totale indépendance (Ga 2, 2). L'évangile est révélation intérieure (Ga 1, 16 ; Rm 1, 17-18). La pratique apostolique est donc ici définie comme dévoilement et science, prophétie et enseignement (1 Co 14, 6), mêlant des aspects charismatiques et didactiques. Il faut insister sur l'originalité de Paul qui a intellectualisé le prophétisme.

L'extase, temps du dévoilement et de la révélation, était aussi perçue comme une forme d'inspiration prophétique dans les groupes de Pierre (1 P 5, 1). Dans la continuité du judaïsme hellénistique[1], les premiers chrétiens ont identifié et pratiqué trois formes d'inspiration prophétique : le dialogue mystique, fait d'interrogations et de réponses, qui n'apparaît que dans les Actes et dans un contexte sémitique ; l'extase et l'enthousiasme, qui constituent l'expérience par excellence de la Pentecôte ; l'herméneutique où le prophète se fait le porte-parole et l'« interprète » de la parole de Dieu, conception que Paul a développée parallèlement aux efforts de rationalisation des oracles et du prophétisme grec.

Prophètes et faux prophètes : un problème d'actualité

Le prophétisme authentifie l'apôtre. Encore fallait-il définir le

---
1. Philon, *V. Moïse*, 2, 188-191.

vrai et le faux. Le thème du faux prophète, déjà récurrent dans les Actes des Apôtres et dans les évangiles, prend une importance de plus en plus grande dans les écrits doctrinaux ultérieurs. Dans l'Apocalypse, enfin, le faux prophète est sigmatisé comme la Bête à deux cornes (Ap 13, 11), esprit impur et démoniaque (Ap 16, 13), serviteur servile du pouvoir en place (Ap 19, 20) : il s'agit là d'un prophétisme romain. On en déduit que les pratiques et les comportements des premières communautés chrétiennes, charismatiques et inspirées, n'étaient pas dépourvues d'ambiguïté, d'autant que les tendances charismatiques se généralisaient à cette époque dans toutes les cultures.

Le terme « faux prophète » est un néologisme qui n'apparaît pas dans la Bible hébraïque ; les traducteurs grecs le forgèrent à l'imitation de celui de « faux devin », utilisé par les Grecs depuis le Ve siècle pour récuser des pratiques irrégulières et des interprétations mensongères. La langue grecque fut ainsi sans cesse enrichie pour dénoncer tous les types d'imposteurs et de faussaires, faux citoyens, faux témoins ou orateurs mensongers. C'est l'idéal du « franc-parler » qui conduisit un intellectuel comme Lucien à stigmatiser dans des portraits caricaturaux aussi bien *L'Orateur mensonger* (*Pseudologistes*) que *Le Faux Prophète*.

La tradition hébraïque ne fournissait pas d'éléments distinctifs du vrai prophète, ni dans son comportement, ni dans sa façon de parler, ni dans la source de son inspiration ; le seul critère paraissait être la réalisation de la prophétie. En fait, la distinction entre prophètes et faux prophètes était très fluide au point qu'elle n'était pas toujours claire pour une même personne. Selon la conception « officielle » du prophète qui le désignait comme conseiller du roi, le faux prophète était par définition le prophète concurrent, qui parlait « sans mission ». C'était surtout le contenu du message qui était en cause : les « prophètes de bonheur » apparurent comme des imposteurs car ils annonçaient le bien-être et la sécurité, au lieu du désastre imminent, et trompèrent ainsi le roi et le peuple ; ils furent dénoncés par Ézéchiel et Jérémie. Cette image ancienne du faux prophète, qui trompe le peuple pour lui plaire, parfois par vénalité ou par lâcheté (Jr 12, 10-15 et 29-23 ; 28, 5-9), a souvent été reprise dans les commentaires d'époques hellénistique et romaine. L'historien Josèphe en fournit de bons exemples[1] ; l'identification du faux prophète résulte chez lui d'une interprétation rétrospective, quand il constate que l'inspiré n'a pu faire passer son message et que celui-ci a été récusé comme mensonger.

Dans le judaïsme hellénistique, la distinction entre prophètes et faux prophètes fut renforcée par la nécessité d'affirmer le monothéisme juif au sein du monde gréco-romain : le faux prophète devint donc celui qui annonçait de faux dieux, et par là même, évidemment, qui trompait le peuple[2]. Au Ier siècle de notre ère, Philon rappela qu'il y avait une apparence commune aux inspirés juifs et grecs, l'« enthousiasme[3] ». Il dénonça comme faux prophétisme les formes courantes de la divination grecque, y compris les bruits et les vaticinations[4] ; Balaam devint ainsi la figure emblématique du faux prophète qui avait dénaturé l'inspiration divine par vénalité et irrationalité, en y mêlant des procédures de divination[5]. Le problème des faux prophètes caractérisait donc un judaïsme en phase d'intégration, alors que le croyant subissait des pressions familiales et collectives dans les manifestations officielles des cultes civiques[6]. Les réactions défensives qui se manifestèrent expliquent les scènes de lynchage dans les Actes des Apôtres (7, 58-59 et 14, 19) : la lapidation était la peine prévue par le droit juif contre les faux prophètes[7].

Il y avait aussi des implications politiques. Depuis le IIIe siècle, toutes les révoltes contre l'ordre établi avaient pris une dimension spirituelle, incluant des phénomènes d'inspiration et de possession, et les révoltés avaient mis à leur tête des chefs charismatiques : l'exemple de Spartacus, visionnaire, portant les stigmates dionysiaques et uni à une prophétesse extatique, est le plus connu[8]. Les mouvements nationalistes présentaient le même caractère charismatique que les révoltes serviles. Au Ier siècle de

---

1. *AJ*, X, 7, 3 (111), qui paraphrase 2 R 24, 20, et surtout VIII, 9, 1 (236-247), qui développe et enrichit 1 R 13, 11-32.
2. Josèphe, *AJ*, VIII, 13, 1 (318), à propos de Jézabel introduisant les dieux tyriens.
3. *Sp. leg.*, I, 315.
4. *Sp. leg.*, I, 60, et IV, 51.
5. Philon, *Mut.*, 203, et *Sp. leg.*, IV, 51-52.
6. *Sp. leg.*, I, 316.
7. *Sp. leg.*, I, 55.
8. Plutarque, *Crassus*, 8, 4, qui en fait un portrait positif.

notre ère, Josèphe indiquait, parmi les responsables de la guerre juive, des faux prophètes aux ordres des démagogues et des tyrans[1] : c'était des thaumaturges qui interprétaient en présages les événements du temps ; on aurait dû les reconnaître à leurs liens avec le pouvoir, au fait qu'ils n'étaient pas authentifiés comme d'autres par leurs souffrances[2]. Ils ont été dénoncés par l'échec de leurs prédictions, qui en a révélé le caractère mensonger. Pour Josèphe, le faux prophète, jugé à l'aune des événements politiques, est un rassembleur de foules et l'artisan de leur malheur.

Les apôtres puisèrent dans leur héritage juif pour récuser l'inspiré mondain, soucieux de son profit et de sa popularité (Lc 6, 26 ; 1 Jn 4, 1 ; 2 P 2 ; Jude 11, 12, 16). La réaction chrétienne est d'autant plus intéressante que, dans la même période, Josèphe réhabilitait à son profit le rôle de l'inspiré juif, interprète des rêves et prophète de cour, auprès de Vespasien[3]. C'est cette figure sociale, compromise avec le pouvoir, que vise avec force l'Apocalypse (16, 13 et 19, 20), peut-être à travers des Romains formés aux sagesses orientales. Le faux prophète est dénoncé par les chrétiens comme un matérialiste, ce qui exclut qu'il puisse avoir une inspiration authentique (Jude 19) ; c'est un trompeur, que l'on reconnaît non à la suite des événements mais à leurs fruits (Mt 7, 15). Il égare par ses signes (Mt 24, 11 ; Mc 13, 22 ; 2 Tm 3, 13 ; 1 Jn 4, 1).

Pour le « discernement », que Paul préconise hautement, le statut de la parole est essentiel. Les chrétiens exigeaient une parole claire et une interprétation, alors que le milieu ambiant affectionnait les oracles ambigus, de tradition chez les Grecs, et les paroles sibyllines : Josèphe réinterpréta en faveur de Vespasien un texte équivoque trouvé dans les Écritures[4], qui justifiait la révolte de la Judée tout autant qu'il légitimait Vespasien[5]. Dans *La Vie d'Apollonios de Tyane*, toutes les prédictions du maître sont obscures ou à double sens[6] ; ses oracles sur l'avenir de

---

1. *GJ*, VI, 5, 2 (285-286).
2. *GJ*, VI, 5, 3 (304 et 307).
3. *GJ*, III, 8, 3 (352) ; 9 (399-408) ; *Vie*, 423.
4. *GJ*, VI, 5, 4 (312-314).
5. Tacite, *Histoires*, V, 13 ; Suétone, *Vies des douze Césars, Vespasien*, 4.
6. *V. Ap.*, IV, 24 ou 43.

l'Empire ne sont pas compris immédiatement, ce qui l'oblige à donner des explications ultérieures et à recourir aux prodiges à la veille de l'événement[1]. Au contraire, le prophète chrétien s'exprime toujours clairement, même si, comme Agabos, il recourt à des gestes symboliques (Ac 21, 11).

Les charismes visionnaires des chrétiens les différenciaient aussi des prophètes grecs ou hellénisés. Pour ces derniers, il s'agissait moins de voyance au sens strict que du discernement de ce qu'il fallait faire pour suivre l'injonction divine. Prescience, clairvoyance et prévision – pour soi-même, pour d'autres ou pour la collectivité – sont les principales manifestations prophétiques dans *La Vie d'Apollonios de Tyane*[2]. Ainsi qu'Apollonios, Josèphe reconnaît comme source de l'inspiration, une voix intérieure, un *démon* sur le modèle socratique[3]. Ainsi, le prophétisme de type hellénistique tendait à se réduire à une forte intuition ; il se distinguait nettement de la magie, puisque le prophète entendait annoncer les événements sans prétendre en changer le cours[4].

Les scènes d'affrontement : un prophétisme contestataire

Dans le souci de distinguer vrais et faux charismatiques, les évangiles et les Actes des Apôtres mettent souvent en scène des affrontements entre Jésus, ou ses apôtres, et des magiciens ou des faux prophètes : c'est là un autre héritage de la tradition juive qui, dans un tel contexte, désignait le prophète authentique comme un contestataire ; il ébranlait les certitudes au lieu d'être avide de popularité ; il provoquait le pouvoir au lieu d'en rechercher la proximité. Cette réflexion du judaïsme hellénistique est illustrée dans l'épisode de Jadon et du faux prophète de Béthel (1 R 13, 11-32). Josèphe utilise cette scène de genre stéréotypée, où l'inspiré authentique se substitue au faux prophète en place, en donnant de nombreux détails anecdotiques, révélateurs du statut social du prophétisme et des types de prophète. L'inspiré visé est un

---

1. *V. Ap.*, V, 11 et 13.
2. *V. Ap.*, IV, 4 ; V, 12 ; VII, 10 ; VII, 41.
3. *GJ*, I, 69, à propos de Jean Hyrcan qui représente un idéal ; comparer *V. Ap.*, V, 12.
4. *V. Ap.*, VII, 20.

prophète de cour, âgé, car c'est un spécialiste, et couvert d'honneurs avec un soupçon de vénalité ; il est dénoncé comme « faux prophète » à la manière de Jérémie, car ses prédications démagogiques trompent le roi. Le contestataire est un étranger qui vient du dehors et qui refuse d'entrer dans les réseaux habituels d'hospitalité et de commensalité ; il reste un marginal ; c'est surtout un thaumaturge qui donne des signes de son authenticité[1]. Josèphe réinterprète donc cette figure biblique en la rapprochant des charismatiques du désert et des apôtres chrétiens.

Dans les évangiles, l'affrontement de Jésus aux faux prophètes, au début de la prédication en Galilée, a valeur de rite inaugural. À Capharnaüm, lors d'une réunion de sabbat à la synagogue, Jésus est pris à partie par un inspiré convulsionnaire qui, une fois exorcisé, le révèle comme le Saint de Dieu (Mc 1, 23-28). La tradition de Luc va plus loin dans l'interprétation. Avant même la reprise de l'épisode de Capharnaüm (Lc 4, 33-37), il renverse la mise en scène du début : Jésus se pose comme prophète à Nazareth et manque d'être lapidé comme un imposteur (Lc 4, 29). Ainsi les chrétiens récusent le « prophétisme de bonheur », démagogique : « Nul n'est prophète en son pays » (Lc 4, 24).

Dans les Actes des Apôtres, l'affrontement de l'apôtre et du magicien inaugure les missions de Philippe, puis de Pierre, en Samarie, où tous deux s'opposent au même Simon (Ac 8, 9-13 et 18-25). Cette figure emblématique du magicien ne cessa de se développer dans la littérature hagiographique et dans l'histoire de l'Église, et Simon sera considéré comme le premier hérétique. Il est présenté comme un détenteur du grand pouvoir, ce qui renvoie à une thématique magique courante, comme celle d'Hermès Trismégiste (« Trois fois grand ») ; il provoque des transports collectifs à l'échelle du peuple samaritain tout entier, ce qui alimente le soupçon de subversion ; il est vénal. Dans le Roman de Pierre (un apocryphe), il apparaît partout sur le chemin de l'apôtre et ses pouvoirs thaumaturgiques s'enrichissent sans cesse : lévitation, prestidigitation...

L'apostolat de Paul s'ancre lui aussi dans trois scènes d'affrontement, l'une à Chypre, avant l'évangélisation de l'Asie (Ac 13, 6-11), la seconde à Philippes, au début de la mission en Europe

---

1. *AJ*, VIII, 9 (236-245).

(Ac 16, 16-18), et la troisième à Éphèse, quand Paul s'y implante réellement (Ac 19, 13-16). À Chypre, la magie était alors un fait d'actualité, encore que récent dans les années 65[1]. Les mages se recrutaient parmi les Juifs : le témoignage de Josèphe sur le prétendu mage Atomos[2] confirme celui des Actes sur Jésus/Bar Elymas « Le Sage » (Ac 13, 6 et 8) ; l'un et l'autre vivent dans l'entourage d'un gouverneur romain. Paul s'impose comme thaumaturge en frappant son adversaire d'une cécité significative au moment où lui-même prend son nom prophétique.

À Éphèse, la contestation se situe parmi les charismatiques juifs, les fils du grand prêtre Scaeva. Cette cité, comme on le sait par les romans et *La Vie d'Apollonios de Tyane*, connaissait une réelle instabilité religieuse et un goût pour toutes les pratiques ésotériques, locales ou étrangères. Le problème porte ici sur l'utilisation thaumaturgique du nom de Jésus (Ac 19, 13-14), qui est traité ailleurs dans les Actes (4, 10) et dans les évangiles (Mc 9, 38 ; Lc 9, 49-50) : dans la magie antique, en effet, l'invocation du nom divin ayant pouvoir et qualifié de « Seigneur » tient une place importante. La différence chrétienne se marque dans le refus de tout monopole : dans les deux synoptiques, Jésus accepte un exorciste étranger à son groupe.

L'affrontement le plus significatif est celui de Philippes. Paul y est pris à partie par une possédée, dont les maîtres rentabilisaient l'inspiration en faisant payer les consultations. Elle est présentée comme une ventriloque, ce qui remet en cause une certaine conception grecque du prophète médium, admise par Philon[3], mais brocardée par les intellectuels[4]. Le terme « python », qu'utilise le rédacteur des Actes, renvoie directement à ce contre-modèle grec du faux inspiré ; dans la tradition juive, le « python », ou ventriloque, est identifié au nécromancien qui évoque les esprits des morts[5] ; les femmes apparaissent attirées par ces pratiques[6], bien que le nécromant encoure la lapidation comme faux prophète (Lv 19, 31 ; 20, 6 ; 20, 27). La rupture chré-

---

1. Pline, *Histoire naturelle*, XX, 11.
2. *AJ*, XX, 7, 2 (142).
3. *Sp. leg.*, IV, 49.
4. Plutarque, *Sur la disparition des oracles*, 9.
5. *Talmud Sifra Lev* et *Sifra Deut*, 107b.
6. *Talmud Yoma*, 53b, *Sanhédrin* 67a, et *Aboth*, 2, 8.

tienne est encore soulignée par le contre-modèle sous-jacent du roi Saül – l'homonyme de l'apôtre – qui avait utilisé, lui, la pythonisse d'Ein-Dor (1 Sm 28, 7-25) ; la réflexion des Actes est nourrie des figures bibliques autant que de l'actualité grecque. Il s'agit là d'une mise en scène de légitimation très stéréotypée, qui remonte à la plus haute antiquité égyptienne et dont le Livre des Rois fournit un autre exemple avec l'épisode célèbre d'Élie et des prophètes de Baal au mont Carmel (1 R 18, 20-45) ; accuser l'autre de magie (et réciproquement), dans les luttes de peuples, c'était le déclarer inassimilable.

L'authentification de l'inspiré ainsi que le débat sur l'utilisation du nom de Jésus posait le problème de la source et de la transmission des charismes. L'auteur de la Lettre aux Hébreux (6, 2) les fait passer par le baptême et l'imposition des mains. Dans l'évangile proposé aux Grecs par les épîtres de Paul et les Actes, le baptême est focalisé dans l'Esprit (1 Co 12, 13) ; il est défini comme une source d'inspiration et de pouvoir (Ac 1, 6, 8, et 8, 15-18) et peut être suivi de manifestations charismatiques, créant les conditions d'une nouvelle Pentecôte avec don des langues et prophétisme (Ac 10, 44, et 19, 6). Quant à l'imposition des mains, par laquelle sont transmis les charismes thaumaturgiques (Ac 4, 30) et l'inspiration, elle apparaît dans le milieu hellénisé d'Asie auquel s'adressent les Actes, l'épître à Timothée et celle de Jean ; elle peut compléter le baptême, avant ou après (Ac 8, 17-18, et 9, 17) ; indépendamment du baptême, elle investit l'apôtre pour sa mission. Paul et Barnabé la reçurent des prophètes d'Antioche (Ac 13, 3) ; Paul la transmit à Timothée (1 Tm 4, 14, et 2 Tm 1, 6) et à Tite, désigné comme apôtre de la Crète[1]. Ce rituel d'investiture fonctionne par inspiration au sein de communautés charismatiques comme celle d'Antioche (Ac 13, 2).

Aux générations suivantes, le charisme est transmis par les Anciens (1 Tm 4, 14) : c'est le don de prédication et d'exhortation prophétiques ; il donne l'omniscience, l'authenticité et le droit d'enseigner (1 Jn 2, 20, 27). C'est le charisme du maître qui est toujours transmis, à travers le don de prophétie, par l'imposition des mains. Dans ces communautés chrétiennes greffées sur la Diaspora juive, on utilise un rituel d'ordination analogue à la

---

1. Théodoret, *HE*, XI, 14.

semika hébraïque, par laquelle on agrégeait les nouveaux à la corporation des maîtres au terme de leur cycle d'études. Ce rituel n'est connu qu'assez tardivement dans la tradition rabbinique, mais les épîtres et les Actes en garantissent ainsi l'ancienneté.

Au Ier siècle, le prophétisme foisonnait dans tous les milieux chrétiens et pas seulement dans les cercles pauliniens. L'Apocalypse de Jean, adressée à d'autres Églises d'Asie, est la seule « prophétie » dont nous ayons gardé le texte, combinant des visions et des exhortations qui restent assez proches de celles de l'Ancien Testament, dans une perspective millénariste. L'auteur se présente comme le « frère » d'autres prophètes (Ap 16, 6 ; 18, 20; 24, 22, 9) : pour lui, les prophètes sont des « témoins » qui accomplissent une mission confiée par Dieu ; elle culmine dans le martyre. Ainsi l'Asie a été évangélisée par deux témoins prophètes (peut-être Pierre et Paul), qui s'en sont allés mourir à Rome, persécutés (Ap 11, 3-12). Ces marginaux, « vêtus de sacs », accomplissaient des miracles d'éclat, empêchant la pluie de tomber et changeant les eaux en sang comme Moïse. Un feu destructeur sortait de leur bouche, comme de celle d'Élie. Comparés à deux oliviers et à deux lampes, ils accomplissaient la vision messianique de Zacharie (Za 4, 3-12).

À la fin du Ier siècle, de l'Asie jusqu'à Rome, le prophétisme apparaissait donc bien comme le principal facteur du développement de l'Église. C'était aussi un vecteur de la tradition, puisque le modèle restait celui du prophétisme ancien, Zacharie, Jérémie, Isaïe et surtout Élie.

Le nom, label du prophète

Les cas de renomination sont aussi fréquents dans les Actes des Apôtres que dans les évangiles, ce qui en fait donc une caractéristique du milieu paulinien. Saül prit le nom de Paul (Ac 13, 9), Joseph celui de Barnabé (Ac 4, 36), le prophète Judas celui de Barsabbas (Ac 15, 22), le prophète Syméon celui de Niger (Ac 13, 1). Le missionnaire Jean devint Marc (Ac 15, 37), l'apôtre Silas Silvain, (1 P 15, 22 ; comparer 1 Th 1, 1, et 2 Co, 1, 19), et Jésus de Corinthe, Justus (Ac 13, 7, et Col 4, 11). Tous ces cas, cependant, n'ont pas la même valeur puisque la pratique du double nom était habituelle, on l'a déjà vu, dans les milieux étrangers en voie d'intégration politique et sociale. Un nom ou un surnom latin – comme Marcus, Justus ou Niger, « le Noir » – n'éclaire la vocation prophétique ou apostolique que parce qu'elle fait sortir le prophète de la marginalité où le confinaient son costume et son mode de vie dans l'Ancien Testament ; le prophète romanisé des Actes se fond dans le milieu qu'il veut évangéliser. C'était répondre au souhait théorique de Paul.

Le nom permettait évidemment de remédier aux homonymies et d'éviter les confusions entre les multiples Saül (diminutif Silas), Simon, Jésus ou Joseph. La plupart du temps, on recourait à des sobriquets, justifiés par une particularité physique ; c'est ce qu'on fit, de génération en génération, dans la famille de l'historien Josèphe[1]. Mais les prophètes chrétiens choisirent des noms signifiants ; ils donnèrent du sens au nom et de l'importance au sens au point de le gloser. Ainsi, l'auteur des Actes juge bon d'expliquer que Barnabé signifie « Fils de Consolation » (*Paraklésis*), alors que l'Esprit est le Paraclet ou Consolateur par excellence (Jn 14, 16) ; de ce fait, le nom prophétique choisi par ce Joseph illustre un certain type d'inspiration défendu par Paul qui, sans céder à l'ésotérisme ni à la glossolalie, « bâtit, exhorte, interprète, réconforte » (1 Co 14, 3). C'est un nom emblématique de la façon dont est comprise la vocation. Quant au nom de Barsabbas (« Fils du sabbat »), il exalte, au contraire, l'identité juive du prophète et défend la stricte observance. De même, Jacques avait été nommé « Rempart du Peuple[2] ».

Le choix du surnom Paulus est riche de significations. Bien sûr *Paulos* frappe d'abord par son assonance avec *Saulos* : or, dans les cas d'acculturation, en cas de renomination, l'assonance était régulièrement préférée à la traduction. Ici, en outre, le surnom renvoie au gouverneur romain de l'île, Sergius Paulus, qui avait accueilli Paul, en suggérant une relation de patronat. Mais surtout *paulus*, en latin, signifie le « faible », comme Néron évoque la « force » ; or tous les passages autobiographiques de Paul veulent donner de lui-même une image de faiblesse – ce que les Anglo-

---

1. *Vie*, 2-4.
2. *HE*, II, 23, 7 : *Oblias* en grec, transcription de l'hébreu *Ophel 'am*, en référence au prophète Michée, 4, 8.

Saxons ont appelé une autobiographie « à l'envers » – pour prouver qu'il n'est que l'instrument de Dieu (1 Co 8). Il était un « avorton », né avant terme au métier apostolique, ce qu'il ne faut pas prendre au sens propre car il faisait parfois preuve d'une résistance physique peu commune ; il était délabré sous l'effort de la vieillesse et de la maladie ; il était un orateur malhabile, etc. Ou Paul a réfléchi sur son nouveau nom, ou il l'a choisi pour illustrer les rapports de l'homme au Créateur. Quoi qu'il en soit, la signification religieuse des noms prophétiques était fortement perçue par les convertis. Ainsi, dans la biographie romancée de Thomas dit Didyme, c'est-à-dire le Jumeau, l'apôtre est présenté comme le « jumeau du Christ » et ses croyants voient en lui un « homme de deux formes », accompagné d'un parent lumineux.

Saxons ont éprouvé une amélioration... à Brouzet... « point
prouvé qu'il n'ait fait l'instrument de l'une », (*Co*. 8). Il tient ma-
« s'y tiendra », il n'y avait servi à ne rendre sa stoïque, ce ne l'eût été
pas prendre au soin propre en cet effet, son patron prouvé c'est ce-
pendance gipseuse pas contraire ; et cette réforme, mais l'effort de la
véritables sur de la maladie. Il était un malheur méchable, sur On
l'eût tout d'abord sur son dévoué front, en il l'ai chosi point illustrer
les rapports de l'homme ad Creator. Quoi qu'il en soit, le saune
pendant l'espérance des autres Physiologistes, point tardivement par ces
par ses couronnes. Ainsi donc la bibliographie s'amende de l'hommage
du Discours d'état-ès-le-Junesse, l'ajouter est présenté comme
« à l'amour du Christ » et ses pressions voulu en tel un « bonjour
de cette formule, accompagne ». C'est pareil en meurt.

CHAPITRE 8

« *Quand vous verrez Jérusalem encerclée par les armées*[1] »
L'Église de Jérusalem

La première « Église », l'Église de Jérusalem, se rassembla au lendemain de la Pentecôte. Son histoire est courte, puisqu'elle s'acheva avec la guerre juive et la destruction du Temple en 70. Les témoignages directs cessent d'ailleurs avant, car les Actes n'évoquent pas la mort de son chef, Jacques, en 62, et ne mentionnent aucun événement local postérieur à l'arrivée du procurateur Festus, en 57, qui envoya Paul à Rome (Ac 25, 1). Les dernières années de l'Église de Jérusalem restent, de ce fait, dans l'obscurité. On ignore en particulier comment elle vécut le siège de Jérusalem par les armées romaines. Cet événement décisif pour l'évolution du christianisme ne peut être appréhendé qu'indirectement, à travers des réactions implicites de la littérature néotestamentaire et ses points de vue sur le judaïsme contemporain.

Les difficultés croissantes entre Jérusalem et Rome ont évidemment pesé sur l'élaboration des évangiles et des Actes des Apôtres, au moment de présenter le christianisme au monde gréco-romain. La question juive est donc sous-jacente durant toute la génération des apôtres, encore qu'il faille faire la part de tensions personnelles et conjoncturelles à Jérusalem, des relations sociales et culturelles entre Juifs et Grecs dans la Diaspora. Telle est l'approche historique que l'on peut tenter pour sortir de la polémique sur la date de rédaction des évangiles et des Actes, question intrinsèquement liée à leur antijudaïsme supposé.

---

1. Lc 21, 20.

Avant même la dernière phase de son histoire, l'Église de Jérusalem est parcourue de déchirements que les Actes replacent dans le contexte troublé des années 40. Le débat se polarise autour de Jacques et de Paul sur l'ouverture de la communauté aux Grecs et l'éventuelle déjudéisation qui s'ensuit. L'affaire Étienne en constitua un préliminaire.

L'affaire Étienne : une affaire entre Juifs

Étienne est la première victime chrétienne. Les Actes donnent beaucoup d'importance à son exécution et au débat théologique qui l'entoure. Prêtant au martyr un très long discours qui permet de retrouver le délit religieux dont il fut accusé, ils présentent cette tragédie comme le paroxysme d'une tension croissante entre l'Église et les autorités du Temple. Des apôtres ont été provisoirement emprisonnés et interdits de parole (Ac 4, 1-3 et 18) ; pris en flagrant délit d'infraction, ils ont été de nouveau arrêtés et cette fois flagellés (Ac 5, 18 et 26 ; 28 ; 40) ; enfin, Étienne a été dénoncé et arrêté à son tour (Ac 6, 11-12), puis lapidé après avoir exposé sa foi (Ac 6, 57-58). Or cet enchaînement inéluctable se révèle à l'examen assez artificiel.

Les premières persécutions d'apôtres s'inscrivent dans un cadre légal, qui est l'interdiction de prêcher dans le Temple. Jésus l'avait fait[1]. Après la Pentecôte, les apôtres s'y rassemblent pour une prière quotidienne collective (Ac 2, 46 et 5, 42) ; ils prêchent et enseignent sous le portique de Salomon (Ac 3, 11 et 5, 21) ; ils s'y installent « dès la première heure », très tôt le matin, avant l'arrivée des autorités. Les apôtres revendiquent, de cette manière, la liberté d'expression au Temple ; les Actes y font allusion symboliquement en exaltant le franc-parler, la *parrhésia*. De fait, les autorités sacerdotales exerçaient leurs pouvoirs de police, comme elles s'estimaient en droit de le faire envers tout fauteur de troubles dans l'enceinte sacrée : en 62, un prophète, Jésus fils d'Ananias, reçut des coups de verges pour l'agitation qu'il susci-

---

1. Mt 21, 23 ; 26, 55 ; Mc 11, 17 et 27 ; 14, 49 ; Lc 19, 47 ; 20, 1 ; 21, 37 ; 22, 53 ; Jn 7, 14, 28 ; 8, 2, 20 ; 18, 20.

tait sur l'esplanade[1]. À cette occasion, le gouverneur romain fut consulté, ce qui n'est pas attesté pour les apôtres ; mais l'on sait, par les panneaux d'interdiction du Temple, que Rome reconnaissait à la police sacerdotale une certaine liberté d'action en cas de flagrant délit ; d'ailleurs, le commandant du Temple est présenté comme un personnage déterminant dans ces persécutions (Ac 4, 1 ; 5, 24, 26).

À ces tensions liées au problème du maintien de l'ordre s'ajoutaient celles qu'éveillait la visibilité croissante du groupe des apôtres. Les Douze avaient réuni autour d'eux cent vingt disciples (Ac 1, 15), ce qui était la taille normale d'une association, et ils apparaissaient toujours comme un parti de Galiléens (Ac 1, 11 et 2, 7) : la communauté possédait un patrimoine, enrichi par des donations (Ac 4, 33-35 et 36-37) ; elle disposait d'un point de rencontre (Ac 5, 12) ; elle avait mis en place un embryon d'organisation où, comme dans toutes les associations de l'Antiquité, les « jeunes » effectuaient des tâches matérielles subalternes (Ac 5, 6 et 10). Autre signe de son dynamisme, elle comptait un nombre croissant de disciples (Ac 6, 1 et 7), et certains venaient même du milieu sacerdotal comme Barnabé, un lévite (Ac 4, 36). Le groupe des apôtres ne fut cependant pas touché par la condamnation d'Étienne (Ac 8, 1). L'affaire eut donc des aspects et des causes spécifiques.

Les Actes la présentent comme l'un des épisodes du conflit séculaire entre Juifs hellénisés et Juifs conservateurs, voire nationalistes, conflit qui remontait, à Jérusalem, à l'époque des Maccabées. La première communauté chrétienne avait reproduit le même clivage puisque les convertis « hellénistes » – c'est-à-dire parlant grec – durent demander aux « Hébreux » – ceux qui parlaient en fait l'araméen[2] – leur intégration complète par l'institution du diaconat (Ac 6, 1-2 et 6). Les Hellénistes portaient tous des noms grecs, dépourvus de signification religieuse, comme Étienne, qui veut dire « couronne » (*Stéphanos*).

Qui était donc Étienne ? On ne peut reconstituer sa personnalité qu'à travers le long discours que lui prêtent les Actes. C'était un charismatique, un inspiré, un thaumaturge, un visionnaire, qui

---

1. *GJ*, VI, 5, 3 (302, 304).
2. Ac 21, 40 et 22, 2 ; *GJ*, VI, 2, 1 (97).

tenait des propos apocalyptiques (Ac 7, 55-56). Il rappelle le prophétisme extatique tel qu'il était répandu, surtout, en Égypte[1]. D'ailleurs, son long développement sur Moïse (Ac 7, 20-44) montre que son groupe relisait l'histoire biblique dans un contexte alexandrin : il renverse l'image du prêtre égyptien impur et de l'exclu qu'en donnaient les antisémites locaux, pour le présenter comme quelqu'un qui a reçu une éducation royale et qui a récupéré toute la sagesse égyptienne : un thaumaturge, un intermédiaire divin qui préfigure le Messie ; une victime de son peuple ; enfin, un facteur de dissension parmi les Hébreux. Étienne est sans doute issu du judaïsme alexandrin, ce qui expliquerait la distance qu'il prend vis-à-vis du Temple (Ac 7, 47-50), point de vue qu'il partage avec l'auteur de la Lettre aux Hébreux (9, 24), en qui chacun s'accorde à reconnaître un Alexandrin. Il ne conçoit plus le Temple comme le lieu de la présence divine et le référent identitaire de tout Juif, mais comme un produit circonstanciel construit « de main d'homme ». Or on sait qu'Onias avait érigé un temple à Léontopolis, pour donner un point de ralliement aux Juifs d'Égypte[2] ; ce temple était aménagé comme celui de Jérusalem, et resta en activité jusqu'en 73 de notre ère. Il n'éclipsa jamais le Temple de Jérusalem, mais son existence n'en remettait pas moins en cause le monopole sacerdotal.

Pourtant, ce ne sont pas les milieux sacerdotaux de Jérusalem qui dénoncèrent Étienne, mais, paradoxalement d'autres synagogues hellénisées. Étienne, comme Paul un peu plus tard (Ac 9, 29), fut contesté par d'autres Hellénistes, au sein de synagogues qui réunissaient des Juifs de la Diaspora, venus d'Alexandrie et de Cyrène, de Cilicie et d'Asie (Ac 6, 9). L'une de ces synagogues, connue comme celle des « Affranchis », a fait l'objet de longs débats : certaines y ont vu un groupe social marginal, fragilisé par son origine servile, car il aurait été constitué de descendants d'esclaves, prisonniers de guerre de Pompée en 63, rentrés au pays, mais isolés pour leur impureté. Cette hypothèse est peu convaincante, car elle suppose que des associations aient pu se constituer sur des critères sociaux exclusifs, ce qui n'est attesté nulle part

---

1. Sa personnalité et sa mort extatique rappellent celles de Jacques (Hégésippe, cité dans *HE*, II, 23, 13).
2. *AJ*, XII, 9, 7 (388), XIII, 3, 1-3 (62-73) ; *GJ*, VII, 9, 2-4 (426-436).

ailleurs dans le monde grec ; en outre, elle implique un réflexe de caste, alors que les affranchis romains étaient parfaitement intégrés à la troisième génération.

L'opposition à Étienne ne vint peut-être que d'une seule synagogue regroupant des Juifs de provenance diverse. Les Juifs de Cyrène, ainsi que ceux de Tarse en Cilicie (dont est issu Paul), exerçaient certains métiers spécialisés du textile à Jérusalem. Ces immigrés et ces visiteurs de la Diaspora grecque disposaient de locaux propres qui faisaient fonction de lieux de prière ou d'étude mais aussi d'hôtellerie. L'éclatement du milieu juif hellénisé de Jérusalem, auquel appartenait Étienne, ne peut s'expliquer que par la remise en cause, chez certains chrétiens, des coutumes ancestrales qui justifiaient, partout dans l'Orient romain, les privilèges obtenus des pouvoirs publics par les différents établissements de la Diaspora[1]. Or Étienne (Ac 7, 53) – comme plus tard Paul (Ga 3, 10-13, 19-20) et l'auteur de la Lettre aux Hébreux (2, 2) – dépréciait la Loi ; il lui ôtait le poids de la tradition en refusant la médiation de Moïse et l'intériorisait, en y voyant déjà une forme de conscience. L'affaire Étienne semble avoir mis en évidence un débat sur le statut des Juifs dans l'Orient romain ; certains voulaient des privilèges pour maintenir la différence et d'autres une assimilation complète. Ce débat se prolongea autour de la personne contestée de Paul.

Étienne fut donc dénoncé pour ses propos contre le Temple et contre la Loi (Ac 6, 13-14), puis lapidé (7, 58). Les Actes décrivent un procès en règle devant les autorités du Temple, mais il s'agit sans doute d'un procédé pour exposer les arguments de l'accusation et la défense d'Étienne. On sait en effet par Philon que des procédures expéditives étaient appliquées et tolérées par les pouvoirs publics en cas de blasphème, apostasie, fausse prophétie[2]. L'accusation de blasphème aurait donc été retenue contre Étienne (Ac 6, 11), mais, en raison de la vision apocalyptique qu'il révéla juste avant sa mort (Ac 7, 56), il fut sans doute assimilé à un faux prophète qui introduisait, comme d'autres[3], des éléments égyptisants.

---

1. *AJ*, XIV, 10, 1-26 (185-267).
2. *Sp. leg.*, I, 55-58.
3. *Talmud Shab.*, 104B.

Une actualité troublée

Dans l'histoire de l'Église de Jérusalem, les Actes lient la persécution des apôtres à des épisodes remarquables du nationalisme juif, dont Josèphe a aussi conservé le souvenir. L'arrestation de Paul au Temple, sous le procurateur Félix (52-57), y est mise en rapport avec l'insurrection de l'Égyptien (Ac 21, 38), déclenchée avant 54 par un prophète aspirant à la tyrannie[1]. L'exécution de Jacques, fils de Zébédée, et l'arrestation de Pierre entre 42 et 44 (Ac 12, 2-3) apparaissent comme les préliminaires d'une période troublée, marquée par une famine, par le soulèvement sanglant des fils de Judas le Galiléen, entre 46 et 48[2], et par l'émergence d'un nouveau prophète, Théodoros ou Theudas, entre 44 et 46 ; pour rassembler les foules, ce Juif hellénisé se présentait comme un nouveau Moïse, capable de partager les eaux du Jourdain[3]. Le rédacteur des Actes (5, 36-37) souligne ce contexte messianique, mais il fait des anachronismes flagrants : il associe l'entreprise de Theudas et la première arrestation de Pierre, à la fin des années 30, et il confond les fils de Judas avec leur père, actif entre 6 et 9 de notre ère[4].

En dépit de ces anachronismes, ces rapprochements sont significatifs car ils montrent que les chrétiens de Jérusalem pouvaient être assimilés à des ennemis de l'ordre romain. Les troubles marquèrent trois périodes : la succession d'Hérode, entre 4 avant notre ère et 6 après[5] ; la fin du règne autonome d'Hérode Agrippa Ier, à partir de 45[6], et la marche à la guerre, à partir de 62[7]. Il s'agissait indifféremment de mouvements charismatiques qui se réfugiaient au désert[8], de mouvements nationalistes galiléens ou samaritains à la fin du mandat de Pilate[9]. La plupart revendiquaient la royauté et arboraient la pourpre et le diadème ; tous se réclamaient de Moïse et se référaient à l'Exode : Theudas

---

1. *AJ*, XX, 8, 6 (162-172) ; *GJ*, II, 13, 5 (261-263).
2. *AJ*, XX, 5, 2 (102).
3. *AJ*, XX, 5, 1 (97-99).
4. *AJ*, XVIII, 1, 1 (4-10) ; *GJ*, II, 8, 1 (118).
5. *GJ*, II, 4, 1-3 (55-65) ; *AJ*, XVII, 10, 4-8 (269-285).
6. *AJ*, XX, 5, 1-2 (97-102).
7. *GJ*, VI, 5, 2 (285-286) ; 3 (301-309).
8. *AJ*, XX, 8, 6 (167-168).
9. *AJ*, XVIII, 4, 1 (85-87).

se targuait de partager les eaux, et « L'Égyptien » de faire tomber les murailles de la ville comme Josué celles de Jéricho. Enfin, Judas le Galiléen avait popularisé le modèle de l'intellectuel rebelle. À son propos, comme à celui de Jean le Baptiste, Josèphe partage les réticences de Philon envers ceux qui sont doués du charisme de la parole[1] : suspects de démagogie, ces rassembleurs de foules devaient être jugés sur leurs résultats[2]. De telles références ne jouaient pas en faveur des apôtres, car leur mouvement conservait un caractère régionaliste et galiléen tandis qu'eux-mêmes s'imposaient par leurs pouvoirs thaumaturgiques, leur stature de maîtres et de prophètes.

La réaction d'Hérode Agrippa Ier : l'exécution de Jacques et l'arrestation de Pierre (Ac 12)

Les persécutions des années 41-44 sont imputées expressément au roi Hérode Agrippa Ier, dans une période où il a su rétablir la complète autonomie du royaume de Judée. Comme il n'y avait plus de gouverneur romain, le roi et le Temple pouvaient légiférer ou intervenir militairement sans en référer à l'administration impériale. L'arrestation de Pierre et l'exécution de Jacques, frère de Jean, établissent une continuité apparente dans la politique des Hérodiens, puisque les évangiles désignent le père d'Agrippa Ier, Antipas, comme le responsable de la mort de Jean le Baptiste. La sentence de mort est d'ailleurs exécutée de la même façon, par décapitation, ce qui prouve qu'il ne s'agissait pas d'un flagrant délit, constaté et sanctionné par le Temple, mais d'un crime politique. La lèse-majesté est peu probable quand on sait que ce roi accepta les remontrances publiques d'un intégriste, Simon[3].

Dans la tradition des Actes, Hérode Agrippa Ier représente donc un mauvais roi, dont la mort affreuse constitue le châtiment immédiat et inéluctable (Ac 12, 23). Le rédacteur des Actes est d'ailleurs le seul à lui donner son nom dynastique d'Hérode pour souligner une ressemblance funeste avec le « diabolique » Hérode

---

1. *Sp. leg.*, IV, 50.
2. Voir aussi *Vie*, 9, 32, à propos de Justus de Tibériade.
3. *AJ*, XIX, 7, 4 (332).

le Grand. Or Agrippa Ier jouissait d'une réputation flatteuse à Jérusalem. Josèphe en dresse un portrait avantageux, où il l'oppose point par point à son ancêtre[1]. Très attaché à Jérusalem, Agrippa Ier aimait y résider et il y allégea la pression fiscale[2] ; il observait les coutumes ancestrales et chercha à défendre partout les privilèges juifs, y compris dans la province romaine de Syrie, quand un jeune Phénicien installa une statue impériale dans une synagogue, en contradiction avec le deuxième commandement[3]. Josèphe lui aussi admet qu'il accepta des honneurs divinisants, au moins des invocations[4], mais il lui accorde une mort émouvante et édifiante, animée d'un repentir sincère pour cette erreur. La mémoire d'Agrippa Ier était évidemment bien défendue dans les milieux proromains. Tous les chrétiens ne lui furent pas hostiles : dans l'Église d'Antioche, des Hérodiens apparaissent parmi les convertis de Paul (Ac 13, 1), comme c'est le cas à Rome (Rm 16, 10-11).

En condamnant Jacques, frère de Jean et fils de Zébédée, le roi visait sans doute une tendance particulière du christianisme : les évangiles désignent ces « Fils du Tonnerre » (Mc 3,17) comme des prophètes à la violence apocalyptique, que Jésus doit réfréner (Lc 9, 54). D'ailleurs, dans la tradition des Actes, la mort d'Agrippa Ier est traitée sur un mode apocalyptique : un ange intervient immédiatement après son péché. Josèphe, lui, n'envisage que des présages naturels – le vol d'une chouette – et une mort naturelle et lente. Il est possible que le Temple soit intervenu dans la mort de Jacques en condamnant son prosélytisme : durant cette période d'autonomie, en effet, le commandant du Temple, qui détenait tous les pouvoirs de police, était un certain Yohezer, un scribe appartenant au courant shammaïte, qui refusait toute ouverture au milieu païen. Quant à l'exécution elle-même, elle eut sans doute lieu en 42-43 puisqu'elle précède, dans les Actes, le retour du roi à Césarée en 43.

---

1. *AJ*, XIX, 7, 3-4 (328-334).
2. *AJ*, XIX, 6, 3 (299).
3. *AJ*, XIX, 6, 3 (311).
4. *AJ*, XIX, 8, 2 (345-346).

La mort de Jacques, frère du Christ, en 62, et l'impasse du christianisme juif

La mort de l'autre Jacques n'est pas relatée dans les Actes, car elle n'entre pas dans leur cadre événementiel, mais elle a retenu l'intérêt de Flavius Josèphe. Il confirme ainsi l'importance historique de cet apôtre, qui, selon les épîtres de Paul comme selon les Actes, représentait une autorité dans l'Église de Jérusalem des années 45-55.

Jacques est la figure emblématique du christianisme juif. Ce prêtre, qui portait un vêtement de lin, avait accès au sanctuaire et participait donc au service sacrificiel[1] ; c'était aussi un homme consacré, un *nazir*[2], qui menait une vie d'ascète. Il devait sa position dans l'Église de Jérusalem à ses liens personnels avec Jésus : il était le frère du Seigneur[3] ; il était à la tête des « frères », que Paul distinguait des apôtres et des gens de Céphas (1 Co 9, 5), un groupe bien individualisé dès l'époque de Jésus (Jn 2, 12), puis à Jérusalem lors de la Pentecôte (Ac 1, 14) et en 43-44 encore (Ac 12, 17). Il avait eu la faveur d'une apparition particulière du Ressuscité, après Pierre et les Douze (1 Co 15, 7). Il réunissait l'Église de Jérusalem dans sa demeure (Ac 21, 18). Pour Paul, il tirait sa légitimité particulière de sa proximité avec Jésus, et non d'une investiture comme Pierre (Ga 1, 18-19). Il représentait aussi, et de plus en plus, le poids d'une communauté importante : au moment de la famine, vers 40, l'Église de Jérusalem mit en place des anciens (des « prêtres », au sens premier du terme) pour organiser les secours (Ac 11, 30) ; réunis chez Jacques, ils reçurent les missionnaires et les courriers ; ils eurent autorité pour décider (Ac 15, 2, 4, 6 et 23 ; 16, 4) ; ils soignèrent aussi les malades par des onctions d'huile (Jc 5, 14). L'originalité du groupe de Jacques semble avoir résidé dans l'idée d'une passation familiale de l'autorité religieuse, comparable au système hébraïque de la caste sacerdotale où les charismes se transmettaient héréditairement[4].

---

1. Hégésippe, dans *HE*, II, 23, 4-6.
2. *HE*, II, 23, 5 à rapprocher d'Ac 21, 23-24.
3. Ga 1, 18-19 ; *AJ*, X, 9, 1 (200), qui est peut-être une interpolation chrétienne.
4. Josèphe, *Vie*, 1 et 2.

Jacques ne fut pas condamné personnellement, puisque son groupe fut exécuté avec lui – c'est la première exécution collective de chrétiens[1]. Selon Josèphe, on accusa l'apôtre et les siens de transgresser la Loi, ce qui était passible de la peine de mort, qu'il s'agisse de crimes de droit commun[2], ou de délits religieux tels que le blasphème, le faux prophétisme ou l'apostasie[3].

L'accusation d'apostasie (par référence au nom du Christ) est plausible parce que la persécution eut un caractère collectif et parce qu'on ne voit pas comment Jacques aurait pu se rendre coupable de transgressions formelles. Si le frère du Christ est bien l'auteur de l'Épître de Jacques[4], il recevait la Loi dans son intégralité et la mettait plus haut que tout (Jc 1, 25) ; bien plus, en récusant la distinction paulinienne entre la foi et les œuvres, il insistait sur la pratique de la Loi (Jc 1, 27 ; 2, 14-26). Les Actes le montrent justement en train d'obliger Paul à accomplir un vœu au Temple pour témoigner publiquement de sa judéité (Ac 21, 24) ; c'est lui aussi qui ajoute à la liste des interdits alimentaires les viandes sacrificielles aux viandes non casher (Ac 15, 13-21 et 21, 25) ; enfin, à l'encontre de Paul, il proclame sa fidélité aux traditions de Moïse et à la pratique de la circoncision. Bien que Jacques, de l'avis unanime, ait cherché à maintenir le culte du Temple et l'observance de la Loi pour rester Juif parmi les Juifs, on ne peut exclure qu'il ait procédé à des interprétations trop personnelles de la Loi, qui étaient également poursuivies[5], même si elles restaient dans l'ordre de l'éthique.

L'accusation est peut-être liée aussi aux excès publics d'un prophétisme apocalyptique, annonçant la fin des temps, qu'on sent poindre dans l'Épître de Jacques (5, 5-7) ; certes, un autre « prophète de malheur » contemporain fut seulement passé par les verges, mais le gouverneur romain était alors présent[6].

Selon Josèphe, on utilisa contre Jacques une procédure expéditive qui mécontenta les plus scrupuleux des Juifs[7], c'est-à-dire

---

1. *AJ*, XX, 9, 1 (200).
2. *Contre Apion*, II, 30 (217).
3. Philon, *Sp. leg.*, I, 54-56.
4. L'attribution a été discutée dès l'Antiquité (*HE*, II, 23, 25).
5. *AJ*, XVIII, 3, 5 (81).
6. *GJ*, VI, 5, 3 (303-305).
7. *AJ*, XX, 9, 1 (201).

les pharisiens. Ainsi s'expliquent les lacunes de l'historien : plus qu'à la teneur précise de l'accusation, Josèphe fut sensible au paradoxe tragique d'un observant de la Loi condamné illégalement ; il y eut en effet vice de forme puisque l'autorisation du gouverneur était nécessaire soit pour la convocation du Sanhédrin, soit pour une exécution capitale.

L'opinion publique a également pesé, car l'historiographie chrétienne mentionne l'intervention de foulons[1], qui étaient installés dans la ville haute, dans un quartier cosmopolite, mêlés aux marchands phéniciens : des miliciens étaient déjà intervenus l'année précédente, en 61, lors du conflit qui avait opposé le peuple et les prêtres ordinaires aux grands prêtres[2]. C'est aussi à cette date qu'apparurent les sicaires : armés de petits poignards, comme leur nom l'indique, ils menaient des actions terroristes contre les grands prêtres lors des fêtes religieuses[3]. Au cœur de l'affaire, se trouve une famille de grands prêtres : celle d'Hanan.

Le rôle de la famille d'Hanan et les sadducéens

Les évangiles et l'historien Josèphe s'accordent pour souligner la responsabilité de la famille du grand prêtre Hanan (Anne) dans la mort de Jacques, le frère du Seigneur, comme dans celle de Jésus lui-même. Lors de l'arrestation et de la condamnation de Jésus, deux grands prêtres intervinrent : Caïphe, le grand prêtre en exercice, et son beau-père Hanan (Lc 3, 2 ; Jn 18, 12-14 et 24). C'est le fils de ce dernier, Hanan fils d'Hanan, grand prêtre à son tour en 62, qui procéda à la mise en accusation de Jacques[4]. Entre-temps, la première audience de Pierre et de Jean devant le Sanhédrin avait été présidée par Hanan et par Caïphe (Ac 4, 6), flanqués de deux des fils d'Hanan. Quand les sources chrétiennes ou juives parlent *des* grands prêtres[5], elles désignent cet ensemble de personnes qui constituaient le plus haut degré de

---

1. *HE*, II, 23, 18.
2. *AJ*, XX, 8, 8 (180-181). Dans ces rixes, on utilisait couramment les pierres et les bâtons : voir *Tosh. Men.*, XIII, 21.
3. *AJ*, XX, 8, 5 (162) et 10 (185-187).
4. *AJ*, XX, 9, 1 (200-201).
5. *GJ*, VI, 2, 2 (114).

l'autorité sacerdotale, grand prêtre en exercice, grands prêtres déposés (très nombreux durant ces années), fils de grands prêtres. Les grands prêtres se succédèrent, mais Hanan, grand prêtre de 6 à 15, continua à exercer une influence pendant des décennies.

La position religieuse de la famille d'Hanan n'était pas due à ses relations avec Rome, car elle se maintint au pouvoir en dépit des changements politiques. Au moment de l'exécution de Jésus, le grand prêtre Caïphe était très lié au gouverneur Pilate, puisqu'il resta en place pendant la durée de son mandat mais fut immédiatement déposé par son successeur[1]. Au contraire, Hanan fils d'Hanan, le responsable de la mort de Jacques, fut élu dans le gouvernement insurrectionnel de 66 et joua un rôle éminent dans la guerre contre Rome en organisant la défense de Jérusalem et les milices de jeunes ; cependant, il se dressa aussi contre les Juifs activistes, les zélotes, qui finirent par l'assiéger dans le Temple et le massacrèrent. Josèphe trace de lui un portrait ambigu, sinon contradictoire ; après l'avoir dénoncé comme sadducéen et avoir critiqué son légalisme intransigeant, il loue sa modération en politique et son opposition au parti de la guerre[2]. Entre-temps, un de ses frères, Jonathan, grand prêtre en 37 et qui continuait à jouer un rôle, fut assassiné à l'instigation du procurateur Félix, qui lui reprochait d'avoir critiqué sa gestion[3].

La clé du comportement de la famille d'Hanan semble bien être son « sectarisme », un courant qui se développe après la mort de Jésus. La famille a suscité l'opposition des pharisiens, comme le suggère Josèphe en 62, à propos de la mort de Jacques, et comme le confirme la réputation d'avidité et d'arrogance que lui ont faite les rabbins ; elle fut aussi victime des sicaires et des zélotes qui s'en prirent à ses biens et à ses membres. Elle apparaît donc liée au courant religieux des sadducéens – comme les Actes le soulignent à propos de Caïphe (5, 17), et Josèphe à propos d'Hanan fils d'Hanan[4].

Les sadducéens apportaient aux grands prêtres l'appui et la clientèle des grandes familles de Jérusalem, qui s'étaient rappro-

---

1. *AJ*, XVIII, 4, 3 (95).
2. *GJ*, IV, 5, 2 (319-322).
3. *AJ*, XX, 8, 5 (162).
4. *AJ*, XX, 9, 1 (199).

chées du pouvoir au Ier siècle avant notre ère, à l'époque des Asmonéens. Bien que peu nombreux, ils constituaient un groupe organisé[1]. Les contemporains les considéraient comme une « secte »[2], en raison d'une ligne théologique qui leur était propre. Les évangiles les assimilent à tort aux pharisiens[3] alors que les deux courants divergeaient sur la croyance en la résurrection et sur les interventions divines ici-bas à travers les anges et les démons. Les pharisiens, qui admettaient les unes et les autres, pouvaient paraître plus proches des chrétiens que les sadducéens, ce que tenta d'utiliser Paul (Ac 23, 8). Les évangiles et les Actes des Apôtres réduisent le conflit entre chrétiens et sadducéens à un débat doctrinal. Josèphe met en cause leur conformisme légaliste car, contrairement aux pharisiens, ils refusaient toute interprétation et actualisation, rituelle ou doctrinale, de la Loi[4].

Les sadducéens s'étaient ainsi coupés du judaïsme populaire et des courants qui se développaient au sein des synagogues. Ils exerçaient surtout une autorité cultuelle à l'intérieur du Temple. Les deux années précédant la mort de Jacques, en 60 et en 61, de graves événements avaient mis en évidence leur divergence d'intérêts avec le peuple de Jérusalem et les prêtres ordinaires[5]. Très largement minoritaires au sein du judaïsme – au dire de Josèphe, les pharisiens comptaient 6 000 membres et les esséniens 4 000 –, ils pouvaient craindre l'expansion rapide de l'Église de Jérusalem : 3 000 baptisés au jour de la Pentecôte, 5 000 après la première prédication publique de Pierre (Ac 2, 41 et 4, 4). On comprend que la persécution de 62 ait eu un caractère collectif. À titre de comparaison, Theudas n'aurait réuni que 400 partisans (Ac 5, 36), alors que le faux prophète égyptien en aurait entraîné 4 000 au désert[6].

Les sadducéens étaient désormais menacés dans leur autorité cultuelle dont ils avaient toujours été jaloux, ce qui explique leur sévérité en matière pénale. Ils donnaient une définition plus large

---

1. *AJ*, XVIII, 1, 4 (16-17).
2. *AJ*, XVIII, 1, 2 (11).
3. Mt 16, 1, 6, 11-12 ; Mt 22, 23, voir Mc 12, 18 et Lc 20, 27.
4. *AJ*, XIII, 10, 6 (297).
5. *AJ*, XX, 8, 5 (162) et 8 (180-181).
6. Ac 21, 38 ; 30 000 selon *GJ*, II, 13, 5 (261).

du crime de blasphème que les pharisiens[1] et ils réprimaient les exégètes novateurs, sans doute pour « transgression de la Loi »[2]. Leur autorité s'exerçait d'autant plus facilement sur le clergé ordinaire, dont faisait partie Jacques, qu'ils constituaient des tribunaux habilités à juger les prêtres où ils appliquaient leur code pénal particulier. L'année 62, celle de la mort de Jacques, est marquée incontestablement par le début des tensions entre Juifs. Elle voit une recrudescence de la violence et du prophétisme apocalyptique qui vont mener à la guerre contre Rome. Replacée dans ce contexte, la condamnation du groupe de Jacques illustre l'explosion du sectarisme et le repli des groupes légalistes et conservateurs sur le Temple. Le courant sadducéen ne survécut pas à sa destruction.

L'impasse du christianisme juif : une leçon de l'histoire ?

L'exécution de Jacques, en 62, est le dernier événement mémorable dans l'histoire de l'Église de Jérusalem. Bien que des traditions locales subsistent qui affirment le maintien d'une communauté judéo-chrétienne jusqu'à la seconde révolte juive de Bar Kochba, en 135[3], Jérusalem a cessé d'être un des centres de gravité du christianisme. Cela pose le problème, évidemment, de l'impact de la guerre juive, du siège de Jérusalem et de la destruction du Temple sur la génération apostolique.

Le fil des événements se perd dans l'obscurité. La première histoire chrétienne a souhaité dissocier la religion nouvelle de la révolte juive. Elle indique donc qu'avant même l'ouverture des hostilités, à la suite de prophéties et de présages, l'Église de Jérusalem aurait émigré à Pella, en Transjordanie[4], dans une région marquée par le mouvement baptiste et la prédication de Jésus ; elle serait revenue après le siège – car Jérusalem n'avait pas encore été détruite, ni dépeuplée – avec, à sa tête, un autre « parent du Seigneur », Syméon fils de Clopas (ou Cléopatros),

---

1. *AJ*, XIII, 10, 6 (293-295).
2. *AJ*, XVIII, 3, 5 (81).
3. *HE*, IV, 5, 2-3.
4. *HE*, III, 5, 3. Épiphane, *Phanarion*, 29, 7 et 30, 2.

neveu de Joseph[1]. Cette présentation des faits est sujette à caution. Certains ont songé à identifier comme l'Église de Jérusalem le groupe de six mille fidèles qui s'étaient réfugiés en 70 dans l'enceinte du Temple, autour d'un prophète, dans l'attente de signes divins et dans l'espérance du salut, et qui y trouvèrent la mort lors de la prise de la ville[2].

Directement ou indirectement, on peut retrouver le choc des événements dans la rédaction des évangiles : cette actualité brûlante aurait été intégrée dans la présentation du message de Jésus à destination des communautés où ils s'élaboraient. On explique ainsi, par exemple, la tendance de l'Évangile de Marc, le plus ancien, à vider le messianisme de Jésus de tout contenu politique en lui réservant une dimension religieuse et cosmique.

En rappelant les prophéties de Jésus sur la fin du monde, les évangiles oscillent entre perspective apocalyptique et interprétation historique ou parahistorique, ce qui traduit, pour le moins, des différences de sensibilité parmi les premières communautés chrétiennes. Tous les synoptiques placent ces prophéties de malheur après l'annonce de la destruction du Temple, et les présentent comme un catalogue de catastrophes naturelles et humaines – séismes et famines, guerres et invasions, persécutions – suivi d'un événement cosmique, prélude au retour du Christ. Dans l'Évangile de Marc (13, 9-27), tous ces malheurs sont situés hors du temps et de l'histoire, dans un espace indéterminé. L'Évangile de Matthieu (24, 1-21) suggère plus précisément la fin de Jérusalem, mais d'une façon qui rappelle davantage l'époque des Maccabées qu'elle ne suggère une actualité immédiate : le Lieu saint sera souillé par les idolâtres et les chrétiens devront fuir la ville vers la campagne (Mt 24, 15-16), ce qui s'était effectivement produit en 166[3].

L'Évangile de Luc passe au style historique – ce qui est conforme aux principes méthodologiques exposés dans le prologue (Lc 1, 1-4) – pour évoquer un siège de Jérusalem avec l'érection d'un *vallum* à la romaine (Lc 21, 20-24), les massacres et destructions qui s'ensuivent ainsi que la déportation en escla-

---

1. *HE*, III, 11.
2. *GJ*, VI, 2 (283-285).
3. Voir ci-dessus chapitre 2.

vage des prisonniers de guerre. Dans un autre passage qui est propre au troisième évangile (Lc 19, 41-44), Jésus pleure sur Jérusalem, en annonçant la guerre et le siège de la ville, sa destruction et le massacre de ses habitants châtiés pour n'avoir pas reconnu Jésus. Ce tableau n'est pas très différent de celui donné par Josèphe à la fin de la guerre juive ; surtout, certains termes de poliorcétique (comme *charax*, qui désigne sous l'Empire toute fortification de campagne) renvoient à l'époque romaine. Mais ces concordances sont-elles suffisantes pour affirmer que la communauté lucanienne vérifiait une prophétie par un événement précis, le siège de 70, et authentifiait ainsi Jésus comme prophète d'une manière classique, dans la mesure où l'histoire ultérieure donnait raison à ses prédictions ?

Le débat reste ouvert. D'aucuns pensent que la tradition de Luc est indépendante de celle de Marc et qu'elle évoque plus directement le siège de Titus ; d'autres, soulignant des archaïsmes de langage chez Luc, en déduisent qu'il reprend une image vétéro-testamentaire assez générale, peut-être inspirée par le siège de Nabuchodonosor en 586. Plusieurs problèmes historiques s'imbriquent dans cette question, étant donné que la date de rédaction des différents évangiles est loin d'être établie ; l'apologétique se mêle à l'histoire, quand on essaie de dater l'Évangile de Luc puis, en conséquence, les Actes des Apôtres par l'interprétation littéraire ou événementielle qu'on donne de ce passage. Dans tous les cas, le siège de Jérusalem n'y a pas statut d'événement mais de signe ; la guerre juive ne peut donc constituer un jalon chronologique dans l'élaboration de cette tradition évangélique.

Un repère plus solide est fourni par l'omniprésence des pharisiens dans les évangiles, qui les caricaturent au prix d'une contradiction avec les Actes des Apôtres et même d'incohérences internes. L'auteur des Actes a un point de vue nuancé sur le milieu pharisien, dont est issu Paul (Ac 23, 6 ; 26, 5 ; voir Ph 3, 5) : son maître Gamaliel est présenté comme un homme tolérant (Ac 5, 34-39), ce qui est exact puisque le Talmud le situe dans la tradition libérale de Hillel, ouverte aux prosélytes. Il souligne aussi que les pharisiens partagent la foi en la résurrection et dans les manifestations divines à travers les anges (Ac 23, 8-9), ce qui facilite leur conversion (Ac 15, 5). Certains évangiles signalent l'adhésion de pharisiens au mouvement du Baptiste (Mt 3, 7) mais d'autres la réduisent (Lc 7, 30). Selon Jean, les pharisiens gardent vis-à-vis de Jésus une attitude d'observation (Jn 1, 19, 28) ou au mieux, comme Nicodème, se contentent d'une semi-conversion secrète (Jn 3, 1-21 et 7, 50-51). Dans les évangiles, les pharisiens jouent en fait le rôle de provocateurs[1] ; Jésus leur est sans cesse confronté, comme aux représentants du judaïsme officiel, sur des règles rituelles telles que le sabbat[2], le jeûne (Mc 2, 18) ou la pureté[3]. La polémique s'enfle, en particulier dans l'Évangile de Matthieu : les pharisiens sont caricaturés comme des observants qui se perdent dans les détails infimes (Mt 5, 20 ; Mc 7, 1-7), des arrogants à l'attitude ostentatoire (Mt 23, 13-15 et 23 ; Lc 16, 14 et surtout 18, 10-14), des hypocrites (Mt 23, 2-3 ; Lc 11, 39-44 et 12, 1). L'incompatibilité entre pharisiens et chrétiens est totale : ils ont été les artisans de la perte de Jésus, en accord avec les grands prêtres[4] – ce qui ne correspond pas au véritable rapport de forces ; Jésus, de son côté, multiplie les mises en garde (Mt 16, 11 ; Mc 8, 15 ; Lc 7, 3) ; ils les maudit (Mt 23, 13-14 ; Lc 11, 42-44). Ils ne sont qu'« engeance de vipère » et « sépulcres blanchis » (Mt 3, 7 ; Lc 11, 44) !

Cette polémique acerbe, beaucoup plus poussée dans les évangiles que dans les Actes, révèle dans quel environnement historique l'image de Jésus s'est élaborée. À partir de 70, après la destruction du Temple et la disparition du pouvoir sacerdotal, le judaïsme s'est trouvé représenté par les pharisiens de la synagogue, les *nasi* du Talmud. Ceux-ci se regroupèrent autour de Rabbi Johanan ben Zakkai à Iamneia (Yabné), dont l'école devint le foyer religieux et le cœur de la nation juive. Que le courant pharisien ait survécu à la catastrophe de 70 et ait pu prendre ainsi le relais du Temple s'explique par ses liens très étroits avec les synagogues de la Diaspora ; les pharisiens les visitaient et les contrôlaient, comme le rappelle l'Évangile de Matthieu[5]. Le judaïsme devint alors une religion du Livre dont les adeptes ne

---

1. Mt 9, 11 ; 12, 38 ; 15, 1 ; 16, 1 ; 19, 3 ; 22, 34 et 41 ; Mc 2, 16, 18 et 24 ; 10, 2 ; Lc 5, 17, 21 ; 7, 30-39 ; 17, 20 ; Jn 8, 3-5.
2. Mc 2, 24 ; Lc 6, 2-7 et 14, 1-3 ; Jn 9, 13-16.
3. Mc 7, 1-7 ; Lc 5, 30-33, et 15, 2.
4. Mt 12, 14 ; 21, 46, et 22, 15 ; Mc 3, 6, et 12, 13 ; Jn 7, 32 ; 11, 46-48, et 18, 3.
5. Mt 23, 29-34.

s'identifiaient plus par des rites mais, seulement, par la lecture et la pratique de la Loi.

La rupture des chrétiens avec les pharisiens se prolonge par une mise à distance du judaïsme. Assez discrètement suggérée dans les synoptiques (Mc 13, 9 ; Lc 21, 12), elle est surtout sensible dans les écrits johanniques les plus tardifs. L'Évangile de Jean introduit le thème de la peur des Juifs, obstacle à la liberté d'expression (Jn 7, 1 et 13 ; 19, 38 ; 20, 19), et Jean développe, dans l'Apocalypse, le thème des Juifs infidèles (2, 1 ; 2, 9 et 3, 7). La persécution devient une véritable « excommunication » (Jn 9, 22 ; 12, 42 ; 16, 2) ; le rédacteur connaît sans doute l'innovation liturgique, apparue vers 85 à Yabné, la « douzième bénédiction », qui était en fait une malédiction contre les prédicateurs déviationnistes et une interdiction de prêcher.

Des deux côtés, le grief de magie est utilisé comme un élément de différenciation : souvent les peuples orientaux s'accusaient réciproquement de magie afin de stigmatiser l'autre comme inassimilable. Dans la littérature rabbinique postérieure à 70, Jésus est décrit comme un déviant et un magicien, condamné pour sorcellerie[1]. Dans le Talmud, à travers l'histoire d'Onkelos, neveu de Titus, Jésus est évoqué dans des procédures d'évocation des morts[2]. Ces textes sont rares, surtout ceux qui sont connus directement. Mais, inversement, la prédication chrétienne se construisit contre la magie juive à laquelle sont affrontés les apôtres Pierre et Paul en Samarie, à Chypre et à Éphèse (Ac 8, 9-25 ; 13, 6-12 ; 19, 13). Le thème fut continûment exploité par les Pères de l'Église : au niveau local, pour démontrer le caractère illusoire des guérisons et des exorcismes juifs, et, dans une perspective eschatologique, pour prouver la déchéance du peuple juif[3].

En évoquant l'excommunication, les communautés johanniques posaient le problème des relations du christianisme au judaïsme dans les mêmes termes polémiques que Paul quand il s'adressait aux Galates : le Christ *ou* la Loi. Il fallait choisir, car

---

1. Allusions de Jean Chrysostome, *Ps* 8, 3, dans *Patrologie grecque*, 55, 110 ; citations de Celse réfutées par Origène, *Contre Celse*, 1, 6, 69.
2. Jean Chrysostome, *Homélie contre les Juifs*, 8, 6, dans *Patrologie grecque*, 48, 930.
3. Voir S. Gero, *JJS*, 29, 1978, 167-168.

les deux paraissaient incompatibles (Ga 3, 13 et 24-25 ; 5, 2-6 et 18). Il ne s'agissait, alors, évidemment pas d'un antisémitisme religieux, puisque les thèmes du peuple prophéticide et déicide n'apparurent que beaucoup plus tard. Il n'est pas sûr non plus que l'on doive parler d'antisémitisme politique, dans la mesure où certains de ces textes, à commencer par les épîtres de Paul, sont antérieurs à la guerre juive et au changement des relations des chrétiens avec le pouvoir romain. Quel qu'ait été le poids des événements de 70 dans l'opinion chrétienne, on ne peut correctement l'évaluer, faute de pouvoir dater les évangiles et les Actes. Toutefois, la rupture des chrétiens avec le judaïsme exprime aussi la quête d'une identité qui se cherchait dans la différence.

La conversion au judaïsme

Dans la première génération apostolique, l'admission des non-Juifs – Samaritains, Grecs et Romains – paraît d'emblée être une question d'actualité. Paul l'aborde le premier dans ses lettres aux Galates et aux Romains, vers les années 53-55, dans un contexte qui s'affirme extrêmement polémique. Les Actes des Apôtres en rendent compte dès la mission en Palestine, à travers des exemples emblématiques, comme celui du centurion romain de Césarée ou de l'eunuque noir de Gaza, et surtout par l'importance qu'ils donnent à la réunion apostolique qui eut lieu à Jérusalem, après la première mission de Paul dans le monde grec, pour débattre des conditions de cette intégration. Dès 51, la question juive était ainsi posée. Elle est d'actualité, encore, dans les évangiles, à travers le problème samaritain et la question du sabbat.

C'était une question complexe et multiforme dont les implications théologiques sont évidentes, mais qui comportait aussi des aspects juridiques et sociaux caractéristiques de la Diaspora. On le comprendra mieux, sans doute, en considérant ce que signifiait pour un Juif de l'époque l'intégration au judaïsme. C'était une conversion, certes, mais non pas au sens ordinaire pour les Grecs d'un « changement d'état d'esprit » (*métanoia*), par retour sur soi-même et repentir ; pour Josèphe[1], elle impliquait un change-

---

1. *Contre Apion*, II, 123, et *AJ*, XX, 2, 3 (35) et 4 (44).

ment de coutumes et de mode de vie, l'observance du sabbat, la consommation de nourriture casher et la pratique de la circoncision. Celle-ci témoignait au premier degré de l'identité ethnique du peuple juif, mais avait été revêtue d'une haute signification théologique comme symbole de son élection, de sa pureté et de l'Alliance conclue avec Abraham. Le « peuple saint » ne pouvait donc s'assimiler à la société profane, et son intégration – bien réussie dans la Diaspora – passait par la reconnaissance de sa différence à travers les privilèges officiels qui lui garantissaient ses « coutumes ancestrales ». L'adhésion au judaïsme était donc au Ier siècle un « choix de vie[1] », une « naturalisation[2] » autant qu'une « conversion ».

L'attraction du judaïsme sur les Grecs et les Romains – qui est indéniable – aboutissait souvent à un engagement partiel. Les sympathisants étaient nombreux, qu'on appelait « craignant-Dieu » (*theosebeis*) ou « sabbatisants » : attirés par les fêtes juives et le rôle qu'y jouait la lumière, ils s'associaient aux rites du sabbat, fréquentaient la synagogue et lisaient la Torah, s'abstenaient de consommer du porc et adhéraient plus ou moins au monothéisme[3]. Les convertis à proprement parler, les prosélytes qui adoptaient la loi mosaïque, s'étaient fait circoncire[4]. À l'époque de Paul, les communautés de judaïsants dans la Diaspora n'étaient donc pas homogènes. Surtout, elles n'étaient pas égalitaires, ce que récusa l'apôtre en affirmant qu'on ne devait plus distinguer ni Juifs ni Grecs parmi les convertis chrétiens (Ga 3, 28 ; Col 3, 11). Puisque l'appartenance au judaïsme était déterminée par des pratiques culturelles ancestrales, la religion juive ne pouvait prétendre à l'universalité, comme par exemple la religion d'Isis.

S'ajoutait à cela un problème social et politique dont les intellectuels, au moins, prirent la mesure à Rome. Horace l'avait déjà relevé au début de notre ère[5], mais les contemporains de Néron insistèrent davantage encore sur la pression sociale qu'exerçaient

---

1. *Contre Apion*, II, 210.
2. *AJ*, XX, 2, 4, (38).
3. *AJ*, XX, 2, 3 (34) ; *Contre Apion*, II, 282-286 à rapprocher de Juvénal, *Satires*, XIV, 96-99.
4. *AJ*, XX, 2, 4 (38 et 41) ; *Contre Apion*, II, 123 ; Juvénal, *Satires*, XIV, 99-105.
5. *Satires*, IX, 179-186.

les Juifs de Rome, ce groupe nombreux et original[1] ; en privilégiant la loi de Moïse sur celles de Rome, ils paraissaient saper les fondements de l'État et de la société[2]. Ces intellectuels ne soulevaient pas le problème juif en termes religieux, sous l'angle d'une superstition étrangère, réprimée sporadiquement par les pouvoirs publics[3], mais en termes d'identité culturelle et nationale, les Juifs étant soupçonnés de judéisation dans la mesure où ils imposaient leur mode de vie aux convertis locaux[4]. Josèphe, sensible au même problème, montra qu'un souverain étranger, en l'occurrence le roi d'Adiabène[5], ne pouvait passer de la condition de sympathisant, « craignant-Dieu », à celle de « Juif véritable » en se faisant circoncire, car la population risquait de se révolter contre un roi devenu étranger, dans lequel elle ne se reconnaissait plus.

Paul, qui porta tellement l'empreinte des modes de représentation et des systèmes d'organisation du monde romain, ne pouvait demeurer indifférent au débat, qu'il fit exploser, de façon très polémique, au sein des premières communautés chrétiennes. Fallait-il, ou non, séparer le religieux du politique et du social ? Ne pouvait-on se convertir spirituellement sans procéder à cette naturalisation qu'impliquait l'accession au statut de prosélyte dans les synagogues ?

Le contexte historique local :
les affaires de Césarée et d'Antioche

La question juive ne s'est jamais posée au sein de l'Église de Jérusalem. Même au moment de l'affaire Étienne, la nécessité de la circoncision n'y fut jamais contestée (Ac 7, 8), alors même que les Hellénistes intégraient un prosélyte, Grec d'Antioche (Ac 6, 5). Selon les Actes, les apôtres la découvrirent dans des cités cosmopolites : Pierre à Césarée maritime (Ac 10 et 11), Paul à

---

1. Perse, *Satire*, V, 179-186.
2. Sénèque repris dans *Cité de Dieu*, VI, 11 ; Juvénal, *Satire*, XIV, 100
3. Tacite, *Annales*, II, 85 ; Suétone, *Vies des douze Césars, Tibère*, 36.
4. Dion Cassius, LVII, 18, 5.
5. *AJ*, XX, 2, 4 (34-39).

Antioche et dans les villes d'Asie Mineure (Ac 15, et Ga 2, 11-21).

Césarée était une ville « à la population mêlée », où il était donc plus difficile pour les Juifs de vivre à part et d'observer leurs différences[1]. Antique forteresse phénicienne du littoral (la tour de Straton), elle avait été refondée comme une véritable ville par Hérode le Grand qui avait fait venir des populations juives et grecques ; à cela s'ajouta une présence militaire romaine lorsque la ville devint la résidence des gouverneurs romains, soucieux d'épargner Jérusalem. Les Juifs l'emportaient par le nombre et la richesse, mais les Grecs bénéficiaient de l'appui militaire des troupes d'occupation. La situation y était donc constamment tendue ; il y eut des pillages et des rixes récurrents qui atteignirent leur paroxysme en 59-60. La coexistence des deux religions au quotidien était difficile dans une ambiance classique de ville hellénistique, où les temples et les statues honorifiques – avec les sacrifices et le culte des images – heurtaient la sensibilité religieuse des Juifs, alors qu'ils s'estimaient chez eux, dans une fondation juive. À cela s'ajoutait un problème d'intégration politique et sociale, puisque au titre de premiers colons, les Juifs réclamaient l'*isopolitie* avec les Grecs, la participation aux affaires publiques. C'est dans ce contexte que Pierre aborda le problème de la conversion de Romains qui avaient déjà subi l'attraction du judaïsme et se comptaient parmi les craignant-Dieu, entre deux populations aux réflexes identitaires exacerbés.

À Antioche, antique capitale hellénistique devenue celle de la province romaine de Syrie, qui était donc depuis sa fondation une ville grecque, les Juifs constituaient la communauté la plus importante de la Diaspora, autour d'une synagogue monumentale et richement décorée[2]. Comme à Césarée, ou encore à Alexandrie, et toujours au titre de premiers colons, installés là par le fondateur, les Juifs revendiquaient, en même temps que l'*isopolitie*, le respect de leur différence religieuse[3]. D'après Josèphe, le judaïsme d'Antioche, par ses liturgies, attirait une foule de Grecs

---

1. *AJ*, XX, 7, 1 (173-176) ; *GJ*, II, 13, 7 (266-270).
2. *GJ*, VII, 3, 3 (45).
3. *Contre Apion*, II, 39.

et il existait donc une catégorie marginale de dévots, associés, « d'une certaine façon » seulement, à leur groupe[1].

C'est cette marginalisation, sans doute, qui dut choquer Paul, ainsi peut-être que la situation de prosélyte, qui était celle d'un Grec d'Antioche, converti d'Étienne. Le prosélyte avait un statut légal puisqu'il était devenu « Israélite en tout point » après avoir accompli les rites nécessaires de circoncision, de baptême et d'offrande ; cependant, il restait désigné, par son nom même, comme une pièce rapportée, comme quelqu'un qui « était venu rejoindre la communauté »[2] ; il était maintenu dans une position protocolaire inférieure puisqu'il ne pouvait se marier dans les familles sacerdotales. Le projet de Paul, que l'auteur des Actes a fait sien, fut dès lors de dépasser toutes les différences ethniques et culturelles.

Le tableau que donnent ainsi les Actes de la première Église d'Antioche reflète une extrême diversité d'origine et l'importance de l'élément culturel grec. Fondée par des Juifs hellénistes du parti d'Étienne, elle avait reçu de nouveaux apports de Chypre et de Cyrène, en Libye (Ac 11, 19-20) ; le plus important fut Barnabé, un lévite de Chypre qui, à son tour, fit venir Saul (Paul), un Juif de Cilicie formé dans les écoles pharisiennes de Jérusalem (Ac 11, 22-26). Certains convertis étaient de culture sémitique, comme Barnabé, dont le nom de naissance était Joseph (Ac 4, 36), et Menahem, élevé à la cour d'Hérode (Ac 13, 1) ; un autre porte un prénom latin, Lucius, signe de son intégration sociale. Deux d'entre eux utilisaient un double nom – Joseph dit Barnabé et Syméon dit Niger, « Le Noir » – ce qui les situe « entre deux mondes », en voie d'assimilation et de romanisation pour le second.

Le problème des interdits alimentaires

À Antioche comme à Césarée, le problème de la conversion des Grecs et des Romains se discuta moins en termes d'identité ethnique – à travers la nécessité de la circoncision – qu'en termes

---

1. *GJ*, V, II, 3, 3 (45-47).
2. Voir ci-dessus chapitre premier.

de comportement social. Le débat porta d'abord sur les habitudes alimentaires.

Celles-ci posaient problème à plusieurs niveaux. D'un point de vue social, les Juifs se mettaient à part, comme tous les autres « Syriens », par leur refus de consommer du porc à cause de son impureté ; c'était un trait qui différenciait les Sémites des Grecs et des Romains, et dont on se moquait volontiers à la cour de Caligula[1]. De façon plus spécifique, la Torah faisait une obligation aux Juifs de ne manger que de la viande casher et d'éviter toute viande non saignées ou étouffées. Il s'agissait là de rites d'identification ethnique[2].

Mais la question des « idolothytes », telle que la formulaient les chrétiens de Corinthe, d'Antioche et d'Asie[3], déplaça le problème sur le plan de la foi en liant la consommation de viande aux rites célébrés en l'honneur des divinités païennes : par « idolothytes » on entendait, en effet, les victimes sacrificielles, à une époque où les opérations de boucherie avaient lieu dans les temples, lors des grands sacrifices publics. Les hécatombes en particulier fournissaient à la population la meilleure ou la seule occasion de manger de la viande. Les premiers chrétiens se demandaient donc si l'acte religieux se limitait à l'immolation de la victime et à la prière qui l'accompagnait, ou s'il s'étendait à la consommation des viandes. Certains croyants se montraient réticents à l'usage du vin (Lc 7, 33-34 ; Rm 14, 21 ; 1 Tm 5, 23), dans la mesure où le *symposion* grec, temps de beuverie, de musique et de jeu, complétait habituellement le banquet sacrificiel. Tous ces interdits rendaient très difficiles des rapports d'intimité entre Juifs et non-Juifs (Ac 10, 28), puisque tout événement familial ou public était en général célébré par un sacrifice et un banquet.

Le problème se posa à Pierre dans la ville cosmopolite de Césarée (Ac 10, 13) et à Paul du fait des Corinthiens. Les positions de l'un et de l'autre fluctuèrent. Au dire des Actes et de l'Évangile de Matthieu (15, 15-20), Pierre aurait très vite accepté la nourriture non casher et admis de manger avec les Grecs et les Romains. Mais Paul (Ga 2, 11-14) lui reprocha amèrement

---

1. Philon, *Legatio ad Gaium*, 361-362.
2. *Sp. leg.*, IV, 119 et 122-125.
3. 1 Co 8 et 10 ; Ac 15 ; Ap 2, 14 et 20 ; *Didachè*, 6, 3.

d'avoir cédé finalement à Antioche aux pressions des chrétiens juifs de Jérusalem, qui duraient depuis un certain temps (Ac 11, 2-3), et de s'être mis à part des Grecs.

Paul, quant à lui, prêcha continûment la tolérance mutuelle en minimisant la portée des pratiques alimentaires (Rm 14, 17). Il les dissocia de l'acte de foi et du rite de médiation que constituait le sacrifice grec (Rm 14, 2-3, et 1 Co 8, 8). Cependant, pour éviter le scandale, il fut amené à prôner deux attitudes différentes, en privé et en public : dans le cadre des relations familiales et amicales, il ne fallait pas hésiter à manger avec les non-Juifs, sans trop s'interroger sur l'origine de la viande (1 Co 10, 27-28) ; lors d'une célébration officielle, il fallait s'en abstenir car on était alors intégré à une communauté cultuelle, dans une démarche religieuse publique, et il le prohiba (1 Co 10, 19-21).

Ce point de vue ne faisait pas l'unanimité. Selon les Actes, et bien que Pierre l'eut soutenu (Ac 10, 13 et 15, 7-11), il ne rallia pas l'Église de Jérusalem : lors de la réunion apostolique convoquée à Jérusalem pour résoudre les questions de mixité avec les Grecs d'Antioche, Jacques fit ajouter à l'interdiction des viandes sacrificielles celle des viandes non casher, ainsi que la proscription des unions incestueuses (*pornéia*), c'est-à-dire les mariages entre frères et sœurs germains qui étaient fréquents chez les Grecs (Ac 15, 20 et 29)[1]. Il étendait ainsi aux chrétiens grecs les quatre règles casher énumérées par le Lévitique (17, 8) et considérées comme contraignantes pour les étrangers résidents en Israël.

À Antioche, tout particulièrement, les pratiques alimentaires constituèrent une pierre d'achoppement entre chrétiens, Juifs et Grecs. Du point de vue des pouvoirs publics, dans les périodes de troubles et de tensions, la consommation des viandes sacrificielles constituait une sorte de test de loyalisme : on demandait aux Juifs de sacrifier « à la manière des Grecs[2] ». Paul conseillait donc aux convertis de ne pas rompre les liens et les solidarités naturelles qui les unissaient à leurs parents, voisins et amis ; Pierre fit de même dans un premier temps, avant de revenir au principe de la sépara-

---

1. Surtout en Égypte : voir *Sp leg.*, III, 22-26.
2. *GJ*, VII, 3, 3 (50-51).

tion absolue entre Grecs et croyants, ce qui lui valut la colère de Paul (Ga 2, 11-14).

D'autres exceptions juives, telles que l'observance du sabbat qui semble, elle aussi, avoir fait difficulté à Antioche[1], n'apparaissent ni dans les écrits pauliniens ni dans les Actes, mais les évangiles évoquent souvent la question du sabbat. Quant à l'interdiction des unions « incestueuses », elle n'apparaît que chez Matthieu (5, 32 ; 19, 9).

La circoncision

L'obligation de la circoncision, au contraire, est au centre du débat qui divise la première génération chrétienne, avant même la réunion de Jérusalem en 51 où elle fonctionne comme un signe identitaire pour l'un des deux courants de la première Église : les convertis juifs, souvent des pharisiens (Ac 15, 5), sont appelés « les circoncis », « ceux de la circoncision » (Ac 10, 45 ; 11, 2). À nouveau, le problème est à la fois social et théologique : social, parce que la circoncision était perçue par les antisémites grecs comme une mutilation barbare, encore que les Juifs n'étaient pas seuls à la pratiquer[2] ; théologique, parce qu'elle était le signe de l'ancienne Alliance et que son caractère obligatoire impliquait le passage par le judaïsme comme étape préalable du salut (Actes 7, 8).

Au moment où Paul engagea la polémique sur ce sujet, sous l'empereur Claude, le problème était d'actualité[3]. Les rabbins et l'aristocratie défendaient des points de vue divergents. À l'intérieur des royautés orientales, les Hérodiens semblent avoir exigé la circoncision et l'adoption du « mode de vie juif » dans le cas des mariages mixtes[4]. Certains rabbins lièrent la conversion à la circoncision, mais d'autres au baptême[5]. La conversion de la famille royale d'Adiabène, en Mésopotamie, vers 45, que relata

---

1. *GJ*, VII, 3, 3 (52).
2. Josèphe, *Contre Apion*, II, 141, 142.
3. Tentatives de justification rationnelle, hygiénique et médicale chez Philon, *Sp. leg.*, I, 4-11.
4. *AJ*, XX, 7, 1 (139) et 3 (145).
5. *Talmud Yebamot*, 46a, et *Kiddushim*, 3, 14.

Josèphe[1], est un fait divers très significatif : le roi fut converti par un marchand juif, un *emporos*, qui lui enseigna le monothéisme et le rituel juif ancestral sans lui imposer la circoncision : Josèphe le range de ce fait dans la cagégorie marginale des « craignant Dieu » (*theosebeis*). Mais sa mère fut convertie par un Juif de Galilée, beaucoup plus rigoriste, qui l'amena à adopter non seulement les croyances mais aussi le mode de vie juif ; dès lors, pour les hommes, le refus de la circoncision devenait une impiété, le délit suprême contre la Loi et contre Dieu. Le contexte de l'événement, tel que le brosse Josèphe, ainsi que les réflexions qu'il lui inspire, sont identiques à ceux des épîtres pauliniennes : les points de vue juifs s'opposent devant les sympathisants de la Diaspora et les contre-missions succèdent aux missions ; Josèphe estime que l'engagement de cœur prime sur les manifestations extérieures, et que l'essentiel est de ne pas faire scandale ; il juge difficile pour un notable grec de se conformer à une pratique exotique qui le désigne comme adhérent d'un culte étranger et différent ; la circoncision est significative de l'adoption du mode de vie juif.

Le problème de la circoncision fut posé à Jérusalem par les pharisiens chrétiens (Ac 15, 1 et 5), après la conversion de Romains et de Grecs de Césarée (Ac 11, 2), mais il ne fut pas envisagé, ni encore moins réglé, comme celui des pratiques alimentaires, lors de la réunion apostolique de Jérusalem. De ce fait, la polémique se développa en Asie, d'abord, et finalement à Jérusalem autour des prises de position de Paul. Certes, l'auteur des Actes prête à Paul une certaine diplomatie, puisqu'il aurait fait circoncire Timothée de Lystres, qui était issu d'un mariage mixte, pour ménager les chrétiens issus du judaïsme (Ac 16, 1-3), alors qu'il ne l'avait pas imposé à Tite, un Grec d'Antioche, au moment de la réunion de Jérusalem (Ga 2, 3). En Asie, Paul tint des propos extrêmement virulents contre la circoncision : dans le contexte local de la Galatie où la mission judéo-chrétienne était active, il la taxa d'opportunisme social ; ces « faux frères », disait-il, font peser cette contrainte sur les chrétiens grecs, en profitant de l'éclatement des différents groupes, pour bénéficier des privilèges statutaires des Juifs et éviter d'être poursuivis comme sectateurs d'un crucifié (Ga 6, 13-14). Il est vrai qu'à

---

1. *AJ*, XX, 2, 1-4 (17-43).

Rome, les autorités confondront au début, sous le règne de Claude, chrétiens et Juifs[1].

Pour marquer sa différence, Paul épouse les points de vue les plus extrêmes de l'opinion gréco-romaine. Le choix même des termes est révélateur : en utilisant *katatomein* ou *apokoptein* (Ph 3, 3 ; Ga 5, 12) et non pas *peritomein*, qui était l'expression de la Bible grecque et de Josèphe, il assimile la circoncision à la castration et les Juifs aux Galles et autres eunuques des sanctuaires orientaux, de mauvaise réputation à Rome ; on retrouve cette assimilation dans le droit romain, à l'époque d'Hadrien, quand l'empereur suspendit le privilège juif, qui autorisait la circoncision, en interdisant plus généralement toutes les mutilations rituelles.

Sur le plan théologique, Paul relativise le rite de la circoncision, comme les Hellénistes relativisaient celui du Temple, en opposant la circoncision « de cœur » ou « en esprit » à l'opération faite « de main d'homme »[2]. C'est la fidélité à la Loi (Rm 2, 25-29), c'est l'engagement au Christ (Ga 5, 2-6) qui comptent et non pas l'opération elle-même. Paul conclut donc à l'inutilité de la circoncision (Ga 5, 6), en argumentant sur le cas d'Abraham, qui avait eu la foi sans être circoncis et qui constituait une référence commune aux Juifs et aux Grecs (Rm 3 et 4).

D'après les Actes (21, 21), Jacques et l'Église de Jérusalem virent dans le message de Paul une entreprise de déjudéisation : Paul enseignait aux Juifs de la Diaspora à se détacher de Moïse, à ne plus circoncire leurs enfants et à abandonner les pratiques ancestrales. Il est vrai que le milieu paulinien de Colosses réduisait la circoncision à une simple différence culturelle, comme celles qui opposaient le Grec au Barbare ou le libre à l'esclave, une différence qui était donc réductible dans la longue durée (Col 3, 11). Des deux côtés, le débat semble avoir davantage porté sur la vieille question de l'intégration au monde gréco-romain que sur des points théologiques véritablement nouveaux.

---

1. Voir ci-dessous chapitre 11.
2. Col 2, 11 ; Ep, 11 ; Ph 3, 3 ; Rm 2, 29.

Question de foi ou question de culture

Au-delà de la polémique immédiate, la conversion change de sens. La conversion, au sens juif traditionnel, impliquait un changement de vie, comme le montre clairement Josèphe, pour qui la « parenté » juive reposait non seulement sur la race mais sur un choix de vie[1]. Paul, au contraire, définit la conversion à la manière d'un sage grec, comme un changement spirituel (*métanoia*) : depuis Platon, la philosophie avait pour but de réorienter l'esprit humain en lui faisant perdre son insouciance pour qu'il se tourne vers la sagesse, mais elle ne s'intéressait pas aux aspects matériels de la vie. Quand les polémiques personnelles n'envenimaient pas la question comme en Galatie, Paul précisait à toutes ses Églises que les convertis devaient rester dans l'état où ils avaient été appelés, circoncis ou non, esclaves ou libres (1 Co 7, 17-20) ; seul comptait l'engagement spirituel.

Ainsi se dessina dans l'Église primitive, dès la première génération, une divergence théologique fondamentale. Paul, dans sa définition de la conversion ou dans ses prises de position sur la circoncision, distingue l'esprit et la lettre, la foi et les œuvres (Rm 4, 1-22) ; il s'agit là d'un réflexe de juriste et d'une position pragmatique. Jacques le réfute fermement en reprenant la même distinction, pour affirmer que l'adhésion mentale n'est qu'un corps sans vie, et que seuls les actes peuvent l'animer (Jc 2, 14-26). Le débat était alors très actuel dans le judaïsme de la Diaspora ; Josèphe fait d'ailleurs dire à un Juif galiléen fort scrupuleux, devant les convertis d'Adiabène, qu'il ne suffit pas seulement de lire la Loi, mais qu'il faut la mettre en pratique[2].

Paul, dans le seul des discours publics dont il nous a gardé la substance et qui portait, justement, sur les pratiques alimentaires (Ga 2, 14-21), distingue l'appartenance ethnique, le comportement et la foi. Pierre, qui est Juif, s'était jusque-là comporté « selon l'usage des nations » (*ethnikôs*) en mangeant non casher, les ressortissants des nations devaient-ils donc se « comporter en Juif » (*ioudaïkôs*) en observant intégralement les interdits du Lévitique ? Le discours de Paul est marqué par la terminologie et

---

1. *Contre Apion*, II, 210.
2. *AJ*, XX, 2, 4 (44).

la pensée grecques, puisque son argumentation est de type ethnographique ou culturel, mais non pas théologique. Il développe un relativisme familier aux Grecs, pour qui la coutume gouvernait le monde.

Il est difficile de dresser le bilan de cette controverse et, partant, de mesurer l'influence réelle de l'Église de Jérusalem sur la génération apostolique. L'auteur des Actes, qui traite ensemble le débat sur la circoncision et celui sur la nourriture casher, donne une grande importance à l'assemblée plénière, qui eut lieu à Jérusalem, à ce propos, et au document normatif qu'elle produisit. Il le cite intégralement comme une pièce d'archives (Ac 15, 23-29). Des historiens ont interprété cette réunion comme le premier « concile » ; certains ont même supposé que tous les apôtres avaient été convoqués et seraient revenus spécialement de leurs différents champs de mission, ce qui supposerait une organisation déjà centralisée autour du siège de Jérusalem.

Cependant les incertitudes chronologiques et des points divergents dans les lettres de Paul réduisent la portée de cette réunion ; Paul, par ailleurs, la qualifie de privée et il n'applique jamais le « décret » dans sa zone de mission, ce qui aurait été plus qu'une provocation s'il avait participé à sa rédaction. L'exégèse contemporaine considère donc que le décret cité par les Actes a été élaboré progressivement et plus tardivement et qu'il représente une voie médiane entre les positions de Jacques, de Pierre et de Paul. Dans l'immédiat, Paul fut le grand perdant : pour ne pas céder devant Pierre sur la question des viandes sacrificielles, il dut quitter Antioche et il se heurta à des chrétiens juifs depuis Éphèse jusqu'à Jérusalem.

L'importance d'un christianisme juif se mesure durablement en Asie Mineure. La polémique s'y prolongea au-delà des personnes de Jacques et de Paul, bien après la disparition des deux hommes et même après la destruction du Temple. La question juive reste en effet au centre des épîtres pastorales, qui étaient destinées aux communautés pauliniennes d'Asie. On y dénonce la présence de docteurs, qui imposent une définition réductrice de la Loi, celle-ci fonctionnant comme interdit (1 Tm 1, 7 et 8-9) ; on évoque des querelles de légistes débattant de la loi mosaïque (Ti 3, 9). Les règles casher sont observées (1 Tm 4, 1-3 ; Ti 1, 15). La foi se nourrit d'une érudition proprement juive fondée sur l'Ancien

Testament (Ti 1, 14). La situation restait donc la même qu'à Colosses, une génération auparavant, où l'on exigeait des chrétiens la circoncision, les règles casher et l'observance du sabbat (Col 2, 11-13 ; 16 ; 21) et où la théologie locale était imprégnée d'angélologie, de magie et d'apocalyptique (Col 2, 15 et 18).

La critique du ritualisme juif dans la théologie paulinienne, la remise en cause des pharisiens et des autorités du Temple dans les évangiles, le schéma récurrent des Actes qui montre le passage du christianisme de la synagogue aux Grecs, ne doivent pas dissimuler le rôle missionnaire de l'Église de Jérusalem, ni l'ascendant du groupe de Jacques sur la première génération. Cette génération représente une étape de transition où le problème de l'intégration au monde gréco-romain est clairement posé sans que les conditions en soient vraiment déterminées. La rupture d'avec le judaïsme fut le fait de la seconde génération, après la chute du Temple en 70 et à la faveur de dynamiques propres aux milieux de la Diaspora.

CHAPITRE 9

« Ne compte ni celui qui plante ni celui qui arrose[1] »
Pénétration et diffusion dans le monde grec

Il n'est pas possible de brosser un tableau d'ensemble de la mission apostolique, qui commença au lendemain de la Pentecôte et dont l'Apocalypse constitue le plus récent témoignage, vers 90. La seule mission que l'on puisse réellement apprécier est celle de Paul. Nous la saisissons sur le vif, à travers les lettres de l'apôtre, puis rétrospectivement à travers les Actes des Apôtres et, à la génération suivante, à travers les épîtres pastorales. Elle seule donc éclaire quelque peu la pénétration locale du message chrétien.

En réalité, à la génération apostolique, nous ne connaissons vraiment les progrès de l'évangélisation qu'entre Chypre et Antioche (par les Actes des Apôtres), en Grèce balkanique de Philippes à Corinthe (par les lettres de Paul et les Actes) et, surtout, en Asie Mineure. Cette région constitue un cadre d'étude privilégié puisqu'on dispose encore, dans le Nouveau Testament, de témoignages directs qui décrivent trois circuits missionnaires : le circuit des lettres de Paul, vers 50-55, qui se réduit à l'arrière-pays d'Éphèse sur le continent anatolien mais qui évoque des relations triangulaires entre Éphèse, Thessalonique et Corinthe (c'est-à-dire l'Asie Mineure, la Macédoine et la Grèce) ; le circuit de la première lettre de Pierre, une épître posthume expédiée de Rome, dont le messager parcourut le plateau anatolien en tournant d'est en ouest depuis les rives de la mer Noire jusqu'à Éphèse ; enfin, le circuit des sept lettres de l'Apocalypse, vers 90, d'une

---

1. 1 Co 3, 7.

amplitude régionale limitée à l'Ionie littorale, la Lydie et la Phrygie continentale. Trois milieux différents sont donc concernés : les antiques villes grecques de la côte, les populations de l'intérieur, celles des confins pontiques ou cappadociens d'intégration récente, régions rurales encore assez sauvages à l'époque d'Auguste[1].

Dans cette région, on peut étudier le développement des premières fondations chrétiennes sur plusieurs générations, grâce aux lettres authentiques de Paul, qui ont été rédigées à Éphèse entre 51 et 55, et aux épîtres dites « pastorales », qui correspondent sans doute à la deuxième génération des Églises, vers 70-80 ; c'est un document contemporain des Actes des Apôtres. Quant à l'Apocalypse, toute la tradition antique la rapporte au règne de Domitien, entre 81 et 96. À cette date, l'Église de Rome est déjà bien connue par la lettre de Clément de Rome aux Corinthiens[2]. On sait qu'elle a entretenu des relations constantes avec les chrétientés de Grèce ou d'Asie Mineure, mais on ignore tout de ses origines ; le Nouveau Testament n'évoque qu'indirectement la capitale de l'Empire. Rome fut pourtant l'objectif avoué de Paul mais il dut longtemps le différer (Rm 1, 10-15, et 15, 30-31) ; ce fut aussi le terme atteint par Pierre (1 P 5, 13).

L'illusion d'une trajectoire impeccable

Selon les Actes des Apôtres, la mission chrétienne suivit une progression linéaire. Partie de Jérusalem, elle gagna Antioche, capitale de l'Orient hellénisé, puis Chypre, au carrefour des trois cultures – sémitique, grecque et romaine – et, de là, les antiques cités grecques d'Asie et d'Europe pour atteindre enfin Rome comme son sommet. Cependant, les témoignages portant sur les deux missions directement connues, celle de Paul et celle de Pierre, montrent que les apôtres de la première génération n'utilisèrent pas d'itinéraires spécifiques en menant des projets

---

1. Strabon, XII, 3 et 6.
2. Les conditions de l'implantation du christianisme dans la capitale de l'Empire sont à peu près inconnues ; elle semble remonter aux années 40 : voir ci-dessous chapitre 11.

complémentaires. L'universalisme de la mission ne se traduisait pas encore en actes, à supposer que cet objectif ait été conçu dès la Pentecôte. Chaque apôtre a procédé au coup par coup, en déterminant des objectifs successifs dans des contextes différents.

L'exemple de Paul est significatif. Ses premières entreprises – à Damas, à Antioche et à Chypre – n'ont aucun caractère personnel. Le christianisme l'y a précédé. Paul fut introduit à Damas par Ananias, qui le baptisa (Ac 9, 17-20), dans une communauté préexistante, et à Antioche par Barnabé (Ac 11, 25-26); c'est encore Barnabé qui l'entraîna dans une première mission outre-mer, à Chypre, d'où il était originaire (Ac 13, 2-4). La toute première mission chrétienne reprenait les circuits de la Diaspora. Damas est sur la route de la Mésopotamie, où s'était établie la plus ancienne émigration juive, qui, au temps de Flavius Josèphe, était en relation constante avec Jérusalem. Cet axe de la mission chrétienne fut donc important comme le signalent les traditions relatives à Thomas.

Les Actes des Apôtres, dont l'histoire chrétienne identifie l'auteur à Luc, un médecin d'Antioche cher à Paul[1], rapportent effectivement les débuts de l'évangélisation à Antioche, en Syrie, qui constitua une zone missionnaire propre avec la Cilicie voisine (Ac 15, 23). Ils furent le résultat de déplacements fréquents entre Jérusalem, Chypre et Antioche, auxquels se mêlèrent des convertis d'Étienne après la mort de leur maître (Ac 11, 19). Les Chypriotes jouèrent alors un rôle majeur qu'explique la situation géographique de l'île, « immense pont entre la Syrie et la Cilicie[2] »; Barnabé utilisa souvent ce « pont » en voyageant entre Chypre, Antioche, Jérusalem et Tarse – d'où il fit venir Paul. Ce lévite de Chypre apparaît représentatif de la Diaspora locale : il est décrit comme un propriétaire foncier (Ac 4, 36-37), dans une île où les Romains avaient encouragé l'immigration en concédant un droit de propriété sur les terres à défricher.

Quand Barnabé et Paul furent envoyés à Chypre par l'Église d'Antioche, sans doute à l'été 44 (Ac 13, 4), il s'agissait d'un échange ordinaire entre l'Église syrienne et sa métropole (Ac 11, 20). Cependant cette mission n'engagea pas les Églises de

---
1. *HE*, III, 4, 6.
2. D'après le géographe romain Pomponius Mela, *De situ orbis*, 2, 7.

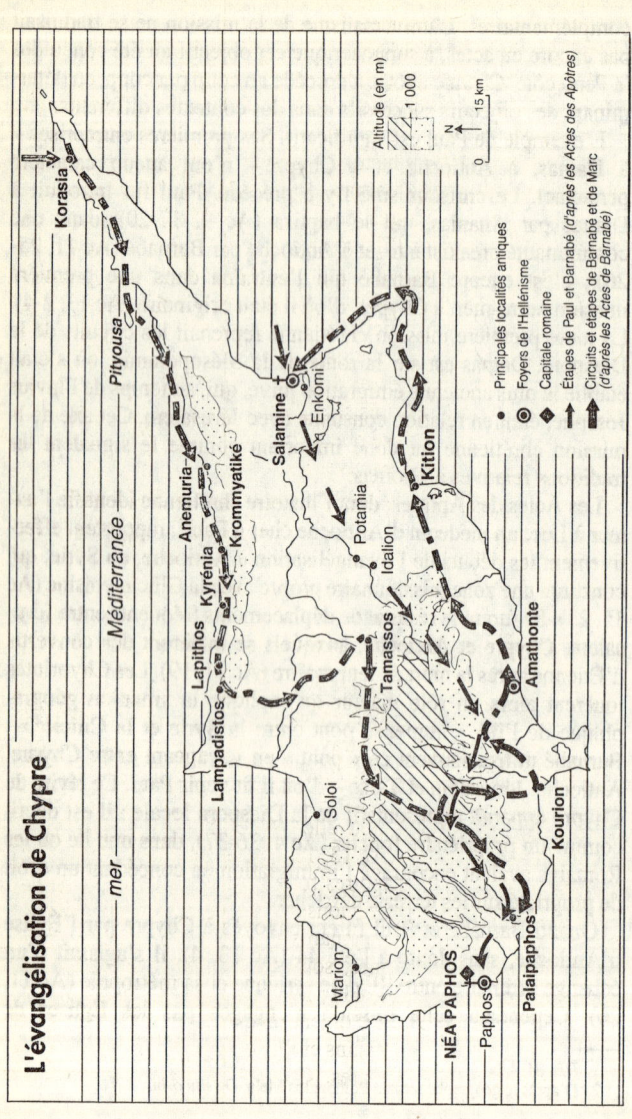

Chypre dans la mouvance paulinienne. En effet les traditions chypriotes ont évacué le souvenir et la figure de Paul jusqu'au ve siècle ; c'est Barnabé qu'elles reconnaissent comme l'évangélisateur de l'île et le fondateur des Églises, bien qu'il ne compte pas parmi les grands apôtres missionnaires de la première histoire chrétienne. Les facteurs historiques de diffusion du christianisme sont, dans les Actes de Barnabé, bien différents de ceux relevés dans les Actes des Apôtres, et purement locaux. Ils décrivent la mission chrétienne sur l'île comme une visite systématique des villes, des grands sanctuaires indigènes, des campagnes et même des habitats troglodytes. Ce circuit donne l'impression que le christianisme pénétra difficilement les villes et rencontra la résistance des grands cultes nationaux ; les apôtres s'implantèrent d'abord dans des villages et dans le district minier. Chypre ne comptait d'ailleurs que trois sièges épiscopaux au moment de la paix de Constantin, preuve que la christianisation des villes date en réalité du IVe siècle. Le souvenir de Paul y réapparut seulement quand l'île se préoccupa d'établir des liens avec Rome à l'époque byzantine. Chypre ne joua donc pas un rôle déterminant dans l'expansion du christianisme.

L'apostolat des confins

Le premier choix personnel de Paul et de Barnabé se fit à leur retour de Chypre. Ils décidèrent de regagner Antioche non pas directement, par mer, mais à travers le sud du plateau anatolien en empruntant la grande route romaine d'Éphèse à Tarse par le Taurus et les portes de Cilicie – ils la rejoignirent à Antioche de Pisidie, en prenant la nouvelle route Auguste, après avoir débarqué en Pamphylie (Ac 13, 13). Cette fois, la mission devenait aventure. Les deux apôtres fondèrent des Églises à Iconion, Lystres et Derbè, dans des régions instables et arriérées, menacées par les incursions des montagnards qui descendaient du Taurus ; les habitants vivaient armés, souvent dans des grottes ; ils ne parlaient pas grec (Ac 14, 11) ; ils conservaient leurs habitudes ancestrales et leurs cultes indigènes. Paul et Barnabé sont ainsi allés des milieux gréco-romains civilisés, dans les cités de la côte, à des ruraux encore barbares. Comptaient-ils sur la présence juive, comme le supposent les Actes ? Il semble en effet qu'il y ait eu en Asie Mineure des Juifs ruraux dont les noms apparaissent parfois dans des villages des hautes vallées.

Le véritable contact de Paul avec la cité grecque n'eut donc pas lieu en Asie Mineure. Lors de son second voyage, à la fin des années 40, Paul emprunta à nouveau des itinéraires continentaux. Venant de Tarse, il revisita ses Églises de Lycaonie et de Pisidie (Ac 16, 1), puis obliqua vers le nord-est au lieu de se rapprocher de la côte et des cités de la province d'Asie (Ac 16, 6). Les Actes ne donnent aucun détail sur les résultats de sa mission en Phrygie et en Galatie, au centre du plateau anatolien, mais Paul se considérait comme le premier évangélisateur de la Galatie et revendiquait les droits du fondateur sur toutes les Églises de la province (Ga 1, 6). Les circonstances, selon l'apôtre, furent accidentelles (Ga 4, 13) : malade, il dut prolonger une étape dans cette région rurale ; autour du grand sanctuaire indigène de Pessinonte, c'était une région de forteresses et de gros bourgs ; Ancyre, un important nœud routier, était le siège du gouverneur romain. Dans cette même phase, la mission de Paul en Phrygie continentale eut, elle aussi, des effets durables, à Colosses, Laodicée et Hiérapolis (Col 4, 13) : aux confins de la province d'Asie[1], c'était là le principal centre de production textile de l'Anatolie, et donc un milieu beaucoup plus riche et urbanisé. Mais Paul n'y fut pas le seul missionnaire.

Paul et l'introduction du christianisme en Grèce

Outre le désir de développer son action sans redouter la concurrence, plusieurs raisons ont pu décider Paul à passer d'Asie Mineure en Europe, après avoir délibérément évité la province d'Asie, puis celle de Bithynie, c'est-à-dire les régions littorales les mieux pacifiées, les plus urbanisées et les plus hellénisées (Ac 16, 6 et 7). Aller de Troas (en Asie) à Néapolis (en Thrace d'Europe) relevait de la routine : la traversée était courte et les

---

1. La province romaine d'Asie est beaucoup plus restreinte que l'Asie Mineure, c'est-à-dire l'ensemble de la péninsule anatolienne ; c'est une région littorale autour de Smyrne, Pergame, Milet et Éphèse, la capitale.

échanges incessants ; les deux rives entretenaient des échanges commerciaux, partageaient la même langue et les mêmes cultes. Le mirage athénien a pu jouer aussi, surtout pour un homme de Tarse à prétentions intellectuelles comme l'était Paul ; sa cité d'origine ne cessait d'exalter le modèle athénien et cherchait à rivaliser avec l'antique métropole des lettres[1].

Les Actes des Apôtres (17, 16 et 23) présentent sa mission à Athènes comme un véritable voyage d'étude ou d'observation (voyage « théorétique »), ainsi qu'en effectuaient les notables et les intellectuels. Peut-être est-ce pour cette raison que Paul, depuis Thessalonique, ne continua pas vers l'est, le long de la via Egnatia, comme il l'aurait fait s'il avait voulu rejoindre Rome comme objectif immédiat ; bien qu'il dise avoir atteint l'Illyrie (Rm 15, 19), il faut sans doute entendre non pas la côte adriatique mais la région du lac d'Ohrid, au cœur des Balkans ; à 300 kilomètres environ au nord-ouest de Thessalonique, c'était la limite géographique et linguistique entre la Macédoine grecque et l'Illyrie barbare.

L'étape athénienne fut une rude épreuve (1 Th 3, 1 et 2, 18). Les Actes parlent de joute oratoire : Paul, orateur maladroit, « picoreur de rumeurs » à la façon d'un matelot en goguette, est exclu du cercle des lettrés et rejeté parmi les gens du port (Ac 17, 16-33). C'est eux qu'il évangélisa à Corinthe, sa dernière étape en Europe, d'où il rembarqua pour Antioche après y avoir séjourné 18 mois (Ac 18, 11 et 18). On était alors au début de l'été 51.

Paul concevait en effet ses missions comme un périple, c'està-dire qu'il revenait toujours à son point de départ : Antioche lors du second voyage, Jérusalem pour le troisième. On a même supposé qu'il projetait à terme un périple à l'échelle de la Méditerranée tout entière qui l'aurait conduit de Rome en Espagne, jusqu'à l'extrémité occidentale du monde connu, en revenant à Jérusalem par l'Afrique du Nord et l'Égypte. Pour lui, la mission n'était pas une aventure qui le menait toujours plus loin ; il ne l'envisageait que de proche en proche, dans l'arrière-pays immédiat des Églises déjà fondées et avec leur aide (2 Co 10, 16 ; 1 Th 1, 8). Ainsi s'est formée l'idée de pôle chrétien au fur et à mesure que se structurait l'espace de la mission : Philippes

---

1. *V. Apollonios*, IV, 19.

constitua le premier centre européen de la mission paulinienne, qui finança les commencements de l'évangélisation en Macédoine (Ph 4, 15) ; Thessalonique, plus au sud, joua ensuite ce rôle pour les chrétientés de Macédoine et de Grèce (1 Th 1, 8).

« J'ai procédé en cercles depuis Jérusalem » (Rm 15, 19) : les tournées apostoliques

Le troisième voyage prit la forme d'un autre périple, cette fois d'est en ouest. Parti d'Antioche, Paul projetait de visiter les Églises d'Asie Mineure, de Macédoine et de Grèce, puis de rembarquer à Corinthe pour rejoindre Jérusalem. Au cours de cette tournée, il se contenta d'inspecter et de confirmer les communautés existantes – on ne relève aucune fondation nouvelle –, mais il collecta aussi des fonds pour l'Église de Jérusalem, sur le modèle des quêtes annuelles effectuées pour le Temple dans la Diaspora (1 Co 16, 1-4 ; Rm 15, 31), en prévision de la famine liée à l'année sabbatique 54-55[1]. Paul s'était engagé pour cette collecte à Jérusalem (Ac 11, 28-29) ; il la lança en Galatie, dès son passage en 52 (Ga 2, 10) et ce fut son objectif essentiel durant l'année 53-54 ; les Corinthiens l'avaient spontanément entamée l'année précédente (2 Co 8, 1-24 et 9, 1-15).

À cette époque, il ne s'agit plus de conversion mais d'organisation des Églises. Pour gérer à la fois ses communautés anatoliennes et celles de Macédoine ou de Grèce, Paul s'installa à Éphèse où il resta trois ans (Ac 19, 8 et 10). Certes, il existait déjà dans la ville d'autres groupes chrétiens – d'origines baptiste (Ac 19, 1-3), pétrinienne (1 P 1, 1) et johannique (Ap 2, 1-7) ; aussi Paul ne fit-il qu'une douzaine de baptisés, auxquels se joignirent des fidèles venus d'ailleurs (Ac 19, 7). Éphèse était un centre stratégique : les navettes y étaient incessantes avec Corinthe, comme en témoigne le déplacement des amis de Paul, Aquilas et Priscilla (1 Co 16, 19 ; Ac 18, 26) ; les magistrats romains traversaient l'Égée entre le Pirée et Éphèse ; les marchands de laine anatoliens reliaient Éphèse à la Phrygie occidentale par la vallée du Méandre et, au-delà, à la Pisidie par la

---

1. Dans les années sabbatiques, les terres n'étaient plus mises en culture

route Auguste. Depuis Antioche, Paul gagna Éphèse par cet axe terrestre, si bien que sa tournée d'inspection commença par les Églises du haut plateau. Arrivé à Éphèse, il retarda plusieurs fois sa visite en Macédoine et à Corinthe (1 Co 16, 5-8), mais provoqua un va-et-vient incessant depuis la Macédoine (Ac 19, 22, 29 ; voir 1 Co 16, 17) ; il envoya en Europe d'abord Apollos (1 Co 4, 6 et 16, 12), puis Timothée, Tite, Éraste et Épaphrodite qui effectuèrent chacun un périple compliqué entre Corinthe, la Macédoine et Éphèse[1]. La rapidité avec laquelle Paul réagissait aux situations locales créa à travers l'Égée de véritables chassés-croisés : Timothée fut envoyé à Corinthe quand un message privé y dénonça de graves tensions ; quand il y arriva, les dignitaires étaient déjà partis pour Éphèse présenter leur propre version des faits.

Les célèbres voyages de Paul doivent donc faire l'objet d'une approche historique diversifiée. Il n'était pas animé d'une soif d'aventure et de découverte et il ne chercha pas à annoncer l'évangile toujours plus loin. Ses activités apostoliques se présentent plutôt comme des grandes tournées qui utilisaient des itinéraires divers, mais bien balisés. Au fil du temps, il circula d'ailleurs de moins en moins, préférant organiser ses Églises depuis un lieu central. Son objectif demande à être nuancé : gagner des régions nouvelles au christianisme caractérise seulement la seconde phase du premier voyage (sur le plateau anatolien, d'Antioche de Pisidie à Tarse) et surtout le second voyage. Il affirme et revendique son rôle de fondateur des Églises de Galatie (Ga 1, 6-9), de celles de Philippes (Ph 1, 5) et de Thessalonique (1 Th 1, 9) en Macédoine, de celle de Corinthe enfin (1 Co 3, 6, et 2 Co 10, 16). Ailleurs, à Damas, à Antioche et à Éphèse, Paul a été un prédicateur parmi d'autres, et pas si différent des autres, notamment de Pierre.

Pierre, l'apôtre des Juifs de la Diaspora

Nous ne connaissons que quelques étapes, isolées, de la prédication de Pierre sans pouvoir cette fois reconstituer et apprécier leur enchaînement. Pierre, au lendemain de la Pentecôte, avait

---

1. 1 Co 4, 17, et 16, 10 ; 2 Co 12, 18 ; Ph 2, 19 et 25 ; Ac 19, 22.

d'abord prêché en Palestine, surtout dans les villes littorales où se côtoyaient Juifs, Grecs et Romains. Ainsi dut-il se poser d'emblée la question de l'évangélisation des non-Juifs : c'est à ce titre que cette première mission en Palestine a été retenue dans les Actes des Apôtres (2-5 ; 9, 32 – 11, 18 ; 12, 3-19). On retrouve ensuite Pierre à Antioche de Syrie, en 51, où il s'oppose à Paul sur le problème des interdits alimentaires et sexuels (Ga 2, 11-21) : Paul dut céder le terrain et quitta Antioche où il avait prêché et enseigné pendant plus de dix ans ; désormais l'Église locale revendiqua Pierre comme fondateur et « premier évêque »[1].

Les autres fondations de Pierre connues sont les destinataires de sa lettre de Rome : les Églises du Pont, de Cappadoce, de Galatie, de Bithynie et d'Asie. Ainsi Pierre, comme Paul, était remonté d'Antioche vers le nord-est en traversant le plateau anatolien ; il passa plus à l'est, au-delà de Halys, dans des régions encore moins hellénisées et, surtout, il longea la côte de la mer Noire en empruntant la route romaine littorale d'Amisos à Nicomédie. Comme Paul, il avait commencé à prêcher dans les confins récemment annexés de Cappadoce et du Pont, mais il continua dans les régions très hellénisées de Bithynie et d'Asie, en s'adressant à des convertis issus de la Diaspora locale, identifiés comme « appartenant au peuple élu » (*eklektoi*), « immigrés de la dispersion » (*parepidémoi*) (1 P 1, 1) ; ces termes appartiennent clairement au judaïsme hellénistique.

Cette mission serait antérieure à 48 et à la réunion apostolique de Jérusalem (Ac 15). Comme le second voyage de Paul, en 49, évite la Bithynie et le cœur de la province d'Asie (Ac 16, 6 et 7), on peut supposer que d'autres prédicateurs y étaient déjà à l'œuvre, à commencer par Pierre. Il existe peut-être un autre indice : durant l'hiver 50, Paul, à son arrivée à Corinthe, rencontra Aquilas, un Juif converti du Pont (Ac 18, 2) ; mais on ne sait si cette conversion avait eu lieu dans sa province d'origine, le Pont, ou à Rome d'où il revenait. Quoi qu'il en soit, le littoral de la mer Noire fut une zone de forte implantation chrétienne : les auteurs grecs et romains l'attestent au IIe siècle, Pline pour la Bithynie en

---

1. *HE*, III, 36, 2.

112 et Lucien, plus tard, pour Abonouteichos, dans le Pont, et Parion, près des Détroits[1].

Comme les entreprises de Pierre et de Paul se rencontrèrent à Jérusalem en 37 et à Antioche en 51 (Ga 1, 18, et 2, 9 et 11), puis à Corinthe (1 Co 1, 12) et finalement à Rome selon la tradition, on peut supposer que Pierre conçut lui aussi sa mission sous forme de périples, plus ou moins larges. La rencontre des deux apôtres en divers points de leur mission pose le problème du recouvrement des zones d'apostolat, des empiètements d'une prédication sur une autre et donc des relations qu'entretinrent les grands apôtres.

Empiètements et concurrence : la liberté des apôtres

Paul fut conscient de ces problèmes. L'idée de zones apostoliques autonomes figure déjà dans sa lettre aux Galates (2, 7-9), où il invoque un partage de fait, qui aurait été reconnu à Jérusalem, partage du monde en deux – celui des Juifs et celui des non-Juifs –, le premier secteur se redistribuant encore entre Jacques, Pierre et Jean. Dans la même période, Paul revendique les droits et l'autorité du fondateur d'Église, qu'il estime supérieurs à ceux des autres maîtres (1 Co 4, 15). De même, ses premiers convertis, les « prémices » de l'Achaïe et de l'Asie, jouissent d'une autorité naturelle sur les autres (1 Co 16, 15-16 ; Rm 16, 5). Paul personnalise à l'extrême la relation spirituelle, doctrinale et disciplinaire qui existe entre les communautés et leur fondateur : chaque apôtre a proposé « son » évangile (2 Th 2, 14 ; 2 Tm 2, 8), si bien qu'un converti ne peut quitter « celui qui [l'] a appelé » (Ga 1, 6-7) et « passer à un autre évangile ». Toute la polémique, très âpre et très amère, de la lettre aux Galates résulte d'une situation de concurrence. Elle ne se limite pas à la présence de Pierre.

Plusieurs apôtres se sont en effet succédé en Asie Mineure, dans les mêmes cités ou dans les mêmes régions. Derbè, qui représente le point extrême de la pénétration de Paul dans la région du Taurus (Ac 14, 20), se trouve aux limites de la Cappa-

---

1. Pline, *Lettres*, X, 96 (voir ci-dessous chapitre 11). Lucien, *Pérégrinus*, 11-13, et *Alexandre ou le faux prophète*, 25 et 38.

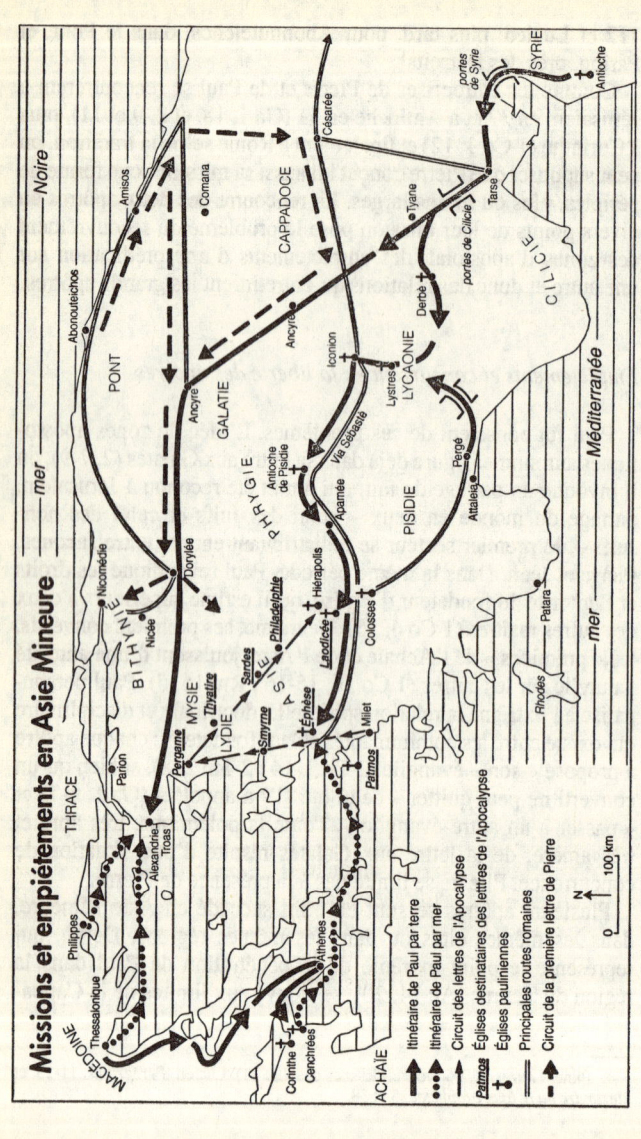

doce, réputée zone de Pierre (1 P 1, 1). Paul, on l'a vu, avait évité les provinces de Bithynie et d'Asie lors de son second voyage, mais, au troisième, il s'est installé à Éphèse, dans la capitale de la province d'Asie où il rencontra des baptistes (Ac 19, 3) ; Apollos venait d'y passer (Ac 18, 24) et Pierre y prêcha un jour (1 P 1, 1), sans oublier Jean, que des traditions très fortes rattachent à cette cité, ni le christianisme apocalyptique (Ap 2, 1-7). La région de la Phrygie continentale où Paul comptait des convertis à Colosses, Hiérapolis et Laodicée, était elle aussi liée au milieu spirituel de l'Apocalypse (Ap 3, 14-19). À la seconde génération, l'influence de Paul en Asie fut de plus en plus contestée (1 Tm 1, 19-20, et 2 Tm 1, 15). Le souvenir de son action s'effaça même en Phrygie, dans la région de Hiérapolis, comme il s'était effacé à Chypre : au IIe siècle, la notice de Polycrate, évêque d'Éphèse[1], attribue la conversion de la cité à Philippe et à ses filles, que la tradition paulinienne installe au contraire à Césarée de Palestine (Ac 21, 8) ; même la notice de Papias, évêque de Hiérapolis, ne nomme pas Paul et cite comme apôtres Aristion et Jean l'Ancien[2]. Progressivement, les milieux chrétiens d'Asie, comme ceux de Chypre, ont élaboré leurs propres traditions autour de figures nommées Philippe et Jean. Le nom de Philippe renvoie au disciple de Jésus, surtout connu par l'Évangile de Jean, et au prédicateur helléniste converti par Étienne (Ac 6, 5 ; 8, 6-40 ; 21, 8). Le nom de Jean suggère évidemment un autre disciple de Jésus ; en Asie, c'est le nom d'un Ancien, signataire de deux épîtres, ainsi que celui du prophète de l'Apocalypse, qui peuvent avoir été une personnalité unique. Au IIe siècle, ce sont eux qu'on appelle les apôtres de l'Asie, Pierre et Paul étant désormais considérés comme les apôtres de Rome[3].

Que des questions d'empiètement et de concurrence aient troublé le développement des premières communautés chrétiennes ressort de l'effort de sectorisation auquel l'histoire de l'Église a procédé rétrospectivement. La tradition hagiographique reconnaît cinq apôtres missionnaires – Pierre, Paul, Thomas, André et Jean – qui, les premiers, ont été le sujet d'Actes entre le

---

1. *HE*, III, 31, 3.
2. *HE*, III, 39, 7.
3. Gaius, dans *HE*, III, 31, 4.

IIe et le IVe siècle[1]. Pour éviter de les mettre en concurrence dans la même région, les chroniqueurs élaborèrent un plan missionnaire cohérent ; chacun reçut par tirage au sort une zone qui lui fut propre, non pour quadriller systématiquement le monde connu, mais pour donner à chaque apôtre sa pleine liberté, ce que n'avait cessé de revendiquer Paul pour lui-même. La « tradition » de l'Église, citée par Origène au début du IIIe siècle[2], identifie Thomas comme l'évangélisateur du pays des Parthes, André comme celui des Scythes, Jean comme celui de l'Asie ; Pierre et Paul sont les apôtres de Rome qui représente l'apogée de leur mission ; Pierre est plus précisément désigné comme l'apôtre des Juifs de la Diaspora. Outre les renseignements indirects qu'elle fournit sur la concurrence des apostolats, cette « tradition », qui reste anonyme, insère la première prédication chrétienne dans un horizon géographique beaucoup plus large que celui des Actes des Apôtres, en même temps qu'elle révèle les présupposés hagiographiques selon lesquels on percevait la mission chrétienne.

Le silence des Actes

Si nous prenons le point de vue ethnocentrique qui a toujours été celui des Grecs, nous trouvons au centre du cercle tracé par cette « tradition », dont les pays des Scythes, Parthes et Asiates constituaient les confins, Édesse, le grand centre mésopotamien de la Syrie du Nord, à mi-chemin entre Éphèse et l'Indus ; c'est donc là, certainement, que s'élabora la doctrine des partages apostoliques rapportée par Origène. Nous voyons émerger ainsi un autre pôle chrétien, Édesse, ainsi qu'une dimension orientale de la mission qui est complètement oblitérée par les Actes des Apôtres au lendemain de la Pentecôte (Ac 2, 9)[3]. Les Parthes constituaient le peuple iranien d'au-delà de l'Euphrate, ennemis irréductibles de Rome ; contrôlant tout le Moyen-Orient, de l'Euphrate à l'Indus, ils avaient créé un vaste espace pacifié,

---

1. Ces actes apocryphes sont des biographies très romancées mais qui intègrent beaucoup de traditions locales.
2. Voir *HE*, III, 1, 1-3.
3. Voir ci-dessus chapitre 8.

parcouru par les caravanes de marchands ; en Mésopotamie même, des petits royaumes, comme celui d'Édesse, en Osrhoène, et celui voisin d'Adiabène, accueillaient une forte diaspora juive visitée par des trafiquants et des propagateurs de la foi[1]. Tel était le milieu que la tradition affecte à l'apostolat de Thomas vers 51-53 : venu de Jérusalem en caravane, puis vendu comme esclave à un marchand indien, l'apôtre aurait traversé le pays des Parthes jusqu'à ses limites orientales dans le cadre, historiquement plausible, d'une expédition commerciale. L'Adiabène offre vers 40 le seul exemple de prosélytisme juif, bien que la circoncision des nouveaux convertis y ait été une pierre d'achoppement entre Juifs libéraux et observants[2].

Le pôle alexandrin n'est évoqué ni dans le Nouveau Testament ni dans la tradition. Or il n'a pu être négligé par les premiers missionnaires, car les relations entre Alexandrie et Jérusalem étaient régulières et intenses. Ce n'est qu'au IIIe siècle qu'on attribue à Marc, disciple de Pierre[3], le rôle de fondateur, en remplissant un des silences des Actes ; ceux-ci s'interrompent après le récit de la rupture entre Paul, Barnabé et Marc, avec le passage des deux derniers à Chypre (Ac 15, 37-39). Chypre était depuis toujours dans la mouvance de l'Égypte, mais l'évangélisation d'Alexandrie releva sans doute de la mission palestinienne, car les deux Églises locales avaient une organisation similaire. On s'interroge toujours sur le « mystère » qui entoure l'origine de l'Église d'Alexandrie. L'explication la plus plausible est qu'elle était gnostique et qu'elle fut jugée plus tard hétérodoxe.

Apollos d'Alexandrie représente un relais tout aussi fragile que celui constitué par Aquilas du Pont. C'était aussi un Juif qui s'était converti vers 50, avant sa rencontre avec Aquilas à Éphèse (Ac 18, 24) et sa relation avec Paul (1 Co 16, 12), mais on ne sait s'il devint chrétien dans sa patrie – au passage de la mission cyrénéenne, une des plus anciennes (Ac 11, 19-20) – ou en Palestine, comme le laissent supposer ses attaches baptistes (Ac 18, 25).

Ici encore, la polarisation des traditions chrétiennes sur les sphères d'action de Paul et de Pierre a enfoui dans l'oubli tous les

---

1. *AJ*, XX, 2, 3 (34) et (43).
2. *AJ*, XX, 2, 4 (38-46).
3. *HE*, II, 16, 1.

courants missionnaires qui ont dû se développer entre 40 et 70 à partir de Jérusalem, vers le Moyen-Orient et vers l'Égypte, même si le rôle missionnaire de l'Église de Jérusalem est parfois allusivement évoqué (Ga 2, 12 ; 1 Co 9, 5).

Enfin, même si la tradition a installé dès le IIe siècle Pierre et Paul comme apôtres de Rome, elle n'éclaire en rien les origines du christianisme dans la capitale de l'Empire, ni la façon dont Pierre y est parvenu. On sait que Paul fut conduit à Rome lors d'un voyage de captivité, avant sa comparution devant le tribunal impérial, vers 55-56 (Ac 28, 16-31). Le meilleur document sur le christianisme romain demeure encore sa lettre aux Romains, écrite à Corinthe à la fin de 54 quand son projet de visite à Rome prit forme[1]. Paul reconnaît l'antériorité de l'Église de Rome, son développement et sa valeur (Rm 1, 8, 15) ; il admet aussi la validité de l'évangile qu'elle a reçu (Rm 16, 17), et qui émane sans doute d'une mission de Jérusalem, car Paul donne à son propre évangile une formulation judéo-chrétienne en insistant, par exemple, sur la filiation davidique du Christ (Rm 1, 3-4). Le christianisme romain s'enracine certainement dans la Diaspora juive de la capitale, communauté nombreuse et politiquement influente, qui ne comptait pas moins d'une douzaine de synagogues et qui restait très liée à Jérusalem et à la Palestine même si elle parlait grec. Les princes hérodiens, qui étaient éduqués à Rome et qui y possédaient des palais, constituaient un trait d'union entre les deux capitales. Paul comptait sur ces cercles (Rm 16, 10-11).

Cependant le catalyseur du projet romain fut un déplacement massif d'amis de Paul qui quittèrent Éphèse pour fuir les persécutions et les dangers en Asie (Rm 16, 3-7). Le christianisme romain fut aussi tributaire, dans son développement, des Églises grecques : en témoignent les liens étroits avec Corinthe, attestés par Paul (Rm 16, 1), par Pierre, qui passa d'abord lui aussi par Corinthe (1 Co 1, 12) et, à la fin du siècle, par la lettre de Clément de Rome aux Corinthiens.

---

1. Il y a de bonnes raisons d'admettre que l'argumentation de cette lettre s'adapte à une communauté caractérisée, qu'elle permet d'identifier (celle de Rome, donc), et qu'elle n'est pas simplement une synthèse théologique.

Paul reconnaît l'ancienneté du christianisme romain, mais ne donne aucun repère chronologique. Les Actes des Apôtres en suggèrent un à travers l'histoire d'Aquilas, qui vient d'être expulsé de Rome en même temps que des Juifs de la ville quand il rencontre Paul à Corinthe (Ac 18, 2). Cet épisode du règne de Claude (41-54) a été retenu aussi par l'historiographie romaine, en particulier par Suétone[1] qui le justifie par des troubles consécutifs à l'activité d'un certain Chrestos. Certes, ce nom pourrait désigner n'importe quel agitateur, car Chrestos (l'Obligeant) est un nom de personne très répandu chez les Grecs, en particulier parmi les esclaves ; mais, comme Chrestos et Christos se prononçaient de la même façon et que les expulsés sont juifs, il faut sans doute retrouver chez Suétone le souvenir, déformé, de dissensions locales entre Juifs orthodoxes et Juifs chrétiens, qui auraient fini par inquiéter l'empereur. Peut-être le pouvoir se contenta-t-il de suspendre la liberté de réunion des synagogues[2]. Dès la fin des années 40, les chrétiens de Rome auraient donc constitué un groupe particulier, distingué des Juifs et identifié par son fondateur Christos. Il est vrai que des Juifs de Rome avaient été témoins, à Jérusalem, de l'expérience de la Pentecôte (Ac 2, 10).

Entre le centre et les confins.
Géographie hagiographique et pragmatisme romain

L'objectif romain apparaît dès les années 40 dans les projets de Paul tels que les reconstituent les Actes des Apôtres, en les dilatant sans cesse du centre vers la périphérie. En vérité, il s'agit là d'une perception de l'espace courante dans la littérature religieuse antique, qui mêle géographie et hagiographie : le saint homme des Grecs finit toujours par gagner la capitale pour affronter le pouvoir, lorsqu'il atteint l'apogée d'une mission qui l'a d'abord mené vers les extrémités du monde, loin de la tyrannie politique, pour le mettre au contact du surnaturel ; ses voyages soulignent son itinéraire spirituel par tout un jeu d'analogies dans l'espace parcouru et les situations vécues.

---

1. Suétone, *Vies des douze Césars, Claude*, 25, 4.
2. Dion Cassius, LX, 6, 6.

Paul et l'auteur des Actes manifestent le même attrait pour les confins que les géographes et les romanciers de leur temps. S'éloigner du centre vers des régions sauvages et inconnues est une façon d'aller jusqu'au bout de soi-même, aux limites de l'humain pour trouver le divin. Ainsi, l'étape de Lystres à Derbè (Ac 14, 20-21), quand Barnabé et Paul quittent la route de Tarse pour s'enfoncer dans le réduit isaurien, se présente comme un voyage à rebours de la civilisation vers la barbarie ; et pourtant ces barbares se montrent réceptifs à l'évangile. La même signification paradoxale est donnée à l'escale de Malte, entre l'Orient grec, l'Afrique et Rome, où « des barbares ont témoigné d'une humanité peu commune » (Ac 28, 2-10). Paul avait une perception tout aussi conventionnelle de l'espace ; néanmoins, il justifia d'une façon plus personnelle cet apostolat des confins par la nécessité d'éviter tout empiètement et de gagner sa pleine liberté d'apôtre : « Je me suis appliqué à évangéliser là où le Christ n'avait pas été nommé afin de ne pas bâtir sur les fondations d'autrui » (Rm 15, 20 ; voir 2 Co 10, 14-16) ; c'est ainsi qu'en procédant en cercles depuis Jérusalem, il a évangélisé, au nord-ouest, les confins de l'Illyrie (Rm 15, 19).

Paul se flatte d'avoir atteint une des limites connues du monde grec. Dans les années 50, alors qu'il mûrit, à Corinthe, le projet de visiter Rome, il conçoit déjà une mission symétrique en Méditerranée occidentale, jusqu'en Espagne (Rm 15, 24-26), où les Colonnes d'Hercule (le détroit de Gibraltar) marquent les limites des terres. Rome lui apparaît comme le centre du monde. À la fin du Ier siècle, l'Église de Rome développa sa fonction emblématique dans une mission universelle, conçue à l'échelle de l'Empire, en extrapolant le témoignage de l'apôtre et en affirmant qu'il avait prêché à la fois en Orient et en Occident[1], ce qui est relativement peu exact, compte tenu du caractère circonscrit et limité de ses déplacements.

En réalité, l'intérêt de Paul pour Rome résulte de relations et d'occasions personnelles et, sans doute, d'une longue pratique de l'Empire. L'étape de Chypre a été décisive. Comme on l'a déjà relevé, sa prédication dans l'île ne s'est pas du tout insérée dans le tissu local qui porta le christianisme ; ce fut surtout un tremplin

---

1. I *Clém.*, 5, 5-6.

vers le monde romain. Au dire des Actes (13, 5-14), Paul n'a pas parcouru les campagnes ni fréquenté les grands festivals de l'île ; il n'est pas resté à Salamine, le principal centre grec, et n'a pas visité les villes sémitiques. Il est immédiatement passé des synagogues de Salamine à la capitale administrative romaine, la Nouvelle-Paphos (Ac 13, 5-6) et dès lors Barnabé et Jean, ses compagnons, ne se sont plus manifestés.

À Chypre, Paul prêche devant le gouverneur Sergius Paulus[1]. L'événement décisif ne fut pas la conversion publique du proconsul – sur laquelle, d'ailleurs les Actes ne se prononcent pas clairement (13, 12) ; tout au plus fut-il intéressé par la doctrine de Paul. Ce ne fut pas davantage la fondation d'une Église dans la Nouvelle-Paphos. Mais Sergius Paulus introduisit l'apôtre dans les milieux romains d'Asie Mineure où de nombreuses colonies venaient d'être fondées. Sa famille possédait en effet des domaines dans les régions rurales de l'Anatolie centrale et elle avait de nombreuses attaches en Galatie et à Antioche de Pisidie. Le retour de Paul en Syrie par la voie de terre et l'étape de Pisidie ne relèvent donc pas du hasard : c'est Sergius Paulus qui ouvrit de nouvelles perspectives à l'apôtre, le fit bénéficier de sa connaissance du milieu local et lui fournit des introductions. Il joua donc un rôle déterminant dans l'itinéraire de Paul, qui est d'une logique évidente même si le récit des Actes n'en souffle mot.

Désormais Paul s'intégra davantage à la société romaine. Il le signala extérieurement en utilisant un double nom – « Saul dit Paul » (Ac 13, 9) –, comme le faisaient tous ceux qui se déplaçaient entre deux milieux et deux cultures. Outre la signification symbolique et prophétique potentielle du nom de Paulus (« le Faible »), c'était précisément le *cognomen* du proconsul de Chypre Sergius Paulus qui individualisait sa famille. Dans le même milieu paulinien, un autre Saul, désigné par le diminutif de Silas dans les Actes, latinisa son nom en Silvain quand il passa en Grèce et à Rome (1 Th 1, 1 ; 2 Co 1, 19 ; 1 P 5, 12).

Entrer dans la sphère d'influence romaine, c'était aussi se servir du réseau routier impérial. Paul visita d'abord les colonies et les

---

1. Celui-ci ne peut être identifié ni daté avec certitude, soit qu'il s'agisse de Lucius Sergius Paulus, connu dans l'administration romaine en 47, soit qu'il s'agisse de Quintus Sergius, proconsul de Chypre entre 37 et 41.

centres romains. En Asie Mineure, le réseau routier a incontestablement déterminé les étapes de la mission de Paul dans une logique du périple : Antioche de Pisidie (Ac 3, 14-50) était le pivot du système routier, au croisement de la route Auguste, qui desservait le littoral, et du grand axe ouest-est qui constituait l'itinéraire « commun » d'Éphèse en Syrie[1] ; Lystres et Derbè (Ac 14, 8 et 20), qui n'offraient pas d'intérêt particulier, étaient des étapes intermédiaires, à intervalles réguliers, vers la Cilicie et la Syrie. Paul avait donc une « stratégie missionnaire », encore qu'il ait plutôt saisi des occasions que planifié une conversion systématique de l'Empire romain. Toutes les routes qu'il emprunta menaient à Antioche et à Jérusalem, vers où l'apôtre regardait toujours. La poste impériale, autre élément important de l'infrastructure romaine, a pu aussi jouer un rôle : Éphèse était le siège de sociétés de courriers et l'on a même supposé que les sept cités destinataires des lettres de l'Apocalypse, toutes situées sur la grande route circulaire qui reliait les régions les plus prospères de la province d'Asie, étaient des centres de redistribution du courrier. La mission johannique, comme la mission paulinienne, sut saisir les opportunités offertes par l'Empire.

L'apôtre : figure littéraire et réalités sociales

Discuter de stratégie missionnaire revient aussi à s'interroger sur la fonction et l'action d'« apôtre ». La lecture des Actes des Apôtres et des actes romancés ultérieurs a imposé l'image de missionnaires itinérants, extrêmement mobiles, auxquels certains historiens modernes prêtent un rôle déstabilisateur pour inciter les populations sédentaires à la conversion ; ces charismatiques auraient assumé un rôle directeur sur des groupes de sympathisants dispersés. Détaché de tout – patrie, famille et biens terrestres – et jouissant d'une liberté totale (1 Co 9, 1-7), l'apôtre incarnerait la nouveauté du christianisme primitif. Le mot et la fonction d'« apôtre » sont en tout cas une innovation car l'institution hébraïque du *shaliah*, du message mandaté, n'est pas attestée avant 70.

---

1. Strabon, XIV, 2, 29 (663).

Pour tous, l'« apôtre » est essentiellement un mandaté, uni par des liens très forts à celui qui l'envoie, comme l'esclave à son maître (Jn 13, 16). Paul, dans la dernière phase connue de sa mission, entre 50 et 55, finit d'ailleurs par assimiler l'« esclave du Christ » et l'« apôtre appelé »[1]. Cette relation personnelle est également étrangère au vocabulaire et à l'esprit religieux des Juifs et des Grecs ; l'idée de mandat religieux existe bien à Éphèse comme à Delphes, si bien que Paul ou Pierre auraient pu l'y découvrir, mais il implique des prêtres ou des administrateurs sacrés, qui reçoivent une délégation spéciale pour procéder à des sacrifices dans des succursales du sanctuaire à l'extérieur de la cité[2]. Si institution il y a dans le monde grec, elle ne s'applique aucunement à une mission lointaine, et il ne s'agit pas non plus de promouvoir un culte à l'étranger.

La figure d'apôtre envoyé en mission aux peuples de la terre (Mt 28, 19) n'appartient donc pas plus au milieu grec d'Éphèse qu'à celui de Jérusalem. Elle renvoie à un type littéraire assez répandu dans les sagesses orientales comme dans la littérature hagiographique grecque, qui révèle les mêmes aspirations religieuses. Dans le premier christianisme, la figure de l'apôtre voyageur est liée à la grande ferveur eschatologique : il faut avoir atteint les extrémités du monde avant la fin des temps (Mc 13, 10 ; voir Mt 28, 18-20). Cette espérance détermine une vision de la condition humaine, conçue comme itinérance et passage et nourrie par des analogies avec le voyage : la situation du chrétien dans le monde est celle de l'immigré en situation précaire là où il vit (1 P 1, 17 et 2, 11 ; Ep 2, 19, He 11, 13).

Le voyage est donc valorisé comme une itinérance spirituelle, de façon très traditionnelle. C'est une façon de faire ses preuves, et pour l'apôtre chrétien de prouver sa légitimité. Quand Paul, en présentant son apologie à Corinthe, énumère toutes les épreuves qu'il a traversées lors de ses déplacements (2 Co 11, 23-37), il y a bien sûr un fond de précision véridique, puisque lapidation et flagellations sont attestées par ailleurs (Ac 14, 19, et 2 Co 11, 25), mais le catalogue n'en reste pas moins stéréotypé : naufrage, passage des fleuves, traversée du désert font partie des épreuves

---

1. Rm 1, 1 ; Ph 1, 1, repris 2 P, 1, 1.
2. Inscription d'Éphèse, n° 1408, 5-6.

plus ou moins initiatiques dont se glorifiait tout intellectuel ; les conduites de dérision et les violences physiques participaient aussi de la construction d'une personnalité philosophique. La figure de l'apôtre voyageur, exploitée de l'extérieur ou à des fins autobiographiques, a donc une fonction apologétique qui n'est pas propre aux chrétiens : elle révèle un type d'homme plus qu'une fonction religieuse.

L'apôtre est fermement enraciné dans le milieu des professionnels itinérants, comme Ahiqar, le sage assyrien, comme Platon, trafiquant d'huile en Égypte, ou le stoïcien Zénon, venu de Chypre à Athènes avec une cargaison de pourpre, ou encore comme le marchand juif qui a converti le roi d'Adiabène. La tradition chrétienne rapproche les prédicateurs de la première génération et les marchands ou artisans mobiles. C'est surtout vrai de Thomas, amené jusqu'en Inde comme esclave dans une caravane, et qui y séjourne comme architecte pour bâtir le palais du roi. Mais ce thème était déjà développé dans les Actes des Apôtres qui citent plusieurs professionnels ayant apporté leur aide aux missions de Paul et d'Apollos : Lydie, une trafiquante en pourpre d'Asie, dont les activités s'étendent de part et d'autre de l'Égée (Ac 16, 14-15), ou Aquilas et Priscilla, fabriquants de tentes particulièrement mobiles entre Rome, Corinthe et Éphèse (Ac 18, 2-3 et 26). Enfin Paul lui-même insiste sur son activité professionnelle (1 Co 9, 6) et sur ses liens avec Aquilas (1 Co 16, 19 ; Rm 16, 3-4). Cette association de l'homme religieux et du professionnel, si souvent répétée, montre que les voyages antiques avaient toujours une double finalité. L'idée de mission et d'apostolat, au sens moderne du terme, c'est-à-dire de personnalités et d'entreprises engagées dans le seul but de propager une religion, n'en est que plus anachronique.

Être apôtre : une vocation

Il faut revenir au témoignage autobiographique de Paul pour tenter de cerner de l'intérieur comment l'apôtre concevait son rôle. Sa vocation résulte d'une expérience mystique et d'une apparition du Christ (1 Co 9, 1), mais, au-delà, ses lettres révèlent des situations très diverses et un certain nombre de contradictions.

Pour lui, comme on l'a déjà relevé, les apôtres constituent un groupe à Jérusalem. Jacques en fait partie (1 Co 15, 7 et Ga 1, 19), Pierre aussi (Ga 1, 18-19) et Paul lui-même, encore qu'au dernier rang et dans des conditions particulières (1 Co 15, 8-9). Ils forment donc le noyau de l'Église primitive, si bien que les évangiles assimilent apôtres et disciples de Jésus. Mais tous les disciples ne sont pas des apôtres (1 Co 12, 29) : Paul met sous ce terme une vocation charismatique ; les apôtres ont bénéficié d'une apparition postpascale (1 Co 15, 5-9), comme d'une investiture particulière qu'ils tiennent directement du Christ (1 Th 2, 7 ; 2 Co 11, 13) et non d'un mandat humain (Ga 1, 1) ; ils en témoignent par les « signes apostoliques », miracles et prodiges (2 Co 12, 12). Chez Paul, la personnalité du charismatique l'emporte décidément sur celle du voyageur ou du mandataire. Jacques, d'ailleurs, n'a jamais quitté Jérusalem.

C'était la perception de Paul, comme ce fut celle de Pierre puisque, désigné comme apôtre par Paul, il revendique cette qualité pour lui-même (1 P 1, 1, et 2 P 1, 1). Mais Jacques ne la partageait pas (Jc 1, 1), ce qui contredit l'hypothèse que « l'apostolat charismatique » caractériserait l'Église de Jérusalem. En fait, Pierre et Paul semblent avoir repensé leur vocation en symbiose avec le monde grec.

Au fur et à mesure que la prédication s'étend, Paul reconnaît d'autres apôtres, en milieu grec, de langue grecque et latine. Andronicos et Junia (un couple ?) ne sont pour nous que de simples noms (Rm 16, 7). Mais Épaphrodite est plus significatif (Ph 2, 25) : c'est un des « collaborateurs » de Paul, parmi bien d'autres, qui a été mandaté comme « apôtre des Philippiens » pour le service de Paul et qui doit rendre des comptes à ses mandataires. La notion de mandat et d'investiture est donc déjà prépondérante, même si celle-ci ne présente plus de caractère charismatique. Épaphrodite entre manifestement dans cette catégorie d'« apôtres des Églises » identifiée par Paul (2 Co 8, 23), dont parle l'auteur des Actes dans une scène d'investiture qu'il situe à Antioche : Paul et Barnabé sont investis par l'imposition collective des mains, qui les « dégage de tous liens » (Ac 13, 3 : *apélusan*), ce qui correspond bien à l'affirmation par Paul de sa liberté d'apôtre (1 Co 9, 1). À partir de là, Paul et Barnabé sont reconnus comme « apôtres » (Ac 14, 4 et 14), mais ils rendent

compte cependant de leurs activités à ceux qui les avaient
« remis » (*paradedomenoi*) pour une œuvre particulière
(Ac 14, 26-27). Cette définition de l'apôtre n'est pas exactement
celle du « chargé de mission », puisque la communauté ne détermine pas son objectif, même si elle maintient un droit de regard.

On s'approche néanmoins du missionnaire au sens moderne du
terme. Cette figure apparaît dans le milieu paulinien d'Éphèse
(2 Co 8, 18-19), mais elle reste anonyme et Paul ne lui applique
pas le terme d'apôtre. Ce personnage est passé par « toutes les
Églises » (s'agit-il de toutes les Églises d'Éphèse, ou de la
province d'Asie ?), qui toutes ont fait l'éloge de sa prédication
évangélique. Son investiture tient donc de la reconnaissance
collective. Toutes l'ont désigné à mains levées comme « compagnon de voyage de Paul à l'étranger » (*synekdémos*). Le même
terme est employé pour deux Macédoniens venus à Éphèse se
joindre à la mission paulinienne (Ac 19, 29). Ici, l'objectif n'est
pas géographique, mais personnalisé. Le lien apostolique est et
reste une relation personnelle (et extra-communautaire) avec le
Christ ou avec Paul. Parallèlement, Paul invente le terme de
« mission apostolique » (*apostolè*) au sens de population à évangéliser (Ga 2, 8 ; 1 Co 9, 2 ; Rm 1, 5).

L'apôtre est donc surtout un prédicateur libre de son action.
Qu'il doive cette liberté à des charismes particuliers ou à sa forte
individualité, qu'il ait la vocation du voyage ou qu'il soit sédentaire, il est dans une situation d'exception et agit par son ascendant personnel, qui peut être déstabilisateur : en Asie, les « deux
prophètes » (Pierre et Paul ?) « torturaient la population »
(Ap 11, 10). Cependant, l'apôtre n'était pas un électron libre. Paul
a toujours insisté sur le droit de regard des communautés d'origine, ce que veut signifier la fin des Actes des Apôtres avec le
retour de Paul à Jérusalem. Si les liens de l'apôtre avec sa communauté spirituelle en sortent renforcés, rien ne permet d'établir
qu'il exerce un « ministère » dans les Églises qu'il fonde et où il
prêche.

Dames de qualité et notables locaux :
les conditions locales de la pénétration

Suivant les cadres stéréotypés de la littérature hagiographique, les Actes des Apôtres schématisent, à l'extrême, les conditions de pénétration du christianisme. Les apôtres arrivent dans une cité ; ils prêchent à la synagogue, souvent lors du sabbat et avec un certain succès, en particulier auprès de sympathisants, les craignant-Dieu, avant d'être rejetés vers les Grecs par d'autres Juifs. De façon tout aussi systématique, les Actes soulignent un facteur positif, l'intérêt immédiat des dames de qualité et des notables de la cité (Ac 13, 50 ; 17, 4, 12 et 34). Les actes romancés des apôtres ont largement rempli ce thème, en particulier les Actes de Thècle, l'héroïne paulinienne : leur monde est un monde féminin, fait pour un public de femmes et exaltant ses valeurs. On s'est donc demandé si la prédication chrétienne n'avait pas engagé certains cercles féminins dans un processus d'émancipation – ce qui n'est pas le moindre paradoxe si l'on songe à la réputation de misogyne que Paul s'est acquise par ses traités de morale familiale !

La réserve s'impose ici encore en raison du caractère conventionnel de l'analyse. Dans l'Antiquité, la vie religieuse fournissait aux femmes le premier et souvent le seul cadre de leurs activités publiques ; elles en étaient donc des acteurs importants, mais elles apparaissaient aux philosophes et aux législateurs comme des maillons faibles de la vie religieuse, sensibles aux devins, aux mages et autres prédicateurs exotiques, à qui l'on reprochait d'ailleurs de violer l'intimité des maisons[1]. L'attraction des « superstitions étrangères » et des cultes orientaux sur les dames de qualité est un lieu commun de la littérature impériale : Poppée, la compagne de Néron, décrite comme une craignant-Dieu, sympathisante du judaïsme, en est l'exemple le plus remarquable[2]. Mais les ex-voto laissés par les fidèles des dieux orientaux en Grèce ou en Italie font entrevoir une réalité quelque peu différente : ils expriment le plus souvent des démarches familiales où la femme apparaît comme épouse et mère, et non comme un indi-

---

1. Voir déjà au IVe siècle, Platon, *Rep.*, II, 381e ; 364e-365a.
2. *AJ*, XX, 8, 11 (195).

vidu isolé et indépendant ; on en déduit que les conversions étaient initiées par le chef de famille.

En qualité comme en quantité, les femmes ont tenu une place incontestable dans les entreprises de Paul : elles représentent 20 % des fidèles dont il a transmis les noms (16 noms sur 80) et appartiennent à toutes les cultures, sémitique, grecque et romaine. Beaucoup sont citées en fonction de leur situation familiale : en Asie, Apphia de Colosses est associée à son époux Philémon et à Archippos, qui est sans doute son fils (Phm 1, 2) ; Junia est l'épouse d'Andronicos, un parent de Paul, et tous deux propagent la foi ensemble (Rm 16, 7) ; Prisca, l'épouse d'Aquilas, l'accompagne dans tous ses voyages, participe à ses activités professionnelles et religieuses (1 Co 16, 19 ; Rm 16, 5 ; 2 Tm 4, 19) ; à Rome, la mère de Rufus dépend de son fils et la sœur de Nérée de son frère (Rm 16, 13 et 15). Un certain nombre de ces converties n'est identifié que par le gentilice – Claudia, Julia, Junia – comme des filles de familles romaines. Ces femmes ont donc un statut social et familial : Paul n'a pas recruté seulement parmi les marginales ou les esclaves.

Les épîtres mettent aussi en évidence, en milieu grec, dans les Églises de Corinthe, deux figures féminines éminentes. L'une et l'autre correspondent dans une certaine mesure au schéma des Actes, bien qu'elles appartiennent au monde des affaires, très mobile, plus qu'à l'élite de la cité. Chloé envoie un message à Paul, alors à Éphèse (1 Co1 1, 11), pour dénoncer des dissensions internes et des défections au bénéfice de Céphas et d'Apollos ; elle apparaît comme une femme indépendante qui est à la tête d'un groupe – « ceux de Chloé » – soit comme chef d'Église, soit plutôt comme chef d'entreprise ou de guilde. Phoibé est installée dans un des ports de Corinthe, Cenchrées, et fait des voyages à Rome (Rm 16, 1-2) ; elle appartient donc au monde des affaires en tant qu'entrepreneur indépendant ; elle exerce dans l'Église locale le ministère du diaconat, qui, ailleurs, est confié à des hommes (Ph 1, 1). Elle a aussi été « la » *prostate* de nombreuses personnes, de Paul en particulier ; ce terme, au masculin, appartient au langage juridique des Grecs et s'applique au citoyen qui représentait un étranger immigré en justice ; il instituait donc une sorte de patronat pour pallier les incapacités et l'insécurité de l'étranger. Cette fois encore, la relation personnelle prédomine ;

elle est clairement affirmée entre Paul et Phoibé, si bien qu'il faut comprendre le terme féminisé (*prostatis*) dans son sens technique et non comme la présidence de l'Église.

Les épîtres de Paul décrivent bien une situation réelle car la personnalité de Phoibé correspond assez à celle de sa contemporaine, Junia Théodora, une Lycienne d'Asie Mineure installée à Corinthe vers 43, qui accueillait dans sa demeure aussi bien des particuliers que les envoyés officiels de sa patrie ; elle servait, à l'occasion, d'intermédiaire entre ces étrangers de passage et les pouvoirs publics. Statistiquement, ces femmes indépendantes étaient sans doute dans leur majorité des divorcées, mais aussi des veuves qui avaient hérité de leur mari, ou des femmes mariées gérant une entreprise qui constituait leur dot. Les Actes des Apôtres ont sublimé toutes ces figures féminines dans celle de Lydie, à Philippes, qui, comme Phoibé, a une activité qu'exercent rarement les femmes, celle de « trafiquant(e) en pourpre » – il s'agit d'une pourpre végétale d'Anatolie, moins prestigieuse que celle du murex, qui alimentait un commerce entre les villes de Lydie et la Macédoine. Lydie était à la tête de son entreprise et dirigeait un groupe d'esclaves en toute indépendance, bien qu'elle-même ait peut-être été d'extraction servile, puisqu'elle porte un nom géographique qui indique sa région d'origine.

Si Paul donne plus de place, individuellement, aux militantes, les Actes s'attachent davantage à ces « premiers de cité », en esquissant quelques silhouettes qui s'insèrent bien dans la réalité sociale du temps. « Premier de cité » était parfois porté comme un titre distinctif, en particulier à Malte (Ac 28, 7), où les « premiers » des Maltais appartenaient à l'ordre équestre ; ce Maltais des Actes pratique une hospitalité digne de son rang. À Éphèse, Paul est soutenu (discrètement) par les « Asiarques » (Ac 19, 37-40) : comme il n'y avait qu'un seul Asiarque par an et par cité, les Asiarques constituaient, dans l'esprit de l'auteur, à leur sortie de charge, une sorte de classe distinguée. À Athènes, c'est exactement le cas des membres de l'Aréopage au sein duquel Paul fait un converti (Ac 17, 34) ; l'Aréopage est évidemment une institution, l'antique conseil aristocratique qui a repris la direction de la cité à l'époque impériale, mais c'est aussi une caste puisque y accèdent toujours les mêmes familles. À Éphèse, cependant, Paul a bénéficié du soutien d'un président de guilde, Tyrannos, qui l'a accueilli dans son local (*scholè* : Ac 19, 9).

Les lettres de Paul évoquent des conversions dans les milieux religieux locaux, en prise sur la réalité historique. Les noms qu'il cite sont certainement ceux de gens remarquables au sein de leur communauté : on a retrouvé trace de l'administrateur civil Érastos (Rm 16, 23), qui a exercé la charge d'édile et financé à cette occasion le pavage d'un marché[1]. Les traditions d'hospitalité étaient caractéristiques de ces notables, surtout parmi l'élite romanisée, qui en avaient les moyens et perpétuaient ainsi l'idéal grec antique : ainsi Publius fut l'hôte de Paul à Malte (Ac 28, 7), et Gaius à Corinthe (Rm 16, 23). La demeure de Gaius était assez vaste pour réunir « toute l'Église » (la sienne ? celle de Cenchrées ? celle de Corinthe ?) ; on la compare volontiers aux villas fouillées dans l'antique Corinthe, qui pouvaient accueillir 30 à 40 personnes entre l'atrium et la salle à manger.

En Asie, le groupe social auquel Paul s'adresse en priorité est celui des évergètes urbains[2], capables d'assumer à leurs frais les principaux besoins de la collectivité. Ces grands propriétaires fonciers possédaient des esclaves domestiques et ruraux, ce qui explique la place donnée à l'esclavage dans les épîtres. Au tournant des Ier et IIe siècles, un romancier d'Aphrodisias donne un aperçu de ce système d'exploitation rurale qui s'apparente à l'ergastule romain et nécessite un cheptel humain ; en contrepoint du monde des maîtres, il met en scène une société d'esclaves et d'affranchis, elle-même hiérarchisée, soulignant les différences de comportement, de mentalité et de sentiments. Mais les esclaves étaient explicitement associés par leurs maîtres aux rituels ordinaires, signe qu'on les considérait comme faisant partie du corps social.

« *Que chacun demeure dans la condition où il a été appelé* » (1 Co 7, 20)

Les lettres d'Asie révèlent une société très différenciée de maîtres et d'esclaves. Parmi les convertis de Paul, ceux qui lui

---

1. Inscription de Corinthe, VIII, 3, n° 232.
2. L'*évergète* (le « bienfaiteur ») reçoit de la collectivité des marques de reconnaissance publique, en échange de ses générosités.

furent le plus fidèles et l'accompagnèrent dans sa trajectoire mouvementée formaient un groupe très disparate. Certains ont un nom révélateur d'une origine servile, comme Trophimos, l'enfant « Nourri » (2 Tm 4, 20 ; Ac 20, 4, et 21, 29), nom qu'on donnait en général à un enfant exposé, élevé et formé comme domestique dans une famille aisée. Onésime était esclave sur le domaine de Philémon à Colosses ; il s'enfuit à Rome pour y rejoindre Paul (Phm 10-13) ; plus tard affranchi, il devint un prédicateur itinérant (Col 4, 9) et finalement évêque d'Éphèse[1]. Cette société disparate était aussi très mobile.

Paul, pas plus que Pierre, ne préconisa l'abolition des hiérarchies sociales. Le célèbre passage : « Il n'y a plus ni Juif ni Grec, ni esclave ni homme libre, tous un en Jésus-Christ » (Ga 3, 28 ; Col 3, 11) n'est qu'une radicalisation rhétorique (voir 1 Co 12, 13) dans la polémique que Paul développe contre les tenants de la supériorité des Juifs. En contrepoint, toutes les épîtres de Paul et celles de Pierre incitent à accepter les différenciations sociales (1 Co 7, 17-24) ; les esclaves doivent obéir à leur maître comme au Christ (Ep 6, 5-9 ; 1 P 2, 18-20). Certes, ces écrits moralisent les rapports de la société et de la religion, mais cette tendance n'est pas propre au christianisme primitif. La défense de l'esclave fugitif, présentée à son maître par Paul dans l'Épître à Philémon, est assez proche des arguments avancés par Pline dans des circonstances analogues[2], au nom d'un certain humanisme que les chrétiens développent en fraternité. Pour plaider la cause de l'esclave fugitif, Paul emploie un terme qui évoque le droit d'asile : Onésime lui est « attaché », comme peut l'être un réfugié dans un sanctuaire, à un autel ou à la statue de l'empereur. L'apôtre se situe ici dans l'optique de Rome, en prenant position sur ce qui était alors un fléau dans l'Empire comme dans toutes les sociétés esclavagistes, où le droit d'asile, traditionnel en Orient et en Grèce, était considéré comme une menace pour l'ordre social, que Rome s'efforçait de limiter. L'asile était source de fracture sociale ; il brisait l'unanimisme affiché de la société, que Paul s'efforçait, dans sa perspective chrétienne, de reconstituer.

---

1. Ignace, *Éph.*, 1, 3.
2. *Lettres*, IX, 21.

La position chrétienne la plus novatrice réside dans les possibilités que l'Église offrait aux affranchis. Alors que les desservants des cultes grecs se recrutaient parmi les citoyens aisés, l'esclave Onésime a pu devenir évêque d'Éphèse et l'on connaît en Bithynie des diaconesses de condition servile[1].

« L'Église d'une maisonnée » : le noyau familial

Des esclaves convertis en même temps que leur maître, un apôtre – Paul – qui visite ses parents : l'Église primitive se structure autour de la famille.

La famille de Paul l'a précédé en Europe et partout soutenu : à Thessalonique, à Béroia, à Corinthe et à Rome. Plusieurs parents de l'apôtre semblent d'ailleurs s'être déplacés pour le rejoindre à Corinthe (Rm 16, 21) : Jason venait de Thessalonique (Ac 17, 5 et 9), Sosipatros de Béroia (Ac 20, 4), Lucius ou Lucianus peut-être d'Antioche (Ac 13, 1). L'émigration fut la chance de Paul et de sa famille : elle se disséminait entre le Proche-Orient, la Grèce et Rome, avec des antennes sur la via Egnatia, qui traversait les Balkans vers l'Italie, et à Cenchrées, où les bateaux orientaux passaient l'isthme de Corinthe pour gagner l'Adriatique. Toute la famille de Paul était en voie d'intégration à des degrés divers : certains de ses parents traduisaient en grec leur nom hébreu (Jason pour *Joshua*), d'autres portaient déjà un prénom latin.

Les épîtres attestent la fréquence des conversions collectives, entraînées par le chef de famille. Ainsi, la première fondation locale se confond souvent avec une maisonnée : celle de Philémon à Colosses (Phm 1, 2), celle de Nymphas à Laodicée (Col 4, 15), celle d'Onésiphore à Iconion (2 Tm 4, 19), celle de Stéphanas à Corinthe (1 Co 1, 16). Il s'agissait là d'Églises « domestiques » au sens fort du terme, puisqu'elles se réunissaient dans une demeure privée, mais aussi parce qu'elles procédaient de conversions collectives impliquant toute une maisonnée. Les Grecs établissaient une distinction précise entre l'*oikia*, la maison comme édifice, et l'*oikos*, la « maisonnée », au sens des personnes vivant et travaillant ensemble sur leur

---

1. Pline, *Lettres*, X, 96, 8.

domaine ou dans leur entreprise. L'*oikos*, la structure la plus ancienne de la société grecque, remontait au moins aux temps homériques ; il constituait la cellule de base de la cité. À une exception près (1 Co 16, 15), les épîtres pauliniennes et les Actes des Apôtres observent rigoureusement la différence entre *oikia* et *oikos*, enracinant l'Église dans l'*oikos*, c'est-à-dire dans la cellule sociale la plus étroite. Les Actes des Apôtres (10, 2 ; 11, 14 ; 16, 31 ; 18, 8) donnent la même dimension collective et familiale à la conversion et au salut. La littérature apostolique abonde d'ailleurs en principes de morale familiale ou sur l'art de gérer sa maisonnée (1 Tm 3, 4 ; 1 Co 7 et 11, 2-11).

Ces premières Églises n'avaient que des racines familiales et non locales. Dans le milieu des marchands et des artisans, elles se déplaçaient en même temps que l'*oikos*, quand celui-ci changeait de lieu d'activité. L'« Église de la maisonnée d'Aquilas et de Prisca » passe ainsi d'Éphèse à Rome (1 Co 16, 19 ; Rm 16, 5). L'Église constitue donc d'abord un groupe rassemblé par un chef de famille, qui bougeait avec lui.

À Rome, la dimension « familiale » de l'Église se développa à une autre échelle, celle des troupes d'esclaves employées dans les grandes maisons de la capitale. Paul avait ainsi des réseaux de convertis dans la *familia* d'un prince hérodien, dans celle de Narcisse, un affranchi impérial, et même dans la maison impériale (Rm 16, 11, et Ph 4, 22) : dans ce cadre évidemment, le rôle du maître n'était plus déterminant. D'autres groupes se constituaient autour d'une personnalité, d'un couple ou d'un noyau de quelques personnes (Rm 16, 14 et 15 ; Ph 4, 21), selon les principes du mouvement associatif grec. Paul, lui-même, est à la tête d'un groupe (Ph 4, 21).

Les apôtres ont très tôt dépassé les limites de cette structure familiale, même si, pratiquement, Paul s'est toujours appuyé sur ces réseaux. Le concept d'Église s'étendit très vite à une circonscription : celle de la cité grecque dans les lettres de Paul à Corinthe, Philippes, Thessalonique et Colosses, ainsi que dans les lettres de l'Apocalypse ; plus exceptionnellement, celle de la province romaine. À partir d'Éphèse, Paul conçut ses lettres comme des circulaires à l'échelle de la Galatie (Ga 1, 2) et de l'Achaïe (2 Co 1, 1). Pierre répartit aussi ses convertis de la Diaspora dans le cadre des provinces romaines et non plus dans celui de la cité (1 P 1, 1). Les apôtres ont donc utilisé la géopolitique de l'Empire, ce qui souligne combien l'objectif romain est devenu prédominant. Quant aux cités grecques où Paul s'installa, elles étaient soit des colonies romaines – Antioche de Pisidie, Philippes –, soit des capitales provinciales – Antioche, Thessalonique, Corinthe, Éphèse. C'est là qu'il fit l'expérience des possibilités offertes par le cadre romain en matière de communication et de publicité, compte tenu des nécessaires déplacements des provinciaux vers la capitale et des grands rassemblements annuels qui s'y tenaient. L'universalité de l'Église, dilatée aux dimensions de l'Empire, pointe dès la génération apostolique (Ep 5, 25 ; Col 1, 18) ; l'Église de Dieu constitue la « troisième race » de l'Empire, à côté des Juifs et des Grecs (1 Co 10, 32).

L'identification de l'Église

La prise de conscience identitaire a marqué la génération apostolique. Les chrétiens du Ier siècle se sont servis du mot *ecclesia* pour exprimer cette identité communautaire : il apparaît une fois dans l'Épître aux Thessaloniciens (vers 50), vingt-deux fois dans la Première Épître aux Corinthiens (vers 53) et, à la génération suivante, une vingtaine de fois dans les Actes des Apôtres et dans l'Apocalypse. Le terme est emprunté au grec des Septante, mais la structure de l'Église elle-même est en phase avec les réalités de la cité grecque.

Comme tous les autres groupes de la cité, publics et privés, l'Église des chrétiens s'est perçue comme une communauté vécue. On se réunissait en assemblée (c'est le sens d'*ecclesia*) pour manger, discuter et boire (1 Co 11, 18-21). On buvait même jusqu'à l'ivresse ; on discutait et on se disputait pour faire émerger les meilleurs, dans un esprit de compétition typiquement grec. Ces réunions chrétiennes n'étaient donc pas si différentes du *symposion* grec, ce « banquet » (terme consacré encore qu'approximatif[1]), qui se tenait dans un local ou une maison particulière (voir 1 Co 11, 22), où l'on buvait pour le plaisir, où l'on se livrait à la musique, aux jeux ou aux échanges philosophiques,

---

1. Le *symposion* est une réunion pour « boire ensemble ».

selon les milieux et les circonstances. Ces banquets fonctionnaient comme une école de partage et de sociabilité, strictement réglementée, où le groupe se structurait. Au fil des témoignages du Nouveau Testament, de nombreux détails indiquent que le banquet chrétien se déroulait comme tous les autres, sur le modèle du banquet « socratique » décrit par Platon : il se tenait à intervalle régulier le premier jour de la semaine, soit le lendemain du sabbat et le jour anniversaire de la Résurrection (Ac 20, 7) ; il avait lieu la nuit, à la lumière des lampes, dans un lieu clos (Ac 20, 7 ; Ap 3, 20) ; il pouvait accueillir, comme le banquet de Socrate, un invité imprévu (Ap 3, 20). Surtout, le banquet chrétien reprenait les trois moments du *symposion* grec : manger, boire et débattre, les débats pouvant se prolonger toute la nuit (1 Co 11, 18-20 ; Ac 20, 7 et 11).

Mais déjà apparaît la volonté de christianiser la pratique du banquet, bien que le mot spécifique des chrétiens – l'« agape » – ne soit utilisé qu'une fois dans le Nouveau Testament (Jude 12). L'agape, c'est-à-dire au sens propre le « repas d'affection », se caractérise non par ses pratiques, mais par un état d'esprit que soulignent Paul et les apôtres : il faut éviter de se goinfrer et de s'enivrer (1 Co 11, 21 et 34 ; 2 P 2, 13), ce qui reprend des conseils habituels de mesure ; il faut tout mettre en commun pour constituer un groupe uni et homogène en effaçant les différences sociales (1 Co 11, 21-22) ; il faut choisir les propos et les interlocuteurs, comme le faisait Socrate, car les débauchés représentent « des écueils dans les agapes » (Jude 12). Cette image, traditionnelle chez les Grecs qui comparaient le banquet à la traversée de Dionysos sur la mer vineuse, illustre bien l'analogie entre *symposion* et agape, dont Clément d'Alexandrie traite en détail au IIIe siècle[1]. Ces banquets établissaient une véritable intimité entre les membres de l'Église, car le *symposion*, où les convives étaient couchés, réunissait dans une même salle une vingtaine au plus de participants. On comprend donc que les premières Églises aient pu se réunir dans des demeures privées. L'Église primitive est un groupe restreint.

Les chrétiens ont ainsi repris la principale pratique communautaire des Grecs. Mais Paul et les évangiles firent évoluer l'insti-

---

1. *Pédagogue*, II, 1, 1-2, 36 ; VII, 53, 5-60, 4.

tution sociale du *symposion* en liturgie commémorative du dernier repas de Jésus, sa dernière Pâque, en un nouveau rite d'alliance destiné à remplacer l'ancien (1 Co 11, 23-26 ; Lc 22, 17-20). Banquet et baptême furent les signes extérieurs chrétiens, d'intégration à la communauté (1 Co 1, 13-17) ; cependant le banquet fut plus fortement perçu comme manifestation identitaire par les Romains[1].

Il était naturel que des groupes en pleine croissance, qui dépendaient les uns des autres, se soient donné des organes institutionnels. À la première génération, Paul ne définit que des fonctions d'Église – le prophétisme, le service, l'enseignement (Rm 12, 6-8) – sans mettre en place de nouvelles institutions spécifiques. Une certaine responsabilité locale est attribuée aux premiers convertis, les « prémices de l'Église » (1 Co 16, 15 ; Rm 16, 5), mais l'essentiel de l'autorité est exercé par des prédicateurs nommés apôtres, prophètes et maîtres (1 Co 12, 28-29 ; Ep 2, 20 ; 4, 11), parfois évangélistes[2]. Ce sont eux, comme Paul, qui appliquaient les procédures disciplinaires et faisaient office d'arbitre[3]. Mais ils n'étaient pas du lieu et décidaient souvent de loin, sans bien connaître la situation locale ; les relations de Paul avec ses Églises souffrirent de cet éloignement (Ga 4, 20 ; 1 Co 5, 3) : on le taxa d'autoritarisme et ses envoyés furent parfois même contestés[4].

À la génération suivante, les Églises locales mirent en place leurs propres responsables. Dans les Actes des Apôtres, les lettres de Jean, de Pierre et les Pastorales, apparaissent les anciens (*presbyteroi* en grec, qui donna « prêtres »). En Orient comme dans le monde grec, le principe d'ancienneté était unanimement reconnu : c'était un titre très répandu dans les collectivités publiques et les associations antiques. Dans les Églises de la fin du Ier siècle, l'autorité des anciens reposait sur la tradition orale, la relation personnelle et des droits « historiques » : ils avaient connu personnellement les apôtres et constituaient donc le premier relais de la tradition apostolique. Les Actes des Apôtres

---

1. Pline, *Lettres*, X, 96, 7.
2. Ep 4, 11 ; 2 Co 8, 18 ; 2 Tm 4, 5 ; 1 P 1, 12.
3. 1 Co 5, 3 ; 6, 1-7 ; 2 Co 2, 5-8 ; 13, 1-2.
4. 1 Co 4, 17-18 ; 16, 10 ; 2 Co 7, 6-8.

mettent en scène cette filiation et cette tradition dans une scène d'investiture (Ac 14, 23). Les « évêques » (ou « surveillants ») sont déjà nommés par Paul dans la plus récente, sans doute, de ses épîtres authentiques (Ph 1, 1) ; il y avait plusieurs évêques à Philippes, c'est-à-dire qu'ils étaient responsables de communautés bien définies ; il n'y en a plus qu'un par cité dans les Pastorales (1 Tm 3, 2-10 ; Tite 1, 7-9), qui assimilent la fonction à celle d'un intendant. En ce sens, l'évêque d'une Église se rapprochait des *peqidim* et *mebaquerim*, connus à Qumrân, qui étaient aussi des administrateurs pourvus d'un pouvoir disciplinaire[1] ; terminologie et fonction semblent être héritées du judaïsme ; d'ailleurs, l'Église de Jérusalem eut aussi son évêque, choisi en fonction de sa notoriété locale[2].

À l'époque où furent rédigés les Actes des Apôtres, les Églises locales étaient capables de procéder à un débat public et de prendre des décisions collectives, comme toute association grecque qui fonctionnait telle une cité en réduction. Leur indépendance était acquise. Quand l'Église d'Antioche « désigne » des délégués pour Jérusalem, elle utilise un verbe qui a une connotation officielle (Ac 15, 2). Surtout, la forme du débat et de la décision, qui eurent lieu à Jérusalem sur le problème de la circoncision et de la nourriture casher, illustre son fonctionnement de plus en plus démocratique. Les Actes évoquent un débat contradictoire public après une conférence restreinte (Ac 15, 4-22), même si Paul ne parle que d'entretiens particuliers (Ga 2, 2) ; la décision est présentée comme celle des autorités et de toute l'Église (c'est la formulation habituelle de la prise de décision en grec), exprimant l'unanimité, après l'exposé des considérants ; la lettre reconstituée est citée comme une pièce d'archives (Ac 15, 23-29).

Les premières tensions

Cette décision collective s'inscrit dans le cadre d'une lutte d'influence dont Antioche était le théâtre et où Paul joua le rôle du provocateur. Pour l'auteur des Actes (15, 1-2), le conflit opposa

---

1. Voir ci-dessus chapitre 4.
2. *HE*, III, 11 et 20, 6.

Paul et Barnabé, représentants de l'Église locale qu'ils évangélisaient depuis une dizaine d'années, à des prédicateurs venus de Jérusalem : l'enjeu en était la circoncision et l'observance de la loi mosaïque, c'est-à-dire l'obligation, ou non, de la judéisation comme étape préliminaire et nécessaire au salut. Dans sa version de l'affaire (Ga 2), Paul déplace le conflit entre Pierre et lui, quand il leur fallut appliquer à Antioche la décision collective prise à Jérusalem.

Les deux textes se recoupent néanmoins sur l'essentiel. Les tensions à Antioche ont nécessité de faire appel à Jérusalem, ce qui pose le problème des liens et de la hiérarchie entre les Églises, puisque celle d'Antioche était une fondation chypriote (Ac 11, 20). Mais Paul reconnaissait lui aussi la position prééminente de l'Église de Jérusalem parmi toutes les communautés, au-delà même des droits historiques de leurs fondateurs ; ce point de vue ne se démentira jamais, puisque ses missions ultérieures sont conçues comme des périples autour de Jérusalem. Sur le fond, il s'agit bien de la façon d'exposer l'évangile aux non-Juifs et de la circoncision, le cas de Tite – converti grec non circoncis – faisant jurisprudence (Ga 2, 1-3). Le conflit avec Pierre évolua par la suite à propos de la nourriture casher et de la mixité aux repas (Ga 2, 12-14) : Paul prônait une intégration religieuse des Grecs, qui ne passait pas par l'intégration ethnique et sociale, alors que Pierre et Barnabé appliquèrent la décision de Jérusalem, qui maintenait ces Grecs dans la situation contraignante des étrangers résidents du judaïsme, et les obligeait donc à se conformer aux pratiques matrimoniales et alimentaires des Juifs.

Il faut restituer cet affrontement dans le contexte particulier d'Antioche. Juifs et non-Juifs s'y fréquentent ; les Juifs attirent les Grecs par les pratiques rituelles des synagogues[1]. À l'inverse, l'acculturation des Juifs est évidente ; d'ailleurs, le noyau fondateur de l'Église révèle des Juifs hellénisés à travers leur éducation – comme Menahem élevé avec Hérode Antipas – ou des Juifs qui ont reçu des prénoms et des surnoms latins (Lucius, Niger) ; seuls « Saul » et Barnabé ne présentent alors aucun indice d'hellénisation. Dans la Diaspora, il y avait eu d'autres prédications juives contradictoires qui achoppaient sur le problème de la circonci-

---

1. *GJ*, VII, 45.

sion. À la même époque, vers les années 40, dans la Diaspora orientale, un marchand juif enseignait la foi et le mode de vie juifs à la cour d'Adiabène ; malgré le désir du roi, il était réticent à sa circoncision, par crainte du scandale local, et il admettait les convertis dans la catégorie des craignant-Dieu, sans qu'ils aient besoin de se judéiser ; mais un autre Juif de Galilée, beaucoup plus rigoriste, exigea la circoncision ; c'était sans doute un ambassadeur[1]. L'affaire d'Antioche dépassait donc le simple conflit de personnalités.

Elle n'en aboutit pas moins à l'éclatement de la première Église locale tant y comptaient les liens personnels. Barnabé passa à Pierre en quittant Paul (Ga 2, 13), ce qui fut déterminant dans la poursuite de leurs missions dont les objectifs divergèrent ; Barnabé ne retourna pas en Asie et se cantonna, semble-t-il, à Chypre, où il entraîna Marc (Ac 15, 39) ; ce dernier avait déjà montré, lors de son premier voyage, sa volonté de limiter la prédication aux synagogues des villes littorales (Ac 13, 13 et 15, 38). Silvain, le compagnon du deuxième voyage (1 Th 1, 1 ; 2 Co 1, 19), était un Juif d'Antioche romanisé, qui passa, lui aussi, à un moment, du côté de Pierre (1 P 5, 12-13).

Le départ de Paul et sa rupture définitive avec Antioche résultaient peut-être du désir d'éviter un schisme déclaré. Mais deux sources indirectes sur l'Église d'Antioche à la fin du Ier siècle, l'Évangile de Matthieu et les lettres d'Ignace, évoquent les tensions dont elle était toujours parcourue : tous n'admettaient pas l'Ancien Testament ; tous n'admettaient pas non plus l'autorité de l'évêque ; certains s'abstenaient des repas liturgiques. Il subsistait donc bien une aile helléniste et une autre judaïsante. Mais l'on reconnaissait à Pierre un rôle modérateur, et on le présentait comme un pôle de ralliement. Paul ne contesta jamais la prééminence de Pierre, non plus que celle de Jacques et de Jean (Ga 1, 18, et 2, 9). Mais, à partir de l'affaire d'Antioche, il le cantonna délibérément dans l'apostolat de la Diaspora juive araméenophone, en ne lui donnant plus que son nom araméen de Céphas (Ga 2, 9, 11 et 14 ; 1 Co 1, 12), alors que tous les auteurs du Nouveau Testament utilisèrent la forme grecque *Petros*. Pour

---

1. *AJ*, XX, 2, 4 (38-48).

Paul, le clivage entre Pierre et lui est alors culturel plus que doctrinal ; sa théorie des secteurs missionnaires en résulte.

Le conflit entre les deux hommes rebondit probablement à Corinthe, dans les années 53-54, sur les mêmes bases. Mais l'affaire fut, cette fois, beaucoup plus complexe. Paul y relève quatre tendances différentes qui se firent jour au sein de l'Église (1 Co 1, 12) : la sienne, celle de Céphas, celle d'Apollos et enfin celle de partisans de « quelqu'un du Christ », sans doute un parent de Jésus ou un Juif qui avait été très proche de lui de son vivant. Cette succession de missions concomitantes posait d'abord un problème pratique, puisque la communauté corinthienne dut ainsi entretenir plusieurs apôtres (1 Co 9, 4-18, et 2 Co 12, 16-18). La collecte pour Jérusalem, décidée et imposée par Paul, ne fit qu'envenimer les choses, d'autant que, semble-t-il, les Corinthiens en avaient commencé une de leur côté (1 Co 16, 1-4 ; 2 Co 9, 1-5).

La question de l'autorité résultait naturellement des liens très personnels qu'entretenait l'apôtre avec ses convertis. La formule de Paul est éloquente : un converti « appartient » à Paul, à Céphas ou à Apollos (1 Co 1, 12 ; 3, 4) ; ce n'est pas un membre du groupe qu'il préside ; il s'agit d'une dépendance personnelle. Paul se justifie, en établissant les fondements et les limites de l'autorité apostolique : le véritable apôtre est un homme qui a surmonté bien des épreuves et qu'authentifient ses charismes de visionnaire et de thaumaturge (2 Co 11, 22-32, et 12, 10). Paul critique le tempérament dominateur des « super apôtres » (2 Co 11, 5-6 et 12, 11), conteste aussi la garantie de prestige que constituent les lettres de recommandation (2 Co 3, 1). Il revendique haut et fort ses droits définitifs de fondateur sur ses Églises, ou ceux de ses représentants (1 Co 4, 17) ; c'est ainsi qu'il maintient Apollos sous ses ordres (1 Co 4, 6 et 16, 12), pour affirmer son autorité à Éphèse et à Corinthe. Il semble bien, en effet, que le conflit ait fini par se circonscrire aux deux hommes et qu'il y ait eu entre eux des divergences doctrinales que l'on devine dans l'argumentation théologique de Paul. D'ailleurs, la question de la judéisation ne pouvait se poser avec Apollos comme elle s'était posée avec Pierre, puisque celui-ci était un intellectuel alexandrin et qu'il portait même le nom d'un dieu grec ! Dans ces lettres aux Corinthiens, à travers ses considérations sur la sagesse, la foi en la résurrection et le mode de vie chrétien, Paul s'en prend à un mouvement baptiste – intellectuel et charismatique : des « inspirés » qui récusaient les réalités matérielles (1 Co 3, 1), des beaux parleurs qui jouaient de la rhétorique (1 Co 2, 1) et qu'on pouvait contester dans leur comportement public quand ils s'attablaient dans les temples au risque de choquer, par mépris des réalités terrestres (1 Co 8, 10). Aussi a-t-on pu voir en Apollos le premier représentant identifiable de cette tendance religieuse désincarnée qu'on appela le gnosticisme.

Paul contesta les positions de son adversaire, mais ne brisa pas avec lui, malgré des moments douloureux et une rupture temporaire avec son Église de Corinthe (2 Co 2, 1-4). Il se réconcilia avec ses Corinthiens et reconnut toujours la valeur d'Apollos et son droit à la prédication (1 Co 3, 5-6, 22 ; 4, 6). Apollos, de son côté, resta lié jusqu'au bout au mouvement paulinien (Tite 3, 12). De ces expériences déchirantes Paul tira l'intuition d'un apostolat à vocation universelle, dans les limites voulues par Dieu, en récusant le reproche d'empiètement (2 Co 10, 13-14 et 12, 11) ; il n'admettait pas le principe d'un partage exclusif qui interdirait à lui-même, ou aux apôtres qu'il avait formés, certains champs d'évangélisation préparés par d'autres (2 Co 10, 13 ; 15, 16). Malgré une action personnalisée à l'extrême, Paul est le premier à sortir la mission chrétienne d'une structure groupusculaire et à lui reconnaître son dynamisme propre en acceptant que d'autres arrosent ce qu'il avait lui-même planté. C'est Dieu qui fait croître ! (1 Co 3, 6-8).

À travers les luttes de factions que les premières Églises héritèrent du comportement grec, un idéal de concorde perça peu à peu. À Rome, à la fin du Ier siècle, l'évêque Clément déplore les effets néfastes de la « jalousie » dans l'Église et réunit Pierre et Paul dans la mission comme dans le malheur[1]. Un peu plus tard, la tendance de Pierre rend justice à Paul, en se référant à ses lettres et à sa sagesse et en réduisant les contestations à de simples questions de compréhension (2 P 3, 15-16). La complémentarité des charismes s'était imposée dans une Église à vocation universelle.

Le tableau conventionnel que les Actes des Apôtres donnent de l'évangélisation du monde grec est assez réducteur, tant ils ont schématisé les étapes historiques et l'expansion géographique.

---

1. *I Clém.*, 5, 2.

Mais ils font un récit en prise sur les réalités sociales du monde gréco-romain au Ier siècle, comme le font aussi les épîtres apostoliques et surtout celles de Paul, véritable témoignage pris dans le feu de l'action. Les apôtres chrétiens ont été conscients de l'insertion des individus dans de multiples communautés qui s'imbriquaient les unes dans les autres ; les Églises locales devinrent l'une d'entre elles, entre la famille et la cité. L'ethnocentrisme fondamental des Grecs conduisit aussi Paul à utiliser au mieux les pôles et les axes de l'Orient romain en concevant sa mission comme des tournées apostoliques et non comme une progression vers l'inconnu. C'est le témoignage d'une intégration réussie, plutôt que d'une stratégie missionnaire délibérée, où il ne faudrait pas minimiser l'adaptation quasi immédiate aux réalités nouvelles de l'Empire romain.

CHAPITRE 10

« Il y a des gens qui jettent le trouble parmi vous[1] »
Problèmes d'intégration et crises identitaires

Les livres du Nouveau Testament sont des œuvres polémiques : les évangiles par leur relecture du passé ; les Actes des Apôtres par leur sélection de récits significatifs ; les lettres apostoliques par leurs attaques personnelles, cryptées ou claires. Cependant, à travers les réactions d'ordre théologique ou éthique, s'élabore lentement une orthodoxie.

Ce sont surtout pour les Églises d'Asie que l'on peut suivre ces « tribulations » grâce aux lettres de Paul, celles de l'Apocalypse, les Pastorales. Ces difficultés sont beaucoup plus clairement énoncées dans les actes des martyrs et, plus tard, dans la littérature apocryphe. Elles affectèrent les communautés de l'intérieur et de l'extérieur, comme le précisent les lettres aux Églises de l'Apocalypse. Paul, déjà, encore que de façon assez stéréotypée, évoquait les périls courus du fait des gens de sa race, les Juifs, ou du fait des Grecs – c'est-à-dire des menaces extérieures – et des périls aussi parmi les faux frères, intérieurs à la communauté (2 Co 11, 26).

L'épreuve de la synagogue

Le fil conducteur des Actes des Apôtres, c'est une progression involontaire de la prédication propulsée par l'hostilité juive. En

---
1. Ga, 1, 7.

milieu grec, ce procédé ressort d'une description conventionnelle de l'émigration (*apoikia*), qui est toujours présentée comme une rupture et un déchirement. Les Grecs n'ont jamais manifesté la mentalité triomphaliste du découvreur, peut-être par peur de faire preuve de démesure. Ils attribuaient même leurs entreprises coloniales aux malheurs du temps, aux sécheresses, à la famine ou à la guerre civile, alors que l'archéologie a mis en évidence d'autres facteurs stimulants, comme la quête des métaux. Il faut donc lire avec une certaine réserve ce schéma de la prédication paulinienne en le comparant avec ce qu'on peut saisir de la stratégie missionnaire de Paul dans ses épîtres et avec ce que l'on sait du contexte local.

L'idée d'aller d'abord convertir les Juifs n'apparaît que dans l'épître aux Romains, dans l'objectif fixé à la prochaine mission : outre la déclaration de principe – « le Juif d'abord, puis aussi le Grec » (Rm 1, 16) –, outre un résumé de l'évangile dans une formulation judéo-chrétienne, Paul semble faire allusion, explicitement, à l'une des synagogues de Rome, la synagogue dite de l'Olivier (Rm 11, 17-18). S'agit-il d'une décision liée à un contexte particulier ou d'une stratégie raisonnée, utilisant d'abord les anciennes solidarités ethniques, de la famille et de la religion ? Les synagogues d'Asie offraient en effet le support d'une diaspora bien intégrée à la société locale et des garanties statutaires qu'elles avaient négociées avec le pouvoir impérial. Leur judaïsme n'était pas monolithique, et la présence de sympathisants grecs attirés par la synagogue (attestée dans les Actes et dans les inscriptions postérieures) pouvait apparaître comme une ligne de faille, propice à une entreprise de conversion. Les Actes des Apôtres ont envisagé cette possibilité à travers la figure de Nicolas, un Grec d'Antioche immigré à Jérusalem et deux fois converti, d'abord au judaïsme, comme prosélyte, puis au christianisme dans la mouvance d'Étienne (Ac 6, 5).

L'hostilité des Juifs d'Asie à Paul et, plus généralement, à toutes les entreprises chrétiennes est amplement évoquée par les épîtres et par les lettres de l'Apocalypse, indépendamment les unes des autres. Paul a souffert « de la part des gens de [sa] race » (2 Co 11, 26) : il a subi la lapidation et, par cinq fois, la flagellation, qui étaient des peines infligées par la synagogue pour des transgressions graves ; il fréquentait donc toujours les synagogues, de même qu'il gardait le sentiment d'une unité ethnique et culturelle (2 Co 11, 22), fondée sur la langue (comme « Hébreu »), sur la nation (« Israël ») et sur la religion (la « descendance d'Abraham »). Le conflit de Paul avec les Juifs d'Asie peut avoir été la conséquence d'une crispation identitaire au sein des synagogues, dans la mesure surtout où l'attachement au Temple et à ses coutumes était consacré par des privilèges de Rome.

Les synagogues d'Asie jouissaient d'un statut d'exemption religieuse qui leur garantissait de nombreux droits en un temps où l'Empire romain avait tendance à restreindre les libertés associatives. L'approvisionnement des marchés municipaux en nourriture casher, l'exemption des tribunaux civiques le jour du sabbat et, surtout, la collecte annuelle pour le Temple, alors que Rome interdisait l'exportation de l'or des provinces, tout cela constituait autant d'exceptions à la situation ordinaire de l'immigré dans la cité. Paul a pu apparaître comme une menace parce qu'il faisait éclater l'image identitaire des Juifs au sein de la cité, en suscitant une collecte concurrente, que lui-même dit avoir été très controversée, en prêchant dans les synagogues, lors des célébrations du sabbat, et en y suscitant des troubles et des affrontements qui aboutissaient au châtiment public. L'expulsion des Juifs de Rome, ou du moins de certains d'entre eux, dans un contexte similaire de tensions internes, créait un précédent, rappelant que les privilèges octroyés par Rome demeuraient précaires, soumis au bon plaisir du prince.

La question de l'intégration des non-Juifs se posait aussi en Asie Mineure. On sait que Paul parvint finalement à l'idée d'une assimilation totale : « Il n'y a plus de Grec ni de Juif, de circoncis ni d'incirconcis, de barbare ni de Scythe... » (Col 3, 11 ; voir Ga 3, 28, et Ep 2, 19). Cette position, qui fut développée de façon très polémique dans les Églises d'Asie, l'amena à récuser la circoncision pour les Grecs (1 Co 7, 19 ; Ga 2, 3), sauf pour les Gréco-Juifs comme Timothée, d'ascendance maternelle juive (Ac 16, 1). Dans le feu de la polémique, il assimila même la circoncision à la castration (Ga 5, 11-12 ; voir Ph 3, 2). Il admit aussi la validité des mariages mixtes, le conjoint chrétien sanctifiant l'autre et leur descendance (1 Co 7, 12-16).

Dans quelle mesure ces principes étaient-ils perçus comme anti-Juifs ? L'historien Josèphe témoigne de réactions hostiles aux mariages mixtes qui avaient lieu dans la haute société de la première moitié du 1er siècle : les princesses hérodiennes exigent de leurs maris, avant le mariage, une conversion et la circoncision[1] ; durant la guerre juive, la circoncision fut aussi un préalable imposé aux réfugiés politiques, Grecs ou Romains[2]. Dans la Diaspora orientale, le problème fut soulevé à propos des conversions religieuses[3]. Les points de vue différaient entre Jérusalem et la Diaspora, suivant qu'il s'agissait d'intégration familiale et politique ou d'adhésion religieuse.

Des phénomènes d'intégration et d'acculturation sont perceptibles dans les milieux juifs d'Asie Mineure dès l'époque de Pierre et de Paul : à Acmonia de Phrygie, dans la région attribuée à Pierre, la synagogue a été construite sous le règne de Néron, aux frais d'une notable grecque, de rang sénatorial, qui présidait à la vie religieuse et culturelle de la cité ; sans doute était-elle une « sympathisante » du judaïsme. Mais la décoration du bâtiment témoignait d'une hellénisation contraire à la Loi, puisqu'il était orné de peintures murales historiées et du médaillon de la bienfaitrice. Dans les faits, la relation des Juifs d'Asie à l'hellénisme ne se posait pas en termes d'exclusion, pas plus que pour Paul. Mais l'apôtre visait l'assimilation totale ; il exaltait la figure d'Abraham, père de tous les croyants et converti lui-même, tandis que les communautés juives multipliaient les degrés d'intégration en créant des catégories intermédiaires[4].

Juifs et faux Juifs à la deuxième génération.
Deux missions concurrentes ?

Aux générations suivantes, les relations semblent s'être encore dégradées, au moins du point de vue des chrétiens. Les Épîtres pastorales et les Actes évoquent des persécutions à Antioche,

---

1. *AJ*, XX, 7, 1 (139) et 3 (145).
2. *GJ*, II, 454 ; Josèphe, *Vie*, 113.
3. *AJ*, XX, 2, 4 (38-39).
4. Prenant lui aussi parti dans le débat contemporain, Philon, *Sp. leg.*, I, 51-52, conseille d'agréger les prosélytes sur un pied d'égalité.

Iconion et Lystres (2 Tm 3, 10-11) ; l'Apocalypse ressent la présence juive comme une menace à Philadelphie et à Smyrne (Ap 2, 9 et 3, 9), là même où les traditions locales ultérieures imputeront aux Juifs une responsabilité active dans les martyres de Polycarpe et de Pionios. Le problème se pose en termes nouveaux ; il s'agit de concurrence entre deux courants religieux.

Les Églises pauliniennes d'Asie continuent à recevoir une prédication juive fondée sur les « mythes et généalogies » (*sic*) de l'Ancien Testament, sur la Loi mosaïque, sur le sens des pratiques identitaires et des fêtes juives[1]. Les pauliniens dénoncent alors de « faux Juifs » et de faux docteurs de la Loi[2], dont l'Apocalypse souligne aussi l'action à Smyrne et à Philadelphie. Qu'entendaient-ils par là ? Des chrétiens judaïsants : il s'agirait donc d'une concurrence doctrinale ? Ou bien des chrétiens grecs qui se seraient agrégés à la synagogue pour bénéficier de ses garanties statutaires et échapper à une persécution (Ap 3, 10) ? Il s'agirait alors d'apostasie par opportunisme ? Le plus vraisemblable est que les chrétiens ont désigné ainsi les Juifs non convertis à partir du moment où ils ont revendiqué pour eux seuls, au terme de la promesse messianique accomplie, l'héritage d'Abraham. Ils l'ont considéré comme un héritage spirituel alors qu'il fondait, pour les Juifs, l'identité nationale. Dès lors, la rupture entre chrétiens et Juifs était consommée.

Cette façon de percevoir les relations entre chrétiens et Juifs à la seconde génération incite à s'interroger sur le prosélytisme des deux courants religieux en Asie. S'agissait-il de deux missions concurrentes, comme semble l'envisager l'Évangile de Matthieu (23, 15), quand il évoque les docteurs, scribes et pharisiens, « qui vont au-delà de la mer pour faire un prosélyte » ? Le prosélytisme juif reste un problème très débattu pour l'Antiquité. Nous l'avons déjà dit, le mot n'existe pas alors[3]. Cependant, le développement de tous les établissements juifs, un certain antisémitisme romain, perceptible dans la littérature augustéenne, et surtout l'omniprésence des craignant-Dieu et des prosélytes dans les inscriptions comme dans la littérature ont pu faire supposer un prosélytisme

---

1. Col 2, 8-10, 16 et 23 ; 1 Tm 1, 4 et 47 ; 2 Tm 4, 4 ; Tite 1, 14.
2. 1 Tm 1, 7 ; 2 Tm 4, 4 ; Tite 1, 10.

juif organisé, qui aurait atteint son apogée au Ier siècle quand émergea le christianisme. Or la catégorie des prosélytes et des craignant-Dieu n'apparaît que dans des incriptions juives d'Asie bien postérieures aux Actes des Apôtres. De plus, ces mots n'ont pas un contenu précis en termes d'intégration, voire d'assimilation. Ces catégories de sympathisants peuvent résulter d'adhésions spontanées et ne sont pas la preuve d'une mission organisée, qui n'est nullement attestée par ailleurs. Sans doute, les Juifs menaient-ils une propagande apologétique au sein des cités grecques pour se gagner la sympathie du milieu local. Paul, quant à lui, travaillait à la conversion des Grecs mais sans qu'on puisse parler, on l'a vu, d'un « apostolat » chrétien spécifique. Tout se passait, de façon beaucoup moins provocante, par le bouche à oreille et les relations de personne à personne (1 Th 1, 8). Les cités grecques ne furent pas le champ ouvert d'un affrontement public entre prédicateurs chrétiens et juifs, tel que le mirent en scène les Actes des Apôtres et, plus tard, les actes des martyrs.

L'épreuve de la rue

« Un certain Démétrios, qui était orfèvre, suscita une émeute assez grave à propos de la Voie » (Ac 19, 23-40). La scène d'émeute qui s'ensuit vise l'apôtre Paul qui, depuis un an ou deux, avait choisi Éphèse, la capitale de l'Asie, comme base de sa mission en Anatolie et en Grèce d'Europe. Toutefois, elle apparaît récurrente dans l'histoire des Églises d'Asie où le boutiquier (l'*agoraios*), installé sur la place publique (l'*agora*), devient une figure emblématique d'opposant.

Dès le début de la mission, Paul avait donc été contesté et même menacé par les orfèvres d'Éphèse, pour « avoir jeté le discrédit sur leur profession », c'est-à-dire sur l'artisanat sacré qui se développait autour du temple d'Artémis. Une génération plus tard, les auteurs des Épîtres pastorales imputent les malheurs de Paul dans la même ville d'Éphèse à un certain Alexandros qui se livrait au travail ou au commerce du bronze (1 Tm 1, 20 ; 2 Tm 4, 14-15). À Iconion, également, la tradition locale fait d'un autre entrepreneur en métallurgie, Hermogénès, un type de flatteur et d'hypocrite qui se répandait en calomnies dans les rues contre

Paul[1]. Au milieu du IIIe siècle encore, à Smyrne, les marchands et les artisans de l'agora sont toujours les adversaires des chrétiens, puisque, après la persécution déclenchée par l'édit de Dèce[2], les chrétiens survivants les accusent d'arrestations arbitraires et de violences ; face au prêtre Pionios, qui marche au martyre, un autre Alexandros incarne l'homme vulgaire et présomptueux, qui ne comprend rien à la prédication chrétienne[3]. Comme les Juifs, les artisans et les boutiquiers portent la responsabilité des épreuves vécues par les chrétiens d'Asie, dont on exonère les notables locaux, prêtres du culte impérial ou magistrats de la cité.

En réalité, c'est une situation ambivalente, car l'agora constitue aussi un lieu propice à la prédication. Depuis les ateliers et les échoppes, on est habitué à voir passer ces prédicateurs et intellectuels itinérants que Cicéron appelait justement *circumforaneus*[4] ; à Athènes, Paul a prêché aussi bien sur l'agora qu'à la synagogue (Ac 17, 17). L'agora est le champ de toutes les contestations et de tous les affrontements, le siège du tribunal aussi : à Philippes, puis à Corinthe, Paul, traîné sur l'agora devant les autorités, a su utiliser ce lieu privilégié de la parole politique (Ac 16, 19 ; 18, 12-17) ; à Smyrne, Pionios, déjà arrêté et transféré vers la prison, fait une halte sur l'agora pour haranguer les Grecs et les Juifs qui y tiennent boutique ; tous grimpent sur des coffres ou des bancs pour ne rien perdre du spectacle[5].

Au-delà de l'anecdote, il est évident que la mission en Asie visait le monde de l'agora, celui des ateliers, des boutiques et des affaires. Paul, d'ailleurs, y appartenait par ses origines familiales. À Philippes, il fut accueilli et soutenu par Lydie, une négociante en pourpre originaire de Thyatire, en Asie (Ac 16, 14 et 40), qui venait d'un milieu très prospère, bien connu à Thessalonique aussi sur la Dix-Huitième avenue. L'*agoraios* Aquilas fut lui aussi une grande figure de converti ; fondateur de plusieurs Églises domestiques à Corinthe, à Éphèse et à Rome, il soutint Paul dans ses démêlés avec la population d'Éphèse au péril de sa vie (1 Co 16, 19 ; Rm 16, 5).

---

1. *Actes de Paul*, 3, 1.
2. Première persécution générale au milieu du IIIe siècle.
3. *Actes de Pionios*, 6, 1.
4. *Pro Cluentio*, 40.
5. *Actes de Pionios*, 3, 6-7.

Paul sut toucher les boutiquiers en parlant le même langage qu'eux et en demeurant fidèle à leur système de valeurs. Dans la dernière période de sa mission, après son passage à Éphèse, il dressait le bilan de son action en Macédoine comme un comptable, en termes d'« actif » et de « bénéfice » (Ph 4, 15). Il définissait l'Église comme une « société en participation » (*koinônia*), terme qui s'appliquait souvent aux sociétés commerciales (Ga 2, 9 ; Ph 6 ; Rm 15, 26 ; Ph 1, 5) ; il appelait ses auxiliaires à Éphèse ses « collaborateurs » (*synergos* : 2 Co 8, 23 ; Ph 1, 7), ce qui renvoyait au cadre de la « corporation » (*synergasia*). Bien plus, il posa à maintes reprises le travail comme un devoir et une valeur, pour lui-même et pour les autres (1 Co 9, 15-18 ; 2 Co 11, 7-12 ; 1 Th 2, 9 et 4), à une époque où ce point de vue ne se défendait guère publiquement, même dans les milieux professionnels aisés.

La mission johannique en Asie a également touché les gens des boutiques et des ateliers. Les communautés auxquelles est adressée l'Apocalypse étaient toutes installées dans des centres de production artisanale importants, souvent au voisinage d'un grand sanctuaire qui favorisait les échanges et le trafic. Laodicée du Lycos était une ville nouvelle, à la croissance rapide, qui se développait grâce à trois activités – textile, métallurgie, pharmacie – et qui était devenue le centre le plus important de production textile. À Éphèse et à Smyrne, on travaillait les métaux et le petit commerce était très actif. Pergame était une ville de foire. En Lydie, Thyatire et Sardes s'enrichissaient grâce au tissage, à l'industrie du vêtement et à la petite métallurgie.

Les interlocuteurs des apôtres en Asie appartenaient donc aux milieux professionnels les plus dynamiques et les mieux organisés des cités d'Asie : ceux du textile et de la métallurgie. Le textile était l'activité la plus en vue, car l'époque impériale maintenait une longue tradition de filature, de tissage et de teinture de la laine, provenant des moutons élevés dans les campagnes. Quant au travail des métaux, il pouvait prendre la forme d'un artisanat sacré à proximité d'un sanctuaire : c'est le cas à Éphèse, autour du célèbre Artémision, mais aussi dans les petites cités de Pisidie, car des sanctuaires plus ou moins importants jalonnaient les principales routes de l'Asie Mineure occidentale. Il y avait des pèlerinages réputés à Éphèse (temple d'Artémis), à Pergame (sanctuaire guérisseur d'Asclépios), à Smyrne (temple de Némésis), à Sardes (autre temple d'Artémis). Sur les esplanades des sanctuaires et le long des voies d'accès, se succédaient abattoirs et boucheries, commerces d'alimentation et de vêtements, bijouteries.

De toute évidence, Lydie et les négociants en pourpre constituaient une élite, comme le laissent penser les infrastructures et les investissements nécessaires. À l'autre bout de l'échelle, les cités fourmillaient de « revendeurs » qui avaient pris à bail des locaux sur l'agora ou sur le parvis des temples et qui exerçaient souvent des petits métiers – friperie, alimentation et bazar. Il est impossible d'établir le statut d'un vendeur de bronze (*chalcopole*), comme Alexandros d'Éphèse ou Hermogénès d'Iconion, car cette désignation s'applique à un simple « étameur » aussi bien qu'à un propriétaire d'atelier de métallurgie. De même, la position sociale de Démétrios, l'adversaire de Paul à Éphèse, n'est pas claire : la mention qui suit son nom et sa qualité d'orfèvre sont souvent interprétées comme une indication de son activité (*poiôn naous* ou « fabricant de temples », c'est-à-dire de miniatures en argent, destinés à servir d'ex-voto), mais il n'est pas exclu qu'elles renvoient à la charge de « néope » (*néopoios*), ou « administrateur du temple », et qu'elles précisent la dignité du personnage et son rang élevé dans la cité ; Démétrios pourrait même être un administrateur connu, fils de Démophilos. En tout état de cause, plusieurs orfèvres d'Éphèse assumaient des responsabilités officielles au plus haut niveau de la cité : les monuments qui les honorent exaltent leur patriotisme local et leur dévotion pour le sanctuaire dont Éphèse tire son renom ainsi que sa prospérité ; certains sont citoyens romains et fréquentent les gouverneurs venus de Rome.

Organisés en associations puissantes, comme l'ensemble des professionnels dans toute l'Asie, les orfèvres d'Éphèse témoignent de leurs liens étroits avec les cercles officiels, ce qui tendrait à atténuer la discrimination établie par la première littérature chrétienne entre les notables et les gens de peu ; ils manifestent aussi une haute conscience d'eux-mêmes et du caractère sacré de leur corporation.

Le heurt des factions

C'est à la mesure des responsabilités de ces artisans et de ces commerçants, de leur sens civique et de leurs ambitions personnelles qu'il faut essayer de comprendre leurs manifestations d'hostilité contre le christianisme naissant. Cette hostilité n'était d'ailleurs ni permanente ni systématique. Les adversaires présentés dans le Nouveau Testament sont des convertis ou des sympathisants qui ont suivi Paul pendant un temps plus ou moins long avant de se retourner contre lui : Alexandros, qui prit publiquement Paul à partie au terme de la mission éphésienne et qui se fit excommunier, est sans doute un Juif converti lors du troisième voyage, qui avait essayé de s'interposer lors de l'émeute des orfèvres[1].

À cette occasion, les Actes présentent Démétrios comme un meneur qui se sert de solidarités professionnelles pour rassembler autour de lui artisans et ouvriers de métiers apparentés, c'est-à-dire constituer une « hétairie », un parti populaire au sens antique du terme (Ac 19, 25 et 38). Les hétairies, attestées depuis la période archaïque des cités grecques, étaient en effet des groupes réunis autour d'une personnalité, mis au service d'une action politique individuelle. Alors qu'il harangue les gens de l'agora, Démétrios les jette dans la rue et suscite un rassemblement spontané au théâtre, qui prend plus ou moins la forme d'une assemblée irrégulière et informelle. Ses partisans arrêtent même deux compagnons macédoniens de Paul, qu'ils traduisent immédiatement devant ce tribunal populaire improvisé (Ac 19, 29). La situation décrite dans les Actes n'a certainement rien d'exceptionnel, car les empereurs et les gouverneurs romains ont déploré et tenté d'interdire les comportements déviants des associations ou mutuelles d'Asie, ainsi que leur dégénérescence en hétairies factieuses[2]. Les corporations, en particulier, étaient capables de fomenter des grèves sévères comme celle des boulangers d'Éphèse, au début du IIe siècle, qui provoqua un de ces « tumultes » que redoutait tant le pouvoir impérial[3]. D'ailleurs,

---

1. Ac 19, 33 ; *Actes de Paul*, 2, 1.
2. Pline, *Lettres*, X, 33-34, 92-93 et 96-97.
3. Inscriptions d'Éphèse, n° 215.

les autorités municipales n'intervinrent pas très énergiquement, pas plus qu'elles ne l'avaient fait lors de l'émeute de Démétrios. Elles se contentèrent d'interdire aux boulangers « de se constituer en hétairie ».

Il n'est pas étonnant que les premiers chrétiens aient été mêlés à ces luttes de factions qui déstabilisaient parfois la cité. Eux-mêmes constituaient aussi des groupes, on l'a vu, autour de l'apôtre ou du prédicateur qu'ils reconnaissaient comme fondateur. Paul lui-même déplorait ce sectarisme. Aux générations suivantes, les chrétiens continuèrent de se percevoir ou de se sentir perçus comme des « hétairies », puisque, en 111/112, s'estimant concernés par l'interdiction du gouverneur de Bithynie, ils suspendirent alors leurs réunions. À la même époque, une épître de Pierre, faisant référence à ce problème, conseilla aux chrétiens du Pont de ne pas prêter le flanc à l'accusation de malfaisance (1 P 2, 12).

Dans ce milieu très instable et toujours effervescent qu'était l'agora, l'affrontement entre les apôtres et certains meneurs prit donc souvent un caractère personnel. La harangue prêtée par l'auteur des Actes à l'orfèvre Démétrios conduit à poser le problème en termes d'intérêts professionnels.

Concurrence religieuse

Démétrios considère que la prédication de Paul en ce haut lieu du culte d'Artémis est en train de ruiner et de discréditer une branche de l'artisanat sacré et menace directement leur bien-être. Ces propos n'ont cessé d'étonner, car ils ne paraissent pas représentatifs de l'opinion répandue dans les milieux professionnels. Dans les documents qu'ils ont laissés, les groupes d'artisans ne manifestent aucun signe de corporatisme ; ils ne se soucient pas de défendre leur intérêt professionnel et cherchent au contraire à participer à toutes les manifestations de la vie publique. Mais peut-être n'est-ce là qu'un effet de la « langue de bois » : les artisans-patrons faisaient parfois grève pour refuser des conditions nouvelles qui leur étaient imposées pour la vente de leurs produits.

En quoi la nouvelle religion menaçait-elle à Éphèse l'artisanat sacré ? L'accusation de Démétrios est claire : l'artisanat sacré vit du rayonnement du sanctuaire et serait la victime naturelle d'une désaffection générale envers les fêtes, puisque les chrétiens s'abstiennent du culte des « idoles ». Ce point de vue correspond bien à l'économie de l'Asie Mineure, où les grands sanctuaires jouaient le rôle de marché régional et témoignaient parfois d'un rayonnement assez étendu. Pline s'en fait l'écho lorsqu'il impute aux chrétiens la désertion massive des boucheries, des lieux d'abattage sacrés : « On ne trouve plus que de très rares acheteurs[1]. » Mais l'archéologie ne confirme pas en termes statistiques la disparition des banquets sacrés.

En réalité, on interprétait l'absence remarquée des chrétiens aux grandes fêtes civiques ou corporatives comme une désolidarisation familiale ou professionnelle. D'ailleurs, les Églises chrétiennes eurent très vite leur propre système d'entraide, ce qui leur permettait de ne plus dépendre des corporations ni de leurs mutuelles. Dans le milieu romain, structuré par les cultes familiaux, l'absence des convertis aux banquets de naissance, d'anniversaire ou de funérailles, pouvait passer pour de l'intolérance. Les gens de l'agora reprirent des thèmes récurrents dans l'opinion publique depuis l'époque de Socrate, en accusant ces abstentionnistes de « corrompre la jeunesse » et en dénonçant leur « athéisme »[2].

La foule s'échauffait très vite, surtout en ces temps de catastrophes – épidémies, séismes, famines – que connut alors l'Asie. Et le théâtre fournissait un cadre naturel aux émotions populaires, pour de grands rassemblements et des mises en scène exemplaires ; à Éphèse dans ces années-là, lors d'une épidémie, on lapida un mendiant au théâtre, comme bouc émissaire[3], car on l'avait reconnu comme un démon ! En ces occasions, les pouvoirs publics restaient en retrait et rappelaient fermement les points de droit : à Éphèse encore, lors de l'émeute des orfèvres contre Paul, les magistrats firent observer qu'il n'y avait eu aucun flagrant délit religieux, ni sacrilège ni blasphème justifiant une arrestation

---

1. Pline, *Lettres*, X, 96, 7.
2. *Actes de Polycarpe*, 3, 2 ; 9, 2, et 12, 2.
3. *V. Ap.*, IV, 10.

immédiate ; sur le problème de fond, qu'ils ne voulaient pas connaître, ils renvoyaient Démétrios et ses amis au gouverneur romain. En fait le statut d'autonomie de la cité n'était guère plus qu'un titre honorifique (Ac 19, 37-40). La situation des chrétiens dans les cités d'Asie fut donc juridiquement définie par le droit romain.

Le Balaam de Pergame et le problème de l'intégration sociale

Les lettres qui ouvrent l'Apocalypse de Jean et qui furent adressées à sept Églises d'Asie évoquent d'autres difficultés locales. L'identité des adversaires, intérieurs ou extérieurs à la communauté locale, y est masquée par une appellation cryptée. Ainsi, la lettre aux chrétiens de Pergame dénonce une faction interne à l'Église, attachée à la doctrine de « ce Balaam ».

Le message est clair, car Balaam était une figure populaire mais très contestée de l'Ancien Testament : la tradition la plus ancienne y voyait un grand prophète dont les oracles avaient été gardés et cautionnés par Moïse (Nb 22-25), mais, pour la tradition plus récente, c'était un magicien d'origine étrangère, qui avait engagé les Hébreux dans la pratique des mariages mixtes et de la consommation des viandes sacrificielles, bref de l'impureté (Nb 31, 8). Il était aussi devenu, pour les pharisiens, l'archétype du faux prophète corrupteur, celui qui faisait abandonner la « différence juive » et la nourriture spécifique, celui qui incitait à boire dans les banquets avec les autres, celui qui faisait adopter les dieux du pays où l'on vivait[1]. À travers Balaam est dénoncée toute entreprise de démoralisation et de déculturation, qui serait le prix à payer pour s'intégrer dans la Diaspora. Son évocation pose la question des tabous alimentaires et de la place des Juifs dans le milieu où ils vivent. À la même époque, Josèphe développe, plus précisément que l'auteur de l'Apocalypse, quels en sont les enjeux : les rites publics, la nourriture, le banquet (*symposion*) comme manifestation sociale.

La participation au banquet est une cause de dissensions au sein des Églises locales, et pas seulement dans celle de Pergame. À la

---

1. *AJ*, IV, 6, 8 (137-138).

même époque, dans les cercles apocalyptiques où a circulé l'épître de Jude (11-12), Balaam incarne également l'erreur, la vénalité et la compromission sociale, qui remet en cause les agapes chrétiennes ; l'auteur de l'épître se dresse contre ces faux docteurs qui interprètent la Loi en fonction de leur propre instinct et introduisent la scission dans l'Église. Une génération plus tard, vers 125, Balaam resurgit dans une communauté de la Diaspora hellénisée, qui est peut-être Alexandrie (2 P 2, 15). On vise encore à travers lui de faux prophètes et les excès des banquets ; l'accusation de vénalité se fait de plus en plus pressante (2 P 2, 15).

Une ou deux générations après la prédication de Paul, les tendances légalistes et surtout apocalyptiques du christianisme juif récusaient toujours le compromis social que l'apôtre avait prôné depuis l'incident d'Antioche et la réunion apostolique de Jérusalem. On achoppait aussi sur la place à donner aux femmes.

La Jézabel de Thyatire (Ap 2, 20) : *controverse sur la place des femmes dans l'Église*

L'image de Jézabel est sans ambiguïté. La Jézabel de l'Ancien Testament, profitant de son statut royal, avait introduit des prophètes de Baal parmi les Hébreux et les avait accueillis à sa table en consommant avec eux des viandes sacrifiées à cette divinité (1 R 18, 19 et 19, 1-2) ; elle portait donc dans l'Ancien Testament la responsabilité de l'apostasie du roi Achab. À travers la Jézabel de Thyatire sont également visées des pratiques qui mènent à l'apostasie, en particulier les grands banquets grecs : les « lits » où s'étalent cette Jézabel et ses compagnons évoquent plus vraisemblablement les banquets couchés des Grecs que des scènes de débauche collective ; le judaïsme déconseillait la compagnie de femmes mariées aux banquets (Si 9, 9). Le problème des viandes sacrifiées est d'ailleurs posé (Ap 2, 20 et 22). Ces banquets, surtout consacrés à boire, étaient depuis leur origine des clubs d'hommes, mais ils s'ouvrirent progressivement aux femmes sous l'Empire romain, puisque Clément d'Alexandrie considère leur présence comme allant de soi, même pour des chrétiennes, et se limite à des conseils de bonne tenue[1].

Cette Jézabel est manifestement une femme d'influence qu'on a été jusqu'à vouloir identifier avec l'épouse du chef de l'Église locale. L'évocation de sa *familia* d'esclaves et des banquets fait plutôt penser à une femme d'affaires, qui offre des banquets à des corporations. Thyatire, où l'industrie de la pourpre et celle du textile étaient florissantes, en fournit un exemple contemporain en la personne d'une convertie de Paul, Lydie (Ac 16, 14-15) ; émigrée en Macédoine où elle dirigeait une entreprise d'esclaves, elle prodiguait largement son hospitalité. Elle fait aussi penser à Phoibé qui, dans le port de Cenchrées, fut l'hôte et le représentant légal de Paul (Rm 16, 1-2). Dans les villes commerçantes, les documents d'époque attestent la place prise par certaines femmes, qui recevaient les particuliers aussi bien que les envoyés officiels et qui servaient d'intermédiaires auprès des pouvoirs publics[2].

Les femmes pouvaient s'imposer dans le monde des affaires, mais leur place ne cessa de diminuer dans l'Église au fil des générations et d'être contestée hors du milieu paulinien. La Jézabel de Thyatire est dénoncée comme une fausse prophétesse. Or des femmes prophètes étaient apparues au début de l'histoire chrétienne, comme Élisabeth et Anne dans l'Évangile de Luc (1, 41-45 et 2, 36-38) ; Paul parle des femmes qui prient et prophétisent dans les assemblées de Corinthe (1 Co 11, 5). Une génération plus tard, même dans les Églises pauliniennes, le point de vue a changé, puisque les femmes ne sont plus autorisées à parler en public ni à enseigner, ni, encore, à prendre de l'autorité sur un homme (1 Tm 2, 12). Le prophétisme féminin semble donc avoir été un sujet de discorde entre les pauliniens et d'autres en Asie, à la fin du Ier siècle. Tertullien rend compte de ce débat au début du IIIe siècle : certains cercles féminins revendiquaient leur droit à baptiser et à prêcher[3] ; elles se référaient précisément à l'exemple de Thècle, figure emblématique du christianisme paulinien en Asie, où sa légende fut mise en forme au IIe siècle dans des cercles qui faisaient preuve de féminisme.

---

3. *Pédagogue*, II, 20, 3 ; 33, 1-33, 4 ; 54, 1.
1. Voir chapitre 9.
2. *De baptismo*, 17, 5.

Les femmes passaient pour être particulièrement sensibles aux mauvais maîtres (2 Tm 3, 6-7) et leur rôle ministériel semble avoir diminué : alors qu'à l'époque de Paul, Phoibé de Corinthe exerçait le diaconat à part entière (Rm 16, 1), dans les Églises de Timothée, on ne saurait déterminer si les femmes incluses dans la rubrique « diacres » (1 Tm 3, 8-13) sont des diaconesses ou, simplement, les épouses des diacres. Quant à la catégorie des veuves (1 Tm 5, 9-13), on n'y inscrira que celles âgées de soixante ans et plus, pourvues d'enfants et bien engagées dans les œuvres caritatives, à l'exclusion des jeunes femmes (1 Tm 5, 11-13). Beaucoup plus radical que son maître dans le rejet de la femme, l'auteur paulinien de la première lettre à Timothée s'inscrit dans la tradition des rabbis qui refusaient, eux aussi, qu'un homme puisse dépendre d'une femme[1]. Même si de riches Juives pouvaient mener une vie sociale active, leur rôle était extrêmement réduit au sein des synagogues. L'auteur de l'Apocalypse perpétue cette tradition, tandis que Paul, à Corinthe, qui prit une femme pour le représenter légalement, étonne par sa modernité.

Les nicolaïtes d'Éphèse et de Pergame

Le Balaam de Pergame et la Jézabel de Thyatire posaient un problème individuel. Les nicolaïtes, au contraire, constituent un courant. Représenté à Éphèse et à Pergame, il se caractérise à la fois par une pratique et par une pensée (Ap 2, 6 et 15). À Pergame, ils sont dans l'Église, mais à Éphèse, ils en ont été rejetés, ce qui nous incite à y voir des hérétiques et pose, de façon plus générale, le problème de l'hérésie dès la fin du Ier siècle.

Le nom collectif de nicolaïtes ne renvoie pas à un personnage biblique caractérisé. Il peut avoir une étymologie sémitique et indiquer des « adorateurs de la Lune » (*Nikkal*) ou, plus généralement, des « trompeurs » (de la racine *nkl*, « tromper ») ; il s'agirait alors d'une désignation forgée par des chrétiens encore araméenophones pour vilipender un courant hellénisé. Mais il est difficile d'imaginer une tendance syncrétiste qui vénérerait à la

---

1. Voir déjà Philon, *Sp. leg.*, III, 169-171, sur l'exclusion des femmes juives des lieux publiques.

fois la Lune sémitique (*Nikkal*), l'Artémis grecque d'Éphèse et le Christ, car elle supposerait un enchaînement d'assimilations divines assez difficile à concevoir d'autant que, localement, l'Artémis à la lune n'est pas le type canonique. En fait, si les nicolaïtes sont les « trompeurs », leur tromperie résiderait dans le programme d'intégration sociale qu'ils ont mis en œuvre à Éphèse et à Pergame.

À Pergame, l'Apocalypse établit en effet un rapport étroit, terme à terme, entre « ceux qui tiennent de la doctrine de Balaam » et « ceux qui tiennent ainsi semblablement de la doctrine des nicolaïtes » (Ap 2, 14 et 15) ; « ainsi » introduit la comparaison et « semblablement » la renforce. Le problème central des communautés, à la fin du Ier siècle, serait donc bien celui de la participation aux fêtes publiques et privées ; d'ailleurs, la seconde lettre attribuée à Pierre considéra la pratique des banquets comme la pire des tromperies : « Ceux qui ont une nature de bêtes trouvent leurs délices à vous tromper en vous régalant ; [...] laissant le droit chemin, ils se sont égarés pour suivre celui de Balaam » (2 P 2, 12-15 ; voir aussi Jude 12). Selon l'Apocalypse, les Églises d'Éphèse et de Pergame seraient donc déchirées entre des Grecs, partisans de l'immersion dans la société ambiante, et des Juifs attachés, dans leur parler même, à la culture sémitique. Cette division avait, bien sûr, des implications dans la vie quotidienne, mais c'était aussi une question de doctrine.

Les normes de l'intégration sociale avaient été établies lors de la réunion apostolique de Jérusalem. S'alignant sur les positions de l'Église de Jérusalem (Ac 15, 28-29), les Églises pauliniennes d'Asie n'imposaient pas la circoncision, mais maintenaient néanmoins l'interdiction des viandes non casher et des viandes sacrificielles. Mis en minorité à Jérusalem et plus tard à Antioche, Paul développa, en effet, dans les cités de Grèce et d'Asie un point de vue pragmatique, qui semble avoir évolué, d'après le dossier de sa correspondance avec Corinthe. Il défend parfois une position claire et cohérente quand il interdit la participation aux sacrifices, mais il admet l'achat, au marché, de viandes sacrificielles et leur consommation en privé (1 Co 10, 18-21, 25 et 27) ; ce qu'il condamne, c'est le comportement public et la présence dans un sanctuaire, parce qu'ils sont significatifs d'une adhésion religieuse. Ailleurs, Paul est moins net, quand il envisage un repas dans un « lieu d'idoles », sans doute pour une occasion familiale ou corporative (1 Co 8, 10). Paul dissocia – ce que ne faisaient pas les Grecs – la cuisine et le sacrifice (Rm 14, 14-20) : les Grecs utilisaient les mêmes mots pour le sacrifice et la boucherie, signe que, pour eux, les deux domaines se confondaient ; l'abattage se faisait dans les sanctuaires si bien que toute chair à manger était d'abord l'objet d'un rite. Pour Paul, cette interprétation était la caractéristique d'un esprit faible.

Plus tard, les Églises pauliniennes d'Asie semblent avoir radicalisé leur position. En affirmant qu'un bon chrétien ne se jugeait pas « sur le manger et le boire », elles s'en prirent à ceux qui interdisaient de toucher, de goûter et de prendre part aux repas de tous (Col 2, 16-22). Elles attaquèrent les « trompeurs » qui conseillaient l'abstinence aussi bien que le célibat (1 Tm 4, 1-5). C'est peut-être dans ce contexte polémique que les nicolaïtes de Pergame et d'Éphèse sont stigmatisés. Tout indique un affrontement entre un christianisme replié sur son identité sémitique et un christianisme paulinien de plus en plus immergé dans la cité.

Nicolaïtes, psychiques, gnostiques : les débuts de l'hérésie

L'identification précise des nicolaïtes et l'évaluation de leur rôle dans l'histoire des Églises d'Asie sont encore compliquées par l'écran que constitue la littérature chrétienne du IIe et du IIIe siècle. Celle-ci désigne sous le même nom de nicolaïtes une hérésie ancienne, qui semble avoir disparu déjà à l'époque de Tertullien. Ces nicolaïtes participaient à des sacrifices, en consommaient les viandes et cédaient à la magie ; ils se caractérisaient par leur « indifférence en matière de vie et de nourriture[1] ».

Une telle indifférence aux clivages réels de la société se rattache à la tendance gnostique du christianisme, cette première tentative de théologie chrétienne, dont il est d'ailleurs difficile de dater l'apparition ; les gnostiques, en considérant le salut comme une affaire de connaissance plutôt que de foi ou de pratique,

---

1. Irénée, *Contre les hérétiques*, 1, 24, 5, et 26, 3. *Elenchos*, 7, 36.

expriment à la fois un refus du corps, où ils voient un obstacle à la connaissance, et un refus du monde, qu'ils considèrent comme intrinsèquement mauvais. De ces refus découlent deux comportements absolument contradictoires : ou bien les gnostiques manifestent un grand laxisme en estimant que tout est possible puisque rien n'a d'importance ; ou bien ils se réfugient dans l'ascèse et dans la continence.

Les histoires qu'on a brodées autour de Nicolas d'Antioche, fondateur supposé des nicolaïtes, révèlent cette ambiguïté. Irénée, le premier, avait rattaché le courant nicolaïte à ce diacre grec, produit d'une double conversion, d'abord au judaïsme comme prosélyte, puis au christianisme dans l'entourage d'Étienne (Ac 6, 5). Plus tard, aux IIe et IIIe siècles, l'emblème des nicolaïtes apparut comme un exemple d'ascèse poussée à l'extrême, et entraîné par là même, par mortification, à mettre sa femme en commun et à établir des pratiques sexuelles aberrantes[1]. Toutes les histoires tardives sur Nicolas d'Antioche tournent autour du problème sexuel, alors que l'évocation de l'hérésie, dans l'Apocalypse, est surtout liée au problème de l'intégration sociale. Le personnage de Nicolas évoqué dans les Actes des Apôtres suggérait plutôt le problème de l'intégration : celle d'un Grec, deux fois converti, passé par le judaïsme et circoncis. Le point de vue des chrétiens sur les nicolaïtes semble donc avoir évolué au cours du IIe siècle, ce qui n'aide guère à les rattacher à un courant doctrinal précis.

Les nicolaïtes étaient-ils des gnostiques ? Ce qui pourrait soutenir cette hypothèse, c'est qu'ils aient été la cible de chrétiens juifs, à travers une désignation vraisemblablement codée en araméen – avant qu'on ait réinventé le patronage fictif de Nicolas d'Antioche. Or tous les courants gnostiques ont eu une attitude antijuive. Leur doctrine, marquée par la philosophie grecque et le dualisme iranien, aboutit à supprimer le dieu créateur d'un monde mauvais, une alliance et une incarnation divines qui s'inscrivent dans l'histoire de ce monde. Par là même, elle ne reconnaît pas non plus la succession apostolique qui fonde l'Église. Il est probable qu'aux origines de la gnose et de ce rejet, il y a eu la

---

1. Clément d'Alexandrie, *Stromates*, 2, 20, et 3, 4-5 ; Épiphane de Salamine, *Panarion*, 25.

déception messianique de certains Juifs après les événements de 70.

Les persécutions peuvent avoir manifesté au grand jour des divergences jusque-là latentes. À Pergame, le prophète de l'Apocalypse oppose le martyre d'Antipas à la conduite des nicolaïtes, mais aussi à celle des tenants de Balaam (Ap 2, 13) ; or, plus tard, lors d'autres persécutions, les gnostiques se séparèrent des autres chrétiens en ne refusant pas de participer physiquement et publiquement à des rites officiels puisqu'ils ne signifiaient rien pour eux[1]. On rejoint là, sous sa forme extrême, le problème des « idolothytes ».

Des tendances gnostiques existaient dans le milieu johannique, où il fallut rétablir la notion de péché et même introduire celle de péché mortel pour résister à des prédications trompeuses (1 Jn 1, 8-10 ; 3, 4-7 ; 5, 16-17). Mais elles n'épargnèrent pas non plus les Églises pauliniennes : celle de Colosses vécut une véritable crise d'ascétisme à tendance dualiste et philosophique (Col 2, 8, 16 et 17-23). Ces premiers hérétiques, le Nouveau Testament les appelle assez communément des « psychiques » (1 Co 2, 14, et Jude 10 et 19) : contrairement aux « inspirés » (« pneumatiques »), qui accueillent l'Esprit de Dieu, ils suivent leur nature, leur impulsion profonde et vivent comme des animaux (voir aussi 2 P 2, 12). On retrouve chez eux, semble-t-il, une certaine tendance à la gnose qui relèverait de l'expérience psychologique, l'homme trouvant Dieu dans la projection de lui-même. Cette désignation de « psychique » repose sur l'anthropologie juive qui reconnaissait trois éléments en l'homme – le corps, la psyché et l'esprit –, récusant d'avance le dualisme philosophique des Grecs.

Les difficultés vécues par les Églises d'Asie et suggérées par les épîtres apostoliques ou par l'Apocalypse ne se réduisent donc pas à des schémas simples opposant pauliniens et johanniques, hellénistes et judéo-chrétiens, ou encore intellectuels gnostiques et christianisme populaire. La polémique de l'Apocalypse n'avait sans doute pas une visée unitaire. Il semble toutefois que le problème immédiat de l'intégration sociale ait été le révélateur de dissensions à la fois personnelles et doctrinales.

---

1. Justin, *Dialogue avec Tryphon*, 35, 1.

Les imposteurs

Outre ces catégories d'adversaires spécifiques, les apôtres ont régulièrement dénoncé des imposteurs. Paul s'en prend aux « faux frères » (2 Co 11, 26 ; Ga 2, 4), « faux apôtres » (2 Co 11, 13) et « faux témoins » (1 Co 15, 15) ; l'Apocalypse vise les « faux Juifs » (Ap 2, 9 et 3, 9) ; les Pastorales et, plus tard encore, la deuxième lettre attribuée à Pierre dénoncent les « faux maîtres » et « faux docteurs » (1 Tm 3, 7 ; 2 Tm 3, 6-7 et 4, 3 ; 2 P 2, 1). Plus systématiquement encore, toute la littérature du Nouveau Testament attaque et récuse les « faux prophètes ». Il a donc été très difficile aux prédicateurs de marquer leur différence vis-à-vis du judaïsme dont ils étaient issus et vis-à-vis de mouvements apocalyptiques ou charismatiques qui sont un trait d'époque.

En effet, le thème de l'imposture est présent chez certains intellectuels grecs qui se veulent fidèles à la tradition classique en dénonçant également pseudo-philosophes, pseudo-devins et pseudo-prophètes, mais aussi chez l'historien juif Josèphe, contemporain des deux premières générations chrétiennes, celle de Paul et celle de l'Apocalypse. Josèphe témoigne de l'atmosphère enfiévrée qui régnait à Jérusalem, des fortes tensions nées de l'omniprésence et de l'action néfaste de magiciens-imposteurs, de faux inspirés qui entraînaient la population à la rébellion[1] ; chacun, dit Josèphe, cherchait des prodiges et des signes, si bien qu'un millénarisme apocalyptique semble être à l'origine de cette ébullition des esprits. Les évangiles vont dans le même sens, qui préviennent les chrétiens contre l'apparition de « faux Christs », faux prophètes et thaumaturges (Mt 24, 24 ; Mc 13, 21-22). Le millénarisme imprègne tout autant les communautés de la Diaspora que la population de Jérusalem. À Thessalonique, le bruit a couru du retour imminent du Christ, ce qui a créé dans l'Église locale une psychose de fin du monde ; l'origine semble en être de prétendues lettres de Paul (2 Th 2, 2-4). Le christianisme naissant doit donc avant tout se démarquer de certains courants mystiques, juifs ou grecs.

---

1. *AJ*, XX, 8, 6, 167.

Au-delà apparaissent aussi des divergences doctrinales. Les « faux témoins », dénoncés par Paul à Corinthe, ne croient pas en la résurrection de tous les morts, même s'ils sont convaincus de celle de Jésus (1 Co 15, 12-34) ; peut-être était-ce là un avatar de la tradition pharisienne qui réservait la résurrection aux justes. Plus généralement, c'est à la deuxième ou troisième génération des Églises pauliniennes, en Asie, que les oppositions théologiques et intellectuelles se sont creusées. À Éphèse, des « hétérodoxes » enseignèrent une autre doctrine que celle de Paul, sans doute dans la tradition ésotérique du judaïsme hellénistique, en spéculant sur les mythes et les généalogies (1 Tm 4, 7).

On a souvent parlé à leur propos de « gnose », sinon même de « gnostique », comme si certains identifiaient déjà la foi à la connaissance intellectuelle plutôt qu'à l'adhésion personnelle au Christ. Cependant, rien ne vient étayer l'apparition précoce de sectes véritablement gnostiques en Asie dès l'époque de l'Apocalypse. Les écrits johanniques posent à plusieurs reprises le problème de l'orthodoxie à propos des nicolaïtes ou de la Jézabel de Thyatire (Ap 2, 15 et 24), sans apporter aucune précision sur les points de divergence doctrinale ; cependant ces Églises se sont divisées sur l'incarnation divine (1 Jn 4, 2 ; 2 Jn 7-10), comme si s'amorçaient déjà les courants de pensée qui se concrétisèrent dans cette région, aux IIe et IIIe siècles, dans l'arianisme.

Les communautés pauliniennes d'Asie comme celles de Macédoine ont été agitées de débats sur la résurrection. Hyménaios et Philétos récusaient toute idée de résurrection corporelle et prêchaient que chaque croyant était déjà ressuscité spirituellement depuis son baptême (2 Tm 2, 17-18) ; sans doute prenaient-ils en compte les réticences des Grecs, surtout des intellectuels, dont témoignent aussi les Actes des Apôtres (17, 18). L'évangile de Paul n'était donc pas reçu partout dans sa totalité, ni sans réserves.

Derrière le masque de l'imposture : un conflit d'autorité

L'historien ne peut évidemment accepter l'appellation d'« imposteur » comme un jugement de valeur objectif. Ce mot est autant le révélateur d'un conflit d'autorité que d'une controverse doctrinale. Paul et le prophète visionnaire de l'Apocalypse se posent en effet, dans leur chasse à l'imposture, comme une autorité supérieure chacune dans son cercle.

Ce conflit d'autorité a été en général interprété comme le résultat des conditions historiques qui présidèrent au développement des Églises. Celles-ci se sont d'abord regroupées autour de personnalités locales qui, comme Aquilas, Gaius ou Philémon, les accueillaient dans leur demeure (Rm 16, 5 et 23 ; Phm 2) ; l'institution de surveillants et de serviteurs – les « évêques » et les « diacres » – qui correspond à une structuration locale fut peut-être amorcée dès la première génération (Ph 1, 1) et se renforça par la suite (Ac 20, 28 ; 1 Tm 3 ; Tite 1, 7). Mais les Églises étaient aussi visitées par des prédicateurs itinérants : apôtres, prophètes et maîtres ne cessent de se déplacer, même si les prophètes ne sortent pas de Palestine ; dans les Églises pauliniennes, ni l'apôtre ni le prophète ne sont vraiment intégrés à une communauté particulière ; ils représentent l'Église universelle, tenant leur autorité du Christ (1 Co 12, 28-29 ; Ep 4, 11-13). Évidemment, les points de vue différaient et ils pouvaient s'ensuivre des exclusions et des conflits. Quand des prédicateurs itinérants, des « frères étrangers », arrivèrent dans une Église d'Asie, ils ne furent pas reçus par son chef, Diotréphès ; celui-ci les contesta publiquement bien qu'ils aient eu la caution de Jean l'Ancien, qui dut écrire de nouveau au seul membre du groupe favorable à ses émissaires (3 Jn).

Ces conflits furent certainement fréquents dans les Églises pauliniennes et dans celles de l'Apocalypse, car Paul établit toujours les apôtres et les prophètes comme autorités suprêmes (1 Co 12, 28 ; Ep 4, 11). Il plaçait la fonction prophétique au-dessus de l'enseignement et du service communautaire (Rm 12, 6-8), c'est-à-dire qu'il privilégiait les ministres itinérants. De même, le visionnaire de l'Apocalypse ne parle que des prophètes (ou des faux prophètes) et leur réserve l'autorité ; il ne prend en compte aucune structure ecclésiale locale, alors que, d'après le témoignage des Pastorales, il en existait à cette date en Asie. Le milieu paulinien et le milieu johannique se faisaient donc une idée très forte de l'unité de l'Église, dont l'autorité était assumée par des charismatiques.

On a parfois réduit ce conflit à une différence sociologique, apôtres et prophètes apparaissant comme des marginaux dans des communautés bien installées. C'est en ce sens que les Grecs l'ont perçu. Lucien l'évoque à travers la figure de Pérégrinus : converti d'abord au christianisme, puis à la philosophie cynique, mais toujours prophète itinérant, il défendait les valeurs du sans domicile fixe, le rejet de la famille et l'abandon des biens ; il exerçait sur les chrétiens l'autorité de son ascendant et de ses charismes personnels[1]. Paul n'apparaît pas si différent qui justifiait son autorité d'apôtre et son authenticité, face aux « imposteurs », par ses charismes de visionnaire et de thaumaturge (1 Co 15, 3-11 ; 2 Co 12, 2-4), par les épreuves d'une vie itinérante (2 Co, 11, 23-33), par l'engagement au célibat (1 Co 9, 5) ; la gratuité surtout de la prédication est affirmée de plus en plus nettement (1 Co 9, 6-7 ; 2 Co 11, 7-9). À une époque où l'on discutait beaucoup de la rétribution des maîtres à penser, chez les Juifs comme chez les Grecs[2], Paul se démarque de plus en plus du modèle social dominant, en se présentant comme un « indigent » qui a « tout mis aux ordures » en s'engageant au Christ (Ph 3, 8 et 4, 11-12). L'évolution des Églises en alla différemment puisque, à l'époque où fut écrite l'Apocalypse, on se préoccupait déjà de limiter l'accueil des itinérants, de fixer les prophètes dans la communauté et de déterminer leur rétribution[3].

Tout ne se limite pas, d'ailleurs, à l'opposition entre ministères itinérants et offices d'Église. Paul met bien en évidence le caractère extrêmement personnel et circonstanciel de ces crises d'autorité. À Philippes, des prêcheurs rebelles et impurs ont profité du vide créé par l'incarcération de l'apôtre (Ph 1, 15-17). Contre de telles pratiques, Paul revendique les droits du fondateur et stigmatise comme « intrus » les « faux frères » qui épient sa liberté d'apôtre (Gal 2, 4). Une contre-mission s'était déjà manifestée à Antioche (Ac 15, 1-2), à l'instigation de Juifs chrétiens. Il y en a d'ailleurs d'autres exemples en milieu juif, les unes menées par des marchands et assez pragmatiques, les autres beaucoup plus intransigeantes, en particulier sur l'obligation de la circoncision[4]. La situation que Paul affronta chez les Galates n'était donc pas

---

1. Lucien, *Pérégrinus*, 11-12.
2. Philon, *De Jos.*, 125 ; Lucien, *Démonax*, 37, *Alexandre*, 23.
3. *Didachè*, 11 et 13, 1.
4. *AJ*, XX, 2, 4 (38-39).

inhabituelle ; c'était la conséquence naturelle d'une prédication à caractère itinérant.

L'autorité dans les Églises s'établit aussi sur le principe d'ancienneté. À ce titre, elle est détenue collégialement dans chaque communauté par des anciens (les « prêtres »), qui sont des charismatiques, prophètes et guérisseurs[1]. Ils n'ont pas été choisis par leurs frères, mais établis directement par l'apôtre ou ses envoyés (Tite 1, 5). Ils participent des charismes et de l'autorité de l'apôtre, à parité avec lui, qui se considère un « ancien comme eux » (1 P 5, 1). Relayant la tradition apostolique à la deuxième génération, l'ancienneté donne le pouvoir d'authentifier les prédicateurs et de dénoncer les imposteurs. En témoignent les deux lettres d'Ancien, mises sous le nom de Jean (2 et 3 Jn).

Démasquer les faux prophètes

Pour les premières générations des Églises, l'autorité a surtout un fondement charismatique. On comprend donc que les auteurs du Nouveau Testament se soient efforcés de marquer la différence chrétienne vis-à-vis du prophétisme et de la magie. Ce problème s'est posé partout, dans toutes les communautés, en Palestine, en Asie, à Rome. Le thème est récurrent dans les épîtres pauliniennes comme dans les évangiles synoptiques, dans les Actes des Apôtres comme dans l'Apocalypse, et, plus tard, dans la *Didachè des Apôtres* (un traité doctrinal) comme dans le *Pasteur d'Hermas* (un écrit apocalyptique).

Le prophétisme était un fait de société, et ses implications dépassaient de loin les révoltes juives que dénonce Josèphe. Dans le monde juif, il soutenait les mouvements nationalistes ; dans le monde romain, il avait nourri les révoltes serviles jusqu'à celle de Spartacus ; dans le monde grec, il renouvelait un courant philosophique moins rationaliste et plus inspiré qui se rattachait aux grands présocratiques, Pythagore ou Empédocle. Un contemporain de Paul, Apollonios de Tyane, dont la biographie fut mise en forme au IIIe siècle, interprète les prodiges, prédit les événements et, surtout, fait preuve d'une clairvoyance extraordinaire. Au tour-

---

1. Jc 5, 14 ; 1 Tm 4, 14, et 5, 17 ; voir aussi Ac 20, 17, et 22, 5.

nant du Ier et du II^{er} siècle, les oracles grecs continuent à jouer un grand rôle, quoi qu'en ait dit Plutarque, comme en témoigne le succès croissant, sous l'Empire, de celui de Claros, près d'Éphèse.

Pour marquer la différence chrétienne, Paul, le premier, se préoccupa de définir l'authentique prophète chrétien, l'inspiré de l'Esprit-Saint (1 Th 5, 19-22 ; 1 Co 12, 10 ; 14, 1-40). Dans la tradition de Jérémie, « prophète de malheur » qu'il cite expressément (1 Th 2, 4), le prophète chrétien est capable de parler à contre-courant de l'opinion générale et il est donc authentifié par son impopularité et ses épreuves. Comme on l'a déjà relevé, Paul a dégagé de façon très moderne le prophétisme de tout ésotérisme et mis le prophète au service de la communauté comme interprète et consolateur, ce qui donne à cette dernière un droit de regard sur les manifestations charismatiques dont elle est le cadre. Paul réhabilite le prophétisme qu'il considère comme un charisme largement répandu, même chez les femmes, encore que souvent occasionnel. Surtout, il est le premier à distinguer le don de prophétie du don de discernement ; celui-ci est exercé en comité restreint par d'autres inspirés, reconnus, de la communauté. Pour contenir tout risque de déviation et d'expressionnisme individuel, Paul recommande d'évaluer la cohérence des propos du prophète et leur conformité aux normes, c'est-à-dire à son évangile (Ga 1, 8-9 ; 2 Th 2, 1-3). Celui qui prophétise n'est pas un provocateur, ni un contestataire ; il reconnaît de façon privilégiée l'autorité particulière de l'apôtre, dont il divulgue, sous une autre forme, le message (1 Co 14, 37-38).

Rapidement le problème se déplace. Dans les milieux pauliniens, il s'agit moins d'évaluer les charismes prophétiques que de démasquer les faux prophètes, les imposteurs, selon des critères qui sont tous négatifs. Ce sont ceux qui « transgressent la Loi », loups travestis en moutons (Mt 7, 15-23, et 24, 11), ceux qui jettent le trouble dans les familles en manipulant les esprits simples (2 Tm 3, 6-7 ; 4, 1-4), ceux qui sont mus seulement par l'appât du gain (*Didachè*, 11-12). Désormais les inspirés sont jugés non pas d'après la qualité de leur charisme (on reconnaît d'ailleurs que l'imposture est difficile à déceler) mais, ce qui est plus simple, d'après leur comportement. Le faux prophète est donc caractérisé comme un marginal, à la façon dont Platon, bien longtemps auparavant, désignait les orphiques et les mages : des gyrovagues qui n'étaient solidaires d'aucune communauté, des factieux qui n'agissaient jamais en public, des êtres vénaux qui privilégiaient leur intérêt aux dépens du bien commun.

Il se peut que les pauliniens aient ainsi visé les prédicateurs itinérants, jugés comme des éléments perturbateurs dans le cadre des premières communautés chrétiennes. Il est probable aussi que la controverse recoupe parfois des clivages entre pauliniens et Juifs : les faux prophètes de l'Évangile de Matthieu, qui n'appliquent pas ou plus la Torah, peuvent être des chrétiens hellénisés ; inversement, les Pastorales s'en prennent à des prophètes juifs, qui utilisent les « fables juives » (1 Tm 1-3, et Tite 1, 10), et, à Éphèse, est clairement visée une inspiration ésotérique, dans la tradition du judaïsme hellénistique (1 Tm 3, 7). Dans l'Église paulinienne d'Éphèse, la polémique prend en outre un aspect doctrinal : les faux prophètes sont considérés comme des « hétérodoxes » (1 Tm 3, 7), qui mettent l'inspiration au service d'une doctrine dévoyée, alors que, selon les critères mêmes de l'apôtre, elle ne peut et ne doit que servir son évangile. Dans les épîtres johanniques, qui voient des faux prophètes partout, Jean l'Ancien préconise un examen du charisme, comme Paul avant lui, mais, cette fois, en termes de théologie et non plus d'expression ou de comportement : le test de la véritable inspiration, c'est de confesser l'incarnation divine (1 Jn 1, 1-3 ; 2 Jn 7, 10).

Pour le premier christianisme, il s'agit aussi, incontestablement, de marquer sa différence avec la divination grecque. Dans le *Pasteur d'Hermas*[1], écrit contemporain de l'Apocalypse, le faux prophète est un « devin » au sens grec du terme, un *mantis* ; il fonctionne comme un oracle, en se contentant de répondre aux questions qui lui sont posées, dans le sens espéré par ses interlocuteurs. La rupture avec la tradition juive est patente, puisque les prophètes de l'Ancien Testament s'exprimaient fréquemment à l'occasion d'interrogations, individuelles ou collectives. Mais au contact du monde gréco-romain, le procédé a pu apparaître ambigu et suspect de magie dans la mesure où il représentait une contrainte de l'homme sur la divinité.

---

1. *Hermas*, 11, 2.

Composé en Italie, au tournant des Iᵉʳ et IIᵉ siècle, le *Pasteur d'Hermas* prend le même point de vue sur le prophétisme que la *Didachè* élaborée en Orient. Ses critères sont ceux du comportement, du lieu d'exercice et de la rétribution. Le prophète authentique évite toute ostentation et conforme ses actes à sa parole ; il n'exerce ses charismes que dans la communauté, sans participer à des réunions privées dévoyées ; il ne demande pas d'argent et ne vit pas plus de trois jours aux frais de la communauté ; il ne prend même pas part aux agapes qu'il ordonne. Il assume une fonction communautaire, ce qui implique qu'il réside sur place.

Le regard que portent les Grecs sur le faux prophète chrétien est concordant : il est entouré de vieilles femmes, de veuves et de jeunes orphelins ; il est gavé de nourritures et s'enrichit rapidement ; il domine le groupe par son ascendant personnel[1]. Mais le prophétisme chrétien est toujours perçu, aussi, comme la source d'un conflit d'autorité provoqué par les itinérants : le philosophe ambulant Pérégrinus, dans sa période chrétienne, est un docteur qui s'est formé en Palestine ; à son retour en Asie, il est reconnu comme « leur prophète » par des communautés où il confisque tous les ministères, fixe la doctrine et préside les assemblées[2].

À partir de la fin du Iᵉʳ siècle, le prophétisme disparut progressivement de la vie ecclésiale et l'inspiration devint le monopole des évêques tels que Clément de Rome, Ignace d'Antioche et Polycarpe de Smyrne. Il ne réapparut en Asie que dans des hérésies millénaristes, comme celle de Montan, ce qui contribua à faire considérer toujours davantage l'inspiration comme une déviation dangereuse.

Les magiciens, ou le comble de l'imposture

Autant que l'inspiration, la magie maintint le premier christianisme dans l'ambiguïté et le confusionnisme, alimentés par le goût général de l'époque. La magie – quoi qu'on ait mis sous ce terme – est partout présente dans le milieu grec. On la voit à travers la biographie idéalisée d'Apollonios de Tyane, un thau-

---

1. Lucien, *Pérégrinus*, 12 et 13.
2. *Pérégrinus*, 11.

maturge d'Asie du Ier siècle, comme à travers les pamphlets de Lucien au IIe siècle, visant les exorcismes, les charmes ou la nécromancie... Positivement, ces êtres exceptionnels sont perçus comme des « mages », négativement comme des « charlatans » (*goes*). Il y a aussi une magie juive, souvent liée au millénarisme et à l'apocalyptique[1] ; en fait, le judaïsme d'alors se préoccupe de distinguer les manipulations dépréciées des Romains d'une magie bienfaisante qu'aurait inaugurée Salomon[2].

Les intellectuels ont voulu cantonner les pratiques magiques dans les plus basses couches de la société. Mais, à Éphèse, les bonnes familles n'hésitaient pas à convoquer des magiciens en même temps que des médecins au chevet de leurs enfants malades[3]. Le confusionnisme religieux ressort bien d'une tablette magique, trouvée au cœur du monde grec, dans l'île d'Amorgos : pour obtenir la guérison d'une tumeur maligne, elle combine des procédés classiques de la magie juive, tels que l'invocation des anges et du Nom divin, avec une référence chrétienne incontestable à « celui qui est descendu au royaume d'En-Bas et ressuscité le troisième jour d'entre les morts[4] ». Phylactère juif ou chrétien ? Foi chrétienne ou nécromancie ?

On comprend donc que les Actes des Apôtres aient voulu, avant tout, démarquer la prédication chrétienne de la magie juive. Le problème s'est posé très tôt dans les communautés chrétiennes, bien que les épîtres de Paul ne l'abordent jamais directement. Seule l'épître de Jacques (5, 16-18) décrit un rituel de guérison, mais les évangiles rappellent à maintes reprises l'accusation de magie et d'imposture portée contre Jésus (Mt 27, 63 ; Jn 7, 12, 47). Les premières communautés élaborèrent, une fois encore, des critères d'authentification : les « miracles » de Jésus sont annoncés dans l'Ancien Testament ; il s'agit de guérisons durables et obtenues sans aucune manipulation ; il n'en a été tiré aucun profit matériel.

À la fin du Ier siècle, l'auteur de l'Apocalypse comme celui du *Pasteur d'Hermas* semblent être assez familiers avec le milieu, le

---

1. *AJ*, XX, 8, 6 (167) ; *GJ*, II, 259.
2. *AJ*, VIII, 2, 5 (20).
3. Xénophon d'Éphèse, 1, 7.
4. *BCH*, 25, 1901, 120-131.

langage, les images de la divination magique. Le nom de Dieu est invoqué contre les forces mauvaises (Ap 7, 2, 3 ; 9, 4 ; 14, 1 ; 22, 4) ; un ange enchaîne Satan (Ap 20, 1-2), comme dans les papyrus magiques par un charme de ligature ; la « pierre inscrite du nouveau nom » (Ap 2, 17) suggère une amulette ; la créature « aux mille yeux » (Ap 4, 6 et 8) évoque des images de papyrus magiques ou d'amulettes... Peut-être ne s'agit-il là que d'un « habillage » de la pensée de l'auteur, mais ce langage n'en reste pas moins révélateur de la sensibilité religieuse dans les milieux qui ont reçu le livre.

Le confusionnisme des pratiques

Les procédures de guérison et d'exorcisme retenues dans le Nouveau Testament dérivent toutes du judaïsme, ce qui explique le confusionnisme.

Jésus et les apôtres procèdent le plus souvent par l'imposition des mains ou par le toucher : un geste inattendu en Grèce, où la force du sacré ne passait pas par le corps d'un thaumaturge, mais plutôt par la médiation d'un lieu ou d'un objet, statue ou autel. C'est seulement dans leurs rêves mystiques, pendant l'incubation, que les malades voient le dieu toucher leur plaie ou leur difformité, ou bien encore le serpent d'Asclépios lécher leur mal. Au contraire, dans le judaïsme hellénistique, l'imposition des mains apparaît comme un geste d'exorcisme.

Encore plus étonnantes sont les pratiques chrétiennes enregistrées à Éphèse, où les chrétiens recueillent des linges qui ont été en contact avec Paul soit qu'il les ait portés, soit qu'il les ait fabriqués puisqu'il était tisserand (Ac 13, 12). Comme les termes sont directement transcrits du latin (*sudarium, semicinctum*), il doit s'agir d'une pratique des Romains. L'habitude de se faire des phylactères avec des reliques variées est attestée en milieu juif[1] ; elle semble s'être diffusée dans les cités d'Asie et y avoir perduré jusqu'à l'époque du concile de Laodicée, au IVe siècle. La tablette de magie d'Amorgos, déjà citée, était destinée à être portée en

---

1. Jérôme, *Comm. Matt.*, 33, 6.

phylactère contre la maladie. Des débris de l'Arche de Noé étaient aussi utilisés comme amulettes[1].

Dans les Actes des Apôtres, le livre magique joue également un rôle important car les convertis d'Éphèse procèdent à un autodafé (Ac 19, 19). Rien, dans le contexte de la province, n'incite à envisager une opération policière contre les livres séditieux, comme en pratiquèrent à l'occasion le Sénat ou les empereurs romains[2]. On songe plutôt à un autodafé volontaire, destiné à donner publiquement un signe de conversion et de désaveu de la magie.

L'invocation de Jésus était sujette à caution. C'était pour les apôtres, on l'a vu, la manière d'authentifier le miracle chrétien. Mais des Juifs revendiquèrent également le droit d'utiliser le nom de Jésus dans des pratiques magiques : ils sont mis en scène dans les Actes des Apôtres sous les traits de Simon en Samarie (8, 9-24), de la ventriloque à Philippes (16, 16-18), des sept fils de Scaeva à Éphèse (19, 13) ; tous veulent tirer parti et argent du nom de Jésus.

Cette polémique révèle une des formes les plus extrêmes de la magie dans le monde antique, l'invocation ou même l'évocation des morts à des fins de divination, d'initiation ou de guérison, en particulier ceux qui avaient péri de mort violente (les *biothanatoi*). À Smyrne, les Actes du martyr Pionios reprochent aux Juifs de la ville d'utiliser Jésus comme un *biothanatos* et de l'évoquer avec sa croix[3]. Cette pratique s'était incontestablement répandue à l'époque impériale : en Égypte, on évoquait ainsi, par des rites et des incantations, un soldat mort dans la bataille pour connaître le sort de son frère ; un médecin conversait avec un mort pour s'initier à l'astrologie et aux plantes guérisseuses[4]. Pour l'opinion éclairée, c'est un sacrilège diabolique, qui fait violence à la nature humaine[5]. En milieu juif, la nécromancie est attestée dans la Bible depuis l'évocation du prophète Samuel à

---

1. Bérose, prêtre babylonien du IIIe siècle av. J.-C., cité par Abydène au IIe siècle de notre ère. Voir J. Bottéro et S. N. Kramer, *Lorsque les dieux faisaient l'homme*, 576-577.
2. Suétone, *Vie des douze Césars, Auguste*, 31 ; Tite-Live, XXXIX, 16 ; XL, 29.
3. *Actes de Pionios*, XIII, 8.
4. Héliodore, *Éthiopiques*, VI, 14, 2-15, 5 et *Corpus astrologorum Graecorum*, VIII, 3, 113.
5. Platon, *Lois*, 909b et 933a-c.

Ein-Dor au profit du roi Saül (1 Sm 28, 6 ; voir aussi 2 R 21, 6) ; elle est propre aux rois impies ; si elle est controversée, elle n'est toutefois pas formellement interdite. À la fin du Ier siècle, le Talmud se souvient d'ailleurs d'un neveu de Titus qui aurait évoqué Jésus à la cour impériale en interprétant la crucifixion, conformément à la *Clé des Songes*, comme un présage de gloire et d'abondance[1].

Or ces procédures magiques posent le problème de la résurrection, souvent discuté, à propos de l'évocation de Samuel, par les Juifs et les chrétiens[2]. Utiliser Jésus dans des séances de spiritisme, c'était nier sa divinité et sa résurrection. Les chrétiens d'Asie ont imputé aux Juifs des manœuvres pour imposer de Jésus l'image d'un *biothanatos*, péri de mort violente, pour ôter toute vraisemblance à sa divinité ; on faisait dire à un gouverneur romain qu'il était impossible d'appeler Dieu quelqu'un « péri de mort violente[3] ».

La pratique de la magie a donc cristallisé l'opposition entre Juifs et chrétiens, et cela durablement. Dans la littérature rabbinique, Jésus fut décrit comme un magicien, « errant et charlatan », dans les termes habituels à Josèphe[4]. Ses miracles sont incontestables, mais révèlent son emprise sur les démons. De même, à partir des Actes des Apôtres, la prédication chrétienne s'est construite contre les magiciens juifs jusqu'à devenir une littérature de combat : en Asie, les Actes des martyrs exploitent le thème ; Jean Chrysostome s'en prend aux judaïsants d'Antioche en dénonçant le caractère illusoire des guérisons qu'ils procurent[5]. L'Église de Syrie diabolise les Juifs avec les magiciens et les devins.

Juifs et chrétiens s'accusèrent ainsi les uns les autres de magie pendant des siècles. Pour l'historien des religions, c'était une façon de se déclarer inassimilables.

---

2. Au IIIe siècle, Origène, *Hom. Samuel*, XIV.
3. *Actes de Conon*, 4, 6, dans H. Musurillo, *The Acts of the Christian Martyrs*, 186-193.
4. Jean Chrysostome, *Ps* 8, 3 ; Origène, *Contre Celse*, 1, 6, 69.
5. *Contre les Juifs*, 8, 6.

CHAPITRE 11

« *Souffrir comme chrétien... et glorifier Dieu par ce nom*[1] »
Les chrétiens et le pouvoir

Les rapports des chrétiens avec le pouvoir ne s'appréhendent guère qu'à travers les persécutions qui ont apparemment marqué, dès les origines, la vie des apôtres, puis la vie des Églises. « Persécutions » : ce terme est devenu très tôt, chez les chrétiens puis dans la langue courante, synonyme de mesures répressives, injustes et cruelles, projetant l'image d'un État violent et intolérant, bien qu'il n'ait signifié, dans l'Antiquité, que des poursuites judiciaires.

L'historiographie chrétienne, enracinée dans les vies de saints et les Actes des martyrs élaborés à partir du IIᵉ siècle, n'a cessé de dénoncer l'intolérance de Rome, en complète contradiction avec les Actes des Apôtres. Elle a présenté l'histoire des persécutions comme une suite continue d'affrontements de personnalités, chrétiens exemplaires et mauvais empereurs, au point de donner l'impression d'une politique cohérente et systématique. Par une juste réaction, les historiens modernes ont déplacé le problème des persécutés au persécuteur : on dénombra moins les victimes et on détailla moins les supplices, pour essayer de comprendre le point de vue des autorités en utilisant des sources officielles romaines et des affaires parallèles. L'intolérance changea de camp, et les chrétiens furent jugés responsables de leur propre malheur en raison de leur retrait, voire de leur hostilité au monde.

Au cœur du problème se trouve certainement la définition du délit religieux dans l'État romain. La diffusion du christianisme

---

1. 1 P, 4, 16.

dans l'Empire confrontait à des cadres juridiques nouveaux une sensibilité religieuse imprégnée de l'apocalyptique juive et d'un idéal du martyre qui remontait à l'époque des Maccabées[1].

À l'époque des apôtres, il n'existe pas encore de littérature de persécution : même dans l'Apocalypse, la visée eschatologique l'emporte largement et, comme ailleurs, les persécutions n'apparaissent qu'allusivement, à travers des cas particuliers ; le contexte général n'est pas évoqué et aucune affaire judiciaire n'est suivie de bout en bout, même pour Paul. Pour les fondateurs des Églises, les persécutions ne se racontaient pas.

Mais une sensibilité chrétienne se dévoile en ce Ier siècle qui réactualise et réinterprète les thèmes apocalyptiques traditionnels. Les épîtres manifestent une bien meilleure connaissance de la terminologie judiciaire qu'on aurait pu le croire. Les Actes des Apôtres mettent littéralement en scène plusieurs affaires dont Paul est le protagoniste. Ces indices permettent de préciser la base juridique des persécutions individuelles ou collectives et d'apercevoir, au-delà, les motivations de l'État romain.

*Les tribulations de Paul dans les cités :
témoignages autobiographiques*

Les épîtres de Paul attestent à maintes reprises des peines afflictives que lui ont infligées les pouvoirs publics – autorités municipales ou administration romaine –, indépendamment des châtiments qu'il a subis dans les synagogues, tels que la lapidation à Lystres et plusieurs fois la flagellation (2 Co 11, 25 ; Ac 14, 99). Dès le début de sa prédication en Grèce, Paul rappelle des persécutions dans l'Église de Thessalonique qu'il vient de fonder (1 Th 1, 6, et 2, 14) ; comme il les compare à celles qu'a endurées l'Église de Jérusalem, on a l'impression qu'elles ont résulté de tensions avec les synagogues de la ville. À Éphèse, la persécution a pris un caractère collectif, qui semble avoir abouti à l'expulsion du groupe de Paul tout entier, et lui-même y a vu la mort de près (2 Co 1, 8-10) ; Aquilas et Priscilla, qui avaient fait l'impossible pour le sauver, ont dû quitter la ville, et ses parents, Andronicos et

---

1. Voir ci-dessus chapitre 2.

Junia, ont été compromis avec lui et emprisonnés (Rm 16, 3 et 7). Au total, Paul a été souvent incarcéré – plus souvent, dit-il, que la plupart des apôtres –, et il a été condamné trois fois aux verges des licteurs romains (2 Co 11, 23) ; la tradition romaine rajoute l'exil[1]. Il a fait l'objet d'un procès retentissant, dont il attend la reprise en prison quand il écrit aux Philippiens (Ph 1, 12-13). De plus, il a écrit ses lettres aux Éphésiens, aux Colossiens et à Philémon en captivité, captivité que partageaient certains de ses fidèles, surtout les Juifs (Col 4, 10 ; Rm 16, 7). Cette configuration, qu'on observe à plusieurs reprises, laisse penser que Paul et ses amis étaient arrêtés pour trouble de l'ordre public, au cours de manifestations où entrait peut-être une part d'antijudaïsme.

Aucun élément précis ne permet de retrouver le contexte historique. Baignant dans l'apocalyptique comme tous ses compatriotes, Paul utilise un code et des images dont le degré de réalité nous échappe. Quand il dit avoir combattu les bêtes à Éphèse (1 Co 15, 32), s'agit-il d'une métaphore pour le mauvais gouvernant, habituelle depuis le livre de Daniel, ou d'une condamnation réelle au supplice de l'amphithéâtre ? Les citoyens romains, normalement, n'étaient pas exposés à ce spectacle ignominieux, mais l'expérience prouve que des erreurs étaient possibles et il n'était pas toujours facile d'établir sa citoyenneté. Si l'on admet que tout est crypté, dans une formulation apocalyptique des événements, on se demande si l'auteur du *responsum*[2], qui envoyait Paul à la mort (2 Co 1, 9), ne pourrait être identifié avec un ancien secrétaire de Claude, chef du service *ad responsa*, Tiberius Claudius Balbillus. Il se trouvait justement à Éphèse en 54. Haut fonctionnaire, ami des stoïciens et astrologue, plus tard directeur des cultes et de l'éducation à Alexandrie, il aurait représenté l'opposition des intellectuels au christianisme naissant.

Un autre élément renforce l'hypothèse d'un conflit d'intellectuels, qui est d'ailleurs le contexte des persécutions évoqué par Justin au IIe siècle[3] ; les philosophes, dit-il, se faisaient volontiers accusateurs publics pour combattre officiellement l'athéisme et l'impiété et, au fond, par démagogie. Or quand Paul rapporte aux

---

1. *I Clém.*, 5, 6.
2. Le *responsum* (*apokrima* en grec) est un document de la chancellerie impériale.
3. *Seconde Apologie*, 3, 1-2.

Philippiens le procès retentissant où il est engagé, il construit sa défense sur le droit à la liberté de parole (*parrhésia* : Ph 1, 20 ; voir Ep 6, 19). Il s'agit d'une défense d'intellectuel, habituelle aux orateurs publics et aux philosophes de cour, avant que les chrétiens ne lui donnent un contenu spirituel, pour en faire la vertu distinctive des convertis et des martyrs[1]. Paul était-il donc perçu dans la cité comme un philosophe populaire ? C'est en tout cas l'idée qu'ont voulu imposer les Actes des Apôtres et les Épîtres pastorales à travers le thème du héraut. La lapidation et la bastonnade, d'ailleurs, étaient le lot commun de ces provocateurs.

En définitive, ce sont les pénalités infligées à Paul qui sont peut-être les plus riches d'enseignement sur les occasions et les causes des premiers affrontements de l'apôtre au pouvoir. Si Paul, citoyen romain, a reçu les verges des licteurs, on peut penser qu'il a été condamné pour « débauche » (*stuprum*), c'est-à-dire que ses Églises étaient assimilées à des associations licencieuses à cause de leurs assemblées mixtes, souvent nocturnes ; on reviendra sur ce grief, fréquemment invoqué contre les clubs privés. Si Paul a été réellement marqué au fer rouge et si l'on ne prend pas l'allusion à ses stigmates dans un sens symbolique (Ga 6, 17), on se souviendra que les autorités municipales d'Éphèse marquaient au pied tous ceux qui avaient été convaincus d'activité subversive, à la fois les coupables et ceux qui les abritaient[2]. En définitive, les interventions du pouvoir n'auraient jamais visé qu'au maintien de l'ordre en punissant les fauteurs de troubles : les Actes des Apôtres n'en donnent pas une autre image.

Le début de la chasse aux chrétiens dans les Églises pauliniennes d'Asie

Les groupes de Paul furent les premiers à employer le mot précis de « persécution », en grec *diogma*, qui était un terme de chasse (2 Tm 3, 11 ; 2 Th 1, 4 ; Ac 8, 1, et 13, 50). Cela impliquait nécessairement une enquête publique et une poursuite, au sens judiciaire du terme ; celles-ci étaient dirigées dans les cités

---

1. Voir ci-dessus chapitre 7.
2. *Inschriften von Ephesos*, n° 215, l. 12-14 (IIe siècle).

d'Asie par le magistrat de police, l'*irénarque*, et menées par des *diogmites*, qui procédaient aux arrestations. On voit ces *diogmites* à l'œuvre dans le *Martyre de Polycarpe* ; c'étaient de simples gendarmes, allant à pied et légèrement armés de bâtons et de massues, qui assistaient les magistrats en matière de sécurité. À l'origine, la « persécution » se présente comme une opération de police, ce qui désigne encore les chrétiens comme des fauteurs de trouble, suscitant émotions populaires et dénonciations. L'intervention des *diogmites*, formés à la chasse aux bandits et à la garde du territoire, s'explique aussi par le fait que les chrétiens, en cas d'émeutes, se réfugiaient à la campagne[1].

À la seconde génération des Églises pauliniennes, le sentiment de persécution s'est aggravé, en particulier à Thessalonique. La seconde lettre aux Thessaloniciens (2, 3-12) expose un scénario apocalyptique, nourri de références et de formules hébraïques, qui associe les « tribulations » (selon la formule de Paul), les « persécutions » et l'« apostasie » à la venue d'un Antéchrist ; ce « Sans-loi » reproduit les pratiques d'Antiochos IV, se glorifie, se place au-dessus de tous les dieux et s'établit dans le temple de Dieu (2 Th 2, 4-5 ; voir Dn 11, 36) ; c'est un thaumaturge qui trompe par sa puissance, ses signes et ses prodiges (2 Th 2, 9) et qui fait célébrer des mystères (2 Th 2, 7). Il est bien difficile de dater cette épître, encore que la référence au temple de Dieu suggère qu'elle soit antérieure à la prise de Jérusalem et à la destruction du Temple en 70. L'enjeu de l'affrontement des chrétiens au pouvoir réside dans le culte du souverain, de celui qui se proclame « dieu » ou « auguste » (*sebasma* : 2 Th 2, 4-5), mais on peut se demander si l'empereur romain est précisément visé et si le conflit est actuel ou seulement prévisible. L'Antéchrist est encore « retenu » (2 Th 2, 6-7) ; or, dans l'apologie chrétienne, c'est justement la place assignée à l'Empire romain dans l'histoire que de retarder les catastrophes eschatologiques.

Pour la première fois aussi, on voit prescrire dans les Églises pauliniennes des prières publiques « pour les rois et les autorités », afin de mener une vie tranquille et conforme aux exigences de la piété chrétienne (1 Tm 2, 1-2). Ces prières publiques « pour l'empereur » apparaissent comme une forme

---

1. *Martyre de Polycarpe*, 5-6.

ambiguë mais répandue du culte impérial[1], qui était admise déjà chez les Juifs[2]. Ce souci du mode de vie chrétien en Asie laisse penser que les convertis y étaient mis en accusation en raison de leurs attitudes extérieures, considérées comme délictueuses, et non pas encore pour leur qualité de chrétien. En tout cas, les rapports entre l'État et la religion nouvelle furent d'abord définis à Rome, comme l'atteste la première lettre de Pierre, un texte longtemps méconnu, bien qu'il soit très précis sur les problèmes de droit public.

Les épreuves des Églises de Pierre

La lettre circulaire mise sous le nom de Pierre et envoyée de Rome dans plusieurs provinces d'Asie Mineure fait état d'une persécution universelle (1 P 5, 9) dans une atmosphère apocalyptique qui réactualise, une fois encore, le modèle de Daniel. La partie adverse est l'incarnation du diable et comparée au lion rugissant (1 P 5, 8) ; le thème du feu est présent, alors qu'il ne l'était pas chez Paul, car, en Asie, la « fournaise s'ajoute à l'épreuve » (1 P 4, 12 ; voir 1, 7). Les images de Daniel dans la fosse aux lions et celle des trois jeunes gens dans la fournaise restaient donc très vivantes dans la communauté romaine qui lisait les livres de Daniel, d'Esther, de Judith[3].

Que le grand incendie de Rome, en 64, soit apparu comme les prémices de l'embrasement cosmique ou que l'exemple des premiers martyrs brûlés vifs sous Néron ait marqué durablement les imaginations, en tous les cas, la symbolique du feu se substitue définitivement à celle du lion. Dans la tradition hagiographique d'Asie, tous les grands martyrs périrent par le feu : feu destructeur, mais aussi feu purificateur qui les entoure et les isole comme un nimbe[4]. Cette fois-ci, l'Empire romain est explicitement désigné comme le règne du mal, sous le nom symbolique de Babylone (1 P 5, 13).

---

1. Aelius Aristide, XXVI, 32.
2. Philon, *Legatio ad Gaium*, 133, 157 et 280.
3. *I Clém.*, 45, 6-7 et 55, 4-6.
4. *Martyre de Polycarpe*, 4, 15, 10 et 37.

La lettre s'attarde peu sur les causes de ces persécutions, sinon pour dénoncer la calomnie et la diffamation, en fait la rumeur (1 P 3, 16). C'est une indication quant aux circonstances qui attirent l'attention des pouvoirs publics sur les chrétiens et quant à l'importance des pressions populaires dans le déclenchement des hostilités. Clément de Rome ne dit pas autre chose. Témoin de persécutions très actuelles[1] mais aussi de celles dont furent victimes, « dans sa génération », les grands apôtres Pierre et Paul[2], il les attribuait à des rivalités et à des luttes d'influence, et déployait pour les qualifier tout le champ lexical de la « jalousie » (*zélos*). Le christianisme payait le prix de son organisation groupusculaire, excessivement personnalisée.

Les calomnies portaient sur le comportement des chrétiens (1 P 3, 16). Certains de leurs rites et de leurs pratiques étaient réduits à des délits ou à des crimes de droit commun, tels que l'assassinat, le vol, la malfaisance, les ingérences (1 P 4, 15) : on retrouve ici, sous-jacents, le soupçon de meurtre rituel formulé contre les Juifs et autres dionysiaques[3], ainsi que les accusations de détournement de fonds et de captation d'héritage portées contre les sectes trop bien organisées. Les Églises de Pierre doivent vivre de façon à ne jamais donner prise à de tels soupçons.

Cependant, à Rome, le christianisme est déjà qualifié dans le droit pénal : on est condamné sur le nom de chrétien (1 P 4, 16), ce qui suppose une accusation spécifique, définie par un comportement caractérisé, et donnant lieu à une procédure appropriée. Cette analyse de l'attitude officielle est unique dans le Nouveau Testament, mais elle trouve un écho dans une requête de Pline, gouverneur de Bythinie au début du IIe siècle[4]. La lettre de Rome signale un tournant dans les rapports des communautés chrétiennes avec l'État romain, puisque ces dernières sont entrées à cette date dans la catégorie des associations illicites. Mais elle ne dit rien des circonstances ni des événements qui ont motivé cet interdit.

---

1. *I Clém.*, 1, 1.
2. *I Clém.*, 5, 1-7.
3. Voir ci-dessus chapitre 3.
4. *Lettres*, X, 96, 2.

Les chrétiens répondirent à cet interdit par des démonstrations de loyalisme politique. C'est là une attitude commune aux milieux paulinien et pétrinien. Paul défendit l'idée que Dieu avait mis chacun à sa place – de dominant ou de dominé ; il prescrivait donc l'accomplissement des devoirs civiques et particulièrement du devoir fiscal, en payant le tribut à Rome et les taxes locales à la cité (Rm 13, 1-7) : tout cela justifie l'impérialisme romain, au moment même où les mouvements d'opposition commençaient à se développer à Jérusalem. Plus généralement, Paul considère que les gouvernants sont investis d'une mission divine, « serviteurs » de Dieu, « fonctionnaires » de Dieu, pour promouvoir le bien. L'épître de Pierre prescrit, elle aussi, la soumission à toute autorité instituée (1 P 2, 13), à condition que celle-ci n'exerce pas un pouvoir tyrannique (1 P 5, 3) ; elle reconnaît et légitime la fonction judiciaire de l'Empire romain, au niveau du souverain, détenteur du pouvoir suprême, et à celui de l'administration qui le représente dans les provinces (1 P 2, 13-17).

Les tribulations du visionnaire de l'Apocalypse

Jean le visionnaire se présente d'emblée comme le « compagnon de tribulations » de ses lecteurs (Ap 1, 9). Témoin d'une époque troublée pour les Églises d'Asie (Ap 6, 9), il rappelle l'exécution d'un chrétien, Antipas, à Pergame (Ap 2, 13 ; voir encore 6, 9 et 20, 4). Il connaît aussi la mise à mort de deux grands apôtres à Sodome/Rome (Ap 11, 8).

Sur ces fondements, on établit habituellement un lien d'une apocalypse à l'autre, de celle de Daniel à celle de Jean, ce dernier passant pour être l'auteur d'une littérature de consolation, cryptée et codée, dans une période d'intense persécution qui serait celle de Domitien. Cette tradition est solide dès le IIe siècle[1]. Jean le visionnaire est désormais identifié avec l'apôtre et l'évangéliste, qui aurait subi la peine de la relégation à Patmos, victime de l'empereur Domitien.

---

1. Irénée, *Contre les hérétiques* ; Clément d'Alexandrie, cité *HE*, III, 20, 1-9 ; Origène, *Comm. Matt.*, 16, 6.

La valeur historique de cette tradition est cependant douteuse. Patmos n'était pas un lieu de déportation impériale comme d'autres îlots à chèvres de l'Égée ; elle faisait partie du domaine de Milet et s'il y a eu exil – volontaire ou imposé –, ce ne put être qu'à la suite d'une affaire municipale. Jean le visionnaire n'a donc pas été une victime de l'empereur, même si c'est bien le pouvoir impérial qu'il met en cause dans l'Apocalypse.

Ses visions, en effet, ont une portée générale et universelle et sont certainement anticipées, car le recueil a été rédigé avant les lettres inaugurales aux Églises, qui sont, elles, de circonstance, et il ne reflète pas leurs situations locales. L'auteur se pose comme un personnage d'actualité, sans revendiquer le nom ni l'autorité d'une figure antique, comme ceux des apocalypses juives ; le nom de Jean renvoie cependant à un milieu littéraire et spirituel bien caractérisé par un évangile original. Enfin il n'est pas le seul visionnaire de l'époque : sous le règne de Domitien, en Italie, un autre charismatique nommé Hermas a, lui aussi, ancré sa vision de l'Église dans sa situation personnelle ; mais le thème du pouvoir mauvais y est beaucoup moins présent et il caractérise donc certaines Églises d'Asie.

Jean le visionnaire traite de l'affrontement au pouvoir à travers le même cadre et les mêmes images que le livre de Daniel. Dans sa première vision, la bête, qui monte de la mer, représente le pouvoir impérial étendu aux limites du monde, puisqu'elle rassemble dans sa polymorphie tout le bestiaire de Daniel : le lion du Sud, l'ours du Nord, la panthère de l'Est (Ap 13, 2 ; voir Dn 7, 3-7). La bête porte dix cornes, ce qui établit la succession des royaumes sur dix générations comme l'explique le diadème royal (Ap 13, 1) : on approche donc de la fin de l'histoire. Dans ce cadre général de l'Empire romain, le règne est sans équivoque celui de Néron : la bête a eu la gorge coupée (Ap 13, 3, 12, 14), ce qui est une allusion au suicide de l'empereur ; de plus, par la numérologie (ou isopséphisme en grec, qui donnait la valeur d'une syllabe à chaque chiffre), le nombre 666 révèle le nom de César-Néron en hébreu (Ap 7, 18)[1].

---

1. Il symbolise aussi l'imperfection suprême, tandis que le nombre 7 est celui de la perfection.

Mais une seconde bête apparaît, qui symbolise l'entourage impérial (Ap 13, 11). Cette seconde bête agit pour le compte de la première à qui elle soumet le monde. Elle est pourvue de deux cornes, ce qui suggère un rapport avec l'Égypte et le culte du bélier Amon. C'est un faux prophète et un thaumaturge qui fait descendre le feu céleste et fait parler les statues, comme le font les oracles égyptiens. Toute cette vision renvoie à l'Égypte ; on peut d'ailleurs découvrir sous le masque de la bête un astrologue de Néron, passé par l'Égypte, Tiberius Claudius Balbillus, qui joignait à ses charismes une carrière de haut fonctionnaire. Reste à savoir s'il s'est confronté aux chrétiens à Rome, devant la cour impériale, ou en Asie, où sa présence est attestée en 54 et où il a donc pu, on l'a vu, s'en prendre à Paul.

L'Apocalypse définit donc parfaitement son objectif politique, en donnant un cadre – celui de l'impérialisme romain –, un milieu – celui de la cour impériale avec ses astrologues et ses devins –, un règne – celui de Néron. Contrairement au livre de Daniel, elle ne s'ancre pas dans l'actualité immédiate, puisque tout établit qu'elle a été composée à la fin du Ier siècle, sous le règne de Domitien. Prenant ses distances avec l'événement, elle utilise l'histoire contemporaine au sens large, à travers des courants de sensibilité et des thèmes pour ainsi dire folkloriques, qui dépassent de loin le problème chrétien.

Le retour eschatologique de Néron :
l'ancrage dans les croyances populaires

Pour interpréter correctement l'Apocalypse de Jean, il ne faut pas réduire Néron à sa légende romaine d'histrion, d'incendiaire et de premier persécuteur des chrétiens. Dans la littérature juive de la Diaspora, et spécialement dans l'apocalyptique, Néron occupe une place indépendante de toute conjoncture précise. Les oracles sybillins utilisent largement le thème de Néron *revividus*, en relisant l'histoire dans la perspective de Daniel et du deuxième livre des Maccabées : le retour de Néron sera le signe annonciateur de la fin des temps[1] ; il marquera le début d'une guerre

---

1. *Oracles sybillins*, IV, 119-138.

eschatologique, à l'échelle de l'Empire, avant l'instauration de la paix universelle. La guerre juive et la destruction du Temple en constituent les premiers événements[1].

C'est bien à ce retour de Néron que pense l'auteur de l'Apocalypse, tant il insiste sur le fait que la première bête a survécu à sa blessure, pour l'émerveillement de la terre entière (Ap 13, 3, 12 et 14). Il participe donc de fantasmes populaires largement répandus. Néron s'était suicidé en privé et était resté populaire. Aussi des imposteurs apparurent-ils très vite : dès 69 en Grèce[2], puis sous le règne de Titus en Orient[3]. L'historiographie romaine fait largement état d'un messianisme néronien qui soutenait dans les provinces des mouvements indépendantistes. Juifs et chrétiens ont subi la pression de l'opinion mais renversé l'image qu'elle véhiculait, puisque le retour de Néron est pour eux la dernière tentative de Satan. Admettre avec saint Augustin[4] que la venue de l'Antéchrist annoncée aux Thessaloniciens est le retour de Néron (2 Th 2, 7) serait un argument supplémentaire pour rapporter cette lettre aux années 68-69, quand apparut le faux Néron de Grèce. Cela confirmerait aussi que l'Apocalypse a été rédigée sous Domitien, puisque c'est entre 80 et 90 que cette croyance dans le retour de Néron a été majoritaire en Asie[5].

Domitien, le second persécuteur des chrétiens ?

Bien que Domitien n'apparaisse jamais dans l'Apocalypse ouvertement ou même sous un masque, des traditions chrétiennes très anciennes rapportent la vision de Jean à son règne et l'inscrivent dans un contexte de tyrannie, qu'a souligné toute l'historiographie officielle. Domitien fit, en effet, l'objet d'une *damnatio memoriae*[6], décrétée par le Sénat. Sa réputation était donc

---

1. *Oracles sybillins*, V, 139-140 et 361-367.
2. Tacite, *Histoires*, II, 8.
3. Tacite, *Histoires*, I, 2 ; Dion Cassius, LXVI, 19 ; Suétone, *Vies des douze Césars, Néron*, 57.
4. *Cité de Dieu*, XX, 19.
5. Dion de Pruse, *Discours à Pruse*, XXI, 10.
6. C'est une « condamnation du souvenir » d'un souverain, qui se matérialise par le martelage de son nom sur les monuments et les actes officiels et qui invalide ces derniers.

exécrable au début du IIe siècle dans l'aristocratie romaine : Suétone, Pline et Tacite le dépeignent comme un être cupide, cruel et solitaire, bref comme un tyran ; selon une théorie de la dégénérescence du pouvoir absolu qui remonte à Aristote, ils concentrent tous ses excès à la fin de son règne[1].

Domitien était donc devenu la figure emblématique du persécuteur. Persécuteur des philosophes et des hommes divins : Apollonios de Tyane, le charismatique de Cappadoce, dut comparaître devant son tribunal, comme il avait affronté la persécution de Néron[2]. Persécuteur des Juifs et de ceux qui avaient embrassé les coutumes juives : à la fin de son règne, vivre en Juif sans l'être de naissance devint un délit et l'on procéda à des examens publics des circoncisions auxquels Suétone a assisté. Persécuteur, enfin, de l'aristocratie : Domitien s'en prit même à des membres de sa famille, Flavius Clemens et Flavia Domitilla, parmi de nombreux autres inculpés pour crime d'athéisme[3].

L'histoire chrétienne reprit ces condamnations et les associa au témoignage de Clément de Rome sur les malheurs subis en son temps[4] et à la critique du culte impérial dans l'Apocalypse (Ap 13, 12-14). On fit de Flavia Domitilla une chrétienne qui avait compromis son mari[5], en s'appuyant sur le fait que les catacombes de Domitilla devinrent un lieu d'inhumation pour les chrétiens au IIe siècle. L'historiographie moderne a, elle aussi, contribué au mythe en cherchant à lier l'exécution d'un consul de 91, Acilius Glabrion, et la présence de membres de cette famille dans les catacombes, ultérieurement christianisées, de Priscilla, pour en faire un converti ; mais les dates ne s'accordent pas.

Selon une tradition mieux suivie, puisqu'elle remonte à Hégésippe, le premier historien de l'Église au IIe siècle, Domitien aurait fait rechercher les descendants de David, et des « parents du Seigneur » auraient ainsi comparu devant un tribunal romain ; ils dirigeaient alors l'Église de Jérusalem, mais ils parurent modestes et sans ambition si bien qu'on arrêta les poursuites[6].

---

1. Suétone, *Vies des douze Césars, Domitien,* 12.
2. *V. Ap.*, IV, 35-40, et VII, 16-VIII, 7.
3. Suétone, *Domitien,* 12, 5. Dion Cassius, LXVII, 14.
4. *I Clém.*, 1, 1.
5. *HE*, III, 18, 4.
6. *HE*, III, 19 ; 20, 1-6.

Bien évidemment, cette enquête sur les « parents du Seigneur » s'inscrivait dans une recherche d'usurpateurs locaux, et les chrétiens de Jérusalem ne furent impliqués que parce qu'ils demeuraient les seuls Juifs à reconnaître une lignée davidique messianique. En fait, le problème est là. Toutes les « persécutions » de Domitien sont susceptibles d'une interprétation strictement politique, où les tensions entre l'empereur et le milieu sénatorial sont prépondérantes. Les premiers à desservir l'empereur, comme Pline, et à brosser une atmosphère de délation et de proscriptions, en dénonçant l'application excessive de la lèse-majesté[1], avaient d'abord collaboré à son administration et ne dissimulent pas complètement ses qualités d'homme d'État.

Le portrait de Domitien est contradictoire, mais il est certain qu'aucune poursuite spécifique des chrétiens n'eut lieu en Asie sous son règne ; ce fut même au contraire une période de prospérité et de sollicitude impériale pour la province. Ce sont les apologistes qui, à partir du IIe siècle, ont considéré la persécution des chrétiens comme une manifestation de la tyrannie[2], en s'inspirant largement de l'historiographie officielle et de la propagande sénatoriale pour en imputer l'initiative aux deux « mauvais empereurs » désignés par le Sénat, Néron et Domitien. Ils l'expliquèrent par une dérive du pouvoir vers l'absolutisme, qui ne remettait pas fondamentalement l'État romain en question.

Le comble de l'idolâtrie :
remise en cause d'une nouvelle sensibilité religieuse

Le visionnaire de l'Apocalypse ne s'attachait donc pas à la politique religieuse générale d'un Néron ou d'un Domitien. Son hostilité au pouvoir, qui tranche avec le loyalisme déclaré des Églises de Paul et de Pierre, s'explique d'abord par une situation locale.

Si Domitien marqua la vie religieuse dans la province d'Asie au moment où l'on y composait l'Apocalypse, ce fut parce que le

---

1. *Panégyrique de Trajan*, 34, et 42.
2. Méliton de Sardes, cité dans *HE*, IV, 26, 9-10 ; Lactance, *De la mort des persécuteurs*, 3, 1.

culte impérial s'y développa à une échelle et sous des formes inhabituelles. Il existait déjà deux lieux de culte – à Pergame, depuis le début de la paix augustéenne, et à Smyrne, depuis 29 de notre ère – qui associaient l'empereur au rituel traditionnel de la Rome victorieuse. Mais l'on mit en place à partir de 89 un culte dynastique des Augustes pour rendre les honneurs cultuels aux trois empereurs flaviens, les deux défunts et le monarque régnant.

C'était une tentative sans précédent à plus d'un titre : un temple colossal fut construit à Éphèse, au centre d'un dispositif provincial ; des concours furent institués, pour exalter Domitien qu'on identifiait à Zeus olympien. Plus extraordinaire encore, les statues impériales étaient pour la première fois beaucoup plus hautes que celles des dieux ; elles occupaient la première place, si bien que les dieux traditionnels semblaient ravalés à une position subalterne. Tout ceci indique un profond bouleversement dans la conception du culte impérial. Jusque-là, on avait hésité à assimiler véritablement l'empereur aux grands dieux de l'Olympe ; le nom de « dieu » (*théos*) n'était jamais employé à Rome et l'on célébrait les sacrifices « pour le souverain », plutôt qu'« au souverain » divinisé. Or les premiers sacrifices qui, en Asie, associèrent l'empereur au dieu concerné datent justement du règne de Domitien, en 88. Il ne s'agissait pas d'une politique impériale, encore moins d'une opération imposée, car en Asie le processus fut contrôlé par la cité d'Éphèse de bout en bout : c'est la cité qui décida de la construction du temple et de l'institution des concours. D'autre part, le culte des Augustes s'enracina si fermement dans la vie provinciale qu'il ne disparut pas après l'assassinat de Domitien et la *damnatio memoriae*.

Dans ce nouveau contexte religieux, le prophète chrétien est amené à dénoncer avec une violence extrême le culte impérial. Six des sept cités destinataires de l'Apocalypse sont d'ailleurs des centres de ce culte : Pergame, Smyrne et Éphèse pour les plus anciens et les plus importants, mais aussi Laodicée, Philadelphie et Sardes. Surtout, la vision de la seconde bête évoque directement le culte impérial : elle a fait ériger l'image du souverain et dirige les honneurs qui lui sont rendus, ce qui correspond à la fonction officielle du grand prêtre, même si celui-ci porte le masque particulier d'un thaumaturge (Ap 13, 12). Le visionnaire insiste sur le rituel de la prosternation (Ap 13, 12 et 15), en reprenant bien sûr un motif apocalyptique qui remonte au livre de Daniel. Mais cette pratique était aussi devenue une question d'actualité à Rome depuis la visite du roi d'Arménie Tiridate à Néron en 66[1] : en se prosternant devant l'empereur comme devant Mithra (son dieu ancestral), le roi l'avait reconnu comme dieu et s'était placé lui-même comme son esclave. Cette visite chargée de tout l'héritage des royautés orientales fut considérée rétrospectivement comme une véritable investiture qui engagea Néron dans la voie d'une théocratie et d'une sacralisation de son pouvoir.

Autre indice de nouveauté dans la sensibilité religieuse, la statue divine apparaît comme le médiateur de signes divins (Ap 13, 13-14) ; elle est inspirée et elle parle (Ap 13, 15). Dans la littérature impériale, les images des empereurs ont été ainsi progressivement chargées de sacré, à l'égal de celles des dieux : celles de Marc Aurèle inspirèrent des rêves prophétiques[2], comme le faisaient ordinairement les statues cultuelles d'Asclépios dans les rites d'incubation. Dans un sanctuaire d'Asie, à Tralles, une statue de César avait annoncé miraculeusement sa victoire à Pharsale, quand un palmier était sorti près du piédestal[3]. D'une façon générale, les statues oraculaires, capables de prophétiser à travers les mouvements qu'elles imprimaient à leurs porteurs, étaient plutôt caractéristiques de l'Égypte[4].

Le visionnaire de l'Apocalypse a donc bien compris l'impact grandissant du culte des images sur la sensibilité religieuse. C'est ce culte qu'il dénonce en général, et non une persécution particulière. Bien sûr, il s'inscrit ainsi dans la longue polémique juive contre l'idolâtrie, initiée dans le livre de Daniel et poursuivie dans la Sagesse de Salomon[5]. Mais son analyse est beaucoup moins politique et prend davantage en compte un phénomène de psychologie collective proche de la possession (Ap 13, 16). L'image du souverain est un substitut de sa présence : cette idée reste sous-jacente dans l'Apocalypse encore qu'elle s'exprime moins en

---

1. Dion Cassius, LXIII, 5, 2.
2. *Hist. Aug. Marc Aurèle*, 18, 6-7.
3. *Guerre civile*, III, 105, 6 ; Plutarque, *César*, 47, 1-2.
4. Diodore, XVII, 50, 6. Voir aussi *Inscriptions métriques de l'Égypte gréco-romaine*, n° 166, de la même époque, sur une statue « inspirée » par le Soleil.
5. Voir ci-dessus chapitre 3.

termes de proximité au pouvoir et de visibilité politique ; l'auteur est surtout sensible à la puissance miraculeuse dont on investit maintenant les statues. Bien au-delà du problème des honneurs cultuels admissibles pour un souverain, le véritable enjeu que représente le culte des images pour les chrétiens, c'est la définition même du divin : non pas comme transcendance, mais comme puissance.

L'Apocalypse de Jean n'est pas une œuvre de circonstance, écrite à l'occasion d'une persécution précise, et elle ne répond pas à une politique religieuse déterminée, comme le livre de Daniel dénonçait les provocations d'Antiochos IV. Néanmoins c'est une œuvre d'actualité qui prend en compte des courants profonds de la sensibilité religieuse : le messianisme néronien, l'attraction des statues miraculeuses, le développement récent du culte impérial dans la province et même aussi la sacralisation de la maison impériale. Tout cela marqua incontestablement l'époque flavienne. De Néron à Domitien, le souverain n'a cessé de développer le cérémonial de cour. Vespasien se présenta comme le premier empereur thaumaturge – à Alexandrie, il est vrai. Et Domitien fut le premier monarque romain à se faire saluer comme « dieu » et « seigneur ».

On peut s'étonner des références variées dont semble disposer l'auteur de l'Apocalypse : faut-il en déduire que la propagande religieuse et politique était bien faite et que tout un lot d'images significatives circulait grâce aux monnaies, aux récits et aux romans ? La seconde Épître aux Thessaloniciens pourrait en témoigner aussi, qui s'en prend également au messianisme impérial et à l'institution, toute récente, de « mystères » impériaux (2 Th 2, 7).

Dans les témoignages directs laissés par les premiers apôtres et prophètes, le phénomène de persécution n'apparaît qu'indirectement, à travers la psychologie qu'ils révèlent. Tous ont vécu leurs épreuves avec une foi nourrie de l'apocalyptique juive, exaltant la victoire du martyre et l'espérance eschatologique. Mais ils n'ont guère pensé leur situation en termes de droit ni redéfini ainsi les rapports du religieux au politique.

L'apôtre en accusation : mise en scène des Actes des Apôtres

Les Actes des Apôtres manifestent, en revanche, un réel souci d'ancrer la prédication chrétienne dans l'histoire politique du temps. La biographie de Paul est en effet scandée de comparutions en justice, soit devant les autorités locales – en Macédoine et peut-être à Athènes –, soit devant un tribunal romain à Corinthe, à Césarée et, finalement, à Rome. Il y a là un procédé rhétorique évident, car il réapparaît dans les vies de philosophes et de saints hommes, mais il repose aussi sur une observation pratique : comme Paul lui-même l'avait bien perçu (Ph 1, 13), le tribunal offre une tribune au prédicateur. C'est le lieu et le moment de l'« apologie », ce plaidoyer d'apparat qui permettait à l'orateur de présenter rétrospectivement, « comme un mémorial de soi[1] », son caractère, sa vie et ses activités. De Socrate à Josèphe, l'expression autobiographique est née de la pratique judiciaire : par le biais d'un discours codifié, face aux affirmations dépréciatives de la partie adverse, on dressait de soi-même un portrait conformiste, significatif des modèles sociaux dominants, mais on répondait aussi, point par point, à un acte d'accusation fondé sur le droit pénal.

Les Actes des Apôtres recomposent trois apologies de Paul : la première à Jérusalem, après son arrestation en flagrant délit (Ac 22, 1-21), la seconde devant le gouverneur romain à Césarée (Ac 24, 10-21), la dernière devant le roi Agrippa et le gouverneur Festus, toujours à Césarée (Ac 26, 2-23). Ces apologies, comme toutes celles du genre à commencer par celles de Socrate, ne visent pas à l'exhaustivité, ni sur la vie ni sur les activités de l'accusé. Celles que Paul prononça devant des Juifs – les conseillers du Sanhédrin ou le roi Agrippa – établissent son origine juive et sa qualité de Juif orthodoxe, sa conversion comme un fait historiquement vérifiable, sa vocation d'apôtre de Jésus légitimée par une vision, des miracles et des révélations, sa prédication parmi les Juifs et les non-Juifs. De toute évidence, elles s'adressent à des coreligionnaires plus qu'aux pouvoirs publics. Et malgré leur caractère autobiographique, elles laissent dans l'ombre le point essentiel qui est celui du statut juridique de l'apôtre.

---

1. Isocrate, *Sur l'échange*, 9.

Paul ne revendique son statut que devant les fonctionnaires de police, pour obtenir un privilège : devant les licteurs de Philippes[1], il revendique sa romanité (Ac 16, 37) ; devant le tribun qui l'a arrêté à Jérusalem, il se dévoile progressivement, d'abord comme citoyen grec, de Tarse en Cilicie, puis comme citoyen romain de naissance (Ac 21, 39 et 22, 26-29). Tout cela sent le procédé. On veut présenter Paul comme un Juif parmi les Juifs, comme un Grec face au tribun Lysias qui est d'origine grecque, comme un Romain parmi les troupes d'occupation, en application de ses propres principes (1 Co 9, 20-21). Ces contradictions apparentes ont polarisé longtemps l'historiographie moderne qui voudrait bien établir si Paul était ou n'était pas citoyen romain. Citoyen romain, il pouvait faire appel aux tribunaux de l'Urbs – ce qu'il fit – et il échappait ainsi aux peines infamantes, ce à quoi il ne parvint pas toujours. La question n'est donc pas tranchée. Rappelons simplement les difficultés d'identification dans l'Antiquité, car celle-ci ne reposait que sur des témoignages. En tout cas, l'accession d'une famille de Tarse à la citoyenneté romaine est vraisemblable pour cette période, tant ont été généreux les triumvirs, lors des guerres civiles, pour ceux qui les soutenaient. Mais, dans les procès mis en scène dans les Actes des Apôtres, Paul n'est jamais jugé comme citoyen romain.

La liberté religieuse dans les cités

À Philippes, à Thessalonique, à Éphèse et peut-être à Athènes, Paul est arrêté, voire incarcéré, mais l'affaire est toujours réglée au niveau des autorités locales. Les circonstances sont toujours les mêmes : l'arrestation a lieu en flagrant délit, soit à l'initiative de particuliers qui s'estiment lésés – comme les propriétaires de la ventriloque que Paul a guérie à Philippes (Ac 16, 19) –, soit à la suite d'une émeute à caractère corporatiste (Ac 19, 23-34), ou encore par une réaction collective disparate (Ac 17, 5). Dans tous les cas, il y a trouble de l'ordre public. Mais les accusations lancées contre Paul et ses amis divergent, si bien qu'elles

---

1. Les licteurs constituent l'escorte d'un haut magistrat romain ; ils sont armés de verges.

paraissent assez révélatrices de la façon dont les chrétiens étaient perçus dans différents milieux.

À Thessalonique, capitale provinciale et siège du gouverneur de Macédoine, on invoque le crime politique, la subversion (Ac 17, 6-7), en des termes très précis qui renvoient tout à la fois à l'accusation du Sanhédrin contre le même Paul (Ac 24, 5) et, surtout, à une lettre de Claude sur les Juifs d'Alexandrie[1] : les Juifs qui agitent la Diaspora sont dénoncés comme des fléaux de l'humanité ! À Rome, aussi, l'empereur leur interdit de s'attrouper[2]. L'apologie de Paul devant Félix répond exactement à ce chef d'accusation en tenant compte des limites à la liberté de circulation que Claude avait établies pour les Juifs d'Alexandrie : il séjourne depuis moins de douze jours à Jérusalem ; il y est monté pour accomplir un devoir religieux ; il n'y a suscité ni émeute ni attroupement (Ac 24, 11-12). L'argument supplémentaire de l'accusation qui invoque un mouvement royaliste messianique (Ac 17, 7), s'appuie évidemment sur l'actualité palestinienne des années 60.

Paul est donc arrêté non pas comme chrétien mais comme un Juif trublion. La même chose se reproduit à Philippes, à Corinthe et à Éphèse. À Philippes et à Corinthe, on lui fait grief d'un prosélytisme contrevenant aux édits de tolérance promulgués par Rome pour les différentes communautés juives de l'Empire : les coutumes des Juifs (la nourriture casher et la collecte pour le Temple) étaient autorisées en raison de leur caractère « ancestral », c'est-à-dire pour les Juifs de naissance[3]. Or Paul contrevenait à la loi en faisant à Corinthe des craignant-Dieu dans la population (Ac 18, 13). Les officiers en retraite de la colonie de Philippes avait procédé à la même interprétation restrictive des édits impériaux en déclarant les pratiques juives illicites pour des Romains (Ac 16, 21). Pour l'auteur des Actes, la liberté religieuse des Juifs était contrôlée, sinon limitée ; ce point de vue reste très difficile à vérifier, car si la littérature latine fait état d'interdictions

---

1. Papyrus de Londres, *Pap. Lond.*, VI, 1912, V, 23-25 (*CPJ*, 153).
2. Dion Cassius, LX, 6, 6.
3. Édit de Claude aux cités grecques, *AJ*, XIX, 5, 3 (290) ; voir Dion Cassius, **LX**, 6, 6.

ponctuelles et de relents d'antijudaïsme, les craignant-Dieu se sont effectivement développés dans les cités d'Asie.

À Éphèse, il ne s'agit plus de restrictions légales, mais d'une réaction populaire spontanée. Bien que la crise ait éclaté à l'instigation des corporations, elle prit un tour antisémite et on interdit à un Juif de prendre la parole en public (Ac 19, 33-34). La version des Actes est confirmée par des remarques incidentes de Paul : à la fin de sa mission éphésienne, tous ces collaborateurs juifs ont disparu, à l'exception d'un seul, et il faut faire venir Marc en renfort (Col 4, 11) ; les parents de l'apôtre et ses amis juifs ont été victimes de menées hostiles et ont dû quitter Éphèse pour Rome (Rm 16, 3-5).

Ces mesures répressives et la méfiance des cités visaient-elles les Juifs en particulier ou toutes les religions orientales ? De ce point de vue, les incidents d'Éphèse et d'Athènes sont riches de signification à travers les interprétations que donnent les Actes des Apôtres du délit religieux, même s'il s'agit peut-être de mise en scène.

Il n'est pas assuré que Paul ait fait l'objet d'un procès à Athènes, devant le conseil de l'Aréopage, épreuve dont lui-même ne dit absolument rien (1 Th 3, 1). Comme il s'agissait de la plus haute instance politique et judiciaire de la cité, mais aussi d'une sorte de club aristocratique, on ne sait si Paul y a comparu dans le cadre d'un procès ou d'un interrogatoire, ou s'il y a simplement été conduit pour y exposer sa doctrine, à titre de curiosité. Une nouvelle fois, les Actes suggèrent un flagrant délit (Ac 17, 19), mais ce n'était pas une procédure utilisée pour l'Aréopage qui n'agissait que sur dénonciation. De plus, il ne constituait pas le tribunal religieux par excellence, comme l'ont cru plus tard les auteurs chrétiens[1]. Des philosophes y comparurent. Mais c'était pour justifier de leur mode de vie, car l'Aréopage était compétent en matière de prodigalité et d'oisiveté[2]. D'autres y furent accusés d'athéisme, en raison de leur mépris des images de culte officielles[3]. De toute façon, l'Aréopage était une tribune de prestige,

---

1. *PÉ*, XIV, 16 ; Origène, *Contre Celse*, IV, 67, et V, 20-21.
2. Diogène Laërce, VII, 168-169.
3. Diogène Laërce, II, 116.

ce qui permet à l'auteur des Actes d'y placer un grand discours sur la liberté religieuse, glissant de la liberté d'expression à la liberté de pensée.

Paul doit répondre à deux soupçons : celui de dispenser un enseignement subversif et pernicieux (Ac 17, 19) et celui d'annoncer des « démons » étrangers, par référence au *daimon* socratique, divinité immatérielle et intériorisée (Ac 17, 18). Le parallèle avec Socrate est voulu et souligné, mais il recouvre des degrés divers de réalité juridique. Il est certain que, depuis le ve siècle, l'enseignement n'avait cessé d'être surveillé. À l'inverse, le contrôle des cultes étrangers est plus discutable : certes Josèphe les croyait soumis à autorisation[1], mais aucun élément de la législation ni de la jurisprudence athéniennes ne vient confirmer cette version juive. Le libéralisme de la cité envers les cultes étrangers semble avoir été la règle et le délit religieux a toujours été défini négativement, comme manquement aux impératifs de la religion civique : il faut en tenir compte, quand il s'agit d'établir le « délit de christianisme ».

Lors du procès de Socrate, avoir son propre *daimon* avait été interprété comme un mépris, voire un refus des cultes civiques. Paul répond directement à ce soupçon en s'attachant au culte du dieu inconnu, dont les Athéniens ont élevé l'autel au Pirée et qui est en définitive le sien (Ac 17, 23). Mais il continue par une profession de monothéisme et de transcendance qui a pu lui valoir un procès devant l'Aréopage : en refusant de matérialiser le divin dans les « fabrications de main d'homme » (Ac 17, 24), il reprenait à sa façon la vieille querelle du culte des images et donnait prise, du point de vue grec, au soupçon d'athéisme ; au ive siècle, le philosophe Stilpon avait été condamné et expulsé par l'Aréopage pour le même motif[2], ce qui revenait à nier l'origine divine d'Athéna. Ce chef d'inculpation, explicitement suggéré par les Actes, est peut-être le meilleur argument en faveur de l'historicité du procès devant l'Aréopage.

Il apparaît encore dans l'accusation portée par les artisans d'Éphèse : Paul répétait partout que « ce n'était pas des dieux, ceux qui étaient issus de main d'homme » (Ac 19, 26). On voulait

---

1. *Contre Apion*, II, 267.
2. Diogène Laërce, II, 116.

donc le faire condamner pour athéisme et impiété par les Asiarques qui étaient justement chargés du culte impérial. Cependant les autorités réduisirent la notion de délit religieux à son expression la plus simple, la plus matérielle et la plus extérieure, pillage ou blasphème, qui tombaient l'un et l'autre sous le coup des lois sacrées (Ac 19, 37). En l'absence de preuves matérielles pour soutenir l'accusation d'impiété, seuls restaient possibles des procès de droit commun (Ac 19, 38). La liberté de conscience était entière.

L'auteur des Actes des Apôtres, comme celui de l'Apocalypse, focalise donc l'antagonisme religieux entre chrétiens et Grecs sur le culte des images et sur la conception du divin qu'il sous-tend. Il suggère aussi que la notion de délit religieux faisait l'objet d'interprétations plus ou moins extensives, ce qui montre que le déclenchement d'une persécution était lié avant tout au contexte local et aux réactions populaires. L'antijudaïsme est souligné. À Éphèse, la question religieuse s'efface devant le problème du maintien de l'ordre et tout redevient un problème de droit commun. De la même façon, les tribunaux romains refusent de statuer sur le délit religieux, ce qui, aux yeux de l'auteur des Actes, conduit tout procès de chrétien à un non-lieu.

Les conditions de l'intervention romaine

Les autorités municipales d'Éphèse envisagèrent de recourir au tribunal du gouverneur romain quand il tiendrait session dans la capitale provinciale. Les Juifs de Corinthe l'avaient fait en 51 (Ac 18, 12-17), et le tribun responsable de l'ordre sur l'esplanade du Temple, à Jérusalem, s'y résolut en 55 à la suite d'une émeute populaire qui rappelle celle d'Éphèse (Ac 23, 26-29). Paul avait été dénoncé publiquement par des Juifs d'Asie pour avoir introduit des Grecs « impurs » dans le sanctuaire (Ac 21, 27-36), en transgressant l'interdit affiché sur le parvis ; il avait failli être lynché. Les gouverneurs romains étaient donc sollicités par toutes les parties : par les accusateurs de Paul, quand l'affrontement de ses partisans et de ses adversaires empêchait toute décision judiciaire locale, et par les autorités municipales ou de police, pour protéger l'accusé des violences populaires. Le tribunal romain s'imposait comme une instance d'arbitrage dans un État de droit.

Cependant, intenter une procédure romaine au niveau du tribunal provincial n'était ni simple ni dépourvu de risques. Il fallait prouver le délit de droit commun, comme le rappela le secrétaire de la cité d'Éphèse (Ac 19, 38), en faisant valoir, par exemple, les dommages subis par les corporations professionnelles. Mais si l'administration impériale constatait que cette accusation était mal établie et que tout se ramenait à l'affrontement violent de personnalités ou de factions, elle pouvait réinterpréter l'affaire en termes de sécurité publique et faire prévaloir l'intérêt supérieur de l'ordre romain. Les cités grecques répugnaient à donner à Rome l'occasion d'intervenir dans leurs affaires intérieures quand elles paraissaient incapables de maintenir l'ordre ; or la lutte ouverte des factions (*stasis* : Ac 19, 40) était une de ces situations critiques où la cité risquait son autonomie, statut octroyé par Rome et combien précaire, même à Éphèse. Le secrétaire de la cité craignait une suspension de la liberté de réunion (Ac 19, 40) ; il se souvenait, comme les magistrats de Plutarque, qu'il commandait à des cités soumises aux proconsuls et aux procurateurs impériaux : « Il fallait savoir voir les brodequins sénatoriaux au-dessus de sa tête[1] ! » Bien que les sources grecques, témoignages d'auteurs ou inscriptions officielles, aient oblitéré autant que faire se pouvait les troubles qu'ont pu connaître les cités d'Asie, les indices concordent : Sardes, une des cités où s'implanta le christianisme (Ap 3, 1-6), manqua d'être ruinée par la querelle de deux factions partisanes[2].

Le recours suprême, présenté devant le tribunal impérial à Rome, n'était pas systématique, comme on l'a dit parfois, même pour un citoyen romain. Paul s'y résolut, après que son affaire eut été ajournée pendant plus de deux ans par les procurateurs de Judée et parce qu'il risquait d'être finalement jugé à Jérusalem (Ac 25, 9-13). Dans les Actes des Apôtres, dont cet événement constitue le terme, c'est une décision hautement significative qui répond à une inspiration divine (Ac 23, 11), car elle permet à l'apôtre d'achever sa mission en parvenant à la tête de l'Empire.

---

1. *Préceptes politiques*, 813d.
2. *Préceptes politiques*, 813e.

L'auteur s'attache à cette interprétation théologique, sans donner de précision sur les conditions judiciaires de cet appel à l'empereur, sauf pour dire que ce fut l'initiative de Paul, contre ses intérêts d'ailleurs ; il refusait ainsi la relaxe pure et simple qui était toujours possible (Ac 26, 32). L'auteur connaît la procédure puisqu'il emploie un des termes techniques de l'« appel »[1] ; son témoignage est d'autant plus intéressant que cette procédure est surtout documentée dans l'Orient romain au IIe siècle.

C'était un droit des citoyens romains, certes, encore que l'auteur des Actes n'utilise pas cet argument pour mieux prouver la citoyenneté de Paul. Mais ce droit était quand même limité. L'appel devait recevoir l'autorisation des pouvoirs civiques et provinciaux qui le transmettaient ; or en Orient, on distinguait entre les Romains immigrés, souvent de langue latine, et les Orientaux qui avaient acquis la citoyenneté romaine, car on estimait que les seconds étaient beaucoup moins menacés que les premiers, qu'ils n'avaient pas besoin d'être protégés de leurs compatriotes et que leurs causes pouvaient être jugées sereinement sur place, sans crainte de préjugés xénophobes. Paul entrait bien dans cette catégorie d'Orientaux devenus Romains, mais le procès n'avait pas lieu dans sa cité, Tarse, et on ignore tout de la situation d'un Juif de la Diaspora à Jérusalem. Pratiquement, la procédure d'appel était d'un coût élevé : outre les frais du voyage, l'appelant devait déposer une caution qui, dans le cas d'un procès civil, s'élevait au quart des sommes en litige. Que Paul soit impliqué dans une telle procédure souligne l'importance sociale qu'on lui reconnaît : c'étaient surtout les personnalités locales qui portaient leurs affaires devant les tribunaux de Rome, qu'elles aient joui ou non, d'ailleurs, de la citoyenneté, pour demander un arbitrage extérieur.

Deux cas de figure sont envisageables : on pouvait en effet faire appel d'une cause déjà jugée ou solliciter le renvoi de l'affaire devant une autre cour, quand le jugement local risquait de ne pas être impartial. C'est la version des Actes des Apôtres, qui insistent sur l'incapacité des deux procurateurs de Judée successifs à trancher. Mais l'appel à Rome ne résolvait pas tout : après examen du dossier, la justice impériale pouvait soit ordonner le procès, soit le

---

1. *Épiklesis* : Ac 25, 11-12 ; l'autre terme, plus fréquent, étant *ekklésis*.

renvoyer devant une autre cour ; elle déterminait en outre si l'affaire relevait d'une procédure existante ou constituait un cas nouveau. Le problème se posait peut-être pour un Juif chrétien, mais l'auteur des Actes reste silencieux une fois encore. Après avoir conduit l'apôtre à Rome, il l'y abandonne au terme de deux ans de résidence surveillée, la *custodia militaris* (Ac 28, 16 et 30). Ce délai n'était pas extraordinaire : à la même époque, des prêtres juifs en différend avec le grand prêtre attendirent sept ans leur jugement en prison, de 57 à 63[1]. On peut invoquer l'engorgement des tribunaux romains[2] ou des retards imputables à la partie adverse si elle était incapable, par exemple, de financer son voyage ; or en droit romain, il fallait que toutes les parties soient présentes (Ac 24, 19 et 25, 16). Quelle qu'en soit la raison précise, les Actes peuvent conclure sur un nouveau non-lieu romain, dans la capitale cette fois, après ceux obtenus des instances provinciales à Corinthe et à Césarée. Ces procès qui n'en sont pas permettent, dans une visée apologétique, d'affirmer le libéralisme religieux des pouvoirs romains, tout en creusant la différence entre Juifs fauteurs de trouble et chrétiens loyalistes.

Accusations juives et non-lieu romain :
une interprétation restrictive du délit religieux

La recomposition des discours d'accusation et de défense, ainsi que des rapports d'instruction, révèle en tout cas comment l'État romain définissait le délit religieux et comment le christianisme s'est inséré dans le droit existant. C'est en cela que le témoignage des Actes présente un intérêt historique réel.

Pour étayer une accusation recevable en droit romain, les Juifs plaidèrent chaque fois contre Paul le flagrant délit. À Corinthe, ils voulurent le convaincre d'« illégalité » (c'est le chef d'accusation : Ac 18, 13), par infraction aux édits de Claude sur le prosélytisme. À Jérusalem, ils invoquèrent le délit religieux, en faisant constater la profanation du parvis intérieur du Temple par l'introduction d'un incirconcis (Ac 24, 6). L'écriteau affiché à l'époque

---

1. Josèphe, *Vie*, 13.
2. Dion Cassius, LX, 28, 6.

romaine dans la cour du Temple rappelait cet interdit en grec et en latin[1] ; Rome le garantissait donc et, d'après la formulation même du texte, permettait au commandant du Temple d'intervenir sur-le-champ ; aussi l'avocat du Sanhédrin reprocha-t-il au tribun Lysias d'avoir entravé l'action de la milice et plus ou moins outrepassé ses pouvoirs en lui soustrayant Paul (Ac 24, 7). La transgression de la Loi et la profanation du lieu sacré étaient des actes criminels, passibles de la peine de mort.

Au fur et à mesure que l'instruction de Paul se prolongeait, avec ses ajournements et ses renvois d'instance en instance, les adversaires de l'apôtre étoffaient l'accusation en recourant aux services d'un avocat de métier, Tertullus, au nom latin (Ac 24, 1). Paul était en effet un redoutable procédurier, rompu à la rhétorique judiciaire romaine, comme le montre l'Épître aux Galates. L'avocat essaya de prouver, assez longtemps, semble-t-il, des infractions au judaïsme, c'est-à-dire à l'application de la Loi telle que la garantissaient les édits romains, ce qui permettait au grand prêtre d'exercer sa juridiction (Ac 24, 6-7). Paul fut donc attaqué, comme l'avaient été Socrate et bien d'autres philosophes, en raison de son enseignement public, jugé subversif (Ac 21, 28). Il s'en justifia en garantissant son orthodoxie par son éducation pharisienne, par les mandats qu'il avait reçus autrefois du Sanhédrin et par le témoignage de certains pharisiens (Ac 22, 3 et 5 ; 23, 6 ; 26, 4-5). Tout cela fut admis par l'auditoire. Mais le conflit rebondit sur deux questions : l'intégration des non-Juifs, unanimement repoussée au nom de l'*amixia* (Ac 22, 21-22), et la foi en la résurrection, qui divisait les accusateurs (Ac 23, 6-7). Il s'ensuit une distinction intéressante entre le « sentiment religieux » (*deisidaimonia* : Ac 25, 19) et la « pratique cultuelle » (*threskeia* : Ac 26, 5) ; comme les apologies de Socrate, celle de Paul le justifie à travers son comportement extérieur et public, en limitant la notion de délit religieux aux infractions matérielles et rituelles. Le tribun romain, chargé de l'instruction, ne s'y trompe pas, qui reconnaît aux Juifs le droit de juger les causes entre Juifs selon la loi mosaïque (Ac 22, 30) ; cependant il réduit l'accusation des Juifs contre Paul à une controverse spécifique sur l'interprétation de « leur » loi, qui n'entre pas dans le cadre du droit pénal (Ac 23,

---

1. Inscription, *OGI*, n° 598.

29). Les magistrats romains ne s'attendent à connaître que les « actes délictueux » (Ac 25, 17), que pouvaient entraîner certaines pratiques religieuses. On essaya donc d'en trouver.

L'avocat du Sanhédrin insiste sur le caractère subversif des activités de Paul, dont il circonscrit le caractère criminel en reprenant, presque terme à terme, des formules impériales. Comme les trublions juifs d'Alexandrie et d'ailleurs[1], Paul était un fléau de l'humanité à l'échelle de l'Empire, qui bouleversait toutes les communautés de la Diaspora en y suscitant des luttes de factions (Ac 24, 5) ; il sortait donc des cadres et des limites établies par Claude à la liberté des Juifs. Paul répond à ce chef d'inculpation en insistant sur la transparence de ses activités (Ac 24, 11-12). Les Actes des Apôtres le font aussi, indirectement, en démontrant que les comportements réellement subversifs sont plutôt le fait des accusateurs. Et c'est ce que découvre l'instruction du tribun : une conspiration de quarante membres s'était formée pour assassiner Paul, avec l'aval du Sanhédrin (Ac 23, 12, 21 et 30) ; fondée sur un serment et un rituel de conjuration, elle représentait tout ce que détestait l'ordre romain et que les conventions attribuaient au « banditisme ». Pour les lecteurs des Actes, ce renversement de situation se trouvait justifié par les préliminaires de la guerre et les complots de toute sorte des sicaires et des zélotes sous le même procurateur Félix, que dénonce aussi Flavius Josèphe[2].

Derrière la dénonciation d'activités subversives, on trouvait le délit de secte, délit beaucoup mieux défini dans le droit impérial que dans la cité grecque, après l'introduction de la notion d'association licite et illicite[3]. Paul est donc présenté comme le président fondateur de la secte des nazoréens (Ac 24, 5), nom que l'auteur des Actes ne récuse d'ailleurs pas pour les fidèles de Jésus (Ac 26, 9). Assimilant l'homme de Nazareth à un « observant[4] », l'appellation renvoie dans tous les cas à la condamnation officielle de « Jésus le Nazoréen, roi des Juifs », selon les termes de Pilate (Jn 19, 19-22), c'est-à-dire à un mouvement messianique et royaliste, donc subversif. Le terme de « secte » (*hairésis*) est

---

1. Papyrus de Londres, *Pap. Lond.*, VI, 1912, V, 23-25 (CPJ, 153).
2. *GJ*, II, 254-257.
3. *Digeste*, XLVII, 22.
4. Voir ci-dessus chapitre 5.

celui qu'utilisa aussi Josèphe quand il voulait faire prendre conscience aux Romains des différents courants du judaïsme ; on faisait ainsi référence à leur doctrine particulière, comme pour les écoles philosophiques.

La défense porte sur le fond et sur la forme. L'apologie de Paul souligne l'originalité de la doctrine, qui réside dans la croyance en la résurrection, mais elle en affirme le caractère traditionnel puisque cette croyance se fonde sur la Loi et les prophètes (Ac 24, 21). Surtout, elle récuse l'appellation de secte, au sens de mouvement intellectuel ou religieux tel que le cataloguait le droit romain, pour présenter le christianisme comme une « voie », un mode de vie (Ac 24, 14)[1], ou comme une « croyance » (*pistis* : Ac 24, 24), en échappant ainsi à toute définition juridique. Le problème était déplacé sur le plan doctrinal ou sur le plan éthique (Ac 24, 25), l'intervention romaine ne pouvant se justifier qu'en termes de délit d'opinion. Or dans le monde gréco-romain, les pouvoirs publics n'avaient pas l'habitude de le prendre en compte : le procurateur Festus en arrive donc à la conclusion que Paul présente une sensibilité religieuse qui lui est propre et qui repose sur sa conviction en la résurrection de Jésus (Ac 25, 19), mais que le délit religieux, si délit il y a, ne pourrait s'établir qu'en droit juif. Ainsi est affirmé à nouveau le libéralisme romain.

Les accusations portées contre Paul – enseignement pernicieux, incitation à la subversion, association illicite – sont si générales qu'elles en sont exemplaires : elles permettent d'établir les principes de la défense chrétienne. Dans le cas particulier de Paul, il faut quand même se demander s'il n'exista pas un autre chef d'inculpation, passé sous silence ou presque. L'apologie de Paul devant Félix présente comme preuve de son orthodoxie les aumônes qu'il rapportait à Jérusalem « pour son peuple » (Ac 24, 17), sans préciser s'il entendait par là tous ses compatriotes ou, simplement, ses coreligionnaires chrétiens. Or la collecte, mise en place par Paul lors de sa troisième mission, avait été, rappelons-le, une source de discorde entre lui et ses Églises[2]. Si elle paraissait concurrencer celle du Temple, elle pouvait tomber sous le coup de la loi romaine qui réglementait et garantissait cette dernière en

---

1. Voir Ac 22, 4, et 9, 2 ; *Didachè*, 1 ; Mc 12, 14.
2. Voir ci-dessus chapitre 10.

tant qu'institution « ancestrale[1] » ; la perception et l'acheminement étaient garantis ; le détournement des fonds était assimilé à un sacrilège. Sur ce point précis, le délit religieux pouvait être facilement établi.

Les trois autorités romaines sollicitées, à Corinthe, à Jérusalem et à Césarée, avaient des niveaux de compétence différents, mais se prononcèrent toutes trois de la même façon sur le christianisme paulinien. Les griefs d'illégalité ou de subversion, le délit religieux ou celui de secte ne peuvent être établis et tout se réduit à une controverse religieuse. Les procès ou faux procès de Paul permettent ainsi de comprendre le statut d'exception des Juifs dans l'Empire romain, mieux qu'à travers les pièces d'archives compilées par Flavius Josèphe. Le pouvoir romain garantit l'application de la Torah, mais ne se mêle pas de son interprétation ; la Torah est utilisée dans la jurisprudence en ce qu'elle définit un droit de la famille, un droit de l'étranger, un droit d'association. Mais quand la Loi est prise dans sa dimension religieuse et que son interprétation soulève des points de doctrine, l'autorité politique se déclare incompétente.

L'auteur des Actes des Apôtres démontre le libéralisme romain dans un texte écrit après 70, alors que l'histoire officielle de Rome enregistre la première persécution collective des chrétiens sous le règne de Néron. Le décalage est considérable entre les rares informations fournies par le Nouveau Testament, allusives et ponctuelles, et l'intérêt précoce des milieux officiels pour cette nouvelle religion et les problèmes qu'elle posait au pouvoir. Faut-il l'expliquer par des visées apologétiques concevables des deux côtés, car à la volonté du milieu paulinien de s'intégrer à l'Empire, répondait dans l'aristocratie romaine le désir de noircir Néron de toutes les façons possibles ? Ou faut-il prendre en compte une évolution du droit pénal romain, dont ce décalage et ces contradictions permettraient justement de cerner les phases ? Deux moments sont à considérer : celui où les chrétiens furent précisément identifiés par la société romaine et le pouvoir impérial et celui où l'accusation d'être chrétien reçut un contenu légal.

---

1. *AJ*, XIV, 10, 8 (216) ; XVI, 2, 3-4 (25-57).

Était-ce un crime d'être chrétien ? Et depuis quand ?

L'histoire romaine n'apporte pas non plus de conclusions d'autant que les événements qu'elle retient ne sont pas contemporains des témoignages chrétiens vécus. Le Nouveau Testament, des épîtres de Paul à la première lettre de Pierre en passant par les Actes des Apôtres, couvre plus ou moins la période 55-80, c'est-à-dire la fin du règne de Néron et l'époque flavienne. Dans ces années-là aucun texte officiel n'évoque les chrétiens. Ceux qui ont écrit à leur sujet sont des fonctionnaires et des historiens du début du IIe siècle : Pline le Jeune vers 112, Tacite vers 115, Suétone vers 121.

À cette date, sous les règnes de Trajan et d'Hadrien, le christianisme a acquis une visibilité certaine, du moins dans plusieurs provinces, puisque ces deux empereurs ont légiféré à son propos dans le cadre de l'administration provinciale[1]. Pline a eu à traiter directement du problème chrétien, comme gouverneur de Bithynie au nord-ouest de l'Asie Mineure ; Tacite l'a certainement découvert au même moment en Asie, quand il était proconsul à Éphèse en 112, peu avant la rédaction de ses *Annales*. Selon le témoignage de Pline qui concerne des Églises auxquelles s'adresse la première lettre de Pierre, le christianisme est très répandu en Asie, non seulement dans les cités mais dans la campagne ; il rassemble un grand nombre de gens de toutes conditions[2]. Leur expérience de l'Asie Mineure a sans aucun doute conduit Pline et Tacite à s'intéresser aux chrétiens et à prendre conscience de leur importance au début du IIe siècle. Tacite a peut-être projeté cette impression, de façon un peu anachronique, sur le règne de Néron : en effet, faire des chrétiens les boucs émissaires du grand incendie de Rome en 64 – comme, dit-il, le fit Néron[3] – suppose que le groupe avait été bien individualisé, identifié et distingué des Juifs, dans la capitale populeuse et cosmopolite. Suétone ne le confirme pas ; il fait une allusion à la persécution de Néron contre cette superstition nouvelle, mais

---

1. Rescrit de Trajan, dans Pline, *Lettres*, X, 97 ; lettre d'Hadrien au proconsul d'Asie, citée par Justin, *Première Apologie*, 68 et dans *HE*, IV, 9.
2. Pline, *Lettres*, X, 96, 8, et 9.
3. *Annales*, XV, 44, 2.

sans la rattacher à l'incendie[1]. Dans tous les cas, aucun d'entre eux ne mentionne un édit impérial : l'*institutum neronianum* n'est cité que par les chrétiens à partir du IIIe siècle[2].

Le texte légal le plus ancien dont on dispose est donc le rescrit de Trajan. Il fit longtemps jurisprudence : les chrétiens ne devaient pas être poursuivis d'office, mais uniquement après dénonciation et aveu ; ils étaient condamnés sur ce seul motif, pour une appartenance religieuse que l'État considérait comme criminelle.

S'agissait-il d'une législation nouvelle ? La requête de Pline à l'empereur paraît pleine de contradictions. Le gouverneur de Bithynie n'a jamais participé à des procès de chrétiens, mais il sait qu'il y en a eu ; il demande si on les condamne sur leur appartenance religieuse ou sur leurs actes publics mais, dans les faits, il ne vérifie la pratique des rites officiels que pour les apostats et ceux qui ne s'avouent pas chrétiens : le « nom » de chrétien semble donc primer sur la conduite ; enfin, il ne sait pas pourquoi on les condamne, mais il sait qu'on les condamne selon une procédure établie. Bref, Pline semble disposer de plus d'éléments juridiques qu'il ne le dit explicitement et sa requête à l'empereur ne se justifie guère, sinon par le problème spécifique des apostats qui constitue la troisième rubrique du rescrit impérial. Les apostats récusaient le nom et la qualité de chrétien, si bien qu'on ne pouvait les condamner sur ce chef d'inculpation, mais Pline semble indécis sur les suites à donner aux actes délictueux qu'ils avaient pu commettre dans leur période chrétienne. En effet, la prescription n'existait pas en droit romain. L'empereur tranche dans ce cas pour l'amnistie. Si l'on met à part ce point particulier, qui a pu suffire à motiver la requête, Pline semble bien avoir appliqué une loi spéciale qui qualifiait le « crime de christianisme » et déclarait en conséquence les Églises illicites, comme des associations à caractère criminel. Avant de solliciter l'empereur, il a puni, en définitive, « le seul nom de chrétien, en l'absence de crime[3] ». Cette hypothèse trouve confirmation dans la

---

1. *Vies des douze Césars. Néron*, 16. Cet historien de cour est moins bien informé : il n'a dû avoir connaissance du problème qu'indirectement.
2. Tertullien, *Aux nations*, I, 7, 8-9.
3. *Lettres*, X, 96, 2.

première lettre de Pierre : ce texte, qui doit dater des années 80 et qui est bien antérieur au rescrit de Trajan, est le premier à parler de persécutions pour crime de christianisme en même temps que de procédures de droit commun (1 P 14, 15-16). La pénalisation du christianisme date donc du règne de Domitien au plus tard.

Le droit pénal romain a évolué. Paul, dans les années 50, ne pouvait être poursuivi que pour des crimes de droit commun, dans des procès privés, ou pour des menées publiques séditieuses qui relevaient du pouvoir de coercition des gouverneurs. Pendant le règne de Néron, vers 64-68, l'historiographie romaine qualifie encore les chrétiens d'après le droit commun, soit d'incendiaires (Tacite), soit de superstitieux qui mettaient en cause la religion nationale (Tacite et Suétone), soit encore de révolutionnaires dangereux (Suétone). Les Actes des Apôtres, après 70, ne veulent envisager que des condamnations officielles pour « actes délictueux » (Ac 25, 25-26). Au contraire, la première lettre de Pierre et la lettre de Pline reconnaissent le crime de christianisme.

Une association à but criminel ?
Les chrétiens de Rome et l'incendie de 64

Reste à déterminer les circonstances qui ont amené le pouvoir impérial à considérer les Églises comme des associations criminelles. S'agissait-il de les condamner en raison de leur but, qui les aurait fait ranger parmi les groupements factieux – le crime étant alors de nature politique ? Ou visait-il des moyens que les Églises mettaient en œuvre, et qui tombaient sous le coup du droit civil ?

Dans la première hypothèse, il faut reconsidérer leur inculpation comme incendiaires en 64. Un incendie était un crime politique très grave, puisqu'il compromettait l'existence de la cité : aussi tout incendie donnait-il lieu à une instruction judiciaire, avec incitation à la délation pour retrouver les coupables et engager des poursuites. Lors d'un incendie de Rome, en 211 avant notre ère, alors que les Romains étaient plongés dans la deuxième guerre punique et qu'Hannibal avait envahi l'Italie[1],

---

1. Tite Live, XXVI, 27.

on inculpa des Campaniens, de ceux qui avaient rallié l'ennemi ; on interpréta donc cet incendie comme un crime politique, une « trahison ». En 7 de notre ère, un autre incendie de Rome fut imputé à des débiteurs insolvables, si bien qu'il n'y eut pas de poursuites judiciaires[1]. La catastrophe d'Antioche en 70 fut d'abord attribuée aux Juifs, sur dénonciation d'un coreligionnaire (et il y eut alors un début de pogrom) puis, après enquête, à des débiteurs insolvables, cette fois encore, en excluant le crime politique[2]. La jurisprudence connue ne confirme donc pas l'hypothèse d'une interdiction légale de l'association chrétienne pour crime d'incendie, puisque ce dernier pouvait être qualifié indifféremment en termes politiques ou de droit commun. Tacite, qui est le seul à impliquer les chrétiens dans le crime d'incendie, y voit plutôt un prétexte pour éliminer une secte venue de Judée, marquée par la réputation xénophobe du judaïsme, sa « haine du genre humain » ; reprenant une très ancienne argumentation antisémite – il est lui-même antisémite –, Tacite considère les chrétiens comme une faction juive parmi les autres, dont le fondateur est assez bien connu : c'est Christ, condamné à mort par Pilate, sous le règne de Tibère.

L'enquête officielle sur l'incendie d'Antioche avait innocenté les Juifs. Mais d'aucuns pensent que la sensibilité apocalyptique avérée de certains groupes chrétiens avait attiré sur eux l'attention de l'opinion publique[3], en raison de leur comportement face à l'incendie de Rome : persuadés qu'il était la préfiguration de l'embrasement eschatologique, imminent, ils se seraient répandus dans les rues de Rome pour s'en réjouir et appeler à la conversion, dans un prosélytisme de plus en plus intense ; or cela tombait sous le coup de la loi romaine. L'interprétation est intéressante, mais elle laisse subsister le problème de l'importance numérique et de la visibilité du groupe chrétien à cette date.

L'individualisation des chrétiens à Rome

En rapprochant le témoignage des Actes des Apôtres de celui de Suétone, on peut soutenir l'hypothèse que les chrétiens ont été

---

1. Dion Cassius, LV, 8, 6-7.
2. *GJ*, VII, 55-61.
3. Cette sensibilité caractérise 2 Th et IP composée à Rome.

reconnus et individualisés très tôt par les Romains. Le mot est de formation latine, avec son suffixe *-ianus* (*christianus*) ; il dérive d'un nom de personne – Chrestos, l'« Obligeant[1] » ou Christos, l'« oint », le « Messie[2] ». Le groupe religieux, qui était une « superstition » pour les Romains, était donc individualisé par son fondateur, dont Pline connaissait le nom et Tacite l'existence historique.

Or cette terminologie spécifique de « chrétien » n'est qu'exceptionnellement utilisée dans le Nouveau Testament : deux fois dans la première lettre de Pierre (4, 14 et 16), un écrit romain qui est aussi le seul à évoquer le crime de christianisme, et deux fois dans les Actes des Apôtres (11, 26 et 26, 28). L'auteur des Actes pense que le nom est apparu précisément à Antioche et il doit savoir de quoi il parle puisque la tradition l'identifie à Luc, médecin d'Antioche[3] ; le premier des écrivains chrétiens à reprendre ce terme fut d'ailleurs Ignace d'Antioche. Comme cette ville était une capitale provinciale, siège du gouverneur de Syrie qui avait la Judée sous son commandement, celui-ci a pu connaître des problèmes posés par le nouveau groupe religieux. Il y avait à Antioche une très importante minorité juive, qu'on soupçonnait facilement d'activisme[4]. C'est là qu'éclata le premier conflit entre chrétiens juifs et chrétiens grecs (Ga 2, 11-14 ; Ac 15, 1-3 et 30-35), ce qui a peut-être amené certains observateurs romains à dissocier des Juifs les fidèles de Christ.

Le nom de « chrétien » a été inventé soit au moment de la rédaction des Actes, qui est assez proche de celle de la lettre de Pierre vers 70-80, soit, d'après le contexte narratif des Actes, beaucoup plus tôt vers 50. L'identification des chrétiens par les Romains serait alors à peu près contemporaine des troubles créés à Rome en 49, au sein de la communauté juive, par la faction de Chrestos[5] : il s'ensuivit l'expulsion de Juifs chrétiens comme Aquilas (Ac 18, 2). À Rome, Suétone comme Tacite semblent ne connaître que des chrétiens juifs. Ainsi le nom de chrétien a pu être utilisé à Rome avant même le règne de Néron ou seulement à

---

1. Suétone, *Claude*, 25, 3.
2. Tacite, *Annales*, XV, 44, 3.
3. *HE*, III, 4, 6.
4. *GJ*, VII, 55-61.
5. Suétone, *Vies des douze Césars*, *Claude*, 25, 4.

l'époque flavienne. On identifia peu à peu le fondateur du groupe, d'abord comme un personnage quelconque au nom banal, puis comme un messie exécuté pour crime politique.

Une association aux moyens criminels ?
Les condamnations de droit commun

À défaut de manifester ouvertement un but criminel ou subversif, les associations pouvaient être condamnées sur leurs pratiques et leurs comportements. Dans l'élaboration d'une législation restrictive, qui n'a cessé de se renforcer sous l'Empire, un texte servait de jurisprudence : le sénatus-consulte décrété en 186 avant notre ère contre les associations dionysiaques, après le scandale des Bacchanales[1]. Il interdisait sous peine de mort la réunion de ces groupes, sauf dans certaines circonstances très précises et pour des motifs strictement religieux. Qu'il s'agisse d'une réaction religieuse conservatrice à l'introduction de rituels charismatiques ou d'une répression politique visant des conjurés réels ou supposés, le Sénat fournit alors un catalogue des actes criminels (*flagitia*) caractéristiques : incitation à la débauche lors de réunions secrètes nocturnes, meurtre, faux témoignage, captation d'héritages... C'est au titre d'association de malfaiteurs que les Bacchants avaient été condamnés.

Certains de ces chefs d'inculpation ont servi de base aux enquêtes sur les chrétiens : Tacite et Pline retiennent contre eux des « actes criminels » (*flagitia*). L'instruction de Pline, à en juger par les réponses qu'il a obtenues lors de son enquête en Bithynie, portait sur les mêmes points que le sénatus-consulte de 186 : les réunions nocturnes, la débauche, les serments de conjuration, les détournements de fonds[2]. Pour le gouverneur de Bithynie, le nom de chrétien impliquait des actes criminels, et c'est pourquoi le problème des apostats lui paraît si grave. La question des croyances n'est que secondaire puisque l'adhésion aux cultes officiels et les sacrifices à l'image impériale ne sont vérifiés que pour les apostats.

---

1. Tite-Live, XXXIX, 8-19.
2. *Lettres*, X, 96, 7.

Certaines pratiques de la vie des Églises avaient pu donner prise à la condamnation collective et à l'interdiction légale, à commencer par leur organisation très structurée. Elles se rassemblaient une fois par semaine (Ac 20, 7), alors que les associations licites n'étaient autorisées à se réunir qu'une fois par mois[1]. Les liturgies étaient nocturnes et d'autant plus suspectes de débauches (1 P 2, 12) que l'on savait mal ce qui se passait dans le rituel eucharistique : le crime d'anthropophagie, calomnie usitée contre les Juifs, pouvait s'appuyer sur l'Évangile de Jean (6, 52 et 60), qui décrit ce rite comme inacceptable pour les Juifs ; l'enquête de Pline repose sur la présomption qu'il ne s'agissait pas d'une nourriture ordinaire ou innocente[2]. L'accusation de meurtre rituel et d'anthropophagie assimilait aussi, on l'a vu, les Juifs et les chrétiens aux dionysiaques et à leurs débauches (Sg 14, 23)[3]. La relation extrêmement personnalisée qui existait entre une Église et son fondateur (1 Co 1, 12) pouvait suggérer une conjuration ; Pline d'ailleurs s'interroge sur des serments criminels[4]. Enfin, la mise en commun des biens dans certaines Églises (Ac 2, 45 ; 4, 36 et 5, 1-11) pouvait faire soupçonner des pressions et des manœuvres captatoires, ce qu'on mettait peut-être sous l'accusation d'ingérence (1 P 4, 15).

On reprochait en définitive aux chrétiens leur manque de transparence : ils n'avaient ni temple, ni autel, ni statue de leur dieu et paraissaient de ce fait constituer une société secrète et mystérieuse[5]. L'intégration d'une secte à la cité dépendait en effet beaucoup de la publicité qu'elle donnait à ses activités : un sanctuaire sur la voie publique y aidait certainement ; les inscriptions qu'on y affichait renseignaient sur ce qui s'y passait ; les sacrifices et les banquets étaient une occasion d'amener des invités extérieurs ; enfin, l'image du dieu était une sorte de label et, pour les Orientaux, un moyen de manifester leur hellénisation. Le culte des images sensibilisait décidément l'opinion, comme Pline ne manque pas de le rappeler[6].

---

1. *Digeste*, 47, 22, 1.
2. *Lettres*, X, 96, 7.
3. Voir ci-dessus chapitre 3.
4. *Lettres*, X, 96, 7.
5. Origène, *Contre Celse*, VIII, 17.
6. *Lettres*, X, 96, 5.

Transformer ces pratiques délictueuses particulières en crime collectif « capital », entraînant l'interdiction d'un groupe religieux sous peine de mort, supposait un « saut qualitatif », pour reprendre l'expression du dernier historien des Bacchanales : il faut donc supposer que la secte s'était considérablement agrandie, ce que la correspondance de Pline atteste pour les chrétiens. Les premières persécutions collectives, de Néron à Trajan, impliquent dans tous les cas le rapide essor de la religion nouvelle, qu'elles se soient fondées sur le but ou sur les pratiques supposées des adhérents.

Du témoin au martyr

Comme le montre l'exemple de Pline, la poursuite criminelle des chrétiens de Bithynie faisait partie de l'*imperium* du gouverneur romain, de son pouvoir de coercition. On ne mettait pas en place une justice d'exception pour les chrétiens, puisque Pline a laissé leur droit d'appel aux citoyens romains convaincus de christianisme, en les transférant à Rome[1]. Mais derrière le gouverneur de Bithynie, se profilait l'autorité morale et légale du Sénat, seul compétent pour permettre ou interdire une association. Ses interventions en matière religieuse étaient traditionnelles à Rome. Le Sénat manifestait de l'intérêt pour un culte nouveau si sa teneur pouvait modifier le statut politique de Rome : dans ses interventions la religion, la politique et la morale se mêlaient en proportion variable et d'ailleurs discutée, mais il se posait symboliquement comme le défenseur de l'ordre et de la tradition.

Les empereurs ne furent donc pas les seuls « persécuteurs », bien que l'imaginaire chrétien ou la polémique philosophique se soient polarisés sur un Néron ou un Domitien. Les empereurs du Ier siècle n'étaient pas encore des monarques absolus et n'avaient pas compétence pour interdire une association dans tout l'Empire. Aussi doit-on penser que l'interdiction générale des chrétiens a été promulguée par le Sénat, peut-être dès le règne de Néron et peut-être en conséquence de l'incendie de Rome ; elle serait ensuite passée peu à peu dans les provinces sénatoriales, comme

---

1. *Lettres*, X, 96, 4.

la Bithynie que gouverna Pline, puis finalement dans les provinces impériales. Les copies étaient parfois abrégées, sans mentionner les attendus, ce qui pourrait expliquer les incertitudes de Pline.

La part personnelle de Néron fut de monter un supplice à grand spectacle. Empereur et gouverneurs provinciaux disposaient des condamnés pour les jeux de l'amphithéâtre, et Paul avait bien cette image dans les yeux (1 Co 15, 32) : même s'il l'applique à son propre cas dans un sens métaphorique, son hagiographe met en scène l'épisode. Paul sentait toute proche sa condamnation, et se voyait « donné en représentation » pour le monde, comme tous les apôtres, tel « un spectacle d'amphithéâtre ». L'image est reprise dans l'Épître aux Hébreux (10, 33-34) et dans la première histoire chrétienne à propos des condamnés utilisés par Néron et de ceux exposés à Lyon en 177[1]. Le spectacle de Néron fut inhabituellement sophistiqué : des condamnés furent embrasés comme des torches vivantes, d'autres recouverts de peaux de bêtes et chassés ; ces « conduites de dérision[2] », qui s'ajoutaient à l'exécution, étaient assez courantes dans le monde gréco-romain : Jésus en avait souffert (Mt 27, 28-30), comme certains Juifs à Alexandrie[3]. Ce n'était pas pur sadisme. On voulait faire comprendre au public, par un effet visuel, un comportement illégal et anormal, ici la sauvagerie ; il s'agit d'illustrer la « haine du genre humain », le seul crime retenu en définitive par Tacite.

Les empereurs amplifièrent aussi les persécutions en étendant l'application de la lèse-majesté : les intellectuels le reprochèrent assez à Néron et à Domitien. Elle fut appliquée non seulement aux actes délictueux contre le prince et sa famille, mais à tout ce qui représentait une menace pour la sécurité de l'État : le refus de rendre un culte à l'image impériale relevait évidemment de ce chef d'inculpation, et sans doute aussi, à suivre les vies de philosophes, de l'offense au chef de l'État.

On ne saurait donc déterminer les accusations retenues contre Pierre et Paul. Toute la tradition fait mourir Paul à Rome sous le règne de Néron, sinon en sa présence, car l'empereur voyagea en

---

1. *HE*, V, 1, 37 et 40.
2. Tacite, *Annales*, XV, 44, 5.
3. Philon, *Contre Flaccus*, 36-39. Voir ci-dessus chapitre 6.

Grèce en 67. D'après les chronographies antiques qui situent l'exécution de Paul en 66 ou 67, elle a suivi de peu la persécution des philosophes en 65-66[1]. Peut-être a-t-il été condamné dans le même contexte, car son groupe éclata alors, comme le firent les sectes philosophiques, et il se présenta seul devant le tribunal (2 Tm 4, 10 et 16) ; en outre, il revendiqua, haut et fort, son droit à la liberté de parole, on s'en souvient, et l'Église de Rome garda de lui l'image du philosophe idéal, du « héraut » stoïcien[2].

L'Apocalypse évoque le supplice public de deux « prophètes témoins » à Rome, exécutés dans la grande cité du mal, par le fait du pouvoir impérial que symbolise la Bête (Ap 11, 3-10) : il peut s'agir de Pierre et de Paul, d'autant que l'Évangile de Jean (21, 18-19) annonce aussi le supplice du premier par une prophétie rétrospective. L'Apocalypse encore (20, 4) évoque des citoyens romains, comme Paul, décapités pour avoir témoigné de Jésus devant le pouvoir impérial. Ainsi s'esquisse une première théologie du martyre, qui est d'ores et déjà considéré comme une forme particulière de témoignage public (voir aussi Ap 6, 9 et 17, 6) ; en ce sens, la formulation chrétienne du martyre est assez différente de celle du judaïsme hellénisé qui insistait sur l'affirmation identitaire (2 Mac 6-7) et l'attente du miracle (Dn 3, 24-51)[3]. L'apôtre s'offre avec joie pour son Église, comme une libation sacrificielle (Ph 2, 17 ; 2 Tm 4, 6) ; il est convaincu que la cause de l'évangile sortira renforcée de ses souffrances (Ph 2, 6-11) ; les fidèles, à leur tour, doivent savoir que, même dans les circonstances les plus dures, leur conduite éclaire le monde (1 P 3, 16).

Cependant, le désir du martyre n'existe pas encore, comme il se manifestera au IIe siècle en même temps que le culte héroïque des apôtres suppliciés[4]. Les lettres apostoliques et même l'Apocalypse ne font pas d'héroïsme : elles prodiguent simplement encouragements et consolations (He 11, 32-39 ; 2 Th 2, 13-17), en exhortant à la persévérance et à la soumission, en insistant sur la valeur rédemptrice de la souffrance[5]. Car les apôtres, et Paul en

---

1. Tacite, *Annales*, XV, 60-65, et 70-71 ; *V. Ap.*, IV, 36 et 44.
2. *I Clém.*, 5, 6 et 1 Tm 2, 7 ; 2 Tm 1, 11 ; voir Épictète, *Entretiens*, III, 22, 69.
3. Voir ci-dessus chapitre 3.
4. *HE*, II, 25, 6-7, citant le prêtre romain Gaius à la fin du IIe siècle.
5. On ne sait si le terme de « colonne » (Ga 2, 9 ; Ap, 3, 12) s'applique déjà à des

particulier, ont conscience que l'Église est encore fragile : vivre ou mourir, il ne sait que choisir ; l'urgence du travail à achever le retient ici-bas, malgré son désir ardent de s'en aller vers le Christ (Ph 1, 21-26). Le chrétien ne cherche pas à fuir le monde, qu'il considère comme son champ d'activité et dont il se sent responsable, car il admet les impératifs de la vie communautaire (1 P 2, 12 et 3, 8-16). La « haine du genre humain », invoquée par Tacite, n'était pas un grief fondé.

La volonté d'intégration achoppa sur le culte des images (l'idôlatrie), dont le refus se transmit des Juifs aux chrétiens, comme le seul et véritable trait de continuité d'une apocalypse à l'autre. L'enjeu était donc le monothéisme ; la perception et la définition du divin devenait un facteur de tensions et de rupture que le développement du culte impérial n'a pu qu'aggraver dans certaines provinces et sous certains règnes. Le chrétien persécuté pour ce motif donnait bien un témoignage religieux.

À la fin du Ier siècle, l'État romain avait déjà pris position. L'interdiction du christianisme et sa qualification comme crime révèlent un engagement de l'État, au-delà de la personnalité de tel ou tel « mauvais empereur ». La seule explication possible en est la visibilité grandissante de la nouvelle religion. Ainsi le droit romain et les témoignages officiels comblent un peu les lacunes des sources chrétiennes sur la diffusion de l'évangile.

---

confesseurs de la foi, comme ce sera systématiquement le cas ensuite (*I Clém.*, 5, 2 ; HE, V, 1, 17).

CONCLUSIONS D'HISTORIEN

À l'époque hellénistique et au début de l'Empire romain, l'histoire biblique est celle d'une intense création littéraire, qu'il s'agisse de formes originales, comme les apocalypses et les évangiles, ou d'œuvres répandues dans l'ensemble du monde antique, romans, chroniques, récits de voyage, lettres ouvertes, recueils de miracles... L'utilisation de tous ces genres dans les livres les plus récents de la Bible renvoie le lecteur au problème, très débattu, de la genèse du roman, de l'autobiographie ou du récit miraculeux : origine grecque ou orientale, on ne sait, mais le roman de Tobit ou le deuxième livre des Maccabées révèlent certainement des échanges interculturels.

La prolifération littéraire qui caractérise ces quatre siècles montre que le croyant d'alors se situait entre tradition et actualité. Juifs et chrétiens ont partagé une culture nourrie de l'Écriture, qu'ils ont élaborée en interprétant les mêmes figures, les mêmes événements, les mêmes modèles du passé. La signification religieuse et emblématique des faits n'a donc cessé de s'enrichir. L'historien est ainsi tributaire de l'exégèse, non seulement pour comprendre la visée théologique d'un récit, mais pour saisir aussi une psychologie collective et définir un langage religieux. La lecture historique d'un livre de la Bible procède d'un va-et-vient entre le tout et la partie : si riches et si nombreuses sont les interprétations greffées sur le récit événementiel qu'elles donnent le droit de le traiter en multipliant les approches, pour y découvrir l'expression cohérente d'une foi mais aussi, de façon éclatée, pour y retrouver des réalités variées.

Dans une perspective anthropologique, la Bible permet de mesurer un progrès dans l'affirmation et l'individualisation de la personne. Certains textes, peu nombreux il est vrai, se donnent comme des comptes rendus d'expérience personnelle. Même si la forme littéraire est très contraignante, Jean, le visionnaire de Patmos, apparaît beaucoup plus nettement dans son apocalypse que l'auteur du livre de Daniel qui utilise tant de masques. Les genres ne sont d'ailleurs pas aussi stéréotypés qu'on aurait pu le croire : l'autobiographie, assez conventionnelle, de Ben Sirach ne ressemble guère à celle très provocante de Paul, qui prend à rebours les valeurs de son temps.

Quand on peut comparer plusieurs versions d'une même histoire – celle de Daniel, celle d'Esther ou celle des Maccabées –, on découvre un mode d'expression religieuse propre aux Juifs dans le monde grec. Les textes composés dans la Diaspora, ou pour elle, introduisent des pièces d'archives, des récits de fondation (pour les fêtes) et, plus encore, des épisodes merveilleux. En multipliant ces preuves d'authenticité, la Diaspora voulait compenser l'éloignement de Jérusalem ; c'est précisément ce qu'ont fait les apôtres chrétiens au cours de leur mission. Les Juifs du monde grec avaient pris l'habitude aussi, en se conformant aux usages des sanctuaires et des cités, de donner de la publicité à tous les moments importants de la vie religieuse. Documents royaux et lettres de Jérusalem, authentiques ou forgés, servirent à cela. De même, les récits miraculeux avaient une fonction tout à la fois liturgique et publicitaire, comme dans les sanctuaires grecs ; composés selon le même schéma – épreuve, prière, miracle, louange collective et conversion des persécuteurs –, ils montrent comment fonctionnait la propagande religieuse, écrite ou orale, à travers des liturgies de commémoration et d'action de grâces.

L'homme religieux s'affiche : récabite, essénien, nazirite, « saint », nazaréen, chrétien, adepte de la Voie... Le label religieux apparaît dans les livres hébraïques, les textes chrétiens, l'histoire de Josèphe et même dans les inscriptions. La religion devient un élément particulier d'identification : soit qu'elle signale l'appartenance à un groupe ou l'adhésion à une personnalité, soit qu'elle exprime une pratique ou un comportement.

Elle n'est plus seulement le système culturel qui unit une communauté à sa divinité ancestrale (conception partagée par les Juifs, les Grecs et les Romains) ; c'est la confession d'une foi personnelle, un « nom » pour lequel on subit parfois la persécution.

Nous ne saisissons plus les réalités sous-jacentes à ces diverses dénominations religieuses qui semblent d'ailleurs avoir évolué, mais leur variété souligne, si besoin est, l'inadéquation d'une terminologie usuelle mais anachronique. On ne parlait pas alors de païens ni de judéo-chrétiens. Certes, la conception juive de l'étranger, comme celle des Grecs, inscrivait théoriquement celui-ci dans une relation dichotomique, celle du même et de l'autre. Les Grecs se pensaient en fonction du « barbare », ce qui privilégiait le critère d'expression culturelle, les Juifs en fonction des « nations », ce qui rendait compte de leur particularisme ethnique ; ainsi s'exprimaient encore les chrétiens à la génération apostolique. Cependant, l'histoire de la période ne se réduit pas à une prise de conscience dans l'affrontement, en découvrant l'irréductibilité de la tradition juive au modèle grec dominant.

Pour identifier les croyants, l'historien dispose de multiples références qui ne se recoupent pas exactement : référence à l'origine, au parler, mais aussi aux réseaux d'insertion sociale... Déjà Ben Sirach avait été un Juif d'expression sémitique, pénétré de l'Écriture et des grandes figures bibliques, mais engagé dans un processus d'intégration sociale au monde hellénistique. L'Épître de Jacques s'adresse à tous les Juifs d'expression grecque, sans faire de distinction entre chrétiens et non-chrétiens ; l'auteur établit comme critère de différenciation les œuvres (c'est-à-dire l'observance) avant la foi, et s'oppose ainsi à Paul. Ce dernier présente d'ailleurs une figure singulièrement complexe : Juif d'origine et fier de l'être, observant rigoureux au point de faire le vœu de nazirat, mais d'expression grecque ; c'est lui qui, le premier, tenta d'adapter la pratique religieuse, la sienne comme celle des autres, au milieu culturel et social afin de ne pas rompre les solidarités immédiates. C'est ainsi qu'il intériorisa la foi et qu'il la dissocia du comportement public, comme l'affirme son apologiste dans les Actes des Apôtres.

En somme plutôt que d'opposer, autour de la figure de Paul, les « judéo-chrétiens » et les convertis païens d'après leur origine, il faut distinguer des chrétiens d'expression grecque et d'autres d'expression sémitique d'après leurs références culturelles. Les Hellénistes furent des Juifs d'expression grecque à des degrés divers, engagés dans un processus d'assimilation ou cherchant une voie moyenne. Le choix de l'expression culturelle signale des affinités entre certains groupes juifs et chrétiens, mais il n'était nullement discriminatoire puisque l'idée d'une langue sacrée ne s'est jamais imposée : la tradition de la Bible le montre trois siècles avant Jésus-Christ, et le fond de Qumrân mieux encore.

Dans les relations entre judaïsme et hellénisme, le choix des formes politiques en revanche a joué un rôle décisif et tissa la trame sur laquelle le message chrétien est venu se greffer. Aux IIIe et IIe siècles, dans une situation coloniale, les Juifs durent d'abord faire face au modèle royal hellénistique ; sous certains règnes qui en accentuaient le caractère théocratique, ils le ressentirent comme une provocation. D'Antiochos IV à Néron et à Domitien, du livre de Daniel à la Sagesse et à l'Apocalypse, l'affrontement du religieux au politique se focalise sur le culte de l'image du souverain, qui allait à l'encontre du second commandement. L'âpreté des conflits donne la mesure des efforts déployés par le pouvoir royal, puis impérial, pour établir une relation de proximité avec ses sujets. Juifs et chrétiens défendaient le monothéisme, mais ils s'en prirent davantage aux images divines qu'aux rites superficiels avec lesquels ils trouvaient des accommodements. Ils mettaient d'abord en cause l'anthropomorphisme caractéristique de la religion grecque : l'image, en rendant le dieu visible et saisissable, permettait de se l'approprier ainsi que sa création. La réaction fut la même dans les royaumes hellénistiques et dans l'Empire romain où la médiatisation du pouvoir répondit à une aspiration populaire.

Mais l'État-Temple ne pouvait accepter un autre système théocratique que le sien. Il en présenta les manifestations comme des sacrilèges et vécut les conflits politiques comme des guerres de religion. Derrière les « impuretés » prêtées aux Séleucides et aux Romains, l'historien retrouve le problème du statut des cités dans une structure impérialiste, des mesures conjoncturelles qu'expliquent des embarras financiers ou encore la volonté des rois d'imposer leur présence dans les grands sanctuaires en finançant un programme monumental. On peut faire une lecture politique de tous les événements qui ont marqué la guerre des Maccabées contre les Séleucides. Ainsi les problématiques coloniales, qui étudient la présence grecque en Orient en termes d'acculturation et de résistance, entre l'intégration et l'assimilation, ont modifié notre approche de la Bible ; de même, l'analyse du texte sacré, en-deçà des interprétations théologiques, enrichit notre connaissance de l'histoire intérieure d'un royaume, du point de vue des dominés.

En Palestine et à Alexandrie, l'hellénisme se percevait dans un pouvoir étranger, souvent dominateur. Mais dans la Grèce d'Asie Mineure, il offrait une communauté d'accueil où l'intégration était facile : la cité. Celle-ci fut une découverte de la Diaspora d'Asie et c'est un citoyen de Tarse, Paul, qui inséra le premier les Églises dans son tissu cellulaire. Vis-à-vis de l'hellénisme, les livres de l'Ancien Testament proposent un choix : soit la voie moyenne, illustrée par Ben Sirach, soit un isolat de plus en plus sectaire dont les gens de Qumrân représentent la forme ultime. À l'époque du Nouveau Testament, la voie moyenne s'imposa assez vite et les comportements quotidiens changèrent : l'hospitalité, cette pratique essentielle de la cité grecque qui impliquait échanges et mixité, fut érigée en vertu chrétienne, alors que Ben Sirach émettait bien des réserves et que les esséniens la récusaient. Désormais, la religion ouvrait les petits groupes de croyants sur le monde extérieur en stimulant la circulation des personnes et les débats d'idées : l'apôtre est aussi une institution chrétienne. Cependant le Nouveau Testament mesure les perspectives d'intégration et reste sur la défensive : l'historien retrouve les motivations des chrétiens derrière leur critique des manifestations culturelles et des productions religieuses du monde grec, surtout en matière de magie.

Paul ainsi que Pierre ont expérimenté la cité dans l'Empire, comme un relais de l'Empire. Leurs Églises d'Asie, de Grèce et de Rome s'inscrivirent dès la première génération dans un horizon œcuménique que n'avait jamais eu le judaïsme. Le choix des routes de la mission, la sensibilité aux problèmes de communication, l'utilisation de réseaux personnels révèlent la séduction du modèle romain sur le monde des marchands et autres itinérants, quelques générations à peine après sa mise en place. Par leur environnement et leur intégration, Juifs et chrétiens de la Diaspora se distinguaient définitivement de ceux de Palestine.

La Bible tout entière retrace une histoire bien particulière, celle du monothéisme. Cette réflexion théologique représenta aussi la quête identitaire d'un peuple et une aventure personnelle pour tous les hommes de foi. Pour l'époque hellénistique et romaine, sa lecture met en lumière les facteurs qui relient les problématiques de l'histoire religieuse et les approches de l'histoire sociale, à travers les choix de vie que firent les croyants.

NOTES BIBLIOGRAPHIQUES ET CRITIQUES

CHAPITRE PREMIER (pp. 15 à 42)

Cadre général. – Cadre de la nouvelle Diaspora méditerranéenne : J.M.G. BARCLAY, *Jews in the Mediterranean Diaspora. From Alexander to Trajan (323 B.C.E.-117 C.E.)*, Édimbourg, 1996. – Sur les répercussions de la conquête grecque en Palestine et le problème de l'acculturation, ouvrage classique de M. HENGEL, *Judaism and Hellenism. Studies in their Encounter in Palestine during the Hellenistic Period*, Philadelphie, 1974. – Sur l'ensemble des relations entre Juifs et Grecs, *Cambridge Ancient History of Judaism*, « The Hellenistic Age », 2e éd., 1990.

Sur le milieu alexandrin, contexte de la traduction de la Bible : – A. BERNAND, *Alexandrie des Ptolémées*, Paris, 1995, et *Alexandrie la grande*, nouvelle édition, Paris, 1998 ; important pour les aspects intellectuels, éd. Ch. JACOB et F. DE POLIGNAC, *Alexandrie. IIIe siècle av. J.-C.*, Éditions Autrement, Paris, 1992. – Fondamentale, la synthèse de J. MÉLÈZE-MODRZEJEWSKI, *Les Juifs d'Égypte*, Paris, 1991, qui reprend de nombreux travaux antérieurs.

La traduction des Septante. – Tous les aspects techniques et historiques sont envisagés par M. HARL, G. DORIVAL et O. MUNNICH, *La Bible grecque des Septante*, Paris, 1994, qui constitue le manuel introductif à la traduction de *La Bible d'Alexandrie LXX*, Éditions du Cerf, sous la direction de M. HARL ; on consultera surtout le chapitre VI (pp. 223-268), sur les problèmes de langue et leurs enjeux. – Sur les conditions vues par les Juifs d'Alexandrie, *Lettre d'Aristée à Philocrate*, édition et traduction d'A. PELLETIER, collection « Sources chrétiennes », Paris, 1962. – Points de traduction particuliers : sur le vocabulaire de l'« alliance », de la « convention » et du « testament », voir A. PENNA, « *Diathékè* et *synthékè* nei libri dei Maccabei », *Biblica* 46, 1965, 149-180 ; sur le vocabulaire de la circoncision, R. NEHER-BERNHEIM, « L'assimilation linguistique des Juifs d'Alexandrie : une des sources de l'antijudaïsme antique », *Hellenica et Judaica. Hommage à Valentin Nikiprowetzky*, Louvain-Paris, 1986, 313-319.

L'édition : le terme de « pentateuque » n'est pas clair, puisque *teuchos* désigne une enveloppe avant de désigner un livre : il peut donc s'agir soit d'un rouleau de cinq livres (comme dans la librairie rabbinique), soit d'un ensemble de cinq rouleaux ; le Deutéronome était sans doute réparti sur deux rouleaux de 16 mètres de long, d'après les fragments de papyrus subsistants (F. DUNAND, *Papyrus grecs bibliques. Volumina de la Genèse et du Deutéronome*, Le Caire, 1966), et la Torah aurait ainsi nécessité une dizaine de rouleaux, à moins qu'on ait utilisé des rouleaux beaucoup plus longs, pour une édition de luxe.

Les objectifs de la traduction. – La thèse d'une fonction liturgique a été défendue par A. MOMIGLIANO, *Sagesses barbares. Les limites de l'hellénisation*, Paris, 1979, 103-104, en relation avec une théorie du prosélytisme (voir ci-dessous). – La thèse d'une entreprise de codification est développée par J. MÉLÈZE-MODRZEJEWSKI, en particulier « "Livres sacrés" et justice lagide », *Mélanges C. Kunderewicz*, Lodz, 1986, 11-44 ; l'expression « loi civile des Juifs » (*nomos politikos*) apparaît dans un papyrus de 218 (*CPJ* I, 128). – G. DORIVAL, *op. cit.*, 1994, 76-77, soutient l'idée d'une politique culturelle à l'initiative de Démétrios de Phalère.

La connaissance des Juifs dans le monde grec. – En général, M. HENGEL, *op. cit.*, 1974 ; A. MOMIGLIANO, *op. cit.*, Paris, 1979, 87-136. – Textes réunis par Th. REINACH, *Textes d'auteurs grecs et romains relatifs au judaïsme*, Paris, 1895 (rééd. 1963), puis par M. STERN, *Greek and Latin Authors on Jews and Judaism*, Jérusalem, 1976-1984. – Sur la période charnière du IVe siècle, J. MÉLÈZE-MODRZEJEWSKI, « Philiscos de Milet et le jugement de Salomon : la première référence grecque à la Bible », *Bull. Ist. Diritto Romano* 30, 1988, 571-597 ; N. BELAYCHE, « Le monde gréco-romain et les livres sacrés des Juifs : réflexion sur une rencontre », *L'Europe et la Bible*, Colloque de Clermont-Ferrand, sous presse. – Sur les principes descriptifs de l'ethnographie grecque, Ch. JACOB, *Géographie et ethnographie en Grèce ancienne*, Paris, 1991. – Sur les motifs égyptiens de l'antisémitisme intellectuel grec : J. YOYOTTE, « L'Égypte ancienne et les origines de l'antijudaïsme », *Bull. Soc. Ernest Renan* 11, 1962, 11-23 ; Cl. AZIZA, « L'utilisation polémique du récit de l'Exode chez les écrivains alexandrins (IVᵉ siècle av. J.-C.-Iᵉʳ siècle ap. J.-C.) », *ANRW* II.20.1, Berlin-New York, 1987, 41-65.

Qohélet. – Présentation de A. BARUCH, *DBS*, 1977, *sv* Qohélet, col. 609-674 ; important commentaire de N. LOHFINK, *Kohelet*, Stuttgart, 1980, pour les rapports avec l'hellénisme. – Sur l'héritage des sagesses orientales, J.G. GAMMIE et L.G. PERDUE, *The Sage in Israel and in the Ancient Near East*, Winona Lake, 1990.

Roman de Tobit. – Le rapport du roman à la religion a été débattu, certains soutenant que les romans peuvent avoir une inspiration religieuse et une fonction initiatique (R. MERKELBACH, *Roman und Mysterium in der Antike*, Munich, 1962) ; on discute aussi de la part des traditions orientales et grecques dans la constitution du genre. – Sur Ahiqar, référence commune aux cultures araméenne et grecque, des extraits d'un papyrus provenant de la garnison juive d'Éléphantine, dans *Sagesses de Mésopotamie*, Cahiers Évangile 85, Suppl., 1993, 115-124. – Réalités grecques mises en évidence par le papyrologue J. SCHWARTZ, « Remarques littéraires sur le Roman de Tobit », *RHPhR* 67, 1987, 293 sqq., et « Éléments romanesques dans le livre de Tobit », *Le monde du roman grec*, Paris, 1992, 245-248. – Sur un roman juif contemporain d'Égypte, M. PHILONENKO, *Joseph et Aséneth. Introduction, texte critique, traduction et notes*, Leyde, 1968. – Sur le problème des mariages mixtes en Égypte, J. MÉLÈZE-MODRZEJEWSKI, « Dryton le Crétois et sa famille : les mariages mixtes dans l'Égypte hellénistique », *Aux origines de l'hellénisme. Hommage à Henri van Effenterre*, Paris, 1984, 353-377.

Ben Sirach. – Présentation de M. GILBERT, *Introduction au livre de Ben Sira ou Siracide ou Ecclésiastique*, Rome, 1985-1986. – Pour l'environnement social en Palestine, utiliser l'étude de Cl. ORRIEUX, « Les papyrus de Zénon et la préhistoire du mouvement maccabéen », *Hellenica et Judaica. Hommage à Valentin Nikiprowetzky*, Louvain-Paris, 1986, 328-329, qui le situe entre les « grands » et le peuple. – Sur le voyage théorétique, J.-M. ANDRÉ et M.-F. BASLEZ, *Voyager dans l'Antiquité*, Paris, 1993, 297-303. – Sur l'importance des banquets comme cadre de la sociabilité politique, il manque une étude de cette pratique dans les cours, mais l'importance littéraire du thème dans des formes variées, depuis l'époque perse, est bien montrée par J. Schwartz, « Récits bibliques et mœurs perses », *Hellenica et Judaica*, 1986, 267-276.

Le débat sur le prosélytisme. Il est introduit par l'essai de Cl. Orrieux et Ed. Will, *« Prosélytisme juif » ? Histoire d'une erreur*, Paris, 1992. – Sur le statut du *ger*, R. de Vaux, *Institutions de l'Ancien Testamen* I, Paris, 1958, 116-118. – Sur le vocabulaire grec de l'étranger et les composés en *-élys*, P. Chantraine, *Dictionnaire étymologique de la langue grecque*, Paris, 1983, 337.

Chapitre 2 (pp. 43 à 78)

Les enjeux. – L'expression proverbiale, « l'abomination de la désolation », n'a pas de sens précis en français et guère en grec, sinon l'idée de « désertification » (*erêmosis*) du lieu sacré ; elle implique un double jeu de mots en hébreu sur *shomèm* (l'« ordure »), Baal Shamin, prononcé *shomêm*, le dieu syrien, et *hashamaim*, le « dieu du ciel », désignation officielle du dieu juif dans la chancellerie perse (voir les études de F.-M. Abel et de J. Mélèze-Modrzejewski citées ci-dessous). – Sur l'enjeu que représente le Temple, voir les réflexions de M. Hadas-Lebel, « Le second Temple, lieu de conflits », dans *Le temple lieu de conflit*, Les Cahiers du CEPOA 7, Louvain, 1994, 117-127. – Sur l'importance des fêtes commémoratives pour la justification desquelles ces livres sont écrits, E. Bickermann, « Ein jüdischer Festbrief vom Jahre 124 v.Chr (II Mäcc. 1, 1-9) », *ZNW* 32, 1933, 233-254, et R. Doran, *Temple Propaganda : The Purposes and Character of 2 Maccabees*, Washington, 1981. – Sur les débuts d'une littérature de martyre : J.W. van Henten, « Das jüdische Selbstverständnis in den ältesten Martyrien », dans *Die Entstehung der jüdischen Martyrologie*, Leyde, 1989, 127-161.

Perspectives historiographiques. – La thèse de la persécution religieuse est défendue en dernier lieu par D. Gera, *Judaea and Mediterranean Politics 219 to 161 B.C.E.*, Leyde, 1998, 226-231. – Sur la place de l'événement dans le développement de l'antisémitisme, il existe une bibliographie énorme, dont on retiendra parmi les études récentes en français : C. Levy, « L'antijudaïsme païen : essai de synthèse », dans *De l'antisémitisme antique à l'antisémitisme contemporain*, Paris, 1979, 52-85 ; J. Mélèze-Modrzejewski, « Sur l'antisémitisme païen », dans *Pour Léon Poliakov. Le racisme : Mythes et science*, Bruxelles, 1981, 411-439 ; Y. CHEVALLIER, « Le cas de l'antisémitisme hellénique », dans *L'antisémitisme*, Paris, 1980, 184-208. – Problématiques historiques internes au royaume séleucide évoquées par Ed. WILL, « Les affaires juives », *Histoire politique du monde hellénistique II*, 2ᵉ éd., Nancy, 1982, 326-344 ; A. KUHRT et S. SHERWIN-WHITE, *Hellenism in the East*, Berkeley-Londres, 1987, 110-123, ou S. SHERWIN-WHITE et A. KUHRT, *From Samarkhand to Sardis. A New Approach to the Seleucid Empire*, UCP, 1993, 226-229 ; O. MØRKHOLM, « The Hellenistic Age », dans *Cambridge Ancient History of Judaism*, 1990, 278-291 ; ed. P. BILDE, *Religion and Religious Practice in the Seleucid Kingdom*, Aarhus, 1990 ; E.S. GRUEN et W.G. MORGAN, « Hellenism and Persecution : Antiochos IV and the Jews », dans ed. P. GREEN, *Hellenistic history and culture*, UCP, 1993, 238-274.

Problématique de l'acculturation et de la résistance culturelle : ouvrage fondamental d'Ed. WILL et Cl. ORRIEUX, *Iudaïsmos-Hellènismos. Essai sur le judaïsme judéen à l'époque hellénistique*, Nancy, 1986 ; Sh. J.D. COHEN, « Religion, Ethnicity and "Hellenism" in the Emergence of Jewish Identity in Maccabean Palestine », dans P. BILDE, *op. cit.*, 1990 ; U. RAPPAPORT, « Les Juifs et leurs voisins », *Annales ESC*, 1996, 955-974, avec les réflexions nuancées de F. SCHMIDT, *ibid.*, 941-942. Il s'agit souvent d'études à très grande échelle où le détail des textes ne peut être envisagé.

Le premier et le second livre des Maccabées se présentant comme des chroniques historiques, ils peuvent être confrontés directement à la documentation historique extérieure. – Commentaire historique important, accompagnant la publication de F.-M. ABEL, *Les livres des Maccabées*, 3ᵉ éd., Paris, 1961. – L'authenticité, en général, des pièces documentaires citées a été démontrée par Ch. HABICHT, « Royal Documents in Maccabees II », *Harvard St. Cl. Ph.* 80, 1976, 1-10 ; du même, *2 Makkabäerbuch. Judische Schriften aus hellenistisch-römischer Zeit I*, Gütersloh, 1976, qui remet la source dans son contexte. – Apport de documents épigraphiques récemment découverts : un fragment de stèle, trouvé en 1986, présente une requête des Sidoniens de Iamneia (une des villes, enjeu de la guerre) et les privilèges octroyés par Antiochos V en 163 (*SEG* XLI, 1991, n° 1556), à comparer avec *AJ*, XII, 5, 5 (258-262) ; voir aussi I.L. MERKER, « A Greek Tariff Inscription in Jerusalem », *IEJ* 25, 1975, 238-244, qui illustre la question fiscale.

Le cadre séleucide et les épisodes du conflit avec le roi. – L'ouvrage de E. BICKERMAN, *Institutions des Séleucides*, Paris, 1937, reste très utile et, pour les personnages et les institutions, J.D. GRAINGER, *A Seleucid Prosopography and Gazetter*, Leyde, 1997, est un instrument utile. – Sur Antiochos IV, études classiques de O. MORKHOLM, *Antiochos IV of Syria*, Copenhague, 1966 ; « Theos Epiphane », *Historia* 24, 1974, 58-85. Voir aussi M. HOLLEAUX, « La mort d'Antiochos Épiphane », *REA* 28, 1916, 77-102. – Importantes études d'E. BICKERMAN sur des épisodes particuliers, qu'on peut trouver dans *Studies in Jewish and Christian History II*, Leyde, 1980 : « La charte séleucide de Jérusalem » (1935) ; (sur les Samaritains), « Un document relatif à la persécution d'Antiochos IV Épiphane » (1937) ; « Héliodore au temple de Jérusalem » (1944).

Les aspects fiscaux de la révolte sont soulignés par N. HYLDAHL, « The Maccabean Rebellion and the Question of "Hellenization" », dans P. BILDE, *op. cit.*, 1990, 191-192, et confirmé par le tarif des taxes indirectes, trouvé à Jérusalem (cité ci-dessus). Sur la confusion entre *missim* et « mysiens », F.-M. ABEL, *op. cit.*, 15. Sur le sort parallèle d'Arados dans le royaume séleucide, discussion de J.-P. REY-COQUAIS, *Arados et sa Pérée*, Beyrouth, 1974, 159-160.

Tensions sociales et rôles des Tobiades. – Fine étude de Cl. ORRIEUX, « Les papyrus de Zénon et la préhistoire du mouvement maccabéen », *Hellenica et Judaica*, 1986, 322-333. – Voir aussi U. RAPPAPORT, *art. cit.*, 1996, 967-970 (dans la longue durée), et X. DURAND, *Des Grecs en Palestine au IIIe siècle avant Jésus-Christ*, Paris, 1997. D. GERA, *op. cit.*, 1998, « The Tobiads : fiction and history », 36-42.

La responsabilité de Ménélas, avec son objectif de « moderniser » Jérusalem comme une cité grecque, est soulignée par E. BICKERMAN, *The God of the Maccabees. Studies on the Meaning and Origin of the Maccabean Revolt*, Leyde, 1979 : c'est le schéma le plus plausible.

Sur la transformation de Jérusalem en cité : – J. MÉLÈZE-MODRZEJEWSKI, « Juifs et Grecs entre l'État et la religion », *Rev. sc. mor. pol.*, 149, 1994, 30-31, y voit une entreprise de modernisation ; sur la nature de l'« enrôlement » de citoyens et le problème de traduction, N. HYLDAHL, *art. cit.*, 1990, 192-194 et n. 4. – La politique séleucide de fondation de cités, par synœcisme, ou de « complément » (*anaplérosis*), par fournées de nouveaux citoyens, est attestée en Asie Mineure au IIe siècle : voir J. et L. ROBERT, *Fouilles d'Amyzon en Carie*, Paris,

1983, 151-154 ; M. SARTRE, *L'Asie Mineure et l'Anatolie d'Alexandre à Dioclétien*, Paris, 1995, 65-67 (qui invoque surtout des motifs démographiques). Ces cités nouvelles recevaient habituellement des terres : B. BAR-KOCHVA, *Judas Maccabeus : the Jewish Struggle against the Seleucids*, Cambridge, 1989, 441, envisage l'hypothèse que les terres confisquées et redistribuées aux Hellénistes aient constitué le patrimoine foncier de la nouvelle cité.

Remise en perspective des actes d'Antiochos IV. – Sur la politique d'intégration au droit commun à l'intérieur des frontières du royaume : E. GRUEN et W.G. MORGAN, *art. cit.*, 1993. – Sur les pratiques juives, enjeu de l'affrontement, C. LEVY, *art. cit.*, 1979, 72-73. – Sur le développement du culte royal, dans les cités du royaume, avec une tonalité dionysiaque, P. HERMANN, « Antiochos der Grosse und Teos », *Anadolu* 9, 1965, 29 sqq., et S.R.F. PRICE, *Rituals and Power*, Cambridge, 1984, 30-32. – Sur la monumentalisation des autels par les rois, voir *L'espace sacrificiel dans les civilisations méditerranéennes de l'Antiquité*, Paris, 1991, « Introduction » 8-10, et « Typologie des autels », 267-287 : nombreux exemples de surélévation et superposition.

La visite d'Antiochos IV au Temple. – Traduction du passage de Diodore dans M. STERN, *Greek and Latin Authors on Jews and Judaism I*, Jérusalem, 1974, 142-143, qui discute que Poseidonios en soit la source ; mais l'intérêt de ce dernier pour les cultes orientaux à caractère mystique ou charismatique est de plus en plus confirmé. – Sur l'âne, monture royale dans l'imagerie et le protocole du Proche-Orient, S. LAFONT, « Nouvelles données sur la royauté mésopotamienne », *Revue d'Histoire du Droit*, 73, 1995, 482-483 ; elle est un symbole de paix . – Sur les origines égyptiennes de la caricature du culte, C. LEVY, *art. cit.*, 1979, 72-77. – Sur le meurtre rituel comme indicateur et symbole d'une conjuration monstrueuse, E. BICKERMAN, *Der Gott der Makkabäer*, Berlin, 1937, 263-264.

Les Maccabées, esquisse anthropologique. – Sur la représentation et la fonction du désert dans le judaïsme, ainsi que sur le modèle bien réel des Nabatéens, voir V. NIKIPROWETZKI, « Le thème du désert chez Philon d'Alexandrie », *Le Désert. Image et réalité*, Les Cahiers du CEPOA, Genève, 1989, 99-113, et les conclusions de M. SARTRE, *ibid.*, 183-185. – Sur la guérilla comme technique de combat des barbares nomades dans l'historiographie grecque, voir J.-M. BERTRAND, « Les

Boucôloi ou le monde à l'envers », *REA* 90, 1988, 367-376 ; l'hellénisation du mode de combat est soulignée par B. BAR-KOCHVA, *Judas Maccabeus*, Cambridge, 1989. – Sur la pureté ethnique dans un espace homogène, D. MENDELS, *The Land of Israel as a Political Concept of the Hasmonean Literature*, Tübingen, 1987.

Conséquences du mouvement maccabéen : réflexions intéressantes, dans une large perspective, de J. MÉLÈZE-MODRZEJEWSKI, « Juifs et Grecs entre l'État et la religion : la crise maccabéenne et sa signification politique », *Rev. sc. mor. pol.* 149, 1994, 27-37, qui insiste sur le compromis politique avec l'hellénisme et sur le caractère religieux plutôt que politique du mouvement.

Sur le séparatisme : J. KAMPEN, *The Hassideans and the Origin of Pharisaism. A Study in 1 and 2 Maccabees*, Atlanta, 1988. Sur la « logique de la séparation » et sa mise en œuvre, P. VIDAL-NAQUET, « Formes d'activité politique dans le monde juif principalement aux environs du Ier siècle de notre ère », *Les Juifs, la mémoire et le présent*, Paris, 1981, 17-42.

CHAPITRE 3 (pp. 79 à 116)

Cadres de l'État asmonéen : P. VIDAL-NAQUET, « Les Juifs entre l'État et l'apocalypse », dans *Rome et la conquête du monde méditerranéen. 2. Genèse d'un Empire*, Paris, Collection « Nouvelle Clio », 1978 ; Ed. WILL et Cl. ORRIEUX, « La Judée hasmonéenne et le problème de l'État Juif », *Ioudaïsmos-Hellènismos. Essai sur le judaïsme judéen à l'époque hellénistique*, Nancy, 1986, 177-224 ; A.J. SALDARINI, *Pharisees, Scribes and Sadducees in Palestinian Society. A Sociological Approach*, Wilmington, Delaware, 1988 ; « The Hellenistic Age », dans *Cambridge Ancient History of Judaism*, 2, 1989 ; P. SACCHI, *Storia del secondo Tempio*, Turin, 1994.

L'histoire et l'interprétation historique du genre apocalyptique ont été considérablement renouvelées : on comparera l'approche sociologique de F. RAPHAEL, dans *L'apocalyptique*, Strasbourg, 1977, 13-38, et l'examen phénoménologique pour définir un genre, qui exprime une sensibilité religieuse plutôt qu'une situation de crise déterminée ou un milieu social précis : ed. J.J. COLLINS, « Apocalypse. The Morphology of a Genre », *Semeia* 14, 1979 ; du même, *Daniel, with an Introduction to Apocalyptic Literature*, Grand Rapids, 1984 ; P. SACCHI, *L'Apocalit-*

tica giudaica e la sua storia, Brescia, 1990, qui la situe entre l'histoire et l'eschatologie. La perspective de B. OTZEN, « Crisis and Religious Reaction : Jewish Apocalypticism », dans *Religion and Religious Practice in the Seleucid Kingdom*, 1990, est plus traditionnelle mais établit une relation intéressante avec les Sagesses.

Sur la comparaison entre la pensée historique juive et celle des Grecs, Ed. WILL et Cl. ORRIEUX, « Histoire et historiographie du judaïsme », dans *Ioudaïsmos-Hellènismos*, *op. cit.*, 37-66. – U. RAPPAPORT, « Apocalyptic Vision and Preservation of Historical Memory », *JSJ* 23.2, 1992, 217-226, et « The Hellenistic World as seen by the Book of Daniel », *Hommage à E.E. Urbach*, Paris, 1993, 71-73.

Sur la succession des Empires : A. MOMIGLIANO, « Daniele e la teoria greca della successione degli imperi », *Pagine Ebraiche*, Turin, 1987, 33-40 ; H.H. ROWLEY, *Darius the Mede and the Four World Empires in the Book of Daniel*, Cardiff, 1959. G. WIDENGREN, « Les quatre âges du monde », *Apocalyptique iranienne et dualisme quoumrânier*, Paris, 1995, 23-59. – Identification des animaux symboliques par A. CAQUOT, « Sur les quatre bêtes de Daniel VII », *Semitica* 5, 1955, 5-13, et « Les quatre bêtes et le "Fils d'homme" (Daniel 7) », *Semitica* 15, 1965, 37-71. – Sur la reprise de ces symboles dans l'apocalyptique ultérieure, M. HADAS-LEBEL, *Jérusalem contre Rome*, Paris, 1990, 430-440.

Livre de Daniel. – En français, A. LACOQUE, *Le livre de Daniel*, Neuchâtel et Paris, 1976, et *Daniel et son temps*, Genève, 1983 – Pour l'environnement historique et la vie de cour : P. BRIANT, *Histoire de l'Empire perse*, Paris, 1996, 266-313 ; E. BICKERMAN, *Institutions des Séleucides*, Paris, 1938, 160-164, à compléter par M. AVI YONAH, *Hellenism and the East*, Jérusalem, 1978, chapitre 6. – Importance de l'onomastique : P. VIDAL-NAQUET, « Le nom double », dans « Les Juifs entre l'État et l'Apocalypse », *op. cit.*, 854-855. – Sur les Oniades en Égypte : M. DELCOR, *Dict. Bible Suppl.* 11, 1991, *sv* Sanctuaires. – L'interprétation de l'épreuve de Daniel comme une ordalie est démontrée par E. CASSIN, « Daniel dans la "fosse" aux lions », dans *Le semblable et le différent. Symbolismes du pouvoir dans le Proche-Orient ancien*, Paris, 1987, 131-166 (article paru dans *RHR* 70, 1951).

Culte des images et culte royal. – Sur le vocabulaire de l'image, P. CHANTRAINE, *Dictionnaire étymologique de la langue grecque*, Paris, 1983, *sv agalma, eidos, eikôn*. – Culte du souverain : ouvrages classiques de Ch. HABICHT, *Gottmenschentum und griechische Städte*, 2ᵉ éd., Munich, 1970, et de S.R.F. PRICE, *Rituals and Power*,

Cambridge, 1984. – Sur les origines politiques du culte en milieu grec dans le système des honneurs : Ph. GAUTHIER, *Les cités grecques et leurs bienfaiteurs*, Paris, 1985, 39-52. – Sur la prosternation, P. BRIANT, *op. cit.*, 1996, 234-236. – L'intérêt du livre de la Sagesse n'a été relevé que par S.F.R. PRICE, *op. cit.*, 200 ; plus généralement, on peut consulter en français M. GILBERT, *La critique des dieux dans le livre de la Sagesse*, Rome, 1973. – Sur le contexte alexandrin, H. HAUBEN, « Aspects du culte des souverains à l'époque des Lagides », *Egitto e storia antica*, Bologne, 1989, 441-467. – L'idolâtrie comme source d'immoralité devient un thème récurrent dans la littérature juive hellénistique et dans la littérature rabbinique : voir M. HADAS-LEBEL, *op. cit.*, 1990, 283-300.

La construction de l'identité juive est au cœur de la recherche historique actuelle : outre l'ouvrage fondamental d'Ed. WILL et Cl. ORRIEUX déjà cité, 1986, sur le judaïsme judéen, consulter Sh.J.D. COHEN, « Religion, Ethnicity and "Hellenism" in the Emergence of Jewish Identity in Maccabean Palestine », dans *Religion and Religious Practice, op. cit.*, 1990, 204-223, ainsi que les travaux d'Uriel RAPPAPORT, présentés dans « Les Juifs et leurs voisins », *Annales ESC*, 1996, 955-974. Discussion sur la conversion des peuples non juifs de Palestine dans D. MENDELS, *The Land of Israel as a Political Concept in Hasmonean Literature*, Tübingen, 1987, et A. KASHER, *Jews, Idumeans and Ancient Arabs*, Tübingen, 1988 ; voir aussi le collectif édité par M. MOR, *Jewish Assimilation, Acculturation and Accomodation*, New York-Londres, 1991.

Sur le rôle des fêtes dans la propagande du Temple. – E. BICKERMANN, « Ein jüdischer Festbrief vom Jahre 124 v. Chr. (II Macc 1, 1-9) », *ZNW* 32, 1933, 233-254, et R.B. MOTZO, « Le Lettere in principio del II libro dei Maccabei », *Ricerche sulla letteratura e la storia giudaico-ellenistica*, Rome, 1977, 13-48.

Livre d'Esther. – M.V. FOX, *The Redaction of the Books of Esther. On Reading Composite Texts*, Atlanta, 1991, et *Character and Ideology in the Book of Esther*, U. South Carolina Press, 1991 ; A.E. GARDNER, « The relationship of the Additions to the Book of Esther to the Maccabean Crises », *JSJ* 15, 1984, 1-8.

Livre de Judith. – A.-M. DUBARLE, *Judith. Formes et sens des diverses traditions*, Rome, 1966. T. CRAVEN, « Judith as a Sectarian Document », dans *Artistry and Faith in the Book of Judith*, Chico, 1983, 118-122 ; H. CAZELLES, « Le personnage d'Achior dans le livre de Judith », *Recherches de sciences religieuses*, 39-40, 1951-1952, 125-137 ; B. RENAUD, « Une femme juive dans le combat politique : Judith », dans *La femme dans l'Antiquité*, Strasbourg, 1983, 125-139.

Relations avec Rome. – Outre les ouvrages déjà cités de P. VIDAL-NAQUET (1978) et de M. HADAS-LEBEL (1990), E.S. GRUEN, *The Coming of Rome* II, UCP, 1984, 745-751. – Sur la synagogue de Délos, Ph. BRUNEAU, *Recherches sur les cultes de Délos*, Paris, 1970, 480-493 ; sur celle de Cos, S. SHERWIN-WHITE, *ZPE* 21, 1976, 183-188 ; sur les Gamala d'Ostie, études de M. CEBEILLAC et F. ZEVI, dans *MEFAR* 85, 1973, 521-530 et 555-581. – Sur la confusion à Rome des Juifs et des Chaldéens, A. ALFÖLDI, « Redeunt Saturnia regna », *Chiron* 3, 1973, 131-142. La parenté avec Sparte est traitée dans son contexte historique par E.S. GRUEN, « The Purported Jewish-Spartan Affiliation », dans *Transitions to Empire* (*in honor of E. Badian*), U. of Oklahoma Press, 1996, 254-272, et pour sa signification culturelle par Cl. ORRIEUX, « La "parenté" entre Juifs et Spartiates », dans éd. R. LONIS, *L'étranger dans le monde grec* I, Nancy, 1987, 169-191, qui met en évidence les sémitismes de la première formulation. – Sur cette idéologie grecque, O. CURTY, *Les parentés légendaires entre cités grecques*, Genève, 1995, 215-263. – Sur le contexte spartiate, B. SHIMRON, *Late Sparta : the Spartan Revolution, 243-146 B.C.*, Buffalo, 1972.

Les Kittim. – M. HADAS-LEBEL, *op. cit.*, 1990, 31-47.

Livre de la Sagesse. – Commentaire de M. GILBERT, *op. cit.*, 1973 ; sur l'indice chronologique représenté par les associations de plaisir (Sg 1, 16), comparer avec Plutarque, *Antoine* 28, 2 et 71, 4. – Sur l'importance prise par les cultes funéraires familiaux, voir la fondation d'Épictéta à Théra dans les *Inscriptions juridiques grecques* II, n° XXIV ; sur celle des morts prématurées, A.M. VÉRILHAC, *Paides aôroi*, Athènes, 1978-1982. – Sur l'ambiance magique en Égypte, A. BERNAND, *Sorciers grecs*, Paris, 1991, qui établit l'importance de l'Égypte pour la magie grecque en se fondant sur les papyrus magiques. – Sur le dionysisme en Égypte, étude fondamentale de F. DUNAND, « Les associations dionysiaques au service du pouvoir lagide », dans *L'association dionysiaque dans les sociétés anciennes*, Rome, 1986, 85-103. – Sur certains aspects du culte de Dionysos et leur caricature, M. DÉTIENNE, *Dionysos mis à mort*, Paris, 1977, 149-155, et M. Daraki, « La joie du manger cru », *Dionysos*, Paris, 1985, 62. – Sur les marques comme signe de possession religieuse, C.P. Jones, « Stigma : tattooing and branding in Greco-Roman Antiquity », *JRS* 77, 1987, 139-155.

L'antisémitisme alexandrin. – Synthèse de J. Mélèze-Modrzejewski, « Aux sources de l'antisémitisme païen », *Les Juifs d'Égypte*, Paris, 1991, 111-127. Voir aussi B. Bar-Kochva, « The Persecution of the Jews by Ptolemy Physcon », *Pseudo-Hecataeus. On the Jews*, 300-302. – Fondamental sur le miracle de l'hippodrome, A. Paul, « Le troisième livre des Maccabées », *ANRW* II.20.1, Berlin-New York, 298-336 (avec bibliographie). – Sur les revendications statutaires et politiques des Juifs d'Alexandrie, J. Mélèze-Modrzejewski, *op. cit.*, 1991, 131-134, et A. Kasher, *The Jews in Hellenistic and Roman Egypt. The Struggle for Equal Rights*, Tübingen, 1985.

Chapitre 4 (pp. 117 à 151)

Le cinquantenaire de la découverte des Manuscrits de la mer Morte et du début des études qumrâniennes, en 1997, n'a pas produit de synthèse, mais mis en évidence les nombreux points qui restent débattus, surtout dans l'attente de la publication des fouilles. Les controverses apparaissent bien dans éd. H. Shanks, *L'aventure des Manuscrits de la mer Morte*, Paris, 1997.
Excellente mise au point, bilan et perspectives par D. Dimant, « Signification et importance des Manuscrits de la mer Morte », *Annales ESC*, 1996, 975-1003.
Les travaux de l'École Biblique sont présentés dans éd. E.M. Laperrousaz, *Qumrân et les Manuscrits de la mer Morte. Un cinquantenaire*, Paris, 1997. Synthèse très accessible d'A. Paul, *Les Manuscrits de la mer Morte*, Paris, 1997, dans une perspective préchrétienne.
Les études restent surtout philologiques. Perspective historique intéressante de L. Cansdale, *Qumran and the Essenes*, Tübingen, 1997, pour confronter les textes, le site et la documentation extérieure, mais prendre comme point de départ la description littéraire des esséniens crée des présupposés.
Les manuscrits ont été publiés en français dans éd. A. Dupont-Sommer et M. Philonenko, *Écrits intertestamentaires*, Paris, 1987, avec un aperçu historique d'A. Caquot. Édition bilingue : éd.

J.H. Charlesworth, *The Dead Sea Scrolls : Hebrew, Aramaic and Greek Texts with English Translations*, Tübingen-Louisville, 1994-1995.

Site et milieu. – J.-B. Humbert, « L'espace sacré à Qumrân. Propositions pour l'archéologie », *RB* 101, 1994, 161-214, qui propose une interprétation rituelle des vestiges. – Présentation des découvertes les plus récentes et des interrogations sur les vestiges, avec des interprétations d'ailleurs contradictoires de la vie à Qumrân, dans *Qumrân, Le monde de la Bible* 107, novembre-décembre 1997 ; voir en particulier 16-17, les conclusions contradictoires de M. Broshi et de H. Eshel sur la nature de l'habitat, les hypothèses de E.-M. Laperrousaz, 27, sur la signification des jarres pleines d'ossements animaux et surtout la mise au point de P. Hidiroglou, « Aqueducs, bassins et citernes : les usages de l'eau », 28.

Le désert. – Important recueil, *Le désert. Image et réalité*, Les Cahiers du CEPOA, Genève, 1989 ; voir P. Canivet, « L'École du désert », 21-33, qui étudie la terminologie grecque ; voir surtout V. Nikiprowetzki, « Le thème du désert chez Philon d'Alexandrie », 109-113, qui traite très largement du thème du désert et de la fascination qu'il exerçait dans le judaïsme hellénistique : c'est une référence à l'Âge d'Or, un espace de liberté, et il s'agit souvent d'un désert de proximité et non d'une solitude absolue ; voir aussi les conclusions de M. Sartre, 183-185, sur les stéréotypes de la description du désert utilisée par Diodore. – Sur l'ethnographie grecque, qui intègre le milieu naturel à la définition de l'identité, D. Lenfant, « Milieu naturel et différences ethniques dans la pensée grecque classique », dans *Nature et paysage dans la pensée et l'environnement des civilisations antiques*, Paris, 1996, 109-120.
Sur la limite représentée par le Jourdain et la symbolique de son franchissement, on peut s'inspirer de J.-L. Desnier, *Le passage du fleuve. Essai sur la légitimité du souverain*, Paris, 1995 ; le passage du Jourdain est un thème récurrent de l'histoire biblique (voir Js 3, 8 et 14, 17). – Sur le miel et l'inspiration, J. Duchemin, *Pindare poète et prophète*, Paris, 1955, 250-252.
Un autre refuge du désert a été fouillé : P.W.-N.L. Lapp, *Discoveries in the Wâdî ed Dâliyeh*, AAOSOR 41, 1974 ; l'aménagement de grottes en caches et en habitats est encore attesté par Josèphe (*GJ*, IV, 512-513) pour la révolte de 66-74, et cette pratique remonte aux Maccabées (1 M 1, 53 et 2 M 2, 31-38).

Sur les récabites et ce qu'on appelle communément l'« idéal nomadique », bonne mise au point de F.S. FRICK, *The Anchor Bible Dictionary*, 1992, *sv* Rechab, qui nuance l'image d'une secte d'ascètes d'origine nomade ; ce pourrait être une guilde itinérante.

Aspects culturels. – Paléographie et classement des textes : *The Ancient Library of Qumran and Modern Biblical Studies*, New York, 1958 ; E. TOV, « Hebrew Biblical Manuscripts from the Judaean Desert : their Contribution to Textual Criticism », *JJS* 39, 1988, 5-37. – Sur le travail d'interprétation, J.T. BARRERA, « The Bible and Biblical Interpretation in Qumran », dans *The People of the Dead Sea Scrolls. Their Writings, Beliefs and Practices*, Leyde, 1993, 99-121 ; voir aussi E. ULRICH, « Pluriformity in the Biblical Text, Text Groups, and Questions of Canon », *Proceedings of the International Congress on the Dead Sea Scrolls, Madrid, 18-21 March 1991*, Leyde, 1992, 23-41. E. PUECH, « Du bilinguisme à Qumrân ? », dans *Mosaïque de langues, mosaïque culturelle. Le bilinguisme dans le Proche-Orient ancien*, Paris, 1996, 171-189, traite des langues et plus largement du fond littéraire, en défendant la thèse d'un *scriptorium* local. Au contraire la thèse d'une cache de livres est défendue par N. GOLB, *Who wrote the Dead Sea Scrolls ?*, New York, 1995, et « Les manuscrits de la mer Morte. Une nouvelle approche du problème de leur origine », *Annales ESC*, 1985, I, 113-149. Sur le caractère d'un fond commun : D. DIMANT, *art. cit.*, 1996, 990-991. L'identification d'un *scriptorium* a été proposée par le premier fouilleur R. de VAUX, *Archeology and the Dead Sea Scrolls*, Londres, 1973, 29-33, contestée par R. DONCEEL et P. DONCEEL-VOÛTE, « The Archeology of Khirbet Qumran », *Annals of the New York Academy of Sciences*, 1994, 27-31 ; cependant, la présence d'encriers est importante.

Caractéristiques communautaires. – La séparation : R. DEINES, « Die Abwehr der Fremden in den Texten aus Qumran. Zum Verstandnis der Fremden Feindlichkeit in der Qumrangemeinde », dans *Heiden, Juden, Christen und das Problem des Fremden*, Tübingen, 1994, 61-91. – L'apocalyptique : M. PHILONENKO, « Les deuxesprits », *Apocalyptique iranienne et dualisme qumrânien*, Paris, 1995, 163-211 ; H. STEGEMANN, « Die Bedeutung der Qumranfunde für die Erforschung der Apocalyptik », dans ed. D. HELLHOLM, *Apocalypticism in the Mediterranean World and the Near East*, Tübingen, 1983, 495-526. – La loi : J.-M. BAUMGARTEN, « La loi religieuse de la communauté de

Qumrân », *Annales ESC*, 1996, 1005-1025, qui souligne son caractère conservateur et le contexte polémique mais relativise les oppositions avec les sadducéens ; E. NODET, « La loi à Qumrân et Schiffman », *RB* 102, 1995, 38-71, souligne la parenté avec la législation rabbinique ultérieure. – La structure communautaire est moins étudiée : M. HENGEL, « Qumrân und der Hellenismus », dans éd. M. DELCOR, *Qumrân. Sa piété, sa théologie et son milieu*, Paris-Louvain, 1977, 346-351 ; sur le modèle communautaire du *yahad*, voir *Enc. Jud.*, sv, col. 698-699 ; intéressante tentative d'approche sociologique par S. TALMON, *The World of Qumrân from within*, Leyde, 1989, mais l'histoire de la communauté en tant que telle n'en est qu'à ses débuts.

Les origines de la communauté. – Les récits des origines ont été étudiés par G. VERMES, « The Essenes and History », *JJS* 22.1, 1981, 18-31, et S. TALMON, *op. cit.* – L'opinion très marginale qui en fait une secte chrétienne est représentée par B. THIERING, *Jesus and the Riddle of the Dead Sea Scrolls. Unlocking the Secrets of his Life*, San Francisco, 1992, et par R. EISENMANN, *James the Just in the Habakkuk Pesher*, Leyde, 1986. – La thèse d'un groupe sadducéen est défendue par L.H. SCHIFFMAN, dans *L'aventure des Manuscrits de la mer Morte*, *op. cit.*, 1997, 67-85, et « Origin and Early History of the Qumran Sect », *Biblical Archeologist* 58, mars 1995, 37-48. – La question des rapports avec le Temple est centrale : A. CAQUOT, « La secte de Qumrân et le Temple (Essai de synthèse) », *RHPhR* 72, 1992/1, 5-14, montre que le Temple constitue le modèle eschatologique.

Les sectes juives. – Études classiques de M. SIMON, *Les sectes juives au temps de Jésus*, Paris, 1960, et d'E. SCHÜRER, *The history of the Jewish people in the age of Jesus Christ II*, 2ᵉ éd., 1979, § 26 (381-414) et § 30 (555-574). – Synthèse utile de Ch. PERROT, « La pluralité théologique du judaïsme au Iᵉʳ siècle de notre ère », dans *Jésus de Nazareth*, Genève, 1998, 157-174. Voir aussi H.D. MANTEL, « The Sadducees and the Pharisees », dans *Society and Religious in the Second Temple Period*, Jérusalem, 1977 ; A.J. SALDARINI, *Pharisees, Scribes and Sadducees*, Édimbourg, 1989. – Sur les options théologiques : B.T. VIVIANO, « Sadducees, Angels and Resurrection », *JBL* 111, 1992, 496-498, et E. PUECH, *La croyance des esséniens en la vie future. Immortalité, résurrection, vie éternelle ?*, Paris, 1993.

Les esséniens. – L'identification des esséniens décrits par les textes littéraires avec les gens de Qumrân est très majoritairement admise, depuis A. DUPONT-SOMMER, *Les écrits esséniens découverts près de la mer Morte*, Paris, 1959, jusqu'à D. DIMANT, *art. cit.*, 1996. – Comparaison des documents par T.S. BEALL, *Josephus'Description of the Essenes Illustrated by the Dead Sea Scrolls*, Cambridge, 1988, et par L. CANSDALE, *op. cit.*, 1997.

Sur les différentes étymologies proposées pour le nom, inventaire de G. VERMES, « The Etymology of Essenes », *RdQ* 2, n° 7, juin 1960, 427-443. La seule étymologie qui rende compte des deux transcriptions grecques est celle proposée par E. PUECH, *La croyance des esséniens...*, *op. cit.*, 1993, I, 24 (*hsy'*).

Messianisme et apocalyptique. – Étude fondamentale d'A. CAQUOT, « Le messianisme qumranien », dans *Qumrân*, *op. cit.*, 1977, 231-247. Sur l'apocalyptique et l'espérance eschatologique, du même, « La secte de Qumrân et le Temple », *art. cit.*, 1992 ; L. SCHIFFMAN, *The Eschatological Community of the Dead Sea Scrolls : A Study of the Rule of the Congregation*, Atlanta, 1989, qui cherche un sens eschatologique aux pratiques communautaires. Sur le thème de la guerre eschatologique dans le *Rouleau de la guerre*, voir M. DELCOR, *La guerre des Fils de Lumière contre les Fils de Ténèbres ou le « Manuel du parfait combattant »*, Louvain, 1955. Sur les réactions à la conquête romaine, A. DUPONT-SOMMER, « Pompée le Grand et les Romains dans les manuscrits de la mer Morte », *MEFRA* 84, 1972, 879-901, et M. HADAS-LEBEL, *Jérusalem contre Rome*, Paris, 1990, 397-399. Reprise de la question sur un texte nouveau par E. PUECH, « Une apocalypse messianique (4Q521) », *RdQ* 15, n° 60, 1992, 475-539 ; du même, « Messianisme, eschatologie et résurrection dans les Manuscrits de la mer Morte », *RdQ* 18.2, n° 70, décembre 1997, 255-297.

CHAPITRE 5 (pp. 153 à 181)

L'intérêt pour le milieu galiléen, considéré comme une source pour l'histoire de Jésus est récent. Deux perspectives s'opposent. La première, qui considère le contexte le plus général, insiste sur les conditions de paix et de prospérité : S. FREYNE, *Galilee, Jesus and the Gospels : Literary Approaches and Historical Investigations*, Dublin, 1988, et « The Geography, Politics and Economics of Galilee and the

Quest for the Historical Jesus », dans ed. B. CHILTON et C.A. EVANS, *Studying the Historical Jesus, Evaluating the State of Current Research*, Leyde, 1994, 75-121. L'autre souligne, au contraire, les occasions de tensions, surtout quand le pouvoir est présent, pour enraciner Jésus dans des mouvements protestataires : R.A. HORSLEY, *Galilee. History, Politics, People*, Valley Forge, 1995. L'étude du contexte prime celle des textes.

Sur le milieu géographique et la documentation archéologique, utiles notices dans N. AVIGAD, *The New Encyclopedia of Archeological Excavations in the Holy Land* 3, Jérusalem, 1993, *sv Capernaum* et *Nazareth*, et dans *The Anchor Bible Dictionnary*, Doubleday, New York, 1992, *sv Galilee, Cana, Capernaum, Nazareth*. – Les fouilles de Nazareth ont révélé des tombes d'époque hérodienne mais aucun monument contemporain de Jésus ; les « graffitis » signalent que le lieu est sacré pour les chrétiens depuis le IIIe siècle au moins. – C'est Capharnaüm qui fournit une habitation privée du Ier siècle avant notre ère, identifiée au IIIe siècle comme la maison de Pierre et sur laquelle on édifia deux églises successives : elle est à 30 mètres de la synagogue, sur une des deux rues principales, l'axe Nord-Sud, et à proximité du lac : voir V. CORBO, *The House of St Peter at Capernaum*, Jérusalem, 1970.

Pour l'ambiance culturelle, études riches et précises de E.M. MEYERS et J.F. STRANGE, *Les rabbins et les premiers chrétiens*, Paris, 1984, en particulier sur les langues parlées et les dialectes (77-117), la société galiléenne et les chefs de synagogues (29-55), la relation au Temple, le comportement militariste ; du même E.M. MEYERS, « The Cultural Setting of Galilee : the Case of Regionalism and Early Judaism », *ANRW* II.19.2, Berlin-New-York, 1979, 686-701.

Le débat, toujours ouvert sur *nazarénien/nazoréen* est posé clairement par J. WINANDY, *Dictionnaire encyclopédique de la Bible*, Brépols, 1987, *sv Nazarénien*. Trois étymologies ont été proposées pour *nazoraios* : *nazor* : l'observant ; *neser* : le rejeton, par référence à l'arbre de Jessé ; *nasar* : le survivant ou le sauvé ; cette dernière interprétation, à laquelle il se rallie, suppose une auto-identification du groupe alors que les Actes des Apôtres en font une désignation extérieure, donnée par les Juifs. – Pour F. BLANCHETIÈRE, « La secte des "Nazaréens" ou le début du christianisme », dans F. BLANCHETIÈRE et M.-D. HERR, *Aux origines juives du christianisme*, Jérusalem, 1993, 65-91, c'est une désignation sectaire – la plus ancienne et proprement palestinienne –, la référence ethnique à Nazareth devenant très tôt une référence messianique au « rejeton » (*neser*) ; on peut faire la même objection que précédemment à ce qui suppose une autodésignation. – S.-C. MIMOUNI, « Les Nazoréens, recherche étymologique et historique », *RB* 105, 1998, 208-262, pense que l'appellation dériverait de l'ethnique de Nazareth, transcrit en grec à partir de l'araméen ; il démontre qu'il s'agit d'une appellation externe et péjorative, donnée par des Juifs à d'autres Juifs ; confirmé dans la note d'E. NODET, *ibid.*, 263-265.

Le problème des parents biologiques de Jésus, source de tant de polémiques, est traité complètement par F. REFOULÉ, *Les frères et sœurs de Jésus. Frères ou cousins ?*, Paris, 1995, qui présente les pièces du dossier, mais raisonne surtout sur l'historiographie antique et moderne.

J'ai essayé d'appliquer au groupe des disciples cette méthode de sociologie religieuse qu'on appelle la prosopographie et qui consiste à décrire et à définir un groupe de l'intérieur, en comparant les caractéristiques individuelles de ses membres (voir, par exemple, ma thèse sur le milieu des cultes orientaux à Délos : *Recherches sur les conditions de pénétration et de diffusion des religions orientales à Délos*, Paris, 1977). – L'étude des noms joue un rôle important dans ce type d'enquête. Dans l'Antiquité, il est toujours un indicateur religieux, en particulier dans le monde sémitique (voir par exemple A. CAQUOT, « Le kathénothéisme des Sémites de l'Ouest d'après leurs noms de personne », *Proceedings of the XIIth international Congress of the International Association for the History of Religions*, Leyde, 1975, 157-166). Dans une société multiculturelle et polyglotte, surtout dans une situation plus ou moins coloniale, c'est un révélateur d'acculturation ou de résistance. Les surnoms sont aussi une pratique juive (voir ci-dessus chapitre 2, à propos des Maccabées, et Josèphe, *Vie* 1). Ce sont le plus souvent des sobriquets, pour remédier à des homonymies fréquentes même si les traductions traditionnelles les effacent artificiellement : Jésus et Josué sont le même nom, de même que Jude et Judas ; l'étude en commence à peine, par exemple chez R. HACHLILL, « Names and Nicknames of Jews in the Second Temple Times », *Eretz Israel* 17, 1984 (en hébreu) ; l'historien Josèphe se réfère comme à un modèle d'inspiration, au patriarche dont il porte le nom (J. BLENKINSOPP « Prophecy and priesthood in Josephus », *JJS* 25, 1974, 245-262).
Sur les surnoms de « cananéen » et d'« iskarioth », important article de J.A. MORIN, « Les deux derniers des Douze : Simon le Zélote et Judas Iskarioth », *RB* 80, 1973, 332-358, qui propose une étymologie aitiolo-

gique intéressante pour *iskarioth* ; son raisonnement étymologique ne convainc pas S. LÉGASSE, *Le procès de Jésus*, Paris, 1994, 39 n. 17, mais l'ethnique de Qeriyyot n'est pas davantage établi dans l'histoire. – Sur l'équivalence entre *kanna'im* et « zélotes » en hébreu rabbinique, M. SMITH, « Zelots and Sicarii, their Origins and Relations », dans *The Cult of Yahweh* I, Leyde, 1996, 217-218 : ce n'est jamais l'indice d'une appartenance révolutionnaire ; J.-A. MORIN dénonce justement l'anachronisme qu'il y aurait à considérer Simon comme un zélote, au sens militant du terme, mais ne prend pas en considération le sens professionnel acquis progressivement par « cananéen » : la Septante traduit le groupe nominal « marchand cananéen » par le grec *emporoi* (trafiquants), sans que « cananéen » n'ajoute de nuance (LXX Pr 31, 24 ; Jb 40, 31 ; Za 11, 7 et 14, 21 ; So 1, 2 ; Os 12, 8 ; Is 23, 8) ; pour la Septante, « cananéen » a bien le sens de marchand.

Sur la responsabilité de *tamias* qu'exerçait Judas au sein du groupe, voir l'étude de cette fonction dans les associations de type grec par F. POLAND, *Geschichte des Griechischen Vereinwesens*, Leipzig, 1909, 375-385.

Sur l'esprit et le mouvement zélotes, son origine et ses manifestations, ouvrage classique de M. HENGEL, *Die Zeloten*, Leyde, 1961, et de S.G.F. BRANDON, *Jesus and the Zealots. A Study of the Political Factors in Primitive Christianity*, Manchester, 1967. J.-A. MORIN, *art. cit*, 1973, insiste sur l'évolution du mot.
Le problème de l'impôt n'a fait lui aussi l'objet que d'approches récentes. – Présentation de la documentation par F. HERRENBRÜCK, « Steuerpacht und Moral. Zur Beurteilung des *telônès* in der Umwelt des Neuen Testaments », *ANRW* II.26.3, Berlin-New York, 1996, 2221-2297. – G. THEISSEN, « Jésus et la crise sociale de son temps », dans éd. D. MARGUERAT, E. NORELLI et J.-M. POFFET, *Jésus de Nazareth. Nouvelles approches d'une énigme*, Genève, 1998, 149-152, met l'accent sur le fondement fiscal de la crise qui, selon lui, a produit Jésus ; la référence indue au recensement de Quirinius et la référence implicite au contre-modèle de Judas le Galiléen, qui anima une révolte fiscale, va certainement dans le même sens (voir ci-dessous chapitre 6) ; ce contre-modèle était encore tellement présent à la fin du Ier siècle qu'il fait l'objet de quatre mentions chez Josèphe dans trois livres différents (*AJ*, XVII, 12 et 13 ; XVIII, 1 et XX, 5, 2). – Le mépris des collecteurs d'impôts et la résistance à l'impôt sont très rarement traités : voir M. HADAS-LEBEL, *Jérusalem contre Rome*, Paris, 1990, 259-271. Le

mépris des publicains romains (*démosionès* et non *télonès* en grec), étendu aux Juifs percepteurs des impôts indirects est surtout marqué dans la littérature rabbinique au IIe siècle, quand les rabbins incitèrent au loyalisme. – La mauvaise réputation des Galiléens chez les rabbins est justifiée par la fraude fiscale : M. HADAS-LEBEL, *op. cit.*, 260, et E.-P. SANDERS, *Jesus and Judaism*, Londres, 1985, 188-199.

Sur les débats entre Jésus et pharisiens en Galilée, E.P. SANDERS, « La rupture de Jésus avec le judaïsme », dans *Jésus de Nazareth*, Genève, 1998, 208-222, qui montre clairement qu'il n'y eut pas rupture. Le problème des droits matrimoniaux différents, entre Grecs et Juifs, apparaît dans des papyrus égyptiens (*CPJud* I, 128).

La violence au sein des disciples reste très débattue : M. HENGEL et S.G.F. BRANDON, *op. cit.*, ont tenté de distinguer des violents et des non-violents. Inversement S. LÉGASSE, *Le procès de Jésus*, Paris, 1994, 43-44, évacue artificiellement le problème.

Sur les environs de la Galilée, synthèse de U. RAPPAPORT, « Les Juifs et leurs voisins à l'époque perse, hellénistique et romaine », *Annales ESC*, 51, 1996, 955-974. – Sur les Samaritains en particulier, E. SCHÜRER, *op. cit.*, 2e éd., 160-164 ; Y. MAGEN, « Mount Gerizim and the Samaritans », dans F. MANNS et E. ALVATA, *Early Christianity in Context*, Jérusalem, 1993, 91-148. – Sur la diaspora samaritaine, voisine des Juifs à Délos, voir Ph. BRUNEAU, « Les "Israélites de Délos" et la juiverie délienne », *BCH* 106, 1982, 465-504.

Synthèse de H. KATZENSTEIN, *A History of Tyre*, Jérusalem, 1973.

CHAPITRE 6 (pp. 183 à 218)

Problèmes de méthodologie et bilan historiographique. – Ce titre reprend en l'inversant celui de la thèse de P. FREDRIKSEN, *De Jésus aux Christs*, Paris, 1992, essentielle pour comprendre et bien distinguer les deux approches que peut prendre l'historien sur Jésus : celle du Jésus terrestre, à travers les représentations par lesquelles les premiers chrétiens ont rendu compte de son vécu (c'est l'objet de cette thèse) ; celle du Jésus historique, tel qu'essaie de le recomposer un observateur neutre en ressaisissant ses paroles et son activité dans les catégories de son temps.

Il faut insister sur l'abondance des travaux s'intéressant au Jésus historique depuis les années quatre-vingt, bien au-delà de quelques livres polémiques. Il est donc impossible de présenter un inventaire bibliographique. Mais on en possède un panorama significatif dans l'excellent recueil édité par D. MARGUERAT, E. NORELLI et J.-M. POFFET, *Jésus de Nazareth. Nouvelles approches d'une énigme*, Genève, 1998 : problèmes, méthodes, résultats, perspectives tant historiographiques que méthodologiques ou théologiques. La recherche est foisonnante, surtout dans les milieux allemands et anglo-saxons ; elle ne porte plus sur les faits et les événements, une fois perdues les illusions positivistes du siècle passé, mais sur les modèles socioreligieux sous-jacents : celui du visionnaire apocalyptique, du prophète, du thaumaturge ou du sage. On relèvera l'importance attribuée actuellement par tous les chercheurs aux mouvements de protestation prophétiques, apocalyptiques et messianiques contemporains de Jésus en Palestine. Jésus est souvent enraciné dans un contexte de crise, dressant contre l'aristocratie du Temple d'autres éléments de la population : soit comme un « prophète de renouveau », un charismatique au sens du sociologue Max Weber, hors norme et libre de toute attache, un radical itinérant (G. THEISSEN, *Le christianisme de Jésus. Ses origines sociales en Palestine*, Paris, 1978), la crise étant alors jugée spirituelle et culturelle ; soit comme un protestataire dans une crise sociale et nationaliste (R.A. HORSLEY, *Jesus and the Spiral of Violence. Popular Jewish Resistance in Roman Palestine*, San Francisco, 1987, et « Theissen's Sociology of Early Palestinian Christianity », dans *Sociology and the Jesus Movement*, New York, 1989). C'est évidemment l'approche la plus facile, car la mieux documentée, en particulier par l'historien Josèphe à qui tous les chercheurs se réfèrent ; mais on peut se demander s'il n'a pas subi l'impact de la révolte juive contre Rome en 66-70, au point de la projeter sur les générations antérieures.

Dans ce foisonnement, une excellente mise au point de Ch. PERROT, *Jésus*, Collection « Que Sais-je » ?, 2ᵉ éd. corrigée, 1998, qui présente et analyse plusieurs dossiers historiques, avec un important chapitre sur les sources et les méthodes.

Sources non chrétiennes. – La lettre de Mara Bar Sarapion à son fils a été éditée par W. CURETON, *Spicilegium syriacum*, Londres, 1855, 43-48 ; elle est traduite dans P.-M. BEAUDE, *Jésus de Nazareth*, Bibliothèque d'histoire du christianisme, Paris, 1983, 13, qui fournit une bonne présentation de ces sources en général. – Pour le témoignage de Josèphe, dont la question est de déterminer s'il en est dépendant ou non des sources chrétiennes (l'authenticité étant décidément acquise), importante étude d'E. NODET, « Jésus et Jean-Baptiste selon Josèphe », *RB* 92, 1985, surtout 331-348 : rapprochant la notice de Josèphe de la version occidentale des Actes des Apôtres, il la juge inspirée par des milieux chrétiens, antipauliniens, de Rome ; il estime aussi que Tacite s'est inspiré de Josèphe, en oubliant qu'il a pu avoir une connaissance directe du christianisme en Asie, lors de son proconsulat vers 113 (voir ci-dessous chapitre 11).

Les évangiles. – Sur le genre littéraire, Ch. TALBERT, *What is a Gospel ? The Genre of Canonical Gospels*, Londres, 1977, et A. LE BOULLUEC, dans *Histoire de la littérature grecque*, Paris, 1997, 566-569. – Sur le caractère historique des évangiles, P. FREDRIKSEN, *op. cit.*, 1991, et G. STANTON, *Parole d'évangile ? Un éclairage nouveau sur Jésus et les évangiles*, Paris-Montréal, 1997, qui démontre la supériorité qualitative des évangiles canoniques sur les apocryphes et identifie à l'origine une tradition unique. – Sur l'Évangile de Jean, J.-D. KAESTLI, J.-M. POFFET et J. ZUMSTEIN, *La communauté johannique et son histoire. La trajectoire de l'Évangile de Jean aux deux premiers siècles*, Genève, 1990. – Sur les principes de la synthèse historique et la recomposition des documents primaires, M.-F. BASLEZ, « Écriture monumentale et traditions autobiographiques », dans *L'invention de l'autobiographie*, Paris, 1993, 71-76.

Les composantes de l'enfance de Jésus. – Voir surtout Ch. PERROT, *op. cit.*, 1998, et R.E. BROWN, *The Birth of the Messiah. Commentary on the Infancy Narratives in Matthew and Luc*, New York, 1977. – Sur ce que les Grecs et les Romains entendaient par « mages », ouvrage classique de J. BIDEZ et F. CUMONT, *Les mages hellénisés*, Paris, 1938 ; voir aussi R. TURCAN, *Les cultes orientaux dans le monde romain*, Paris, 1989, 197-205 et 263-271 ; l'intérêt pour les mages avait été ravivé par la visite du roi d'Arménie à Néron en 66 (Pline, *Histoire naturelle*, XXX, 17, et Dion Cassius, LXIII, 5, 2). – Sur l'étoile comme signe messianique, M. HENGEL, *Jésus et la violence révolutionnaire*, Paris, 1973, 94-96.

Le recensement de Quirinius. – L'ouvrage fondamental de Cl. NICOLET, *L'inventaire du monde*, Paris, 1988, étudie les pratiques de dénombrement sous Auguste dans leur nouveauté (133-157) et resitue la terminologie et le descriptif de Luc dans un ensemble documentaire (148-155) ; à compléter pour la terminologie et l'objectif des recensements (qui commencent en Égypte romaine en 33/34 et ont lieu dès lors tous les quatorze ans) par M. HOMBERT et Cl. PRÉAUX, *Recherches sur le recensement en Égypte romaine*, Bruxelles, 1952. – Sur la date de

Quirinius et sa carrière, le dossier est clos par R. SYME, « The *Titulus Tiburtinus* », dans *Roman Papers*, III, Oxford, 1984, 869-884 ; voir aussi F. MILLAR, « The Census of Quirinius », dans E. SCHÜRER, *The History of the Jewish People in the Age of Jesus-Christ*, 2ᵉ éd., Édimbourg, 1973, 399-427. – Sur les interdits bibliques qui ont motivé le soulèvement de Judas le Galiléen (Gn 22, 17 et 32, 13 ; Ex 30, 11-12 ; 2 Sm 24), voir ci-dessus chapitre 5. – Cette interprétation de la référence au recensement de Quirinius conforte l'hypothèse suivant laquelle l'impôt serait au cœur des problèmes de la population en Palestine (voir par exemple, G. THEISSEN, « Jésus et la crise sociale de son temps », dans *Jésus de Nazareth, op. cit.*, 150-152).

Schémas historiographiques. – Sur le modèle des généalogies orientales, voir G. CAMERON, *The Idea of History in the Ancient Near East*, Chicago, 1955. – Les thèmes de naissance miraculeuse sont largement traités dans une approche mythographique par J.-P. ROUX, *Jésus*, Paris, 1989, 95-123. – Sur l'image négative du berger dans le monde grec, L. ROBERT, « Bergers grecs », *Hellenica* VII, Paris, 1949, 152-160 ; celle du berger dans la Bible, d'Abel à David, est beaucoup plus favorable, sinon totalement positive (David, de berger, devient chef de bande au désert : 1 Sm 22-24). – Sur la symbolique royale et pacifique de l'âne dans le récit des Rameaux, S. LAFONT, « Nouvelles données sur la royauté mésopotamienne », *RHD* 73, 1995, 482-483.

Les baptistes. – La documentation sur Jean le Baptiste est opportunément rassemblée par E.F. LUPIERI, « John the Baptist in New Testament Traditions and History », *ANRW* II.26.1, Berlin-New York, 1992, 430-461 ; E. NODET, *art. cit.*, 1985, 324-331, interprète la notice de Josèphe comme l'utilisation de sources chrétiennes avec la volonté de dissimuler tout courant baptiste à l'intérieur du judaïsme ; il ne prend pas en compte la variante *agrios*, qui apparaît dans le manuscrit slavon. – L'influence baptiste sur Jésus apparaît déterminante à Ch. PERROT, *Jésus et l'histoire*, 2ᵉ éd., Paris, 1993, 106-108 ; O. BETZ, « Jean-Baptiste était-il essénien ? », dans *L'aventure des Manuscrits de la mer Morte*, Paris, 1997 (cité ci-dessus chapitre 4), examine les filiations possibles.

L'enseignement de Jésus. – La comparaison entre Jésus et les pharisiens et l'étude de leurs débats conduisent E.P. SANDERS, « La rupture de Jésus avec le judaïsme », dans *Jésus de Nazareth, op. cit.*, 1998, 209-222, à limiter les divergences. – Sur les formes de l'enseignement de Jésus, bonne présentation de P.-M. BEAUDE, *op. cit.*, 1983, 111-124 ;

voir au-delà Ch. PERROT, *op. cit.*, 1993, 137-166. – Les paraboles constituent la forme spécifique de l'enseignement de Jésus, qui acquièrent dans le passage de l'oral à l'écrit, à travers les évangiles, une forme littéraire de plus en plus complexe, de plus en plus allégorique, de plus en plus détachée du *mashal* sémitique : voir éd. J. DELORME, *Les paraboles évangéliques : perspectives nouvelles*, Paris, 1989, et Y. ALMEIDA, *L'opérativité sémantique des récits-paraboles : sémiotique narrative et textuelle*, Louvain-Paris, 1978 ; voir aussi l'édition de R. KASSEL, *Ars rhetorica* d'Aristote, Berlin, 1976. – Sur la figure du sage, D. MARGUERAT, « Jésus le sage et Jésus le prophète », dans *Jésus de Nazareth, op. cit.*, 297-317. – Sur la *parrhésia*, vertu du citoyen grec, puis du sage et du martyr en face du souverain, voir la thèse de G. SCARPAT, *Parrhésia*, Brescia, 1964, pour le milieu gréco-romain ; c'est une vertu revendiquée en particulier par les cyniques : rapprochements tentés par F.G. DOWNING, *Christ and the Cynics : Jesus and other Radical Preachers in First Century Tradition*, Sheffield, 1988, repris par M. HENGEL, *The « Hellenization » of Judaea in the First Century after Christ*, Londres, 1989, 44.

Les miracles. – Plusieurs présentations d'ensemble : D. AUNE, « Magic in early Christianity. IV. Jesus and magic », *ANRW* II.23.2, 1980, 1523-1539 (l'historicité des miracles résultant, pour l'auteur, de la convergence des témoignages juifs et romains, ainsi que de la vraisemblance des pratiques décrites) ; G. THEISSEN, *The Miracles Stories of Early Christian Tradition*, Philadelphie, 1993 (dans la perspective, comme AUNE, du prophétisme messianique) ; Ch. PERROT, *op. cit.*, 1993, 201-240. – La meilleure approche méthodologique est celle de S. LÉGASSE, « L'historien en quête de l'événement », dans éd. X. LÉON-DUFOUR, *Les miracles de Jésus*, Paris, 1977, 109-145. – Sur la confrontation avec la littérature miraculeuse grecque, H. REMUS, *Pagan-Christian Conflicts over Miracles in IInd Century*, Cambridge Mass., 1983 ; il est évident que, du côté grec, le meilleur champ d'étude est la *Vie d'Apollonios de Tyane* : voir, en particulier, l'étude très spécialisée de C. PADILLA, *Los milagros de la « Vida de Apollonio de Tiana »*, Cordoue, 1991 ; plus général, E.L. BOWIE, « Apollonios of Tyana : Tradition and Reality », *ANRW* II.16.2, Berlin-New York, 1978, 1625-1699, et M. DZIELSKA, *Apollonios of Tyana in Legend and History*, Rome, 1986 ; ajouter A.-J. FESTUGIÈRE et H.D. SAFFREY, *Aelius Aristide, Discours sacrés : rêve, religion, médecine*, Paris, 1986. – Entre médecine et magie, bonne initiation par J. JOUANNA, *Hippocrate*, Paris, 1992 ; voir aussi J. PIGEAU, *La maladie de l'âme*, Paris, 1989, et surtout G.E.R. LLOYD, *Magie, raison, expérience. Origines et développement de la science grecque*, Paris, 1990. Sur la publication des miracles en milieu grec et la fonction religieuse des ex-voto et de la littérature miraculeuse (arétologie) : R. HERZOG, *Die Wunderheilungen von Epidauros*, Leipzig, 1931, ou E. et L. EDELSTEIN, *Asclepius : a Collection and Interpretation of the Testimonies*, Baltimore, 1945 ; pour les stèles d'expiation, G. PETZL, « Die Beichtinschriften Westkleinasiens », *Epigr. Anat.*, 22, 1994. – Sur la médecine et l'exorcisme en milieu juif, G. VERMES, *Jésus le Juif*, Paris, 1978, 77-108.

Le procès de Jésus. – Sur la procédure et la question des responsabilités, on se référera à la minutieuse et excellente étude de S. LÉGASSE, *Le procès de Jésus.* L'histoire*, Paris, 1994. – Sur la crucifixion, ouvrage classique de M. HENGEL, *La crucifixion*, Paris, 1981 ; le châtiment évoque toujours des actes de banditisme et des activités révolutionnaires : voir, en particulier pour la question de Barabbas, M. HENGEL, *War Jesus Revolutionär ?*, Stuttgart, 1971, et B. ISAAC, « Bandits in Judaea and Arabia », *The Near East under Roman Rule*, Leyde, 1988, 127-132. – Sur la caricature de la royauté et les implications messianiques, voir « Messie et messianisme dans le paganisme romain », dans *Figures du Messie*, Paris, 1997, 69-77. – Sur l'accusation de « Nazoréen », S.-C. MIMOUNI, « Les nazôréens. Recherche étymologique et historique », *RB* 105, 1998, surtout 219-222 et M.-C. BOER, « L'Évangile de Jean et le christianisme juif (nazoréen) », dans éd. D. MARGUERAT, *Le déchirement. Juifs et chrétiens au premier siècle*, Genève, 1996, 179-202 : c'est la désignation d'un Juif par d'autres Juifs. – Sur le rôle de Pilate, J. MAGNE, « Jésus devant Pilate », *RB* 105, 1998, 42-69, retrouve deux niveaux de rédaction, dont un noyau dur, antérieur à l'implication des Juifs et du Sanhédrin dans la crucifixion ; le dossier historique a été présenté à plusieurs reprises par J.-P. LÉMONON, *Pilate et le gouvernement de la Judée*, Paris, 1981, et « Ponce-Pilate : documents profanes, Nouveau Testament et traditions ecclésiales », *ANRW* II.26.1, Berlin-New York, 1992, 741-778 ; dans « Les causes de la mort de Jésus », *Jésus de Nazareth, op. cit.*, 1998, 349-368, il dégage davantage l'action des grands prêtres.

CHAPITRE 7 (pp. 219 à 253)

L'étude du prophétisme dans le christianisme primitif est récente mais au centre de la recherche : présentation synthétique d'É. TROCMÉ, « Le prophétisme chez les premiers chrétiens », dans *Oracles et prophéties dans l'Antiquité*, Strasbourg, 1997, 259-270 ; étude d'ensemble de D. AUNE, *Prophecy in Early Christianity and the Ancient Mediterranean World*, Grand Rapids, Michigan, 1983, et « Magic in Early Christianity », *ANRW* II.23.2, Berlin-New York, 1980, 1507-1557 ; dans une perspective sociologique, G. THEISSEN, *Le christianisme de Jésus. Ses origines sociales en Palestine*, Paris, 1978 (voir ci-dessus chapitre 6).

Cadres et références du récit de la Pentecôte. – Sur la fête juive, R. DE VAUX, *Les institutions de l'Ancien Testament* I, Paris, 1958, 386-391. – Sur la pratique du *gleukus*, P. SCHMITT-PANTEL, *La Cité au banquet*, Rome-Paris, 1992, 344-348. – Sur les Galles et la permanence du prophétisme sémitique dans le monde gréco-romain, M.-F. BASLEZ, « Le culte de la déesse syrienne dans le monde hellénistique. Traditions et interprétations », dans *Les syncrétismes antiques. Colloque Franz Cumont*, Rome, 1997, à paraître. – Sur l'image subversive du prophétisme à Rome, J.-M. PAILLER, *Bacchanalia*, Rome, 1988, 705-723. – Sur la divinité *purpnoos*, P. AMANDRY, « Purpnoos Chimaira », dans *Mélanges Charles Picard I*, Paris, 1949, 1-11 ; sur le Syrien Eunous, qui d'après Poseidonios d'Apamée soufflait le feu en prophétisant (repris par Diodore, XXXIV-XXXV, 9), voir M.-F. BASLEZ, *art. cit.* ; sur la conception sous-jacente de l'« enthousiasme » grec, d'Empédocle à Plutarque, Y. VERNIÈRE, « L'inspiration prophétique chez Plutarque », *Kernos* 3, 1990, 359-366.

Glossolalie et don des langues. – Les deux niveaux de rédaction des Actes ont été mis en évidence par M.-A. BOISMARD et F. LAMOUILLE, *Les Actes des deux Apôtres*, Paris, 1990, I, 67-68 et III, 45-49. – Sur la glossolalie dans les sanctuaires grecs, M. GARCIA TEIJEIRO, « Langage orgiastique et glossolalie », *Kernos* 5, 1992, 59-68. – D. AUNE, « Glossolalia and *Voces Magicae* », *art. cit.*, 1980, 1549-1551, retrouve, lui aussi, le prophétisme syrien et exclut toute fonction magique. – Pour le terme de *glossolalia*, voir *RAC*, *sv*; voir aussi D.M. SMITH, « Glossolalia and other Spiritual Gifts in New Testament Perspective », *Interpretation* 28, 1974, 307-320. – Le problème des langues n'a guère été envisagé sous l'angle historique par les spécialistes du christianisme primitif, sinon par R. LANE FOX, *Païens et chrétiens*, Toulouse, 1997, 293-297 ; il est pourtant réel dans l'Empire romain, en particulier en Asie Mineure où une vingtaine de dialectes étaient parlés : voir M. SARTRE, *L'Asie Mineure et l'Anatolie d'Alexandre à Dioclétien*, Paris, 1995, 315-318. Dans le cas des itinérants, J.-M. ANDRÉ et M.-F.

Baslez, *Voyager dans l'Antiquité*, Paris, 1993, 501-503 ; le don des langues est donc un charisme du prédicateur oriental dans le monde grec : voir J. Winkler, « The Mendacity of Calasiris », *YCS* 27, 1982, 104-105, et S. Saïd, « Les langues du roman grec », dans *Le monde du roman grec*, Paris, 1992, 169-186 ; selon Lucien, *Alexandre ou le faux prophète*, 13 et 51, un inspiré, dans le nord de l'Asie Mineure, devait pouvoir s'exprimer en hébreu, en syriaque et en celte.

Sur le « franc-parler » (la *parrhésia*) et la récupération d'une valeur critique et philosophique par les chrétiens, surtout pour les martyrs, voir la thèse de G. Scarpat, *Parrhésia*, Brescia, 1964 ; elle caractérise aussi les *Actes des martyrs alexandrins* (à consulter dans V. Tcherikover, *CPJ*, II, Jérusalem et Cambridge, Mass., 1957-1964), où il s'agit de notables grecs d'Alexandrie que leur nationalisme dresse contre le pouvoir impérial ; sur le comportement des philosophes cyniques, voir éd. M.-O. et R. Goulet, *Le cynisme ancien et ses prolongements*, Paris, 1993.

Les charismes. – Approche générale de Ch. Perrot, « Charisme et institution chez Paul », *RecSR* 71, 1983, 81-92 ; voir aussi « Des premières communautés aux Églises constituées », *RSR* 79, 1991, 223-252. – Pour une interprétation sociologique de l'apôtre charismatique, circulant dans de petits groupes sédentaires, G. Theissen, « Legitimation und Lebensunterhalt. Ein Beitrag zur Soziologie urchristlicher Missionäre », *NTS*, 21, 1974-1975, 192-221. – D. Aune, *art. cit.*, 1980, 1550-1555, a bien mis en évidence l'importance variable donnée aux miracles dans la littérature néotestamentaire : ils ne sont vraiment développés que dans les évangiles et les Actes des Apôtres, dont on peut comparer plusieurs récits à la littérature miraculeuse des Grecs, les arétalogies ; voir D. Aune, 1980, dans l'article cité ci-dessus, « V. Gospel and Aretalogy », 1540-1544, et dans le même sens, M.-F. Baslez, *Saint Paul*, Paris, 1991, 14-15, 135, 165.

Rêves et visions. – L'importance grandissante des anges, des visions et des rêves est soulignée et étudiée dans l'important chapitre de R. Fox Lane, « Visions et prophéties », *op. cit.*, 1997, 329-418. – Sur les rêves comme mode privilégié de communication mystique, L. Oppenheim, *Le rêve dans le Proche-Orient ancien*, Paris, 1959 ; A.-J. Festugière, *La révélation d'Hermès Trismégiste*, I, Paris, 1944, 309-344 ; A.-J. Festugière et H.D. Saffrey, *Aelius Aristide, Discours sacrés : rêve, religion, médecine*, Paris, 1986 ; traduit toujours par A.-J. Festugière,

Artémidore, *La clé des songes*, Paris, 1975. – Sur la littérature visionnaire, introduction de C. KAPLER, dans *Apocalypses et voyages dans l'au-delà*, Paris, 1987, 15-45 et J.J. COLLINS, *The Apocalyptic Imagination. An Introduction to the Jewish Matrix of Christianity*, New York, 1987. – J.S. HANSON, « Dreams and visions », *ANRW* II.32.4, Berlin-New York, 1980, 1395-1427.

L'ambiguïté des mouvements prophétiques. – Dans le monde romain, voir J.-M. PAILLER, *op. cit.*, 1988, 705-713 ; sur le prophète-astrologue de cour, M.-F. BASLEZ, « Le procurateur, les mages et l'apôtre. Éphèse en 54 », *Mélanges Marcel Le Glay*, Bruxelles, 1994, 767-773. – Sur le prophétisme de Flavius Josèphe, M. HADAS-LEBEL, *Flavius Josèphe*, Paris, 1989, 130-133, et surtout J. BLENKINSOPP, « Prophecy and priesthood in Josephus », *JJS* 25, 1974, 245-265. – En Palestine, R.A. HORSLEY, *Jesus and the Spiral of Violence. Popular Jewish Resistance in Roman Palestine*, San Francisco, 1987, et G. ROCHAIS, « Apocalyptique et mouvements juifs au Ier siècle », dans *Jésus de Nazareth*, 1998, surtout 190-208.

La mise en scène des affrontements. – La polémique entre chrétiens et Juifs est mise en évidence par J. SCHWARTZ, « Peter and Ben Stada in Lydda », dans *The Book of Acts. IV. Its Palestinian Setting*, Grand Rapids, 1995, 412 sqq. L'intention apologétique du Nouveau Testament est également soulignée par D. AUNE, *art. cit.*, 1980, 1533-1535 (à propos de l'imposition des mains), 1542-1544, 1545-1547 (à propos de l'utilisation du nom de Jésus et de la nécromancie). – D'un point de vue grec, voir M. SMITH, *Jesus the Magician*, San Francisco, 1978, et « Pauline Worship as seen by Pagans », *The Cult of Yahweh*, II, Leyde, 1996, 95-102, qui voit dans le soupçon de magie la principale cause des persécutions. – Sur la magie dans le milieu éphésien, M.-F. BASLEZ, *art. cit.*, 1994. – La polémique se poursuit et se développe dans les actes apocryphes : voir G. POUPON, « L'accusation de magie dans les actes apocryphes », dans *Les Actes apocryphes des Apôtres*, Genève, 1981, 71-93.

Sur l'investiture. – M. WARKENTIN, *Ordination. A Biblical Historical View*, Grand Rapids, 1982, et H. HAUSER, *L'Église à l'âge apostolique*, Paris, 1996, 130-132. – Sur les origines juives du double nom, R. HACHLILL, « Names and Nicknames of Jews in the Second Temple Times », *Eretz Israel* 17, 1984 (en hébreu) : l'enquête devrait évidemment être poursuivie comme elle l'est depuis longtemps du côté grec sur les différentes significations, sociales ou religieuses, du double nom ; les prophètes grecs changeaient aussi de nom : voir Lucien, *Alexandre ou le faux prophète*, où le héros prend le nom de la divinité qui l'inspire, Glykon.

CHAPITRE 8 (pp. 255 à 285)

Étienne et les Hellénistes. – Documentation réunie par H. RAÏSÄNEN, « Die "Hellenistc" der Urgemeinde », *ANRW* II.26.2, Berlin-New York, 1994, 1468-1514. – Sur les événements et l'enjeu théologique, S. LÉGASSE, *Stephanos. Histoire et discours d'Étienne dans les Actes des Apôtres*, Paris, 1992, qui met aussi en évidence le caractère sommaire de l'exécution. – B.I. NADEL, « Jewish Freedmen and "Semi-Proselytes" in the Roman Empire : A Socio-Religious Appraisal and the Problem of Hellenistic Legal Influences », *Symposion*, 1988, 337-340, n'ajoute rien en revenant sur la composition de la synagogue des « Affranchis ».

La première organisation de l'Église. – Sur le rôle spécifique des « jeunes », C. SPICQ, « La place et le rôle des jeunes dans certaines communautés néotestamentaires », *RB* 76, 1969, 508-527. – Sur la mise en commun des biens, B.J. KAPPER, « Community of Goods in the Early Jerusalem Church », *ANRW* II.26.2, 1994, 1730-1774. – Sur l'institution des Sept, S. LÉGASSE, *op. cit.*, 1992, 97-115 et 179-194. – Approche sociologique de Ch. GRAPPE, *D'un Temple à l'autre : Pierre et l'Église primitive de Jérusalem*, Paris, 1991, qui définit l'Église comme une communauté de charismatiques ayant rompu avec le Temple, en exagérant sans doute l'influence essénienne.

Le rapport au Temple est au cœur des études exégétiques de Ch. GRAPPE : voir en dernier lieu « D'un Temple à l'autre, l'Église primitive de Jérusalem », dans *Le Temple lieu de conflit*, Les Cahiers du CEPOA 7, Genève, 1994, 139-150 ; sur les motifs de persécution de l'Église, à travers l'action de Paul : S. LÉGASSE, « Paul's pre-christian Career according to Acts », dans *The Book of Acts. IV. Its Palestinian Setting*, Grand Rapids, 1995, 366-390, surtout 379-387.

Sur le règne d'Hérode Agrippa, E. SCHÜRER, *The History of the Jewish People in the Age of Jesus Christ* I, 2ᵉ éd., Édimbourg, 1973, 442-454. – Sur les mouvements protestataires, P.W. BARNETT, « The Jewish

Sign- Prophets A.D. 40-70 – Their Intentions and Origins », *NTS* 27, 1981, 679-696 ; R.A. HORSLEY, J.S. HANSON, *Bandits, Prophets and Messiahs : Popular Movements in the Time of Jesus*, Minneapolis, 1985. – Sur la personnalité et le rôle du commandant du Temple, J. JEREMIAS, *Jérusalem au temps de Jésus*, Paris, 1967, 317. – Sur la mort infamante d'Agrippa, voir ci-dessus chapitre 2 : c'est un des stéréotypes du mauvais souverain depuis l'époque des Maccabées.

Jacques à la tête de l'Église de Jérusalem. – Bibliographie abondante ; approche historiographique de R.B. WARD, « James of Jerusalem in the First Two Centuries », *ANRW* II.26.1, Berlin-New York, 1992, 779-812 ; étude complète de R. BAUCKHAM, « James and the Jerusalem Church », dans *The Book of Acts. IV. Palestinian Setting*, 1995, 415 sqq., qui démontre la prééminence de Jacques et de l'Église de Jérusalem même dans le milieu hellénisé des Actes. – Ch. GRAPPE, *op. cit.*, 1991, 253 sqq., explique le départ de Pierre de Jérusalem par le principe d'une succession « dynastique » au bénéfice de Jacques. – Le témoignage de Josèphe sur la personne et la mort de Jacques est étudié par E. NODET, « Jésus et Jean-Baptiste d'après Josèphe. 3. Excursus : Josèphe et Jacques », *RB* 92, 1985, 338-340. – Voir enfin J. JEREMIAS, *op. cit.*, 1967, 271-281.

Sur le groupe des grands prêtres, S. LÉGASSE, *Le procès de Jésus*, Paris, 1994, 48-49 ; sur l'exercice de l'autorité sacerdotale, J. JEREMIAS, *op. cit.*, 1967, 246 et 309-312 ; la responsabilité des sadducéens dans la mort d'Étienne et celle de Jacques est soulignée par M.-A. BOISMARD dans J. TAYLOR, *Actes des deux Apôtres. V. Commentaire historique*, 1994, 339-379. – Sur le milieu, M. GOODMAN, *The Ruling Class of Judaea. The Origins of the Jewish Revolt against Rome A.D. 66-70*, Cambridge, 1987.

Les réactions à la chute du Temple. – L'identification des réfugiés du Temple avec l'Église de Jérusalem est proposée par S.G.F. BRANDON, *Jésus et les Zélotes*, Paris, 1975, 249-250. – Sur la « petite apocalypse synoptique », étude précise de M. HADAS-LEBEL, *Jérusalem contre Rome*, Paris, 1990, 399-405. – Sur les images du judaïsme dans les évangiles, P. FREDRIKSEN, *op. cit.*, 1991, 239-285 ; les étapes et les motivations de la différenciation des chrétiens d'avec les Juifs sont aussi envisagées de façon assez générale par F. BLANCHETIÈRE, « Comment le même est devenu l'autre ou comment les Juifs et les Nazaréens se sont-ils séparés ? », *RecSR* 71, 1997, surtout 20-26. –

A. OPPENHEIMER, « L'élaboration de la Halakha après la destruction du second Temple », *Annales ESC*, 1996, surtout 1043-1055, explique la rupture par le refus nouveau des sectes dans un judaïsme désormais sur la défensive, après 70, et qui impose l'unité doctrinale ; sur l'image ultérieure des chrétiens en milieu juif, ouvrage classique de M. SIMON, *Verus Israel*, Paris, 1964, 214-238. – Sur la fondation de l'école de Yabné (Iamneia), E. SCHÜRER, *The History of the Jewish People in the Age of Jesus Christ* I, 2ᵉ éd., Édimbourg, 1973, 524-528, et P. SCHÄFER, « Die Flucht Johanan b. Zakkais aus Jerusalem und die Gründung des Lehrhauses in Jabne », *ANRW* II.19.2, Berlin-New York, 1979, 43-101. – Sur la malédiction, la *birkat ha minim*, qui fut un élément essentiel de la rupture, F. BLANCHETIÈRE, *art. cit.*, 1997, 28-30. – Sur la dénonciation de la magie chrétienne dans le Talmud, textes réunis dans *Verus Israel*, 416-418.

La conversion. – Sur les caractères de la *métanoia* grecque, ouvrage classique de A.D. NOCK, *Conversion. The Old and the New in Religion*, Oxford, 1933. – Sur la judéisation qu'implique la conversion au judaïsme, Cl. ORRIEUX et Ed. WILL, *Ioudaïsmos-Hellénismos. Essai sur le judaïsme judéen à l'époque hellénistique*, Paris, 1986, 102-103, et 158-159, qui reviennent aussi sur les différentes catégories de « sympathisants » et sur le problème de la circoncision (194-195). – Sur le témoignage d'Horace, entre autres intellectuels romains, J. NOLLAND, « Proselytism or Politics in Horace *Satires* I, 4, 138-143 ? », *Vigiliae Christianae* 33, 1979, 347-355. – L'essentiel de nos connaissances sur les « craignant-Dieu », distingués dans la synagogue des « Hébreux », provient de la synagogue d'Aphrodisias, en Asie Mineure, à une époque très postérieure au Nouveau Testament, il est vrai : J. REYNOLDS et R. TANNENBAUM, *Jews and God-Fearers at Aphrodisias*, Cambridge, 1987. – Synthèse de M. GOODMAN, « Jewish proselytizing in the first Century », dans éd. J. LIEU, J. NORTH et T. RAJAK, *The Jews among Pagans and Christians in the Roman Empire*, 1992, 53-79, et *Mission and Conversion. Proselytizing in the Religious History of the Roman Empire*, Oxford, 1994, qui conclut, comme Ed. WILL et Cl. ORRIEUX, à une religion ouverte mais non missionnaire. – Voir le compte rendu nuancé de F. MILLAR, *Topoi* 3, 1993, 299-304, qui relève des moments où le prosélytisme fut une réalité, en particulier à Aphrodisias et à l'époque de Dion Cassius (IIᵉ-IIIᵉ siècle), le tout étant de déterminer s'il s'agissait d'une pratique traditionnelle ou d'une réaction de défense contres les Églises.

Les milieux d'Antioche et de Césarée. – N. AVIGAD, *The New Encyclopedia of Archeological Excavations in the Holy Lands* 3, Jérusalem, 1993, *sv* Caesarea, et B. LIFSHITZ, « Césarée de Palestine, son histoire et ses institutions », *ANRW* II.8, Berlin-New York, 1977, 490-518. – G. DOWNEY, *A History of Antioch in Syria*, Princeton, 1961 ; voir W. MEEKS et R.L. WILCKEN, *Jews and Christians in Antioch in the First Four Centuries of the C.E.*, 1978.

La question alimentaire. – Sur la confusion de la boucherie et du sacrifice en pays grec, G. BERTHIAUME, *Les rôles du « Mageiros » : étude sur la boucherie, la cuisine et le sacrifice*, Leyde, 1982, et éd. M. DÉTIENNE et J.-P. VERNANT, *La cuisine du sacrifice en pays grec*, Paris, 1981. – Sur le *symposion*, O. MURRAY, *Sympotica*, Oxford, 1990, et P. SCHMITT-PANTEL, *La Cité au banquet : histoire des repas publics dans les cités grecques*, Rome-Paris, 1992. – Le tabou du porc était observé aussi dans le sanctuaire syrien de Hiérapolis sous l'Empire (Ps. Lucien, *De Dea Syria* ; 14 et 54) ; voir en particulier Cl. FABRE-VASSAS, *La Bête singulière. Les Juifs, les chrétiens et le cochon*, Paris, 1994. – Commentaire du conflit entre Pierre et Paul dans R.E. BROWN et J.P. MEIER, *Antioche et Rome*, Paris, 1988, 60-78.

La circoncision est indispensable pour participer au repas de la Pâque. C'est pourquoi, dans la composition des Actes, la question est mise à la fois au centre des Actes de Pierre comme de ceux de Paul ; voir J. TAYLOR, *op. cit.*, 1994, 204, qui retrouve deux niveaux de rédaction : la version occidentale fait passer l'observance de la Loi avant la circoncision alors qu'à Antioche la circoncision est un préalable à l'observance de la Loi ; on remarquera que cette formule aggravée est conforme à la théologie de l'Épître de Jacques et à son interprétation du modèle d'Abraham, qui pose les œuvres avant la foi, la circoncision avant la conversion (Jq 3, 14-24 ; voir aussi Si 44, 20), alors que Paul établit que la foi d'Abraham a précédé la circoncision et les œuvres (Rm 4 ; Ga 3, 6-9) ; au contraire, la version occidentale correspond à l'admission de « craignant-Dieu ».

La rigoureuse observance des premières générations chrétiennes, qu'on peut constater dans les Actes comme dans les épîtres, est soulignée par F. BLANCHETIÈRE, *art. cit.*, 1997, 14-20. – Sur le raisonnement sociologique plutôt que théologique de Paul, M.-F. BASLEZ, *Saint Paul*, Paris, 1991, 182-188.

On relèvera aussi l'intérêt de la note d'E. NODET, « Les Nazoréens : Discussion », *RB* 105, 1998, 263-265, pour qui l'autorité de Jacques représente une légitimité « nazoréenne » ou « nazaréenne », contre la légitimité « chrétienne » et messianique de Paul ; entre les deux tendances, la différenciation se fait sur la question de communautés mixtes.

CHAPITRE 9 (pp. 287 à 326)

Cadres de l'expansion chrétienne. – La Diaspora : J.M.G. BARCLAY, *Jews in the Mediterranean Diaspora. From Alexander to Trajan (323 B.C.E.-117 C.E.)*, Édimbourg, 1996. – L'Orient romain : M. SARTRE, *L'Orient romain*, Paris, 1991, et *L'Asie Mineure et l'Anatolie, d'Alexandre à Dioclétien*, Paris, 1995. – L'environnement social et religieux en Asie Mineure : St. MITCHELL, *Anatolia. Land, Men and Gods in Asia Minor, II. The Rise of the Church*, Oxford, 1993.

Entre géographie et théologie, sociologie et théologie : R.M. GRANT, « Early Christian Geography », *Vigiliae christianae* 46, 1992, 105-111 ; J. TAYLOR, « St Paul and The Roman Empire : Acts of the Apostles 13-14 », *ANRW* II.26.2, Berlin-New York, 1994, 1189-1231, et « The Roman Empire in the Acts of Apostles », *ANRW* II.26.3, 1996, commentaire suivant le parcours de la seconde mission paulinienne, Actes 15, 36-18, 22. Voir aussi les études rassemblées dans *The Book of Acts in its first Century Setting*, Grand Rapids : *I. Ancien litterary Setting* (1993), *II. Greco-Roman Setting* (1994), *IV. Diaspora Setting* (1996) ; même perspective, déjà, de R.E. BROWN et J.P. MEIER, *Antioche et Rome. Berceaux du christianisme*, Paris, 1988.

Études historiques des sources. – Actes des Apôtres : sous l'angle de la biographie, voir A. MOMIGLIANO, *La naissance de la biographie en Grèce ancienne*, Strasbourg, 1991, pour une remise en perspective ; plus spécialisé, D. AUNE, « Greco-Roman Biography », dans *Greco-Roman Literature and New Testament*, Atlanta, 1988, 107-126 ; sous l'angle du récit de voyage, depuis les études de G. MISCH, *Geschichte der Autobiographie*, nouvelle édition, Francfort, 1949-1950, et surtout d'É. TROCMÉ, *Le Livre des Actes et l'histoire*, Paris, 1957, qui ont démontré l'existence d'un journal de voyage, des rapprochements ont été effectués aussi avec la littérature romanesque de voyage (voir D.R. EDWARDS, « Acts of the Apostles and the Graeco-Roman World :

Narrative Communication in Social Contexts », *Society of Biblical Literature* 28, 1989, 362-377), qui semblent désigner des lecteurs non pas intellectuels mais cultivés. – Sur les circuits des lettres de Paul, M.-F. BASLEZ, *Saint Paul*, Paris, 1991. – Sur la première lettre de Pierre, *Études sur la première lettre de Pierre*, chapitre II, Paris, 1980, et J. MOLTHAGEN, « Die ersten Konflikte der Christen in der griechisch-römischen Welt », *Historia* 40, 1991, 42-75. – Sur l'Apocalypse, remarquable étude de H.D. SAFFREY, « Relire l'Apocalypse à Patmos », *RB* 82, 1975, 85-417, qui met en évidence l'enracinement local de l'auteur, dans un milieu grec religieux et cultivé ; plus diffus et surtout historiographique, H. GIESEN, « Das römische Reich im Spiegel der Johannes-Apokalypse », *ANRW* II.26.3, Berlin-New York, 1996, 2501-2614 ; pour les Églises concernées, C.J. HEMER, *The Letters to the Seven Churches of Asia in their Local Settings*, JSNT Suppl. 11., Sheffield, 1986 ; G.H.R. HORSLEY, « The Cities of the Revelation », dans *New Documents Illustrating Early Christianity* 3, 1983, 51-58.

Pour la confrontation et l'appréciation des sources bibliques et documentaires, un utile instrument : G.H.R. HORSLEY, *New Documents Illustrating Early Christianity. A Review of the Greek Inscriptions and Papyri*, Macquarie University, 1 à 6, 1981-1992.

Premier voyage de Paul. – Sur les rôles respectifs de Paul et de Barnabé dans l'évangélisation de Chypre, voir M.-F. BASLEZ, « Paul et Barnabé, apôtres de Chypre », *Le Monde de la Bible*, juillet-août 1998, 17-20 (et carte jointe). – Sur les routes romaines et les implantations rurales de Juifs, M. SARTRE, *op. cit.*, 1994, 39-41, 103-104 et 319-320, St. MITCHELL, *op. cit.*, 1993, 35.

La Grèce d'Europe à l'époque de Paul. – Pour la Macédoine, étude classique de P. LEMERLE, *Philippes et la Macédoine orientale à l'époque chrétienne et byzantine*, Paris, 1945. – Pour Athènes, voir D.J. GEAGAN, « Roman Athens : Some Aspects of Life and Culture », *ANRW* II.7.1, Berlin-New York, 1979, 371-437 ; sur le voyage « théorétique », J.-M. ANDRÉ et M.-F. BASLEZ, *Voyager dans l'Antiquité*, Paris, 1993, 283-296. – Pour Corinthe, voir J. WISEMAN, « Corinth and Rome I », *ANRW* II.7.1, 1979, 438-548, et J. MURPHY-O'CONNOR, *St Paul's Corinth. Texts and Archeology*, 2ᵉ éd., Collegeville, 1992. – Sur le rayon d'action de Paul, M.-F. BASLEZ, *op. cit.*, 1991, 172-173.

La mise en évidence des périples pauliniens autour de Jérusalem rejoint les conclusions de R. BAUCKHAM, « James and the Jerusalem Church », *The Book of Acts. IV. Palestinian Setting*, Grand Rapids, 1995, 417-419, sur la position centrale de Jérusalem au sein des Églises.

Les champs missionnaires. – L'importance des Actes de Thomas est bien montrée par J. TEIXIDOR, « L'apôtre d'après la littérature syriaque », *Apocrypha* I, 1990, 269-277. – Pour l'Égypte, voir A. MARTIN, « Aux origines de l'Église copte », *REA* 83, 1981, surtout 37-40. – Sur la personne d'Apollos d'Alexandrie et les circonstances de sa conversion, P.F. BEATRICE, « Apollos of Alexandria », *ANRW* II.26.2, Berlin-New York, 1994, 1232-1271. – Pour l'expansion chrétienne vers l'est, les relations entre les rois d'Adiabène et Jérusalem dans les années 30-40 sont étudiées par M. GUARDUCCI, *Ancient Society* 2, 1971, 174 sqq ; plus largement, R. LANE FOX, *Païens et chrétiens. La religion et la vie religieuse dans l'Empire romain de la mort de Commode au concile de Nicée*, Toulouse, 1997, 288-293. – Sur les débuts du christianisme à Rome, synthèse de St. BENKO, *Pagan Rome and the Early Christians*, Londres, 1985, 14-21, à compléter par R.E. BROWN et J.P. MEIER, *op. cit.*, 1988 ; sur le conflit de 49 à propos de Chrestos, voir chapitre suivant.

La tradition des partages apostoliques, étude d'E. JUNOD, « Origène, Eusèbe et la tradition des champs de mission des apôtres », dans *Les Actes apocryphes des apôtres*, Genève, 1981, 233-248. – Sur l'espace de l'hagiographie grecque, entre centre et confins, voir P. COX, *Biography. A Quest for the Holy Man*, CUP, 1983 ; M.-F. BASLEZ, *Saint Paul*, 1991, 131-136.

Sur le « tremplin » chypriote pour la pénétration par Paul du monde romain, M.-F. BASLEZ, *op. cit.*, Paris, 1991, 122-131, et *Le monde de la Bible*, juillet-août 1998, 17-20 ; sur le problème d'une « stratégie missionnaire », J. TAYLOR, *art. cit.*, 1994, 1227-1228, à nuancer.

L'apôtre. – L'interprétation de l'apôtre comme personnalité hors norme et déracinée, exerçant une autorité de type charismatique, est due à G. THEISSEN, *Le christianisme de Jésus. Ses origines sociales en Palestine*, Paris, 1978 (voir ci-dessus chapitre 6), et « Legitimation und Lebensunterhalt. Ein Beitrag zur Soziologie urchristlicher Missionäre », *NTS* 21, 1974-1975, 221-230 ; le débat est clairement présenté dans l'utile synthèse (surtout théologique) de H. HAUSER, *L'Église à l'âge apostolique*, Paris, 1996, 52-57. – Sur les origines du terme et les modèles, bibliographie dans F. AGNEW, « The Origin of the New Testament Apostle-Concept : A Review of Research », *JBL* 105, 1996, 75-96 ; voir aussi C.K. BARRETT, « Shaliah and Apostle », *Donum Gentilicium D. Daube*, Oxford, 1978, 88-102 ; sur une possible origine grecque, R. HORSLEY, « New Testament Context », dans *New Documents Illustrating Early Christianity*, 2 (1982), 82-83. – Sur le voyage comme passage initiatique, J.-M. ANDRÉ et M.-F. BASLEZ, *op. cit.*, 1993, 241-246. – L'hypothèse que le mouvement charismatique caractérise le milieu palestinien est au centre de l'approche de G. THEISSEN, cité ci-dessus ; ce serait la réaction de groupes théocratiques radicaux contre la théocratie traditionnelle des prêtres et du Temple ; or que Jacques soit ou non l'auteur de l'épître mise sous son nom, celle-ci s'adresse incontestablement à des Juifs.

Sur la deuxième génération chrétienne, Y. REDALIÉ, *Paul après Paul*, Genève, 1994, qui date les Pastorales des années 100, dans un contexte assez proche de la lettre de Pline sur les chrétiens, écrite en 112 (voir ci-dessous chapitre 11), au moment où la communauté doit s'inscrire dans la société ; sur le milieu des épîtres johanniques, postérieures à la rédaction du quatrième évangile et révélatrices d'une période de crise (voir ci-dessous chapitre 10), J.C. KAESTLI, J.-M. POFFET et J. ZUMSTEIN éd., *La communauté johannique et son histoire*, Genève, 1990.

Sur les conditions sociales de la pénétration religieuse. – En général, sur celle des cultes orientaux dans le monde grec, je renvoie aux résultats statistiques de ma thèse, *Recherches sur les conditions de pénétration et de diffusion des religions orientales à Délos*, Paris, 1977. – Sociologie du milieu paulinien, je renvoie à mon ouvrage, *Saint Paul, op. cit.*, 407-419. – Parmi les études nombreuses sur Phoibè, voir O. MONTEVECCHI, « Phoebe "prostatis" (Röm 16, 2) », *Miscellanea papirologica R. Roca-Puig*, Barcelone, 1987, 205-216, et P. TREBILCO, *Jewish Communities in Asia Minor*, Cambridge, 1991, 109 et 230 n. 31 ; on peut penser au rôle du *go'el* hébreu, répondant, patron ou défenseur d'un parent (voir ci-dessous, le rôle de Jason à Thessalonique [Ac 17, 9]. – Sur le milieu de Corinthe, J. MURPHY-O'CONNOR, *op. cit.*, 1990. – Sur les contrastes de la société en Asie Mineure, P. DEBORD, « Religion et mentalité des esclaves en Asie Mineure à l'époque impériale », *Religions et anthropologie de l'esclavage*, Besançon, 1994, 137-145. – Sur certains statuts ambigus dans les Églises pauliniennes, W.A. MEEKS, *The First Urban Christians*, New Haven-Londres, 1973, 73. – La question des femmes et des esclaves est étudiée à l'époque postapostolique par R. LANE FOX, *op. cit.*, 1997, 306-310 et 320-337. – Sur le droit d'asile, voir les remarques de P. DEBORD, *art. cit.*, 1994, 138-139, et sur le sens de *katochos*, appliqué par Paul à Philémon, 141-142.

Les réseaux personnels. – Sur l'importance de la famille de Paul, M.-F. BASLEZ, *op. cit.*, 1991, 29-30. – Sur l'*oikos* dans la cité grecque et son importance dans le tissu social, voir R. LONIS, *La cité dans le monde grec*, Paris, 1994, 47-51, et surtout P. BRULÉ, *La cité grecque à l'époque classique*, Rennes, 1994, 157-160 ; une étude complète reste à faire, mais on aura une première idée de l'*oikos* et de son fonctionnement en lisant *L'Économique* (*oikonomia*) de Xénophon, IVe siècle. – Sur les factions personnalisées, O. AURENCHE, *Les groupes d'Alcibiade, de Léogoras et de Teucros*, Paris, 1974. Le rôle des cadres familiaux et associatifs a été envisagé par W.A. MEEKS, *op. cit.*, 1973, 75-81, qui exagère sans doute les différences entre les Églises et les associations grecques : la terminologie et le vocabulaire des associations sont plus variés qu'il ne le pense, et *ekklesia* peut y être parfois employé (voir F. POLAND, *Geschichte des griechischen Vereinwesens*, Leipzig, 1909, 332).

Les banquets comme principale manifestation de la vie collective dans le monde grec, tant au niveau de la cité que des groupes en particulier, sont actuellement très étudiés : voir O. MURRAY, *Sympotica*, Oxford, 1990 (avec une importante bibliographie), et P. SCHMIT-PANTEL, *La Cité au banquet : histoire des repas publics dans les cités grecques*, Rome-Paris, 1992. Le banquet chrétien, indépendamment de la liturgie eucharistique, mériterait une étude sociologique (composition, activité et fonction du groupe), ne serait-ce que parce que Clément d'Alexandrie a jugé nécessaire de le codifier et lui donne beaucoup d'importance ; une première approche dans *New Documents Illustrating Early Christianity*, 1, 1981, 5-8.

Les premières institutions ecclésiales. – Le titre d'« Ancien » n'apparaît pas à Jérusalem, sinon dans la terminologie de l'auteur des Actes des Apôtres (voir H. HAUSER, *L'Église à l'âge apostolique*, Paris, 1996, 147-152) ; sur le principe d'ancienneté en Grèce, ouvrage classique de P. ROUSSEL, *Études sur le principe d'ancienneté dans le monde hellénique du Ve siècle av. J.-C. à l'époque romaine*, Mémoires de l'Académie des Inscriptions, t. 43, Paris, 1957. – Sur la fonction d'« évêque », R.E. BROWN, « Episkopê and Episkopos : The New Testament

Evidence », *TS* 41, 1980, 332-338, et B.E. THIERING, « Mebaqqer and Episkopos in the Light of the Temple Scroll », *JBL* 100, 1981, 59-74 ; voir ci-dessus chapitre 4.

Sur l'affaire d'Antioche, bonne présentation des pièces du dossier et étude des sources dans R.E. BROWN et J.P. MEIER, *op. cit.*, 1988, 60-69 ; M.-F. BASLEZ, *op. cit.*, 1991, 182-188, qui insiste sur le caractère groupusculaire du christianisme apostolique et sur la perception de Pierre par Paul ; les sources sur Pierre sont minces et commodément rassemblées par G. GHIBERTI, « L'Apostolo Pietro nel Nuovo Testamento. La discussione e i testi », *ANRW* II.26.1., Berlin-New York, 1992, 462-538. – L'affaire de Corinthe a été réinterprétée par P.F. BEATRICE, *art. cit.*, 1994, qui met au cœur du conflit la personnalité et la doctrine d'Apollos.

CHAPITRE 10 (pp. 327 à 358)

Sur le milieu de l'Asie Mineure, ouvrages fondamentaux de M. SARTRE, *L'Asie Mineure et l'Anatolie d'Alexandre à Dioclétien*, Paris, 1995 (avec bibliographie), de St. MITCHELL, *Anatolia II : The Rise of the Church*, Oxford, 1993, qui utilise la documentation archéologique et épigraphique, de P. DEBORD, *Aspects sociaux et économiques de la vie religieuse dans l'Anatolie gréco-romaine*, Leyde, 1982, qui met en évidence des caractéristiques dans la très longue durée. Voir aussi H. BRANDT, *Gesellschaft und Wirtschaft Pamphyliens und Pisidiens im Altertum*, Bonn, 1992. – Sur les relations entre Grecs, Juifs et chrétiens : R. FOX LANE, *Païens et chrétiens. La religion et la vie religieuse dans l'Empire romain de la mort de Commode au concile de Nicée*, Toulouse, 1997, pour des considérations qui dépassent souvent le cadre chronologique prédéterminé. À titre de comparaison, pour la situation locale des chrétiens dans la cité, en particulier à Smyrne, on peut utiliser les remarquables commentaires historiques de L. ROBERT, *Le martyre de Pionios prêtre de Smyrne*, Washington, 1994 (édition posthume avec les compléments de G.W. BOWERSOCK et C.P. JONES), bien que l'événement soit du IIIe siècle. Les inscriptions locales fournissent aussi des comparaisons, surtout celles d'Éphèse : rapprochements de G.H.R. HORSLEY, « The inscriptions of Ephesos and the New Testament », *Novum Testamentum* 34, 1992, 105-168.

Chrétiens et Juifs. – La question est posée dans son ensemble, sous différentes approches dans éd. D. MARGUERAT, *Le déchirement. Juifs et chrétiens au premier siècle*, Genève, 1996. – Sur les communautés juives d'Asie Mineure, F. BLANCHETIÈRE, « Juifs et non-Juifs. Essai sur la Diaspora juive d'Asie Mineure », *RHPhR* 54, 1974, 367-382 ; présentation exhaustive de P. TREBILCO, *Jewish Communities in Asia Minor*, Cambridge, 1991, à consulter sur les groupes de sympathisants et les statuts dans la cité et dans l'Empire. Sur l'identification des destinataires de l'Épître aux Romains, R.E. BROWN et J.P. MEIER, *Antioche et Rome*, Paris, 1988, 135 et n. 24. Les Actes des Apôtres ne présentent pas une perception uniforme des Juifs, chrétiens ou non, ce qui complique le problème : conformément à la perception grecque de l'étranger, ils sont le plus souvent désignés par leur appartenance politique, comme *Ioudaioi* (voir M. LOWE, « Who were the *IOUDAIOI* ? », *NT* 18, 1976, 101-132, et surtout R.S. KRAEMER, *HThR* 82, 1989, 35-53), ou quelquefois par la langue parlée sémitique comme « Hébreux » (Ac 6, 1 ; voir aussi Ph 3, 5 et 2 Co 11, 22), mais ils se reconnaissent aussi entre eux comme « Israélites », en exprimant ainsi une conscience ethnique (dans tous les discours publics des Actes, à l'exception de celui d'Étienne : Ac 2, 22 ; 3, 12 ; 13, 16 ; voir aussi Rm 11, 1 ; 2 Co, 11, 22 ; Ph 3, 5 : « Israélite d'origine ») ; cette dernière appellation est bien attestée dans la Diaspora par l'exemple des Samaritains de Délos (*BCH* 106, 1982, 478-479 : « Les Israélites de Délos »). – Sur la concurrence des collectes, G. BORNKAMM, *Paul apôtre de Jésus-Christ*, Genève, 1970, 750, et M.-F. BASLEZ, *Saint Paul*, Paris, 1991, 246. – Sur le problème de la concurrence religieuse, ouvrage fondamental de Ed. WILL et Cl. ORRIEUX, *« Prosélytisme juif » ? Histoire d'une erreur*, Paris, 1992, dont le bilan, négatif sur le plan terminologique, est confirmé sur le plan historique par M. GOODMAN, « Jewish Proselytizing in the First Century », éd. J. LIEU, J. NORTH et T. RAJAK, dans *The Jews among Pagans and Christians in the Roman Empire*, 1992, 53-79 ; synthèse du même auteur, *Mission and Conversion. Proselytizing in the Religious History of the Roman Empire*, Oxford, 1994.

Les rapports de Paul avec les gens de métier. – Sur le métier de fabricant de tente, O. BRONEER, « The Apostle Paul and the Isthmian Games », *Bibl. Arch.* 25, 1962, 1-31. – Sur les marchands de pourpre à Thessalonique et peut-être à Philippes, L. ROBERT, *Rev. Phil.* 13, 1939, 136-150. – Ces rapports sont soulignés par M.-F. BASLEZ, *Saint Paul*, Paris, 1991, en particulier à travers les « collaborateurs » dans l'Appendice II, 407-419. Pour certaines des villes de l'Apocalypse, des listes de métiers sont fournies par les inscriptions : voir par exemple l'inscription de Sardes, *SEG*, XXXVI, n° 1017, et *I. Smyrne*, n°ˢ 713, 715, 718, 719, 721 et 218. – Sur Lydie et l'industrie de la pourpre, G.H.R. HORSLEY, *New*

Documents Illustrating Early Christianity, 2, 1982, 27-32. – Sur le rôle économique des sanctuaires et des pèlerinages, outre les ouvrages de P. DEBORD et de H. BRANDT déjà cités, L. DE LIGT, *Fairs and Markets in the Roman Empire*, Amsterdam, 1993, 35-39. Certains prétendent attirer « des marchands de toute l'Asie » (inscription de Cyzique, *SEG*, IV, n° 707).

L'émeute des orfèvres. – Sur la personnalité exacte de Démétrios, l'hypothèse ancienne du « naope » (HICKS, *Syll.*, 3, 1262) a été reprise par G.M. ROGERS, *Belleten*, 50, 1986, 877-883 à partir des inscriptions d'Éphèse, *I. Ephesos*, n° 158 A et 2212 ; voir aussi G.H.R. HORSLEY, *New Documents...*, *op. cit.*, 4, 1987, 7-10 ; sous Claude, un des « néopes » est un orfèvre de métier ; cependant la fabrication d'objets de dévotion à usage privé est attestée par Lucien, *Alexandre*, 18. – Sur les associations professionnelles, voir M. SARTRE, *op. cit.*, 1995, 257-261 ; étude détaillée de L. CRACCO-RUGGINI, « La vita associativa nelle città dell'Oriente greco », *Assimilation et résistance à la culture gréco-romaine dans le monde ancien*, Paris, 1976, 433-496 ; les classements de l'ouvrage classique de F. POLAND, *Geschichte des griechischen Vereinwesens*, Leipzig, 1909, mettent en évidence leur caractère personnalisé, bien que les hétairies n'aient pas fait l'objet d'études en dehors d'Athènes. – Le problème des hétairies a été mis en évidence par Cl. LEPELLEY, « Le contexte historique de la Première Lettre de Pierre », *Études sur la Première Lettre de Pierre*, Paris, 1980, 43-63. – Sur les grèves et les tumultes, M. SARTRE, *op. cit.*, 1995, 260 ; il n'y a pas d'étude récente ; sur le témoignage intéressant et critique de Dion de Pruse, voir C.P. JONES, *The Roman World of Dio Chrysostom*, Harvard, UP, 1978. – Sur la prudence des autorités et les enjeux politiques, E. GUERBER, « Cité libre ou stipendiaire ? », *REG* 108, 1995, 388-409.

Les personnes et les mouvements dénoncés dans l'Apocalypse ont fait l'objet d'une approche globalisante de P. PRIGENT, comme étant les manifestations d'une seule et unique « hérésie asiate » de type gnostique : voir par exemple « L'hérésie asiate et l'Église confessante, de l'Apocalypse à Ignace », *Vigiliae Christianae*, 31, 1977, 1-22, et « La lettre à l'Église de Pergame », *Le monde de la Bible*, 77, 1992, 38 sqq. ; étude d'ensemble, aussi, de H. RÄISÄNEN, « The Nicolaitans : Apoc. 2, Acta 6 », *ANRW* II.26.2, Berlin-New York, 1996, 1602-1644, qui démontre que le problème central est celui des idolothytes et qui conclut à un « clash » culturel.

« Jézabel ». – Sur la place éminente des femmes dans les synagogues d'Asie, B.J. BROOTEN, *Woman Leaders in the Ancient Synagogue*, Chico, 1982, et P. TREBILCO, *Jewish Communities in Asia Minor*, Cambridge, 1991, 104-113. – Dans le milieu paulinien : W. COTTER, « Women's Authority Roles in Paul's Churches », *NT* 36, 1994, 350-372. – Sur le prophétisme féminin, D. AUNE, *Prophecy in Early Christianity and the Ancient Mediterranean World*, Grand Rapids, 1983, 196-197. – Sur le retrait des femmes dans les Pastorales, P. BROWN, *Le renoncement à la chair*, Paris, 1995, 189-190.

Les nicolaïtes. – L'identification des nicolaïtes de l'Apocalypse a souffert d'une projection sur ce mouvement de la secte du IIe-IIIe siècle ; pourtant, toute la littérature biblique montre la fréquence des jeux étymologiques et comment tous les noms propres sont progressivement surchargés de signification. – Le nom n'est pas composé comme un nom d'association grecque dérivant d'un nom de personne avec les suffixes *-istai* ou *-eioi* ; les noms collectifs composés avec le suffixe *-itai* renvoient à des noms de lieu (en particulier à Pergame : Dioskourites, Smyrnites, Borborites, Pakorites...) : voir les listes de F. POLAND, *op. cit.*, 1909 ; le suffixe en *-itai* réapparaît dans des noms de groupes religieux sémitiques comme caïnites ou qaraïtes. – Proposition d'étymologie sémitique par P. BORDREUIL, « Qui étaient les nicolaïtes de l'Apocalypse de Jean ? », *Semitica* 47, 1997, 107-109 ; son hypothèse d'un syncrétisme lunaire est contredite par l'iconographie locale (R. FLEISCHER, *Artemis von Ephesos*, Leyde, 1973, 72-73 et tabl. 78) et par la rareté du culte éphésien à Pergame justement (E. HANSEN, *The Attalids of Pergamon*, rééd., 1972, Cornell UP, 387).

Les hérésies. – Sur la notion et la terminologie de l'hérésie, A. LE BOULLUEC, *La notion d'hérésie dans la littérature grecque IIe-IIIe siècle*, Paris, 1985, et A. POURKIER, *L'hérésiologie chez Épiphane de Salamine*, Paris, 1992. – La thèse de l'homogénéité du christianisme primitif est maintenant abandonnée : voir W. BAUER, *Orthodoxy and Heresy in Earliest Christianity*, Philadelphie, 1971, et H. KOESTER, « Gnomai Diaphoroi : The Origin and Nature of Diversification in the History of Early Christianity », *Trajectories through Early Christianity*, Philadelphie, 1971. – Sur une origine possible de l'encratisme en Asie, P.F. BEATRICE, « Apollos of Alexandria and the Origins of the Jewish-Christian Baptist Encratism », *ANRW* II.26.2, Berlin-New York, 1995, 1232-1275. Sur l'encratisme en général, P. BROWN, *Le renoncement à la chair*, Paris, 1995.

Le thème de l'imposture et des conflits d'autorité n'a guère été abordé historiquement que par D. AUNE, *op. cit.*, 1983, 203-217, qui conclut à une opposition sociologique entre itinérants et gens du lieu ; cela rejoint l'interprétation de G. THEISSEN, *Le christianisme de Jésus. Ses origines sociales en Palestine*, Paris, 1978, 130-150, qui considère le tissu de l'Église primitive comme des petits groupes de sympathisants, visités par des itinérants charismatiques qui revendiquent l'autorité. – Sur les charismatiques du monde grec et romain, mises au point originales d'A. MOTTE, « Aspects du prophétisme grec », dans *Cahiers Évangile. Prophéties et oracles* II, Supplément au Cahier Évangile n° 89, 1994, 41-78, et de J.-M. PAILLER, *Bacchanalia*, Rome, 1988, 705-713. – Le point de vue des intellectuels grecs sur l'imposture est représenté au IIe siècle par Lucien, *Alexandre ou le faux prophète* ; voir M. CASTER, *Études sur Alexandre ou le faux prophète de Lucien*, Paris, 1938. Sur *Le Pasteur* d'Hermas dont la date est discutée (génération de l'Apocalypse ou la suivante), J. REILING, *Hermas and Christian Prophecy*, Leyde, 1973.

Les magiciens. – Étude fondamentale de D. AUNE, « Magic in early christianity », *ANRW* II.23.2, Berlin-New York, 1980, 1520-1560 ; voir aussi les études de M. SMITH, *Jesus the Magician*, San Francisco, 1978, et en particulier « Pauline Worship as seen by Pagans », dans *The Cult of Yahweh* II, Leyde, 1996, 95-102. – L'origine du port de reliques n'a pas été vraiment étudiée : on sait cependant que dès le IIIe siècle, on emportait des raclures d'asphalte et des pendeloques de bois provenant de l'arche de Noé pour servir d'amulettes (d'après Bérose, auteur babylonien de langue grecque du IIIe siècle : voir P. SCHNABEL, *Berossos*, 264 et 266). – La tablette d'Amorgos, souvent citée et traduite, a été publiée par Th. HOMOLLE, *BCH* 25, 1901, 430-456. – Sur l'authentification du miracle christique, D. AUNE, *art. cit.*, 1542-1543, et P. FREDRIKSEN, *De Jésus aux Christs*, Paris, 1991, 154. – Sur les moyens de la thaumaturgie païenne, ouvrage classique de O. WEINREICH, *Antike Heilungswunder*, 1909. – Sur l'évocation nécromantique de Jésus en Asie, en particulier à partir du *Martyre de Pionios* (cité ci-dessus), St. GERO, « Jewish Polemic in the Martyrium Pionii and a Jesus Passage from the Talmud », *JJS* 29, 1978, 164-168, et J. et L. ROBERT, *Fouilles Amyzon en Carie*, Paris, 1983, 262 et n. 16. Le point est repris aussi par D. AUNE, « VI. The Magic Use of the Name of Jesus », *art. cit.*, 1980, 1545-1548 ; voir *ibid.*, 1526, n. 85 sur l'expression « Fils de David ». – Sur les prolongements du conflit entre thaumaturgie chrétienne et magie grecque, H. REMUS, *Pagan-Christian Conflicts over Miracles in IInd Century*, Cambridge Mass., 1983.

CHAPITRE 11 (pp. 359 à 398)

Sur les persécutions, bonne synthèse historiographique de P. MARAVAL, *Les persécutions*, Bibliothèque d'histoire du christianisme n° 30, Paris, 1992 : approche chronologique classique des cas individuels. Présentation d'ensemble de R. FOX LANE, *Païens et Chrétiens. La religion et la vie religieuse dans l'Empire romain de la mort de Commode au concile de Nicée*, Toulouse, 1997, 435-511. Dans l'ensemble, les persécutions de l'âge apostolique retiennent peu l'attention des historiens, faute de cette source, incomparable sur le plan judiciaire, que constituent les Actes des martyrs (voir G.A. BISBEE, *Pre-Decian Acts of Martyrs and Commentarii*, Harvard, 1986 [microfilm]). Les perspectives ont été renouvelées par les études sur la première épître de Pierre et sur l'Apocalypse, ainsi que sur le délit religieux à Rome.

Témoignages autobiographiques de Paul. – J. MÉLÈZE-MODRZEJEWSKI, « Les tourments de Paul de Tarse », *Histoire du droit social. Mélanges Jean Imbert*, Paris, 1989, 397-412 ; M.-F. BASLEZ, *Saint Paul*, Paris, 1991, 213-222 et 282-293 ; tous deux admettent la citoyenneté romaine de Paul, contestée depuis par J.C. LENTZ Jr, *Luke's Portrait of Paul*, Cambridge, 1993, mais sans argument convaincant (voir J. MÉLÈZE-MODRZEJEWSKI, *R. sc. mor. pol.* 142, 1994, 40). – M.-F. BASLEZ, « Le procurateur, les mages et l'apôtre. Éphèse en 54 », *Mélanges Marcel Le Glay*, Bruxelles, 1995, 763-773, sur l'identification de l'astrologue antisémite Balbillus comme l'adversaire de Paul ; sur l'identification du même dans l'Apocalypse, J. SCHWARTZ, « Ti. Claudius Balbillus, préfet d'Égypte et conseiller de Néron », *BIFAO* 49, 1950, 37-55. Pour l'interprétation des pénalités, Th. MOMMSEN, *Le droit pénal romain 2*, Paris, 1907, 426, n. 2. Sur les stigmates, C.P. JONES, « Stigma : Tattooing and Branding in Graeco-Roman Antiquity », *JRS* 77, 1987, 139-155, qui ne connaissait pas l'inscription d'Éphèse.

Voir *Études sur la première Lettre de Pierre*, Lectio divina n° 102, Paris, 1980, avec l'importante étude de Cl. LEPELLEY, « Le contexte historique de la Première Lettre de Pierre », 43-64, sur le délit d'association factieuse ; voir surtout le parallèle terminologique établi par J. MOLTHAGEN, « Die Lage der Christen im römischen Reich nach dem 1. Petrusbrief : Zum Problem einer domitianischen Verfolgung », *Historia* 44, 1995, 422-458, avec la lettre de Pline (*Lettres* X, 96).

Sur l'Apocalypse, études classiques, en français, de P. PRIGENT, « Au temps de l'Apocalypse », *RHPhR* 54, 1974, 455-483 et *L'Apocalypse*,

Lausanne, 1981, qui utilise l'histoire romaine de façon conventionnelle. À compléter par d'importants travaux anglo-saxons sur le genre et le contexte politique : A.Y. COLLINS, « Persecution and vengeance in the Book of Revelation », dans *Apocalypticism in the Mediterranean World and the Near East*, Tübingen, 1989 ; J.C. WILSON, « The Problem of the Domitian Date of Revelation », *NTS* 39, 1993, 587 sqq ; L. THOMPSON, *The Book of Revelation : Apocalypse and Empire*, Oxford, 1990 ; surtout D. AUNE, « The influence of Roman Imperial Court Ceremonial on the Apocalypse of John », *Biblical Research* 28, 1983, et « The Apocalypse of John and the Problem of Genre », *Semeia*, 36, 1986, 65-96. Bonne présentation de G. ROCHAIS dans *Jésus de Nazareth*, Genève, 1998, 178-190, sur l'évolution des perspectives et l'ancrage des apocalypses dans une sensibilité plutôt que dans un milieu. – Sur les conditions du séjour du visionnaire à Patmos, H.D. SAFFREY, « Relire l'Apocalypse à Patmos », *RB* 82, 1975, 385-417. – Sur le thème du retour de Néron : P.A. GALLIVAN, « The False Nero : a Reexamination », *Historia* 23, 1973, 364. Sur le contexte apocalyptique, D.S. POTTER, *Prophecy and History in the Crisis of the Roman Empire*, Oxford, 1990, et E. SUAREZ DE LA TORRE, « Sybilles, mantique inspirée et collections oraculaires », *Kernos* 7, 1994, 179-205. – Sur l'impact du culte impérial, plutôt que l'article général de D.L. JONES, « Christianity and Roman Imperial Cult », *ANRW* II.23.2, Berlin-New York, 1980, 1023-1055, on se référera aux fines analyses de l'Apocalypse par S.R.F. PRICE, *Rituals and Power. The Roman imperial Cult in Asia Minor*, Cambridge UP, 1984, 196-200, avec les précisions et les nuances de S.J. FRIESSEN, *Twice Neokoros. Ephesus, Asia and the Cult of the Flavian Family*, Leyde, 1993. – Portrait contradictoire de Domitien : A. GIOVANINI, « Pline et les délateurs de Domitien », *Opposition et résistances à l'Empire d'Auguste à Trajan*, Entretiens sur l'Antiquité classique XXX, Genève, 1986, 219-240.

Le dossier des conversions sénatoriales précoces, sous Domitien, a été rouvert par M. DONDIN-PAYRE, *Exercice du pouvoir et continuité gentilice : les Acilii Glabriones*, Rome, 1993, 205-210 et 252-254.

Sur les procès des Actes des Apôtres, des points de droit ont été précisés par J.H. OLIVER, « Greek Applications for Roman Trials », *Am. Journ. Phil.* 100, 1979, 543 sqq. et par O. DE BRUYN, *La compétence de l'Aréopage en matière de procès publics*, Historica Einzelschriften 90, Stuttgart, 1995. Sur le non-procès de Corinthe, étude classique de A.N. SHERWIN-WHITE, « Paul and Gallion », *Roman Society and Roman Law in the New Testament*, Oxford, 1965, 99-104. – Sur l'apologie de l'État romain, S. LÉGASSE, « La théologie politique de Saint Paul

(Rm 13, 1-7) », *RB* 76, 1994, 516-532, et A. MOMIGLIANO, « Some preliminary remarks on the "religious opposition" to the Roman Empire », *Opposition et résistances à l'Empire, op. cit.*, 1986, 121-125. – Dans l'acte d'accusation tel qu'il a été formulé à Césarée, le plus intéressant est la désignation du groupe de Paul comme secte des « Nazoréens », ce qui dénoncerait une entreprise de subversion messianique selon F. BLANCHETIÈRE, « Comment le même est devenu l'autre », *RScR* 71, 1997, 12-30 (sur le sens du terme, voir ci-dessus chapitre 5).

Sur l'accueil des cultes nouveaux dans la cité grecque. – J. RUDHART, « De l'attitude religieuse des Grecs à l'égard des religions étrangères », *RHR* 209, 1992, 219-238, qui admet des procédures d'accueil ; au contraire M.-F. BASLEZ, « Tolérance et intolérance de la cité », *Cahiers du Centre Gustave Glotz* VII, 1996, 39-50, ramène toutes les affaires connues à des procès civils. – Sur l'autonomie des autorités civiques vis-à-vis de l'administration impériale, E. GUERBER, « Cité libre ou stipendiaire ? À propos du statut juridique d'Éphèse à l'époque du Haut-Empire romain », *REG* 108, 1995, 388-409. – Dans le cadre de l'Empire, les historiens ont surtout débattu pendant longtemps de la base légale des persécutions ; trois grands types d'explication ont été proposés et parfois combinés : le pouvoir de police (*coercitio*) des magistrats romains, des condamnations de droit commun, une mesure générale qualifiant le « crime de christianisme ». Cette dernière thèse sort maintenant renforcée des études récentes d'A. GIOVANINI, « Tacite, l'*"incendium Neronis"* et les chrétiens », *Rev. ét. aug.* 30, 1984, 3-23, et « L'interdit contre les chrétiens : raison d'État ou mesure de police ? », *Cahiers du Centre Gustave Glotz* VII, 1996, 103-134, d'U. SCHILLINGER-HÄFELE, « Plinius ep. 10, 96 und 97 », *Chiron* 9, 1979, 383-392, et de J. MOLTHAGEN, *op. cit.* – L'étude des persécutions bénéficie des recherches sur *Le délit religieux dans la cité antique*, Rome, 1981, et surtout sur l'affaire qui a fait jurisprudence : étude exhaustive jusque dans ses prolongements de J.-M. PAILLER, *Bacchanalia. La répression de 186 av. J.-C. à Rome et en Italie : vestiges, images, traditions*, Rome, 1988. Sur le droit d'association et le délit de secte, F. DE ROBERTIS, *Il diritto associativo romano*, Bari, 1938, et A. GIOVANINI, *art. cit.*, 1996. – Sur l'extension de la loi de majesté et son utilisation dans l'affaire de l'incendie en 64, voir Ch. SAUMAGNE, *RH* 227, 1962, 337-360 et 232, 1964, 67-110, qui retrouve les termes de la procédure normale dans le texte de Tacite et en établit ainsi l'authenticité. – Des indications sur la nature du crime ressortent du mode d'exécution capitale choisi : la peine du bûcher était rare à Rome et n'était guère appliquée que pour les incendiaires, comme une « peine réfléchissante », reproduisant symboliquement l'acte criminel (voir J.-P. CALLU, « Le jardin des supplices au Bas-Empire », dans *Du châtiment dans la cité. Supplices corporels et peine de mort dans le monde antique*, Rome, 1984, 313-359).

Sur la célèbre lettre de Pline sur les chrétiens, commentaire classique d'A.N. SHERWIN-WHITE, *The Letters of Pliny. A Historical and Social Commentary*, 2ᵉ éd., Oxford, 1985, 691-712 et Appendix V : « The early persecutions and Roman law », 772-787, à compléter maintenant par U. SCHILLINGER-HÄFELE, *art. cit.*, 1979. – Sur l'*Institutum Neronianum* et le témoignage de Tertullien, édition commentée d'*Ad Nationes* par A. SCHNEIDER, Institut suisse, Rome, 1968, 170-173. – Sur l'incendie de Rome et les chrétiens, J. BEAUJEU, *L'incendie de Rome en 64 et les chrétiens*, Bruxelles, 1960, et surtout les nouvelles explications proposées par A. GIOVANINI, *art. cit.*, 1984. Toute tentative d'explication bute encore sur les incertitudes relatives qui subsistent quant au devenir de la législation de Néron après son suicide : la *damnatio memoriae* est communément admise, encore qu'elle ne soit pas attestée d'un point de vue légal comme celle de Domitien, mais sa législation peut avoir été remise en place sous Othon et Vitellius (sur la question de la *damnatio memoriae*, D. KIENAST, *Römische Kaisertabelle*, Darmstadt, 1990, 96-97).

L'identification des chrétiens à Rome. – Sur le nom de « chrétien » utilisé à Rome par Josèphe, Pline et Tacite, J. TAYLOR, « Why were the Disciples First Called "Christians" at Antioch ? (Act 11, 26) », *RB* 101, 1994, 75-94 ; voir aussi R.E. BROWN et J.P. MEIER, *Antioche et Rome*, Paris, 1988, 59-60 et 130-135, et St. BENKO, *Rome and the Early Christians*, Londres, 1985 ; pour TAYLOR, il s'agit d'une désignation messianique, avec une connotation de sédition. – Sur les chrétiens parmi les Juifs de Rome, retenir dans une bibliographie abondante, R. PENNA, « Les Juifs à Rome au temps de l'apôtre Paul », *NTS* 28, 1982, 321-347, et H. LICHTENBERGER, « Jews and Christians in Rome in the Time of Nero », *ANRW* II.26.3, Berlin-New York, 1996, 2141-2176, qui utilise largement le voyage de Josèphe à Rome entre 63 et 65 (*Vie* 13-16). – Le témoignage de Josèphe sur les « chrétiens » est réexaminé par E. NODET, « Jésus et Jean-Baptiste selon Josèphe », *RB* 92, 1985, surtout 333-334 et 342, qui souligne les analogies avec celui de Tacite ; pour l'auteur, tous deux reflètent une perception extérieure du groupe à Rome et Tacite dépend de Josèphe, mais il ne faudrait pas oublier l'expérience directe des chrétiens que Tacite a eue en Asie (voir ci-dessous). – Josèphe plaide en faveur de la visibilité du groupe chrétien à Rome, en signalant dans *AJ*, XVIII, le grand nombre des convertis, « juifs et d'origine grecque », mais on ne peut déterminer si cette observation remonte à son voyage de 63-65 ou date seulement du moment où il rédige les *AJ*, vers 93.

Sur les tensions à Rome entre les Juifs et le pouvoir impérial. – Sous Claude, M. SMALLWOOD, *The Jews under the Roman Rule*, Leyde, 1976, 213-214, et surtout J. WISEMAN, « Corinth and Rome I. », *ANRW* II.7.1, Berlin-New York, 1979, 438-548 et n. 45. Sur la question d'un antisémitisme à Rome, la valeur des témoignages littéraires est maintenant minorée : E.N. LANE, « Sabazios and the Jews. A Reexamination », *JRS* 69, 1979, 35-38 ; J. NOLLAND, « Proselytism or Politics in Horace *Satires* I, 4, 138-143 ? », *Vigiliae Christianae*, 33, 1979, 347-355. – À propos de l'incendie de 64, H. LICHTENBERGER, *art. cit.*, 1996, 2173, relève justement qu'on ne peut pas justifier l'accusation d'incendiaire par l'apocalyptique et le thème du feu eschatologique puisqu'il était présent aussi dans les apocalypses juives de l'époque (*Oracles sybillins*, III, 84 et IV, 172) mais que les Juifs n'ont pas été impliqués ; c'est un argument en faveur de la thèse défendue par A. GIOVANINI, *art. cit.* : les chrétiens ont été impliqués par leurs propos publics et non par leurs livres ou leurs idées.

Sur les persécutions contemporaines de philosophes, B.W. HENDERSON, *The Life and Principate of the Emperor Nero*, Rome, 1968, 394-305 (« Government and Philosophers ») ; sur la mise en scène littéraire et idéologique dans la *Vie d'Apollonios de Tyane*, J.-M. ANDRÉ, « Apollonios et la Rome de Néron », dans *Le monde du roman grec*, Paris, 1992, 113-124. L'hypothèse d'une assimilation de Paul aux philosophes populaires est présentée par M.-F. BASLEZ, *Saint Paul*, 1991, 286-293.

Le martyre. – W.H.C. FREND, *Martyrdom and Persecution in the Early Church*, Oxford, 1965 ; Th. BAUMEISTER, *Genèse et évolution de la théologie du martyre dans l'Église ancienne*, Berne, 1991. Sur les premiers témoignages du culte de Pierre et de Paul à Rome et les fouilles de la nécropole du Vatican, U.M. FASOLA, *Pierre et Paul à Rome*, Rome, 1981.

SOURCES

Sources bibliques

ANCIEN TESTAMENT

L'ordre des livres (et parfois leur nom) varie dans les trois Bibles que l'on peut utiliser en français : la Bible de Jérusalem, éditions du Cerf, nouvelle édition, 1998 ; la Bible dans la collection La Pléiade, éditions Gallimard, 1956 et 1959 pour l'Ancien Testament ; la TOB (la Bible, traduction œcuménique), éditions du Cerf, 7ᵉ édition, 1997. C'est cette dernière qui prend le plus en compte les données linguistiques et les critères de datation.

Qo	Livre du Qohéleth (ou l'Ecclésiaste : le « président d'assemblée ») Sagesse. Jérusalem. Début de l'époque hellénistique. En hébreu. Premier manuscrit du début du IIᵉ siècle.
Tb	Livre de Tobit Roman pieux. Jérusalem. Vers 200. Versions en araméen, hébreu et grec.
Si	Livre de Ben Sirach (le Siracide en grec) ou l'Ecclésiastique (le « livre de l'assemblée ») Sagesse. Jérusalem. Vers 180. Original en hébreu, traduit en grec par son petit-fils à Alexandrie vers 132.

Dn   Livre de Daniel
         Écrit apocalyptique. Jérusalem. 164-163.
         Original composite avec des parties en hébreu et en araméen.
         Deux versions grecques amplifiées (Daniel grec : Dn gr), qui rajoutent la prière des jeunes gens dans la fournaise, le roman de Suzanne, l'épisode de Bel et du dragon.

Jd   Livre de Judith
         Roman pieux. Jérusalem. Vers 165-160.
         Original hébreu perdu. Traduit en grec.

2 M   Deuxième livre des Maccabées (abrégé)
         Chronique historique. Composée dans la Diaspora par Jason de Cyrène vers 160. En grec.
         Original de cinq livres perdu. Abrégé vers 124.

Est   Livre d'Esther
         Roman pieux. Sans doute composé dans la Diaspora orientale (d'après le nom de la fête de Pourim, dont la légitimation est l'objet du livre).
         Version en hébreu antérieure à 160, où l'on connaît un « jour de Mardochée », héros du livre.

1 M   Premier livre des Maccabées
         Chronique historique. Jérusalem. Un peu avant 100.
         Original sémitique sans doute en hébreu, perdu. Traduction grecque.

Ba   Livre de Baruch
         Composé dans la Diaspora entre 164 et 63.
         Sagesse. Collection de pièces en grec, en hébreu, en langues sémitiques.

Lt Jr   Lettre de Jérémie
         Satire de l'idolâtrie. Diaspora. Date incertaine dans la période hellénistique.
         Langue d'origine : inconnue.

Sg	Livre de la Sagesse (Sagesse de Salomon) Alexandrie : vers 30 avant notre ère. En grec.

NOUVEAU TESTAMENT

Les livres sont énumérés dans l'ordre d'une chronologie relative vraisemblable.

Avant la destruction du Temple (70)

1 Th	Première épître aux Thessaloniciens Lettre de Paul. Corinthe. Au début 51. Genre de la lettre ouverte, utilisé par les philosophes grecs et les maîtres juifs.
Ga	Épître aux Galates Lettre de Paul. Éphèse vers 54. Apologie rédigée selon les principes codifiés de la rhétorique classique.
1 Co	Première épître aux Corinthiens Lettre de Paul. Éphèse. Vers 54.
2 Co	Deuxième épître aux Corinthiens Lettre de Paul. Macédoine. Entre 54 et 56.
Rm	Épître aux Romains Lettre de Paul envoyée depuis Corinthe entre 55 et 57.
Éph/Col	Épîtres aux Éphésiens, aux Colossiens Lettres de Paul, dites de la captivité, envoyées d'Éphèse, de Césarée ou de Rome. De nombreuses raisons incitent à dater l'Épître aux Éphésiens de la génération postapostolique.
Phm	Épître à Philémon Lettre de captivité. Seul exemple de la correspondance privée de Paul.

Ph	Épître aux Philippiens
Lettre de captivité, datable soit d'une captivité à Éphèse vers 53-54, soit de la captivité à Rome, après 55.
Mc	Évangile de Marc
Composé sans doute à Rome, vers 65-70. Destiné à des non-Juifs vivant hors de Palestine.
L'évangile n'est pas un genre littéraire : le mot dans la Septante et dans les inscriptions royales hellénistiques est associé à une action salvifique.
2 Th	Deuxième épître aux Thessaloniciens
Se présente comme un doublet réactualisé de la lettre de Paul, mis sous l'autorité de l'apôtre.
Écrit apocalyptique, peut-être datable des années 68-70.
He	Épître aux Hébreux
Lettre envoyée d'Italie, anonyme. Sans doute antérieure à la destruction du Temple en 70.
Grec littéraire. Attribuée souvent, depuis Luther, à Apollos d'Alexandrie.
Jc	Épître de Jacques
Lettre de Palestine, adressée à la fois aux Juifs et aux chrétiens. Datée entre 60 et 80.
Grec marqué de sémitismes.
1 et 2 Tm/Tt	Épîtres à Timothée et à Tite
Épîtres dites Pastorales, qui sont celles dont l'authenticité et la date sont le plus discutées parmi les épîtres pauliniennes.
Les éléments personnels présentés dans 2 Tm en font une lettre de captivité, écrite à la veille de la mort de l'apôtre, soit vers 67, auquel cas 1 Tm et Tt, écrites en liberté, seraient des années 65. Cependant, des différences théologiques et institutionnelles avec les premières lettres de Paul, ainsi que des développements sur les hérésies, incitent à dater ces écrits de la génération postapostolique.

Après la destruction du Temple (70)

Mt — Évangile de Matthieu
Postérieur à 70. Rédaction en grec.
Vraisemblablement composé à Antioche dans une communauté marquée par les traditions juives.
Daté des années 80, quand on explique l'hostilité aux pharisiens par une polémique contre l'école rabbinique de Iamneia, qui s'organise après la destruction du Temple.

Lc — Évangile de Luc
Postérieur à 70. Dédié à Théophile, qui personnalise le chrétien de culture grecque.
Grec littéraire hellénistique. Se réclame du genre historique (prologue).

Ac — Actes des Apôtres
Postérieur à l'évangile de Luc et dédié au même Théophile.
Combine le genre biographique (biographies partielles de Pierre et de Paul juxtaposées) et celui du récit de voyage.
Des passages à la première personne du pluriel incitent à supposer des notes de voyage et situent l'auteur dans l'entourage de Paul.

Ap — Apocalypse de Jean
Écrite à Patmos (Grèce d'Asie) entre la mort de Néron et celle de Domitien (70-96).
Adressée à sept Églises d'Asie.
Genre apocalyptique, dans la tradition du judaïsme hellénistique.

1 P — Première épître de Pierre
Envoyée de Rome à des Églises d'Asie. Sans doute sous le règne de Domitien (81-96).
Rédigée dans un grec aisé.

2 Jn/3 Jn	Deux épîtres d'un Ancien
Anonymes, mises sous le nom de Jean considéré tantôt comme le disciple de Jésus, tantôt comme différent.
Première génération chrétienne. Destinées à des Églises d'Asie.
1 Jn	Épître anonyme, sans doute postérieure aux deux précédentes.
Jn	Évangile de Jean
Antérieur aux années 110 (papyrus d'Égypte), daté de la fin du Iᵉʳ siècle.
Écrit en grec dans une Église d'Asie, dans la tradition de l'apôtre Jean.
Attribué à l'apôtre lui-même et localisé à Éphèse dès la fin du IIᵉ siècle.
Jude	Épître de Jude
Genre apocalyptique. Sans doute fin du Iᵉʳ siècle.
Milieu juif chrétien d'Alexandrie ou Rome.
2 P	Deuxième épître de Pierre
Deuxième génération chrétienne ; datée du IIᵉ siècle, postérieure à Jude.
Genre littéraire du testament spirituel.
Milieu judéo-chrétien de la Diaspora.

ÉDITIONS ET TRADUCTIONS DE LA BIBLE

La Bible, sous la direction de E. Dhorme, collection La Pléiade, éditions Gallimard, Paris.
Ancien Testament, I, 1956.
Ancien Testament, II, 1959.
Nouveau Testament, 1971.
Écrits intertestamentaires, 1987 (textes non canoniques, incluant ceux de Qumrân).

La Bible, TOB (7) : La Bible, traduction œcuménique, éditions du Cerf et la Société biblique française, Paris, 1997.

La Sainte Bible : traduite en français sous la direction de l'École biblique de Jérusalem, éditions du Cerf, Paris, nouvelle édition, 1998.

Septuaginta, éd. A. Rahlfs, Deutsche Bibelgesellschaft, Stuttgart, 1935.

La Bible d'Alexandrie, sous la direction de M. Harl, éditions du Cerf, Paris, à partir de 1986.

The Greek New Testament, Deutsche Bibelgesellschaft et United Bible Societies, édition de Stuttgart, 1994.

Évangile de Luc : texte traduit et annoté par E. Delebecque, Les Belles Lettres, Paris, 1976 (édition bilingue).

Les Actes des Apôtres : texte traduit et annoté par E. Delebecque, Les Belles Lettres, Paris, 1982 (édition bilingue).

Histoire et Littérature juives

PHILON D'ALEXANDRIE (20 av. J.-C.-41 ap. J.-C.)
Famille intégrée à l'Empire romain. Philosophe complètement hellénisé qui poursuit la tradition de la Septante soit à l'intention des Grecs, soit pour la communauté juive hellénisée d'Alexandrie.
Les œuvres complètes de Philon sont éditées et traduites dans la collection Sources chrétiennes, éditions du Cerf.

Sp. Leg.	*De specialibus legibus* : commentaire du Pentateuque.
Probus	*Quod omnis probus* : traité philosophique.
	De vita contemplativa : écrit historique sur les Thérapeutes.
	Contre Flaccus et *Legatio ad Gaium* : Discours politiques composés contre un préfet d'Égypte, à l'occasion d'une ambassade à Caligula.

FLAVIUS JOSÈPHE (Jérusalem–Rome 37-100)
Famille sacerdotale de Jérusalem ; commandant durant la guerre juive, rallié à Rome, membre de la cour de Vespasien.

	L'intégralité des œuvres de Flavius Josèphe est traduite en anglais dans la Loeb Classical Library (grec-anglais).
GJ	*Guerre des Juifs* Histoire composée à Rome entre 76 et 79. Collection des Universités de France pour les livres I à V. Traduction française de P. Savinel, *La Guerre des Juifs*, Paris, 1976.
AJ	*Antiquités judaïques* (livres I à XX) Synthèse de l'histoire du peuple juif depuis la création du monde, à l'usage des Romains. Composée à Rome à partir de 93. Collection des Universités de France pour le livre I. *Contre Apion* Apologie du judaïsme, contre un grammairien antisémite d'Alexandrie. Composée vers 93-96. Collection des Universités de France. *Vie* Autobiographie composée à Rome vers 100. Collection des Universités de France.
	Lettre d'Aristée à Philocrate Écrit apologétique. Alexandrie. Sans doute deuxième moitié du IIe siècle avant notre ère. Édition et traduction française d'A. Pelletier, collection Sources chrétiennes.
	Targum du pentateuque Traduction de R. Le Déaut, collection Sources chrétiennes, 1979.

Histoire et Littérature chrétiennes
(ouvrages utilisés)

HE	Eusèbe de Césarée, *Histoire ecclésiastique*. Évêque de Césarée de Palestine. Cour de Constantin.

Première histoire générale du christianisme, qui cite et transmet des documents officiels, des textes et des histoires antérieures.
Première édition en 312, peu après l'édit de tolérance de Constantin ; remaniée jusqu'en 324, au moment de la conversion de Constantin et du Concile de Nicée. Consacre l'intégration du christianisme à l'Empire romain.
Collection Sources chrétiennes n°s 31 et 41.

PE   EUSÈBE DE CÉSARÉE, *Préparation évangélique*
Collection Sources chrétiennes.

I Clém   CLÉMENT DE ROME, *Épître aux Corinthiens*
Rome. Vers 90.
Collection Sources chrétiennes n° 67.

HERMAS, *Le Pasteur.*
Rome. Daté vers 90 ou vers 140. Genre apocalyptique.
Collection Sources chrétiennes n° 63.

La Dicaché (ou « L'enseignement des Douze apôtres)
Manuel disciplinaire et pastoral, sans doute composé dans un milieu hellénisé en contact avec la traduction représentée par l'évangile de Matthieu (Antioche, après 100, à la troisième génération chrétienne ?)
Collection Sources chrétiennes.

IGNACE D'ANTIOCHE, *Lettres.*
Évêque d'Antioche. Transféré à Rome à travers l'Asie. Mort sous Trajan. Vers 117.
Collection Sources chrétiennes n° 10 bis.

POLYCARPE DE SMYRNE, *Lettre aux Philippiens.*
Smyrne. Vers 170.
Collection Sources chrétiennes n° 10 bis.

JUSTIN, *Première* et *Deuxième Apologies.*
Rome, vers 138-161. Philosophe platonicien converti.
Édition d'A. Wartelle, Études augustiniennes, 1987.

IRÉNÉE, *Contre les hérésies*.
Asie (Smyrne), puis Lyon. Vers 140-200.
Collection Sources chrétiennes.

CLÉMENT D'ALEXANDRIE, *Stromates* et *Pédagogue*
Alexandrie, puis Jérusalem, entre 150 et 215.

ORIGÈNE, *Contre Celse*.
Alexandrie (v. 185-v. 232), puis évêque installé à Césarée de Palestine (234-252).
Apologie composée vers 249.
Collection Sources chrétiennes.

Textes apocryphes chrétiens
Collection La Pléiade, Éditions Gallimard, Paris, 1997.

Histoire grecque et latine

V. Ap.   PHILOSTRATE, *Vie d'Apollonios de Tyane*
Biographie romancée, composée vers 220, d'un philosophe et thaumaturge du Ier siècle ap. J.-C., originaire de Cappadoce et qui parcourut le monde. Prototype d'une vie d'« homme divin » *(theios aner)*.
Traduction de P. Grimal dans *Les Romans grecs et latins*, collection La Pléiade.

POLYBE, *Histoires*
Grec de Mégalopolis (v. 210-v. 120 av. J.-C.). Long séjour à Rome. Voyages en Égypte et en Orient.
Ses *Histoires* couvrent la période de la conquête romaine, entre 264 et 146 av. J.-C.
Traduction française de D. Roussel, collection La Pléiade, 1970.

POSEIDONIOS d'APAMÉE
Philosophe grec de Syrie (v. 130-v. 40 av. J.-C.), de tendance stoïcienne.
Histoire perdue, qui faisait suite à celle de Polybe et couvrait la période 146-96 av. J.-C.

DIODORE DE SICILE, *Bibliothèque historique*
Vers 90-vers 30 av. J.-C. Voyage en Orient et séjour à Rome.
Vaste synthèse d'histoire universelle et synchronique depuis les origines du monde jusqu'à l'époque contemporaine.
Beaucoup de compilations, en particulier, pour l'Orient sémitique, de Poseidonios d'Apamée.
Loeb Classical Library, 1946-1967. Quelques volumes dans la collection des Universités de France.

STRABON, *Géographe*
Grec du Pont, en Asie Mineure (64 av. J.-C.-24 ap. J.-C.). Vit à Alexandrie et à Rome.
Histoire perdue. Sa *Géographie* est universelle et insère beaucoup de données historiques.
Collection des Universités de France, à compléter par The Loeb Classical Library.

DENYS D'HALICARNASSE, *Les Antiquités de Rome*
Grec d'Asie Mineure (v. 60 av. J.-C.-v. 10 ap. J.-C.).
PLUTARQUE
Grec de Béotie (v. 46-v. 126). Auteur des *Vies parallèles* et d'*Œuvres morales*.
Source sur les Juifs : *Propos de table.* IV, 4 ; V, 1-3 ; VI, 1-2.
Collection des Universités de France.

LUCIEN DE SAMOSATE
Syrien hellénisé (v. 119-v. 180). Voyages en Orient et en Italie.
Séjours à Athènes et à Alexandrie.

Satiriste et pamphlétaire. Première source grecque sur les chrétiens *(Pérégrinus)* et plus largement sur les cultes charismatiques *(Alexandrie ou le faux-prophète)*.
Loeb Classical Library.

DION CASSIUS, *Histoire romaine*
Grec de Bithynie, sénateur romain (v. 163-v. 235). Cour des Sévères.
Loeb Classical Library, rééd. 1970.

PLINE L'ANCIEN, *Histoire naturelle*
Chevalier romain (24-79). Carrière militaire : participe à la guerre des Juifs en 70 et au siège de Jérusalem ; connaissance directe de la Judée.
Ouvrage encyclopédique.
Collection des Universités de France.

PLINE LE JEUNE, *Lettres*
Sénateur romain, ami de Trajan (61-114). Proconsul de Bithynie en 112.
Les lettres de Bithynie (tome X) sont un exemple de correspondance officielle entre un gouverneur de province et le pouvoir central ; le recueil inclut les réponses de l'Empereur.
Collection des Universités de France.

TACITE, *Histoires*
Sénateur romain (55-120)
Traité d'histoire contemporaine, couvrant la période des Flaviens (69-96). Rédigé entre 98 et 109.
Collection des Universités de France.

TACITE, *Annales*
Rédigées entre 110 et 120. Proconsulat d'Asie entre 113 et 114.
Couvre l'histoire de l'Empire romain depuis la mort d'Auguste en 14 jusqu'à la mort de Néron en 68.
Collection des Universités de France.

SUÉTONE, *Vie des Douze Césars*
Chevalier romain (v. 77-v. 140). Ami de Pline le Jeune. Directeur de la chancellerie de langue latine sous Hadrien.
Biographies composées vers 119-122.

INDEX DES NOMS DE LIEUX

Abdère : 20, 21
Abilène : 13, 187, 188
Achaïe : 106, 297, 317
Acmonia : 330
Acra (de Jérusalem) : 66, 73
Adiabène : 231, 275, 280, 283, 301, 308, 323
Adriatique : 316
Afrique : 22, 293, 304
Akko (Acre) : 155
Alexandrie (près de l'Egypte) : 15, 17, 18, 20-25, 27, 44, 54, 56, 71, 83, 90, 93, 96, 110, 111, 114, 115, 120, 123, 129, 203, 215, 231, 233, 235, 241, 258, 276, 301, 361, 374, 377, 385, 396, 403
Alexandrie-Troas : 292
Amisos : 296
Amorgos : 355
Amyzon : 76
Anatolie, Anatolien : 229, 231, 232, 292, 295, 305, 313, 332
Ancyre : 292
Antioche (Jérusalem) : 50, 51
Antioche (de Syrie) : 159, 168, 219, 227, 229, 236, 250, 262, 275-280, 284, 287-289, 291, 293-297, 306, 309, 316, 318, 321-323, 340, 343, 350, 358, 391, 392
Antioche de Pisidie : 291, 295, 305, 306, 318, 330
Apamée (de Syrie) : 46, 105

Aphrodisias : 314
Arados : 56
Arménie : 373
Ascalon : 233
Asie (continent) : 167, 281, 284, 308, 312, 314, 323, 328-332, 334-336, 338, 339, 341, 343, 344, 346, 348, 349, 351, 354-356, 358, 362-364, 366-369, 378, 380, 381, 388, 403
Asie (province romaine) : 110, 229, 241, 243, 248, 250, 251, 258, 278, 288, 292, 296, 297, 299, 300, 302, 306, 310, 327, 333, 371-373, 403
Asie Mineure : 10, 47, 57, 103, 105, 106, 161, 206, 224, 231, 232, 276, 284, 287, 288, 292, 294, 297, 305, 306, 313, 328, 330, 334, 338, 388, 403
Assyrie : 29
Athènes : 19, 20, 59, 104, 107, 293, 308, 313, 333, 375, 376, 378
Auguste (route) : 191, 295
Azotos (Ashod) : 69, 72

Babylone : 9, 10, 81, 82, 95, 136, 210, 364
Balkans : 103, 231, 293, 316
Bambykè (Hiérapolis) : 76
Béotie : 224
Béroia : 316
Béthanie : 207
Beth-Basi : 66

Béthel : 247
Béthléem : 157
Bethsaïde : 163, 164, 170, 179
Beth Shearim : 165
Beth-Sour : 66, 69, 73, 99
Bithynie : 229, 292, 296, 299, 316, 337, 365, 388, 389, 393, 395, 396

Cana : 162-164, 172, 181, 207
Capharnaüm : 156, 162-165, 170, 171, 179, 181, 193, 248
Cappadoce : 103, 232, 296, 297, 370
Carie : 76, 103
Carmel (mont) : 156, 250
Caspienne (mer) : 229
Cenchrées : 314, 316, 341
Césarée maritime (de Palestine) : 156, 157, 226, 232, 233, 262, 273, 275-278, 281, 299, 375, 383, 387
Césarée de Philippe : 163, 157, 179
Chios : 104
Chorozaïn : 163, 164
Chypre : 19, 103, 110, 190, 231, 248, 249, 272, 277, 287-289, 291, 299, 301, 304, 305, 308, 323
Cilicie : 21, 258, 259, 277, 289, 291, 306, 376
Colonnes d'Hercule (détroit de Gibraltar) : 304
Colosses : 285, 292, 299, 312, 315-317, 346
Corinthe : 105, 219, 233, 251, 278, 287, 293-297, 302-304, 307, 308, 312-314, 316-318, 324, 325, 333, 342, 343, 348, 375, 377, 380, 383
Cos : 103, 104, 387
Crète : 250
Cyrène : 231, 232, 258, 259, 277

Dalmanoutha : 164
Damas : 99, 136, 155, 156, 178, 188, 231, 233, 236, 241, 242, 289, 295
Décapole : 156, 162, 164, 178, 179, 196, 204

Délos : 59, 103, 110
Delphes : 307
Derbè : 229, 291, 297, 304, 306

Ecbatane : 42
Edesse : 300, 301
Egée (mer) : 103, 294, 295, 308, 367
Egnatia (via) : 293, 316
Egypte : 9, 10, 17-24, 28-31, 33, 40-42, 44, 45, 55, 56, 58, 62, 63, 65, 66, 76, 91, 93, 95, 96, 103, 104, 111, 112, 114, 126, 191, 204, 212, 213, 228, 231-233, 258, 293, 301, 302, 308, 357, 368, 373
Emmaüs : 65, 71, 73
Engaddi : 120, 147
Ephèse : 199, 226, 233, 236-238, 249, 272, 284, 287, 288, 291, 294, 295, 299-302, 306-309, 312, 313, 315-318, 324, 332-336, 338, 342-344, 348, 352, 353, 355-357, 360-362, 372, 376-381, 388
Epidaure : 202, 206
Espagne : 293, 304
Ethiopie : 232
Euphrate : 42, 300
Europe : 229, 242, 248, 288, 292, 293, 295, 316, 332

Gadara : 156, 179, 203, 207
Galatie : 281, 283, 292, 294-296, 305, 317
Galilée : 10, 65, 72, 99, 104, 153, 155-157, 160-167, 171-175, 177-181, 187, 189, 191, 193, 196, 203, 238, 248, 281, 323
Gamala : 171
Garizim (mont) : 59, 99, 129, 179, 180
Gaule : 106
Gaza : 229, 273
Gazara (Gezer) : 69, 99
Gennézareth : 163
Gérasa : 179

INDEX DES NOMS DE LIEUX

Golan : 69, 156, 171
Grèce : 81, 166, 189, 229, 231, 287, 288, 292, 294, 305, 311, 315, 316, 332, 343, 356, 360, 369, 397, 403

Halys (fleuve) : 296
Hérodion : 120
Hiérapolis (de Phrygie) : 292, 299
Hyrcania : 120

Iamneia (Yabné) : 72, 233, 271, 272
Iconion : 236, 291, 316, 331, 332, 335
Idumée : 66, 69, 72, 73
Illyrie : 293, 304
Inde : 20, 58, 105, 308
Indus : 300
Ionie : 105, 288
Italie : 104, 105, 222, 311, 316, 354, 367, 390
Iran : 42

Japhia : 158
Jéricho : 72, 134, 147, 171, 204, 261
Jérusalem : 9, 10, 15, 18-21, 24, 27, 29-32, 34, 35, 37, 39, 42, 43, 45-51, 55-57, 59-62, 64, 66, 69-78, 83, 85, 91, 97, 101, 104-111, 115, 119, 127, 134, 136, 137, 139, 143, 147, 148, 156, 158, 159, 161, 164-166, 175, 178-180, 193, 204, 206, 211-213, 215, 218, 222, 224, 227-229, 231-233, 235, 236, 238, 241, 242, 255-260, 262-264, 266-270, 273, 276, 277, 279-282, 284, 285, 288, 289, 293, 294, 296, 297, 301-304, 306, 307, 309, 310, 321, 322, 324, 328, 330, 340, 343, 347, 360, 363, 366, 370, 371, 375-377, 380-383, 386, 387, 400
Joppé (Jaffa) : 69, 72, 99, 103, 229, 233, 242
Jourdain (fleuve) : 66, 120, 122, 171, 204, 260

Juda : 136
Judée : 9, 10, 17, 19, 27, 33, 39, 44, 47, 55, 56, 64, 71, 73, 74, 76, 99, 117, 120, 126, 149, 155, 157, 162, 164-166, 168, 171, 172, 187, 189, 190, 196, 198, 246, 261, 381, 382, 391, 392

Kition : 110

Lampsaque : 106
Laodicée (du Lycos) : 292, 299, 316, 334, 356, 372
Léontopolis : 19, 91, 97
Liban : 99, 187
Libye : 277
Lycaonie : 292
Lycie : 103
Lydie : 288, 313, 334
Lyon : 396
Lystres : 281, 291, 304, 306, 331, 360

Macédoine : 54, 101, 105, 107, 229, 287, 293-295, 313, 334, 340, 348, 375, 377
Machéronte : 119, 196
Magdala : 164, 171
Magnésie : 61
Malte : 237, 238, 304, 313, 314
Maréotis (lac) : 120, 124
Marisa : 72
Masada : 120, 126-128
Méandre (fleuve) : 294
Médie : 30, 42, 81, 105, 231
Méditerranée : 8, 9, 101, 155, 231, 293, 304
Mésopotamie : 10, 17, 28, 42, 155, 231, 280, 289, 301
Milet : 367
Modin : 64, 66, 68, 70
Morte (mer) : 7, 8, 19, 27, 48, 64, 66, 76, 117, 119, 123, 147, 206
Murabbaat : 127
Mysie : 105

Nahal Ever : 127
Naïm : 163, 164, 202
Nazareth : 158-162, 181, 213, 248, 385
Néapolis (de Thrace) : 292
Nicomédie : 296
Noire (mer) : 229, 287, 296
Nouvelle-Paphos : 305

Ohrid (lac d') : 293
Osrhoène : 301
Ostie : 104

Palestine : 9, 18, 22-24, 27, 28, 31, 99, 104, 155, 157, 159, 172, 181, 215, 222, 273, 296, 301, 302, 349, 351, 354, 403
Pamphylie : 103, 191
Patmos : 367, 400
Pella : 268
Pergame : 103-106, 109, 206, 334, 339, 342-344, 346, 366, 372
Perse : 82, 84
Pessinonte : 292
Pétra : 232
Pharos : 18
Pharsale : 373
Phénicie : 56, 155, 156, 178, 179, 204
Philadelphie (d'Asie) : 331, 372
Philippes : 238, 248, 249, 287, 293, 295, 313, 317, 318, 321, 333, 350, 357, 376, 377
Phrygie : 292, 294, 299
Pirée (Le) : 294, 379
Pisidie : 292, 294, 305, 334
Pont : 296, 297, 301, 337
Ptolémaïs : 75, 155

Qeriot : 168
Qumrân : 13, 22, 25, 27, 34, 76, 83, 97, 110, 111, 117, 119, 120, 123-131, 134-141, 146-151, 199, 321, 402, 403

Rhodes : 104
Rome : 10, 13, 27, 56, 83, 101, 104-106, 108, 110, 111, 121, 126, 127, 141, 159, 174, 176, 178, 181, 185, 188, 189, 197, 210, 229, 237, 240, 251, 255, 262, 266, 268, 274, 275, 282, 287, 288, 291, 293, 296, 297, 299, 300, 302-305, 308, 312, 316, 317, 325, 328, 329, 333, 335, 351, 364, 366, 368, 372, 373, 375, 377, 378, 381-383, 387, 388, 390-392, 395-397, 403

Salamine (de Chypre) : 305
Samarie : 10, 22, 47, 56, 65, 72, 99, 125, 156, 168, 180, 229, 232, 237, 238, 248, 272, 357
Samos : 104
Sardes : 334, 335, 372, 381
Sarepta : 204
Sepphoris : 156, 158, 163, 176
Sichem : 135, 180
Sicile : 222
Sidon : 163
Sinaï (mont) : 131, 220-223
Sion (mont) : 66, 73
Smyrne : 331, 333-335, 354, 357, 372
Soudan : 229, 232
Sparte : 103, 104, 106-109
Suse : 42, 99
Syrie : 9, 20, 35, 48, 52, 76, 77, 81, 103, 115, 137, 138, 157, 175, 190, 204, 232, 241, 262, 276, 289, 300, 305, 306, 358, 392

Tarse : 259, 289, 291-293, 295, 304, 376, 382
Taurus : 291, 297
Tékoa : 64
Téos : 57, 61
Thessalonique : 287, 293-295, 316-318, 333, 347, 360, 363, 376, 377
Thrace : 292
Thyatire : 333, 334, 340-342, 348
Tibériade : 156, 163, 165, 206

Tralles : 373
Transjordanie : 48, 49, 53, 70, 72, 99, 120, 122, 134, 159, 164, 168, 196, 268

Tyr : 51, 52, 55, 155, 156, 163, 164, 169, 178, 179, 205

Wadi Daliyeh : 64, 125

INDEX DES NOMS DE PERSONNES

Aaron : 38, 39, 54, 73, 136
Abd Nego : 89
Abraham : 51, 70, 108, 109, 191, 192, 274, 330-331
Achior : 99
Acilius Glabrion (sénateur) : 370
Agabos : 247
Agrippa Ier (roi) : voir Hérode Agrippa
Ahiqar : 30, 308
Alcime (Joakim, grand prêtre) : 51, 73-75
Alexandre (le Grand, roi) : 15, 16, 19, 39, 58, 60, 81, 82, 87
Alexandre Balas (roi) : 75, 76, 89
Alexandre Jannée (grand prêtre et roi) : 90, 137, 150, 214
Alexandros : 332, 335, 336
Ananias (général) : 91
Ananie (de Damas) : 241, 289
André : 166-167, 170, 299, 300
Andronicos : 309, 312, 360
Anne : voir Hanan, grand prêtre
Anne (prophétesse) : 341
Antigone : 90
Antiochis : 88, 89
Antiochos III (roi) : 33, 42, 46, 49, 59-60, 74, 77, 84, 88, 89, 92, 102-106
Antiochos IV (roi) : 39, 43, 45, 47, 50, 55-60, 62, 72, 73, 81-85, 88, 100, 101, 104, 111, 137, 363

Antiochos V (roi) : 73, 74, 78
Antiochos VII Sidétès (roi) : 75, 77, 103
Antipas : 346, 366
Antoine (triumvir) : 113, 188
Apion : 63
Apollonios de Tyane : 202, 237-239, 246, 247, 351, 354, 370
Apollos : 199, 233, 235, 236, 295, 301, 312, 324, 325
Apphia : 312
Aquilas : 294, 296, 301, 303, 308, 312, 317, 333, 349, 360, 392
Archippos : 312
Aréus (roi) : 107-108
Aristion : 299
Aristoboulos (d'Alexandrie) : 21, 91
Aristoboulos (grand prêtre et roi) : 90, 99, 150
Aristote (philosophe) : 19, 66
Asmonéens : 43, 69, 75-76, 90, 100, 103, 108-109, 117, 119, 149, 155, 267
Aspasie : 88
Athénaios : voir Géron
Athrongaios (Athrongès) : 195, 214
Atomos : 249
Auguste (empereur) : 115, 188, 232
Augustin : 369

Bacchidès : 74-75
Bagoas : 87

Balaam : 339, 340, 342, 346
Balthasar : 88-89
Bannous : 122, 196, 197
Bar Abbas : 216
Bar Jona : 170
Bar Korhba : 189, 268
Bar Sabbas (Judas dit) : 251, 252
Bar Thimo(th)éos : 178
Bar Tholomaios : 166
Barnabé (Joseph dit) : 237, 250-252, 257, 277, 289, 291, 301, 305, 309, 322, 323
Ben Sirach (Jésus, le Siracide) : 23, 24, 26, 29, 32-39, 42, 74, 84, 86, 88

Caïphe (Céphas, grand prêtre) : 211, 265-266
Caius Julius Eurycles : 109
Caligula (empereur) : 83
Callisthène (philosophe) : 85
Céphas : voir Pierre
Chloé : 312
Chrestos : 303, 392
Cicéron (orateur) : 104, 333
Claude (empereur) : 280, 282, 303, 361, 377, 385
Claudia : 312
Cléarque de Soloi (philosophe) : 19
Clément d'Alexandrie : 88, 319, 340, 341
Clément de Rome : 302, 325, 354, 365, 370
Cléopâtre (reine) : 113, 138
Cyrus (roi) : 81, 194
Cyrus le Jeune : 88

Daniel : 79-81, 85-87, 89, 364, 366
Darius (le Mède) : 85
David (roi) : 137, 191, 370
Démétrios Ier (roi) : 47, 73-75, 77, 101
Démétrios II (roi) : 47, 75, 89
Démétrios de Phalère : 18
Démétrios : 332, 335-337

Diodote Tryphon : 75-77
Diotréphès : 349
Domitien (empereur) : 366, 367, 369-372, 374, 390, 395-396
Dosithéos : 90

Éléazar : 74, 85
Élie : 120, 122, 168, 196, 204, 251
Élisabeth : 341
Élisée : 122, 178, 204, 251
Empédocle (philosophe) : 351
Épaphrodite : 295, 309
Éraste : 295
Esdras : 22, 80, 144
Esther : 38, 79, 85, 87, 88
Étienne (Stéphanos) : 212, 229, 237, 242, 256-259, 275, 277, 289, 299
Eunous : 222
Eupolémos : 108
Ézéchiel : 130, 244

Félix (procurateur de Judée) : 260, 266, 377, 386
Festus (procurateur de Judée) : 255, 386
Flaccus : 110
Flavia Domitilla : 370
Flavius Clemens (sénateur) : 370
Flavius Josèphe : voir Josèphe

Gaius : 314, 349
Gamala : 104
Gamaliel : 270
Géron (voir Athénaios) : 60

Hadrien (empereur) : 282, 388
Hanan (Anne, grand prêtre) : 211, 265-266
Hanan (fils d'Hanan, grand prêtre) : 265, 266
Hécatée d'Abdère : 20, 21
Héliodore : 46-49, 53, 83, 115
Hellénis : 169, 178
Hénoch : 34, 80, 129, 132, 150

INDEX DES NOMS DE PERSONNES

Hermas : 367
Hermogénès : 332, 335
Hérode Agrippa Ier (roi) : 84, 125, 231, 241, 261, 262, 375
Hérode Antipas (tétrarque) : 162-163, 175, 177, 187, 188, 196, 261, 322
Hérode (roi) : 84, 90, 104, 109, 138, 148, 149, 155, 176, 187-190, 192, 195, 206, 214, 232, 233, 260, 276
Hérodote (historien) : 87, 112
Hésiode (poète) : 25, 81
Hillel : 270
Hippocrate (médecin) : 35
Holopherne : 99
Horace (poète) : 274
Hyménaios : 348
Hyrcan (fils de Joseph) : 46, 49
Hyrcan II (grand prêtre et roi) : 137, 138

Ignace : 354, 392
Irénée : 345
Isaïe : 117, 130, 221, 222, 251

Jacques (fils d'Alphée, frère de Jésus) : 136, 159-161, 166, 211, 212, 243, 252, 255, 256, 260, 263-268, 279, 282-284, 297, 309, 323
Jacques (fils de Zébédée) : 166, 170, 261, 262
Jadon : 247
Jaïre : 165, 203
Jason (Jésus dit, grand prêtre) : 47, 52, 56, 69, 107
Jason de Cyrène : 44, 45, 50, 51, 61
Jason (de Thessalonique) : 316
Jean (fils de Zébédée) : 161, 166, 170, 236, 239, 297, 299, 300, 320
Jean (père de Simon-Pierre) : 170
Jean Chrysostome : 358
Jean Hyrcan (grand prêtre) : 19, 69, 90, 99
Jean l'Ancien : 299, 349, 351, 353

Jean le Baptiste : 38, 117, 122, 136, 163, 164, 177, 187, 188, 192, 195-199, 261, 270
Jean le visionnaire : 366, 367, 369
Jérémie : 95, 244, 248, 251
Jérôme : 160
Jésus : 117, 136, 137, 153, 157-159, 162-164, 166, 167, 173-178, 181, 183-218, 235, 237, 247, 248, 266, 270, 271, 356-358, 375, 385, 397
Jésus de Corinthe : voir Justus
Jésus (fils d'Ananias) : 212, 220
Jésus (Bar Élymas) : 249
Jézabel (de Thyatire) : 340-342, 348
Johanan ben Zakkaï : 155, 271
Joel : 222
Jonas : 204
Jonathan (fils de Mattathias, grand prêtre) : 66, 69, 75-76, 89, 101, 106, 107, 109, 138
Jonathan (fils de Hanan, grand prêtre) : 266
Jonathan (le Nazirite) : 158
Joseph (père de Jésus) : 160, 161, 192, 269
Joseph : voir Barnabé
Joseph (Tobiabe) : 48
Joseph (frère de Jésus) : 160
Josèphe (Flavius, historien) : 44, 51, 52, 55-56, 62, 76, 77, 84, 90, 97, 106, 108, 109, 111, 115, 122-123, 140-141, 143, 145, 146, 149, 157, 163-164, 173, 176, 177, 184-185, 187, 188, 191, 196-198, 200, 202, 209, 210, 219, 220, 222, 231, 246, 249, 252, 261-264, 266, 270, 275-276, 281-283, 289, 330, 339, 347, 375, 387
Josué : 204
Judas (*iskariotès*) : 166, 168-170
Judas (le Galiléen) : 142, 148, 149, 153, 176, 177, 181, 190, 215, 260, 261

Judas Maccabée : 63, 65, 66, 69, 71, 73-75, 77, 101
Judas (fils de Jacques) : 166, 167
Judas (frère de Jésus) : 60
Jude : voir Judas
Judith : 79, 85, 98-99
Julia : 312
Junia : 309, 312
Junia Théodora : 313
Justin : 361
Justus (Jésus dit) : 251, 252

Lagides : voir Ptolémées, 35, 81
Lazare : 202, 207
Lévi (fils d'Alphée) : voir Matthieu, 171
Luc : 167, 169, 195, 204, 216, 270, 289, 292
Lucien (rhéteur) : 297, 350, 355
Lucius (Lucianus) : 277, 316, 322
Lydie : 308, 313, 333, 335, 341
Lysanias (tétrarque) : 187, 188
Lysias (régent) : 73, 101, 384
Lysias (tribun) : 376

Maccabées : 37, 39, 43, 63-66, 68, 69, 71, 72, 74, 75, 78, 99, 101, 105, 135, 137-139, 142, 149, 155, 269, 360
Malchos : 175
Manéthon (historien) : 21
Mara Bar Sarapion (stoïcien) : 201
Marc (Jean dit) : 169, 177, 204, 216, 251, 270, 301, 305, 323, 378
Mardochée : 94, 97, 99
Marie (fille de Clopas) : 161
Marie (mère de Jésus) : 160, 192
Mattathias : 63, 64, 66, 68, 69, 71
Matthieu : 66, 168-172, 177, 179, 204
Mégasthène (géographe) : 20
Melchisedek : 129
Ménahem (petit-fils de Judas) : 176
Ménahem (prophète) : 277, 322

Ménélas (Onias dit, grand prêtre) : 47, 51-56, 60, 73-75
Mesha : 89
Michée : 198
Moïse : 20, 38, 62, 80, 108, 188, 192, 194, 195, 204, 221, 251, 258, 260, 264, 275

Nabuchodonosor : 83, 111, 137, 270
Narcisse (affranchi impérial) : 317
Nathanaël : 164, 166, 172
Néhémie : 22, 33-34, 144
Nérée : 312
Néron (empereur) : 189, 232, 252, 274, 311, 330, 364, 367-371, 373, 374, 387, 388, 390, 392, 395, 396
Nicanor : 72, 75, 97
Nicodème : 178, 200
Nicolas (nicolaïtes) : 328, 342-346, 348
Nymphas : 316

Oedipe : 194
Onésime : 315, 316
Onésiphore : 316
Oniades : 19, 49, 52, 53, 76
Onias II (grand prêtre) : 47, 49
Onias III (grand prêtre) : 54
Onias (général juif) : 90, 91, 258
Onkelos : 272
Origène : 160

Papias : 299
Paul (Saul dit) : 21, 97, 103, 109, 136, 155, 159-161, 166, 167, 181, 191, 193, 199, 219, 225-227, 229, 235-239, 241-243, 246, 248-251, 253, 255, 256, 258-260, 262-265, 272, 274, 278-284, 287-289, 291-297, 299, 330, 332-334, 336-338, 340-344, 347-352, 356, 360-366, 375-387, 396, 397
Pérégrinus : 350, 354
Périclès : 214

INDEX DES NOMS DE PERSONNES

Persée (roi) : 110
Philémon : 312, 315-316, 349, 361
Philétos : 348
Philippe V (roi) : 110
Philippe (tétrarque) : 162, 187, 188
Philippe (apôtre) : 164, 166, 167
Philippe (diacre) : 229, 232, 237-239, 248, 299
Philon d'Alexandrie (philosophe) : 23, 24, 88, 97, 109, 112, 114, 120, 123, 140, 141, 144-146, 194, 209, 212, 219, 220, 231, 233, 239, 249, 261
Phoibé : 312-313, 341-342
Pierre (Simon dit Céphas, dit) : 153, 161, 162, 166-168, 170, 175, 181, 207, 222, 229, 233, 236-239, 241-243, 248, 251, 260-261, 263, 265, 267, 275, 278-280, 283, 284, 288, 295-297, 299-302, 307, 309, 310, 312, 315, 317, 320, 322-325, 330, 365, 396-397
Pilate (préfet de Judée) : 83, 153, 175, 177, 185, 187, 188, 209-212, 215, 260, 266, 385, 391
Pinhas : 38, 69, 357
Pionios : 331, 333
Platon (philosophe) : 21, 35, 225, 283, 308, 352
Pline l'Ancien (géographe) : 123, 142, 147, 148, 150, 206
Pline le Jeune (proconsul de Bithynie) : 296, 297, 338, 365, 370, 371, 388, 389, 392-396
Plutarque (moraliste) : 220, 234, 352, 381
Polybe (historien) : 44, 58, 101, 185
Polycarpe : 331, 354
Pompée (général romain) : 71, 83, 111, 137, 258
Popilius Laenas (légat romain) : 110
Poppée : 311
Poseidonios d'Apamée (philosophe et historien) : 45, 62, 63, 220

Priscilla (Prisca) : 294, 308, 312, 317, 360
Ptolémées (voir Lagides) : 48, 49, 93, 114, 155
Ptolémée Ier (roi) : 17-18, 22, 71
Ptolémée II (roi) : 22, 107
Ptolémée IV (roi) : 83, 104, 115
Ptolémée VI (roi) : 91
Publius : 314
Pythagore (philosophe) : 21, 184, 201, 351

Qohélet : 28-29, 33
Quirinius (proconsul de Syrie) : 190, 191

Recab (Récabite) : 64, 121, 134, 138
Romulus : 110
Rufus : 312

Saddock (pharisien) : 173, 176
Sadoq (Sadocides) : 38, 39, 138
Salomé (reine) : 137
Salomon (roi) : 20, 112, 138, 155, 192
Samuel (prophète) : 358
Sargon d'Akkad : 194
Sara : 30
Saul : voir Paul
Saül (roi) : 250, 358
Scaeva : 249, 357
Séleucides : 32, 35, 44, 49, 52, 68, 69, 76, 77, 81, 88, 92, 103, 155
Séleucos IV (roi) : 46
Sémiramis : 108
Sentius Saturninus (légat en Syrie) : 190
Sergius Paulus (proconsul de Chypre) : 252, 305
Silas (dit Silvain) : 239, 305
Simon (Oniade, grand prêtre) : 33, 39, 54, 75
Simon (fils de Mattathias, grand prêtre) : 69, 76-78, 99, 101, 108

Simon (frère de Jésus) : 160
Simon (frère de Ménélas) : 53
Simon (le Lépreux) : 207
Simon (le Cananéen ou le Zélote) : 168-170
Simon (magicien) : 248, 257
Simon (insurgé) : 214
Simon : voir Pierre
Socrate (philosophe) : 63, 184, 200, 209, 219, 338, 375, 379, 384
Sosipatros : 316
Spartacus : 222, 245, 351
Stéphanas : 376
Strabon (géographe) : 100, 155
Suétone (historien) : 303, 370, 388, 390, 392
Suzanne : 79, 85
Syméon (fils de Clopas) : 268, 277
Syméon (dit Niger) : 251, 252, 322

Tacite (historien, proconsul d'Asie) : 62, 184, 185, 202, 210, 220, 370, 388, 390-393
Tertulus : 384
Thaddée : 166-167
Thècle : 341
Théophraste (philosophe) : 19, 20

Theudas (Théodoros) : 122, 134, 147, 204, 215, 260, 267
Thomas ou Didyme (Judas dit) : 166, 167, 253, 299-301, 308
Thucydide (historien) : 80, 185
Tibère (empereur) : 187, 391
Tiberius Claudius Balbillus (préfet d'Egypte) : 361, 368
Timothée : 250, 281, 295, 329
Tiridate (roi) : 373
Tite : 250, 281, 295, 322
Titus (empereur) : 270, 272, 358, 369
Tobiade : 36, 38, 39, 49, 53
Tobias : 29-32
Tobit : 29-32
Trajan (empereur) : 388-390, 395
Trophimos : 315
Tyrannos : 314

Vespasien (empereur) : 203, 246, 374

Zacharie : 251
Zachée : 171
Zébédée : 166, 167, 170
Zénon (philosophe) : 308
Zorobabel : 30, 192

TABLE DES CARTES

La Diaspora en Méditerranée	16
La guerre de Judas Maccabée	67
États et cités en relation avec les Asmonéens	102
La région de Qumrân	118
La Galilée	154
La Palestine et ses environs	186
L'horizon de la Pentecôte	230
L'évangélisation de Chypre	290
Missions et empiétements en Asie Mineure	298

TABLE DES MATIÈRES

AVANT-PROPOS 5

De la Palestine à la Méditerranée, 7. – Histoire et histoire sainte, 9.

Chapitre premier : « *Publier le livre à l'étranger pour les amis du savoir* **». La Bible en grec** 15

L'entreprise de traduction, 17. – La curiosité des Grecs, 19. – Les lecteurs de la Bible en grec, 21. – Les implications religieuses du bilinguisme, 23. – Les collections bibliques et la notion de Bible, 26. – Une littérature double pour un monde double, 28. – Le roman pieux d'un émigré, 30. – La Sagesse d'un notable de Jérusalem, 32. – Les débuts du piétisme mystique, 34. – Une société en mutation : réflexes de frilosité, 35. – Le sage et le roi. Leçon de précarité politique, 37; – Le sacerdoce, principe vital du judaïsme, 38. – Littérature double et prosélytisme : un néologisme discuté, 39.

Chapitre 2 : « *L'abomination de la désolation* **». Entre le Temple et l'État grec** 43

L'affaire d'Héliodore (180) : une révolte fiscale, 46. – Problème fiscal et lutte de factions, 48. – « Judaïsme » et « hellénisme », 50. – Les clivages sociaux, 52. – Le 15 kislev (8 décembre) 167 : le jour de la profanation du Temple, 55. – Autoritarisme royal et liberté religieuse, 57. – La déjudéisation, 60. – Des arguments pour l'antisémitisme, 62. – « Judas le Maccabée se retira au désert vivant à la façon des bêtes sauvages », 63. – « Embrasés de zèle pour la Loi » : l'épreuve initiatique de Modin, 66. – « Tous furent circoncis » : le droit du sol, 70. – Le compromis sur le sabbat, 70. – « Pour notre peuple et pour le lieu saint » : l'action militaire des Maccabées, 72. – Alcime, grand prêtre : « un prêtre de la race d'Aaron vient avec les troupes », 73. – « Le roi Démétrios à son frère Jonathan » : l'heure du compromis politique, 75.

Chapitre 3 : « *Une vision m'apparut à moi, Daniel* ». L'histoire, le pouvoir et l'autre 79

Apocalypse et sens de l'histoire, 80. – Le bon et le mauvais souverain : une modélisation du pouvoir, 82. – Daniel dans la fosse aux lions : une ordalie à la cour royale, 85. – La tentation du pouvoir : les Juifs de cour, 86. – Juifs de pouvoir et perte d'identité, 89. – L'idolâtrie ou le culte de l'image royale, 91. – « Se faire Juif, c'est renverser les idoles ». Une conception extensive de l'idolâtrie, 94. – Être Juif, c'est avoir les mêmes référents identitaires, 96. – Le modèle d'un judaïsme missionnaire et les réalités de la politique asmonéenne en Palestine, 99. – Regards sur les autres : Rome et l'image de la liberté, 101. – Identité juive et parenté grecque, 106. – Les Kittim, voilà l'ennemi, 109. – Acculturation et résistance religieuse dans la Diaspora, 111. – La place des Juifs dans la Diaspora : l'antisémitisme alexandrin, 114.

Chapitre 4 : « *Une voix qui crie dans le désert* ». Qumrân, miroir de l'histoire et de la religiosité juives 117

Entre ville et désert, 119. – L'expérience du désert dans le judaïsme, 121. – Questions d'archéologie, 124. – Un dépôt de livres au désert, 126. – Le miroir d'une société érudite et polyglotte, 128. – Séparation et ésotérisme : les règles idéales d'une communauté messianique, 130. – Séparation et observance : le magistère de la Loi, 132. – Séparation et dépouillement, 134. – Les persécutés : des raisons historiques à la séparation, 136. – Le miroir des sectes, 140. – Séparation et anticonformisme, 142. – Séparation et idéal communautaire, 145. – Qumrân, lieu historique de l'essénisme ?, 147. – Le sens de l'histoire, 148.

Chapitre 5 : « *De la Galilée il ne surgit pas de prophète* ». Le milieu de Jésus 153

Le « district des Goyim » : un entre-deux-mondes, 153. – Nazarénien ou Nazoréen ?, 157. – Nul n'est prophète en sa patrie, parmi ses parents, ni en sa demeure, 159. – La maison de Capharnaüm, 162. – Les villes des miracles : Capharnaüm, Bethsaïde, Chorozaïn, 163. – Le groupe des Galiléens, 164. – Les Douze. Enquête sociologique, 165. – Simon le « zélote » et Judas « iskariotes », des activistes ?, 168. – Pêcheurs et péagers, 170. – Le particularisme galiléen, 172. – Es-tu galiléen ?, 174. – En empruntant la route de la mer : entre Damas et Tyr, 178.

Chapitre 6 : « *J'ai cru et c'est pourquoi j'ai parlé* ». Du Christ à Jésus : l'histoire en rétrospective 183

Les récits évangéliques et l'histoire, 185. – « Au temps du recensement » : un événement reconstruit, 189. – Remonter et maîtriser le temps : les généalogies, 191. – L'espace-temps des évangiles, 193. – Histoire et naissances miraculeuses, 193. – La figure historique de Jésus : un baptiste, 195. – La figure du maître, 199. – Le thaumaturge : les évangiles entre le signe et l'événement, 201. – Le miracle, miroir de la société, 203. – Exorcismes et guérisons. La médecine sacrée, 205. – Le procès de Jésus : un témoignage, 209. – Le procès juif : une impossibilité, 211. – La crucifixion, « la plus lamentable des morts », 213.

Chapitre 7 : « *Chacun les entendait dans sa langue* **». Inspiration et communication dans l'Église de la Pentecôte** 219

L'expérience mystique de la Pentecôte : une réactualisation de l'événement du Sinaï, 220. – Les langues de feu : une perception de la sensibilité religieuse contemporaine, 222. – Le don des langues : prophétisme et communication, 223. – Les aspects historiques du problème linguistique, 227. – L'horizon d'une mission inspirée, 228. – La deuxième Pentecôte : le prophétisme et la parole libérée, 233. – Les autres charismes apostoliques, 236. – L'effacement du thaumaturge devant le visionnaire, 240. – Prophètes et visionnaires, 241. – Prophètes et faux prophètes : un problème d'actualité, 243. – Les scènes d'affrontement : un prophétisme contestataire, 247. – Le nom, label du prophète, 251.

Chapitre 8 : « *Quand vous verrez Jérusalem encerclée par les armées* **». L'Église de Jérusalem** 255

L'affaire Étienne : une affaire entre Juifs, 256. – Une actualité troublée, 260. – La réaction d'Hérode Agrippa Ier : l'exécution de Jacques et l'arrestation de Pierre, 261. – La mort de Jacques, frère du Christ, en 62, et l'impasse du christianisme juif, 263. – Le rôle de la famille d'Hanan et les saducéens, 265. – L'impasse du christianisme juif : une leçon de l'histoire ?, 268. – La conversion au judaïsme, 273. – Le contexte historique local : les affaires de Césarée et d'Antioche, 275. – Le problème des interdits alimentaires, 277. – La circoncision, 280. – Question de foi ou question de culture, 283.

Chapitre 9 : « *Ne compte ni celui qui plante ni celui qui arrose* **». Pénétration et diffusion dans le monde grec** 287

L'illusion d'une trajectoire impeccable, 288. – L'apostolat des confins, 291. – Paul et l'introduction du christianisme en Grèce, 292. – « J'ai procédé en cercles depuis Jérusalem » : les tournées apostoliques, 294. – Pierre, l'apôtre des Juifs de la Diaspora, 295. – Empiétements et concurrence : la liberté des apôtres, 297. – Les silences des Actes, 300. – Entre le centre et les confins.Géographie hagiographique et pragmatisme romain, 303. – L'apôtre : figure littéraire et réalités sociales, 306. – Être apôtre : une vocation, 308. – Dames de qualité et notables locaux : les conditions locales de la pénétration, 311. – « Que chacun demeure dans la condition où il a été appelé », 314. – « L'Église d'une maisonnée » : le noyau familial, 316. – L'identification de l'Église, 318. – Les premières tensions, 321.

Chapitre 10 : « *Il y a des gens qui jettent le trouble parmi vous* **».**
Problèmes d'intégration et crises identitaires 327

L'épreuve de la synagogue, 327. – Juifs et faux Juifs à la deuxième génération. Deux missions concurrentes ?, 330. – L'épreuve de la rue, 332. – Le heurt des factions, 336. – Concurrence religieuse, 337. – Le Balaam de Pergame et le problème de l'intégration sociale, 339. – La Jézabel de Thyatire : controverse sur la place des femmes dans l'Église, 340. – Les nicolaïtes d'Éphèse et de Pergame, 342. – Nicolaïtes, psychiques, gnostiques : les débuts de l'hérésie, 344. – Les imposteurs, 347. – Derrière le masque de l'imposture : un conflit d'autorité, 348. – Démasquer les faux prophètes, 351. – Les magiciens, ou le comble de l'imposture, 354. – Le confusionnisme des pratiques, 356.

Chapitre 11 : « *Souffrir comme chrétien... et glorifier Dieu par ce nom* **». Les chrétiens et le pouvoir** 359

Les tribulations de Paul dans les cités : témoignages autobiographiques, 360. – Le début de la chasse aux chrétiens dans les Églises pauliniennes d'Asie, 362. – Les épreuves des Églises de Pierre, 364. – Les tribulations du visionnaire de l'Apocalypse, 366. – Le retour eschatologique de Néron : l'ancrage dans les croyances populaires, 368. – Domitien, le second persécuteur des chrétiens ?, 369. – Le comble de l'idolâtrie. Remise en cause d'une nouvelle sensibilité religieuse, 371. – L'apôtre en accusation : mise en scène des Actes des Apôtres, 375. – La liberté religieuse dans les cités, 376. – Les conditions de l'intervention romaine, 380. – Accusations juives et non-lieu romain : une interprétation restrictive du délit religieux, 383. – Était-ce un crime d'être chrétien ? Et depuis quand ?, 388. – Une association à but criminel ? Les chrétiens de Rome et l'incendie de 64, 390. – L'individualisation des chrétiens à Rome, 391. – Une association aux moyens criminels ? Les condamnations de droit commun, 393. – Du témoin au martyr, 395.

CONCLUSIONS D'HISTORIEN 399

NOTES BIBLIOGRAPHIQUES ET CRITIQUES 405

TABLE DES MATIÈRES

SOURCES	453
INDEX DES NOMS DE LIEUX	461
INDEX DES NOMS DE PERSONNES	467
TABLE DES CARTES	473

DANS LA COLLECTION FOLIO/HISTOIRE

1. Georges Duby : *Le dimanche de Bouvines (27 juillet 1214).*
2. Jean-Denis Bredin : *Joseph Caillaux.*
3. François Furet : *Penser la Révolution française.*
4. Michel Winock : *La République se meurt (Chronique 1956-1958).*
5. Alexis de Tocqueville : *L'ancien régime et la Révolution.*
6. Philippe Erlanger : *Le Régent.*
7. Paul Morand : *Fouquet ou le Soleil offusqué.*
8. Claude Dulong : *Anne d'Autriche (Mère de Louis XIV).*
9. Emmanuel Le Roy Ladurie : *Montaillou, village occitan de 1294 à 1324.*
10. Emmanuel Le Roy Ladurie : *Le Carnaval de Romans (De la Chandeleur au mercredi des Cendres, 1579-1580).*
11. Georges Duby : *Guillaume le Maréchal (ou Le meilleur chevalier du monde).*
12. Alexis de Tocqueville : *De la démocratie en Amérique, tome I.*
13. Alexis de Tocqueville : *De la démocratie en Amérique, tome II.*
14. Zoé Oldenbourg : *Catherine de Russie.*
15. Lucien Bianco : *Les origines de la révolution chinoise (1915-1949).*
16. Collectif : *Faire de l'histoire, I : Nouveaux problèmes.*
17. Collectif : *Faire de l'histoire, II : Nouvelles approches.*
18. Collectif : *Faire de l'histoire, III : Nouveaux objets.*
19. Marc Ferro : *L'histoire sous surveillance (Science et conscience de l'histoire).*
20. Jacques Le Goff : *Histoire et mémoire.*
21. Philippe Erlanger : *Henri III.*
22. Mona Ozouf : *La fête révolutionnaire (1789-1799).*

23. Zoé Oldenbourg : *Le bûcher de Montségur (16 mars 1244)*.
24. Jacques Godechot : *La prise de la Bastille (14 juillet 1789)*.
25. Le Débat : *Les idées en France, 1945-1988 (Une chronologie)*.
26. Robert Folz : *Le couronnement impérial de Charlemagne (25 décembre 800)*.
27. Marc Bloch : *L'étrange défaite*.
28. Michel Vovelle : *Mourir autrefois*.
29. Marc Ferro : *La Grande Guerre (1914-1918)*.
30. Georges Corm : *Le Proche-Orient éclaté (1956-1991)*.
31. Jacques Le Goff : *La naissance du Purgatoire*.
32. Hannah Arendt : *Eichmann à Jérusalem*.
33. Jean Heffer : *La Grande Dépression (Les États-Unis en crise 1929-1933)*.
34. Yves-Marie Bercé : *Croquants et nu-pieds (Les soulèvements paysans en France du XVe au XIXe siècle)*.
35. Arnaldo Momigliano : *Sagesses barbares*.
36. Robert Muchembled : *La sorcière au village*.
37. Gérard Gayot : *La franc-maçonnerie française*.
38. Raul Hilberg : *La destruction des Juifs d'Europe, I*.
39. Raul Hilberg : *La destruction des Juifs d'Europe, II*.
40. Ian Kershaw : *Qu'est-ce que le nazisme ?*
41. Jean Maitron : *Ravachol et les anarchistes*.
42. Maurice Agulhon : *Les Quarante-huitards*.
43. Arlette Farge : *Vivre dans la rue à Paris au XVIIIe siècle*.
44. Norman Cohn : *Histoire d'un mythe (La « conspiration » juive et les protocoles des sages de Sion)*.
45. Roland Mousnier : *L'assassinat d'Henri IV*.
46. Michael Pollack : *Vienne 1900 (Une identité blessée)*.
47. Nathan Wachtel : *La vision des vaincus (Les Indiens du Pérou devant la Conquête espagnole 1530-1570)*.
48. Michel Vovelle : *Idéologies et mentalités*.
49. Jean Bottéro : *Naissance de Dieu (La Bible et l'historien)*.

50 Jacques Ozouf : *Nous les maîtres d'école (Autobiographies d'instituteurs de la Belle Époque).*
51 Léon Blum : *Souvenirs sur l'Affaire.*
52 Georges Duby : *L'An Mil.*
53 Jean-Louis Flandrin : *Les amours paysannes (XVIe-XIXe siècle).*
54 Bernard Lewis : *Le retour de l'Islam.*
55 Marc Ferro : *Cinéma et Histoire.*
56 Colette Beaune : *Naissance de la nation France.*
57 Présenté par Michel Foucault : *Moi, Pierre Rivière, ayant égorgé ma mère, ma sœur mon frère...*
58 Zeev Sternhell, Mario Sznajder, Maia Ashéri : *Naissance de l'idéologie fasciste.*
59 José Cabanis : *Le Sacre de Napoléon.*
60 Philippe Joutard : *Les Camisards.*
61 John Kenneth Galbraith : *L'argent.*
62 Marc Fumaroli : *Trois institutions littéraires.*
63 Sous la direction de Jean-François Sirinelli : *Les droites françaises (De la Révolution à nos jours).*
64 Jean Baechler : *Le capitalisme 1. Les origines.*
65 Jean Baechler : *Le capitalisme 2. L'économie capitaliste.*
66 Gérard Monnier : *L'art et ses institutions en France (De la Révolution à nos jours).*
67 Pascal Ory : *La France allemande (1933-1945).*
68 Geneviève Fraisse : *Muse de la Raison (Démocratie et exclusion des femmes en France).*
69 Georges et Andrée Duby : *Les procès de Jeanne d'Arc.*
70 Henri Mendras : *Les sociétés paysannes.*
71 Éric Conan et Henry Rousso : *Vichy, un passé qui ne passe pas.*
72 Jean-François Sirinelli : *Intellectuels et passions françaises.*
73 Jean-Pierre Vernant : *L'individu, la mort, l'amour.*
74 Lucien Febvre : *Amour sacré, amour profane.*
75 Michel Borwicz : *Écrits des condamnés à mort sous l'occupation nazie (1939-1945).*
76 Alphonse Dupront : *Qu'est-ce que les Lumières ?*
77 Patrick Verley : *La Révolution industrielle.*

78 Paul Bairoch : *Victoires et déboires, I (Histoire économique et sociale du monde du XVIe siècle à nos jours).*
79 Paul Bairoch : *Victoires et déboires, II (Histoire économique et sociale du monde du XVIe siècle à nos jours).*
80 Paul Bairoch : *Victoires et déboires, III (Histoire économique et sociale du monde du XVIe siècle à nos jours).*
81 Jean Bottéro : *Mésopotamie (L'écriture, la raison et les dieux).*
82 Jean Bottéro : *La plus vieille religion (En Mésopotamie).*
83 Ian Kershaw : *Qu'est-ce que le nazisme ? (Problèmes et perspectives d'interprétation).*
84 Georges Duby : *Dames du XIIe siècle – 1. Héloïse, Aliénor, Iseut et quelques autres.*
85 Zeev Sternhell : *La droite révolutionnaire 1885-1914 (Les origines françaises du fascisme).*
86 Bino Olivi : *L'Europe difficile (Histoire politique de la Communauté européenne).*
87 Élisabeth Laffont : *Les livres de sagesses des pharaons.*
88 Collectif : *Le monde de la Bible.*
89 Georges Duby : *Dames du XIIe siècle – 2. Le souvenir des aïeules.*
90 Geneviève Fraisse : *Les femmes et leur histoire.*
91 Collectif : *1789 La Commémoration.*
92 François Furet : *La Révolution en débat.*
93 Georges Corm : *Le Proche-Orient éclaté 1956-2000.*
94 Alexis de Tocqueville : *Souvenirs.*
95 Jean-Marie Donegani et Marc Sadoun : *La Ve République (Naissance et mort).*
96 Georges Duby : *Dames du XIIe siècle – 3. Ève et les prêtres.*
97 Krzysztof Pomian : *Sur l'histoire.*
98 Collectif : *Aux origines du christianisme.*
99 Eric Hobsbawm : *Nations et nationalisme depuis 1780 (Programme, mythe, réalité).*

100 Pierre Rosanvallon : *Le sacre du citoyen (Histoire du suffrage universel en France)*.
101 François Hartog : *Le miroir d'Hérodote (Essai sur la représentation de l'autre)*.
102 Henry Rousso : *Vichy. L'événement, la mémoire, l'histoire*.
103 Bino Olivi : *L'Europe difficile (Histoire politique de l'intégration européenne)*.
104 Ian Kershaw : *Hitler (Essai sur le charisme en politique)*.
105 Jean-Louis Crémieux-Brilhac : *La France libre I (De l'appel du 18 juin à la libération)*.
106 Jean-Louis Crémieux-Brilhac : *La France libre II (De l'appel du 18 juin à la libération)*.
107 Henri Wesseling : *Le partage de l'Afrique 1880-1914*.
108 Karl Marx : *Les Luttes de classes en France* suivi de La Constitution de la République française adoptée le 4 novembre 1848, suivi de *Le 18 Brumaire de Louis Bonaparte* et de « Karl Marx devant le bonapartisme » par Maximilien Rubel.
109 Sous la direction de Jean Poirier : *Histoire des mœurs, I vol. 1. Les coordonnées de l'homme et la culture matérielle*.
110 Sous la direction de Jean Poirier : *Histoire des mœurs, I vol. 2. Les coordonnées de l'homme et la culture matérielle*.
111 Sous la direction de Jean Poirier : *Histoire des mœurs, II vol. 1. Modes et modèles*.
112 Sous la direction de Jean Poirier : *Histoire des mœurs, II vol. 2. Modes et modèles*.
113 Sous la direction de Jean Poirier : *Histoire des mœurs, III vol. 1. Thèmes et systèmes culturels*.
114 Sous la direction de Jean Poirier : *Histoire des mœurs, III vol. 2. Thèmes et systèmes culturels*.
115 Michel de Certeau : *L'écriture de l'histoire*.
116 Michel de Certeau : *Histoire et psychanalyse entre science et fiction* précédé d' « Un chemin non tracé » par Luce Giard.

117 Michel de Certeau, Dominique Julia et Jacques Revel : *Une politique de la langue (La Révolution française et les patois : l'enquête de Grégoire)*.
118 Pierre Rosanvallon : *Le peuple introuvable (Histoire de la représentation démocratique en France)*.
119 Pierre Bouretz : *La République et l'universel*.

*Reproduit et achevé d'imprimer
par l'imprimerie Bussière Camedan Imprimeries
à Saint-Amand (Cher), le 13 février 2003.
Dépôt légal : février 2003.
Numéro d'imprimeur : 025533/1.*
ISBN 2-07-042418-9/Imprimé en France.

12732